编委会

主　编：王　竹

副主编：魏　莉　张玉双　张凯翔

成　员：（按姓氏拼音排名，排名不分先后）

白岩灵　陈忻悦　邓琪琦　邓瑜坤　冯　珂

葛海波　龚　健　谷松原　何晨玮　何　艳

胡舒月　姜惜词　焦祎晨　陆拉拉　李春宓

吕纯顺　梁瑜果　李子扬　罗素芬　廖怡成

刘天华　刘忠炫　刘　尉　罗雅文　吕纯顺

秦欧婷　孙碧蔓　孙莞棚　万　婷　王安娜

王轶晗　吴秋月　吴　涛　谢润康　杨仕龙

杨　波　叶陈诚　郑　岚　郑　聪　周利平

民法典
司法解释与权威案例指引全书
（下卷）

含司法解释新旧对照

主　编　王　竹
副主编　魏　莉　张玉双　张凯翔

中国法制出版社
CHINA LEGAL PUBLISHING HOUSE

目 录

Contents

下 册

第二分编 典型合同

第九章 买卖合同

第十章 供用电、水、气、热力合同

第十一章 赠与合同

第十二章 借款合同

第十三章 保证合同

第十五章 融资租赁合同

第十六章 保理合同

第十七章 承揽合同

第十八章　建设工程合同

第二十章 技术合同

第二十三章 委托合同

第二十六章　中介合同

第二十七章　合伙合同

第三分编　准合同

第二十八章　无因管理

第二十九章　不当得利

第四编　人格权

第一章　一般规定

第二章　生命权、身体权和健康权

第三章　姓名权和名称权

第四章　肖像权

第五章 名誉权和荣誉权

第六章 隐私权和个人信息保护

第五编 婚姻家庭

第一章 一般规定

第二章　结　婚

第三章　家庭关系

第四章　离　婚

第五章　收　养

第六编 继 承

第一章 一般规定

第二章 法定继承

第三章 遗嘱继承和遗赠

第四章 遗产的处理

第七编　侵权责任

第一章　一般规定

第二章 损害赔偿

第三章 责任主体的特殊规定

第四章　产品责任

第五章　机动车交通事故责任

第六章 医疗损害责任

第七章　环境污染和生态破坏责任

第八章　高度危险责任

第九章　饲养动物损害责任

第十章 建筑物和物件损害责任

附 则

第二分编　典型合同

第九章　买卖合同

第五百九十五条　【买卖合同的定义】买卖合同是出卖人转移标的物的所有权于买受人，买受人支付价款的合同。

关联法规参见

▶**法律**：《城市房地产管理法》第32条、第37条至第40条、第44条至第46条。

▶**国际条约**：《联合国国际货物销售合同公约》第1条至第5条。

▶**行政法规**：《城市房地产开发经营管理条例》第19条至第32条。

司法解释适用

《最高人民法院关于审理买卖合同纠纷案件适用法律问题的解释》（法释〔2020〕17号修改）

<table>
<tr><th>新《买卖合同司法解释》</th><th>原《买卖合同司法解释》</th></tr>
<tr><td colspan="2">第一条（原第一条）　当事人之间没有书面合同，一方以送货单、收货单、结算单、发票等主张存在买卖合同关系的，人民法院应当结合当事人之间的交易方式、交易习惯以及其他相关证据，对买卖合同是否成立作出认定。
对账确认函、债权确认书等函件、凭证没有记载债权人名称，买卖合同当事人一方以此证明存在买卖合同关系的，人民法院应予支持，但有相反证据足以推翻的除外。</td></tr>
<tr><td colspan="2">删除条文
<s>第二条　当事人签订认购书、订购书、预订书、意向书、备忘录等预约合同，约定在将来一定期限内订立买卖合同，一方不履行订立买卖合同的义务，对方请求其承担预约合同违约责任或者要求解除预约合同并主张损害赔偿的，人民法院应予支持。</s>
<s>第四条　人民法院在按照合同法的规定认定电子交易合同的成立及效力的同时，还应当适用电子签名法的相关规定。</s></td></tr>
</table>

《最高人民法院关于审理商品房买卖合同纠纷案件适用法律若干问题的解释》（法释〔2020〕17 号修改）

新《商品房买卖合同纠纷司法解释》	原《商品房买卖合同纠纷司法解释》
第一条（原第一条） 本解释所称的商品房买卖合同，是指房地产开发企业（以下统称为出卖人）将尚未建成或者已竣工的房屋向社会销售并转移房屋所有权于买受人，买受人支付价款的合同。	
第五条（原第五条） 商品房的认购、订购、预订等协议具备《商品房销售管理办法》第十六条规定的商品房买卖合同的主要内容，并且出卖人已经按照约定收受购房款的，该协议应当认定为商品房买卖合同。	

权威案例指引

▶公报案例

《张致清与冯照霞、崔枫、新乡市新华综合服务有限责任公司侵权纠纷案》，《最高人民法院公报》2011 年第 7 期

裁判摘要：对于发生在房屋登记制度尚不完善时的案件，在双方没有订立书面协议时，确认房屋买卖关系是否存在，应结合实际履行情况，考虑买受人是否支付了对价，房屋价值与支付的价格是否合理，出卖人交付房屋及房屋所有权证书或买受人对房屋是否长期占有，在此期间出卖人是否主张过权利，能否排除借用或租赁等关系，在此基础上进行综合分析判断。

第五百九十六条 【买卖合同的内容】买卖合同的内容一般包括标的物的名称、数量、质量、价款、履行期限、履行地点和方式、包装方式、检验标准和方法、结算方式、合同使用的文字及其效力等条款。

关联法规参见

▶**法律：**《城市房地产管理法》第 41 条至第 43 条，《节约能源法》第 36 条。

▶**行政法规：**《物业管理条例》第 23 条、第 25 条，《民用建筑节能条例》第 22 条。

司法解释适用

《最高人民法院经济审判庭关于购销羊绒合同中出现两个质量标准如何认定问题的复函》

宁夏回族自治区高级人民法院：

你院宁高法〔1992〕16 号《关于〈购销羊绒合同中出现两个质量标准应如何认定〉的请示》收悉。经研究，答复如下：

甘肃省农工商联合企业公司（以下简称企业公司）与宁夏海原县土畜产品议购议销公司（以下简称议购议销公司）签订的购销合同规定，议购议销公司供给企业公司白山羊原绒20吨，紫山羊绒10吨，质量标准为91路90分。在合同的“其他”一栏中又规定，需方要求过轮后白绒达到58分头，紫绒达到54分头，除去土沙等杂质后每市斤实收8两绒，实际按1斤计算，不做深加工，不抽尖毛，超出分头收入各分一半。你院报告称，过轮后的过轮绒质量完全取决于过轮加工的设备条件和加工精细的程度，过轮加工又是需方的行为。按合同规定，议购议销公司供给企业公司的是山羊原绒。因此，只要供方交付的山羊原绒达到91路90分，即应视为符合合同规定的质量标准。

此复

第五百九十七条　【无权处分的违约责任；禁止交易物或限制交易物的法律适用】因出卖人未取得处分权致使标的物所有权不能转移的，买受人可以解除合同并请求出卖人承担违约责任。

法律、行政法规禁止或者限制转让的标的物，依照其规定。

关联法规参见

▶**法律：**《宪法》第10条，《民法典总则编》第111条，《土地管理法》第2条，《城市房地产管理法》第38条，《农村土地承包法》第4条，《野生动物保护法》第27条、第28条，《文物保护法》第24条、第51条，《枪支管理法》第3条、第13条，《草原法》第9条，《矿产资源法》第6条，《禁毒法》第19条至第21条，《中国人民银行法》第19条。

▶**行政法规：**《古生物化石保护条例》第22条至第24条，《人民币管理条例》第25条、第27条，《野生植物保护条例》第18条，《宗教事务条例》第54条，《陆生野生动物保护实施条例》第26条，《危险化学品安全管理条例》第40条，《水生野生动物保护实施条例》第18条，《金银管理条例》第7条，《医疗废物管理条例》第14条，《人体器官移植条例》第3条。

司法解释适用

《最高人民法院关于审理买卖合同纠纷案件适用法律问题的解释》（法释〔2020〕17号修改）

<table>
<tr><th>新《买卖合同司法解释》</th><th>原《买卖合同司法解释》</th></tr>
<tr><td colspan="2">删除条文

~~**第三条**　当事人一方以出卖人在缔约时对标的物没有所有权或者处分权为由主张合同无效的，人民法院不予支持。~~

~~出卖人因未取得所有权或者处分权致使标的物所有权不能转移，买受人要求出卖人承担违约责任或者要求解除合同并主张损害赔偿的，人民法院应予支持。~~</td></tr>
</table>

权威案例指引

▶公报案例

《万学全、万兵诉狄平等人房屋买卖合同纠纷案》，《最高人民法院公报》2018 年第 2 期

裁判摘要：共同居住的家庭成员，以自己的名义将其他家庭成员名下的房屋出卖给他人，该行为对房屋所有人是否有效，须判断房屋所有人是否事前知晓且同意。为此，人民法院应当结合房屋产权证书、钥匙是否为房屋所有人持有，对价支付情况，买受人实际占有房屋持续时间以及相关证人证言等综合判定。

《桂馨源公司诉全威公司等土地使用权转让合同纠纷案》，《最高人民法院公报》2005 年第 7 期

裁判摘要：签订国有土地使用权转让合同时，转让人虽未取得国有土地使用权证，但在诉讼前已经取得该证的，应认定转让合同有效。当事人取得国有土地使用权证后未足额缴纳土地出让金，或对转让土地的投资开发未达到投资总额 25% 以上的，属转让标的瑕疵，不影响转让合同的效力。

第五百九十八条　【标的物所有权转移：交付】出卖人应当履行向买受人交付标的物或者交付提取标的物的单证，并转移标的物所有权的义务。

关联法规参见

▶法律：《土地管理法》第 12 条，《城市房地产管理法》第 60 条、第 61 条，《民用航空法》第 5 条、第 14 条，《道路交通安全法》第 8 条、第 12 条、第 119 条，《海商法》第 3 条、第 9 条。

▶行政法规：《城市房地产开发经营管理条例》第 32 条，《渔港水域交通安全管理条例》第 2 条、第 4 条、第 12 条，《土地管理法实施条例》第 6 条，《船舶登记条例》第 2 条、第 56 条，《民用航空器权利登记条例》第 2 条至第 4 条、第 17 条。

司法解释适用

《最高人民法院关于适用〈中华人民共和国民法典〉物权编的解释（一）》（法释〔2020〕24 号）

《民法典物权编司法解释（一）》	原《物权法司法解释（一）》
第六条　转让人转让船舶、航空器和机动车等所有权，受让人已经支付合理价款并取得占有，虽未经登记，但转让人的债权人主张其为民法典第二百二十五条所称的"善意第三人"的，不予支持，法律另有规定的除外。	**第六条**　转让人转移船舶、航空器和机动车等所有权，受让人已经支付对价并取得占有，虽未经登记，但转让人的债权人主张其为物权法第二十四条所称的"善意第三人"的，不予支持，法律另有规定的除外。

《最高人民法院关于审理买卖合同纠纷案件适用法律问题的解释》（法释〔2020〕17 号修改）

新《买卖合同司法解释》	原《买卖合同司法解释》
第二条　标的物为无需以有形载体交付的电子信息产品，当事人对交付方式约定不明确，且依照民法典第五百一十条的规定仍不能确定的，买受人收到约定的电子信息产品或者权利凭证即为交付。	**第五条**　标的物为无需以有形载体交付的电子信息产品，当事人对交付方式约定不明确，且依照合同法第六十一条的规定仍不能确定的，买受人收到约定的电子信息产品或者权利凭证即为交付。
第六条（原第九条）　出卖人就同一普通动产订立多重买卖合同，在买卖合同均有效的情况下，买受人均要求实际履行合同的，应当按照以下情形分别处理： （一）先行受领交付的买受人请求确认所有权已经转移的，人民法院应予支持； （二）均未受领交付，先行支付价款的买受人请求出卖人履行交付标的物等合同义务的，人民法院应予支持； （三）均未受领交付，也未支付价款，依法成立在先合同的买受人请求出卖人履行交付标的物等合同义务的，人民法院应予支持。	
第七条（原第十条）　出卖人就同一船舶、航空器、机动车等特殊动产订立多重买卖合同，在买卖合同均有效的情况下，买受人均要求实际履行合同的，应当按照以下情形分别处理： （一）先行受领交付的买受人请求出卖人履行办理所有权转移登记手续等合同义务的，人民法院应予支持； （二）均未受领交付，先行办理所有权转移登记手续的买受人请求出卖人履行交付标的物等合同义务的，人民法院应予支持； （三）均未受领交付，也未办理所有权转移登记手续，依法成立在先合同的买受人请求出卖人履行交付标的物和办理所有权转移登记手续等合同义务的，人民法院应予支持； （四）出卖人将标的物交付给买受人之一，又为其他买受人办理所有权转移登记，已受领交付的买受人请求将标的物所有权登记在自己名下的，人民法院应予支持。	

《最高人民法院研究室关于如何认定买卖合同中机动车财产所有权转移时间问题的复函》

陕西省高级人民法院：

你院陕高法〔2000〕50 号《关于如何认定机动车财产所有权转移时间的请示》收悉。经研究，答复如下：

关于如何认定买卖合同中机动车财产所有权转移时间问题，需进一步研究后才能作出规定，但请示中涉及的具体案件，应认定机动车所有权从机动车交付时起转移。

权威案例指引

▶公报案例

《遵义市红花岗区长征镇沙坝村纪念街村民组诉遵义明顺房地产开发有限责任公司等商品房买卖合同纠纷案》，《最高人民法院公报》2018 年第 12 期

裁判摘要：处理一房二卖情况下的合同履行问题，可从商品房买卖合同的缔约真实性、签约时间顺序、付款程度、合同备案情况、讼争不动产的占有事实、预登记情况等方面加以评判。

《中国信达资产管理公司西安办事处与陕西省粮油食品进出口公司西安中转冷库、陕西省粮油食品进出口公司借款担保合同纠纷案》，《最高人民法院公报》2009 年第 12 期

裁判摘要：根据《中华人民共和国城市房地产管理法》第三十一条的规定，房地产转让、抵押时，房屋的所有权和该房屋占用范围内的土地使用权同时转让、抵押。《城市房屋权属登记管理办法》亦规定："房屋权属登记应当遵循房屋的所有权和该房屋占用范围内的土地使用权权利主体一致的原则。"据此，房产转让人负有将所售房屋占用范围内的土地使用权移转给受让人的义务，受让人享有要求将所购房屋占用范围内的土地使用权移转给自己的权利。在土地使用权变更登记完成之前，转让人为登记的名义权利人，但受让人为实质权利人的，可以请求将土地使用权变更至自己名下。

第五百九十九条　【出卖人义务：交付单证、交付资料】出卖人应当按照约定或者交易习惯向买受人交付提取标的物单证以外的有关单证和资料。

关联法规参见

▶**国际条约：**《联合国国际货物销售合同公约》第 34 条。

司法解释适用

《最高人民法院关于审理买卖合同纠纷案件适用法律问题的解释》（法释〔2020〕17 号修改）

新《买卖合同司法解释》	原《买卖合同司法解释》
第四条　民法典第五百九十九条规定的"提取标的物单证以外的有关单证和资料"，主要应当包括保险单、保修单、普通发票、增值税专用发票、产品合格证、质量保证书、质量鉴定书、品质检验证书、产品进出口检疫书、原产地证明书、使用说明书、装箱单等。	**第七条**　合同法第一百三十六条规定的"提取标的物单证以外的有关单证和资料"，主要应当包括保险单、保修单、普通发票、增值税专用发票、产品合格证、质量保证书、质量鉴定书、品质检验证书、产品进出口检疫书、原产地证明书、使用说明书、装箱单等。

第六百条　【买卖有知识产权的标的物中知识产权的归属】出卖具有知识产权的标的物的，除法律另有规定或者当事人另有约定外，该标的物的知识产权不属于买受人。

关联法规参见

▶**法律**：《著作权法》第20条。

▶**行政法规**：《计算机软件保护条例》第9条至第14条。

第六百零一条　【出卖人义务：交付期间】出卖人应当按照约定的时间交付标的物。约定交付期限的，出卖人可以在该交付期限内的任何时间交付。

关联法规参见

▶**国际公约**：《联合国国际货物销售合同公约》第33条。

第六百零二条　【标的物的交付期限的确定】当事人没有约定标的物的交付期限或者约定不明确的，适用本法第五百一十条、第五百一十一条第四项的规定。

关联法规参见

▶**法律**：《民法典合同编》第510条、第511条。

第六百零三条　【买卖合同标的物的交付地点】出卖人应当按照约定的地点交付标的物。

当事人没有约定交付地点或者约定不明确，依据本法第五百一十条的规定仍不能确定的，适用下列规定：

（一）标的物需要运输的，出卖人应当将标的物交付给第一承运人以运交给买受人；

（二）标的物不需要运输，出卖人和买受人订立合同时知道标的物在某一地点的，出卖人应当在该地点交付标的物；不知道标的物在某一地点的，应当在出卖人订立合同时的营业地交付标的物。

关联法规参见

▶**法律**：《民法典合同编》第510条、第607条、第608条。

▶**国际条约：**《联合国国际货物销售合同公约》第31条。

司法解释适用

《最高人民法院关于审理买卖合同纠纷案件适用法律问题的解释》（法释〔2020〕17号修改）

新《买卖合同司法解释》	原《买卖合同司法解释》
第八条 民法典第六百零三条第二款第一项规定的“标的物需要运输的”，是指标的物由出卖人负责办理托运，承运人系独立于买卖合同当事人之外的运输业者的情形。标的物毁损、灭失的风险负担，按照民法典第六百零七条第二款的规定处理。	**第十一条** 合同法第一百四十一条第二款第（一）项规定的“标的物需要运输的”，是指标的物由出卖人负责办理托运，承运人系独立于买卖合同当事人之外的运输业者的情形。标的物毁损、灭失的风险负担，按照合同法第一百四十五条的规定处理。

第六百零四条　【标的物的风险承担：随交付而移转】标的物毁损、灭失的风险，在标的物交付之前由出卖人承担，交付之后由买受人承担，但是法律另有规定或者当事人另有约定的除外。

关联法规参见

▶**国际条约：**《联合国国际货物销售合同公约》第66条、第70条。

司法解释适用

《最高人民法院关于审理买卖合同纠纷案件适用法律问题的解释》（法释〔2020〕17号修改）

新《买卖合同司法解释》	原《买卖合同司法解释》
第十一条（原第十四条） 当事人对风险负担没有约定，标的物为种类物，出卖人未以装运单据、加盖标记、通知买受人等可识别的方式清楚地将标的物特定于买卖合同，买受人主张不负担标的物毁损、灭失的风险的，人民法院应予支持。	

《最高人民法院关于审理商品房买卖合同纠纷案件适用法律若干问题的解释》（法释〔2020〕17号修改）

新《商品房买卖合同纠纷司法解释》	原《商品房买卖合同纠纷司法解释》
第八条（原第十一条） 对房屋的转移占有，视为房屋的交付使用，但当事人另有约定的除外。 房屋毁损、灭失的风险，在交付使用前由出卖人承担，交付使用后由买受人承担；买受人接到出卖人的书面交房通知，无正当理由拒绝接收的，房屋毁损、灭失的风险自书面交房通知确定的交付使用之日起由买受人承担，但法律另有规定或者当事人另有约定的除外。	

第六百零五条　【因买受人原因致使标的物不能如期交付的标的物损毁、灭失的风险由买受人承担】因买受人的原因致使标的物未按照约定的期限交付的，买受人应当自违反约定时起承担标的物毁损、灭失的风险。

关联法规参见

▶**国际条约：**《联合国国际货物销售合同公约》第69条、第70条。

司法解释适用

《最高人民法院关于审理买卖合同纠纷案件适用法律问题的解释》（法释〔2020〕17号修改）

新《买卖合同司法解释》	原《买卖合同司法解释》
第十条（原第十三条）　出卖人出卖交由承运人运输的在途标的物，在合同成立时知道或者应当知道标的物已经毁损、灭失却未告知买受人，买受人主张出卖人负担标的物毁损、灭失的风险的，人民法院应予支持。	

《最高人民法院关于审理商品房买卖合同纠纷案件适用法律若干问题的解释》（法释〔2020〕17号修改）

新《商品房买卖合同纠纷司法解释》	原《商品房买卖合同纠纷司法解释》
第八条（原第十一条）　对房屋的转移占有，视为房屋的交付使用，但当事人另有约定的除外。 房屋毁损、灭失的风险，在交付使用前由出卖人承担，交付使用后由买受人承担；买受人接到出卖人的书面交房通知，无正当理由拒绝接收的，房屋毁损、灭失的风险自书面交房通知确定的交付使用之日起由买受人承担，但法律另有规定或者当事人另有约定的除外。	

第六百零六条　【在途标的物买卖合同的风险转移】出卖人出卖交由承运人运输的在途标的物，除当事人另有约定外，毁损、灭失的风险自合同成立时起由买受人承担。

关联法规参见

▶**国际条约：**《联合国国际货物销售合同公约》第68条、第70条。

第605～606条

司法解释适用

《最高人民法院关于审理买卖合同纠纷案件适用法律问题的解释》（法释〔2020〕17号修改）

新《买卖合同司法解释》	原《买卖合同司法解释》
第十条（原第十三条） 出卖人出卖交由承运人运输的在途标的物，在合同成立时知道或者应当知道标的物已经毁损、灭失却未告知买受人，买受人主张出卖人负担标的物毁损、灭失的风险的，人民法院应予支持。	

第六百零七条　【需要运输的标的物的风险转移规则】 出卖人按照约定将标的物运送至买受人指定地点并交付给承运人后，标的物毁损、灭失的风险由买受人承担。

当事人没有约定交付地点或者约定不明确，依据本法第六百零三条第二款第一项的规定标的物需要运输的，出卖人将标的物交付给第一承运人后，标的物毁损、灭失的风险由买受人承担。

关联法规参见

▶**法律：**《民法典合同编》第603条。

▶**国际条约：**《联合国国际货物销售合同公约》第67条。

第六百零八条　【买受人不履行接受标的物义务的风险负担】 出卖人按照约定或者依据本法第六百零三条第二款第二项的规定将标的物置于交付地点，买受人违反约定没有收取的，标的物毁损、灭失的风险自违反约定时起由买受人承担。

关联法规参见

▶**法律：**《民法典合同编》第603条。

▶**国际条约：**《联合国国际货物销售合同公约》第69条。

第六百零九条　【未交付单证、资料的风险转移】 出卖人按照约定未交付有关标的物的单证和资料的，不影响标的物毁损、灭失风险的转移。

关联法规参见

▶**国际条约：**《联合国国际货物销售合同公约》第67条。

司法解释适用

《最高人民法院关于审理商品房买卖合同纠纷案件适用法律若干问题的解释》（法释〔2020〕17号修改）

<table>
<tr><th>新《商品房买卖合同纠纷司法解释》</th><th>原《商品房买卖合同纠纷司法解释》</th></tr>
<tr><td colspan="2">第八条（原第十一条）　对房屋的转移占有，视为房屋的交付使用，但当事人另有约定的除外。
房屋毁损、灭失的风险，在交付使用前由出卖人承担，交付使用后由买受人承担；买受人接到出卖人的书面交房通知，无正当理由拒绝接收的，房屋毁损、灭失的风险自书面交房通知确定的交付使用之日起由买受人承担，但法律另有规定或者当事人另有约定的除外。</td></tr>
</table>

第六百一十条　【出卖人根本违约的情况：出卖人承担标的物风险】因标的物不符合质量要求，致使不能实现合同目的的，买受人可以拒绝接受标的物或者解除合同。买受人拒绝接受标的物或者解除合同的，标的物毁损、灭失的风险由出卖人承担。

司法解释适用

《最高人民法院关于审理买卖合同纠纷案件适用法律问题的解释》（法释〔2020〕17号修改）

<table>
<tr><th>新《买卖合同司法解释》</th><th>原《买卖合同司法解释》</th></tr>
<tr><td colspan="2">删除条文
<s>第三十二条　合同约定减轻或者免除出卖人对标的物的瑕疵担保责任，但出卖人故意或者因重大过失不告知买受人标的物的瑕疵，出卖人主张依约减轻或者免除瑕疵担保责任的，人民法院不予支持。</s></td></tr>
<tr><td colspan="2">第二十四条（原第三十三条）　买受人在缔约时知道或者应当知道标的物质量存在瑕疵，主张出卖人承担瑕疵担保责任的，人民法院不予支持，但买受人在缔约时不知道该瑕疵会导致标的物的基本效用显著降低的除外。</td></tr>
</table>

《最高人民法院关于审理商品房买卖合同纠纷案件适用法律若干问题的解释》（法释〔2020〕17号修改）

<table>
<tr><th>新《商品房买卖合同纠纷司法解释》</th><th>原《商品房买卖合同纠纷司法解释》</th></tr>
<tr><td colspan="2">第九条（原第十二条）　因房屋主体结构质量不合格不能交付使用，或者房屋交付使用后，房屋主体结构质量经核验确属不合格，买受人请求解除合同和赔偿损失的，应予支持。</td></tr>
</table>

<table>
<tr><th>新《商品房买卖合同纠纷司法解释》</th><th>原《商品房买卖合同纠纷司法解释》</th></tr>
<tr><td colspan="2"> 第十条（原第十三条）　因房屋质量问题严重影响正常居住使用，买受人请求解除合同和赔偿损失的，应予支持。 交付使用的房屋存在质量问题，在保修期内，出卖人应当承担修复责任；出卖人拒绝修复或者在合理期限内拖延修复的，买受人可以自行或者委托他人修复。修复费用及修复期间造成的其他损失由出卖人承担。 </td></tr>
<tr><td colspan="2"> 删除条文 ~~第十四条　出卖人交付使用的房屋套内建筑面积或者建筑面积与商品房买卖合同约定面积不符，合同有约定的，按照约定处理；合同没有约定或者约定不明确的，按照以下原则处理：~~ ~~（一）面积误差比绝对值在3%以内（含3%），按照合同约定的价格据实结算，买受人请求解除合同的，不予支持；~~ ~~（二）面积误差比绝对值超出3%，买受人请求解除合同、返还已付购房款及利息的，应予支持。买受人同意继续履行合同，房屋实际面积大于合同约定面积的，面积误差比在3%以内（含3%）部分的房价款由买受人按照约定的价格补足，面积误差比超出3%部分的房价款由出卖人承担，所有权归买受人；房屋实际面积小于合同约定面积的，面积误差比在3%以内（含3%）部分的房价款及利息由出卖人返还买受人，面积误差比超过3%部分的房价款由出卖人双倍返还买受人。~~ </td></tr>
<tr><td> 第十一条　根据民法典第五百六十三条的规定，出卖人迟延交付房屋或者买受人迟延支付购房款，经催告后在三个月的合理期限内仍未履行，解除权人请求解除合同的，应予支持，但当事人另有约定的除外。 法律没有规定或者当事人没有约定，经对方当事人催告后，解除权行使的合理期限为三个月。对方当事人没有催告的，解除权人自知道或者应当知道解除事由之日起一年内行使。逾期不行使的，解除权消灭。 </td><td> 第十五条　根据《合同法》第九十四条的规定，出卖人迟延交付房屋或者买受人迟延支付购房款，经催告后在三个月的合理期限内仍未履行，当事人一方请求解除合同的，应予支持，但当事人另有约定的除外。 法律没有规定或者当事人没有约定，经对方当事人催告后，解除权行使的合理期限为三个月。对方当事人没有催告的，解除权应当在解除权发生之日起一年内行使；逾期不行使的，解除权消灭。 </td></tr>
<tr><td colspan="2"> 第十二条（原第十六条）　当事人以约定的违约金过高为由请求减少的，应当以违约金超过造成的损失30%为标准适当减少；当事人以约定的违约金低于造成的损失为由请求增加的，应当以违约造成的损失确定违约金数额。 </td></tr>
<tr><td colspan="2"> 第十三条（原第十七条）　商品房买卖合同没有约定违约金数额或者损失赔偿额计算方法，违约金数额或者损失赔偿额可以参照以下标准确定： 逾期付款的，按照未付购房款总额，参照中国人民银行规定的金融机构计收逾期贷款利息的标准计算。 逾期交付使用房屋的，按照逾期交付使用房屋期间有关主管部门公布或者有资格的房地产评估机构评定的同地段同类房屋租金标准确定。 </td></tr>
</table>

<table>
<tr><th>新《商品房买卖合同纠纷司法解释》</th><th>原《商品房买卖合同纠纷司法解释》</th></tr>
<tr><td>第十四条　由于出卖人的原因，买受人在下列期限届满未能取得不动产权属证书的，除当事人有特殊约定外，出卖人应当承担违约责任：
（一）商品房买卖合同约定的办理不动产登记的期限；
（二）商品房买卖合同的标的物为尚未建成房屋的，自房屋交付使用之日起90日；
（三）商品房买卖合同的标的物为已竣工房屋的，自合同订立之日起90日。
合同没有约定违约金或者损失数额难以确定的，可以按照已付购房款总额，参照中国人民银行规定的金融机构计收逾期贷款利息的标准计算。</td><td>第十八条　由于出卖人的原因，买受人在下列期限届满未能取得房屋权属证书的，除当事人有特殊约定外，出卖人应当承担违约责任：
（一）商品房买卖合同约定的办理房屋所有权登记的期限；
（二）商品房买卖合同的标的物为尚未建成房屋的，自房屋交付使用之日起90日；
（三）商品房买卖合同的标的物为已竣工房屋的，自合同订立之日起90日。
合同没有约定违约金或者损失数额难以确定的，可以按照已付购房款总额，参照中国人民银行规定的金融机构计收逾期贷款利息的标准计算。</td></tr>
<tr><td>第十五条　商品房买卖合同约定或者城市房地产开发经营管理条例第三十二条规定的办理不动产登记的期限届满后超过一年，由于出卖人的原因，导致买受人无法办理不动产登记，买受人请求解除合同和赔偿损失的，应予支持。</td><td>第十九条　商品房买卖合同约定或者《城市房地产开发经营管理条例》第三十三条规定的办理房屋所有权登记的期限届满后超过一年，由于出卖人的原因，导致买受人无法办理房屋所有权登记，买受人请求解除合同和赔偿损失的，应予支持。</td></tr>
<tr><td colspan="2">第十六条（原第二十条）　出卖人与包销人订立商品房包销合同，约定出卖人将其开发建设的房屋交由包销人以出卖人的名义销售的，包销期满未销售的房屋，由包销人按照合同约定的包销价格购买，但当事人另有约定的除外。</td></tr>
<tr><td colspan="2">第十七条（原第二十一条）　出卖人自行销售已经约定由包销人包销的房屋，包销人请求出卖人赔偿损失的，应予支持，但当事人另有约定的除外。</td></tr>
<tr><td colspan="2">第十八条（原第二十二条）　对于买受人因商品房买卖合同与出卖人发生的纠纷，人民法院应当通知包销人参加诉讼；出卖人、包销人和买受人对各自的权利义务有明确约定的，按照约定的内容确定各方的诉讼地位。</td></tr>
<tr><td colspan="2">第十九条（原第二十三条）　商品房买卖合同约定，买受人以担保贷款方式付款、因当事人一方原因未能订立商品房担保贷款合同并导致商品房买卖合同不能继续履行的，对方当事人可以请求解除合同和赔偿损失。因不可归责于当事人双方的事由未能订立商品房担保贷款合同并导致商品房买卖合同不能继续履行的，当事人可以请求解除合同，出卖人应当将收受的购房款本金及其利息或者定金返还买受人。</td></tr>
<tr><td colspan="2">第二十条（原第二十四条）　因商品房买卖合同被确认无效或者被撤销、解除，致使商品房担保贷款合同的目的无法实现，当事人请求解除商品房担保贷款合同的，应予支持。</td></tr>
</table>

第六百一十一条　【买受人承担标的物损毁、灭失的风险不影响出卖人承担违约责任】标的物毁损、灭失的风险由买受人承担的，不影响因出卖人履行义务不符合约定，买受人请求其承担违约责任的权利。

关联法规参见

▶**国际条约：**《联合国国际货物销售合同公约》第36条。

第六百一十二条　【出卖人的权利瑕疵担保义务】出卖人就交付的标的物，负有保证第三人对该标的物不享有任何权利的义务，但是法律另有规定的除外。

关联法规参见

▶**国际条约：**《联合国国际货物销售合同公约》第41条、第42条。

司法解释适用

《最高人民法院关于审理买卖合同纠纷案件适用法律问题的解释》（法释〔2020〕17号修改）

<table>
<tr><th>新《买卖合同司法解释》</th><th>原《买卖合同司法解释》</th></tr>
<tr><td colspan="2">删除条文

~~第三条　当事人一方以出卖人在缔约时对标的物没有所有权或者处分权为由主张合同无效的，人民法院不予支持。~~

~~出卖人因未取得所有权或者处分权致使标的物所有权不能转移，买受人要求出卖人承担违约责任或者要求解除合同并主张损害赔偿的，人民法院应予支持。~~</td></tr>
</table>

第六百一十三条　【权利瑕疵担保义务的免除】买受人订立合同时知道或者应当知道第三人对买卖的标的物享有权利的，出卖人不承担前条规定的义务。

关联法规参见

▶**法律：**《民法典合同编》第612条。

▶**国际条约：**《联合国国际货物销售合同公约》第43条、第44条。

第六百一十四条　【买受人有确切证据证明标的物存在权利瑕疵的处理】买受人有确切证据证明第三人对标的物享有权利的，可以中止支付相应的价款，但是出卖人提供适当担保的除外。

第六百一十五条　【出卖人的质量瑕疵担保义务】出卖人应当按照约定的质量要求交付标的物。出卖人提供有关标的物质量说明的，交付的标的物应当符合该说明的质量要求。

关联法规参见

▶**法律：**《消费者权益保护法》第18条、第23条，《产品质量法》第26条、第40条。

▶**国际条约：**《联合国国际货物销售合同公约》第35条。

司法解释适用

《最高人民法院关于审理买卖合同纠纷案件适用法律问题的解释》（法释〔2020〕17号修改）

新《买卖合同司法解释》	原《买卖合同司法解释》
删除条文 ~~**第三十二条**　合同约定减轻或者免除出卖人对标的物的瑕疵担保责任，但出卖人故意或者因重大过失不告知买受人标的物的瑕疵，出卖人主张依约减轻或者免除瑕疵担保责任的，人民法院不予支持。~~	
第二十四条（原第三十三条）　买受人在缔约时知道或者应当知道标的物质量存在瑕疵，主张出卖人承担瑕疵担保责任的，人民法院不予支持，但买受人在缔约时不知道该瑕疵会导致标的物的基本效用显著降低的除外。	

权威案例指引

▶**公报案例**

《捷跑电子科技有限公司诉青岛海信进出口有限公司国际货物买卖合同纠纷案》，《最高人民法院公报》2013年第11期

裁判摘要：一、标的物瑕疵担保责任中的“质量要求”，在国际货物买卖合同中，通常包括产品出口国与进口国规定的技术标准与质量要求。在买卖双方未就质量标准和要求事先作出明确、具体约定的情况下，由于产品交付前后两次检验在项目、技术规范方面的可比性，使得产品交付前后的检验变化更能有针对性地反映产品的质量状况。

二、产品召回制度通过召回本身防止损害的发生与扩大，并不以现实损害为前提，且召回措施的内容具有多样性。就产品召回所对应的风险防控而言，在产品已经输出的情况下谁更方便、有效地合理预防、消除风险，谁即应当及时、正确地采取相应措施。

第六百一十六条　【标的物质量要求没有约定或约定不明时的认定规则】当事人对标的物的质量要求没有约定或者约定不明确，依据本法第五百一十条的规定仍不能确定的，适用本法第五百一十一条第一项的规定。

关联法规参见

▶**法律**：《民法典合同编》第 510 条、第 511 条。

第六百一十七条　【质量瑕疵担保责任】出卖人交付的标的物不符合质量要求的，买受人可以依据本法第五百八十二条至第五百八十四条的规定请求承担违约责任。

关联法规参见

▶**法律**：《民法典合同编》第 582 条至第 584 条，《消费者权益保护法》第 23 条。

第六百一十八条　【故意或重大过失不告知瑕疵的责任承担】当事人约定减轻或者免除出卖人对标的物瑕疵承担的责任，因出卖人故意或者重大过失不告知买受人标的物瑕疵的，出卖人无权主张减轻或者免除责任。

第六百一十九条　【标的物的包装方式】出卖人应当按照约定的包装方式交付标的物。对包装方式没有约定或者约定不明确，依据本法第五百一十条的规定仍不能确定的，应当按照通用的方式包装；没有通用方式的，应当采取足以保护标的物且有利于节约资源、保护生态环境的包装方式。

关联法规参见

▶**法律**：《民法典合同编》第 510 条、第 827 条，《产品质量法》第 27 条、第 28 条。

▶**国际条约**：《联合国国际货物销售合同公约》第 35 条。

第六百二十条　【买受人的及时检验义务】买受人收到标的物时应当在约定的检验期限内检验。没有约定检验期限的，应当及时检验。

关联法规参见

▶**国际条约**：《联合国国际货物销售合同公约》第 38 条。

▶**行政法规**：《保障中小企业款项支付条例》第 9 条。

司法解释适用

《最高人民法院关于审理买卖合同纠纷案件适用法律问题的解释》（法释〔2020〕17号修改）

<table>
<tr><th>新《买卖合同司法解释》</th><th>原《买卖合同司法解释》</th></tr>
<tr><td colspan="2">删除条文
~~第十五条　当事人对标的物的检验期间未作约定，买受人签收的送货单、确认单等载明标的物数量、型号、规格的，人民法院应当根据合同法第一百五十七条的规定，认定买受人已对数量和外观瑕疵进行了检验，但有相反证据足以推翻的除外。~~
~~第十六条　出卖人依照买受人的指示向第三人交付标的物，出卖人和买受人之间约定的检验标准与买受人和第三人之间约定的检验标准不一致的，人民法院应当根据合同法第六十四条的规定，以出卖人和买受人之间约定的检验标准为标的物的检验标准。~~</td></tr>
</table>

第六百二十一条　【当事人约定检验期间】当事人约定检验期限的，买受人应当在检验期限内将标的物的数量或者质量不符合约定的情形通知出卖人。买受人怠于通知的，视为标的物的数量或者质量符合约定。

当事人没有约定检验期限的，买受人应当在发现或者应当发现标的物的数量或者质量不符合约定的合理期限内通知出卖人。买受人在合理期限内未通知或者自收到标的物之日起二年内未通知出卖人的，视为标的物的数量或者质量符合约定；但是，对标的物有质量保证期的，适用质量保证期，不适用该二年的规定。

出卖人知道或者应当知道提供的标的物不符合约定的，买受人不受前两款规定的通知时间的限制。

关联法规参见

▶**法律**：《建筑法》第62条，《海商法》第83条。

▶**国际条约**：《联合国国际货物销售合同公约》第39条。

▶**行政法规**：《城市房地产开发经营管理条例》第30条，《城市道路管理条例》第18条，《道路运输条例》第44条，《农业机械安全监督管理条例》第19条，《民用建筑节能条例》第23条，《化妆品监督管理条例》第6条。

司法解释适用

《最高人民法院关于审理买卖合同纠纷案件适用法律问题的解释》（法释〔2020〕17号修改）

<table>
<tr><th>新《买卖合同司法解释》</th><th>原《买卖合同司法解释》</th></tr>
<tr><td>第十二条　人民法院具体认定民法典第六百二十一条第二款规定的“合理期限”时，应当综合当事人之间的交易性质、交易目的、交易方式、交易习惯、标的物的种类、数量、性质、安装和使用情况、瑕疵的性质、买受人应尽的合理注意义务、检验方法和难易程度、买受人或者检验人所处的具体环境、自身技能以及其他合理因素，依据诚实信用原则进行判断。
民法典第六百二十一条第二款规定的“二年”是最长的合理期限。该期限为不变期间，不适用诉讼时效中止、中断或者延长的规定。</td><td>第十七条　人民法院具体认定合同法第一百五十八条第二款规定的“合理期间”时，应当综合当事人之间的交易性质、交易目的、交易方式、交易习惯、标的物的种类、数量、性质、安装和使用情况、瑕疵的性质、买受人应尽的合理注意义务、检验方法和难易程度、买受人或者检验人所处的具体环境、自身技能以及其他合理因素，依据诚实信用原则进行判断。
合同法第一百五十八条第二款规定的“两年”是最长的合理期间。该期间为不变期间，不适用诉讼时效中止、中断或者延长的规定。</td></tr>
<tr><td colspan="2">删除条文
~~第十八条　约定的检验期间过短，依照标的物的性质和交易习惯，买受人在检验期间内难以完成全面检验的，人民法院应当认定该期间为买受人对外观瑕疵提出异议的期间，并根据本解释第十七条第一款的规定确定买受人对隐蔽瑕疵提出异议的合理期间。~~
~~约定的检验期间或者质量保证期间短于法律、行政法规规定的检验期间或者质量保证期间的，人民法院应当以法律、行政法规规定的检验期间或者质量保证期间为准。~~</td></tr>
<tr><td>第十三条　买受人在合理期限内提出异议，出卖人以买受人已经支付价款、确认欠款数额、使用标的物等为由，主张买受人放弃异议的，人民法院不予支持，但当事人另有约定的除外。</td><td>第十九条　买受人在合理期间内提出异议，出卖人以买受人已经支付价款、确认欠款数额、使用标的物等为由，主张买受人放弃异议的，人民法院不予支持，但当事人另有约定的除外。</td></tr>
<tr><td>第十四条　民法典第六百二十一条规定的检验期限、合理期限、二年期限经过后，买受人主张标的物的数量或者质量不符合约定的，人民法院不予支持。
出卖人自愿承担违约责任后，又以上述期限经过为由翻悔的，人民法院不予支持。</td><td>第二十条　合同法第一百五十八条规定的检验期间、合理期间、两年期间经过后，买受人主张标的物的数量或者质量不符合约定的，人民法院不予支持。
出卖人自愿承担违约责任后，又以上述期间经过为由翻悔的，人民法院不予支持。</td></tr>
</table>

新《买卖合同司法解释》	原《买卖合同司法解释》
第十六条 买受人在检验期限、质量保证期、合理期限内提出质量异议，出卖人未按要求予以修理或者因情况紧急，买受人自行或者通过第三人修理标的物后，主张出卖人负担因此发生的合理费用的，人民法院应予支持。	**第二十二条** 买受人在检验期间、质量保证期间、合理期间内提出质量异议，出卖人未按要求予以修理或者因情况紧急，买受人自行或者通过第三人修理标的物后，主张出卖人负担因此发生的合理费用的，人民法院应予支持。

权威案例指引

公报案例

《东方电气集团东方汽轮机有限公司与大庆高新技术产业开发区大丰建筑安装有限公司、大庆大丰能源技术服务有限公司买卖合同纠纷案》，《最高人民法院公报》2020年第11期

裁判摘要：买卖的货物交付后，买受人已经使用标的物且未在约定的质量保证期内提出质量异议，当出卖人要求买受人支付欠付货款、退还质保金时，买受人以货物存在质量问题为由主张行使先履行抗辩权拒绝付款的，不予支持。

交付技术材料是卖方负有的从给付义务，卖方违反该义务，买方可以主张相应的违约责任。卖方违反从给付义务但并未影响买方对所买货物正常使用，不影响合同目的实现的，买方不能基于卖方违反从给付义务而拒绝履行给付货款的主给付义务。

第六百二十二条 【检验期间或质量保证期间过短的处理】 当事人约定的检验期限过短，根据标的物的性质和交易习惯，买受人在检验期限内难以完成全面检验的，该期限仅视为买受人对标的物的外观瑕疵提出异议的期限。

约定的检验期限或者质量保证期短于法律、行政法规规定期限的，应当以法律、行政法规规定的期限为准。

司法解释适用

《最高人民法院关于审理买卖合同纠纷案件适用法律问题的解释》（法释〔2020〕17号修改）

新《买卖合同司法解释》	原《买卖合同司法解释》
第十二条 人民法院具体认定民法典第六百二十一条第二款规定的“合理期限”时，应当综合当事人之间的交易性质、交易目的、交易方式、交易习惯、标的物的种类、数量、性质、安装和使用情况、瑕疵	**第十七条** 人民法院具体认定合同法第一百五十八条第二款规定的“合理期间”时，应当综合当事人之间的交易性质、交易目的、交易方式、交易习惯、标的物的种类、数量、性质、安装和使用情况、瑕疵

新《买卖合同司法解释》	原《买卖合同司法解释》
的性质、买受人应尽的合理注意义务、检验方法和难易程度、买受人或者检验人所处的具体环境、自身技能以及其他合理因素，依据诚实信用原则进行判断。 民法典第六百二十一条第二款规定的“二年”是最长的合理期限。该期限为不变期间，不适用诉讼时效中止、中断或者延长的规定。	的性质、买受人应尽的合理注意义务、检验方法和难易程度、买受人或者检验人所处的具体环境、自身技能以及其他合理因素，依据诚实信用原则进行判断。 合同法第一百五十八条第二款规定的“两年”是最长的合理期间。该期间为不变期间，不适用诉讼时效中止、中断或者延长的规定。

第六百二十三条　【标的物数量和外观瑕疵检验】当事人对检验期限未作约定，买受人签收的送货单、确认单等载明标的物数量、型号、规格的，推定买受人已经对数量和外观瑕疵进行检验，但是有相关证据足以推翻的除外。

第六百二十四条　【向第三人履行情形的检验标准】出卖人依照买受人的指示向第三人交付标的物，出卖人和买受人约定的检验标准与买受人和第三人约定的检验标准不一致的，以出卖人和买受人约定的检验标准为准。

第六百二十五条　【法定或约定情形下出卖人的回收义务】依照法律、行政法规的规定或者按照当事人的约定，标的物在有效使用年限届满后应予回收的，出卖人负有自行或者委托第三人对标的物予以回收的义务。

关联法规参见

▶**法律：**《民法典合同编》第558条。

第六百二十六条　【买受人应支付价款的数额认定】买受人应当按照约定的数额和支付方式支付价款。对价款的数额和支付方式没有约定或者约定不明确的，适用本法第五百一十条、第五百一十一条第二项和第五项的规定。

关联法规参见

▶**法律：**《民法典合同编》第510条、第511条。

▶**国际条约：**《联合国国际货物销售合同公约》第53条至第55条。

司法解释适用

《最高人民法院关于审理买卖合同纠纷案件适用法律问题的解释》（法释〔2020〕17号修改）

新《买卖合同司法解释》	原《买卖合同司法解释》
第十五条　买受人依约保留部分价款作为质量保证金，出卖人在质量保证期未及时解决质量问题而影响标的物的价值或者使用效果，出卖人主张支付该部分价款的，人民法院不予支持。	**第二十一条**　买受人依约保留部分价款作为质量保证金，出卖人在质量保证期间未及时解决质量问题而影响标的物的价值或者使用效果，出卖人主张支付该部分价款的，人民法院不予支持。
第三十一条（原第四十四条）　出卖人履行交付义务后诉请买受人支付价款，买受人以出卖人违约在先为由提出异议的，人民法院应当按照下列情况分别处理： （一）买受人拒绝支付违约金、拒绝赔偿损失或者主张出卖人应当采取减少价款等补救措施的，属于提出抗辩； （二）买受人主张出卖人应支付违约金、赔偿损失或者要求解除合同的，应当提起反诉。	

第六百二十七条　【买受人支付价款地点】买受人应当按照约定的地点支付价款。对支付地点没有约定或者约定不明确，依据本法第五百一十条的规定仍不能确定的，买受人应当在出卖人的营业地支付；但是，约定支付价款以交付标的物或者交付提取标的物单证为条件的，在交付标的物或者交付提取标的物单证的所在地支付。

关联法规参见

▶**法律：**《民法典合同编》第510条。

▶**国际条约：**《联合国国际货物销售合同公约》第57条。

第六百二十八条　【买受人支付价款的时间】买受人应当按照约定的时间支付价款。对支付时间没有约定或者约定不明确，依据本法第五百一十条的规定仍不能确定的，买受人应当在收到标的物或者提取标的物单证的同时支付。

关联法规参见

▶**法律：**《民法典合同编》第510条。

▶**国际条约：**《联合国国际货物销售合同公约》第58条。

司法解释适用

《最高人民法院关于审理买卖合同纠纷案件适用法律问题的解释》（法释〔2020〕17号修改）

新《买卖合同司法解释》	原《买卖合同司法解释》
第十八条 买卖合同对付款期限作出的变更，不影响当事人关于逾期付款违约金的约定，但该违约金的起算点应当随之变更。 买卖合同约定逾期付款违约金，买受人以出卖人接受价款时未主张逾期付款违约金为由拒绝支付该违约金的，人民法院不予支持。 买卖合同约定逾期付款违约金，但对账单、还款协议等未涉及逾期付款责任，出卖人根据对账单、还款协议等主张欠款时请求买受人依约支付逾期付款违约金的，人民法院应予支持，但对账单、还款协议等明确载有本金及逾期付款利息数额或者已经变更买卖合同中关于本金、利息等约定内容的除外。 买卖合同没有约定逾期付款违约金或者该违约金的计算方法，出卖人以买受人违约为由主张赔偿逾期付款损失，违约行为发生在2019年8月19日之前的，人民法院可以中国人民银行同期同类人民币贷款基准利率为基础，参照逾期罚息利率标准计算；违约行为发生在2019年8月20日之后的，人民法院可以违约行为发生时中国人民银行授权全国银行间同业拆借中心公布的一年期贷款市场报价利率（LPR）标准为基础，加计30—50%计算逾期付款损失。	**第二十四条** 买卖合同对付款期限作出的变更，不影响当事人关于逾期付款违约金的约定，但该违约金的起算点应当随之变更。 买卖合同约定逾期付款违约金，买受人以出卖人接受价款时未主张逾期付款违约金为由拒绝支付该违约金的，人民法院不予支持。 买卖合同约定逾期付款违约金，但对账单、还款协议等未涉及逾期付款责任，出卖人根据对账单、还款协议等主张欠款时请求买受人依约支付逾期付款违约金的，人民法院应予支持，但对账单、还款协议等明确载有本金及逾期付款利息数额或者已经变更买卖合同中关于本金、利息等约定内容的除外。 买卖合同没有约定逾期付款违约金或者该违约金的计算方法，出卖人以买受人违约为由主张赔偿逾期付款损失的，人民法院可以中国人民银行同期同类人民币贷款基准利率为基础，参照逾期罚息利率标准计算。

第六百二十九条 【出卖人多交标的物的处理】出卖人多交标的物的，买受人可以接收或者拒绝接收多交的部分。买受人接收多交部分的，按照约定的价格支付价款；买受人拒绝接收多交部分的，应当及时通知出卖人。

司法解释适用

《最高人民法院关于审理买卖合同纠纷案件适用法律问题的解释》（法释〔2020〕17号修改）

新《买卖合同司法解释》	原《买卖合同司法解释》
第三条　根据民法典第六百二十九条的规定，买受人拒绝接收多交部分标的物的，可以代为保管多交部分标的物。买受人主张出卖人负担代为保管期间的合理费用的，人民法院应予支持。 买受人主张出卖人承担代为保管期间非因买受人故意或者重大过失造成的损失的，人民法院应予支持。	**第六条**　根据合同法第一百六十二条的规定，买受人拒绝接收多交部分标的物的，可以代为保管多交部分标的物。买受人主张出卖人负担代为保管期间的合理费用的，人民法院应予支持。 买受人主张出卖人承担代为保管期间非因买受人故意或者重大过失造成的损失的，人民法院应予支持。

《最高人民法院关于审理商品房买卖合同纠纷案件适用法律若干问题的解释》（法释〔2020〕17号修改）

新《商品房买卖合同纠纷司法解释》	原《商品房买卖合同纠纷司法解释》
删除条文 ~~**第十四条**　出卖人交付使用的房屋套内建筑面积或者建筑面积与商品房买卖合同约定面积不符，合同有约定的，按照约定处理；合同没有约定或者约定不明确的，按照以下原则处理：~~ ~~（一）面积误差比绝对值在3%以内（含3%），按照合同约定的价格据实结算，买受人请求解除合同的，不予支持；~~ ~~（二）面积误差比绝对值超出3%，买受人请求解除合同、返还已付购房款及利息的，应予支持。买受人同意继续履行合同，房屋实际面积大于合同约定面积的，面积误差比在3%以内（含3%）部分的房价款由买受人按照约定的价格补足，面积误差比超出3%部分的房价款由出卖人承担，所有权归买受人；房屋实际面积小于合同约定面积的，面积误差比在3%以内（含3%）部分的房价款及利息由出卖人返还买受人，面积误差比超过3%部分的房价款由出卖人双倍返还买受人。~~	

第六百三十条　【买卖合同标的物孳息的归属】标的物在交付之前产生的孳息，归出卖人所有；交付之后产生的孳息，归买受人所有。但是，当事人另有约定的除外。

关联法规参见

▶**法律**：《民法典物权编》第321条。

第630条

第六百三十一条　【标的物的主物、从物不符约定解除合同的效力】因标的物的主物不符合约定而解除合同的，解除合同的效力及于从物。因标的物的从物不符合约定被解除的，解除的效力不及于主物。

关联法规参见

▶**法律**：《民法典物权编》第320条。

第六百三十二条　【数物买卖合同的解除】标的物为数物，其中一物不符合约定的，买受人可以就该物解除。但是，该物与他物分离使标的物的价值显受损害的，买受人可以就数物解除合同。

第六百三十三条　【分批交付标的物的情况下解除合同的情形】出卖人分批交付标的物的，出卖人对其中一批标的物不交付或者交付不符合约定，致使该批标的物不能实现合同目的的，买受人可以就该批标的物解除。

出卖人不交付其中一批标的物或者交付不符合约定，致使之后其他各批标的物的交付不能实现合同目的的，买受人可以就该批以及之后其他各批标的物解除。

买受人如果就其中一批标的物解除，该批标的物与其他各批标的物相互依存的，可以就已经交付和未交付的各批标的物解除。

第六百三十四条　【分期付款买卖合同出卖人的法定解除权】分期付款的买受人未支付到期价款的数额达到全部价款的五分之一，经催告后在合理期限内仍未支付到期价款的，出卖人可以请求买受人支付全部价款或者解除合同。

出卖人解除合同的，可以向买受人请求支付该标的物的使用费。

司法解释适用

《最高人民法院关于审理买卖合同纠纷案件适用法律问题的解释》（法释〔2020〕17号修改）

新《买卖合同司法解释》	原《买卖合同司法解释》
第二十七条　民法典第六百三十四条第一款规定的“分期付款”，系指买受人将应付的总价款在一定期限内至少分三次向出卖人支付。	**第三十八条**　合同法第一百六十七条第一款规定的“分期付款”，系指买受人将应付的总价款在一定期间内至少分三次向出卖人支付。

新《买卖合同司法解释》	原《买卖合同司法解释》
分期付款买卖合同的约定违反民法典第六百三十四条第一款的规定，损害买受人利益，买受人主张该约定无效的，人民法院应予支持。	分期付款买卖合同的约定违反合同法第一百六十七条第一款的规定，损害买受人利益，买受人主张该约定无效的，人民法院应予支持。
第二十八条（原第三十九条）　分期付款买卖合同约定出卖人在解除合同时可以扣留已受领价金，出卖人扣留的金额超过标的物使用费以及标的物受损赔偿额，买受人请求返还超过部分的，人民法院应予支持。 当事人对标的物的使用费没有约定的，人民法院可以参照当地同类标的物的租金标准确定。	

权威案例指引

▶**指导性案例**

汤长龙诉周士海股权转让纠纷案，指导案例67号（2016年9月19日）

裁判要点：有限责任公司的股权分期支付转让款中发生股权受让人延迟或者拒付等违约情形，股权转让人要求解除双方签订的股权转让合同的，不适用《中华人民共和国合同法》第一百六十七条关于分期付款买卖中出卖人在买受人未支付到期价款的金额达到合同全部价款的五分之一时即可解除合同的规定。

第六百三十五条　【凭样品买卖合同】凭样品买卖的当事人应当封存样品，并可以对样品质量予以说明。出卖人交付的标的物应当与样品及其说明的质量相同。

关联法规参见

▶**国际条约：**《联合国国际货物销售合同公约》第35条。

司法解释适用

《最高人民法院关于审理买卖合同纠纷案件适用法律问题的解释》（法释〔2020〕17号修改）

新《买卖合同司法解释》	原《买卖合同司法解释》
第二十九条（原第四十条）　合同约定的样品质量与文字说明不一致且发生纠纷时当事人不能达成合意，样品封存后外观和内在品质没有发生变化的，人民法院应当以样品为准；外观和内在品质发生变化，或者当事人对是否发生变化有争议而又无法查明的，人民法院应当以文字说明为准。	

第六百三十六条　【凭样品买卖合同样品存在隐蔽瑕疵的处理】凭样品买卖的买受人不知道样品有隐蔽瑕疵的，即使交付的标的物与样品相同，出卖人交付的标的物的质量仍然应当符合同种物的通常标准。

司法解释适用

《最高人民法院关于审理买卖合同纠纷案件适用法律问题的解释》（法释〔2020〕17号修改）

<table>
<tr><th>新《买卖合同司法解释》</th><th>原《买卖合同司法解释》</th></tr>
<tr><td colspan="2">第二十九条（原第四十条）　合同约定的样品质量与文字说明不一致且发生纠纷时当事人不能达成合意，样品封存后外观和内在品质没有发生变化的，人民法院应当以样品为准；外观和内在品质发生变化，或者当事人对是否发生变化有争议而又无法查明的，人民法院应当以文字说明为准。</td></tr>
</table>

第六百三十七条　【试用买卖合同】试用买卖的当事人可以约定标的物的试用期限。对试用期限没有约定或者约定不明确，依据本法第五百一十条的规定仍不能确定的，由出卖人确定。

关联法规参见

▶**法律：**《民法典合同编》第510条。

司法解释适用

《最高人民法院关于审理买卖合同纠纷案件适用法律问题的解释》（法释〔2020〕17号修改）

新《买卖合同司法解释》	原《买卖合同司法解释》
第三十条　买卖合同存在下列约定内容之一的，不属于试用买卖。买受人主张属于试用买卖的，人民法院不予支持： （一）约定标的物经过试用或者检验符合一定要求时，买受人应当购买标的物； （二）约定第三人经试验对标的物认可时，买受人应当购买标的物； （三）约定买受人在一定期限内可以调换标的物； （四）约定买受人在一定期限内可以退还标的物。	**第四十二条**　买卖合同存在下列约定内容之一的，不属于试用买卖。买受人主张属于试用买卖的，人民法院不予支持： （一）约定标的物经过试用或者检验符合一定要求时，买受人应当购买标的物； （二）约定第三人经试验对标的物认可时，买受人应当购买标的物； （三）约定买受人在一定期间内可以调换标的物； （四）约定买受人在一定期间内可以退还标的物。

新《买卖合同司法解释》	原《买卖合同司法解释》
删除条文 ~~**第四十三条**　试用买卖的当事人没有约定使用费或者约定不明确，出卖人主张买受人支付使用费的，人民法院不予支持。~~	

第六百三十八条　【试用买卖中买受人对标的物的购买；同意购买的推定】 试用买卖的买受人在试用期内可以购买标的物，也可以拒绝购买。试用期限届满，买受人对是否购买标的物未作表示的，视为购买。

试用买卖的买受人在试用期内已经支付部分价款或者对标的物实施出卖、出租、设立担保物权等行为的，视为同意购买。

司法解释适用

《最高人民法院关于审理买卖合同纠纷案件适用法律问题的解释》（法释〔2020〕17号修改）

新《买卖合同司法解释》	原《买卖合同司法解释》
删除条文 ~~**第四十一条**　试用买卖的买受人在试用期内已经支付一部分价款的，人民法院应当认定买受人同意购买，但合同另有约定的除外。~~ ~~在试用期内，买受人对标的物实施了出卖、出租、设定担保物权等非试用行为的，人民法院应当认定买受人同意购买。~~	
第三十条　买卖合同存在下列约定内容之一的，不属于试用买卖。买受人主张属于试用买卖的，人民法院不予支持： （一）约定标的物经过试用或者检验符合一定要求时，买受人应当购买标的物； （二）约定第三人经试验对标的物认可时，买受人应当购买标的物； （三）约定买受人在一定期限内可以调换标的物； （四）约定买受人在一定期限内可以退还标的物。	**第四十二条**　买卖合同存在下列约定内容之一的，不属于试用买卖。买受人主张属于试用买卖的，人民法院不予支持： （一）约定标的物经过试用或者检验符合一定要求时，买受人应当购买标的物； （二）约定第三人经试验对标的物认可时，买受人应当购买标的物； （三）约定买受人在一定期间内可以调换标的物； （四）约定买受人在一定期间内可以退还标的物。

第六百三十九条　【试用买卖中标的物使用费的承担】试用买卖的当事人对标的物使用费没有约定或者约定不明确的，出卖人无权请求买受人支付。

第六百四十条　【试用买卖中的风险承担】标的物在试用期内毁损、灭失的风险由出卖人承担。

第六百四十一条　【标的物所有权保留条款】当事人可以在买卖合同中约定买受人未履行支付价款或者其他义务的，标的物的所有权属于出卖人。

出卖人对标的物保留的所有权，未经登记，不得对抗善意第三人。

司法解释适用

《最高人民法院关于适用〈中华人民共和国民法典〉有关担保制度的解释》（法释〔2020〕28号）

《民法典担保制度司法解释》	原《担保法司法解释》
新增条文 **第五十七条**　担保人在设立动产浮动抵押并办理抵押登记后又购入或者以融资租赁方式承租新的动产，下列权利人为担保价款债权或者租金的实现而订立担保合同，并在该动产交付后十日内办理登记，主张其权利优先于在先设立的浮动抵押权的，人民法院应予支持： （一）在该动产上设立抵押权或者保留所有权的出卖人； （二）为价款支付提供融资而在该动产上设立抵押权的债权人； （三）以融资租赁方式出租该动产的出租人。 买受人取得动产但未付清价款或者承租人以融资租赁方式占有租赁物但是未付清全部租金，又以标的物为他人设立担保物权，前款所列权利人为担保价款债权或者租金的实现而订立担保合同，并在该动产交付后十日内办理登记，主张其权利优先于买受人为他人设立的担保物权的，人民法院应予支持。 同一动产上存在多个价款优先权的，人民法院应当按照登记的时间先后确定清偿顺序。 **第六十七条**　在所有权保留买卖、融资租赁等合同中，出卖人、出租人的所有权未经登记不得对抗的"善意第三人"的范围及其效力，参照本解释第五十四条的规定处理。	

《最高人民法院关于适用〈中华人民共和国企业破产法〉若干问题的规定（二）》（法释〔2020〕18 号修改）

<table>
<tr><th>新《企业破产法司法解释（二）》</th><th>原《企业破产法司法解释（二）》</th></tr>
<tr><td colspan="2">第二条（原第二条）　下列财产不应认定为债务人财产：
（一）债务人基于仓储、保管、承揽、代销、借用、寄存、租赁等合同或者其他法律关系占有、使用的他人财产；
（二）债务人在所有权保留买卖中尚未取得所有权的财产；
（三）所有权专属于国家且不得转让的财产；
（四）其他依照法律、行政法规不属于债务人的财产。</td></tr>
<tr><td colspan="2">第三十四条（原第三十四条）　买卖合同双方当事人在合同中约定标的物所有权保留，在标的物所有权未依法转移给买受人前，一方当事人破产的，该买卖合同属于双方均未履行完毕的合同，管理人有权依据企业破产法第十八条的规定决定解除或者继续履行合同。</td></tr>
<tr><td colspan="2">第三十五条（原第三十五条）　出卖人破产，其管理人决定继续履行所有权保留买卖合同的，买受人应当按照原买卖合同的约定支付价款或者履行其他义务。
买受人未依约支付价款或者履行完毕其他义务，或者将标的物出卖、出质或者作出其他不当处分，给出卖人造成损害，出卖人管理人依法主张取回标的物的，人民法院应予支持。但是，买受人已经支付标的物总价款百分之七十五以上或者第三人善意取得标的物所有权或者其他物权的除外。
因本条第二款规定未能取回标的物，出卖人管理人依法主张买受人继续支付价款、履行完毕其他义务，以及承担相应赔偿责任的，人民法院应予支持。</td></tr>
<tr><td colspan="2">第三十六条（原第三十六条）　出卖人破产，其管理人决定解除所有权保留买卖合同，并依据企业破产法第十七条的规定要求买受人向其交付买卖标的物的，人民法院应予支持。
买受人以其不存在未依约支付价款或者履行完毕其他义务，或者将标的物出卖、出质或者作出其他不当处分情形抗辩的，人民法院不予支持。
买受人依法履行合同义务并依据本条第一款将买卖标的物交付出卖人管理人后，买受人已支付价款损失形成的债权作为共益债务清偿。但是，买受人违反合同约定，出卖人管理人主张上述债权作为普通破产债权清偿的，人民法院应予支持。</td></tr>
<tr><td>第三十七条　买受人破产，其管理人决定继续履行所有权保留买卖合同的，原买卖合同中约定的买受人支付价款或者履行其他义务的期限在破产申请受理时视为到期，买受人管理人应当及时向出卖人支付价款或者履行其他义务。
买受人管理人无正当理由未及时支付价款或者履行完毕其他义务，或者将标的物出卖、出质或者作出其他不当处分，给出</td><td>第三十七条　买受人破产，其管理人决定继续履行所有权保留买卖合同的，原买卖合同中约定的买受人支付价款或者履行其他义务的期限在破产申请受理时视为到期，买受人管理人应当及时向出卖人支付价款或者履行其他义务。
买受人管理人无正当理由未及时支付价款或者履行完毕其他义务，或者将标的物出卖、出质或者作出其他不当处分，给出</td></tr>
</table>

新《企业破产法司法解释（二）》	原《企业破产法司法解释（二）》
卖人造成损害，出卖人依据民法典第六百四十一条等规定主张取回标的物的，人民法院应予支持。但是，买受人已支付标的物总价款百分之七十五以上或者第三人善意取得标的物所有权或者其他物权的除外。 因本条第二款规定未能取回标的物，出卖人依法主张买受人继续支付价款、履行完毕其他义务，以及承担相应赔偿责任的，人民法院应予支持。对因买受人未支付价款或者未履行完毕其他义务，以及买受人管理人将标的物出卖、出质或者作出其他不当处分导致出卖人损害产生的债务，出卖人主张作为共益债务清偿的，人民法院应予支持。	卖人造成损害，出卖人依据合同法第一百三十四条等规定主张取回标的物的，人民法院应予支持。但是，买受人已支付标的物总价款百分之七十五以上或者第三人善意取得标的物所有权或者其他物权的除外。 因本条第二款规定未能取回标的物，出卖人依法主张买受人继续支付价款、履行完毕其他义务，以及承担相应赔偿责任的，人民法院应予支持。对因买受人未支付价款或者未履行完毕其他义务，以及买受人管理人将标的物出卖、出质或者作出其他不当处分导致出卖人损害产生的债务，出卖人主张作为共益债务清偿的，人民法院应予支持。
第三十八条（原第三十八条） 买受人破产，其管理人决定解除所有权保留买卖合同，出卖人依据企业破产法第三十八条的规定主张取回买卖标的物的，人民法院应予支持。 出卖人取回买卖标的物，买受人管理人主张出卖人返还已支付价款的，人民法院应予支持。取回的标的物价值明显减少给出卖人造成损失的，出卖人可从买受人已支付价款中优先予以抵扣后，将剩余部分返还给买受人；对买受人已支付价款不足以弥补出卖人标的物价值减损损失形成的债权，出卖人主张作为共益债务清偿的，人民法院应予支持。	

第
642
条

《最高人民法院关于审理买卖合同纠纷案件适用法律问题的解释》（法释〔2020〕17号修改）

新《买卖合同司法解释》	原《买卖合同司法解释》
第二十五条 买卖合同当事人主张民法典第六百四十一条关于标的物所有权保留的规定适用于不动产的，人民法院不予支持。	**第三十四条** 买卖合同当事人主张合同法第一百三十四条关于标的物所有权保留的规定适用于不动产的，人民法院不予支持。

第六百四十二条 【所有权保留中出卖人的取回权】 当事人约定出卖人保留合同标的物的所有权，在标的物所有权转移前，买受人有下列情形之一，造成出卖人损害的，除当事人另有约定外，出卖人有权取回标的物：

（一）未按照约定支付价款，经催告后在合理期限内仍未支付；

（二）未按照约定完成特定条件；

（三）将标的物出卖、出质或者作出其他不当处分。

出卖人可以与买受人协商取回标的物；协商不成的，可以参照适用担保物权的实现程序。

关联法规参见

▶**法律**：《民法典物权编》第394条、第396条、第410条、第436条至第438条。

司法解释适用

《最高人民法院关于适用〈中华人民共和国民法典〉有关担保制度的解释》（法释〔2020〕28号）

《民法典担保制度司法解释》	原《担保法司法解释》
新增条文 **第六十四条** 在所有权保留买卖中，出卖人依法有权取回标的物，但是与买受人协商不成，当事人请求参照民事诉讼法“实现担保物权案件”的有关规定，拍卖、变卖标的物的，人民法院应予准许。 出卖人请求取回标的物，符合民法典第六百四十二条规定的，人民法院应予支持；买受人以抗辩或者反诉的方式主张拍卖、变卖标的物，并在扣除买受人未支付的价款以及必要费用后返还剩余款项的，人民法院应当一并处理。	

《最高人民法院关于审理买卖合同纠纷案件适用法律问题的解释》（法释〔2020〕17号修改）

新《买卖合同司法解释》	原《买卖合同司法解释》
第二十六条 买受人已经支付标的物总价款的百分之七十五以上，出卖人主张取回标的物的，人民法院不予支持。 在民法典第六百四十二条第一款第三项情形下，第三人依据民法典第三百一十一条的规定已经善意取得标的物所有权或者其他物权，出卖人主张取回标的物的，人民法院不予支持。	**第三十六条** 买受人已经支付标的物总价款的百分之七十五以上，出卖人主张取回标的物的，人民法院不予支持。 在本解释第三十五条第一款第（三）项情形下，第三人依据物权法第一百零六条的规定已经善意取得标的物所有权或者其他物权，出卖人主张取回标的物的，人民法院不予支持。

第六百四十三条 【已取回标的物的回赎；已取回标的物的再出】 出卖人依据前条第一款的规定取回标的物后，买受人在双方约定或者出卖人指定的合理回赎期限内，消除出卖人取回标的物的事由的，可以请求回赎标的物。

买受人在回赎期限内没有回赎标的物，出卖人可以以合理价格将标的物出卖给第三人，出卖所得价款扣除买受人未支付的价款以及必要费用后仍有剩余的，应当返还买受人；不足部分由买受人清偿。

司法解释适用

《最高人民法院关于适用〈中华人民共和国民法典〉有关担保制度的解释》（法释〔2020〕28号）

《民法典担保制度司法解释》	原《担保法司法解释》
新增条文 **第六十四条** 在所有权保留买卖中，出卖人依法有权取回标的物，但是与买受人协商不成，当事人请求参照民事诉讼法“实现担保物权案件”的有关规定，拍卖、变卖标的物的，人民法院应予准许。 出卖人请求取回标的物，符合民法典第六百四十二条规定的，人民法院应予支持；买受人以抗辩或者反诉的方式主张拍卖、变卖标的物，并在扣除买受人未支付的价款以及必要费用后返还剩余款项的，人民法院应当一并处理。	

第六百四十四条 【招标投标买卖合同】招标投标买卖的当事人的权利和义务以及招标投标程序等，依照有关法律、行政法规的规定。

关联法规参见

▶**法律**：《招标投标法》第8条至第48条。

▶**行政法规**：《招标投标法实施条例》第7条至第59条。

第六百四十五条 【拍卖合同】拍卖的当事人的权利和义务以及拍卖程序等，依照有关法律、行政法规的规定。

关联法规参见

▶**法律**：《拍卖法》。

权威案例指引

▶**公报案例**

《青海红鼎房地产有限公司与青海省国有资产投资管理有限公司、青海省产权交易市场确认合同有效纠纷案》，《最高人民法院公报》2017年第3期

裁判摘要：一、网络竞价交易具有即时性和公开性的特点，产权人、竞买人、竞买组织方均应严格遵守相关交易规则。虽然网络竞价系统自动生成《竞价结果通知单》，但因违反交易规则，不能形成有效承诺的，交易依法不能成立。

二、网络竞拍是拍卖的一种特殊形式，在其有特别规定时依其规定，在无特别规定时，可以适用《拍卖法》的一般规定。

《曾意龙与江西金马拍卖有限公司、中国银行股份有限公司上饶市分行、徐声炬拍卖纠纷案》，《最高人民法院公报》2006 年第 1 期

裁判摘要：根据合同法、拍卖法的有关规定，拍卖是以公开竞价的形式，将特定物品或者财产权利转让给最高应价者的买卖方式，拍卖活动必须遵守法律规定和行业惯例，必须符合公平、公正的原则。在拍卖活动中，拍卖师的拍卖行为违反法律规定和行业习惯做法，侵害有关竞买人的合法权益的，应认定其拍卖行为无效。

第六百四十六条　【买卖合同准用于有偿合同；有偿合同参照买卖合同】法律对其他有偿合同有规定的，依照其规定；没有规定的，参照适用买卖合同的有关规定。

司法解释适用

《最高人民法院关于审理买卖合同纠纷案件适用法律问题的解释》（法释〔2020〕17 号修改）

新《买卖合同司法解释》	原《买卖合同司法解释》
第三十二条　法律或者行政法规对债权转让、股权转让等权利转让合同有规定的，依照其规定；没有规定的，人民法院可以根据民法典第四百六十七条和第六百四十六条的规定，参照适用买卖合同的有关规定。 权利转让或者其他有偿合同参照适用买卖合同的有关规定的，人民法院应当首先引用民法典第六百四十六条的规定，再引用买卖合同的有关规定。	**第四十五条**　法律或者行政法规对债权转让、股权转让等权利转让合同有规定的，依照其规定；没有规定的，人民法院可以根据合同法第一百二十四条和第一百七十四条的规定，参照适用买卖合同的有关规定。 权利转让或者其他有偿合同参照适用买卖合同的有关规定的，人民法院应当首先引用合同法第一百七十四条的规定，再引用买卖合同的有关规定。
第三十三条（原第四十六条）　本解释施行前本院发布的有关购销合同、销售合同等有偿转移标的物所有权的合同的规定，与本解释抵触的，自本解释施行之日起不再适用。 本解释施行后尚未终审的买卖合同纠纷案件，适用本解释；本解释施行前已经终审，当事人申请再审或者按照审判监督程序决定再审的，不适用本解释。	

第六百四十七条　【易货交易参照买卖合同】当事人约定易货交易，转移标的物的所有权的，参照适用买卖合同的有关规定。

关联法规参见

▶**法律：**《民法典合同编》第 598 条至第 618 条。

第十章 供用电、水、气、热力合同

第六百四十八条 【供用电合同的概念】供用电合同是供电人向用电人供电，用电人支付电费的合同。

向社会公众供电的供电人，不得拒绝用电人合理的订立合同要求。

关联法规参见

▶法律：《电力法》第 26 条、第 27 条。

▶行政法规：《电力供应与使用条例》第 32 条、第 35 条。

第六百四十九条 【供用电合同的内容】供用电合同的内容一般包括供电的方式、质量、时间，用电容量、地址、性质，计量方式，电价、电费的结算方式，供用电设施的维护责任等条款。

关联法规参见

▶法律：《电力法》第 27 条至第 28 条、第 33 条、第 35 条至第 45 条。

▶行政法规：《电力供应与使用条例》第 32 条至第 34 条。

权威案例指引

▶公报案例

《盐城市天孜食品有限公司诉盐城市自来水有限公司供用水合同纠纷案》，《最高人民法院公报》2020 年第 3 期

裁判摘要：在供水合同关系中，供水方自来水公司承担的安装、更换、维修水表以及供水等义务是一种公共服务。用水方系被动接受水表和计量结果。水表更换前后，在用水方生产量基本不变且无管道跑水故障的情况下，水表显示用于生产的用水量却大幅增加，有悖常理。由此引发争议时，人民法院应当根据民事诉讼证明原则和日常经验法则，对案件事实作出综合判断并公平合理地确定计算方法和损失数额。

第六百五十条 【供用电合同的履行地点】供用电合同的履行地点，按照当事人约定；当事人没有约定或者约定不明确的，供电设施的产权分界处为履行地点。

第六百五十一条 【供电人的安全供电义务】供电人应当按照国家规定的供电质量标准和约定安全供电。供电人未按照国家规定的供电质量标准和约定安全供电，造成用电人损失的，应当承担赔偿责任。

关联法规参见

▶**法律**：《电力法》第28条、第59条、第60条。

▶**行政法规**：《电力供应与使用条例》第19条至第22条、第34条。

第六百五十二条　【供电人中断供电时的通知义务和赔偿责任】供电人因供电设施计划检修、临时检修、依法限电或者用电人违法用电等原因，需要中断供电时，应当按照国家有关规定事先通知用电人；未事先通知用电人中断供电，造成用电人损失的，应当承担赔偿责任。

关联法规参见

▶**法律**：《电力法》第29条。

▶**行政法规**：《电力供应与使用条例》第28条。

权威案例指引

▶**典型案例**

《锦州市自来水总公司与锦州市古塔区古塔宾馆供用水合同纠纷》，《关于依法平等保护非公有制经济，促进非公有制经济健康发展民事商事典型案例之五》(2016年4月8日)

典型意义：本案是人民法院依法审理供用水合同纠纷，保护非公有制企业正常生产经营的典型案例。用水、用电是企业正常生产经营的基础，因此，对于非公有制企业在生产经营活动中发生的用水、用电纠纷，要及时依法审理，保证企业的正常生产经营。本案中，自来水公司在没有正当理由的情况下擅自停止供水，给古塔宾馆的正常经营带来很大影响。人民法院受理古塔宾馆的起诉后，依法及时审理了该案，判决自来水公司在判决生效后立即恢复供水，有效维护了古塔宾馆的合法权益。

第六百五十三条　【供电人抢修义务】因自然灾害等原因断电，供电人应当按照国家有关规定及时抢修；未及时抢修，造成用电人损失的，应当承担赔偿责任。

关联法规参见

▶**法律**：《电力法》第30条。

第六百五十四条　【用电人交付电费的义务和逾期交付电费的违约责任】用电人应当按照国家有关规定和当事人的约定及时支付电费。用电人逾期不支付电费的，应当按照约定支付违约金。经催告用电人在合理期限内仍不支付电费和违约金的，供电人可以按照国家规定的程序中止供电。

供电人依据前款规定中止供电的，应当事先通知用电人。

关联法规参见

▶**法律**：《电力法》第33条。

▶**行政法规**：《电力供应与使用条例》第23条至第26条、第34条。

第六百五十五条　【用电人安全用电义务】用电人应当按照国家有关规定和当事人的约定安全、节约和计划用电。用电人未按照国家有关规定和当事人的约定用电，造成供电人损失的，应当承担赔偿责任。

关联法规参见

▶**法律**：《电力法》第31条、第32条、第59条、第60条。

▶**行政法规**：《电力供应与使用条例》第29条至第31条。

第六百五十六条　【供用水、供用气、供用热力合同参照适用供用电合同的规定】供用水、供用气、供用热力合同，参照适用供用电合同的有关规定。

关联法规参见

▶**行政法规**：《城市供水条例》第2条至第32条，《城镇燃气管理条例》第14条至第32条。

权威案例指引

▶**公报案例**

《高尔夫（南京）房地产有限公司诉吴咏梅供用热力合同纠纷案》，《最高人民法院公报》2012年第12期

裁判摘要：非集中供热地区，开发商向业主出售的商品房含有供热设施，且约定由开发商向业主供热，开发商负有强制缔约义务，是否解除供热合同应由业主或者业主大会决定。

第十一章　赠与合同

第六百五十七条　【赠与合同的概念】赠与合同是赠与人将自己的财产无偿给予受赠人，受赠人表示接受赠与的合同。

司法解释适用

《最高人民法院关于夫妻一方未经对方同意将共有房屋赠与他人属于夫妻另一方的部分应属无效的批复》

浙江省高级人民法院：

你院1987年3月7日关于王棣华等人与王庆贞、朱亚英房屋继承一案的请示报告已悉。

据你院调查，王棣华等人与王庆贞、朱亚英诉争的房屋，原系王镛、王庆贞、王守瑜母亲的奁产，后被王镛舅母出典，1937年由王镛出资回赎，1947年办理了过户手续。1950年8月，杭州市人民政府给王镛颁发了房产证，但该房一直由王镛之妹王守瑜使用、管理。1956年3月，王镛在其妻孙跃文未表示同意的情况下，个人书写“赠与书”和“房地产让渡证明书”，连同房契和个人印章一并交给王守瑜（未办理过户手续）。1960年、1963年，王镛夫妇相继去世。1981年11月，王守瑜在联系出售该房时病故。当月，王庆贞之女朱亚英以1250元价款将房屋出售。王镛之子女王棣华等人得知，诉至法院，要求将该房确认为其父的遗产，予以继承。

经研究，我们认为，该案争执之房屋原系王镛、王守瑜、王庆贞之母的财产。出典后，由王镛于1937年出资赎回，解放后，该房屋确权为王镛所有。在王镛与孙跃文婚姻关系存续期间，夫妻任何一方所得之财产，包括上述房屋，应属夫妻共同财产，夫妻一方在处理共同财产时，应取得另一方的同意。王镛在征求孙跃文意见时，孙明确表示不同意将房屋赠与王守瑜以后在赠与书上又未签字，因此赠与应属无效。但鉴于王守瑜已长期掌管使用，王镛生前曾有过赠与的明确表示，其子女当时也表示同意的历史状况，从实际情况出发，以认定一部分为王镛和孙跃文的遗产，一部分属于王守瑜的遗产为宜。按照继承法的规定，双方的遗产分别由他们各自的法定继承人继承。

第六百五十八条　【赠与的任意撤销及限制】赠与人在赠与财产的权利转移之前可以撤销赠与。

经过公证的赠与合同或者依法不得撤销的具有救灾、扶贫、助残等公益、道德义务性质的赠与合同，不适用前款规定。

关联法规参见

▶**法律：**《慈善法》第34条至第43条，《公益事业捐赠法》第2条至第5条。

司法解释适用

《最高人民法院关于适用〈中华人民共和国民法典〉婚姻家庭编的解释（一）》（法释〔2020〕22号）

《民法典婚姻家庭编司法解释（一）》	原《婚姻法司法解释（三）》
第三十二条　婚前或者婚姻关系存续期间，当事人约定将一方所有的房产赠与另一方或者共有，赠与方在赠与房产变更登记之前撤销赠与，另一方请求判令继续履行的，人民法院可以按照民法典第六百五十八条的规定处理。	**第六条**　婚前或者婚姻关系存续期间，当事人约定将一方所有的房产赠与另一方，赠与方在赠与房产变更登记之前撤销赠与，另一方请求判令继续履行的，人民法院可以按照合同法第一百八十六条的规定处理。

《最高人民法院关于日本人纪平孝诉湖南省人民医院赠与一案的答复》

湖南省高级人民法院：

你院请示的日本人纪平孝诉湖南省人民医院赠与一案，经研究认为，请示报告所谈基本案情清楚，意见明确。我们认为：

日本人纪平孝有向湖南省人民医院赠送汽车的意思表示，湖南省人民医院得知后，经请示批准，也作出了接受赠送的意思表示，随后，双方就赠送汽车一事，各自为赠送和受赠进行了必要的准备工作，车到我国境内后，海关根据海关行政管理法规予以放行和准予免税，是对当事人的出入境的物品，依法实行的海关监管行为，不涉及当事人的出入境的物品的所有权问题。经当事人双方的商定，入境汽车由受赠方派司机帮助开至长沙，这期间，纪平孝多次有返悔的意思表示，车到长沙后，纪平孝没有马上将车交付受赠方，并在拟定的赠送仪式以前，明确反悔，不再赠送，受赠方在纪平孝拿回钥匙情况下，私配钥匙开车办理了上照手续，至纪平孝向湖南省长沙市中级人民法院提起诉讼，要求返还汽车，《民法通则》第七十二条规定："按照合同或者其他合法方式取得财产的，财产所有权从财产交付时起转移，法律另有规定或者当事人另有约定的除外"。本案赠予关系的双方当事人事先没有约定赠予物所有权的转移方式，赠予物所有权只能从交付时起转移。对于这种单方的法律行为，赠予人有权在交付赠予物之前撤销自己的赠予意思表示。根据以上事实和理由，我们认为纪平孝在未交付赠予物之前撤销赠予的意思表示，依我国法律是允许的，因而产生赠予关系不成立的法律效果，纪平孝关于赠与关系不成立，被告应当返还汽车的请求应予支持，如果纪平孝的反悔行为给受赠人造成了直接经济损失，纪平孝应负赔偿损失的责任。关于附条件的问题，我们认为可以不涉及，因为没发生赠与物交付的问题，就谈不上附条件的问题。

另外，如赠与成立，汽车、电脑、天体望远镜等予补税。

权威案例指引

▶典型案例

《于某某诉高某某离婚后财产纠纷案》，《婚姻家庭纠纷典型案例（北京）之一》（2015年11月19日）

典型意义：本案中双方争议的焦点是在离婚协议中约定将夫妻共同共有的房产赠与未成

年子女，离婚后一方在赠与房产变更登记之前是否有权予以撤销。在离婚协议中双方将共同财产赠与未成年子女的约定与解除婚姻关系、子女抚养、共同财产分割、共同债务清偿、离婚损害赔偿等内容互为前提、互为结果，构成了一个整体，是“一揽子”的解决方案。如果允许一方反悔，那么男女双方离婚协议的“整体性”将被破坏。在婚姻关系已经解除且不可逆的情况下如果允许当事人对于财产部分反悔将助长先离婚再恶意占有财产之有违诚实信用的行为，也不利于保护未成年子女的权益。因此，在离婚后一方欲根据《合同法》第一百八十六条第一款之规定单方撤销赠与时亦应取得双方合意，在未征得作为共同共有人的另一方同意的情况下，无权单方撤销赠与。

第六百五十九条　【赠与的财产应依法办理登记等手续】 赠与的财产依法需要办理登记或者其他手续的，应当办理有关手续。

第六百六十条　【赠与人交付赠与物的义务；赠与人故意或重大过失致使赠与财产损毁、灭失的赔偿责任】 经过公证的赠与合同或者依法不得撤销的具有救灾、扶贫、助残等公益、道德义务性质的赠与合同，赠与人不交付赠与财产的，受赠人可以请求交付。

依据前款规定应当交付的赠与财产因赠与人故意或者重大过失致使毁损、灭失的，赠与人应当承担赔偿责任。

第六百六十一条　【附义务的赠与合同】 赠与可以附义务。

赠与附义务的，受赠人应当按照约定履行义务。

关联法规参见

▶**法律：**《民法典继承编》第1144条。

第六百六十二条　【赠与财产存在瑕疵的责任】 赠与的财产有瑕疵的，赠与人不承担责任。附义务的赠与，赠与的财产有瑕疵的，赠与人在附义务的限度内承担与出卖人相同的责任。

赠与人故意不告知瑕疵或者保证无瑕疵，造成受赠人损失的，应当承担赔偿责任。

第六百六十三条　【赠与人的法定撤销情形及撤销权行使期间】 受赠人有下列情形之一的，赠与人可以撤销赠与：

（一）严重侵害赠与人或者赠与人近亲属的合法权益；

（二）对赠与人有扶养义务而不履行；

（三）不履行赠与合同约定的义务。

赠与人的撤销权，自知道或者应当知道撤销事由之日起一年内行使。

司法解释适用

《最高人民法院关于适用〈中华人民共和国民法典〉继承编的解释（一）》
（法释〔2020〕23号）

《民法典继承编司法解释（一）》	原《继承法意见》
第二十九条 附义务的遗嘱继承或者遗赠，如义务能够履行，而继承人、受遗赠人无正当理由不履行，经受益人或者其他继承人请求，人民法院可以取消其接受附义务部分遗产的权利，由提出请求的继承人或者受益人负责按遗嘱人的意愿履行义务，接受遗产。	43. 附义务的遗嘱继承或遗赠，如义务能够履行，而继承人、受遗赠人无正当理由不履行，经受益人或其他继承人请求，人民法院可以取消他接受附义务那部分遗产的权利，由提出请示的继承人或受益人负责按遗嘱人的意愿履行义务，接受遗产。

第六百六十四条 【赠与人的继承人或法定代理人的撤销权】 因受赠人的违法行为致使赠与人死亡或者丧失民事行为能力的，赠与人的继承人或者法定代理人可以撤销赠与。

赠与人的继承人或者法定代理人的撤销权，自知道或者应当知道撤销事由之日起六个月内行使。

第六百六十五条 【撤销赠与的效力】 撤销权人撤销赠与的，可以向受赠人请求返还赠与的财产。

第六百六十六条 【赠与义务的免除】 赠与人的经济状况显著恶化，严重影响其生产经营或者家庭生活的，可以不再履行赠与义务。

第十二章 借款合同

第六百六十七条 【借款合同的定义】 借款合同是借款人向贷款人借款，到期返还借款并支付利息的合同。

司法解释适用

《最高人民法院关于新民间借贷司法解释适用范围问题的批复》

广东省高级人民法院：

你院《关于新民间借贷司法解释有关法律适用问题的请示》（粤高法〔2020〕108号）收悉。经研究，批复如下：

一、关于适用范围问题。经征求金融监管部门意见，由地方金融监管部门监管的小额贷款公司、融资担保公司、区域性股权市场、典当行、融资租赁公司、商业保理公司、地方资产管理公司等七类地方金融组织，属于经金融监管部门批准设立的金融机构，其因从事相关金融业务引发的纠纷，不适用新民间借贷司法解释。

二、其它两问题已在修订后的司法解释中予以明确，请遵照执行。

三、本批复自2021年1月1日起施行。

《最高人民法院关于审理存单纠纷案件的若干规定》（法释〔2020〕18号修改）

<table>
<tr><th>新《存单纠纷规定》</th><th>原《存单纠纷规定》</th></tr>
<tr><td colspan="2">
第六条（原第六条）　对以存单为表现形式的借贷纠纷案件的认定和处理
（一）认定
在出资人直接将款项交与用资人使用，或通过金融机构将款项交与用资人使用，金融机构向出资人出具存单或进账单、对账单或与出资人签订存款合同，出资人从用资人或从金融机构取得或约定取得高额利差的行为中发生的存单纠纷案件，为以存单为表现形式的借贷纠纷案件。但符合本规定第七条所列委托贷款和信托贷款的除外。
（二）处理
以存单为表现形式的借贷，属于违法借贷，出资人收取的高额利差应充抵本金，出资人，金融机构与用资人因参与违法借贷均应当承担相应的民事责任。可分以下几种情况处理：
出资人将款项或票据（以下统称资金）交付给金融机构，金融机构给出资人出具存单或进账单、对账单或与出资人签订存款合同，并将资金自行转给用资人的，金融机构与用资人对偿还出资人本金及利息承担连带责任；利息按人民银行同期存款利率计算至给付之日。
出资人未将资金交付给金融机构，而是依照金融机构的指定将资金直接转给用资人，金融机构给出资人出具存单或进账单、对账单或与出资人签订存款合同的，首先由用资人偿还出资人本金及利息，金融机构对用资人不能偿还出资人本金及利息部分承担补充赔偿责任；利息按人民银行同期存款利率计算至给付之日。
出资人将资金交付给金融机构，金融机构给出资人出具存单或进账单、对账单或与出资人签订存款合同，出资人再指定金融机构将资金转给用资人的，首先由用资人返还出资人本金和利息。利息按人民银行同期存款利率计算至给付之日。金融机构因其帮助违法借贷的过错，应当对用资人不能偿还出资人本金部分承担赔偿责任，但不超过不能偿还本金部分的百分之四十。
出资人未将资金交付给金融机构，而是自行将资金直接转给用资人，金融机构给出资人出具存单或进账单、对账单或与出资人签订存款合同的，首先由用资人返还出资人本金和利息。利息按人民银行同期存款利率计算至给付之日。金融机构因其帮助违法借贷的过错，应当对用资人不能偿还出资人本金部分承担赔偿责任，但不超过不能偿还本金部分的百分之二十。
本条中所称交付，指出资人向金融机构转移现金的占有或出资人向金融机构交付注明出资人或金融机构（包括金融机构的下属部门）为收款人的票据。出资人向金融机构交付有资金数额但未注明收款人的票据的，亦属于本条中所称交付。
如以存单为表现形式的借贷行为确已发生，即使金融机构向出资人出具的存单、进账单、对账单或与出资人签订的存款合同存在虚假、瑕疵，或金融机构工作人员超越权限出具上述凭证等情形，亦不影响人民法院按以上规定对案件进行处理。
</td></tr>
</table>

<table>
<tr><th>新《存单纠纷规定》</th><th>原《存单纠纷规定》</th></tr>
<tr><td colspan="2">（三）当事人的确定
出资人起诉金融机构的，人民法院应通知用资人作为第三人参加诉讼；出资人起诉用资人的，人民法院应通知金融机构作为第三人参加诉讼；公款私存的，人民法院在查明款项的真实所有人基础上，应通知款项的真实所有人为权利人参加诉讼，与存单记载的个人为共同诉讼人。该个人申请退出诉讼的，人民法院可予准许。</td></tr>
<tr><td colspan="2">第七条（原第七条）　对存单纠纷案件中存在的委托贷款关系和信托贷款关系的认定和纠纷的处理
（一）认定
存单纠纷案件中，出资人与金融机构、用资人之间按有关委托贷款的要求签订有委托贷款协议的，人民法院应认定出资人与金融机构间成立委托贷款关系。金融机构向出资人出具的存单或进账单、对账单或与出资人签订的存款合同，均不影响金融机构与出资人间委托贷款关系的成立。出资人与金融机构间签订委托贷款协议后，由金融机构自行确定用资人的，人民法院应认定出资人与金融机构间成立信托贷款关系。
委托贷款协议和信托贷款协议应当用书面形式。口头委托贷款或信托贷款，当事人无异议的，人民法院可予以认定；有其他证据能够证明金融机构与出资人之间确系委托贷款或信托贷款关系的，人民法院亦予以认定。
（二）处理
构成委托贷款的，金融机构出具的存单或进账单、对账单或与出资人签订的存款合同不作为存款关系的证明，借款方不能偿还贷款的风险应当由委托人承担。如有证据证明金融机构出具上述凭证是对委托贷款进行担保的，金融机构对偿还贷款承担连带担保责任。委托贷款中约定的利率超过人民银行规定的部分无效。构成信托贷款的，按人民银行有关信托贷款的规定处理。</td></tr>
</table>

《最高人民法院关于信用社违反商业银行法有关规定所签借款合同是否有效的答复》

河北省高级人民法院：

你院〔1999〕冀经请字第3号《关于信用社违反商业银行法有关规定所签借款合同是否有效的请示》收悉。经研究，答复如下：

《中华人民共和国商业银行法》第三十九条是关于商业银行资产负债比例管理方面的规定。它体现中国人民银行更有效地强化对商业银行（包括信用社）的审慎监管，商业银行（包括信用社）应当依据该条规定对自身的资产负债比例进行内部控制，以实现盈利性、安全性和流动性的经营原则。商业银行（包括信用社）所进行的民事活动如违反该条规定的，人民银行应按照商业银行法的规定进行处罚，但不影响其从事民事活动的主体资格，也不影响其所签订的借款合同的效力。

此复

权威案例指引

▶公报案例

《上海浦东发展银行股份有限公司深圳分行与梅州地中海酒店有限公司等借款合同纠纷案》，《最高人民法院公报》2020 年第 4 期

裁判摘要：委托贷款纳入国家金融监管范围，由金融机构作为贷款人履行相应职责，另一方面又因其资金来源等特性与民间借贷存在相通之处，在不同方面体现出金融借款与民间借贷的特点。在现行法律及司法解释未作明确规定的情况下，可通过分析委托贷款更近似金融借款还是民间借贷的特点，进而确定可参照的规则。鉴于委托贷款系根据委托人的意志确定贷款对象、金额、期限、利率等合同主要条款，且委托人享有贷款利息收益等合同主要权利，同时考虑到委托贷款与民间借贷在资金来源相同的基础上亦可推定其资金成本大致等同人民法院确定委托贷款合同的利率上限时应参照民间借贷的相关规则。

《北京长富投资基金与武汉中森华世纪房地产开发有限公司等委托贷款合同纠纷案》，《最高人民法院公报》2016 年第 11 期

裁判摘要：委托人、受托银行与借款人三方签订委托贷款合同，由委托人提供资金、受托银行根据委托人确定的借款人、用途、金额、币种、期限、利率等代为发放、协助监督使用并收回贷款，受托银行收取代理委托贷款手续费，并不承担信用风险，其实质是委托人与借款人之间的民间借贷。委托贷款合同的效力、委托人与借款人之间的利息、逾期利息、违约金等权利义务均应受有关民间借贷的法律、法规和司法解释的规制。

《峰峰集团有限公司与中国节能投资公司借款合同纠纷案》，《最高人民法院公报》2007 年第 10 期

裁判摘要：当事人因占有使用国家基本建设经营性基金而发生的借款合同纠纷，不属于最高人民法院 1996 年 4 月 2 日法复〔1996〕4 号《关于因政府调整划转企业国有资产引起的纠纷是否受理问题的批复》第一条所规定的“因政府及其所属主管部门在对企业国有资产调整、划转过程中引起相关国有企业之间的纠纷，应由政府或所属国有资产管理部门处理，国有企业作为当事人向人民法院提起民事诉讼的，人民法院不予受理”的情形。当事人就上述借款合同纠纷向人民法院提起民事诉讼的，人民法院应当依法受理。

第六百六十八条　【借款合同的形式和内容】借款合同应当采用书面形式，但是自然人之间借款另有约定的除外。

借款合同的内容一般包括借款种类、币种、用途、数额、利率、期限和还款方式等条款。

关联法规参见

▶**法律：**《商业银行法》第 37 条。

司法解释适用

《最高人民法院关于审理民间借贷案件适用法律若干问题的规定》（法释〔2020〕17号修改）

新《民间借贷案件规定》	原《民间借贷案件规定》
第一条（原第一条） 本规定所称的民间借贷，是指自然人、法人和非法人组织之间进行资金融通的行为。 经金融监管部门批准设立的从事贷款业务的金融机构及其分支机构，因发放贷款等相关金融业务引发的纠纷，不适用本规定。	
第二条（原第二条） 出借人向人民法院提起民间借贷诉讼时，应当提供借据、收据、欠条等债权凭证以及其他能够证明借贷法律关系存在的证据。 当事人持有的借据、收据、欠条等债权凭证没有载明债权人，持有债权凭证的当事人提起民间借贷诉讼的，人民法院应予受理。被告对原告的债权人资格提出有事实依据的抗辩，人民法院经审查认为原告不具有债权人资格的，裁定驳回起诉。	
第十五条（原第十六条） 原告仅依据借据、收据、欠条等债权凭证提起民间借贷诉讼，被告抗辩已经偿还借款的，被告应当对其主张提供证据证明。被告提供相应证据证明其主张后，原告仍应就借贷关系的存续承担举证责任。 被告抗辩借贷行为尚未实际发生并能作出合理说明的，人民法院应当结合借贷金额、款项交付、当事人的经济能力、当地或者当事人之间的交易方式、交易习惯、当事人财产变动情况以及证人证言等事实和因素，综合判断查证借贷事实是否发生。	
第十六条（原第十七条） 原告仅依据金融机构的转账凭证提起民间借贷诉讼，被告抗辩转账系偿还双方之前借款或者其他债务的，被告应当对其主张提供证据证明。被告提供相应证据证明其主张后，原告仍应就借贷关系的成立承担举证责任。	
第十八条（原第十九条） 人民法院审理民间借贷纠纷案件时发现有下列情形之一的，应当严格审查借贷发生的原因、时间、地点、款项来源、交付方式、款项流向以及借贷双方的关系、经济状况等事实，综合判断是否属于虚假民事诉讼： （一）出借人明显不具备出借能力； （二）出借人起诉所依据的事实和理由明显不符合常理； （三）出借人不能提交债权凭证或者提交的债权凭证存在伪造的可能； （四）当事人双方在一定期限内多次参加民间借贷诉讼； （五）当事人无正当理由拒不到庭参加诉讼，委托代理人对借贷事实陈述不清或者陈述前后矛盾； （六）当事人双方对借贷事实的发生没有任何争议或者诉辩明显不符合常理； （七）借款人的配偶或者合伙人、案外人的其他债权人提出有事实依据的异议； （八）当事人在其他纠纷中存在低价转让财产的情形； （九）当事人不正当放弃权利； （十）其他可能存在虚假民间借贷诉讼的情形。	

新《民间借贷案件规定》	原《民间借贷案件规定》
第十九条　经查明属于虚假民间借贷诉讼，原告申请撤诉的，人民法院不予准许，并应当依据民事诉讼法第一百一十二条之规定，判决驳回其请求。 诉讼参与人或者其他人恶意制造、参与虚假诉讼，人民法院应当依据民事诉讼法第一百一十一条、第一百一十二条和第一百一十三条之规定，依法予以罚款、拘留；构成犯罪的，应当移送有管辖权的司法机关追究刑事责任。 单位恶意制造、参与虚假诉讼的，人民法院应当对该单位进行罚款，并可以对其主要负责人或者直接责任人员予以罚款、拘留；构成犯罪的，应当移送有管辖权的司法机关追究刑事责任。	**第二十条**　经查明属于虚假民间借贷诉讼，原告申请撤诉的，人民法院不予准许，并应当依据《中华人民共和国民事诉讼法》第一百一十二条之规定，判决驳回其请求。 诉讼参与人或者其他人恶意制造、参与虚假诉讼，人民法院应当依据《中华人民共和国民事诉讼法》第一百一十一条、第一百一十二条和第一百一十三条之规定，依法予以罚款、拘留；构成犯罪的，应当移送有管辖权的司法机关追究刑事责任。 单位恶意制造、参与虚假诉讼的，人民法院应当对该单位进行罚款，并可以对其主要负责人或者直接责任人员予以罚款、拘留；构成犯罪的，应当移送有管辖权的司法机关追究刑事责任。

《最高人民法院关于依法妥善审理民间借贷纠纷案件促进经济发展维护社会稳定的通知》

七、注意防范、制裁虚假诉讼。人民法院在审理民间借贷纠纷案件过程中，要依法全面、客观地审核双方当事人提交的全部证据，从各证据与案件事实的关联程度、各证据之间的联系等方面进行综合审查判断。对形式有瑕疵的“欠条”或者“收条”，要结合其他证据认定是否存在借贷关系；对现金交付的借贷，可根据交付凭证、支付能力、交易习惯、借贷金额的大小、当事人间关系以及当事人陈述的交易细节经过等因素综合判断。发现有虚假诉讼嫌疑的，要及时依职权或者提请有关部门调查取证，查清事实真相。经查证确属虚假诉讼的，驳回其诉讼请求，并对其妨害民事诉讼的行为依法予以制裁；对于以骗取财物、逃废债务为目的实施虚假诉讼，构成犯罪的，依法追究刑事责任。

第六百六十九条　【借款合同借款人的告知义务】订立借款合同，借款人应当按照贷款人的要求提供与借款有关的业务活动和财务状况的真实情况。

关联法规参见

▶**法律：**《商业银行法》第35条。

第六百七十条　【借款利息不得预先扣除；预先扣除后按实际数额计算借款额度】借款的利息不得预先在本金中扣除。利息预先在本金中扣除的，应当按照实际借款数额返还借款并计算利息。

司法解释适用

《最高人民法院关于审理民间借贷案件适用法律若干问题的规定》（法释〔2020〕17号修改）

新《民间借贷案件规定》	原《民间借贷案件规定》
第二十六条（原第二十七条） 借据、收据、欠条等债权凭证载明的借款金额，一般认定为本金。预先在本金中扣除利息的，人民法院应当将实际出借的金额认定为本金。	

《最高人民法院关于依法妥善审理民间借贷纠纷案件促进经济发展维护社会稳定的通知》

六、依法保护合法的借贷利息。人民法院在审理民间借贷纠纷案件时，要依法保护合法的借贷利息，依法遏制高利贷化倾向。出借人依照合同约定请求支付借款利息的，人民法院应当依据合同法和《最高人民法院关于人民法院审理借贷案件的若干意见》第6条、第7条的规定处理。出借人将利息预先在本金中扣除的，应当按照实际借款数额返还借款并计算利息。当事人仅约定借期内利率，未约定逾期利率，出借人以借期内的利率主张逾期还款利息的，依法予以支持。当事人既未约定借期内利率，也未约定逾期利率的，出借人参照中国人民银行同期同类贷款基准利率，主张自逾期还款之日起的利息损失的，依法予以支持。

第六百七十一条　【贷款人未按照约定提供借款的违约责任；借款人未按照约定收取借款的违约责任】贷款人未按照约定的日期、数额提供借款，造成借款人损失的，应当赔偿损失。

借款人未按照约定的日期、数额收取借款的，应当按照约定的日期、数额支付利息。

关联法规参见

▶**法律：**《商业银行法》第42条。

第六百七十二条　【贷款人对借款使用情况检查、监督的权利】贷款人按照约定可以检查、监督借款的使用情况。借款人应当按照约定向贷款人定期提供有关财务会计报表或者其他资料。

司法解释适用

《最高人民法院关于建设银行重庆观音桥支行与新原兴企业集团有限公司借款合同纠纷一案适用法律问题的请示的答复》

重庆市高级人民法院：

你院《关于建设银行重庆观音桥支行与新原兴企业集团有限公司借款合同纠纷一案适用

法律问题的请示》收悉，经研究，答复如下：

你院请示的建设银行重庆观音桥支行与新原兴企业集团有限公司借款合同纠纷一案，借款合同中约定银行有权对资金使用人使用资金进行监督，借款人将所借款项用于偿还旧贷，不能因合同中有银行有权监督借款人资金使用的约定而减轻或免除借款人的还款责任。

以上意见，供你院审理时参考。

第六百七十三条　【借款人未按照约定的借款用途使用借款的后果】借款人未按照约定的借款用途使用借款的，贷款人可以停止发放借款、提前收回借款或者解除合同。

第六百七十四条　【借款利息支付期限的确定】借款人应当按照约定的期限支付利息。对支付利息的期限没有约定或者约定不明确，依据本法第五百一十条的规定仍不能确定，借款期间不满一年的，应当在返还借款时一并支付；借款期间一年以上的，应当在每届满一年时支付，剩余期间不满一年的，应当在返还借款时一并支付。

关联法规参见

▶**法律**：《民法典合同编》第510条，《商业银行法》第42条。

第六百七十五条　【借款期限的认定】借款人应当按照约定的期限返还借款。对借款期限没有约定或者约定不明确，依据本法第五百一十条的规定仍不能确定的，借款人可以随时返还；贷款人可以催告借款人在合理期限内返还。

关联法规参见

▶**法律**：《民法典合同编》第510条。

第六百七十六条　【借款合同违约责任承担：支付利息】借款人未按照约定的期限返还借款的，应当按照约定或者国家有关规定支付逾期利息。

司法解释适用

《最高人民法院关于审理民间借贷案件适用法律若干问题的规定》（法释〔2020〕17号修改）

新《民间借贷案件规定》	原《民间借贷案件规定》
第二十八条 借贷双方对逾期利率有约定的，从其约定，但是以不超过合同成立时一年期贷款市场报价利率四倍为限。 未约定逾期利率或者约定不明的，人民法院可以区分不同情况处理： （一）既未约定借期内利率，也未约定逾期利率，出借人主张借款人自逾期还款之日起参照当时一年期贷款市场报价利率标准计算的利息承担逾期还款违约责任的，人民法院应予支持； （二）约定了借期内利率但是未约定逾期利率，出借人主张借款人自逾期还款之日起按照借期内利率支付资金占用期间利息的，人民法院应予支持。	**第二十九条** 借贷双方对逾期利率有约定的，从其约定，但是以不超过合同成立时一年期贷款市场报价利率四倍为限。 未约定逾期利率或者约定不明的，人民法院可以区分不同情况处理： （一）既未约定借期内利率，也未约定逾期利率，出借人主张借款人自逾期还款之日起承担逾期还款违约责任的，人民法院应予支持； （二）约定了借期内利率但是未约定逾期利率，出借人主张借款人自逾期还款之日起按照借期内利率支付资金占用期间利息的，人民法院应予支持。
第二十九条（原第三十条） 出借人与借款人既约定了逾期利率，又约定了违约金或者其他费用，出借人可以选择主张逾期利息、违约金或者其他费用，也可以一并主张，但是总计超过合同成立时一年期贷款市场报价利率四倍的部分，人民法院不予支持。	

《最高人民法院关于依法妥善审理民间借贷纠纷案件促进经济发展维护社会稳定的通知》

六、依法保护合法的借贷利息。人民法院在审理民间借贷纠纷案件时，要依法保护合法的借贷利息，依法遏制高利贷化倾向。出借人依照合同约定请求支付借款利息的，人民法院应当依据合同法和《最高人民法院关于人民法院审理借贷案件的若干意见》第6条、第7条的规定处理。出借人将利息预先在本金中扣除的，应当按照实际借款数额返还借款并计算利息。当事人仅约定借期内利率，未约定逾期利率，出借人以借期内的利率主张逾期还款利息的，依法予以支持。当事人既未约定借期内利率，也未约定逾期利率的，出借人参照中国人民银行同期同类贷款基准利率，主张自逾期还款之日起的利息损失的，依法予以支持。

《最高人民法院关于对企业借贷合同借款方逾期不归还借款的应如何处理的批复》

四川省高级人民法院：

你院《关于企业拆借合同期限届满后借款方不归还本金是否计算逾期利息及如何判决的请示》（川高法〔1995〕223号）收悉。经研究，答复如下：

企业借贷合同违反有关金融法规，属无效合同。对于合同期限届满后，借款方逾期不归还本金，当事人起诉到人民法院的，人民法院除应按照最高人民法院法（经）发〔1990〕

27 号《关于审理联营合同纠纷案件若干问题的解答》① 第四条第二项的有关规定判决外，对自双方当事人约定的还款期满之日起，至法院判决确定借款人返还本金期满期间内的利息，应当收缴，该利息按借贷双方原约定的利率计算，如果双方当事人对借款利息未约定，按同期银行贷款利率计算。借款人未按判决确定的期限归还本金的，应当依照《中华人民共和国民事诉讼法》第二百二十九条的规定加倍支付迟延履行期间的利息。

第六百七十七条　【提前偿还借款：实际借款期间计算利息】借款人提前返还借款的，除当事人另有约定外，应当按照实际借款的期间计算利息。

司法解释适用

《最高人民法院关于审理民间借贷案件适用法律若干问题的规定》（法释〔2020〕17 号修改）

新《民间借贷案件规定》	原《民间借贷案件规定》
第三十条（原第三十一条）　借款人可以提前偿还借款，但是当事人另有约定的除外。 借款人提前偿还借款并主张按照实际借款期限计算利息的，人民法院应予支持。	

第六百七十八条　【贷款展期】借款人可以在还款期限届满前向贷款人申请展期；贷款人同意的，可以展期。

司法解释适用

《最高人民法院关于展期贷款超过原贷款期限的效力问题的答复》

上海市高级人民法院：

你院〔1998〕沪高经他字第 36 号“关于展期贷款超过原贷款期限的效力问题的请示”收悉。经研究，答复如下：

展期贷款性质上是对原贷款合同期限的变更。对于展期贷款的期限不符合中国人民银行颁布的“贷款通则”的规定，应否以此认定该展期无效问题，根据我国法律规定，确认合同是否有效，应当依据我国的法律和行政法规，只要展期贷款合同是双方当事人在平等、自愿基础上真实的意思表示，并不违背法律和行政法规的禁止性规定，就应当认定有效。你院请示涉及案件中的担保人的责任，应当依据《中华人民共和国担保法》以及法发〔1994〕8 号《最高人民法院关于审理经济合同纠纷案件有关保证的若干问题的规定》予以确认。

---

① 2020 年 12 月 29 日《最高人民法院关于废止部分司法解释及相关规范性文件的决定》已废止该解答。

第六百七十九条　【自然人之间借款合同的实践性】自然人之间的借款合同，自贷款人提供借款时成立。

司法解释适用

《最高人民法院关于审理民间借贷案件适用法律若干问题的规定》（法释〔2020〕17 号修改）

<table>
<tr><th>新《民间借贷案件规定》</th><th>原《民间借贷案件规定》</th></tr>
<tr><td colspan="2">第九条（原第九条）　自然人之间的借款合同具有下列情形之一的，可以视为合同成立：
（一）以现金支付的，自借款人收到借款时；
（二）以银行转账、网上电子汇款等形式支付的，自资金到达借款人账户时；
（三）以票据交付的，自借款人依法取得票据权利时；
（四）出借人将特定资金账户支配权授权给借款人的，自借款人取得对该账户实际支配权时；
（五）出借人以与借款人约定的其他方式提供借款并实际履行完成时。</td></tr>
<tr><td colspan="2">删除条文
<s>第十条　除自然人之间的借款合同外，当事人主张民间借贷合同自合同成立时生效的，人民法院应予支持，但当事人另有约定或者法律、行政法规另有规定的除外</s>。</td></tr>
</table>

权威案例指引

▶典型案例

《郑某诉冉某民间借贷纠纷案》，《“用公开促公正建设核心价值”主题教育活动合同纠纷典型案例之九》（2015 年 12 月 4 日）

典型意义：大量民间借贷纠纷都是发生于熟人之间，比如朋友、同事、甚至兄弟，在生活当中，熟人之间出于面子、人情等因素的考虑，一般很少写借条以及其他凭证，而一旦对方违约，出借人一般很难拿出有效的直接证据来认定借款行为成立的事实，在这种情况下，法院在判决时应结合各方提供的间接证据，在证据之间能够相互映证、能够形成证据锁链的情况下，对借贷行为予以确认，以维护社会诚信，实现公平正义。

法官提醒：在生活当中，即使是熟人之间，也要留有相关凭证，以免在发生纠纷时无力举证，导致败诉。

第六百八十条　【禁止高利放贷；借款合同利息没有约定或者约定不明的利息规则】禁止高利放贷，借款的利率不得违反国家有关规定。

借款合同对支付利息没有约定的，视为没有利息。

借款合同对支付利息约定不明确，当事人不能达成补充协议的，按照当地或者当事人的交易方式、交易习惯、市场利率等因素确定利息；自然人之间借款的，视为没有利息。

司法解释适用

《最高人民法院关于审理民间借贷案件适用法律若干问题的规定》（法释〔2020〕17号修改）

新《民间借贷案件规定》	原《民间借贷案件规定》
第二十四条（原第二十五条）　借贷双方没有约定利息，出借人主张支付利息的，人民法院不予支持。 自然人之间借贷对利息约定不明，出借人主张支付利息的，人民法院不予支持。除自然人之间借贷的外，借贷双方对借贷利息约定不明，出借人主张利息的，人民法院应当结合民间借贷合同的内容，并根据当地或者当事人的交易方式、交易习惯、市场报价利率等因素确定利息。	
第二十五条（原第二十六条）　出借人请求借款人按照合同约定利率支付利息的，人民法院应予支持，但是双方约定的利率超过合同成立时一年期贷款市场报价利率四倍的除外。 前款所称"一年期贷款市场报价利率"，是指中国人民银行授权全国银行间同业拆借中心自2019年8月20日起每月发布的一年期贷款市场报价利率。	
第二十六条（原第二十七条）　借据、收据、欠条等债权凭证载明的借款金额，一般认定为本金。预先在本金中扣除利息的，人民法院应当将实际出借的金额认定为本金。	
第二十七条（原第二十八条）　借贷双方对前期借款本息结算后将利息计入后期借款本金并重新出具债权凭证，如果前期利率没有超过合同成立时一年期贷款市场报价利率四倍，重新出具的债权凭证载明的金额可认定为后期借款本金。超过部分的利息，不应认定为后期借款本金。 按前款计算，借款人在借款期间届满后应当支付的本息之和，超过以最初借款本金与以最初借款本金为基数、以合同成立时一年期贷款市场报价利率四倍计算的整个借款期间的利息之和的，人民法院不予支持。	
第二十八条　借贷双方对逾期利率有约定的，从其约定，但是以不超过合同成立时一年期贷款市场报价利率四倍为限。	**第二十九条**　借贷双方对逾期利率有约定的，从其约定，但是以不超过合同成立时一年期贷款市场报价利率四倍为限。

第680条

新《民间借贷案件规定》	原《民间借贷案件规定》
未约定逾期利率或者约定不明的，人民法院可以区分不同情况处理： （一）既未约定借期内利率，也未约定逾期利率，出借人主张借款人自逾期还款之日起参照当时一年期贷款市场报价利率标准计算的利息承担逾期还款违约责任的，人民法院应予支持； （二）约定了借期内利率但是未约定逾期利率，出借人主张借款人自逾期还款之日起按照借期内利率支付资金占用期间利息的，人民法院应予支持。	未约定逾期利率或者约定不明的，人民法院可以区分不同情况处理： （一）既未约定借期内利率，也未约定逾期利率，出借人主张借款人自逾期还款之日起承担逾期还款违约责任的，人民法院应予支持； （二）约定了借期内利率但是未约定逾期利率，出借人主张借款人自逾期还款之日起按照借期内利率支付资金占用期间利息的，人民法院应予支持。
第二十九条（原第三十条） 出借人与借款人既约定了逾期利率，又约定了违约金或者其他费用，出借人可以选择主张逾期利息、违约金或者其他费用，也可以一并主张，但是总计超过合同成立时一年期贷款市场报价利率四倍的部分，人民法院不予支持。	
第三十条（原第三十一条） 借款人可以提前偿还借款，但是当事人另有约定的除外。 借款人提前偿还借款并主张按照实际借款期限计算利息的，人民法院应予支持。	

第十三章 保证合同

第一节 一般规定

第六百八十一条 【保证合同的定义】 保证合同是为保障债权的实现，保证人和债权人约定，当债务人不履行到期债务或者发生当事人约定的情形时，保证人履行债务或者承担责任的合同。

关联法规参见

▶**法律**：《企业破产法》第51条、第92条、第101条、第124条。

司法解释适用

《最高人民法院关于适用〈中华人民共和国民法典〉有关担保制度的解释》（法释〔2020〕28号）

《民法典担保制度司法解释》	原《担保法司法解释》
第二十三条　人民法院受理债务人破产案件，债权人在破产程序中申报债权后又向人民法院提起诉讼，请求担保人承担担保责任的，人民法院依法予以支持。 担保人清偿债权人的全部债权后，可以代替债权人在破产程序中受偿；在债权人的债权未获全部清偿前，担保人不得代替债权人在破产程序中受偿，但是有权就债权人通过破产分配和实现担保债权等方式获得清偿总额中超出债权的部分，在其承担担保责任的范围内请求债权人返还。 债权人在债务人破产程序中未获全部清偿，请求担保人继续承担担保责任的，人民法院应予支持；担保人承担担保责任后，向和解协议或者重整计划执行完毕后的债务人追偿的，人民法院不予支持。	**第四十四条**　保证期间，人民法院受理债务人破产案件的，债权人既可以向人民法院申报债权，也可以向保证人主张权利。 债权人申报债权后在破产程序中未受清偿的部分，保证人仍应当承担保证责任。债权人要求保证人承担保证责任的，应当在破产程序终结后六个月内提出。

新增条文

第三十六条　第三人向债权人提供差额补足、流动性支持等类似承诺文件作为增信措施，具有提供担保的意思表示，债权人请求第三人承担保证责任的，人民法院应当依照保证的有关规定处理。

第三人向债权人提供的承诺文件，具有加入债务或者与债务人共同承担债务等意思表示的，人民法院应当认定为民法典第五百五十二条规定的债务加入。

前两款中第三人提供的承诺文件难以确定是保证还是债务加入的，人民法院应当将其认定为保证。

第三人向债权人提供的承诺文件不符合前三款规定的情形，债权人请求第三人承担保证责任或者连带责任的，人民法院不予支持，但是不影响其依据承诺文件请求第三人履行约定的义务或者承担相应的民事责任。

删除条文

~~**第十三条**　保证合同中约定保证人代为履行非金钱债务的，如果保证人不能实际代为履行，对债权人因此造成的损失，保证人应当承担赔偿责任。~~

~~**第十四条**　不具有完全代偿能力的法人、其他组织或者自然人，以保证人身份订立保证合同后，又以自己没有代偿能力要求免除保证责任的，人民法院不予支持。~~

《民法典担保制度司法解释》	原《担保法司法解释》
~~**第二十二条** 第三人单方以书面形式向债权人出具担保书，债权人接受且未提出异议的，保证合同成立。~~ ~~主合同中虽然没有保证条款，但是，保证人在主合同上以保证人的身份签字或者盖章的，保证合同成立。~~ ~~**第二十六条** 第三人向债权人保证监督支付专款专用的，在履行了监督支付专款专用的义务后，不再承担责任。未尽监督义务造成资金流失的，应当对流失的资金承担补充赔偿责任。~~ ~~**第一百二十七条** 债务人对债权人提起诉讼，债权人提起反诉的，保证人可以作为第三人参加诉讼。~~	

《最高人民法院关于适用〈中华人民共和国企业破产法〉若干问题的规定（三）》（法释〔2020〕18号修改）

新《企业破产法司法解释（三）》	原《企业破产法司法解释（三）》
第四条（原第四条） 保证人被裁定进入破产程序的，债权人有权申报其对保证人的保证债权。 主债务未到期的，保证债权在保证人破产申请受理时视为到期。一般保证的保证人主张行使先诉抗辩权的，人民法院不予支持，但债权人在一般保证人破产程序中的分配额应予提存，待一般保证人应承担的保证责任确定后再按照破产清偿比例予以分配。 保证人被确定应当承担保证责任的，保证人的管理人可以就保证人实际承担的清偿额向主债务人或其他债务人行使求偿权。	
第五条（原第五条） 债务人、保证人均被裁定进入破产程序的，债权人有权向债务人、保证人分别申报债权。 债权人向债务人、保证人均申报全部债权的，从一方破产程序中获得清偿后，其对另一方的债权额不作调整，但债权人的受偿额不得超出其债权总额。保证人履行保证责任后不再享有求偿权。	

《最高人民法院关于交通银行香港分行与港云基业有限公司、云浮市人民政府等借款担保合同纠纷上诉一案〈承诺函〉是否构成担保问题的请示的复函》

广东省高级人民法院：

你院〔2004〕粤高法民四终字第153号《关于交通银行香港分行与港云基业有限公司、云浮市人民政府等借款担保合同纠纷上诉一案〈承诺函〉是否构成担保问题的请示》收悉。经研究，答复如下：

对于云浮市人民政府出具的《承诺函》是否构成我国《担保法》意义上的保证，应由你院根据云浮市人民政府出具《承诺函》的背景情况、《承诺函》的内容以及查明的其他事实情况作出认定；

在对外担保的案件中，我国境内公民个人向境外债权人提供的担保，若存在最高人民法院《关于适用〈中华人民共和国担保法〉若干问题的解释》第六条规定之情况，应依法认定为无效。本案中我国境内公民赖斌、陈兢向交通银行香港分行提供的担保是否存在上述情况，应由你院依法审查。

此复。

权威案例指引

▶公报案例

《信达公司石家庄办事处与中阿公司等借款担保合同纠纷案》，《最高人民法院公报》2006 年第 3 期

裁判摘要： 保证合同是当事人之间意思表示一致的结果，保证人的变更必须经债权人同意。债权人和保证人之间没有形成消灭保证责任的合意，即使债务人或第三人为债权人另外提供了相应的担保，债权人亦表示接受，也不能因此免除保证人的保证责任。

《佛山市人民政府与交通银行香港分行担保纠纷案》，《最高人民法院公报》2005 年第 11 期

裁判摘要： 根据《担保法》第三条的规定，担保活动应当遵循平等、自愿、公平、诚实信用的原则。与借贷合同无关的第三人向合同债权人出具承诺函，但未明确表示承担保证责任或代为还款的，不能推定其出具承诺函的行为构成担保法意义上的保证。

第六百八十二条　【保证合同的界定及其与主债权合同的关系；保证合同无效的责任承担规则】 保证合同是主债权债务合同的从合同。主债权债务合同无效的，保证合同无效，但是法律另有规定的除外。

保证合同被确认无效后，债务人、保证人、债权人有过错的，应当根据其过错各自承担相应的民事责任。

关联法规参见

▶**法律：**《民法典总则编》第 143 条至第 151 条，《民法典物权编》第 388 条。

司法解释适用

《最高人民法院关于适用〈中华人民共和国民法典〉有关担保制度的解释》（法释〔2020〕28 号）

《民法典担保制度司法解释》	原《担保法司法解释》
新增条文 **第二条** 当事人在担保合同中约定担保合同的效力独立于主合同，或者约定担保人对主合同无效的法律后果承担担保责任，该有关担保独立性的约定无效。主合同有效的，有关担保独立性的约定无效不影响担保合同的效力；主合同无效的，人民法院应当认定担保合同无效，但是法律另有规定的除外。 因金融机构开立的独立保函发生的纠纷，适用《最高人民法院关于审理独立保函纠纷案件若干问题的规定》。	

《民法典担保制度司法解释》	原《担保法司法解释》
第五条 机关法人提供担保的，人民法院应当认定担保合同无效，但是经国务院批准为使用外国政府或者国际经济组织贷款进行转贷的除外。 居民委员会、村民委员会提供担保的，人民法院应当认定担保合同无效，但是依法代行村集体经济组织职能的村民委员会，依照村民委员会组织法规定的讨论决定程序对外提供担保的除外。	**第三条** 国家机关和以公益为目的的事业单位、社会团体违反法律规定提供担保的，担保合同无效。因此给债权人造成损失的，应当根据担保法第五条第二款的规定处理。
第七条 公司的法定代表人违反公司法关于公司对外担保决议程序的规定，超越权限代表公司与相对人订立担保合同，人民法院应当依照民法典第六十一条和第五百零四条等规定处理： （一）相对人善意的，担保合同对公司发生效力；相对人请求公司承担担保责任的，人民法院应予支持。 （二）相对人非善意的，担保合同对公司不发生效力；相对人请求公司承担赔偿责任的，参照适用本解释第十七条的有关规定。 法定代表人超越权限提供担保造成公司损失，公司请求法定代表人承担赔偿责任的，人民法院应予支持。 第一款所称善意，是指相对人在订立担保合同时不知道且不应当知道法定代表人超越权限。相对人有证据证明已对公司决议进行了合理审查，人民法院应当认定其构成善意，但是公司有证据证明相对人知道或者应当知道决议系伪造、变造的除外。	**第四条** 董事、经理违反《中华人民共和国公司法》第六十条的规定，以公司资产为本公司的股东或者其他个人债务提供担保的，担保合同无效。除债权人知道或者应当知道的外，债务人、担保人应当对债权人的损失承担连带赔偿责任。 **第十一条** 法人或者其他组织的法定代表人、负责人超越权限订立的担保合同，除相对人知道或者应当知道其超越权限的以外，该代表行为有效。
第十七条 主合同有效而第三人提供的担保合同无效，人民法院应当区分不同情形确定担保人的赔偿责任： （一）债权人与担保人均有过错的，担保人承担的赔偿责任不应超过债务人不能清偿部分的二分之一；	**第七条** 主合同有效而担保合同无效，债权人无过错的，担保人与债务人对主合同债权人的经济损失，承担连带赔偿责任；债权人、担保人有过错的，担保人承担民事责任的部分，不应超过债务人不能清偿部分的二分之一。

《民法典担保制度司法解释》	原《担保法司法解释》
(二) 担保人有过错而债权人无过错的，担保人对债务人不能清偿的部分承担赔偿责任； (三) 债权人有过错而担保人无过错的，担保人不承担赔偿责任。 主合同无效导致第三人提供的担保合同无效，担保人无过错的，不承担赔偿责任；担保人有过错的，其承担的赔偿责任不应超过债务人不能清偿部分的三分之一。	**第八条**　主合同无效而导致担保合同无效，担保人无过错的，担保人不承担民事责任；担保人有过错的，担保人承担民事责任的部分，不应超过债务人不能清偿部分的三分之一。
第十八条　承担了担保责任或者赔偿责任的担保人，在其承担责任的范围内向债务人追偿的，人民法院应予支持。 同一债权既有债务人自己提供的物的担保，又有第三人提供的担保，承担了担保责任或者赔偿责任的第三人，主张行使债权人对债务人享有的担保物权的，人民法院应予支持。	**第四十三条**　保证人自行履行保证责任时，其实际清偿额大于主债权范围的，保证人只能在主债权范围内对债务人行使追偿权。
第十九条　担保合同无效，承担了赔偿责任的担保人按照反担保合同的约定，在其承担赔偿责任的范围内请求反担保人承担担保责任的，人民法院应予支持。 反担保合同无效的，依照本解释第十七条的有关规定处理。当事人仅以担保合同无效为由主张反担保合同无效的，人民法院不予支持。	**第九条**　担保人因无效担保合同向债权人承担赔偿责任后，可以向债务人追偿，或者在承担赔偿责任的范围内，要求有过错的反担保人承担赔偿责任。担保人可以根据承担赔偿责任的事实对债务人或者反担保人另行提起诉讼。
第二十一条　主合同或者担保合同约定了仲裁条款的，人民法院对约定仲裁条款的合同当事人之间的纠纷无管辖权。 债权人一并起诉债务人和担保人的，应当根据主合同确定管辖法院。 债权人依法可以单独起诉担保人且仅起诉担保人的，应当根据担保合同确定管辖法院。	**第一百二十九条**　主合同和担保合同发生纠纷提起诉讼的，应当根据主合同确定案件管辖。担保人承担连带责任的担保合同发生纠纷，债权人向担保人主张权利的，应当由担保人住所地的法院管辖。 主合同和担保合同选择管辖的法院不一致的，应当根据主合同确定案件管辖。
删除条文 **第五条**　~~以法律、法规禁止流通的财产或者不可转让的财产设定担保的，担保合同无效。~~	

<table>
<tr><th>《民法典担保制度司法解释》</th><th>原《担保法司法解释》</th></tr>
<tr><td colspan="2">~~以法律、法规限制流通的财产设定担保的，在实现债权时，人民法院应当按照有关法律、法规的规定对该财产进行处理。~~
~~**第六条**　有下列情形之一的，对外担保合同无效：~~
~~（一）未经国家有关主管部门批准或者登记对外担保的；~~
~~（二）未经国家有关主管部门批准或者登记，为境外机构向境内债权人提供担保的；~~
~~（三）为外商投资企业注册资本、外商投资企业中的外方投资部分的对外债务提供担保的；~~
~~（四）无权经营外汇担保业务的金融机构、无外汇收入的非金融性质的企业法人提供外汇担保的；~~
~~（五）主合同变更或者债权人将对外担保合同项下的权利转让，未经担保人同意和国家有关主管部门批准的，担保人不再承担担保责任。但法律、法规另有规定的除外。~~
~~**第十条**　主合同解除后，担保人对债务人应当承担的民事责任仍应承担担保责任。但是，担保合同另有约定的除外。~~
~~**第十八条**　企业法人的职能部门提供保证的，保证合同无效。债权人知道或者应当知道保证人为企业法人的职能部门的，~~
~~因此造成的损失由债权人自行承担。债权人不知保证人为企业法人的职能部门，因此造成的损失，可以参照担保法第五条第二款的规定和第二十九条的规定处理。~~
~~**第一百三十条**　在主合同纠纷案件中，对担保合同未经审判，人民法院不应当依据对主合同当事人所作出的判决或者裁定，直接执行担保人的财产。~~</td></tr>
</table>

《最高人民法院关于正确确认企业借款合同纠纷案件中有关保证合同效力问题的通知》

各省、自治区、直辖市高级人民法院，新疆维吾尔自治区高级人民法院生产建设兵团分院：

近来发现一些地方人民法院在审理企业破产案件或者与破产企业相关的银行贷款合同纠纷案件中，对所涉及的债权保证问题，未能准确地理解和适用有关法律规定，致使在确认保证合同的效力问题上出现偏差，为此特作如下通知：

各级人民法院在处理上述有关保证问题时，应当准确理解法律，严格依法确认保证合同（包括主合同中的保证条款）的效力。除确系因违反担保法及有关司法解释的规定等应当依法确认为无效的情况外，不应仅以保证人的保证系因地方政府指令而违背了保证人的意志，或该保证人已无财产承担保证责任等原因，而确认保证合同无效，并以此免除保证责任。

特此通知。

权威案例指引

▶公报案例

《香港上海汇丰银行有限公司上海分行与景轩大酒店（深圳）有限公司、万轩置业有限公司金融借款合同纠纷案》，《最高人民法院公报》2014年第6期

裁判摘要：最高人民法院《关于适用〈中华人民共和国担保法〉若干问题的解释》第六条第一项明确规定，未经国家有关主管部门批准或者登记对外担保的，对外担保合同无效。根据《境内机构对外担保管理办法》的有关规定，外商独资企业提供的对外担保虽然不需要逐笔审批，但仍然需要进行登记，故在审理涉及外商独资企业作为担保人提供的对外担保合同纠纷时，仍应对其提供的对外担保是否在外汇管理机关登记进行审查，未登记的应认定无效。

《江北中行与樊东农行等信用证垫款纠纷案》，《最高人民法院公报》2006年第3期

裁判摘要：因主合同无效而导致担保合同无效，担保人无过错的，不承担民事责任；担保人有过错的，应当依法承担民事责任。所谓担保人的过错，是指担保人明知主合同无效仍为之提供担保，或者明知主合同无效仍促使主合同成立或为主合同的签订作中介等情形。

《中银香港公司诉宏业公司等担保合同纠纷案》，《最高人民法院公报》2005年第7期

裁判摘要：一、涉外合同的当事人选择解决合同争议所适用的法律，规避了我国的强制性或者禁止性法律规范的，其约定不发生法律效力。

二、对外担保合同未按规定在行政管理机关办理批准登记手续的，依法应认定无效。对于造成合同无效，主债权人及担保人均有过错，应各自承担相应的责任。

《中行北京分行诉利达海洋馆信用证垫款纠纷案》，《最高人民法院公报》2005年第5期

裁判摘要：一、当事人之间并无真实的贸易背景，却以进口货物为名，向银行申请开立信用证，导致银行大量资金外流，损害国家利益的，应认定申请开证关系无效，担保人为此所作的担保亦应无效。

二、当事人之间虽明确选择了有关国际惯例作为双方委托信用证开证关系的依据，但该惯例在适用上是排除开证行与开证申请人之间的委托开证法律关系的，应适用国内法的有关规定，予以处理。

第六百八十三条　【不得为保证人的主体】机关法人不得为保证人，但是经国务院批准为使用外国政府或者国际经济组织贷款进行转贷的除外。

以公益为目的的非营利法人、非法人组织不得为保证人。

关联法规参见

▶法律：《公司法》第16条，《商业银行法》第22条。

▶行政法规：《公司登记管理条例》第39条。

司法解释适用

《最高人民法院关于适用〈中华人民共和国民法典〉有关担保制度的解释》（法释〔2020〕28号）

《民法典担保制度司法解释》	原《担保法司法解释》
第五条　机关法人提供担保的，人民法院应当认定担保合同无效，但是经国务院批准为使用外国政府或者国际经济组织贷款进行转贷的除外。 居民委员会、村民委员会提供担保的，人民法院应当认定担保合同无效，但是依法代行村集体经济组织职能的村民委员会，依照村民委员会组织法规定的讨论决定程序对外提供担保的除外。	**第三条**　国家机关和以公益为目的的事业单位、社会团体违反法律规定提供担保的，担保合同无效。因此给债权人造成损失的，应当根据担保法第五条第二款的规定处理。
删除条文 ~~**第十六条**　从事经营活动的事业单位、社会团体为保证人的，如无其他导致保证合同无效的情况，其所签订的保证合同应当认定为有效。~~	
第六条　以公益为目的的非营利性学校、幼儿园、医疗机构、养老机构等提供担保的，人民法院应当认定担保合同无效，但是有下列情形之一的除外： （一）在购入或者以融资租赁方式承租教育设施、医疗卫生设施、养老服务设施和其他公益设施时，出卖人、出租人为担保价款或者租金实现而在该公益设施上保留所有权； （二）以教育设施、医疗卫生设施、养老服务设施和其他公益设施以外的不动产、动产或者财产权利设立担保物权。 登记为营利法人的学校、幼儿园、医疗机构、养老机构等提供担保，当事人以其不具有担保资格为由主张担保合同无效的，人民法院不予支持。	**第五十三条**　学校、幼儿园、医院等以公益为目的的事业单位、社会团体，以其教育设施、医疗卫生设施和其他社会公益设施以外的财产为自身债务设定抵押的，人民法院可以认定抵押有效。

<table>
<tr><th>《民法典担保制度司法解释》</th><th>原《担保法司法解释》</th></tr>
<tr><td>第十一条　公司的分支机构未经公司股东（大）会或者董事会决议以自己的名义对外提供担保，相对人请求公司或者其分支机构承担担保责任的，人民法院不予支持，但是相对人不知道且不应当知道分支机构对外提供担保未经公司决议程序的除外。
金融机构的分支机构在其营业执照记载的经营范围内开立保函，或者经有权从事担保业务的上级机构授权开立保函，金融机构或者其分支机构以违反公司法关于公司对外担保决议程序的规定为由主张不承担担保责任的，人民法院不予支持。金融机构的分支机构未经金融机构授权提供保函之外的担保，金融机构或者其分支机构主张不承担担保责任的，人民法院应予支持，但是相对人不知道且不应当知道分支机构对外提供担保未经金融机构授权的除外。
担保公司的分支机构未经担保公司授权对外提供担保，担保公司或者其分支机构主张不承担担保责任的，人民法院应予支持，但是相对人不知道且不应当知道分支机构对外提供担保未经担保公司授权的除外。
公司的分支机构对外提供担保，相对人非善意，请求公司承担赔偿责任的，参照本解释第十七条的有关规定处理。</td><td>第十七条　企业法人的分支机构未经法人书面授权提供保证的，保证合同无效。因此给债权人造成损失的，应当根据担保法第五条第二款的规定处理。
企业法人的分支机构经法人书面授权提供保证的，如果法人的书面授权范围不明，法人的分支机构应当对保证合同约定的全部债务承担保证责任。
企业法人的分支机构经营管理的财产不足以承担保证责任的，由企业法人承担民事责任。
企业法人的分支机构提供的保证无效后应当承担赔偿责任的，由分支机构经营管理的财产承担。企业法人有过错的，按照担保法第二十九条的规定处理。</td></tr>
<tr><td colspan="2">删除条文
<s>第十八条　企业法人的职能部门提供保证的，保证合同无效。债权人知道或者应当知道保证人为企业法人的职能部门的，因此造成的损失由债权人自行承担。</s>
<s>债权人不知保证人为企业法人的职能部门，因此造成的损失，可以参照担保法第五条第三款的规定和第二十九条的规定处理。</s>
<s>第一百二十四条　企业法人的分支机构为他人提供保证的，人民法院在审理保证纠纷案件中可以将该企业法人作为共同被告参加诉讼。但是商业银行、保险公司的分支机构提供保证的除外。</s></td></tr>
</table>

权威案例指引

公报案例

《长乐自来水公司与工行五四支行借款担保纠纷案》，《最高人民法院公报》2005年第9期

裁判摘要：一、保证人领取企业法人执照，属于以营利为目的的企业法人，即使其经营

活动具有一定的公共服务性质，亦不属于以公益为目的的事业单位；

二、保证人作为具有完全民事行为能力的法人，应依法对其所从事民事法律行为独立承担民事责任，其所作保证是否受合同以外第三人影响的问题不涉及合同当事人之间的权利义务关系，亦不影响保证合同的效力。

第六百八十四条　【保证合同的内容：主债权、履行期限、保证的方式、保证的范围、保证期间】 保证合同的内容一般包括被保证的主债权的种类、数额，债务人履行债务的期限，保证的方式、范围和期间等条款。

第六百八十五条　【保证合同的订立：分别订立；合并订立】 保证合同可以是单独订立的书面合同，也可以是主债权债务合同中的保证条款。

第三人单方以书面形式向债权人作出保证，债权人接收且未提出异议的，保证合同成立。

司法解释适用

《最高人民法院关于沈阳市信托投资公司是否应当承担保证责任问题的答复》

辽宁省高级人民法院：

你院〔1999〕辽经初字第48号《关于沈阳市信托投资公司是否应当承担保证责任的请示》收悉。经研究，答复如下：

我国担保法所规定的保证，是指保证人和债权人约定，当债务人不履行债务时，保证人按照约定履行债务或者承担责任的行为。这里所称"保证人和债权人约定"系指双方均为特定人的一般情况。由于公司向社会公开发行债券时，认购人并不特定，不可能要求每一个认购人都与保证人签订书面保证合同，因此，不能机械地理解和套用担保法中关于"保证"的定义。向社会公开发行债券时，债券发行人与代理发行人或第三人签订担保合同，该担保合同同样具有证明担保人之真实意思表示的作用。而认购人的认购行为即表明其已接受担保人作出的担保意思表示。你院请示中的第一种意见，即只要沈阳市信托投资公司的保证意思是自愿作出的，且其内容真实，该保证合同即应为有效，该公司应对其担保的兑付债券承担保证责任，是有道理的。

以上意见，请参考。

第六百八十六条　【保证方式；保证方式不明时为一般保证责任担保】 保证的方式包括一般保证和连带责任保证。

当事人在保证合同中对保证方式没有约定或者约定不明确的，按照一般保证承担保证责任。

司法解释适用

《最高人民法院关于适用〈中华人民共和国民法典〉有关担保制度的解释》（法释〔2020〕28号）

《民法典担保制度司法解释》	原《担保法司法解释》
新增条文 **第二十五条**　当事人在保证合同中约定了保证人在债务人不能履行债务或者无力偿还债务时才承担保证责任等类似内容，具有债务人应当先承担责任的意思表示的，人民法院应当将其认定为一般保证。 当事人在保证合同中约定了保证人在债务人不履行债务或者未偿还债务时即承担保证责任、无条件承担保证责任等类似内容，不具有债务人应当先承担责任的意思表示的，人民法院应当将其认定为连带责任保证。	

权威案例指引

▶公报案例

《中国信达资产管理公司贵阳办事处与贵阳开磷有限责任公司借款合同纠纷案》，《最高人民法院公报》2009年第10期

裁判摘要：连带责任保证和一般保证相区别的重要标志在于：一般保证的保证人享有先诉抗辩权，即债权人必须先行对主债务人主张权利，在经强制执行仍不能得到清偿的情况下，方能要求保证人承担保证责任；而连带责任保证的保证人不享有先诉抗辩权。在担保债务已经开始计算诉讼时效的情形下，不再适用有关保证期间的规定。

第六百八十七条　【一般保证的责任承担】当事人在保证合同中约定，债务人不能履行债务时，由保证人承担保证责任的，为一般保证。

一般保证的保证人在主合同纠纷未经审判或者仲裁，并就债务人财产依法强制执行仍不能履行债务前，有权拒绝向债权人承担保证责任，但是有下列情形之一的除外：

（一）债务人下落不明，且无财产可供执行；

（二）人民法院已经受理债务人破产案件；

（三）债权人有证据证明债务人的财产不足以履行全部债务或者丧失履行债务能力；

（四）保证人书面表示放弃本款规定的权利。

关联法规参见

▶**法律：**《民法典合同编》第698条。

司法解释适用

《最高人民法院关于适用〈中华人民共和国民法典〉有关担保制度的解释》（法释〔2020〕28号）

<table>
<tr><th>《民法典担保制度司法解释》</th><th>原《担保法司法解释》</th></tr>
<tr><td colspan="2">新增条文

第二十五条 当事人在保证合同中约定了保证人在债务人不能履行债务或者无力偿还债务时才承担保证责任等类似内容，具有债务人应当先承担责任的意思表示的，人民法院应当将其认定为一般保证。
当事人在保证合同中约定了保证人在债务人不履行债务或者未偿还债务时即承担保证责任、无条件承担保证责任等类似内容，不具有债务人应当先承担责任的意思表示的，人民法院应当将其认定为连带责任保证。
第二十六条 一般保证中，债权人以债务人为被告提起诉讼的，人民法院应予受理。债权人未就主合同纠纷提起诉讼或者申请仲裁，仅起诉一般保证人的，人民法院应当驳回起诉。
一般保证中，债权人一并起诉债务人和保证人的，人民法院可以受理，但是在作出判决时，除有民法典第六百八十七条第二款但书规定的情形外，应当在判决书主文中明确，保证人仅对债务人财产依法强制执行后仍不能履行的部分承担保证责任。
债权人未对债务人的财产申请保全，或者保全的债务人的财产足以清偿债务，债权人申请对一般保证人的财产进行保全的，人民法院不予准许。</td></tr>
<tr><td>**第二十八条** 一般保证中，债权人依据生效法律文书对债务人的财产依法申请强制执行，保证债务诉讼时效的起算时间按照下列规则确定：
（一）人民法院作出终结本次执行程序裁定，或者依照民事诉讼法第二百五十七条第三项、第五项的规定作出终结执行裁定的，自裁定送达债权人之日起开始计算；
（二）人民法院自收到申请执行书之日起一年内未作出前项裁定的，自人民法院收到申请执行书满一年之日起开始计算，但是保证人有证据证明债务人仍有财产可供执行的除外。
一般保证的债权人在保证期间届满前对债务人提起诉讼或者申请仲裁，债权人举证证明存在民法典第六百八十七条第二款但书规定情形的，保证债务的诉讼时效自债权人知道或者应当知道该情形之日起开始计算。</td><td>**第三十四条** 一般保证的债权人在保证期间届满前对债务人提起诉讼或者申请仲裁的，从判决或者仲裁裁决生效之日起，开始计算保证合同的诉讼时效。</td></tr>
</table>

<table>
<tr><th>《民法典担保制度司法解释》</th><th>原《担保法司法解释》</th></tr>
<tr><td colspan="2">

删除条文

~~**第二十五条**　担保法第十七条第三款第（一）项规定的债权人要求债务人履行债务发生的重大困难情形，包括债务人下落不明、移居境外，且无财产可供执行。~~

~~**第三十六条**　一般保证中，主债务诉讼时效中断，保证债务诉讼时效中断；连带责任保证中，主债务诉讼时效中断，保证债务诉讼时效不中断。~~

~~一般保证和连带责任保证中，主债务诉讼时效中止的，保证债务的诉讼时效同时中止。~~

~~**第一百二十五条**　一般保证的债权人向债务人和保证人一并提起诉讼的，人民法院可以将债务人和保证人列为共同被告参加诉讼。但是，应当在判决书中明确在对债务人财产依法强制执行后仍不能履行债务时，由保证人承担保证责任。~~

</td></tr>
</table>

权威案例指引

▶指导性案例

青海金泰融资担保有限公司与上海金桥工程建设发展有限公司、青海三工置业有限公司执行复议案，指导案例120号（2019年12月24日）

裁判要点：在案件审理期间保证人为被执行人提供保证，承诺在被执行人无财产可供执行或者财产不足清偿债务时承担保证责任的，执行法院对保证人应当适用一般保证的执行规则。在被执行人虽有财产但严重不方便执行时，可以执行保证人在保证责任范围内的财产。

第六百八十八条　【连带责任保证的责任承担】当事人在保证合同中约定保证人和债务人对债务承担连带责任的，为连带责任保证。

连带责任保证的债务人不履行到期债务或者发生当事人约定的情形时，债权人可以请求债务人履行债务，也可以请求保证人在其保证范围内承担保证责任。

司法解释适用

《最高人民法院关于适用〈中华人民共和国民法典〉有关担保制度的解释》（法释〔2020〕28号）

<table>
<tr><th>《民法典担保制度司法解释》</th><th>原《担保法司法解释》</th></tr>
<tr><td colspan="2">

新增条文

第二十五条　当事人在保证合同中约定了保证人在债务人不能履行债务或者无力偿还债务时才承担保证责任等类似内容，具有债务人应当先承担责任的意思表示的，人民法院应当将其认定为一般保证。

</td></tr>
</table>

《民法典担保制度司法解释》	原《担保法司法解释》
当事人在保证合同中约定了保证人在债务人不履行债务或者未偿还债务时即承担保证责任、无条件承担保证责任等类似内容，不具有债务人应当先承担责任的意思表示的，人民法院应当将其认定为连带责任保证。	
删除条文 ~~**第二十七条** 保证人对债务人的注册资金提供保证的，债务人的实际投资与注册资金不符，或者抽逃转移注册资金的，保证人在注册资金不足或者抽逃转移注册资金的范围内承担连带保证责任。~~ ~~**第一百二十六条** 连带责任保证的债权人可以将债务人或者保证人作为被告提起诉讼，也可以将债务人和保证人作为共同被告提起诉讼。~~	

权威案例指引

▶公报案例

《顾善芳诉张小君、林兴钢、钟武军追偿权纠纷案》，《最高人民法院公报》2017年第10期

裁判摘要：对格式条款的理解发生争议的，首先应当按照通常理解予以解释。只有按照通常理解对格式条款有两种以上解释的，才应采用不利解释原则。连带共同保证中保证人减少时，应按实际保证人人数平均分配保证份额。

第六百八十九条 【反担保的设立】保证人可以要求债务人提供反担保。

关联法规参见

▶**法律：**《民法典物权编》第387条。

司法解释适用

《最高人民法院关于适用〈中华人民共和国民法典〉有关担保制度的解释》（法释〔2020〕28号）

《民法典担保制度司法解释》	原《担保法司法解释》
删除条文 ~~**第二条** 反担保人可以是债务人，也可以是债务人之外的其他人。反担保方式可以是债务人提供的抵押或者质押，也可以是其他人提供的保证、抵押或者质押。~~	
第十九条 担保合同无效，承担了赔偿责任的担保人按照反担保合同的约定，在其承担赔偿责任的范围内请求反担保人	**第九条** 担保人因无效担保合同向债权人承担赔偿责任后，可以向债务人追偿，或者在承担赔偿责任的范围内，要求有过错

《民法典担保制度司法解释》	原《担保法司法解释》
承担担保责任的，人民法院应予支持。 反担保合同无效的，依照本解释第十七条的有关规定处理。当事人仅以担保合同无效为由主张反担保合同无效的，人民法院不予支持。	的反担保人承担赔偿责任。担保人可以根据承担赔偿责任的事实对债务人或者反担保人另行提起诉讼。

第六百九十条　【最高额保证合同】保证人与债权人可以协商订立最高额保证的合同，约定在最高债权额限度内就一定期间连续发生的债权提供保证。

最高额保证除适用本章规定外，参照适用本法第二编最高额抵押权的有关规定。

关联法规参见

▶**法律：**《民法典物权编》第420条至第424条。

司法解释适用

《最高人民法院关于适用〈中华人民共和国民法典〉有关担保制度的解释》（法释〔2020〕28号）

《民法典担保制度司法解释》	原《担保法司法解释》
删除条文 ~~**第二十三条**　最高额保证合同的不特定债权确定后，保证人应当对在最高债权额限度内就一定期间连续发生的债权余额承担保证责任。~~	
第三十条　最高额保证合同对保证期间的计算方式、起算时间等有约定的，按照其约定。 最高额保证合同对保证期间的计算方式、起算时间等没有约定或者约定不明，被担保债权的履行期限均已届满的，保证期间自债权确定之日起开始计算；被担保债权的履行期限尚未届满的，保证期间自最后到期债权的履行期限届满之日起开始计算。 前款所称债权确定之日，依照民法典第四百二十三条的规定认定。	**第三十七条**　最高额保证合同对保证期间没有约定或者约定不明的，如最高额保证合同约定有保证人清偿债务期限的，保证期间为清偿期限届满之日起六个月。没有约定债务清偿期限的，保证期间自最高额保证终止之日或自债权人收到保证人终止保证合同的书面通知到达之日起六个月。

权威案例指引

▶指导性案例

温州银行股份有限公司宁波分行诉浙江创菱电器有限公司等金融借款合同纠纷案，指导案例57号（2016年5月20日）

裁判要点：在有数份最高额担保合同情形下，具体贷款合同中选择性列明部分最高额担保合同，如债务发生在最高额担保合同约定的决算期内，且债权人未明示放弃担保权利，未列明的最高额担保合同的担保人也应当在最高债权限额内承担担保责任。

▶公报案例

《中国长城资产管理股份有限公司山西省分公司与山西朔州平鲁区华美奥崇升煤业有限公司等借款合同纠纷案》，《最高人民法院公报》2020年第5期

裁判摘要：在最高额保证合同关系中，如果合同明确约定所担保的最高债权额包括主债权的数额和相应的利息、违约金、损害赔偿金以及实现债权的费用，保证人即应当依照约定对利息、违约金、损害赔偿金以及实现债权的费用承担保证责任，而不受主债权数额的限制。

《风神轮胎股份有限公司与中信银行股份有限公司天津分行、河北宝硕股份有限公司借款担保合同纠纷案》，《最高人民法院公报》2008年第2期

裁判摘要：一、《中华人民共和国担保法》第十四条规定："保证人与债权人可以就单个主合同分别订立保证合同，也可以协议在最高债权额限度内就一定期间连续发生的借款合同或者某项商品交易合同订立一个保证合同。"上述规定中的最高额保证，通常是为将来一定期间连续发生的债务提供保证，其中某一笔交易的效力并不影响最高额保证合同的效力，而普通保证则因主合同无效而无效。因此，最高额保证较之普通保证最大的区别，即在于最高额保证与主债务的关系具有更强的独立性。最高额保证人的责任是在订立合同时确立的，通过最高额保证期间和最高限额限定保证责任，即只要是发生在最高额保证期间内、不超过最高限额的债务余额，最高额保证人均应承担保证责任。在最高额保证的情形下，即使主债务无效，基于主债务无效而确定的债务额也要作为最高额保证计算债务余额的基数。

二、根据《最高人民法院关于适用〈中华人民共和国担保法〉若干问题的解释》第二十三条关于"最高额保证合同的不特定债权确定后，保证人应当对在最高债权额限度内就一定期间连续发生的债权余额承担保证责任"的规定，最高额保证范围为最高额保证期间已经发生的债权和偿还债务的差额，并非指最高额保证期间已经到期的债权余额。

三、根据票据无因性理论，票据基础关系（包括票据原因关系）独立于票据关系，票据基础关系（包括票据原因关系）的效力不影响票据关系的效力。

第二节　保证责任

第六百九十一条　【保证担保的范围】保证的范围包括主债权及其利息、违约金、损害赔偿金和实现债权的费用。当事人另有约定的，按照其约定。

第六百九十二条　【保证期间】保证期间是确定保证人承担保证责任的期间，不发生中止、中断和延长。

债权人与保证人可以约定保证期间，但是约定的保证期间早于主债务履行期限或者与主债务履行期限同时届满的，视为没有约定；没有约定或者约定不明确的，保证期间为主债务履行期限届满之日起六个月。

债权人与债务人对主债务履行期限没有约定或者约定不明确的，保证期间自债权人请求债务人履行债务的宽限期届满之日起计算。

第691～692条

关联法规参见

▶**法律**：《民法典合同编》第694条。

司法解释适用

《最高人民法院关于适用〈中华人民共和国民法典〉有关担保制度的解释》（法释〔2020〕28号）

《民法典担保制度司法解释》	原《担保法司法解释》
第二十八条　一般保证中，债权人依据生效法律文书对债务人的财产依法申请强制执行，保证债务诉讼时效的起算时间按照下列规则确定： （一）人民法院作出终结本次执行程序裁定，或者依照民事诉讼法第二百五十七条第三项、第五项的规定作出终结执行裁定的，自裁定送达债权人之日起开始计算； （二）人民法院自收到申请执行书之日起一年内未作出前项裁定的，自人民法院收到申请执行书满一年之日起开始计算，但是保证人有证据证明债务人仍有财产可供执行的除外。	**第三十四条**　一般保证的债权人在保证期间届满前对债务人提起诉讼或者申请仲裁的，从判决或者仲裁裁决生效之日起，开始计算保证合同的诉讼时效。

《民法典担保制度司法解释》	原《担保法司法解释》
一般保证的债权人在保证期间届满前对债务人提起诉讼或者申请仲裁，债权人举证证明存在民法典第六百八十七条第二款但书规定情形的，保证债务的诉讼时效自债权人知道或者应当知道该情形之日起开始计算。	
第二十九条 同一债务有两个以上保证人，债权人以其已经在保证期间内依法向部分保证人行使权利为由，主张已经在保证期间内向其他保证人行使权利的，人民法院不予支持。 同一债务有两个以上保证人，保证人之间相互有追偿权，债权人未在保证期间内依法向部分保证人行使权利，导致其他保证人在承担保证责任后丧失追偿权，其他保证人主张在其不能追偿的范围内免除保证责任的，人民法院应予支持。	**第二十条** 连带共同保证的债务人在主合同规定的债务履行期届满没有履行债务的，债权人可以要求债务人履行债务，也可以要求任何一个保证人承担全部保证责任。 连带共同保证的保证人承担保证责任后，向债务人不能追偿的部分，由各连带保证人按其内部约定的比例分担。没有约定的，平均分担。 **第二十一条** 按份共同保证的保证人按照保证合同约定的保证份额承担保证责任后，在其履行保证责任的范围内对债务人行使追偿权。
新增条文 **第三十三条** 保证合同无效，债权人未在约定或者法定的保证期间内依法行使权利，保证人主张不承担赔偿责任的，人民法院应予支持。	
第三十五条 保证人知道或者应当知道主债权诉讼时效期间届满仍然提供保证或者承担保证责任，又以诉讼时效期间届满为由拒绝承担保证责任或者请求返还财产的，人民法院不予支持；保证人承担保证责任后向债务人追偿的，人民法院不予支持，但是债务人放弃诉讼时效抗辩的除外。	**第三十五条** 保证人对已经超过诉讼时效期间的债务承担保证责任或者提供保证的，又以超过诉讼时效为由抗辩的，人民法院不予支持。
删除条文 **第三十六条** ~~一般保证中，主债务诉讼时效中断，保证债务诉讼时效中断；连带责任保证中，主债务诉讼时效中断，保证债务诉讼时效不中断。~~ ~~一般保证和连带责任保证中，主债务诉讼时效中止的，保证债务的诉讼时效同时中止。~~	

《最高人民法院关于适用〈中华人民共和国民法典〉时间效力的若干规定》（法释〔2020〕15号）

《民法典时间效力规定》	
新增条文 **第二十七条**　民法典施行前成立的保证合同，当事人对保证期间约定不明确，主债务履行期限届满至民法典施行之日不满二年，当事人主张保证期间为主债务履行期限届满之日起二年的，人民法院依法予以支持；当事人对保证期间没有约定，主债务履行期限届满至民法典施行之日不满六个月，当事人主张保证期间为主债务履行期限届满之日起六个月的，人民法院依法予以支持。	

《最高人民法院关于处理担保法生效前发生保证行为的保证期间问题的通知》

各省、自治区、直辖市高级人民法院，解放军军事法院，新疆维吾尔自治区高级人民法院生产建设兵团分院：

我院于2000年12月8日公布法释〔2000〕44号《关于适用〈中华人民共和国担保法〉若干问题的解释》后，一些部门和地方法院反映对于担保法实施前发生的保证行为如何确定保证期间问题没有作出规定，而我院于1994年4月15日公布的法发〔1994〕8号《关于审理经济合同纠纷案件有关保证的若干问题的规定》① 对此问题亦不十分明确。为了正确审理担保法实施前的有关保证合同纠纷案件，维护债权人和其他当事人的合法权益，经商全国人大常委会法制工作委员会同意，现就有关问题通知如下：

一、对于当事人在担保法生效前签订的保证合同中没有约定保证期限或者约定不明确的，如果债权人已经在法定诉讼时效期间内向主债务人主张了权利，使主债务没有超过诉讼时效期间，但未向保证人主张权利的，债权人可以自本通知发布之日起6个月（自2002年8月1日至2003年1月31日）内，向保证人主张权利。逾期不主张的，保证人不再承担责任。

二、主债务人进入破产程序，债权人没有申报债权的，债权人亦可以在上述期间内向保证人主张债权，如果债权人已申报了债权，对其在破产程序中未受清偿的部分债权，债权人可以在破产程序终结后6个月内向保证人主张。

三、本通知发布时，已经终审的案件、再审案件以及主债务已超过诉讼时效的案件，不适用本通知。

《最高人民法院关于在保证期间内保证人在债权转让协议上签字并承诺履行原保证义务能否视为债权人向担保人主张过债权及认定保证合同的诉讼时效如何起算等问题请示的答复》

云南省高级人民法院：

你院云高法报〔2003〕5号《关于在保证期间内，保证人在债权转让协议上签字并承诺

① 2020年12月29日《最高人民法院关于废止部分司法解释及相关规范性文件的决定》已废止该规定。

履行原保证义务，能否视为债权人向担保人主张过债权，从而认定保证合同的诉讼时效从签字时起算的请示报告》收悉。经研究，答复如下：

《中华人民共和国担保法》（以下简称《担保法》）第二十六条第一款规定的债权人要求保证人承担保证责任应包括债权人在保证期间内向保证人主动催收或提示债权，以及保证人在保证期间内向债权人作出承担保证责任的承诺两种情形。请示所涉案件的保证人——个旧市配件公司于保证期间内，在所担保的债权转让协议上签字并承诺"继续履行原保证合同项下的保证义务"即属《担保法》第二十六条第一款所规定的债权人要求保证人承担保证责任的规定精神。依照本院《关于适用〈中华人民共和国担保法〉若干问题的解释》第三十四条第二款的规定，自保证人个旧市配件公司承诺之日起，保证合同的诉讼时效开始计算。故同意你院第一种意见。

此复

《最高人民法院关于债权人在保证期间以特快专递向保证人发出逾期贷款催收通知书但缺乏保证人对邮件签收或拒收的证据能否认定债权人向保证人主张权利的请示的复函》

河北省高级人民法院：

你院〔2003〕冀民二请字第1号请示收悉。经研究，答复如下：

债权人通过邮局以特快专递的方式向保证人发出逾期贷款催收通知书，在债权人能够提供特快专递邮件存根及内容的情况下，除非保证人有相反证据推翻债权人所提供的证据，应当认定债权人向保证人主张了权利。

此复

权威案例指引

▶ **公报案例**

《招商银行股份有限公司大连分行与大连一方地产有限公司保证合同纠纷案》，《最高人民法院公报》2018年第5期

裁判摘要：阶段性担保在商品房预售合同中比较常见，通过办理买房人所购房屋预告抵押登记，可以有效减少金融机构和房地产企业的风险。因其阶段性特征，预告抵押登记和商品房预售登记的衔接非常重要。金融机构怠于办理预告抵押登记，等于无限延长房地产企业的保证期间，有违担保法的精神，亦有违诚实信用原则。

第六百九十三条　【保证人免于承担保证责任的情形】一般保证的债权人未在保证期间对债务人提起诉讼或者申请仲裁的，保证人不再承担保证责任。

连带责任保证的债权人未在保证期间请求保证人承担保证责任的，保证人不再承担保证责任。

关联法规参见

▶**法律**：《民法典合同编》第694条。

司法解释适用

《最高人民法院关于适用〈中华人民共和国民法典〉有关担保制度的解释》（法释〔2020〕28号）

《民法典担保制度司法解释》	原《担保法司法解释》
新增条文 **第二十二条**　人民法院受理债务人破产案件后，债权人请求担保人承担担保责任，担保人主张担保债务自人民法院受理破产申请之日起停止计息的，人民法院对担保人的主张应予支持。	
第二十三条　人民法院受理债务人破产案件，债权人在破产程序中申报债权后又向人民法院提起诉讼，请求担保人承担担保责任的，人民法院依法予以支持。 担保人清偿债权人的全部债权后，可以代替债权人在破产程序中受偿；在债权人的债权未获全部清偿前，担保人不得代替债权人在破产程序中受偿，但是有权就债权人通过破产分配和实现担保债权等方式获得清偿总额中超出债权的部分，在其承担担保责任的范围内请求债权人返还。 债权人在债务人破产程序中未获全部清偿，请求担保人继续承担担保责任的，人民法院应予支持；担保人承担担保责任后，向和解协议或者重整计划执行完毕后的债务人追偿的，人民法院不予支持。	**第四十四条**　保证期间，人民法院受理债务人破产案件的，债权人既可以向人民法院申报债权，也可以向保证人主张权利。 债权人申报债权后在破产程序中未受清偿的部分，保证人仍应当承担保证责任。债权人要求保证人承担保证责任的，应当在破产程序终结后六个月内提出。
新增条文 **第二十七条**　一般保证的债权人取得对债务人赋予强制执行效力的公证债权文书后，在保证期间内向人民法院申请强制执行，保证人以债权人未在保证期间内对债务人提起诉讼或者申请仲裁为由主张不承担保证责任的，人民法院不予支持。	
第二十八条　一般保证中，债权人依据生效法律文书对债务人的财产依法申请强制执行，保证债务诉讼时效的起算时间按照下列规则确定：	**第三十四条**　一般保证的债权人在保证期间届满前对债务人提起诉讼或者申请仲裁的，从判决或者仲裁裁决生效之日起，开始计算保证合同的诉讼时效。

《民法典担保制度司法解释》	原《担保法司法解释》
（一）人民法院作出终结本次执行程序裁定，或者依照民事诉讼法第二百五十七条第三项、第五项的规定作出终结执行裁定的，自裁定送达债权人之日起开始计算； （二）人民法院自收到申请执行书之日起一年内未作出前项裁定的，自人民法院收到申请执行书满一年之日起开始计算，但是保证人有证据证明债务人仍有财产可供执行的除外。 一般保证的债权人在保证期间届满前对债务人提起诉讼或者申请仲裁，债权人举证证明存在民法典第六百八十七条第二款但书规定情形的，保证债务的诉讼时效自债权人知道或者应当知道该情形之日起开始计算。	
第二十九条 同一债务有两个以上保证人，债权人以其已经在保证期间内依法向部分保证人行使权利为由，主张已经在保证期间内向其他保证人行使权利的，人民法院不予支持。 同一债务有两个以上保证人，保证人之间相互有追偿权，债权人未在保证期间内依法向部分保证人行使权利，导致其他保证人在承担保证责任后丧失追偿权，其他保证人主张在其不能追偿的范围内免除保证责任的，人民法院应予支持。	**第二十条** 连带共同保证的债务人在主合同规定的债务履行期届满没有履行债务的，债权人可以要求债务人履行债务，也可以要求任何一个保证人承担全部保证责任。 连带共同保证的保证人承担保证责任后，向债务人不能追偿的部分，由各连带保证人按其内部约定的比例分担。没有约定的，平均分担。 **第二十一条** 按份共同保证的保证人按照保证合同约定的保证份额承担保证责任后，在其履行保证责任的范围内对债务人行使追偿权。
新增条文 **第三十一条** 一般保证的债权人在保证期间内对债务人提起诉讼或者申请仲裁后，又撤回起诉或者仲裁申请，债权人在保证期间届满前未再行提起诉讼或者申请仲裁，保证人主张不再承担保证责任的，人民法院应予支持。 连带责任保证的债权人在保证期间内对保证人提起诉讼或者申请仲裁后，又撤回起诉或者仲裁申请，起诉状副本或者仲裁申请书副本已经送达保证人的，人民法院应当认定债权人已经在保证期间内向保证人行使了权利。	

<table>
<tr><th>《民法典担保制度司法解释》</th><th>原《担保法司法解释》</th></tr>
<tr><td colspan="2">第三十四条　人民法院在审理保证合同纠纷案件时，应当将保证期间是否届满、债权人是否在保证期间内依法行使权利等事实作为案件基本事实予以查明。
债权人在保证期间内未依法行使权利的，保证责任消灭。保证责任消灭后，债权人书面通知保证人要求承担保证责任，保证人在通知书上签字、盖章或者按指印，债权人请求保证人继续承担保证责任的，人民法院不予支持，但是债权人有证据证明成立了新的保证合同的除外。</td></tr>
<tr><td>第三十五条　保证人知道或者应当知道主债权诉讼时效期间届满仍然提供保证或者承担保证责任，又以诉讼时效期间届满为由拒绝承担保证责任或者请求返还财产的，人民法院不予支持；保证人承担保证责任后向债务人追偿的，人民法院不予支持，但是债务人放弃诉讼时效抗辩的除外。</td><td>第三十五条　保证人对已经超过诉讼时效期间的债务承担保证责任或者提供保证的，又以超过诉讼时效为由抗辩的，人民法院不予支持。</td></tr>
<tr><td colspan="2">删除条文
~~第三十六条　一般保证中，主债务诉讼时效中断，保证债务诉讼时效中断；连带责任保证中，主债务诉讼时效中断，保证债务诉讼时效不中断。~~
~~一般保证和连带责任保证中，主债务诉讼时效中止的，保证债务的诉讼时效同时中止。~~
~~第四十四条　保证期间，人民法院受理债务人破产案件的，债权人既可以向人民法院申报债权，也可以向保证人主张权利。~~
~~债权人申报债权后在破产程序中未受清偿的部分，保证人仍应当承担保证责任。债权人要求保证人承担保证责任的，应当在破产程序终结后六个月内提出。~~</td></tr>
</table>

《最高人民法院关于处理担保法生效前发生保证行为的保证期间问题的通知》

各省、自治区、直辖市高级人民法院，解放军军事法院，新疆维吾尔自治区高级人民法院生产建设兵团分院：

我院于2000年12月8日公布法释〔2000〕44号《关于适用〈中华人民共和国担保法〉若干问题的解释》后，一些部门和地方法院反映对于担保法实施前发生的保证行为如何确定保证期间问题没有作出规定，而我院于1994年4月15日公布的法发〔1994〕8号《关于审理经济合同纠纷案件有关保证的若干问题的规定》① 对此问题亦不十分明确。为了正确审理担保法实施前的有关保证合同纠纷案件，维护债权人和其他当事人的合法权益，经商全国人大常委会法制工作委员会同意，现就有关问题通知如下：

① 2020年12月29日《最高人民法院关于废止部分司法解释及相关规范性文件的决定》已废止该规定。

一、对于当事人在担保法生效前签订的保证合同中没有约定保证期限或者约定不明确的，如果债权人已经在法定诉讼时效期间内向主债务人主张了权利，使主债务没有超过诉讼时效期间，但未向保证人主张权利的，债权人可以自本通知发布之日起6个月（自2002年8月1日至2003年1月31日）内，向保证人主张权利。逾期不主张的，保证人不再承担责任。

二、主债务人进入破产程序，债权人没有申报债权的，债权人亦可以在上述期间内向保证人主张债权，如果债权人已申报了债权，对其在破产程序中未受清偿的部分债权，债权人可以在破产程序终结后6个月内向保证人主张。

三、本通知发布时，已经终审的案件、再审案件以及主债务已超过诉讼时效的案件，不适用本通知。

《最高人民法院关于在保证期间内保证人在债权转让协议上签字并承诺履行原保证义务能否视为债权人向担保人主张过债权及认定保证合同的诉讼时效如何起算等问题请示的答复》

云南省高级人民法院：

你院云高法报〔2003〕5号《关于在保证期间内，保证人在债权转让协议上签字并承诺履行原保证义务，能否视为债权人向担保人主张过债权，从而认定保证合同的诉讼时效从签字时起算的请示报告》收悉。经研究，答复如下：

《中华人民共和国担保法》（以下简称《担保法》）第二十六条第一款规定的债权人要求保证人承担保证责任应包括债权人在保证期间内向保证人主动催收或提示债权，以及保证人在保证期间内向债权人作出承担保证责任的承诺两种情形。请示所涉案件的保证人——个旧市配件公司于保证期间内，在所担保的债权转让协议上签字并承诺“继续履行原保证合同项下的保证义务”即属《担保法》第二十六条第一款所规定的债权人要求保证人承担保证责任的规定精神。依照本院《关于适用〈中华人民共和国担保法〉若干问题的解释》第三十四条第二款的规定，自保证人个旧市配件公司承诺之日起，保证合同的诉讼时效开始计算。故同意你院第一种意见。

此复

《最高人民法院关于债权人在保证期间以特快专递向保证人发出逾期贷款催收通知书但缺乏保证人对邮件签收或拒收的证据能否认定债权人向保证人主张权利的请示的复函》

河北省高级人民法院：

你院〔2003〕冀民二请字第1号请示收悉。经研究，答复如下：

债权人通过邮局以特快专递的方式向保证人发出逾期贷款催收通知书，在债权人能够提供特快专递邮件存根及内容的情况下，除非保证人有相反证据推翻债权人所提供的证据，应当认定债权人向保证人主张了权利。

此复

《最高人民法院关于锦州市商业银行与锦州市华鼎工贸商行、锦州市经济技术开发区实华通信设备安装公司借款纠纷一案的复函》

辽宁省高级人民法院：

你院请示收悉，答复如下：

经研究，同意你院审判委员会第一种意见，即保证期间届满后，保证人如无其他明示，仅在债权人发出的催收到期贷款通知单上签字或盖章的行为，不能成为重新承担保证责任的依据。本院法释〔1999〕7号《关于超过诉讼时效期间借款人在催款通知单上签字或者盖章的法律效力问题的批复》，不适用于保证人。

权威案例指引

▶公报案例

《农业发展银行青海分行营业部诉青海农牧总公司担保合同纠纷案》，《最高人民法院公报》2004年第8期

裁判摘要：在债务人被宣告破产前，债权人已在保证债务的诉讼时效期间内向保证人主张了权利，破产程序终结后，债权人对其在破产程序中未受清偿的部分债权继续向保证人主张权利的，根据最高人民法院《关于适用〈中华人民共和国担保法〉若干问题的解释》第四十四条的规定，保证人应承担法律责任。

第694条

第六百九十四条　【保证债务的诉讼时效】一般保证的债权人在保证期间届满前对债务人提起诉讼或者申请仲裁的，从保证人拒绝承担保证责任的权利消灭之日起，开始计算保证债务的诉讼时效。

连带责任保证的债权人在保证期间届满前请求保证人承担保证责任的，从债权人请求保证人承担保证责任之日起，开始计算保证债务的诉讼时效。

司法解释适用

《最高人民法院关于适用〈中华人民共和国民法典〉有关担保制度的解释》（法释〔2020〕28号）

《民法典担保制度司法解释》	原《担保法司法解释》
第二十八条　一般保证中，债权人依据生效法律文书对债务人的财产依法申请强制执行，保证债务诉讼时效的起算时间按照下列规则确定： （一）人民法院作出终结本次执行程序裁定，或者依照民事诉讼法第二百五十七条	**第三十四条**　一般保证的债权人在保证期间届满前对债务人提起诉讼或者申请仲裁的，从判决或者仲裁裁决生效之日起，开始计算保证合同的诉讼时效。

《民法典担保制度司法解释》	原《担保法司法解释》
第三项、第五项的规定作出终结执行裁定的，自裁定送达债权人之日起开始计算； （二）人民法院自收到申请执行书之日起一年内未作出前项裁定的，自人民法院收到申请执行书满一年之日起开始计算，但是保证人有证据证明债务人仍有财产可供执行的除外。 一般保证的债权人在保证期间届满前对债务人提起诉讼或者申请仲裁，债权人举证证明存在民法典第六百八十七条第二款但书规定情形的，保证债务的诉讼时效自债权人知道或者应当知道该情形之日起开始计算。	
新增条文 **第三十一条** 一般保证的债权人在保证期间内对债务人提起诉讼或者申请仲裁后，又撤回起诉或者仲裁申请，债权人在保证期间届满前未再行提起诉讼或者申请仲裁，保证人主张不再承担保证责任的，人民法院应予支持。 连带责任保证的债权人在保证期间内对保证人提起诉讼或者申请仲裁后，又撤回起诉或者仲裁申请，起诉状副本或者仲裁申请书副本已经送达保证人的，人民法院应当认定债权人已经在保证期间内向保证人行使了权利。	
删除条文 ~~**第三十六条** 一般保证中，主债务诉讼时效中断，保证债务诉讼时效中断；连带责任保证中，主债务诉讼时效中断，保证债务诉讼时效不中断。~~ ~~一般保证和连带责任保证中，主债务诉讼时效中止的，保证债务的诉讼时效同时中止。~~	

《最高人民法院对〈关于担保期间债权人向保证人主张权利的方式及程序问题的请示〉的答复》

青海省高级人民法院：

你院〔2002〕青民二字第10号《关于担保期间债权人向保证人主张权利的方式及程序问题的请示》收悉。经研究，答复如下：

1. 本院2002年8月1日下发的《关于处理担保法生效前发生保证行为的保证期间问题的通知》第一条规定的“向保证人主张权利”和第二条规定的“向保证人主张债权”，其主张权利的方式可以包括“提起诉讼”和“送达清收债权通知书”等。其中“送达”既可由债权人本人送达，也可以委托公证机关送达或公告送达（在全国或省级有影响的报纸上刊发清收债权公告）。

2. 该《通知》第二条的规定的意义在于，明确当主债务人进入破产程序，在“债权人没有申报债权”或“已经申报债权”两种不同情况下，债权人应当向保证人主张权利的期限。根据《最高人民法院关于适用〈中华人民共和国担保法〉若干问题的解释》第四十四条第一款的规定，在上述情况下，债权人可以向人民法院申报债权，也可以向保证人主张权利。因此，对于债权人申报了债权，同时又起诉保证人的保证纠纷案件，人民法院应当受理。在具体审理并认定保证人应承担保证责任的金额时，如需等待破产程序结束的，可依照《中华人民共和国民事诉讼法》第一百三十六条第一款第（五）项的规定，裁定中止诉讼。人民法院如径行判决保证人承担保证责任，应当在判决中明确应扣除债权人在债务人破产程序中可以分得的部分。

此复

第六百九十五条　【主合同变更对保证责任影响】债权人和债务人未经保证人书面同意，协商变更主债权债务合同内容，减轻债务的，保证人仍对变更后的债务承担保证责任；加重债务的，保证人对加重的部分不承担保证责任。

债权人和债务人变更主债权债务合同的履行期限，未经保证人书面同意的，保证期间不受影响。

司法解释适用

《最高人民法院关于适用〈中华人民共和国民法典〉有关担保制度的解释》（法释〔2020〕28号）

《民法典担保制度司法解释》	原《担保法司法解释》
第十六条　主合同当事人协议以新贷偿还旧贷，债权人请求旧贷的担保人承担担保责任的，人民法院不予支持；债权人请求新贷的担保人承担担保责任的，按照下列情形处理： （一）新贷与旧贷的担保人相同的，人民法院应予支持； （二）新贷与旧贷的担保人不同，或者旧贷无担保新贷有担保的，人民法院不予支持，但是债权人有证据证明新贷的担保人提供担保时对以新贷偿还旧贷的事实知道或者应当知道的除外。 主合同当事人协议以新贷偿还旧贷，旧贷的物的担保人在登记尚未注销的情形下	**第三十九条**　主合同当事人~~双方~~协议以新贷偿还旧贷，~~除保证人知道或者应当知道的外，保证人不承担民事责任。~~ ~~新贷与旧贷系同一保证人的，不适用前款的规定。~~

《民法典担保制度司法解释》	原《担保法司法解释》
同意继续为新贷提供担保，在订立新的贷款合同前又以该担保财产为其他债权人设立担保物权，其他债权人主张其担保物权顺位优先于新贷债权人的，人民法院不予支持。	
新增条文 **第二十条** 人民法院在审理第三人提供的物的担保纠纷案件时，可以适用民法典第六百九十五条第一款、第六百九十六条第一款、第六百九十七条第二款、第六百九十九条、第七百条、第七百零一条、第七百零二条等关于保证合同的规定。	

《最高人民法院关于保证人的保证责任应否免除问题的复函》

山西省高级人民法院：

你院〔1992〕晋法经报字第5号“关于沁水县农业银行诉沁水县乡镇企业供销公司和沁水县汽车运输公司借款合同担保纠纷一案的请示报告”收悉。经研究，答复如下：

本案沁水县农业银行（下称“沁水农行”）与沁水县乡镇企业供销公司（下称“供销公司”）1988年12月31日签订的借款合同第六条规定：“……如需延期，借款方至迟在贷款到期前3天，提出延期申请，经贷款方同意，办理延期手续。但延期最长不得超过原订期限的一半，贷款方未同意延期或未办理延期手续的逾期贷款，加收罚息。”保证人沁水县汽车运输公司（下称“汽运公司”）在合同上签字、盖章，认可了这一条款。合同履行期限届满前四天，借款方供销公司提出了延期还款申请，贷款方沁水农行同意延期还款的期限恰是原借款合同履行期的一半。借款合同当事人双方的行为，应视为符合借款合同第六条规定。因此，债权人沁水农行在诉讼时效期限内向保证人主张权利，保证人汽运公司的保证责任不应免除。

特此函复

权威案例指引

▶公报案例

《卞松祥与许峰、徐州利峰木业有限公司等民间借贷纠纷案》，《最高人民法院公报》2021年第1期

裁判摘要：民间借贷，债权人与债务人协议以新贷偿还旧贷，等同于新贷保证人为旧贷提供担保，在前后保证人并非同一人且新贷保证人不知情的情况下，有违保证人的真实意思，保证人应不承担民事责任。

《大竹县农村信用合作联社与西藏华西药业集团有限公司保证合同纠纷案》，《最高人民法院公报》2012年第4期

裁判摘要：最高人民法院《关于适用〈中华人民共和国担保法〉若干问题的解释》第三十九条第一款规定：“主合同当事人双方协议以新贷偿还旧贷，除保证人知道或者应当知道的外，保证人不承担民事责任。”判断是否属于“保证人知道或者应当知道”的情形，应当根据案情全面分析。保证人与借款人具有关联关系，在保证合同中承诺对借款人转移贷款

用途等违反合同的行为承担连带责任，并实际履行了部分主债务的，可以认定保证人知道或者应当知道主债务系以新贷偿还旧贷。在此情形下，保证人以上述规定为由，主张不承担民事责任的，人民法院不予支持。

《上海国际信托投资有限公司与上海市综合信息交易所、上海三和房地产公司委托贷款合同纠纷案》，《最高人民法院公报》2008 年第 10 期

裁判摘要：最高人民法院《关于适用〈中华人民共和国担保法〉若干问题的解释》第三十九条规定："主合同当事人双方协议以新贷偿还旧贷，除保证人知道或者应当知道的外，保证人不承担民事责任。新贷与旧贷系同一保证人的，不适用前款的规定。"据此，借贷合同双方当事人基于以新贷偿还旧贷的合意，先后订立多个借贷合同，同一担保人在应当知道的情况下在该多个借贷合同上盖章同意担保的，应当依法承担担保责任。担保人以上述多个借贷合同之间没有形式及内在联系为由，否认以新贷偿还旧贷的合同性质，进而拒绝履行担保责任的，人民法院不予支持。

《抚宁县新兴包装材料厂、抚宁公有资产经营有限公司与抚宁县农村信用合作联社、秦皇岛远东石油炼化有限公司、秦皇岛骊骅淀粉股份有限公司借款担保合同纠纷案》，《最高人民法院公报》2007 年第 9 期

裁判摘要：根据最高人民法院《关于适用〈中华人民共和国担保法〉若干问题的解释》第三十九条的规定，主合同当事人双方协议以新贷偿还旧贷，除保证人知道或者应当知道的外，保证人不承担民事责任。但是新贷与旧贷系同一保证人的，不能免除保证人的保证责任。

第六百九十六条　【债权转让时保证人的保证责任】债权人转让全部或者部分债权，未通知保证人的，该转让对保证人不发生效力。

保证人与债权人约定禁止债权转让，债权人未经保证人书面同意转让债权的，保证人对受让人不再承担保证责任。

关联法规参见

▶**法律：**《民法典合同编》第 545 条。

司法解释适用

《最高人民法院关于适用〈中华人民共和国民法典〉有关担保制度的解释》（法释〔2020〕28 号）

《民法典担保制度司法解释》	原《担保法司法解释》
新增条文 **第二十条**　人民法院在审理第三人提供的物的担保纠纷案件时，可以适用民法典第六百九十五条第一款、第六百九十六条第一款、第六百九十七条第二款、第六百九十九条、第七百条、第七百零一条、第七百零二条等关于保证合同的规定。	

《民法典担保制度司法解释》	原《担保法司法解释》
第三十九条 主债权被分割或者部分转让，各债权人主张就其享有的债权份额行使担保物权的，人民法院应予支持，但是法律另有规定或者当事人另有约定的除外。 主债务被分割或者部分转移，债务人自己提供物的担保，债权人请求以该担保财产担保全部债务履行的，人民法院应予支持；第三人提供物的担保，主张对未经其书面同意转移的债务不再承担担保责任的，人民法院应予支持。	**第七十二条** 主债权被分割或者部分转让的，各债权人可以就其享有的债权份额行使抵押权。 主债务被分割或者部分转让的，抵押人仍以其抵押物担保数个债务人履行债务。但是，第三人提供抵押的，债权人许可债务人转让债务未经抵押人书面同意的，抵押人对未经其同意转让的债务，不再承担担保责任。
删除条文 **第二十八条** ~~保证期间，债权人依法将主债权转让给第三人的，保证债权同时转让，保证人在原保证担保的范围内对受让人承担保证责任。但是保证人与债权人事先约定仅对特定的债权人承担保证责任或者禁止债权转让的，保证人不再承担保证责任。~~	

《最高人民法院关于甘肃省高级人民法院就在诉讼时效期间债权人依法将主债权转让给第三人保证人是否继续承担保证责任等问题请示的答复》

甘肃省高级人民法院：

你院甘高法〔2003〕176号请示收悉。经研究，答复如下：

一、在诉讼时效期间，凡符合《中华人民共和国合同法》第八十一条和《中华人民共和国担保法》第二十二条规定的，债权人将主债权转让给第三人，保证债权作为从权利一并转移，保证人在原保证担保的范围内继续承担保证责任。

二、按照《关于适用〈中华人民共和国担保法〉若干问题的解释》第三十六条第一款的规定，主债务诉讼时效中断，连带保证债务诉讼时效不因主债务诉讼时效中断而中断。按照上述解释第三十四条第二款的规定，连带责任保证的债权人在保证期间内要求保证人承担保证责任的，自该要求之日起开始计算连带保证债务的诉讼时效。《最高人民法院对〈关于贯彻执行最高人民法院“十二条”司法解释有关问题的函〉的答复》是答复四家资产管理公司的，其目的是为了最大限度地保全国有资产。因此，债权人对保证人有公告催收行为的，人民法院应比照适用《最高人民法院关于审理涉及金融资产公司收购、管理、处置国有银行不良贷款形成的资产的案件适用法律若干问题的规定》第十条的规定，认定债权人对保证债务的诉讼时效中断。

此复

第六百九十七条　【债务承担对保证责任的影响】 债权人未经保证人书面同意，允许债务人转移全部或者部分债务，保证人对未经其同意转移的债务不再承担保证责任，但是债权人和保证人另有约定的除外。

第三人加入债务的，保证人的保证责任不受影响。

司法解释适用

《最高人民法院关于适用〈中华人民共和国民法典〉有关担保制度的解释》（法释〔2020〕28号）

《民法典担保制度司法解释》	原《担保法司法解释》
新增条文 **第二十条**　人民法院在审理第三人提供的物的担保纠纷案件时，可以适用民法典第六百九十五条第一款、第六百九十六条第一款、第六百九十七条第二款、第六百九十九条、第七百条、第七百零一条、第七百零二条等关于保证合同的规定。	
第三十九条　主债权被分割或者部分转让，各债权人主张就其享有的债权份额行使担保物权的，人民法院应予支持，但是法律另有规定或者当事人另有约定的除外。 主债务被分割或者部分转移，债务人自己提供物的担保，债权人请求以该担保财产担保全部债务履行的，人民法院应予支持；第三人提供物的担保，主张对未经其书面同意转移的债务不再承担担保责任的，人民法院应予支持。	**第七十二条**　主债权被分割或者部分转让的，各债权人可以就其享有的债权份额行使抵押权。 主债务被分割或者部分转让的，抵押人仍以其抵押物担保数个债务人履行债务。但是，第三人提供抵押的，债权人许可债务人转让债务未经抵押人书面同意的，抵押人对未经其同意转让的债务，不再承担担保责任。

第六百九十八条　【债权人放弃或怠于行使权利时的免责】 一般保证的保证人在主债务履行期限届满后，向债权人提供债务人可供执行财产的真实情况，债权人放弃或者怠于行使权利致使该财产不能被执行的，保证人在其提供可供执行财产的价值范围内不再承担保证责任。

第六百九十九条　【多人保证责任的承担】 同一债务有两个以上保证人的，保证人应当按照保证合同约定的保证份额，承担保证责任；没有约定保证份额的，债权人可以请求任何一个保证人在其保证范围内承担保证责任。

司法解释适用

《最高人民法院关于适用〈中华人民共和国民法典〉有关担保制度的解释》（法释〔2020〕28号）

《民法典担保制度司法解释》	原《担保法司法解释》
第十三条 同一债务有两个以上第三人提供担保，担保人之间约定相互追偿及分担份额，承担了担保责任的担保人请求其他担保人按照约定分担份额的，人民法院应予支持；担保人之间约定承担连带共同担保，或者约定相互追偿但是未约定分担份额的，各担保人按照比例分担向债务人不能追偿的部分。 同一债务有两个以上第三人提供担保，担保人之间未对相互追偿作出约定且未约定承担连带共同担保，但是各担保人在同一份合同书上签字、盖章或者按指印，承担了担保责任的担保人请求其他担保人按照比例分担向债务人不能追偿部分的，人民法院应予支持。 除前两款规定的情形外，承担了担保责任的担保人请求其他担保人分担向债务人不能追偿部分的，人民法院不予支持。	**第二十条** 连带共同保证的债务人在主合同规定的债务履行期届满没有履行债务的，债权人可以要求债务人履行债务，也可以要求任何一个保证人承担全部保证责任。 连带共同保证的保证人承担保证责任后，向债务人不能追偿的部分，由各连带保证人按其内部约定的比例分担。没有约定的，平均分担。
新增条文 **第十四条** 同一债务有两个以上第三人提供担保，担保人受让债权的，人民法院应当认定该行为系承担担保责任。受让债权的担保人作为债权人请求其他担保人承担担保责任的，人民法院不予支持；该担保人请求其他担保人分担相应份额的，依照本解释第十三条的规定处理。 **第二十条** 人民法院在审理第三人提供的物的担保纠纷案件时，可以适用民法典第六百九十五条第一款、第六百九十六条第一款、第六百九十七条第二款、第六百九十九条、第七百条、第七百零一条、第七百零二条等关于保证合同的规定。	
第二十三条 人民法院受理债务人破产案件，债权人在破产程序中申报债权后又向人民法院提起诉讼，请求担保人承担担保责任的，人民法院依法予以支持。	**第四十四条** 保证期间，人民法院受理债务人破产案件的，债权人既可以向人民法院申报债权，也可以向保证人主张权利。

<table>
<tr><th>《民法典担保制度司法解释》</th><th>原《担保法司法解释》</th></tr>
<tr><td>担保人清偿债权人的全部债权后，可以代替债权人在破产程序中受偿；在债权人的债权未获全部清偿前，担保人不得代替债权人在破产程序中受偿，但是有权就债权人通过破产分配和实现担保债权等方式获得清偿总额中超出债权的部分，在其承担担保责任的范围内请求债权人返还。

债权人在债务人破产程序中未获全部清偿，请求担保人继续承担担保责任的，人民法院应予支持；担保人承担担保责任后，向和解协议或者重整计划执行完毕后的债务人追偿的，人民法院不予支持。</td><td>债权人申报债权后在破产程序中未受清偿的部分，保证人仍应当承担保证责任。债权人要求保证人承担保证责任的，应当在破产程序终结后六个月内提出。</td></tr>
<tr><td>第二十四条　债权人知道或者应当知道债务人破产，既未申报债权也未通知担保人，致使担保人不能预先行使追偿权的，担保人就该债权在破产程序中可能受偿的范围内免除担保责任，但是担保人因自身过错未行使追偿权的除外。</td><td>第四十六条　人民法院受理债务人破产案件后，债权人未申报债权的，各连带共同保证的保证人应当作为一个主体申报债权，预先行使追偿权。</td></tr>
<tr><td>第二十九条　同一债务有两个以上保证人，债权人以其已经在保证期间内依法向部分保证人行使权利为由，主张已经在保证期间内向其他保证人行使权利的，人民法院不予支持。

同一债务有两个以上保证人，保证人之间相互有追偿权，债权人未在保证期间内依法向部分保证人行使权利，导致其他保证人在承担保证责任后丧失追偿权，其他保证人主张在其不能追偿的范围内免除保证责任的，人民法院应予支持。</td><td>第二十条　连带共同保证的债务人在主合同规定的债务履行期届满没有履行债务的，债权人可以要求债务人履行债务，也可以要求任何一个保证人承担全部保证责任。

连带共同保证的保证人承担保证责任后，向债务人不能追偿的部分，由各连带保证人按其内部约定的比例分担。没有约定的，平均分担。

第二十一条　按份共同保证的保证人按照保证合同约定的保证份额承担保证责任后，在其履行保证责任的范围内对债务人行使追偿权。</td></tr>
<tr><td colspan="2">删除条文

~~第十九条　两个以上保证人对同一债务同时或者分别提供保证时，各保证人与债权人没有约定保证份额的，应当认定为连带共同保证。~~

~~连带共同保证的保证人以其相互之间约定各自承担的份额对抗债权人的，人民法院不予支持。~~</td></tr>
</table>

第七百条　【保证人的追偿权】保证人承担保证责任后，除当事人另有约定外，有权在其承担保证责任的范围内向债务人追偿，享有债权人对债务人的权利，但是不得损害债权人的利益。

司法解释适用

《最高人民法院关于适用〈中华人民共和国民法典〉有关担保制度的解释》（法释〔2020〕28号）

<table>
<tr><th>《民法典担保制度司法解释》</th><th>原《担保法司法解释》</th></tr>
<tr><td>第三条　当事人对担保责任的承担约定专门的违约责任，或者约定的担保责任范围超出债务人应当承担的责任范围，担保人主张仅在债务人应当承担的责任范围内承担责任的，人民法院应予支持。
担保人承担的责任超出债务人应当承担的责任范围，担保人向债务人追偿，债务人主张仅在其应当承担的责任范围内承担责任的，人民法院应予支持；担保人请求债权人返还超出部分的，人民法院依法予以支持。</td><td>第四十三条　保证人自行履行保证责任时，其实际清偿额大于主债权范围的，保证人只能在主债权范围内对债务人行使追偿权。</td></tr>
<tr><td colspan="2">删除条文
<s>第四十二条　人民法院判决保证人承担保证责任或者赔偿责任的，应当在判决书主文中明确保证人享有担保法第三十一条规定的权利。判决书中未予明确追偿权的，保证人只能按照承担责任的事实，另行提起诉讼。</s>
<s>保证人对债务人行使追偿权的诉讼时效，自保证人向债权人承担责任之日起开始计算。</s></td></tr>
<tr><td>第十八条　承担了担保责任或者赔偿责任的担保人，在其承担责任的范围内向债务人追偿的，人民法院应予支持。
同一债权既有债务人自己提供的物的担保，又有第三人提供的担保，承担了担保责任或者赔偿责任的第三人，主张行使债权人对债务人享有的担保物权的，人民法院应予支持。</td><td>第四十三条　保证人自行履行保证责任时，其实际清偿额大于主债权范围的，保证人只能在主债权范围内对债务人行使追偿权。</td></tr>
<tr><td colspan="2">新增条文
第二十条　人民法院在审理第三人提供的物的担保纠纷案件时，可以适用民法典第六百九十五条第一款、第六百九十六条第一款、第六百九十七条第二款、第六百九十九条、第七百条、第七百零一条、第七百零二条等关于保证合同的规定。</td></tr>
</table>

第七百零一条　【保证人的抗辩权】保证人可以主张债务人对债权人的抗辩。债务人放弃抗辩的，保证人仍有权向债权人主张抗辩。

关联法规参见

▶**法律：**《民法典合同编》第525条、第527条、第528条、第548条。

司法解释适用

《最高人民法院关于适用〈中华人民共和国民法典〉有关担保制度的解释》（法释〔2020〕28号）

《民法典担保制度司法解释》	原《担保法司法解释》
新增条文 **第二十条**　人民法院在审理第三人提供的物的担保纠纷案件时，可以适用民法典第六百九十五条第一款、第六百九十六条第一款、第六百九十七条第二款、第六百九十九条、第七百条、第七百零一条、第七百零二条等关于保证合同的规定。	

第七百零二条　【抵销权和撤销权范围内的免责】债务人对债权人享有抵销权或者撤销权的，保证人可以在相应范围内拒绝承担保证责任。

关联法规参见

▶**法律：**《民法典合同编》第701条。

司法解释适用

《最高人民法院关于适用〈中华人民共和国民法典〉有关担保制度的解释》（法释〔2020〕28号）

《民法典担保制度司法解释》	原《担保法司法解释》
新增条文 **第二十条**　人民法院在审理第三人提供的物的担保纠纷案件时，可以适用民法典第六百九十五条第一款、第六百九十六条第一款、第六百九十七条第二款、第六百九十九条、第七百条、第七百零一条、第七百零二条等关于保证合同的规定。	

第十四章　租赁合同

第七百零三条　【租赁合同的定义】 租赁合同是出租人将租赁物交付承租人使用、收益，承租人支付租金的合同。

关联法规参见

▶**法律：**《城市房地产管理法》第53条，《海商法》第129条、第144条。

司法解释适用

《最高人民法院关于审理城镇房屋租赁合同纠纷案件具体应用法律若干问题的解释》（法释〔2020〕17号修改）

<table>
<tr><th>新《城镇房屋租赁合同纠纷司法解释》</th><th>原《城镇房屋租赁合同纠纷司法解释》</th></tr>
<tr><td>为正确审理城镇房屋租赁合同纠纷案件，依法保护当事人的合法权益，根据《中华人民共和国民法典》等法律规定，结合民事审判实践，制定本解释。</td><td>为正确审理城镇房屋租赁合同纠纷案件，依法保护当事人的合法权益，根据《中华人民共和国民法通则》、《中华人民共和国物权法》、《中华人民共和国合同法》等法律规定，结合民事审判实践，制定本解释。</td></tr>
<tr><td colspan="2">第一条（原第一条）　本解释所称城镇房屋，是指城市、镇规划区内的房屋。
乡、村庄规划区内的房屋租赁合同纠纷案件，可以参照本解释处理。但法律另有规定的，适用其规定。
当事人依照国家福利政策租赁公有住房、廉租住房、经济适用住房产生的纠纷案件，不适用本解释。</td></tr>
<tr><td colspan="2">第二条（原第二条）　出租人就未取得建设工程规划许可证或者未按照建设工程规划许可证的规定建设的房屋，与承租人订立的租赁合同无效。但在一审法庭辩论终结前取得建设工程规划许可证或者经主管部门批准建设的，人民法院应当认定有效。</td></tr>
<tr><td colspan="2">第三条（原第三条）　出租人就未经批准或者未按照批准内容建设的临时建筑，与承租人订立的租赁合同无效。但在一审法庭辩论终结前经主管部门批准建设的，人民法院应当认定有效。
租赁期限超过临时建筑的使用期限，超过部分无效。但在一审法庭辩论终结前经主管部门批准延长使用期限的，人民法院应当认定延长使用期限内的租赁期间有效。</td></tr>
<tr><td colspan="2">删除条文
<s>第四条　当事人以房屋租赁合同未按照法律、行政法规规定办理登记备案手续为由，请求确认合同无效的，人民法院不予支持。</s>
<s>当事人约定以办理登记备案手续为房屋租赁合同生效条件的，从其约定。但当事人一方已经履行主要义务，对方接受的除外。</s></td></tr>
</table>

<table>
<tr><th>新《城镇房屋租赁合同纠纷司法解释》</th><th>原《城镇房屋租赁合同纠纷司法解释》</th></tr>
<tr><td>第四条 房屋租赁合同无效，当事人请求参照合同约定的租金标准支付房屋占有使用费的，人民法院一般应予支持。
当事人请求赔偿因合同无效受到的损失，人民法院依照民法典第一百五十七条和本解释第七条、第十一条、第十二条的规定处理。</td><td>第五条 房屋租赁合同无效，当事人请求参照合同约定的租金标准支付房屋占有使用费的，人民法院一般应予支持。
当事人请求赔偿因合同无效受到的损失，人民法院依照合同法的有关规定和本司法解释第九条、第十三条、第十四条的规定处理。</td></tr>
<tr><td>第五条 出租人就同一房屋订立数份租赁合同，在合同均有效的情况下，承租人均主张履行合同的，人民法院按照下列顺序确定履行合同的承租人：
（一）已经合法占有租赁房屋的；
（二）已经办理登记备案手续的；
（三）合同成立在先的。
不能取得租赁房屋的承租人请求解除合同、赔偿损失的，依照民法典的有关规定处理。</td><td>第六条 出租人就同一房屋订立数份租赁合同，在合同均有效的情况下，承租人均主张履行合同的，人民法院按照下列顺序确定履行合同的承租人：
（一）已经合法占有租赁房屋的；
（二）已经办理登记备案手续的；
（三）合同成立在先的。
不能取得租赁房屋的承租人请求解除合同、赔偿损失的，依照合同法的有关规定处理。</td></tr>
<tr><td>第六条 承租人擅自变动房屋建筑主体和承重结构或者扩建，在出租人要求的合理期限内仍不予恢复原状，出租人请求解除合同并要求赔偿损失的，人民法院依照民法典第七百一十一条的规定处理。</td><td>第七条 承租人擅自变动房屋建筑主体和承重结构或者扩建，在出租人要求的合理期限内仍不予恢复原状，出租人请求解除合同并要求赔偿损失的，人民法院依照合同法第二百一十九条的规定处理。</td></tr>
<tr><td colspan="2">删除条文
~~第八条 因下列情形之一，导致租赁房屋无法使用，承租人请求解除合同的，人民法院应予支持：~~
~~（一）租赁房屋被司法机关或者行政机关依法查封的；~~
~~（二）租赁房屋权属有争议的；~~
~~（三）租赁房屋具有违反法律、行政法规关于房屋使用条件强制性规定情况的。~~</td></tr>
<tr><td colspan="2">第七条（原第九条） 承租人经出租人同意装饰装修，租赁合同无效时，未形成附合的装饰装修物，出租人同意利用的，可折价归出租人所有；不同意利用的，可由承租人拆除。因拆除造成房屋毁损的，承租人应当恢复原状。
已形成附合的装饰装修物，出租人同意利用的，可折价归出租人所有；不同意利用的，由双方各自按照导致合同无效的过错分担现值损失。</td></tr>
<tr><td colspan="2">第八条（原第十条） 承租人经出租人同意装饰装修，租赁期间届满或者合同解除时，除当事人另有约定外，未形成附合的装饰装修物，可由承租人拆除。因拆除造成房屋毁损的，承租人应当恢复原状。</td></tr>
</table>

<table>
<tr><th>新《城镇房屋租赁合同纠纷司法解释》</th><th>原《城镇房屋租赁合同纠纷司法解释》</th></tr>
<tr><td colspan="2">第九条（原第十一条）　承租人经出租人同意装饰装修，合同解除时，双方对已形成附合的装饰装修物的处理没有约定的，人民法院按照下列情形分别处理：
（一）因出租人违约导致合同解除，承租人请求出租人赔偿剩余租赁期内装饰装修残值损失的，应予支持；
（二）因承租人违约导致合同解除，承租人请求出租人赔偿剩余租赁期内装饰装修残值损失的，不予支持。但出租人同意利用的，应在利用价值范围内予以适当补偿；
（三）因双方违约导致合同解除，剩余租赁期内的装饰装修残值损失，由双方根据各自的过错承担相应的责任；
（四）因不可归责于双方的事由导致合同解除的，剩余租赁期内的装饰装修残值损失，由双方按照公平原则分担。法律另有规定的，适用其规定。</td></tr>
<tr><td colspan="2">第十条（原第十二条）　承租人经出租人同意装饰装修，租赁期间届满时，承租人请求出租人补偿附合装饰装修费用的，不予支持。但当事人另有约定的除外。</td></tr>
<tr><td colspan="2">第十一条（原第十三条）　承租人未经出租人同意装饰装修或者扩建发生的费用，由承租人负担。出租人请求承租人恢复原状或者赔偿损失的，人民法院应予支持。</td></tr>
<tr><td colspan="2">第十二条（原第十四条）　承租人经出租人同意扩建，但双方对扩建费用的处理没有约定的，人民法院按照下列情形分别处理：
（一）办理合法建设手续的，扩建造价费用由出租人负担；
（二）未办理合法建设手续的，扩建造价费用由双方按照过错分担。</td></tr>
<tr><td colspan="2">删除条文
<s>第十五条　承租人经出租人同意将租赁房屋转租给第三人时，转租期限超过承租人剩余租赁期限的，人民法院应当认定超过部分的约定无效。但出租人与承租人另有约定的除外。</s>
<s>第十六条　出租人知道或者应当知道承租人转租，但在六个月内未提出异议，其以承租人未经同意为由请求解除合同或者认定转租合同无效的，人民法院不予支持。</s>
<s>因租赁合同产生的纠纷案件，人民法院可以通知次承租人作为第三人参加诉讼。</s>
<s>第十七条　因承租人拖欠租金，出租人请求解除合同时，次承租人请求代承租人支付欠付的租金和违约金以抗辩出租人合同解除权的，人民法院应予支持。但转租合同无效的除外。</s>
<s>次承租人代为支付的租金和违约金超出其应付的租金数额，可以折抵租金或者向承租人追偿。</s></td></tr>
<tr><td colspan="2">第十三条（原第十八条）　房屋租赁合同无效、履行期限届满或者解除，出租人请求负有腾房义务的次承租人支付逾期腾房占有使用费的，人民法院应予支持。</td></tr>
<tr><td colspan="2">删除条文
<s>第十九条　承租人租赁房屋用于以个体工商户或者个人合伙方式从事经营活动，承租人在租赁期间死亡、宣告失踪或者宣告死亡，其共同经营人或者其他合伙人请求按照原租赁合同租赁该房屋的，人民法院应予支持。</s></td></tr>
</table>

<table>
<tr><th>新《城镇房屋租赁合同纠纷司法解释》</th><th>原《城镇房屋租赁合同纠纷司法解释》</th></tr>
<tr><td>第十四条　租赁房屋在承租人按照租赁合同占有期限内发生所有权变动，承租人请求房屋受让人继续履行原租赁合同的，人民法院应予支持。但租赁房屋具有下列情形或者当事人另有约定的除外：
（一）房屋在出租前已设立抵押权，因抵押权人实现抵押权发生所有权变动的；
（二）房屋在出租前已被人民法院依法查封的。</td><td>第二十条　租赁房屋在租赁期间发生所有权变动，承租人请求房屋受让人继续履行原租赁合同的，人民法院应予支持。但租赁房屋具有下列情形或者当事人另有约定的除外：
（一）房屋在出租前已设立抵押权，因抵押权人实现抵押权发生所有权变动的；
（二）房屋在出租前已被人民法院依法查封的。</td></tr>
<tr><td colspan="2">删除条文
<s>第二十一条　出租人出卖租赁房屋未在合理期限内通知承租人或者存在其他侵害承租人优先购买权情形，承租人请求出租人承担赔偿责任的，人民法院应予支持。但请求确认出租人与第三人签订的房屋买卖合同无效的，人民法院不予支持。</s></td></tr>
<tr><td colspan="2">第十五条（原第二十二条）　出租人与抵押权人协议折价、变卖租赁房屋偿还债务，应当在合理期限内通知承租人。承租人请求以同等条件优先购买房屋的，人民法院应予支持。</td></tr>
<tr><td colspan="2">删除条文
<s>第二十三条　出租人委托拍卖人拍卖租赁房屋，应当在拍卖5日前通知承租人。承租人未参加拍卖的，人民法院应当认定承租人放弃优先购买权。</s>
<s>第二十四条　具有下列情形之一，承租人主张优先购买房屋的，人民法院不予支持：</s>
<s>（一）房屋共有人行使优先购买权的；</s>
<s>（二）出租人将房屋出卖给近亲属，包括配偶、父母、子女、兄弟姐妹、祖父母、外祖父母、孙子女、外孙子女的；</s>
<s>（三）出租人履行通知义务后，承租人在十五日内未明确表示购买的；</s>
<s>（四）第三人善意购买租赁房屋并已经办理登记手续的。</s></td></tr>
<tr><td colspan="2">第十六条（原第二十五条）　本解释施行前已经终审，本解释施行后当事人申请再审或者按照审判监督程序决定再审的案件，不适用本解释。</td></tr>
</table>

第
704
条

第七百零四条　【租赁合同的内容】租赁合同的内容一般包括租赁物的名称、数量、用途、租赁期限、租金及其支付期限和方式、租赁物维修等条款。

关联法规参见

▶**法律：**《城市房地产管理法》第53条至第56条，《海商法》第130条、第145条。

第七百零五条　【租赁期限的规定】租赁期限不得超过二十年。超过二十年的，超过部分无效。

租赁期限届满，当事人可以续订租赁合同；但是，约定的租赁期限自续订之日起不得超过二十年。

第七百零六条　【租赁合同未登记备案不影响合同效力】当事人未依照法律、行政法规规定办理租赁合同登记备案手续的，不影响合同的效力。

关联法规参见

▶**法律**：《城市房地产管理法》第54条。

第七百零七条　【租赁合同的书面形式要求】租赁期限六个月以上的，应当采用书面形式。当事人未采用书面形式，无法确定租赁期限的，视为不定期租赁。

关联法规参见

▶**法律**：《城市房地产管理法》第54条。

司法解释适用

《最高人民法院关于审理城镇房屋租赁合同纠纷案件具体应用法律若干问题的解释》（法释〔2020〕17号修改）

新《城镇房屋租赁合同纠纷司法解释》	原《城镇房屋租赁合同纠纷司法解释》
删除条文 ~~**第四条**　当事人以房屋租赁合同未按照法律、行政法规规定办理登记备案手续为由，请求确认合同无效的，人民法院不予支持。~~ ~~当事人约定以办理登记备案手续为房屋租赁合同生效条件的，从其约定。但当事人一方已经履行主要义务，对方接受的除外。~~	

第七百零八条　【出租人义务】出租人应当按照约定将租赁物交付承租人，并在租赁期限内保持租赁物符合约定的用途。

第七百零九条　【承租人义务】承租人应当按照约定的方法使用租赁物。对租赁物的使用方法没有约定或者约定不明确，依据本法第五百一十条的规定仍不能确定的，应当根据租赁物的性质使用。

关联法规参见

▶**法律：**《民法典合同编》第 510 条。

第七百一十条　【承租人按约定使用租赁物致使租赁物损耗的责任】承租人按照约定的方法或者根据租赁物的性质使用租赁物，致使租赁物受到损耗的，不承担赔偿责任。

第七百一十一条　【承租人没有按约定方式或租赁物使用性质使用租赁物致损的法律后果】承租人未按照约定的方法或者未根据租赁物的性质使用租赁物，致使租赁物受到损失的，出租人可以解除合同并请求赔偿损失。

司法解释适用

《最高人民法院关于审理城镇房屋租赁合同纠纷案件具体应用法律若干问题的解释》（法释〔2020〕17 号修改）

新《城镇房屋租赁合同纠纷司法解释》	原《城镇房屋租赁合同纠纷司法解释》
第六条　承租人擅自变动房屋建筑主体和承重结构或者扩建，在出租人要求的合理期限内仍不予恢复原状，出租人请求解除合同并要求赔偿损失的，人民法院依照民法典第七百一十一条的规定处理。	**第七条**　承租人擅自变动房屋建筑主体和承重结构或者扩建，在出租人要求的合理期限内仍不予恢复原状，出租人请求解除合同并要求赔偿损失的，人民法院依照合同法第二百一十九条的规定处理。

第七百一十二条　【出租人的维修义务】出租人应当履行租赁物的维修义务，但是当事人另有约定的除外。

关联法规参见

▶**法律：**《海商法》第 132 条、第 133 条、第 146 条。

司法解释适用

《最高人民法院印发〈关于依法妥善审理涉新冠肺炎疫情民事案件若干问题的指导意见（三）〉的通知》

11. 承运人在船舶开航前和开航当时，负有谨慎处理使船舶处于适航状态的义务。承运人未谨慎处理，导致船舶因采取消毒、熏蒸等疫情防控措施不适合运载特定货物，或者持证健康船员的数量不能达到适航要求，托运人主张船舶不适航的，人民法院依法予以支持。

托运人仅以船舶曾经停靠过受疫情影响的地区或者船员中有人感染新冠肺炎为由，主张船舶不适航的，人民法院不予支持。

第七百一十三条　【租赁物的维修和维修费负担】承租人在租赁物需要维修时可以请求出租人在合理期限内维修。出租人未履行维修义务的，承租人可以自行维修，维修费用由出租人负担。因维修租赁物影响承租人使用的，应当相应减少租金或者延长租期。

因承租人的过错致使租赁物需要维修的，出租人不承担前款规定的维修义务。

第七百一十四条　【租赁合同中承租人租赁物妥善保管义务及其违反义务的赔偿责任】承租人应当妥善保管租赁物，因保管不善造成租赁物毁损、灭失的，应当承担赔偿责任。

第七百一十五条　【承租人对租赁物进行改善或增设他物的规定】承租人经出租人同意，可以对租赁物进行改善或者增设他物。

承租人未经出租人同意，对租赁物进行改善或者增设他物的，出租人可以请求承租人恢复原状或者赔偿损失。

司法解释适用

《最高人民法院关于审理城镇房屋租赁合同纠纷案件具体应用法律若干问题的解释》（法释〔2020〕17号修改）

新《城镇房屋租赁合同纠纷司法解释》	原《城镇房屋租赁合同纠纷司法解释》
第七条（原第九条）　承租人经出租人同意装饰装修，租赁合同无效时，未形成附合的装饰装修物，出租人同意利用的，可折价归出租人所有；不同意利用的，可由承租人拆除。因拆除造成房屋毁损的，承租人应当恢复原状。 已形成附合的装饰装修物，出租人同意利用的，可折价归出租人所有；不同意利用的，由双方各自按照导致合同无效的过错分担现值损失。	
第八条（原第十条）　承租人经出租人同意装饰装修，租赁期间届满或者合同解除时，除当事人另有约定外，未形成附合的装饰装修物，可由承租人拆除。因拆除造成房屋毁损的，承租人应当恢复原状。	
第九条（原第十一条）　承租人经出租人同意装饰装修，合同解除时，双方对已形成附合的装饰装修物的处理没有约定的，人民法院按照下列情形分别处理： （一）因出租人违约导致合同解除，承租人请求出租人赔偿剩余租赁期内装饰装修残值损失的，应予支持； （二）因承租人违约导致合同解除，承租人请求出租人赔偿剩余租赁期内装饰装修残值损失的，不予支持。但出租人同意利用的，应在利用价值范围内予以适当补偿； （三）因双方违约导致合同解除，剩余租赁期内的装饰装修残值损失，由双方根据各自的过错承担相应的责任；	

新《城镇房屋租赁合同纠纷司法解释》	原《城镇房屋租赁合同纠纷司法解释》
（四）因不可归责于双方的事由导致合同解除的，剩余租赁期内的装饰装修残值损失，由双方按照公平原则分担。法律另有规定的，适用其规定。	
第十条（原第十二条）　承租人经出租人同意装饰装修，租赁期间届满时，承租人请求出租人补偿附合装饰装修费用的，不予支持。但当事人另有约定的除外。	
第十一条（原第十三条）　承租人未经出租人同意装饰装修或者扩建发生的费用，由承租人负担。出租人请求承租人恢复原状或者赔偿损失的，人民法院应予支持。	
第十二条（原第十四条）　承租人经出租人同意扩建，但双方对扩建费用的处理没有约定的，人民法院按照下列情形分别处理： （一）办理合法建设手续的，扩建造价费用由出租人负担； （二）未办理合法建设手续的，扩建造价费用由双方按照过错分担。	

第七百一十六条　【承租人转租租赁物的前提条件及效力】承租人经出租人同意，可以将租赁物转租给第三人。承租人转租的，承租人与出租人之间的租赁合同继续有效；第三人造成租赁物损失的，承租人应当赔偿损失。

承租人未经出租人同意转租的，出租人可以解除合同。

关联法规参见

▶**法律：**《海商法》第137条、第138条、第150条。

司法解释适用

《最高人民法院关于审理城镇房屋租赁合同纠纷案件具体应用法律若干问题的解释》（法释〔2020〕17号修改）

新《城镇房屋租赁合同纠纷司法解释》	原《城镇房屋租赁合同纠纷司法解释》
删除条文 ~~**第十五条**　承租人经出租人同意将租赁房屋转租给第三人时，转租期限超过承租人剩余租赁期限的，人民法院应当认定超过部分的约定无效。但出租人与承租人另有约定的除外。~~ ~~**第十六条**　出租人知道或者应当知道承租人转租，但在六个月内未提出异议，其以承租人未经同意为由请求解除合同或者认定转租合同无效的，人民法院不予支持。~~ ~~因租赁合同产生的纠纷案件，人民法院可以通知次承租人作为第三人参加诉讼。~~ ~~**第十七条**　因承租人拖欠租金，出租人请求解除合同时，次承租人请求代承租人支付欠付的租金和违约金以抗辩出租人合同解除权的，人民法院应予支持。但转租合同无效的除外。~~ ~~次承租人代为支付的租金和违约金超出其应付的租金数额，可以折抵租金或者向承租人追偿。~~	

新《城镇房屋租赁合同纠纷司法解释》	原《城镇房屋租赁合同纠纷司法解释》
第十三条（原第十八条） 房屋租赁合同无效、履行期限届满或者解除，出租人请求负有腾房义务的次承租人支付逾期腾房占有使用费的，人民法院应予支持。	

第七百一十七条 【转租期限的限制规则】 承租人经出租人同意将租赁物转租给第三人，转租期限超过承租人剩余租赁期限的，超过部分的约定对出租人不具有法律约束力，但是出租人与承租人另有约定的除外。

第七百一十八条 【出租人未提出异议的推定规则】 出租人知道或者应当知道承租人转租，但是在六个月内未提出异议的，视为出租人同意转租。

第七百一十九条 【次承租人代为支付租金和违约金的情形及效果】 承租人拖欠租金的，次承租人可以代承租人支付其欠付的租金和违约金，但是转租合同对出租人不具有法律约束力的除外。

次承租人代为支付的租金和违约金，可以充抵次承租人应当向承租人支付的租金；超出其应付的租金数额的，可以向承租人追偿。

第七百二十条 【租赁期间因占有、使用租赁物获得的利益的归属】 在租赁期限内因占有、使用租赁物获得的收益，归承租人所有，但是当事人另有约定的除外。

第七百二十一条 【租金支付期限的确定规则】 承租人应当按照约定的期限支付租金。对支付租金的期限没有约定或者约定不明确，依据本法第五百一十条的规定仍不能确定，租赁期限不满一年的，应当在租赁期限届满时支付；租赁期限一年以上的，应当在每届满一年时支付，剩余期限不满一年的，应当在租赁期限届满时支付。

关联法规参见

▶**法律**：《民法典合同编》第510条，《海商法》第140条。

第七百二十二条 【承租人的租金支付义务；出租人的支付请求权以及合同解除权】 承租人无正当理由未支付或者迟延支付租金的，出租人可以请求承租人在合理期限内支付；承租人逾期不支付的，出租人可以解除合同。

关联法规参见

▶**法律：**《海商法》第 140 条、第 141 条。

司法解释适用

《最高人民法院研究室关于对租赁合同债务人因欠付租金而出具的“欠款结算单”不适用普通诉讼时效的复函》

河南省高级人民法院：

你院〔2000〕豫法民字第 118 号《关于“租赁合同”双方当事人就逾期所欠租金结算后，债务方出具的“欠款结算单”能否按“债务纠纷”适用普通诉讼时效的请示》收悉。经研究，答复如下：

租赁合同债务人因欠付租金而出具的“欠款结算单”只表明未付租金的数额，并未改变其与债权人之间的租赁关系。因此，租赁合同当事人之间就该欠款结算单所发生纠纷的诉讼时效期间适用《中华人民共和国民法通则》（1986 年 4 月 12 日第六届全国人民代表大会第四次会议通过根据 2009 年 8 月 27 日第十一届全国人民代表大会常务委员会第十次会议《关于修改部分法律的决定》修正）第一百三十六条的规定。

第七百二十三条　【出租人的权利瑕疵担保责任：承租人的及时通知义务】因第三人主张权利，致使承租人不能对租赁物使用、收益的，承租人可以请求减少租金或者不支付租金。

第三人主张权利的，承租人应当及时通知出租人。

司法解释适用

《最高人民法院关于适用〈中华人民共和国民法典〉有关担保制度的解释》（法释〔2020〕28 号）

《民法典担保制度司法解释》	原《担保法司法解释》
第五十四条　动产抵押合同订立后未办理抵押登记，动产抵押权的效力按照下列情形分别处理： （一）抵押人转让抵押财产，受让人占有抵押财产后，抵押权人向受让人请求行使抵押权的，人民法院不予支持，但是抵押权人能够举证证明受让人知道或者应当知道已经订立抵押合同的除外； （二）抵押人将抵押财产出租给他人并移转占有，抵押权人行使抵押权的，租赁关系不受影响，但是抵押权人能够举证证明承租人	**第六十六条**　抵押人将已抵押的财产出租的，抵押权实现后，租赁合同对受让人不具有约束力。 抵押人将已抵押的财产出租时，如果抵押人未书面告知承租人该财产已抵押的，抵押人对出租抵押物造成承租人的损失承担赔偿责任；如果抵押人已书面告知承租人该财产已抵押的，抵押权实现造成承租人的损失，由承租人自己承担。

《民法典担保制度司法解释》	原《担保法司法解释》
知道或者应当知道已经订立抵押合同的除外； （三）抵押人的其他债权人向人民法院申请保全或者执行抵押财产，人民法院已经作出财产保全裁定或者采取执行措施，抵押权人主张对抵押财产优先受偿的，人民法院不予支持； （四）抵押人破产，抵押权人主张对抵押财产优先受偿的，人民法院不予支持。	

第七百二十四条　【承租人解除合同的法定情形】 有下列情形之一，非因承租人原因致使租赁物无法使用的，承租人可以解除合同：

（一）租赁物被司法机关或者行政机关依法查封、扣押；

（二）租赁物权属有争议；

（三）租赁物具有违反法律、行政法规关于使用条件的强制性规定情形。

第七百二十五条　【买卖不破租赁：租赁物发生所有权变动时不影响租赁合同效力】 租赁物在承租人按照租赁合同占有期限内发生所有权变动的，不影响租赁合同的效力。

关联法规参见

▶**法律**：《民法典物权编》第405条。

司法解释适用

《最高人民法院关于适用〈中华人民共和国民法典〉有关担保制度的解释》（法释〔2020〕28号）

《民法典担保制度司法解释》	原《担保法司法解释》
第五十四条　动产抵押合同订立后未办理抵押登记，动产抵押权的效力按照下列情形分别处理： （一）抵押人转让抵押财产，受让人占有抵押财产后，抵押权人向受让人请求行使抵押权的，人民法院不予支持，但是抵押权人能够举证证明受让人知道或者应当知道已经订立抵押合同的除外； （二）抵押人将抵押财产出租给他人并	**第六十六条**　抵押人将已抵押的财产出租的，抵押权实现后，租赁合同对受让人不具有约束力。 抵押人将已抵押的财产出租时，如果抵押人未书面告知承租人该财产已抵押的，抵押人对出租抵押物造成承租人的损失承担赔偿责任；如果抵押人已书面告知承租人该财产已抵押的，抵押权实现造成承租人的损失，由承租人自己承担。

《民法典担保制度司法解释》	原《担保法司法解释》
移转占有，抵押权人行使抵押权的，租赁关系不受影响，但是抵押权人能够举证证明承租人知道或者应当知道已经订立抵押合同的除外； （三）抵押人的其他债权人向人民法院申请保全或者执行抵押财产，人民法院已经作出财产保全裁定或者采取执行措施，抵押权人主张对抵押财产优先受偿的，人民法院不予支持； （四）抵押人破产，抵押权人主张对抵押财产优先受偿的，人民法院不予支持。	

《最高人民法院关于人民法院民事执行中拍卖、变卖财产的规定》（法释〔2020〕21号修改）

新《人民法院民事执行中拍卖、变卖财产规定》	原《人民法院民事执行中拍卖、变卖财产规定》
第二十八条（原第三十一条）　拍卖财产上原有的担保物权及其他优先受偿权，因拍卖而消灭，拍卖所得价款，应当优先清偿担保物权人及其他优先受偿权人的债权，但当事人另有约定的除外。 拍卖财产上原有的租赁权及其他用益物权，不因拍卖而消灭，但该权利继续存在于拍卖财产上，对在先的担保物权或者其他优先受偿权的实现有影响的，人民法院应当依法将其除去后进行拍卖。	

《最高人民法院关于审理城镇房屋租赁合同纠纷案件具体应用法律若干问题的解释》（法释〔2020〕17号修改）

新《城镇房屋租赁合同纠纷司法解释》	原《城镇房屋租赁合同纠纷司法解释》
第十四条　租赁房屋在承租人按照租赁合同占有期限内发生所有权变动，承租人请求房屋受让人继续履行原租赁合同的，人民法院应予支持。但租赁房屋具有下列情形或者当事人另有约定的除外： （一）房屋在出租前已设立抵押权，因抵押权人实现抵押权发生所有权变动的； （二）房屋在出租前已被人民法院依法查封的。	**第二十条**　租赁房屋在租赁期间发生所有权变动，承租人请求房屋受让人继续履行原租赁合同的，人民法院应予支持。但租赁房屋具有下列情形或者当事人另有约定的除外： （一）房屋在出租前已设立抵押权，因抵押权人实现抵押权发生所有权变动的； （二）房屋在出租前已被人民法院依法查封的。

权威案例指引

▶ 公报案例

《唐学富、庞华与合肥建鑫房地产开发有限公司给付瑕疵责任担保纠纷案》，《最高人民法院公报》2020 年第 2 期

裁判摘要：买卖尚处于租赁期间的房屋，出卖人应当告知买受人房屋租赁合同的内容，但承租人的履约能力属于商业风险范畴，不属于出卖人先合同义务，买受人应自行审查与承担。租赁期间房屋产权发生变更，除当事人有特别约定外，租金自产权变更之日归买受人所有。买受人在产权变更后，因租金难以收取，以出卖人有缔约过失、交付房屋存在瑕疵为由，要求出卖人承担租金损失的，人民法院不予以支持。

第七百二十六条　【房屋承租人的优先购买权】出租人出卖租赁房屋的，应当在出卖之前的合理期限内通知承租人，承租人享有以同等条件优先购买的权利；但是，房屋按份共有人行使优先购买权或者出租人将房屋出卖给近亲属的除外。

出租人履行通知义务后，承租人在十五日内未明确表示购买的，视为承租人放弃优先购买权。

司法解释适用

《最高人民法院关于人民法院民事执行中拍卖、变卖财产的规定》（法释〔2020〕21 号修改）

新《人民法院民事执行中拍卖、变卖财产规定》	原《人民法院民事执行中拍卖、变卖财产规定》
第十一条（原第十四条）　人民法院应当在拍卖五日前以书面或者其他能够确认收悉的适当方式，通知当事人和已知的担保物权人、优先购买权人或者其他优先权人于拍卖日到场。 优先购买权人经通知未到场的，视为放弃优先购买权。	
第十三条（原第十六条）　拍卖过程中，有最高应价时，优先购买权人可以表示以该最高价买受，如无更高应价，则拍归优先购买权人；如有更高应价，而优先购买权人不作表示的，则拍归该应价最高的竞买人。 顺序相同的多个优先购买权人同时表示买受的，以抽签方式决定买受人。	

《最高人民法院关于审理城镇房屋租赁合同纠纷案件具体应用法律若干问题的解释》（法释〔2020〕17号修改）

<table>
<tr><th>新《城镇房屋租赁合同纠纷司法解释》</th><th>原《城镇房屋租赁合同纠纷司法解释》</th></tr>
<tr><td colspan="2">删除条文

~~**第二十一条**　出租人出卖租赁房屋未在合理期限内通知承租人或者存在其他侵害承租人优先购买权情形，承租人请求出租人承担赔偿责任的，人民法院应予支持。但请求确认出租人与第三人签订的房屋买卖合同无效的，人民法院不予支持。~~</td></tr>
<tr><td colspan="2">**第十五条（原第二十二条）**　出租人与抵押权人协议折价、变卖租赁房屋偿还债务，应当在合理期限内通知承租人。承租人请求以同等条件优先购买房屋的，人民法院应予支持。</td></tr>
<tr><td colspan="2">删除条文

~~**第二十三条**　出租人委托拍卖人拍卖租赁房屋，应当在拍卖5日前通知承租人。承租人未参加拍卖的，人民法院应当认定承租人放弃优先购买权。~~
~~**第二十四条**　具有下列情形之一，承租人主张优先购买房屋的，人民法院不予支持：~~
~~（一）房屋共有人行使优先购买权的；~~
~~（二）出租人将房屋出卖给近亲属，包括配偶、父母、子女、兄弟姐妹、祖父母、外祖父母、孙子女、外孙子女的；~~
~~（三）出租人履行通知义务后，承租人在十五日内未明确表示购买的；~~
~~（四）第三人善意购买租赁房屋并已经办理登记手续的。~~</td></tr>
</table>

《最高人民法院关于承租部分房屋的承租人在出租人整体出卖房屋时是否享有优先购买权的复函》

江苏省高级人民法院：

你院请示的关于承租部分房屋的承租人在出租人整体出卖房屋时是否享有优先购买权的问题，目前，法律和司法解释对此均无明确规定。经研究认为：目前处理此类案件，可以从以下两个方面综合考虑：

第一，从房屋使用功能上看，如果承租人承租的部分房屋与房屋的其他部分是可分的、使用功能可相对独立的，则承租人的优先购买权应仅及于其承租的部分房屋；如果承租人的部分房屋与房屋的其他部分是不可分的、使用功能整体性较明显的，则其对出租人所卖全部房屋享有优先购买权。

第二，从承租人承租的部分房屋占全部房屋的比例看，承租人承租的部分房屋占出租人出卖的全部房屋一半以上的，则其对出租人出卖的全部房屋享有优先购买权；反之则不宜认定其对全部房屋享有优先购买权。

请你院结合以上因素，根据案件具体情况，妥善处理。

权威案例指引

▶公报案例

《杨巧丽诉中州泵业公司优先购买权侵权纠纷案》，《最高人民法院公报》2004 年第 5 期

裁判摘要：根据合同法第二百三十条的规定，房屋出租人出卖租赁房屋时，承租人在同等条件下享有的优先购买权，应为购买自己承租的房屋，而不是出租人出卖的其他房屋。

第七百二十七条　【承租人对拍卖房屋的优先购买权】出租人委托拍卖人拍卖租赁房屋的，应当在拍卖五日前通知承租人。承租人未参加拍卖的，视为放弃优先购买权。

第七百二十八条　【侵害承租人优先购买权的赔偿责任】出租人未通知承租人或者有其他妨害承租人行使优先购买权情形的，承租人可以请求出租人承担赔偿责任。但是，出租人与第三人订立的房屋买卖合同的效力不受影响。

司法解释适用

《最高人民法院关于审理城镇房屋租赁合同纠纷案件具体应用法律若干问题的解释》（法释〔2020〕17 号修改）

新《城镇房屋租赁合同纠纷司法解释》	原《城镇房屋租赁合同纠纷司法解释》
删除条文 ~~**第二十一条**　出租人出卖租赁房屋未在合理期限内通知承租人或者存在其他侵害承租人优先购买权情形，承租人请求出租人承担赔偿责任的，人民法院应予支持。但请求确认出租人与第三人签订的房屋买卖合同无效的，人民法院不予支持。~~	

第七百二十九条　【租赁物的灭失】因不可归责于承租人的事由，致使租赁物部分或者全部毁损、灭失的，承租人可以请求减少租金或者不支付租金；因租赁物部分或者全部毁损、灭失，致使不能实现合同目的的，承租人可以解除合同。

第七百三十条　【租期不明的处理】当事人对租赁期限没有约定或者约定不明确，依据本法第五百一十条的规定仍不能确定的，视为不定期租赁；当事人可以随时解除合同，但是应当在合理期限之前通知对方。

关联法规参见

▶**法律**：《民法典合同编》第510条。

司法解释适用

《最高人民法院关于审理涉及农村土地承包纠纷案件适用法律问题的解释》（法释〔2020〕17号修改）

新《农村土地承包纠纷司法解释》	原《农村土地承包纠纷司法解释》
第十六条　当事人对出租地流转期限没有约定或者约定不明的，参照民法典第七百三十条规定处理。除当事人另有约定或者属于林地承包经营外，承包地交回的时间应当在农作物收获期结束后或者下一耕种期开始前。 对提高土地生产能力的投入，对方当事人请求承包方给予相应补偿的，应予支持。	**第十七条**　当事人对~~转包、~~出租地流转期限没有约定或者约定不明的，参照合同法第二百三十二条规定处理。除当事人另有约定或者属于林地承包经营外，承包地交回的时间应当在农作物收获期结束后或者下一耕种期开始前。 对提高土地生产能力的投入，对方当事人请求承包方给予相应补偿的，应予支持。

第七百三十一条　【租赁物的瑕疵担保】租赁物危及承租人的安全或者健康的，即使承租人订立合同时明知该租赁物质量不合格，承租人仍然可以随时解除合同。

第七百三十二条　【共同居住人的继续承租权】承租人在房屋租赁期限内死亡的，与其生前共同居住的人或者共同经营人可以按照原租赁合同租赁该房屋。

第七百三十三条　【租赁物的返还】租赁期限届满，承租人应当返还租赁物。返还的租赁物应当符合按照约定或者根据租赁物的性质使用后的状态。

关联法规参见

▶**法律**：《海商法》第142条、第143条、第147条至第153条。

第七百三十四条　【续租及房屋承租人的优先承租权】租赁期限届满，承租人继续使用租赁物，出租人没有提出异议的，原租赁合同继续有效，但是租赁期限为不定期。

租赁期限届满，房屋承租人享有以同等条件优先承租的权利。

司法解释适用

《最高人民法院关于适用〈中华人民共和国民法典〉时间效力的若干规定》(法释〔2020〕15号)

《民法典时间效力规定》	
新增条文 **第二十一条** 民法典施行前租赁期限届满，当事人主张适用民法典第七百三十四条第二款规定的，人民法院不予支持；租赁期限在民法典施行后届满，当事人主张适用民法典第七百三十四条第二款规定的，人民法院依法予以支持。	

第十五章　融资租赁合同

第七百三十五条　【融资租赁合同的定义】融资租赁合同是出租人根据承租人对出卖人、租赁物的选择，向出卖人购买租赁物，提供给承租人使用，承租人支付租金的合同。

关联法规参见

▶**法律**：《民用航空法》第26条、第27条。

司法解释适用

《最高人民法院关于适用〈中华人民共和国民事诉讼法〉的解释》（法释〔2020〕20号修改）

新《民事诉讼法司法解释》	原《民事诉讼法司法解释》
第十九条（原第十九条） 财产租赁合同、融资租赁合同以租赁物使用地为合同履行地。合同对履行地有约定的，从其约定。	

《最高人民法院关于审理融资租赁合同纠纷案件适用法律问题的解释》（法释〔2020〕17号修改）

新《融资租赁合同纠纷司法解释》	原《融资租赁合同纠纷司法解释》
第一条 人民法院应当根据民法典第七百三十五条的规定，结合标的物的性质、价值、租金的构成以及当事人的合同权利和义务，对是否构成融资租赁法律关系作出认定。	**第一条** 人民法院应当根据合同法第二百三十七条的规定，结合标的物的性质、价值、租金的构成以及当事人的合同权利和义务，对是否构成融资租赁法律关系作出认定。

新《融资租赁合同纠纷司法解释》	原《融资租赁合同纠纷司法解释》
对名为融资租赁合同，但实际不构成融资租赁法律关系的，人民法院应按照其实际构成的法律关系处理。	对名为融资租赁合同，但实际不构成融资租赁法律关系的，人民法院应按照其实际构成的法律关系处理。
第二条（原第二条）　承租人将其自有物出卖给出租人，再通过融资租赁合同将租赁物从出租人处租回的，人民法院不应仅以承租人和出卖人系同一人为由认定不构成融资租赁法律关系。	

第七百三十六条　【融资租赁合同的内容】融资租赁合同的内容一般包括租赁物的名称、数量、规格、技术性能、检验方法，租赁期限，租金构成及其支付期限和方式、币种，租赁期限届满租赁物的归属等条款。

融资租赁合同应当采用书面形式。

第736~737条

司法解释适用

《最高人民法院关于审理融资租赁合同纠纷案件适用法律问题的解释》（法释〔2020〕17 号修改）

新《融资租赁合同纠纷司法解释》	原《融资租赁合同纠纷司法解释》
第一条　人民法院应当根据民法典第七百三十五条的规定，结合标的物的性质、价值、租金的构成以及当事人的合同权利和义务，对是否构成融资租赁法律关系作出认定。 对名为融资租赁合同，但实际不构成融资租赁法律关系的，人民法院应按照其实际构成的法律关系处理。	**第一条**　人民法院应当根据合同法第二百三十七条的规定，结合标的物的性质、价值、租金的构成以及当事人的合同权利和义务，对是否构成融资租赁法律关系作出认定。 对名为融资租赁合同，但实际不构成融资租赁法律关系的，人民法院应按照其实际构成的法律关系处理。
第二条（原第二条）　承租人将其自有物出卖给出租人，再通过融资租赁合同将租赁物从出租人处租回的，人民法院不应仅以承租人和出卖人系同一人为由认定不构成融资租赁法律关系。	

第七百三十七条　【融资租赁合同无效的情形】当事人以虚构租赁物方式订立的融资租赁合同无效。

关联法规参见

▶**法律：**《民法典总则编》第 146 条。

第七百三十八条　【经营行政许可对合同效力的影响】 依照法律、行政法规的规定，对于租赁物的经营使用应当取得行政许可的，出租人未取得行政许可不影响融资租赁合同的效力。

第七百三十九条　【融资租赁标的物的交付】 出租人根据承租人对出卖人、租赁物的选择订立的买卖合同，出卖人应当按照约定向承租人交付标的物，承租人享有与受领标的物有关的买受人的权利。

关联法规参见

▶**法律：**《民法典合同编》第740条。

第七百四十条　【承租人拒绝受领租赁物的情形】 出卖人违反向承租人交付标的物的义务，有下列情形之一的，承租人可以拒绝受领出卖人向其交付的标的物：

（一）标的物严重不符合约定；

（二）未按照约定交付标的物，经承租人或者出租人催告后在合理期限内仍未交付。

承租人拒绝受领标的物的，应当及时通知出租人。

关联法规参见

▶**法律：**《民用航空法》第28条。

第七百四十一条　【承租人的索赔权】 出租人、出卖人、承租人可以约定，出卖人不履行买卖合同义务的，由承租人行使索赔的权利。承租人行使索赔权利的，出租人应当协助。

第七百四十二条　【承租人行使索赔权的租金支付】 承租人对出卖人行使索赔权利，不影响其履行支付租金的义务。但是，承租人依赖出租人的技能确定租赁物或者出租人干预选择租赁物的，承租人可以请求减免相应租金。

第七百四十三条 【承租人索赔不能的违约责任承担】出租人有下列情形之一，致使承租人对出卖人行使索赔权利失败的，承租人有权请求出租人承担相应的责任：

（一）明知租赁物有质量瑕疵而不告知承租人；

（二）承租人行使索赔权利时，未及时提供必要协助。

出租人怠于行使只能由其对出卖人行使的索赔权利，造成承租人损失的，承租人有权请求出租人承担赔偿责任。

第七百四十四条 【出租人根据承租人的选择订立的买卖合同的合同变更的处理】出租人根据承租人对出卖人、租赁物的选择订立的买卖合同，未经承租人同意，出租人不得变更与承租人有关的合同内容。

《最高人民法院关于审理融资租赁合同纠纷案件适用法律问题的解释》（法释〔2020〕17号修改）

新《融资租赁合同纠纷司法解释》	原《融资租赁合同纠纷司法解释》
第四条（原第八条） 出租人转让其在融资租赁合同项下的部分或者全部权利，受让方以此为由请求解除或者变更融资租赁合同的，人民法院不予支持。	

第七百四十五条 【租赁物的登记对抗效力】出租人对租赁物享有的所有权，未经登记，不得对抗善意第三人。

司法解释适用

《最高人民法院关于适用〈中华人民共和国民法典〉有关担保制度的解释》（法释〔2020〕28号）

《民法典担保制度司法解释》	原《担保法司法解释》
新增条文 **第五十七条** 担保人在设立动产浮动抵押并办理抵押登记后又购入或者以融资租赁方式承租新的动产，下列权利人为担保价款债权或者租金的实现而订立担保合同，并在该动产交付后十日内办理登记，主张其权利优先于在先设立的浮动抵押权的，人民法院应予支持： （一）在该动产上设立抵押权或者保留所有权的出卖人； （二）为价款支付提供融资而在该动产上设立抵押权的债权人； （三）以融资租赁方式出租该动产的出租人。 买受人取得动产但未付清价款或者承租人以融资租赁方式占有租赁物但是未付清全部租金，又以标的物为他人设立担保物权，前款所列权利人为担保价款债权或者租金的实现	

《民法典担保制度司法解释》	原《担保法司法解释》
而订立担保合同，并在该动产交付后十日内办理登记，主张其权利优先于买受人为他人设立的担保物权的，人民法院应予支持。 同一动产上存在多个价款优先权的，人民法院应当按照登记的时间先后确定清偿顺序。 **第六十七条** 在所有权保留买卖、融资租赁等合同中，出卖人、出租人的所有权未经登记不得对抗的"善意第三人"的范围及其效力，参照本解释第五十四条的规定处理。	

《最高人民法院关于审理融资租赁合同纠纷案件适用法律问题的解释》（法释〔2020〕17号修改）

新《融资租赁合同纠纷司法解释》	原《融资租赁合同纠纷司法解释》
删除条文 ~~**第九条** 承租人或者租赁物的实际使用人，未经出租人同意转让租赁物或者在租赁物上设立其他物权，第三人依据物权法第一百零六条的规定取得租赁物的所有权或者其他物权，出租人主张第三人物权权利不成立的，人民法院不予支持，但有下列情形之一的除外：~~ ~~（一）出租人已在租赁物的显著位置作出标识，第三人在与承租人交易时知道或者应当知道该物为租赁物的；~~ ~~（二）出租人授权承租人将租赁物抵押给出租人并在登记机关依法办理抵押权登记的；~~ ~~（三）第三人与承租人交易时，未按照法律、行政法规、行业或者地区主管部门的规定在相应机构进行融资租赁交易查询的；~~ ~~（四）出租人有证据证明第三人知道或者应当知道交易标的物为租赁物的其他情形。~~ ~~**第十条** 当事人约定租赁期间届满后租赁物归出租人的，因租赁物毁损、灭失或者附合、混同于他物导致承租人不能返还，出租人要求其给予合理补偿的，人民法院应予支持。~~	

第七百四十六条 【租金的确定规则】 融资租赁合同的租金，除当事人另有约定外，应当根据购买租赁物的大部分或者全部成本以及出租人的合理利润确定。

第七百四十七条 【租赁物的瑕疵担保责任】 租赁物不符合约定或者不符合使用目的的，出租人不承担责任。但是，承租人依赖出租人的技能确定租赁物或者出租人干预选择租赁物的除外。

司法解释适用

《最高人民法院关于审理融资租赁合同纠纷案件适用法律问题的解释》（法释〔2020〕17号修改）

新《融资租赁合同纠纷司法解释》	原《融资租赁合同纠纷司法解释》
第八条　租赁物不符合融资租赁合同的约定且出租人实施了下列行为之一，承租人依照民法典第七百四十四条、第七百四十七条的规定，要求出租人承担相应责任的，人民法院应予支持： （一）出租人在承租人选择出卖人、租赁物时，对租赁物的选定起决定作用的； （二）出租人干预或者要求承租人按照出租人意愿选择出卖人或者租赁物的； （三）出租人擅自变更承租人已经选定的出卖人或者租赁物的。 承租人主张其系依赖出租人的技能确定租赁物或者出租人干预选择租赁物的，对上述事实承担举证责任。	**第十九条**　租赁物不符合融资租赁合同的约定且出租人实施了下列行为之一，承租人依照合同法第二百四十一条、第二百四十四条的规定，要求出租人承担相应责任的，人民法院应予支持： （一）出租人在承租人选择出卖人、租赁物时，对租赁物的选定起决定作用的； （二）出租人干预或者要求承租人按照出租人意愿选择出卖人或者租赁物的； （三）出租人擅自变更承租人已经选定的出卖人或者租赁物的。 承租人主张其系依赖出租人的技能确定租赁物或者出租人干预选择租赁物的，对上述事实承担举证责任。

第七百四十八条　【租赁物的占有和使用；出租人影响承租人对租赁物占有和使用的赔偿责任】出租人应当保证承租人对租赁物的占有和使用。

出租人有下列情形之一的，承租人有权请求其赔偿损失：

（一）无正当理由收回租赁物；

（二）无正当理由妨碍、干扰承租人对租赁物的占有和使用；

（三）因出租人的原因致使第三人对租赁物主张权利；

（四）不当影响承租人对租赁物占有和使用的其他情形。

司法解释适用

《最高人民法院关于审理融资租赁合同纠纷案件适用法律问题的解释》（法释〔2020〕17号修改）

新《融资租赁合同纠纷司法解释》	原《融资租赁合同纠纷司法解释》
第六条（原第十三条）　因出租人的原因致使承租人无法占有、使用租赁物，承租人请求解除融资租赁合同的，人民法院应予支持。	

新《融资租赁合同纠纷司法解释》	原《融资租赁合同纠纷司法解释》
删除条文	第十七条　出租人有下列情形之一，影响承租人对租赁物的占有和使用，承租人依照合同法第二百四十五条的规定，要求出租人赔偿相应损失的，人民法院应予支持： （一）无正当理由收回租赁物； （二）无正当理由妨碍、干扰承租人对租赁物的占有和使用； （三）因出租人的原因导致第三人对租赁物主张权利； （四）不当影响承租人对租赁物占有、使用的其他情形。

第七百四十九条　【租赁物造成损害的责任】承租人占有租赁物期间，租赁物造成第三人人身损害或者财产损失的，出租人不承担责任。

第七百五十条　【租赁物的保管、使用、维修】承租人应当妥善保管、使用租赁物。

承租人应当履行占有租赁物期间的维修义务。

第七百五十一条　【承租人占有租赁物毁损、灭失的租金承担】承租人占有租赁物期间，租赁物毁损、灭失的，出租人有权请求承租人继续支付租金，但是法律另有规定或者当事人另有约定的除外。

第七百五十二条　【承租人支付租金的义务】承租人应当按照约定支付租金。承租人经催告后在合理期限内仍不支付租金的，出租人可以请求支付全部租金；也可以解除合同，收回租赁物。

关联法规参见

▶**法律**：《民法典合同编》第753条。

司法解释适用

《最高人民法院关于审理融资租赁合同纠纷案件适用法律问题的解释》（法释〔2020〕17号修改）

新《融资租赁合同纠纷司法解释》	原《融资租赁合同纠纷司法解释》
第九条（原第二十条）　承租人逾期履行支付租金义务或者迟延履行其他付款义务，出租人按照融资租赁合同的约定要求承租人支付逾期利息、相应违约金的，人民法院应予支持。	

新《融资租赁合同纠纷司法解释》	原《融资租赁合同纠纷司法解释》
第十条　出租人既请求承租人支付合同约定的全部未付租金又请求解除融资租赁合同的，人民法院应告知其依照民法典第七百五十二条的规定作出选择。 出租人请求承租人支付合同约定的全部未付租金，人民法院判决后承租人未予履行，出租人再行起诉请求解除融资租赁合同、收回租赁物的，人民法院应予受理。	**第二十一条**　出租人既请求承租人支付合同约定的全部未付租金又请求解除融资租赁合同的，人民法院应告知其依照合同法第二百四十八条的规定作出选择。 出租人请求承租人支付合同约定的全部未付租金，人民法院判决后承租人未予履行，出租人再行起诉请求解除融资租赁合同、收回租赁物的，人民法院应予受理。

第七百五十三条　【承租人擅自处分租赁物时出租人的解除权】承租人未经出租人同意，将租赁物转让、抵押、质押、投资入股或者以其他方式处分的，出租人可以解除融资租赁合同。

第七百五十四条　【融资租赁合同的解除情形】有下列情形之一的，出租人或者承租人可以解除融资租赁合同：

（一）出租人与出卖人订立的买卖合同解除、被确认无效或者被撤销，且未能重新订立买卖合同；

（二）租赁物因不可归责于当事人的原因毁损、灭失，且不能修复或者确定替代物；

第七百五十五条　【因买卖合同而解除时对出租人的赔偿责任】融资租赁合同因买卖合同解除、被确认无效或者被撤销而解除，出卖人、租赁物系由承租人选择的，出租人有权请求承租人赔偿相应损失；但是，因出租人原因致使买卖合同解除、被确认无效或者被撤销的除外。

出租人的损失已经在买卖合同解除、被确认无效或者被撤销时获得赔偿的，承租人不再承担相应的赔偿责任。

第七百五十六条　【合同解除时对租赁物的折旧补偿】融资租赁合同因租赁物交付承租人后意外毁损、灭失等不可归责于当事人的原因解除的，出租人可以请求承租人按照租赁物折旧情况给予补偿。

第七百五十七条　【租赁期满租赁物的归属】出租人和承租人可以约定租赁期限届满租赁物的归属；对租赁物的归属没有约定或者约定不明确，依据本法第五百一十条的规定仍不能确定的，租赁物的所有权归出租人。

关联法规参见

▶**法律：**《民法典合同编》第510条。

司法解释适用

《最高人民法院关于审理融资租赁合同纠纷案件适用法律问题的解释》（法释〔2020〕17号修改）

新《融资租赁合同纠纷司法解释》	原《融资租赁合同纠纷司法解释》
删除条文 ~~**第十条** 当事人约定租赁期间届满后租赁物归出租人的，因租赁物毁损、灭失或者附合、混同于他物导致承租人不能返还，出租人要求其给予合理补偿的，人民法院应予支持。~~	

第758条

第七百五十八条 【租赁物价值的部分返还权；出租人的补偿请求权】当事人约定租赁期限届满租赁物归承租人所有，承租人已经支付大部分租金，但是无力支付剩余租金，出租人因此解除合同收回租赁物，收回的租赁物的价值超过承租人欠付的租金以及其他费用的，承租人可以请求相应返还。

当事人约定租赁期限届满租赁物归出租人所有，因租赁物毁损、灭失或者附合、混合于他物致使承租人不能返还的，出租人有权请求承租人给予合理补偿。

司法解释适用

《最高人民法院关于适用〈中华人民共和国民法典〉有关担保制度的解释》（法释〔2020〕28号）

《民法典担保制度司法解释》	原《担保法司法解释》
新增条文 **第六十五条** <u>在融资租赁合同中，承租人未按照约定支付租金，经催告后在合理期限内仍不支付，出租人请求承租人支付全部剩余租金，并以拍卖、变卖租赁物所得的价款受偿的，人民法院应予支持；当事人请求参照民事诉讼法“实现担保物权案件”的有关规定，以拍卖、变卖租赁物所得价款支付租金的，人民法院应予准许。</u> <u>出租人请求解除融资租赁合同并收回租赁物，承租人以抗辩或者反诉的方式主张返还租赁物价值超过欠付租金以及其他费用的，人民法院应当一并处理。当事人对租赁物的价值有争议的，应当按照下列规则确定租赁物的价值：</u> <u>（一）融资租赁合同有约定的，按照其约定；</u>	

《民法典担保制度司法解释》	原《担保法司法解释》
（二）融资租赁合同未约定或者约定不明的，根据约定的租赁物折旧以及合同到期后租赁物的残值来确定； （三）根据前两项规定的方法仍然难以确定，或者当事人认为根据前两项规定的方法确定的价值严重偏离租赁物实际价值的，根据当事人的申请委托有资质的机构评估。	

《最高人民法院关于审理融资租赁合同纠纷案件适用法律问题的解释》（法释〔2020〕17号修改）

新《融资租赁合同纠纷司法解释》	原《融资租赁合同纠纷司法解释》
删除条文 ~~**第十条** 当事人约定租赁期间届满后租赁物归出租人的，因租赁物毁损、灭失或者附合、混同于他物导致承租人不能返还，出租人要求其给予合理补偿的，人民法院应予支持。~~	
第十二条（原第二十三条） 诉讼期间承租人与出租人对租赁物的价值有争议的，人民法院可以按照融资租赁合同的约定确定租赁物价值；融资租赁合同未约定或者约定不明的，可以参照融资租赁合同约定的租赁物折旧以及合同到期后租赁物的残值确定租赁物价值。 承租人或者出租人认为依前款确定的价值严重偏离租赁物实际价值的，可以请求人民法院委托有资质的机构评估或者拍卖确定。	

第七百五十九条 【租赁物所有权归承租人所有的推定】当事人约定租赁期限届满，承租人仅需向出租人支付象征性价款的，视为约定的租金义务履行完毕后租赁物的所有权归承租人。

第七百六十条 【融资租赁合同无效时租赁物的归属】融资租赁合同无效，当事人就该情形下租赁物的归属有约定的，按照其约定；没有约定或者约定不明确的，租赁物应当返还出租人。但是，因承租人原因致使合同无效，出租人不请求返还或者返还后会显著降低租赁物效用的，租赁物的所有权归承租人，由承租人给予出租人合理补偿。

第十六章　保理合同

第七百六十一条　【保理合同的定义】保理合同是应收账款债权人将现有的或者将有的应收账款转让给保理人，保理人提供资金融通、应收账款管理或者催收、应收账款债务人付款担保等服务的合同。

第761条

司法解释适用

《最高人民法院关于适用〈中华人民共和国民法典〉时间效力的若干规定》（法释〔2020〕15号）

《民法典时间效力规定》	
新增条文 **第十二条**　民法典施行前订立的保理合同发生争议的，适用民法典第三编第十六章的规定。	

《最高人民法院关于当前商事审判工作中的若干具体问题》

第一，关于保理合同的案由问题。

相对于传统合同类案件而言，保理合同案件属于新的案件类型。由于《合同法》未就保理合同作出专门规定，其属于无名合同，加之现行的案由规定中尚无“保理合同”的专门案由，所以有的法院直接将保理合同的案由确定为借款合同。

需要指出的是，保理法律关系的实质是应收账款债权转让，涉及到三方主体和两个合同，这与单纯的借款合同有显著区别，故不应将保理合同简单视为借款合同。

在保理合同纠纷对应的案由方面，最高人民法院已将此纳入到新修订的案由规定中予以考虑，在新的案由规定尚未出台之前，可将其归入“其他合同纠纷”中。

应注意的是，实务中确实有部分保理商与交易相对人虚构基础合同，以保理之名行借贷之实。对此，应查明事实，从是否存在基础合同、保理商是否明知虚构基础合同、双方当事人之间实际的权利义务关系等方面审查和确定合同性质。如果确实是名为保理、实为借贷的，仍应当按照借款合同确定案由并据此确定当事人之间的权利义务。

第二，要正确认识保理的交易结构和当事人之间的权利义务关系。

保理合同涉及保理商与债权人、保理商与债务人之间不同的法律关系。债权人与债务人之间的基础合同是成立保理的前提，而债权人与保理商之间的应收账款债权转让则是保理关系的核心。

在合同效力上，只要不具有《合同法》第五十二条规定的合同无效情形，均应当认定有效。对于未来债权能否作为保理合同的基础债权的问题，在保理合同订立时，只要存在基础合同所对应的应收账款债权，则即使保理合同所转让的债权尚未到期，也不应当据此否定保理合同的性质及效力。

在确定当事人的权利义务方面，法院应当以当事人约定及《合同法》中有关债权转让的规定作为法律依据。债务人收到债权转让通知后，应当按照通知支付应收账款。当然，债务人依据基础合同享有的抵销权及抗辩权，可以对抗保理商，但保理商与债务人另有约定的除外。

第七百六十二条　【保理合同的内容与形式】 保理合同的内容一般包括业务类型、服务范围、服务期限、基础交易合同情况、应收账款信息、保理融资款或者服务报酬及其支付方式等条款。

保理合同应当采用书面形式。

司法解释适用

《最高人民法院关于适用〈中华人民共和国民法典〉时间效力的若干规定》（法释〔2020〕15 号）

《民法典时间效力规定》	
新增条文 **第十二条**　民法典施行前订立的保理合同发生争议的，适用民法典第三编第十六章的规定。	

第七百六十三条　【虚构应收账款】 应收账款债权人与债务人虚构应收账款作为转让标的，与保理人订立保理合同的，应收账款债务人不得以应收账款不存在为由对抗保理人，但是保理人明知虚构的除外。

司法解释适用

《最高人民法院关于适用〈中华人民共和国民法典〉时间效力的若干规定》（法释〔2020〕15 号）

《民法典时间效力规定》	
新增条文 **第十二条**　民法典施行前订立的保理合同发生争议的，适用民法典第三编第十六章的规定。	

第七百六十四条　【保理人发出转让通知的表明身份义务】 保理人向应收账款债务人发出应收账款转让通知的，应当表明保理人身份并附有必要凭证。

司法解释适用

《最高人民法院关于适用〈中华人民共和国民法典〉时间效力的若干规定》（法释〔2020〕15号）

《民法典时间效力规定》	
新增条文 **第十二条** 民法典施行前订立的保理合同发生争议的，适用民法典第三编第十六章的规定。	

第七百六十五条 【基础合同的变更、终止不对保理人发生效力】 应收账款债务人接到应收账款转让通知后，应收账款债权人与债务人无正当理由协商变更或者终止基础交易合同，对保理人产生不利影响的，对保理人不发生效力。

司法解释适用

《最高人民法院关于适用〈中华人民共和国民法典〉时间效力的若干规定》（法释〔2020〕15号）

《民法典时间效力规定》	
新增条文 **第十二条** 民法典施行前订立的保理合同发生争议的，适用民法典第三编第十六章的规定。	

《最高人民法院关于当前商事审判工作中的若干具体问题》

第三，要正确认识保理合同与基础合同的关系。

基础合同的存在是保理合同缔约的前提。但是，二者并非主从合同关系，而是相对独立的两个合同。应当看到，二者有关权利义务关系的约定存有牵连。实践中，如果保理商明知基础合同约定应收账款债权不得转让，但仍然受让债权的，应当注意：

一方面，前述约定并不当然影响保理合同的效力；另一方面，保理商以保理合同为依据向基础合同债务人主张债权的，并不能以此约束债务人，债务人仍可以此抗辩。债权人、债务人及保理商就基础合同的变更作出约定的，依其约定处理。如果无三方约定，保理商受让债权后，债务人又与原债权人变更基础合同，导致保理商不能实现保理合同目的，保理商请求原债权人承担违约责任或者解除保理合同并赔偿损失的，应当支持。

第七百六十六条　【当事人约定追索权】当事人约定有追索权保理的，保理人可以向应收账款债权人主张返还保理融资款本息或者回购应收账款债权，也可以向应收账款债务人主张应收账款债权。保理人向应收账款债务人主张应收账款债权，在扣除保理融资款本息和相关费用后有剩余的，剩余部分应当返还给应收账款债权人。

《最高人民法院关于适用〈中华人民共和国民法典〉时间效力的若干规定》（法释〔2020〕15号）

《民法典时间效力规定》	
新增条文 **第十二条**　民法典施行前订立的保理合同发生争议的，适用民法典第三编第十六章的规定。	

第七百六十七条　【当事人约定无追索权】当事人约定无追索权保理的，保理人应当向应收账款债务人主张应收账款债权，保理人取得超过保理融资款本息和相关费用的部分，无需向应收账款债权人返还。

《最高人民法院关于适用〈中华人民共和国民法典〉时间效力的若干规定》（法释〔2020〕15号）

《民法典时间效力规定》	
新增条文 **第十二条**　民法典施行前订立的保理合同发生争议的，适用民法典第三编第十六章的规定。	

第七百六十八条　【多个保理权的优先顺位】应收账款债权人就同一应收账款订立多个保理合同，致使多个保理人主张权利的，已经登记的先于未登记的取得应收账款；均已经登记的，按照登记时间的先后顺序取得应收账款；均未登记的，由最先到达应收账款债务人的转让通知中载明的保理人取得应收账款；既未登记也未通知的，按照保理融资款或者服务报酬的比例取得应收账款。

《最高人民法院关于适用〈中华人民共和国民法典〉时间效力的若干规定》（法释〔2020〕15号）

《民法典时间效力规定》	
新增条文 **第十二条** 民法典施行前订立的保理合同发生争议的，适用民法典第三编第十六章的规定。	

司法解释适用

《最高人民法院关于适用〈中华人民共和国民法典〉有关担保制度的解释》（法释〔2020〕28号）

《民法典担保制度司法解释》	原《担保法司法解释》
新增条文 **第六十六条** 同一应收账款同时存在保理、应收账款质押和债权转让，当事人主张参照民法典第七百六十八条的规定确定优先顺序的，人民法院应予支持。 在有追索权的保理中，保理人以应收账款债权人或者应收账款债务人为被告提起诉讼，人民法院应予受理；保理人一并起诉应收账款债权人和应收账款债务人的，人民法院可以受理。 应收账款债权人向保理人返还保理融资款本息或者回购应收账款债权后，请求应收账款债务人向其履行应收账款债务的，人民法院应予支持。	

第七百六十九条　【参照适用债权转让的规定】本章没有规定的，适用本编第六章债权转让的有关规定。

关联法规参见

▶**法律：**《民法典合同编》第545条至第554条。

《最高人民法院关于适用〈中华人民共和国民法典〉时间效力的若干规定》（法释〔2020〕15号）

《民法典时间效力规定》	
新增条文 **第十二条** 民法典施行前订立的保理合同发生争议的，适用民法典第三编第十六章的规定。	

第十七章　承揽合同

第七百七十条　【承揽合同的定义】承揽合同是承揽人按照定作人的要求完成工作，交付工作成果，定作人支付报酬的合同。

承揽包括加工、定作、修理、复制、测试、检验等工作。

第七百七十一条　【承揽合同的主要条款】承揽合同的内容一般包括承揽的标的、数量、质量、报酬，承揽方式，材料的提供，履行期限，验收标准和方法等条款。

第七百七十二条　【承揽工作的完成】承揽人应当以自己的设备、技术和劳力，完成主要工作，但是当事人另有约定的除外。

承揽人将其承揽的主要工作交由第三人完成的，应当就该第三人完成的工作成果向定作人负责；未经定作人同意的，定作人也可以解除合同。

第七百七十三条　【承揽人对辅助性工作的责任】承揽人可以将其承揽的辅助工作交由第三人完成。承揽人将其承揽的辅助工作交由第三人完成的，应当就该第三人完成的工作成果向定作人负责。

第七百七十四条　【承揽人提供材料的义务】承揽人提供材料的，应当按照约定选用材料，并接受定作人检验。

第七百七十五条　【定作人提供材料及双方义务】定作人提供材料的，应当按照约定提供材料。承揽人对定作人提供的材料应当及时检验，发现不符合约定时，应当及时通知定作人更换、补齐或者采取其他补救措施。

承揽人不得擅自更换定作人提供的材料，不得更换不需要修理的零部件。

第七百七十六条　【承揽人的通知义务】承揽人发现定作人提供的图纸或者技术要求不合理的，应当及时通知定作人。因定作人怠于答复等原因造成承揽人损失的，应当赔偿损失。

第七百七十七条　【中途变更工作要求的责任】定作人中途变更承揽工作的要求，造成承揽人损失的，应当赔偿损失。

第七百七十八条　【定作人的协作义务】承揽工作需要定作人协助的，定作人有协助的义务。定作人不履行协助义务致使承揽工作不能完成的，承揽人可以催告定作人在合理期限内履行义务，并可以顺延履行期限；定作人逾期不履行的，承揽人可以解除合同。

第七百七十九条　【承揽人接受监督检查的义务】承揽人在工作期间，应当接受定作人必要的监督检验。定作人不得因监督检验妨碍承揽人的正常工作。

第七百八十条　【验收质量保证】承揽人完成工作的，应当向定作人交付工作成果，并提交必要的技术资料和有关质量证明。定作人应当验收该工作成果。

权威案例指引

▶公报案例

《吉林冶金设备厂诉烟台冶金研究所加工承揽合同纠纷案》，《最高人民法院公报》2004年第6期

裁判摘要：一、协议经双方当事人协商签订后，一方当事人在盖章时对部分条款作了修改，另一方当事人对此没有提出书面异议的，应认定同意修改后的协议。

二、加工承揽合同约定，承揽人应对制造、安装的设备调试合格后交付定作人的，虽然承揽人进行了多次调试，但双方没有办理设备验收手续，也没有其他证据证明已将设备调试合格，不能仅以定作人已陆续支付设备款的行为主张定作设备已调试合格。

第七百八十一条　【质量不符约定的责任】承揽人交付的工作成果不符合质量要求的，定作人可以合理选择请求承揽人承担修理、重作、减少报酬、赔偿损失等违约责任。

关联法规参见

▶**法律：**《产品质量法》第40条。

第七百八十二条　【支付报酬期限】定作人应当按照约定的期限支付报酬。对支付报酬的期限没有约定或者约定不明确，依据本法第五百一十条的规定仍不能确定的，定作人应当在承揽人交付工作成果时支付；工作成果部分交付的，定作人应当相应支付。

关联法规参见

▶**法律：**《民法典合同编》第510条。

第七百八十三条　【承揽人的留置权】定作人未向承揽人支付报酬或者材料费等价款的，承揽人对完成的工作成果享有留置权或者有权拒绝交付，但是当事人另有约定的除外。

关联法规参见

▶**法律**：《民法典物权编》第447条至第457条。

第七百八十四条　【材料的保管】承揽人应当妥善保管定作人提供的材料以及完成的工作成果，因保管不善造成毁损、灭失的，应当承担赔偿责任。

第七百八十五条　【承揽人的保密义务】承揽人应当按照定作人的要求保守秘密，未经定作人许可，不得留存复制品或者技术资料。

第七百八十六条　【共同承揽】共同承揽人对定作人承担连带责任，但是当事人另有约定的除外。

第七百八十七条　【定作人的解除权】定作人在承揽人完成工作前可以随时解除合同，造成承揽人损失的，应当赔偿损失。

第十八章　建设工程合同

第七百八十八条　【建设工程合同的定义】建设工程合同是承包人进行工程建设，发包人支付价款的合同。

建设工程合同包括工程勘察、设计、施工合同。

关联法规参见

▶**法律**：《建筑法》第12条、第15条。

▶**行政法规**：《建设工程勘察设计管理条例》第2条至第4条。

司法解释适用

《最高人民法院关于审理建设工程施工合同纠纷案件适用法律问题的解释(一)》(法释〔2020〕25号)

<table>
<tr><th>《建工合同司法解释(一)》</th><th>原《建设工程施工合同纠纷系列司法解释》</th></tr>
<tr><td colspan="2">删除条文

原《建设工程施工合同纠纷司法解释》
~~**第二十四条** 建设工程施工合同纠纷以施工行为地为合同履行地。~~</td></tr>
<tr><td colspan="2">**第十五条(原《建设工程施工合同纠纷司法解释》第二十五条)** 因建设工程质量发生争议的，发包人可以以总承包人、分包人和实际施工人为共同被告提起诉讼。</td></tr>
<tr><td>**第十八条** 因保修人未及时履行保修义务，导致建筑物毁损或者造成人身损害、财产损失的，保修人应当承担赔偿责任。
保修人与建筑物所有人或者发包人对建筑物毁损均有过错的，各自承担相应的责任。</td><td>**原《建设工程施工合同纠纷司法解释》**
第二十七条 因保修人未及时履行保修义务，导致建筑物毁损或者造成人身、财产损害的，保修人应当承担赔偿责任。
保修人与建筑物所有人或者发包人对建筑物毁损均有过错的，各自承担相应的责任。</td></tr>
<tr><td colspan="2">**第三十一条(原《建设工程施工合同纠纷司法解释》第二十三条)** 当事人对部分案件事实有争议的，仅对有争议的事实进行鉴定，但争议事实范围不能确定，或者双方当事人请求对全部事实鉴定的除外。</td></tr>
<tr><td>**第四十三条** 实际施工人以转包人、违法分包人为被告起诉的，人民法院应当依法受理。
实际施工人以发包人为被告主张权利的，人民法院应当追加转包人或者违法分包人为本案第三人，在查明发包人欠付转包人或者违法分包人建设工程价款的数额后，判决发包人在欠付建设工程价款范围内对实际施工人承担责任。</td><td>**原《建设工程施工合同纠纷司法解释》**
第二十六条 实际施工人以转包人、违法分包人为被告起诉的，人民法院应当依法受理。
~~实际施工人以发包人为被告主张权利的，人民法院可以追加转包人或者违法分包人为本案当事人。发包人只在欠付工程价款范围内对实际施工人承担责任。~~
原《建设工程施工合同纠纷司法解释(二)》
第二十四条 实际施工人以发包人为被告主张权利的，人民法院应当追加转包人或者违法分包人为本案第三人，在查明发包人欠付转包人或者违法分包人建设工程价款的数额后，判决发包人在欠付建设工程价款范围内对实际施工人承担责任。</td></tr>
</table>

第七百八十九条　【建设工程合同形式】建设工程合同应当采用书面形式。

关联法规参见

▶**法律：**《建筑法》第 15 条。

第七百九十条　【招标投标】建设工程的招标投标活动，应当依照有关法律的规定公开、公平、公正进行。

关联法规参见

▶**法律：**《建筑法》第 16 条至第 22 条，《招标投标法》第 3 条。

▶**行政法规：**《招标投标法实施条例》第 2 条。

司法解释适用

《最高人民法院关于审理建设工程施工合同纠纷案件适用法律问题的解释（一）》（法释〔2020〕25 号）

<table>
<tr><th>《建工合同司法解释（一）》</th><th>原《建设工程施工合同纠纷系列司法解释》</th></tr>
<tr><td colspan="2">删除条文
原《建设工程施工合同纠纷司法解释》
<s>第二十一条　当事人就同一建设工程另行订立的建设工程施工合同与经过备案的中标合同实质性内容不一致的，应当以备案的中标合同作为结算工程价款的根据。</s></td></tr>
<tr><td colspan="2">第二十二条（原《建设工程施工合同纠纷司法解释（二）》第十条）　当事人签订的建设工程施工合同与招标文件、投标文件、中标通知书载明的工程范围、建设工期、工程质量、工程价款不一致，一方当事人请求将招标文件、投标文件、中标通知书作为结算工程价款的依据的，人民法院应予支持。</td></tr>
<tr><td colspan="2">第二十三条（原《建设工程施工合同纠纷司法解释（二）》第九条）　发包人将依法不属于必须招标的建设工程进行招标后，与承包人另行订立的建设工程施工合同背离中标合同的实质性内容，当事人请求以中标合同作为结算建设工程价款依据的，人民法院应予支持，但发包人与承包人因客观情况发生了在招标投标时难以预见的变化而另行订立建设工程施工合同的除外。</td></tr>
</table>

《最高人民法院关于常州证券有限责任公司与常州星港幕墙装饰有限公司工程款纠纷案的复函》

江苏省高级人民法院：

你院关于常州证券有限责任公司（以下简称证券公司）与常州星港幕墙装饰有限公司工程款纠纷案的请示收悉。经研究，我们认为，本案中的招投标活动及双方所签订的合同合法有效，且合同已履行完毕，依法应予保护。证券公司主张依审计部门作出的审计结论否定合同约定不能支持。

此复

权威案例指引

▶公报案例

《江苏省第一建筑安装集团股份有限公司与唐山市昌隆房地产开发有限公司建设工程施工合同纠纷案》，《最高人民法院公报》2018 年第 6 期

裁判摘要：最高人民法院《关于审理建设工程施工合同纠纷案件适用法律若干问题的解释》第二十一条规定，当事人就同一建设工程另行订立的建设工程施工合同与经过备案的中标合同实质性内容不一致的，应当以备案的中标合同作为结算工程价款的依据，其适用前提应为备案的中标合同合法有效，无效的备案合同并非当然具有比其他无效合同更优先参照适用的效力。

第791条

在当事人存在多份施工合同且均无效的情况下，一般应参照符合当事人真实意思表示并实际履行的合同作为工程价款结算依据；在无法确定实际履行合同时，可以根据两份争议合同之间的差价，结合工程质量、当事人过错、诚实信用原则等予以合理分配。

《西安市临潼区建筑工程公司与陕西恒升房地产开发有限公司建设工程施工合同纠纷案》，《最高人民法院公报》2008 年第 8 期

裁判摘要：最高人民法院《关于审理建设工程施工合同纠纷案件适用法律问题的解释》第二十一条关于“当事人就同一建设工程另行订立的建设工程施工合同与经过备案的中标合同实质性内容不一致的，应当以备案的中标合同作为结算工程价款的根据”的规定，是指当事人就同一建设工程签订两份不同版本的合同，发生争议时应当以备案的中标合同作为结算工程价款的根据，而不是指以存档合同文本作为结算工程价款的依据。

第七百九十一条　【总包与分包】发包人可以与总承包人订立建设工程合同，也可以分别与勘察人、设计人、施工人订立勘察、设计、施工承包合同。发包人不得将应当由一个承包人完成的建设工程支解成若干部分发包给数个承包人。

总承包人或者勘察、设计、施工承包人经发包人同意，可以将自己承包的部分工作交由第三人完成。第三人就其完成的工作成果与总承包人或者勘察、设计、施工承包人向发包人承担连带责任。承包人不得将其承包的全部建设工程转包给第三人或者将其承包的全部建设工程支解以后以分包的名义分别转包给第三人。

禁止承包人将工程分包给不具备相应资质条件的单位。禁止分包单位将其承包的工程再分包。建设工程主体结构的施工必须由承包人自行完成。

关联法规参见

▶**法律：**《建筑法》第24条、第28条、第29条。

▶**行政法规：**《建设工程质量管理条例》第7条、第18条、第78条。

司法解释适用

《最高人民法院关于审理建设工程施工合同纠纷案件适用法律问题的解释(一)》（法释〔2020〕25号）

<table>
<tr><th>《建工合同司法解释（一）》</th><th>原《建设工程施工合同纠纷系列司法解释》</th></tr>
<tr><td>第一条 建设工程施工合同具有下列情形之一的，应当依据民法典第一百五十三条第一款的规定，认定无效：
（一）承包人未取得建筑业企业资质或者超越资质等级的；
（二）没有资质的实际施工人借用有资质的建筑施工企业名义的；
（三）建设工程必须进行招标而未招标或者中标无效的。
承包人因转包、违法分包建设工程与他人签订的建设工程施工合同，应当依据民法典第一百五十三条第一款及第七百九十一条第二款、第三款的规定，认定无效。</td><td>原《建设工程施工合同纠纷司法解释》
第四条 承包人非法转包、违法分包建设工程或者没有资质的实际施工人借用有资质的建筑施工企业名义与他人签订建设工程施工合同的行为无效。人民法院可以根据民法通则第一百三十四条规定，收缴当事人已经取得的非法所得。</td></tr>
<tr><td>第五条 具有劳务作业法定资质的承包人与总承包人、分包人签订的劳务分包合同，当事人请求确认无效的，人民法院依法不予支持。</td><td>原《建设工程施工合同纠纷司法解释》
第七条 具有劳务作业法定资质的承包人与总承包人、分包人签订的劳务分包合同，当事人<s>以转包建设工程违反法律规定为由</s>请求确认无效的，不予支持。</td></tr>
<tr><td colspan="2">第十五条（原《建设工程施工合同纠纷司法解释》第二十五条） 因建设工程质量发生争议的，发包人可以以总承包人、分包人和实际施工人为 共同被告提起诉讼。</td></tr>
<tr><td>第十八条 因保修人未及时履行保修义务，导致建筑物毁损或者造成人身损害、财产损失的，保修人应当承担赔偿责任。
保修人与建筑物所有人或者发包人对建筑物毁损均有过错的，各自承担相应的责任。</td><td>原《建设工程施工合同纠纷司法解释》
第二十七条 因保修人未及时履行保修义务，导致建筑物毁损或者造成人身、财产损害的，保修人应当承担赔偿责任。
保修人与建筑物所有人或者发包人对建筑物毁损均有过错的，各自承担相应的责任。</td></tr>
<tr><td>第四十三条 实际施工人以转包人、违法分包人为被告起诉的，人民法院应当依法受理。</td><td>原《建设工程施工合同纠纷司法解释》
第二十六条 实际施工人以转包人、违法分包人为被告起诉的，人民法院应当依法受理。</td></tr>
</table>

《建工合同司法解释（一）》	原《建设工程施工合同纠纷系列司法解释》
实际施工人以发包人为被告主张权利的，人民法院应当追加转包人或者违法分包人为本案第三人，在查明发包人欠付转包人或者违法分包人建设工程价款的数额后，判决发包人在欠付建设工程价款范围内对实际施工人承担责任。	~~实际施工人以发包人为被告主张权利的，人民法院可以追加转包人或者违法分包人为本案当事人。发包人只在欠付工程价款范围内对实际施工人承担责任。~~ **原《建设工程施工合同纠纷司法解释（二）》** **第二十四条** 实际施工人以发包人为被告主张权利的，人民法院应当追加转包人或者违法分包人为本案第三人，在查明发包人欠付转包人或者违法分包人建设工程价款的数额后，判决发包人在欠付建设工程价款范围内对实际施工人承担责任。

第七百九十二条 【重大建设工程合同的订立】国家重大建设工程合同，应当按照国家规定的程序和国家批准的投资计划、可行性研究报告等文件订立。

第七百九十三条 【建设工程施工合同无效的处理】建设工程施工合同无效，但是建设工程经验收合格的，可以参照合同关于工程价款的约定折价补偿承包人。

建设工程施工合同无效，且建设工程经验收不合格的，按照以下情形处理：

（一）修复后的建设工程经验收合格的，发包人可以请求承包人承担修复费用；

（二）修复后的建设工程经验收不合格的，承包人无权请求参照合同关于工程价款的约定折价补偿。

发包人对因建设工程不合格造成的损失有过错的，应当承担相应的责任。

关联法规参见

▶**法律：**《民法典合同编》第806条。

司法解释适用

《最高人民法院关于审理建设工程施工合同纠纷案件适用法律问题的解释(一)》（法释〔2020〕25 号）

<table>
<tr><th>《建工合同司法解释（一）》</th><th>原《建设工程施工合同纠纷系列司法解释》</th></tr>
<tr><td colspan="2">第三条（原《建设工程施工合同纠纷司法解释》第二条）　当事人以发包人未取得建设工程规划许可证等规划审批手续为由，请求确认建设工程施工合同无效的，人民法院应予支持，但发包人在起诉前取得建设工程规划许可证等规划审批手续的除外。
发包人能够办理审批手续而未办理，并以未办理审批手续为由请求确认建设工程施工合同无效的，人民法院不予支持。</td></tr>
<tr><td>第四条　承包人超越资质等级许可的业务范围签订建设工程施工合同，在建设工程竣工前取得相应资质等级，当事人请求按照无效合同处理的，人民法院不予支持。</td><td>原《建设工程施工合同纠纷司法解释》
第五条　承包人超越资质等级许可的业务范围签订建设工程施工合同，在建设工程竣工前取得相应资质等级，当事人请求按照无效合同处理的，不予支持。</td></tr>
<tr><td colspan="2">第六条（原《建设工程施工合同纠纷司法解释》第三条）　建设工程施工合同无效，一方当事人请求对方赔偿损失的，应当就对方过错、损失大小、过错与损失之间的因果关系承担举证责任。
损失大小无法确定，一方当事人请求参照合同约定的质量标准、建设工期、工程价款支付时间等内容确定损失大小的，人民法院可以结合双方过错程度、过错与损失之间的因果关系等因素作出裁判。</td></tr>
<tr><td colspan="2">第七条（原《建设工程施工合同纠纷司法解释（二）》第四条）　缺乏资质的单位或者个人借用有资质的建筑施工企业名义签订建设工程施工合同，发包人请求出借方与借用方对建设工程质量不合格等因出借资质造成的损失承担连带赔偿责任的，人民法院应予支持。</td></tr>
<tr><td>第二十四条　当事人就同一建设工程订立的数份建设工程施工合同均无效，但建设工程质量合格，一方当事人请求参照实际履行的合同关于工程价款的约定折价补偿承包人的，人民法院应予支持。
实际履行的合同难以确定，当事人请求参照最后签订的合同关于工程价款的约定折价补偿承包人的，人民法院应予支持。</td><td>原《建设工程施工合同纠纷司法解释（二）》
第十一条　当事人就同一建设工程订立的数份建设工程施工合同均无效，但建设工程质量合格，一方当事人请求参照实际履行的合同结算建设工程价款的，人民法院应予支持。
实际履行的合同难以确定，当事人请求参照最后签订的合同结算建设工程价款的，人民法院应予支持。</td></tr>
</table>

权威案例指引

公报案例

《莫志华、深圳市东深工程有限公司与东莞市长富广场房地产开发有限公司建设工程合同纠纷案》，《最高人民法院公报》2013 年第 11 期

裁判摘要：鉴于建设工程的特殊性，虽然合同无效，但施工人的劳动和建筑材料已经物化在建筑工程中，依据最高人民法院《关于审理建设工程施工合同纠纷案件适用法律的解释》第二条的规定，建设工程合同无效，但建设工程经竣工验收合格，承包人请求参照有效合同处理的，应当参照合同约定来计算涉案工程价款，承包人不应获得比合同有效时更多的利益。

第七百九十四条 【勘察、设计合同主要内容】勘察、设计合同的内容一般包括提交有关基础资料和概预算等文件的期限、质量要求、费用以及其他协作条件等条款。

第七百九十五条 【施工合同主要条款】施工合同的内容一般包括工程范围、建设工期、中间交工工程的开工和竣工时间、工程质量、工程造价、技术资料交付时间、材料和设备供应责任、拨款和结算、竣工验收、质量保修范围和质量保证期、相互协作等条款。

司法解释适用

《最高人民法院关于审理建设工程施工合同纠纷案件适用法律问题的解释（一）》（法释〔2020〕25 号）

《建工合同司法解释（一）》	原《建设工程施工合同纠纷系列司法解释》
第二条（原《建设工程施工合同纠纷司法解释（二）》第一条） 招标人和中标人另行签订的建设工程施工合同约定的工程范围、建设工期、工程质量、工程价款等实质性内容，与中标合同不一致，一方当事人请求按照中标合同确定权利义务的，人民法院应予支持。 招标人和中标人在中标合同之外就明显高于市场价格购买承建房产、无偿建设住房配套设施、让利、向建设单位捐赠财物等另行签订合同，变相降低工程价款，一方当事人以该合同背离中标合同实质性内容为由请求确认无效的，人民法院应予支持。	
第八条（原《建设工程施工合同纠纷司法解释（二）》第五条） 当事人对建设工程开工日期有争议的，人民法院应当分别按照以下情形予以认定： （一）开工日期为发包人或者监理人发出的开工通知载明的开工日期；开工通知发出后，尚不具备开工条件的，以开工条件具备的时间为开工日期；因承包人原因导致开工时间推迟的，以开工通知载明的时间为开工日期。 （二）承包人经发包人同意已经实际进场施工的，以实际进场施工时间为开工日期。	

<table>
<tr><th>《建工合同司法解释（一）》</th><th>原《建设工程施工合同纠纷系列司法解释》</th></tr>
<tr><td colspan="2">（三）发包人或者监理人未发出开工通知，亦无相关证据证明实际开工日期的，应当综合考虑开工报告、合同、施工许可证、竣工验收报告或者竣工验收备案表等载明的时间，并结合是否具备开工条件的事实，认定开工日期。</td></tr>
<tr><td>第九条　当事人对建设工程实际竣工日期有争议的，人民法院应当分别按照以下情形予以认定：
（一）建设工程经竣工验收合格的，以竣工验收合格之日为竣工日期；
（二）承包人已经提交竣工验收报告，发包人拖延验收的，以承包人提交验收报告之日为竣工日期；
（三）建设工程未经竣工验收，发包人擅自使用的，以转移占有建设工程之日为竣工日期。</td><td>原《建设工程施工合同纠纷司法解释》
第十四条　当事人对建设工程实际竣工日期有争议的，按照以下情形分别处理：
（一）建设工程经竣工验收合格的，以竣工验收合格之日为竣工日期；
（二）承包人已经提交竣工验收报告，发包人拖延验收的，以承包人提交验收报告之日为竣工日期；
（三）建设工程未经竣工验收，发包人擅自使用的，以转移占有建设工程之日为竣工日期。</td></tr>
<tr><td colspan="2">第十条（原《建设工程施工合同纠纷司法解释（二）》第六条）　当事人约定顺延工期应当经发包人或者监理人签证等方式确认，承包人虽未取得工期顺延的确认，但能够证明在合同约定的期限内向发包人或者监理人申请过工期顺延且顺延事由符合合同约定，承包人以此为由主张工期顺延的，人民法院应予支持。
当事人约定承包人未在约定期限内提出工期顺延申请视为工期不顺延的，按照约定处理，但发包人在约定期限后同意工期顺延或者承包人提出合理抗辩的除外。</td></tr>
<tr><td>第十九条　当事人对建设工程的计价标准或者计价方法有约定的，按照约定结算工程价款。
因设计变更导致建设工程的工程量或者质量标准发生变化，当事人对该部分工程价款不能协商一致的，可以参照签订建设工程施工合同时当地建设行政主管部门发布的计价方法或者计价标准结算工程价款。
建设工程施工合同有效，但建设工程经竣工验收不合格的，依照民法典第五百七十七条规定处理。</td><td>第十六条　当事人对建设工程的计价标准或者计价方法有约定的，按照约定结算工程价款。
因设计变更导致建设工程的工程量或者质量标准发生变化，当事人对该部分工程价款不能协商一致的，可以参照签订建设工程施工合同时当地建设行政主管部门发布的计价方法或者计价标准结算工程价款。
建设工程施工合同有效，但建设工程经竣工验收不合格的，工程价款结算参照本解释第三条规定处理。</td></tr>
<tr><td colspan="2">第二十条（原《建设工程施工合同纠纷司法解释》第十九条）　当事人对工程量有争议的，按照施工过程中形成的签证等书面文件确认。承包人能够证明发包人同意其施工，但未能提供签证文件证明工程量发生的，可以按照当事人提供的其他证据确认实际发生的工程量。</td></tr>
</table>

《最高人民法院经济审判庭关于建筑工程承包合同纠纷中工期问题的电话答复》

贵州省高级人民法院：

你院〔88〕黔法经请字第3号请示报告收悉。关于四川省重庆市铜梁县第二建筑公司诉贵州省息烽县酒厂建筑工程承包合同纠纷一案工期问题，根据来文所提供的情况，经研究答复如下：

贵州省息烽县酒厂与四川省重庆市铜梁县第二建筑公司签订息烽县酒厂粮库、半成品库建筑工程承包合同约定的工期，是在《建筑安装工程工期定额》规定的工期之内。合同是经招标投标之后签订的，故不应以违反《建筑安装工程工期定额》规定为理由，确认合同约定的工期无效。如招标投标有违反主管部门主观规定之情形，则另当别论。息烽县酒厂窖酒车间建筑工程工期，《建筑安装工程工期定额》无明确规定。对双方当事人在承包合同中约定的工期，应认定为有效。

此复

权威案例指引

▶公报案例

《金坛市建筑安装工程公司与大庆市庆龙房地产开发有限公司建设工程结算纠纷案》，《最高人民法院公报》2007年第7期

裁判摘要：在审理建设工程施工合同纠纷案件中，一审法院针对发包人和承包人就已完成工程总造价、材料分析退价、不合格工程返修费用等事项产生的争议，基于当事人申请，分别委托鉴定机构就上述事项进行鉴定，经一审法院组织质证后，当事人对上述鉴定结论仍有异议提起上诉，经二审庭审补充质证，当事人对上述鉴定结论没有提出充分的相反证据和反驳理由的，可以认定上述鉴定结论的证明力。

第七百九十六条　【建设工程监理】建设工程实行监理的，发包人应当与监理人采用书面形式订立委托监理合同。发包人与监理人的权利和义务以及法律责任，应当依照本编委托合同以及其他有关法律、行政法规的规定。

关联法规参见

▶**法律：**《建筑法》第30条至第35条。

▶**行政法规：**《建设工程质量管理条例》第12条、第34条至第38条。

第七百九十七条　【发包人检查权】发包人在不妨碍承包人正常作业的情况下，可以随时对作业进度、质量进行检查。

第七百九十八条　【隐蔽工程的验收】隐蔽工程在隐蔽以前，承包人应当通知发包人检查。发包人没有及时检查的，承包人可以顺延工程日期，并有权请求赔偿停工、窝工等损失。

第七百九十九条　【竣工验收】 建设工程竣工后，发包人应当根据施工图纸及说明书、国家颁发的施工验收规范和质量检验标准及时进行验收。验收合格的，发包人应当按照约定支付价款，并接收该建设工程。

建设工程竣工经验收合格后，方可交付使用；未经验收或者验收不合格的，不得交付使用。

关联法规参见

▶**法律**：《建筑法》第60条、第61条。

▶**行政法规**：《建设工程质量管理条例》第16条、第17条、第49条，《城镇燃气管理条例》第11条，《城镇排水与污水处理条例》第15条，《保障中小企业款项支付条例》第9条。

司法解释适用

《最高人民法院关于审理建设工程施工合同纠纷案件适用法律问题的解释（一）》（法释〔2020〕25号）

《建工合同司法解释（一）》	原《建设工程施工合同纠纷系列司法解释》
删除条文 **原《建设工程施工合同纠纷司法解释》** **第二条**　~~建设工程施工合同无效，但建设工程经竣工验收合格，承包人请求参照合同约定支付工程价款的，应予支持。~~ **原《建设工程施工合同纠纷司法解释》** **第三条**　~~建设工程施工合同无效，且建设工程经竣工验收不合格的，按照以下情形分别处理：~~ ~~（一）修复后的建设工程经竣工验收合格，发包人请求承包人承担修复费用的，应予支持；~~ ~~（二）修复后的建设工程经竣工验收不合格，承包人请求支付工程价款的，不予支持。~~ ~~因建设工程不合格造成的损失，发包人有过错的，也应承担相应的民事责任。~~ ~~建设工程未经竣工验收，发包人擅自使用后，又以使用部分质量不符合约定为由主张权利的，不予支持；但是承包人应当在建设工程的合理使用寿命内对地基基础工程和主体结构质量承担民事责任。~~	
第九条　当事人对建设工程实际竣工日期有争议的，人民法院应当分别按照以下情形予以认定：	**第十四条**　当事人对建设工程实际竣工日期有争议的，按照以下情形分别处理：

<table>
<tr><th>《建工合同司法解释（一）》</th><th>原《建设工程施工合同纠纷系列司法解释》</th></tr>
<tr><td>（一）建设工程经竣工验收合格的，以竣工验收合格之日为竣工日期；
（二）承包人已经提交竣工验收报告，发包人拖延验收的，以承包人提交验收报告之日为竣工日期；
（三）建设工程未经竣工验收，发包人擅自使用的，以转移占有建设工程之日为竣工日期。</td><td>（一）建设工程经竣工验收合格的，以竣工验收合格之日为竣工日期；
（二）承包人已经提交竣工验收报告，发包人拖延验收的，以承包人提交验收报告之日为竣工日期；
（三）建设工程未经竣工验收，发包人擅自使用的，以转移占有建设工程之日为竣工日期。</td></tr>
<tr><td colspan="2">第十一条（原《建设工程施工合同纠纷司法解释》第十五条）　建设工程竣工前，当事人对工程质量发生争议，工程质量经鉴定合格的，鉴定期间为顺延工期期间。</td></tr>
<tr><td>第十四条　建设工程未经竣工验收，发包人擅自使用后，又以使用部分质量不符合约定为由主张权利的，人民法院不予支持；但是承包人应当在建设工程的合理使用寿命内对地基基础工程和主体结构质量承担民事责任。</td><td>原《建设工程施工合同纠纷司法解释》
第十三条　建设工程未经竣工验收，发包人擅自使用后，又以使用部分质量不符合约定为由主张权利的，不予支持；但是承包人应当在建设工程的合理使用寿命内对地基基础工程和主体结构质量承担民事责任。</td></tr>
<tr><td>第十七条　有下列情形之一，承包人请求发包人返还工程质量保证金的，人民法院应予支持：
（一）当事人约定的工程质量保证金返还期限届满；
（二）当事人未约定工程质量保证金返还期限的，自建设工程通过竣工验收之日起满二年；
（三）因发包人原因建设工程未按约定期限进行竣工验收的，自承包人提交工程竣工验收报告九十日后当事人约定的工程质量保证金返还期限届满；当事人未约定工程质量保证金返还期限的，自承包人提交工程竣工验收报告九十日后起满二年。
发包人返还工程质量保证金后，不影响承包人根据合同约定或者法律规定履行工程保修义务。</td><td>原《建设工程施工合同纠纷司法解释（二）》
第八条　有下列情形之一，承包人请求发包人返还工程质量保证金的，人民法院应予支持：
（一）当事人约定的工程质量保证金返还期限届满。
（二）当事人未约定工程质量保证金返还期限的，自建设工程通过竣工验收之日起满二年。
（三）因发包人原因建设工程未按约定期限进行竣工验收的，自承包人提交工程竣工验收报告九十日后起当事人约定的工程质量保证金返还期限届满；当事人未约定工程质量保证金返还期限的，自承包人提交工程竣工验收报告九十日后起满二年。
发包人返还工程质量保证金后，不影响承包人根据合同约定或者法律规定履行工程保修义务。</td></tr>
</table>

《最高人民法院民事审判庭关于发包人收到承包人竣工结算文件后，在约定期限内不予答复，是否视为认可竣工结算文件的复函》

重庆市高级人民法院：

你院渝高法〔2005〕154号《关于如何理解和适用最高人民法院〈关于审理建设工程施工合同纠纷案件如何适用法律问题的解释〉第二十条的请示》收悉。经研究，答复如下：

同意你院审委会的第二种意见，即：适用该司法解释第二十条的前提条件是当事人之间约定了发包人收到竣工结算文件后，在约定期限内不予答复，则视为认可竣工结算文件。承包人提交的竣工结算文件可以作为工程款结算的依据。建设部制定的建设工程施工合同格式文本中的通用条款第三十三条第三款的规定，不能简单地推论出，双方当事人具有发包人收到竣工结算文件一定期限内不予答复，则视为认可承包人提交的竣工结算文件的一致意思表示，承包人提交的竣工结算文件不能作为工程款结算的依据。

权威案例指引

▶公报案例

《威海市鲸园建筑有限公司与威海市福利企业服务公司、威海市盛发贸易有限公司拖欠建筑工程款纠纷案》，《最高人民法院公报》2013年第8期

裁判摘要：依照《中华人民共和国合同法》第二百七十九条、《建设工程质量管理条例》第十六条的规定，建设工程竣工后，发包人应当按照相关施工验收规定对工程及时组织验收，该验收既是发包人的义务，亦是发包人的权利。承包人未经发包人同意对工程组织验收，单方向质量监督部门办理竣工验收手续的，侵害了发包人工程验收权利。在此情况下，质检部门对该工程出具的验收报告及工程优良证书因不符合法定验收程序，不能产生相应的法律效力。

第八百条　【勘察、设计人质量责任】勘察、设计的质量不符合要求或者未按照期限提交勘察、设计文件拖延工期，造成发包人损失的，勘察人、设计人应当继续完善勘察、设计，减收或者免收勘察、设计费并赔偿损失。

关联法规参见

▶**法律：**《建筑法》第52条至第56条。

▶**行政法规：**《建设工程质量管理条例》第18条至第24条。

权威案例指引

▶公报案例

《海擎重工机械有限公司与江苏中兴建设有限公司、中国建设银行股份有限公司泰兴支行建设工程施工合同纠纷案》，《最高人民法院公报》2015年第6期

裁判摘要：从事建设工程活动，必须严格执行基本建设程序，坚持先勘察、后设计、再施工原则。建设单位未提前交付地质勘查报告、施工图设计文件未经过建设主管部门审查批准的，应对于因双方签约前未曾预见的特殊地质条件导致工程质量问题承担主要责任。施工单位应秉持诚实信用原则，采取合理施工方案，避免损失扩大。人民法院应当根据合同约定、法律及行政法规规定的工程建设程序，依据诚实信用原则，合理确定建设单位与施工单位对于建设工程质量问题的责任承担。

第八百零一条　【施工人的质量责任】因施工人的原因致使建设工程质量不符合约定的，发包人有权请求施工人在合理期限内无偿修理或者返工、改建。经过修理或者返工、改建后，造成逾期交付的，施工人应当承担违约责任。

关联法规参见

▶**法律：**《建筑法》第58条至第60条。

▶**行政法规：**《建设工程质量管理条例》第25条至第33条。

权威案例指引

▶公报案例

《江苏南通二建集团有限公司与吴江恒森房地产开发有限公司建设工程施工合同纠纷案》，《最高人民法院公报》2014年第8期

裁判摘要：承包人交付的建设工程应符合合同约定的交付条件及相关工程验收标准。工程实际存在明显的质量问题，承包人以工程竣工验收合格证明等主张工程质量合格的，人民法院不予支持。

在双方当事人已失去合作信任的情况下，为解决双方矛盾，人民法院可以判决由发包人自行委托第三方参照修复设计方案对工程质量予以整改，所需费用由承包人承担。

第八百零二条　【质量保证责任】因承包人的原因致使建设工程在合理使用期限内造成人身损害和财产损失的，承包人应当承担赔偿责任。

关联法规参见

▶**法律：**《民法典侵权责任编》第1252条、第1253条，《建筑法》第60条至第63条。

▶**行政法规**：《建设工程质量管理条例》第 39 条至第 42 条。

司法解释适用

《最高人民法院关于审理建设工程施工合同纠纷案件适用法律问题的解释（一）》（法释〔2020〕25 号）

<table>
<tr><th>《建工合同司法解释（一）》</th><th>原《建设工程施工合同纠纷司法解释》</th></tr>
<tr><td>第十二条　因承包人的原因造成建设工程质量不符合约定，承包人拒绝修理、返工或者改建，发包人请求减少支付工程价款的，人民法院应予支持。</td><td>原《建设工程施工合同纠纷司法解释》
第十一条　因承包人的过错造成建设工程质量不符合约定，承包人拒绝修理、返工或者改建，发包人请求减少支付工程价款的，应予支持。</td></tr>
<tr><td colspan="2">第十六条（原《建设工程施工合同纠纷司法解释（二）》第七条）　发包人在承包人提起的建设工程施工合同纠纷案件中，以建设工程质量不符合合同约定或者法律规定为由，就承包人支付违约金或者赔偿修理、返工、改建的合理费用等损失提出反诉的，人民法院可以合并审理。</td></tr>
<tr><td>第十七条　有下列情形之一，承包人请求发包人返还工程质量保证金的，人民法院应予支持：
（一）当事人约定的工程质量保证金返还期限届满；
（二）当事人未约定工程质量保证金返还期限的，自建设工程通过竣工验收之日起满二年；
（三）因发包人原因建设工程未按约定期限进行竣工验收的，自承包人提交工程竣工验收报告九十日后当事人约定的工程质量保证金返还期限届满；当事人未约定工程质量保证金返还期限的，自承包人提交工程竣工验收报告九十日后起满二年。
发包人返还工程质量保证金后，不影响承包人根据合同约定或者法律规定履行工程保修义务。</td><td>原《建设工程施工合同纠纷司法解释（二）》
第八条　有下列情形之一，承包人请求发包人返还工程质量保证金的，人民法院应予支持：
（一）当事人约定的工程质量保证金返还期限届满。
（二）当事人未约定工程质量保证金返还期限的，自建设工程通过竣工验收之日起满二年。
（三）因发包人原因建设工程未按约定期限进行竣工验收的，自承包人提交工程竣工验收报告九十日后起当事人约定的工程质量保证金返还期限届满；当事人未约定工程质量保证金返还期限的，自承包人提交工程竣工验收报告九十日后起满二年。
发包人返还工程质量保证金后，不影响承包人根据合同约定或者法律规定履行工程保修义务。</td></tr>
<tr><td>第十八条　因保修人未及时履行保修义务，导致建筑物毁损或者造成人身损害、财产损失的，保修人应当承担赔偿责任。
保修人与建筑物所有人或者发包人对建筑物毁损均有过错的，各自承担相应的责任。</td><td>原《建设工程施工合同纠纷司法解释》
第二十七条　因保修人未及时履行保修义务，导致建筑物毁损或者造成人身、财产损害的，保修人应当承担赔偿责任。
保修人与建筑物所有人或者发包人对建筑物毁损均有过错的，各自承担相应的责任。</td></tr>
</table>

第八百零三条　【发包人违约责任】发包人未按照约定的时间和要求提供原材料、设备、场地、资金、技术资料的，承包人可以顺延工程日期，并有权请求赔偿停工、窝工等损失。

第八百零四条　【发包人原因致工程停建、缓建的责任】因发包人的原因致使工程中途停建、缓建的，发包人应当采取措施弥补或者减少损失，赔偿承包人因此造成的停工、窝工、倒运、机械设备调迁、材料和构件积压等损失和实际费用。

司法解释适用

《最高人民法院关于审理建设工程施工合同纠纷案件适用法律问题的解释(一)》（法释〔2020〕25号）

《建工合同司法解释（一）》	原《建设工程施工合同纠纷司法解释》
第十三条（原第十二条）　发包人具有下列情形之一，造成建设工程质量缺陷，应当承担过错责任： （一）提供的设计有缺陷； （二）提供或者指定购买的建筑材料、建筑构配件、设备不符合强制性标准； （三）直接指定分包人分包专业工程。 承包人有过错的，也应当承担相应的过错责任。	

第八百零五条　【发包人原因致勘察、设计返工、停工或修改设计的责任】因发包人变更计划，提供的资料不准确，或者未按照期限提供必需的勘察、设计工作条件而造成勘察、设计的返工、停工或者修改设计，发包人应当按照勘察人、设计人实际消耗的工作量增付费用。

第八百零六条　【建设工程合同的解除；建设工程合同解除后工程价款的支付规则】承包人将建设工程转包、违法分包的，发包人可以解除合同。

发包人提供的主要建筑材料、建筑构配件和设备不符合强制性标准或者不履行协助义务，致使承包人无法施工，经催告后在合理期限内仍未履行相应义务的，承包人可以解除合同。

合同解除后，已经完成的建设工程质量合格的，发包人应当按照约定支付相应的工程价款；已经完成的建设工程质量不合格的，参照本法第七百九十三条的规定处理。

关联法规参见

▶法律：《民法典合同编》第 793 条。

权威案例指引

▶公报案例

《青海方升建筑安装工程有限责任公司与青海隆豪置业有限公司建设工程施工合同纠纷案》，《最高人民法院公报》2015 年第 12 期

裁判摘要：对于约定了固定价款的建设工程施工合同，双方未能如约履行，致使合同解除的，在确定争议合同的工程价款时，既不能简单地依据政府部门发布的定额计算工程价款，也不宜直接以合同约定的总价与全部工程预算总价的比值作为下浮比例，再以该比例乘以已完工程预算价格的方式计算工程价款，而应当综合考虑案件实际履行情况，并特别注重双方当事人的过错和司法判决的价值取向等因素来确定。

第八百零七条　【工程价款的支付】发包人未按照约定支付价款的，承包人可以催告发包人在合理期限内支付价款。发包人逾期不支付的，除根据建设工程的性质不宜折价、拍卖外，承包人可以与发包人协议将该工程折价，也可以请求人民法院将该工程依法拍卖。建设工程的价款就该工程折价或者拍卖的价款优先受偿。

司法解释适用

《最高人民法院关于审理建设工程施工合同纠纷案件适用法律问题的解释（一）》（法释〔2020〕25 号）

《建工合同司法解释（一）》	原《建设工程施工合同纠纷系列司法解释》
第十二条　因承包人的原因造成建设工程质量不符合约定，承包人拒绝修理、返工或者改建，发包人请求减少支付工程价款的，人民法院应予支持。	**第十一条**　因承包人的过错造成建设工程质量不符合约定，承包人拒绝修理、返工或者改建，发包人请求减少支付工程价款的，应予支持。
第十九条　当事人对建设工程的计价标准或者计价方法有约定的，按照约定结算工程价款。 因设计变更导致建设工程的工程量或者质量标准发生变化，当事人对该部分工程价款不能协商一致的，可以参照签订建设工程施工合同时当地建设行政主管部门发布的计价方法或者计价标准结算工程价款。	**第十六条**　当事人对建设工程的计价标准或者计价方法有约定的，按照约定结算工程价款。 因设计变更导致建设工程的工程量或者质量标准发生变化，当事人对该部分工程价款不能协商一致的，可以参照签订建设工程施工合同时当地建设行政主管部门发布的计价方法或者计价标准结算工程价款。

<table>
<tr><th>《建工合同司法解释（一）》</th><th>原《建设工程施工合同纠纷系列司法解释》</th></tr>
<tr><td>建设工程施工合同有效，但建设工程经竣工验收不合格的，依照民法典第五百七十七条规定处理。</td><td>建设工程施工合同有效，但建设工程经竣工验收不合格的，~~工程价款结算~~参照本解释第三条规定处理。</td></tr>
<tr><td colspan="2">第二十条（原《建设工程施工合同纠纷司法解释》第十九条）　当事人对工程量有争议的，按照施工过程中形成的签证等书面文件确认。承包人能够证明发包人同意其施工，但未能提供签证文件证明工程量发生的，可以按照当事人提供的其他证据确认实际发生的工程量。</td></tr>
<tr><td>第二十一条　当事人约定，发包人收到竣工结算文件后，在约定期限内不予答复，视为认可竣工结算文件的，按照约定处理。承包人请求按照竣工结算文件结算工程价款的，人民法院应予支持。</td><td>第二十条　当事人约定，发包人收到竣工结算文件后，在约定期限内不予答复，视为认可竣工结算文件的，按照约定处理。承包人请求按照竣工结算文件结算工程价款的，应予支持。</td></tr>
<tr><td colspan="2">删除条文
~~第二十一条　当事人就同一建设工程另行订立的建设工程施工合同与经过备案的中标合同实质性内容不一致的，应当以备案的中标合同作为结算工程价款的根据。~~</td></tr>
<tr><td colspan="2">第二十二条（原《建设工程施工合同纠纷司法解释》第十条）　当事人签订的建设工程施工合同与招标文件、投标文件、中标通知书载明的工程范围、建设工期、工程质量、工程价款不一致，一方当事人请求将招标文件、投标文件、中标通知书作为结算工程价款的依据的，人民法院应予支持。</td></tr>
<tr><td colspan="2">第二十三条（原《建设工程施工合同纠纷司法解释（二）》第九条）　发包人将依法不属于必须招标的建设工程进行招标后，与承包人另行订立的建设工程施工合同背离中标合同的实质性内容，当事人请求以中标合同作为结算建设工程价款依据的，人民法院应予支持，但发包人与承包人因客观情况发生了在招标投标时难以预见的变化而另行订立建设工程施工合同的除外。</td></tr>
<tr><td>第二十四条　当事人就同一建设工程订立的数份建设工程施工合同均无效，但建设工程质量合格，一方当事人请求参照实际履行的合同关于工程价款的约定折价补偿承包人的，人民法院应予支持。
实际履行的合同难以确定，当事人请求参照最后签订的合同关于工程价款的约定折价补偿承包人的，人民法院应予支持。</td><td>原《建设工程施工合同纠纷司法解释（二）》
第十一条　当事人就同一建设工程订立的数份建设工程施工合同均无效，但建设工程质量合格，一方当事人请求参照实际履行的合同结算建设工程价款的，人民法院应予支持。
实际履行的合同难以确定，当事人请求参照最后签订的合同结算建设工程价款的，人民法院应予支持。</td></tr>
</table>

<table>
<tr><th>《建工合同司法解释（一）》</th><th>原《建设工程施工合同纠纷系列司法解释》</th></tr>
<tr><td>第二十五条　当事人对垫资和垫资利息有约定，承包人请求按照约定返还垫资及其利息的，人民法院应予支持，但是约定的利息计算标准高于垫资时的同类贷款利率或者同期贷款市场报价利率的部分除外。
当事人对垫资没有约定的，按照工程欠款处理。
当事人对垫资利息没有约定，承包人请求支付利息的，人民法院不予支持。</td><td>原《建设工程施工合同纠纷司法解释》
第六条　当事人对垫资和垫资利息有约定，承包人请求按照约定返还垫资及其利息的，应予支持，但是约定的利息计算标准高于中国人民银行发布的同期同类贷款利率的部分除外。
当事人对垫资没有约定的，按照工程欠款处理。
当事人对垫资利息没有约定，承包人请求支付利息的，不予支持。</td></tr>
<tr><td>第二十六条　当事人对欠付工程价款利息计付标准有约定的，按照约定处理。没有约定的，按照同期同类贷款利率或者同期贷款市场报价利率计息。</td><td>原《建设工程施工合同纠纷司法解释》
第十七条　当事人对欠付工程价款利息计付标准有约定的，按照约定处理；没有约定的，按照中国人民银行发布的同期同类贷款利率计息。</td></tr>
<tr><td colspan="2">第二十七条（原《建设工程施工合同纠纷司法解释》第十八条）　利息从应付工程价款之日开始计付。当事人对付款时间没有约定或者约定不明的，下列时间视为应付款时间：
（一）建设工程已实际交付的，为交付之日；
（二）建设工程没有交付的，为提交竣工结算文件之日；
（三）建设工程未交付，工程价款也未结算的，为当事人起诉之日。</td></tr>
<tr><td>第二十八条　当事人约定按照固定价结算工程价款，一方当事人请求对建设工程造价进行鉴定的，人民法院不予支持。</td><td>原《建设工程施工合同纠纷司法解释》
第二十二条　当事人约定按照固定价结算工程价款，一方当事人请求对建设工程造价进行鉴定的，不予支持。</td></tr>
<tr><td colspan="2">第二十九条（原《建设工程施工合同纠纷司法解释（二）》第十二条）　当事人在诉讼前已经对建设工程价款结算达成协议，诉讼中一方当事人申请对工程造价进行鉴定的，人民法院不予准许。</td></tr>
<tr><td colspan="2">第三十条（原《建设工程施工合同纠纷司法解释（二）》第十三条）　当事人在诉讼前共同委托有关机构、人员对建设工程造价出具咨询意见，诉讼中一方当事人不认可该咨询意见申请鉴定的，人民法院应予准许，但双方当事人明确表示受该咨询意见约束的除外。</td></tr>
<tr><td colspan="2">第三十二条（原《建设工程施工合同纠纷司法解释（二）》第十四条）　当事人对工程造价、质量、修复费用等专门性问题有争议，人民法院认为需要鉴定的，应当向负有举证责任的当事人释明。当事人经释明未申请鉴定，虽申请鉴定但未支付鉴定费用或者拒不提供相关材料的，应当承担举证不能的法律后果。</td></tr>
</table>

<table>
<tr><th>《建工合同司法解释（一）》</th><th>原《建设工程施工合同纠纷系列司法解释》</th></tr>
<tr><td colspan="2">一审诉讼中负有举证责任的当事人未申请鉴定，虽申请鉴定但未支付鉴定费用或者拒不提供相关材料，二审诉讼中申请鉴定，人民法院认为确有必要的，应当依照民事诉讼法第一百七十条第一款第三项的规定处理。</td></tr>
<tr><td>第三十五条　与发包人订立建设工程施工合同的承包人，依据民法典第八百零七条的规定请求其承建工程的价款就工程折价或者拍卖的价款优先受偿的，人民法院应予支持。</td><td>原《建设工程施工合同纠纷司法解释（二）》
第十七条　与发包人订立建设工程施工合同的承包人，根据合同法第二百八十六条规定请求其承建工程的价款就工程折价或者拍卖的价款优先受偿的，人民法院应予支持。</td></tr>
<tr><td colspan="2">新增条文
第三十六条　承包人根据民法典第八百零七条规定享有的建设工程价款优先受偿权优于抵押权和其他债权。</td></tr>
<tr><td>第三十七条　装饰装修工程具备折价或者拍卖条件，装饰装修工程的承包人请求工程价款就该装饰装修工程折价或者拍卖的价款优先受偿的，人民法院应予支持。</td><td>原《建设工程施工合同纠纷司法解释（二）》
第十八条　装饰装修工程的承包人~~，~~请求~~装饰装修~~工程价款就该装饰装修工程折价或者拍卖的价款优先受偿的，人民法院应予支持~~，但装饰装修工程的发包人不是该建筑物的所有权人的除外~~。</td></tr>
<tr><td colspan="2">第三十八条（原《建设工程施工合同纠纷司法解释（二）》第十九条）　建设工程质量合格，承包人请求其承建工程的价款就工程折价或者拍卖的价款优先受偿的，人民法院应予支持。</td></tr>
<tr><td colspan="2">第三十九条（原《建设工程施工合同纠纷司法解释（二）》第二十条）　未竣工的建设工程质量合格，承包人请求其承建工程的价款就其承建工程部分折价或者拍卖的价款优先受偿的，人民法院应予支持。</td></tr>
<tr><td colspan="2">第四十条（原《建设工程施工合同纠纷司法解释（二）》第二十一条）　承包人建设工程价款优先受偿的范围依照国务院有关行政主管部门关于建设工程价款范围的规定确定。承包人就逾期支付建设工程价款的利息、违约金、损害赔偿金等主张优先受偿的，人民法院不予支持。</td></tr>
<tr><td>第四十一条　承包人应当在合理期限内行使建设工程价款优先受偿权，但最长不得超过十八个月，自发包人应当给付建设工程价款之日起算。</td><td>第二十二条　承包人行使建设工程价款优先受偿权的期限为六个月，自发包人应当给付建设工程价款之日起算。</td></tr>
</table>

《建工合同司法解释（一）》	原《建设工程施工合同纠纷系列司法解释》
第四十二条（原《建设工程施工合同纠纷司法解释（二）》第二十三条） 发包人与承包人约定放弃或者限制建设工程价款优先受偿权，损害建筑工人利益，发包人根据该约定主张承包人不享有建设工程价款优先受偿权的，人民法院不予支持。	

《最高人民法院关于装修装饰工程款是否享有合同法第二百八十六条规定的优先受偿权的函复》

福建省高级人民法院：

你院闽高法〔2004〕143号《关于福州市康辉装修工程有限公司与福州天胜房地产开发有限公司、福州绿叶房产代理有限公司装修工程承包合同纠纷一案的请示》收悉。经研究，答复如下：

装修装饰工程属于建设工程，可以适用《中华人民共和国合同法》第二百八十六条关于优先受偿权的规定，但装修装饰工程的发包人不是该建筑的所有权人或者承包人与该建筑物的所有权人之间没有合同关系的除外。享有优先权的承包人只能在建筑物因装修装饰而增加价值的范围内优先受偿。

此复。

《最高人民法院对福建高院〈关于执行中国建设银行厦门市分行诉远华集团有限公司、厦门东盛建设发展公司借款合同纠纷一案中涉及几个相关法律、政策问题的请示〉的答复函》

福建省高级人民法院：

你院闽高法〔2002〕265号《关于执行中国建设银行厦门市分行诉远华集团有限公司、厦门东盛建设发展公司借款合同纠纷一案中涉及几个相关法律、政策问题的请示》收悉。经研究，答复如下：

关于该案执行中所涉及的工程款优先权问题，根据法律不溯及既往的原则和物权法定原则，如果作为执行标的的建设工程竣工或者停工于《中华人民共和国合同法》实施之前，则工程承包人从该建设工程价款中受偿的权利不得对抗已经在该工程上设定的抵押权。

《最高人民法院关于建设工程承包合同案件中双方当事人已确认的工程决算价款与审计部门审计的工程决算价款与审计部门审计的工程决算价款不一致时如何适用法律问题的电话答复意见》

河南省高级人民法院：

你院“关于建设工程承包合同案件中双方当事人已确认的工程决算价款与审计部门审计的工程决算价款不一致时如何适用法律问题的请示”收悉。经研究认为，审计是国家对建设单位的一种行政监督，不影响建设单位与承建单位的合同效力。建设工程承包合同案件应以当事人的约定作为法院判决的依据。只有在合同明确约定以审计结论作为结算依据或者合同约定不明确、合同约定无效的情况下，才能将审计结论作为判决的依据。

权威案例指引

▶指导性案例

通州建总集团有限公司诉安徽天宇化工有限公司别除权纠纷案，指导案例73号（2016年12月28日）

裁判要点：符合《中华人民共和国破产法》第十八条规定的情形，建设工程施工合同视为解除的，承包人行使优先受偿权的期限应自合同解除之日起计算。

▶公报案例

《宋宇与北京盛和发房地产开发有限公司、广东粤财投资控股有限公司、北京城乡建设集团有限责任公司商品房预售合同纠纷案》，《最高人民法院公报》2013年第3期

裁判摘要：买受人与开发商均主张双方之间存在真实有效的商品房买卖关系，并依据最高人民法院《关于建设工程价款优先受偿权问题的批复》第二条“消费者交付购买商品房的全部或者大部分款项后，承包人就该商品房享有的工程价款优先受偿权不得对抗买受人”的规定，对抗承包人建设工程价款请求权，但在签订购房合同、支付购房款等重要事实上存在众多疑点，双方多次陈述不一、前后矛盾，据以认定双方之间存在真实的商品房买卖关系的依据明显不足。在此情况下，买受人请求开发商按照商品房买卖合同约定，办理房屋过户登记的，应予驳回。

《齐河环盾钢结构有限公司与济南永君物资有限责任公司建设工程施工合同纠纷案》，《最高人民法院公报》2012年第9期

裁判摘要：鉴定机构分别按照定额价和市场价作出鉴定结论的，在确定工程价款时，一般应以市场价确定工程价款。这是因为，以定额为基础确定工程造价大多未能反映企业的施工、技术和管理水平，定额标准往往跟不上市场价格的变化，而建设行政主管部门发布的市场价格信息，更贴近市场价格，更接近建筑工程的实际造价成本，且符合《合同法》的有关规定，对双方当事人更公平。

《三门峡水利管理局诉郑州市配套建设公司房屋买卖合同纠纷案》，《最高人民法院公报》2004年第8期

裁判摘要：房屋买卖合同的出卖人，在收取了买受人支付的大部分款项后，不能以房屋的工程价款需优先受偿为由，拒绝按合同约定向房屋买受人交付房屋。

第八百零八条 【参照适用承揽合同的规定】本章没有规定的，适用承揽合同的有关规定。

关联法规参见

▶**法律：**《民法典合同编》第770条至第787条。

第十九章 运输合同

第一节 一般规定

第八百零九条 【运输合同的定义】运输合同是承运人将旅客或者货物从起运地点运输到约定地点，旅客、托运人或者收货人支付票款或者运输费用的合同。

关联法规参见

▶**法律：**《民用航空法》第107条、第108条，《铁路法》第11条，《海商法》第2条、第41条至第45条、第107条至第109条。

▶**行政法规：**《道路运输条例》第2条，《铁路货物运输合同实施细则》第1条至第7条，《水路货物运输合同实施细则》第1条、第2条、第4条至第7条。

权威案例指引

▶**公报案例**

《骏荣内衣有限公司诉宏鹰国际货运（深圳）有限公司等海上货运代理合同纠纷案》，《最高人民法院公报》2019年第7期

裁判摘要：承运人可以签发除提单以外的运输单证，这些单证必须包含合同当事人的承托意思表示才可以构成运输合同的证明，不具有承托意思表示的货代货物收据不构成海上货物运输合同的证明。

货运代理企业的权利义务依货运代理合同的约定确定，其承担违约责任应适用过错推定责任原则，货运代理企业证明其履行代理事项无过错的，无需对委托人的损失承担责任。

《浙江纺织公司诉台湾立荣公司海上货物运输合同无单放货纠纷案》，《最高人民法院公报》2005年第12期

裁判摘要：一、《海商法》第四十二条第三项规定的托运人，既可以是海上货物运输合同的缔约人，也可以是交货人。提单只是海上货物运输合同存在的证明，而且不是惟一的证明。当提单主体与海上货物运输合同主体不一致时，在没有书面合同的情况下，人民法院可以根据履行义务的实际情况来确定海上货物运输合同中的托运人。

二、因无单放货使托运人不能收回货款，承运人应当向托运人承担赔偿责任。托运人在启运港持未经贸易流转的正本提单起诉承运人的，不存在海上货物运输合同关系中可以凭提单向承运人主张提货权利的第三人，不需要解决提单持有人有无提货权的问题。

第八百一十条　【公共运输承运人的强制缔约义务】从事公共运输的承运人不得拒绝旅客、托运人通常、合理的运输要求。

权威案例指引

▶公报案例

《马士基（中国）航运有限公司及其厦门分公司与厦门瀛海实业发展有限公司、中国厦门外轮代理有限公司国际海上货运代理经营权损害赔偿纠纷再审案》，《最高人民法院公报》2011 年第 10 期

裁判摘要：公共运输履行着为社会公众提供运输服务的社会职能，具有公益性、垄断性等特征。为维护社会公众利益，《中华人民共和国合同法》第二百八十九条规定："从事公共运输的承运人不得拒绝旅客、托运人通常、合理的运输要求。"国际海上集装箱班轮运输是服务于国际贸易的商事经营活动，不属于公用事业，不具有公益性，也不具有垄断性，故不属于公共运输。托运人或者其货运代理人请求从事国际海上集装箱班轮运输的承运人承担强制缔约义务，没有法律依据，应予驳回。

第八百一十一条　【按约定期间运输义务】承运人应当在约定期限或者合理期限内将旅客、货物安全运输到约定地点。

关联法规参见

▶法律：《铁路法》第 10 条。

司法解释适用

《最高人民法院关于审理铁路运输人身损害赔偿纠纷案件适用法律若干问题的解释》（法释〔2020〕17 号修改）

新《铁路运输人身损害赔偿司法解释》	原《铁路运输人身损害赔偿司法解释》
第十二条　铁路旅客运送期间发生旅客人身损害，赔偿权利人要求铁路运输企业承担违约责任的，人民法院应当依照民法典第八百一十一条、第八百二十二条、第八百二十三条等规定，确定铁路运输企业是否承担责任及责任的大小；赔偿权利人要求铁路运输企业承担侵权赔偿责任的，人民法院应当依照有关侵权责任的法律规定，确定铁路运输企业是否承担赔偿责任及责任的大小。	**第十二条**　铁路旅客运送期间发生旅客人身损害，赔偿权利人要求铁路运输企业承担违约责任的，人民法院应当依照《中华人民共和国合同法》第二百九十条、第三百零一条、第三百零二条等规定，确定铁路运输企业是否承担责任及责任的大小；赔偿权利人要求铁路运输企业承担侵权赔偿责任的，人民法院应当依照有关侵权责任的法律规定，确定铁路运输企业是否承担赔偿责任及责任的大小。

《最高人民法院关于审理铁路运输损害赔偿案件若干问题的解释》（法释〔2020〕17号修改）

新《铁路运输损害赔偿司法解释》	原《铁路运输损害赔偿司法解释》
七、逾期交付的责任（原七） 货物、包裹、行李逾期交付，如果是因铁路逾期运到造成的，由铁路运输企业支付逾期违约金；如果是因收货人或旅客逾期领取造成的，由收货人或旅客支付保管费；既因逾期运到又因收货人或旅客逾期领取造成的，由双方各自承担相应的责任。 铁路逾期运到并且发生损失时，铁路运输企业除支付逾期违约金外，还应当赔偿损失。对收货人或者旅客逾期领取，铁路运输企业在代保管期间因保管不当造成损失的，由铁路运输企业赔偿。	

第八百一十二条　【按约定路线运输义务】承运人应当按照约定的或者通常的运输路线将旅客、货物运输到约定地点。

第812条

关联法规参见

▶**法律**：《铁路法》第12条。

司法解释适用

《最高人民法院印发〈关于依法妥善审理涉新冠肺炎疫情民事案件若干问题的指导意见（三）〉的通知》

10. 根据《中华人民共和国合同法》第二百九十一条的规定，承运人应当按照约定的或者通常的运输路线将货物运输到约定地点。承运人提供证据证明因运输途中运输工具上发生疫情需要及时确诊、采取隔离等措施而变更运输路线，承运人已及时通知托运人，托运人主张承运人违反该条规定的义务的，人民法院不予支持。

承运人提供证据证明因疫情或者疫情防控，起运地或者到达地采取禁行、限行防控措施等而发生运输路线变更、装卸作业受限等导致迟延交付，并已及时通知托运人，承运人主张免除相应责任的，人民法院依法予以支持。

权威案例指引

▶**公报案例**

《中国太平洋财产保险股份有限公司与中远航运股份有限公司、第三人海南分公司海南一汽海马汽车销售有限公司水路货物运输合同货损赔偿纠纷案》，《最高人民法院公报》2012年第8期

裁判摘要：《中华人民共和国海商法》作为特别法，优先适用于海上货物运输合同纠纷的审理。依照《中华人民共和国海商法》第二条第二款的规定，中华人民共和国港口之间的海上货物运输，包括内河货物运输和沿海货物运输，不能适用《中华人民共和国海商法》第四章的规定，应当适用《中华人民共和国合同法》的有关规定。

第八百一十三条　【支付票款或运输费用】旅客、托运人或者收货人应当支付票款或者运输费用。承运人未按照约定路线或者通常路线运输增加票款或者运输费用的，旅客、托运人或者收货人可以拒绝支付增加部分的票款或者运输费用。

关联法规参见

▶**法律**：《铁路法》第25条、第26条。

第二节　客运合同

第八百一十四条　【客运合同的成立】客运合同自承运人向旅客出具客票时成立，但是当事人另有约定或者另有交易习惯的除外。

关联法规参见

▶**法律**：《民用航空法》第109条、第110条、第111条，《海商法》第110条、第111条。

第八百一十五条　【持有效客票乘运义务】旅客应当按照有效客票记载的时间、班次和座位号乘坐。旅客无票乘坐、超程乘坐、越级乘坐或者持不符合减价条件的优惠客票乘坐的，应当补交票款，承运人可以按照规定加收票款；旅客不支付票款的，承运人可以拒绝运输。

实名制客运合同的旅客丢失客票的，可以请求承运人挂失补办，承运人不得再次收取票款和其他不合理费用。

关联法规参见

▶**法律**：《民用航空法》第109条、第112条，《海商法》第112条。

▶**行政法规**：《道路运输条例》第17条。

第八百一十六条　【退票与变更】旅客因自己的原因不能按照客票记载的时间乘坐的，应当在约定的期限内办理退票或者变更手续；逾期办理的，承运人可以不退票款，并不再承担运输义务。

第八百一十七条　【按约定限量携带行李义务】旅客随身携带行李应当符合约定的限量和品类要求；超过限量或者违反品类要求携带行李的，应当办理托运手续。

第八百一十八条 【违禁品或危险物品的携带禁止】 旅客不得随身携带或者在行李中夹带易燃、易爆、有毒、有腐蚀性、有放射性以及可能危及运输工具上人身和财产安全的危险物品或者违禁物品。

旅客违反前款规定的，承运人可以将危险物品或者违禁物品卸下、销毁或者送交有关部门。旅客坚持携带或者夹带危险物品或者违禁物品的，承运人应当拒绝运输。

关联法规参见

▶**法律：**《海商法》第 113 条。

▶**行政法规：**《民用航空安全保卫条例》第 26 条至第 33 条。

第八百一十九条 【承运人告知重要事项义务】 承运人应当严格履行安全运输义务，及时告知旅客安全运输应当注意的事项。旅客对承运人为安全运输所作的合理安排应当积极协助和配合。

第八百二十条 【承运人迟延运输】 承运人应当按照有效客票记载的时间、班次和座位号运输旅客。承运人迟延运输或者有其他不能正常运输情形的，应当及时告知和提醒旅客，采取必要的安置措施，并根据旅客的要求安排改乘其他班次或者退票；由此造成旅客损失的，承运人应当承担赔偿责任，但是不可归责于承运人的除外。

关联法规参见

▶**行政法规：**《道路运输条例》第 18 条、第 19 条。

权威案例指引

▶**指导性案例**

阿卜杜勒·瓦希德诉中国东方航空股份有限公司航空旅客运输合同纠纷案， 指导案例 51 号（2015 年 4 月 15 日）

裁判要点：1. 对航空旅客运输实际承运人提起的诉讼，可以选择对实际承运人或缔约承运人提起诉讼，也可以同时对实际承运人和缔约承运人提起诉讼。被诉承运人申请追加另一方承运人参加诉讼的，法院可以根据案件的实际情况决定是否准许。

2. 当不可抗力造成航班延误，致使航空公司不能将换乘其他航班的旅客按时运抵目的地时，航空公司有义务及时向换乘的旅客明确告知到达目的地后是否提供转签服务，以及在不能提供转签服务时旅客如何办理旅行手续。航空公司未履行该项义务，给换乘旅客造成损失的，应当承担赔偿责任。

3. 航空公司在打折机票上注明“不得退票，不得转签”，只是限制购买打折机票的旅客由于自身原因而不得退票和转签，不能据此剥夺旅客在支付票款后享有的乘坐航班按时抵达目的地的权利。

▶公报案例

《阿卜杜勒·瓦希德诉东方航空公司国际航空旅客运输合同纠纷案》，《最高人民法院公报》2006 年第 10 期

裁判摘要：根据本案所适用的国际公约的规定，由一家航空公司出票并实际承运部分航程、另一家航空公司实际承运另一部分航程的航空旅客运输，该两家航空公司并非航空法上的连续运输关系。旅客追究实际承运人所承运航程的责任时，可以选择起诉对象。被起诉的一家航空公司申请追加另一家航空公司参加诉讼的，法院可以根据审理案件的实际需要、诉讼成本、旅客维权的便捷性等因素决定是否准许。

旅客支付了足额票款，航空公司就要为旅客提供完整的运输服务；旅客购买了打折机票，航空公司当然也可以相应地取消一些服务。但是，航空公司在打折机票上注明“不得退票，不得转签”，只是限制购买打折机票的旅客由于自身原因而退票和转签，不能剥夺旅客在支付了票款后享有的按时乘坐航班抵达目的地的权利。当不可抗力造成航班延误，致使航空公司不能将换乘其他航班的旅客按时运抵目的地时，航空公司有义务在始发地向换乘的旅客明确告知到达目的地以后是否提供转签服务，以及在其不能提供转签服务时旅客应当如何办理旅行手续。根据《1955 年在海牙修改的华沙公约》第十九条、第二十条（1）款规定，航空公司不尽此项义务或者不能证明自己已尽此项义务，而给换乘旅客造成损失的，应当承担赔偿责任。

第八百二十一条　【承运人变更服务标准的后果】承运人擅自降低服务标准的，应当根据旅客的请求退票或者减收票款；提高服务标准的，不得加收票款。

第八百二十二条　【对旅客的救助义务】承运人在运输过程中，应当尽力救助患有急病、分娩、遇险的旅客。

司法解释适用

《最高人民法院关于审理铁路运输人身损害赔偿纠纷案件适用法律若干问题的解释》（法释〔2020〕17 号修改）

新《铁路运输人身损害赔偿司法解释》	原《铁路运输人身损害赔偿司法解释》
第十二条　铁路旅客运送期间发生旅客人身损害，赔偿权利人要求铁路运输企业承担违约责任的，人民法院应当依照民法典第八百一十一条、第八百二十二条、第	**第十二条**　铁路旅客运送期间发生旅客人身损害，赔偿权利人要求铁路运输企业承担违约责任的，人民法院应当依照《中华人民共和国合同法》第二百九十条、第三

新《铁路运输人身损害赔偿司法解释》	原《铁路运输人身损害赔偿司法解释》
八百二十三条等规定，确定铁路运输企业是否承担责任及责任的大小；赔偿权利人要求铁路运输企业承担侵权赔偿责任的，人民法院应当依照有关侵权责任的法律规定，确定铁路运输企业是否承担赔偿责任及责任的大小。	百零一条、第三百零二条等规定，确定铁路运输企业是否承担责任及责任的大小；赔偿权利人要求铁路运输企业承担侵权赔偿责任的，人民法院应当依照有关侵权责任的法律规定，确定铁路运输企业是否承担赔偿责任及责任的大小。

第八百二十三条　【旅客伤亡的损害赔偿责任】 承运人应当对运输过程中旅客的伤亡承担赔偿责任；但是，伤亡是旅客自身健康原因造成的或者承运人证明伤亡是旅客故意、重大过失造成的除外。

前款规定适用于按照规定免票、持优待票或者经承运人许可搭乘的无票旅客。

关联法规参见

▶**法律**：《民法典侵权责任编》第1179条、第1181条，《民用航空法》第124条、第127条至第136条，《铁路法》第58条，《海商法》第114条、第115条、第117条、第118条、第120条至第126条、第209条，《道路运输条例》第16条、第35条。

▶**行政法规**：《铁路交通事故应急救援和调查处理条例》第32条、第34条至第36条，《港口间海上旅客运输赔偿责任限额规定》第1条至第5条。

司法解释适用

《最高人民法院关于审理铁路运输人身损害赔偿纠纷案件适用法律若干问题的解释》（法释〔2020〕17号修改）

新《铁路运输人身损害赔偿司法解释》	原《铁路运输人身损害赔偿司法解释》
第一条（原第一条）　人民法院审理铁路行车事故及其他铁路运营事故造成的铁路运输人身损害赔偿纠纷案件，适用本解释。 与铁路运输企业建立劳动合同关系或者形成劳动关系的铁路职工在执行职务中发生的人身损害，依照有关调整劳动关系的法律规定及其他相关法律规定处理。	
第二条（原第二条）　铁路运输人身损害的受害人、依法由受害人承担扶养义务的被扶养人以及死亡受害人的近亲属为赔偿权利人，有权请求赔偿。	
第三条　赔偿权利人要求对方当事人承担侵权责任的，由事故发生地、列车最先到达地或者被告住所地铁路运输法院管辖；赔偿权利人依照民法典第三编要求承运	**第三条**　赔偿权利人要求对方当事人承担侵权责任的，由事故发生地、列车最先到达地或者被告住所地铁路运输法院管辖；赔偿权利人依照合同法要求承运人承担

<table>
<tr><th>新《铁路运输人身损害赔偿司法解释》</th><th>原《铁路运输人身损害赔偿司法解释》</th></tr>
<tr><td>人承担违约责任予以人身损害赔偿的，由运输始发地、目的地或者被告住所地铁路运输法院管辖。</td><td>违约责任予以人身损害赔偿的，由运输始发地、目的地或者被告住所地铁路运输法院管辖。</td></tr>
<tr><td colspan="2">第四条（原第四条） 铁路运输造成人身损害的，铁路运输企业应当承担赔偿责任；法律另有规定的，依照其规定。</td></tr>
<tr><td colspan="2">第五条（原第五条） 铁路运输中发生人身损害，铁路运输企业举证证明有下列情形之一的，不承担赔偿责任：
（一）不可抗力造成的；
（二）受害人故意以卧轨、碰撞等方式造成的。</td></tr>
<tr><td colspan="2">第六条（原第六条） 因受害人翻越、穿越、损毁、移动铁路线路两侧防护围墙、栅栏或者其他防护设施穿越铁路线路，偷乘货车，攀附行进中的列车，在未设置人行通道的铁路桥梁、隧道内通行，攀爬高架铁路线路，以及其他未经许可进入铁路线路、车站、货场等铁路作业区域的过错行为，造成人身损害的，应当根据受害人的过错程度适当减轻铁路运输企业的赔偿责任，并按照以下情形分别处理：
（一）铁路运输企业未充分履行安全防护、警示等义务，受害人有上述过错行为的，铁路运输企业应当在全部损失的百分之八十至百分之二十之间承担赔偿责任；
（二）铁路运输企业已充分履行安全防护、警示等义务，受害人仍施以上述过错行为的，铁路运输企业应当在全部损失的百分之二十至百分之十之间承担赔偿责任。</td></tr>
<tr><td colspan="2">第七条（原第七条） 受害人横向穿越未封闭的铁路线路时存在过错，造成人身损害的，按照前条规定处理。
受害人不听从值守人员劝阻或者无视禁行警示信号、标志硬行通过铁路平交道口、人行过道，或者沿铁路线路纵向行走，或者在铁路线路上坐卧，造成人身损害，铁路运输企业举证证明已充分履行安全防护、警示等义务的，不承担赔偿责任。</td></tr>
<tr><td colspan="2">第八条（原第八条） 铁路运输造成无民事行为能力人人身损害的，铁路运输企业应当承担赔偿责任；监护人有过错的，按照过错程度减轻铁路运输企业的赔偿责任，但铁路运输企业承担的赔偿责任应当不低于全部损失的百分之五十。
铁路运输造成限制民事行为能力人人身损害的，铁路运输企业应当承担赔偿责任；监护人及受害人自身有过错的，按照过错程度减轻铁路运输企业的赔偿责任，但铁路运输企业承担的赔偿责任应当不低于全部损失的百分之四十。</td></tr>
<tr><td colspan="2">第九条（原第九条） 铁路机车车辆与机动车发生碰撞造成机动车驾驶人员以外的人人身损害的，由铁路运输企业与机动车一方对受害人承担连带赔偿责任。铁路运输企业与机动车一方之间，按照各自的过错分担责任；双方均无过错的，按照公平原则分担责任。对受害人实际承担赔偿责任超出应当承担份额的一方，有权向另一方追偿。
铁路机车车辆与机动车发生碰撞造成机动车驾驶人员人身损害的，按照本解释第四条至第七条的规定处理。</td></tr>
</table>

<table>
<tr><th>新《铁路运输人身损害赔偿司法解释》</th><th>原《铁路运输人身损害赔偿司法解释》</th></tr>
<tr><td colspan="2">第十条（原第十条）　在非铁路运输企业实行监护的铁路无人看守道口发生事故造成人身损害的，由铁路运输企业按照本解释的有关规定承担赔偿责任。道口管理单位有过错的，铁路运输企业对赔偿权利人承担赔偿责任后，有权向道口管理单位追偿。</td></tr>
<tr><td colspan="2">第十一条（原第十一条）　对于铁路桥梁、涵洞等设施负有管理、维护等职责的单位，因未尽职责使该铁路桥梁、涵洞等设施不能正常使用，导致行人、车辆穿越铁路线路造成人身损害的，铁路运输企业按照本解释有关规定承担赔偿责任后，有权向该单位追偿。</td></tr>
<tr><td>第十二条　铁路旅客运送期间发生旅客人身损害，赔偿权利人要求铁路运输企业承担违约责任的，人民法院应当依照民法典第八百一十一条、第八百二十二条、第八百二十三条等规定，确定铁路运输企业是否承担责任及责任的大小；赔偿权利人要求铁路运输企业承担侵权赔偿责任的，人民法院应当依照有关侵权责任的法律规定，确定铁路运输企业是否承担赔偿责任及责任的大小。</td><td>第十二条　铁路旅客运送期间发生旅客人身损害，赔偿权利人要求铁路运输企业承担违约责任的，人民法院应当依照《中华人民共和国合同法》第二百九十条、第三百零一条、第三百零二条等规定，确定铁路运输企业是否承担责任及责任的大小；赔偿权利人要求铁路运输企业承担侵权赔偿责任的，人民法院应当依照有关侵权责任的法律规定，确定铁路运输企业是否承担赔偿责任及责任的大小。</td></tr>
<tr><td colspan="2">第十三条（原第十三条）　铁路旅客运送期间因第三人侵权造成旅客人身损害的，由实施侵权行为的第三人承担赔偿责任。铁路运输企业有过错的，应当在能够防止或者制止损害的范围内承担相应的补充赔偿责任。铁路运输企业承担赔偿责任后，有权向第三人追偿。
车外第三人投掷石块等击打列车造成车内旅客人身损害，赔偿权利人要求铁路运输企业先予赔偿的，人民法院应当予以支持。铁路运输企业赔付后，有权向第三人追偿。</td></tr>
<tr><td colspan="2">第十四条（原第十四条）　有权作出事故认定的组织依照《铁路交通事故应急救援和调查处理条例》等有关规定制作的事故认定书，经庭审质证，对于事故认定书所认定的事实，当事人没有相反证据和理由足以推翻的，人民法院应当作为认定事实的根据。</td></tr>
<tr><td colspan="2">第十五条（原第十五条）　在专用铁路及铁路专用线上因运输造成人身损害，依法应当由肇事工具或者设备的所有人、使用人或者管理人承担赔偿责任的，适用本解释。</td></tr>
<tr><td colspan="2">第十六条（原第十六条）　本院以前发布的司法解释与本解释不一致的，以本解释为准。
本解释施行前已经终审，本解释施行后当事人申请再审或者按照审判监督程序决定再审的案件，不适用本解释。</td></tr>
</table>

《最高人民法院关于就客运合同纠纷案件中，对无过错承运人如何适用法律有关问题的请示的答复》

云南省高级人民法院：

1. 请示报告显示，该交通事故系由第三人的过错造成，承运人和旅客均无过错。受到损害的旅客依据《中华人民共和国合同法》第一百二十一条的规定，仅选择承运人提起客运合同纠纷诉讼的，人民法院应当就该客运合同纠纷案件进行审理。

2. 承运人虽在交通事故中无过错，但在旅客提起的客运合同纠纷诉讼中，应按《中华人民共和国合同法》第三百零二条的规定，对旅客的伤亡承担损害赔偿责任。旅客关于精神损害的赔偿请求，应向造成交通事故的侵权人主张。在旅客仅选择提起客运合同纠纷诉讼的情况下，人民法院不应支持其向违约责任人主张精神损害赔偿的诉讼请求。

3. 承运人向旅客支付的损害赔偿金额构成承运人在该交通事故中损失的一部分，可以向造成交通事故的侵权人主张。

第八百二十四条　【对行李的赔偿责任】在运输过程中旅客随身携带物品毁损、灭失，承运人有过错的，应当承担赔偿责任。

旅客托运的行李毁损、灭失的，适用货物运输的有关规定。

关联法规参见

▶**法律：**《民用航空法》第125条至第136条，《铁路法》第16条至第18条，《海商法》第114条至第126条。

第三节　货运合同

第八百二十五条　【托运人告知义务】托运人办理货物运输，应当向承运人准确表明收货人的姓名、名称或者凭指示的收货人，货物的名称、性质、重量、数量，收货地点等有关货物运输的必要情况。

因托运人申报不实或者遗漏重要情况，造成承运人损失的，托运人应当承担赔偿责任。

关联法规参见

▶**法律：**《民用航空法》第117条，《铁路法》第18条、第19条、第23条，《海商法》第66条、第68条。

▶**行政法规：**《水路货物运输合同实施细则》第8条。

第八百二十六条　【托运人提交文件义务】货物运输需要办理审批、检验等手续的，托运人应当将办理完有关手续的文件提交承运人。

关联法规参见

▶**法律：**《民用航空法》第123条。

▶**行政法规：**《道路运输条例》第25条。

第八百二十七条　【托运人的包装义务】托运人应当按照约定的方式包装货物。对包装方式没有约定或者约定不明确的，适用本法第六百一十九条的规定。

托运人违反前款规定的，承运人可以拒绝运输。

关联法规参见

▶**法律：**《民法典合同编》第 619 条，《铁路法》第 20 条。

▶**行政法规：**《铁路货物运输合同实施细则》第 8 条，《水路货物运输合同实施细则》第 8 条。

第八百二十八条　【托运人运送危险货物时的义务】托运人托运易燃、易爆、有毒、有腐蚀性、有放射性等危险物品的，应当按照国家有关危险物品运输的规定对危险物品妥善包装，做出危险物品标志和标签，并将有关危险物品的名称、性质和防范措施的书面材料提交承运人。

托运人违反前款规定的，承运人可以拒绝运输，也可以采取相应措施以避免损失的发生，因此产生的费用由托运人负担。

关联法规参见

▶**法律：**《海商法》第 68 条。

▶**行政法规：**《道路运输条例》第 27 条，《国内水路运输管理条例》第 20 条，《民用航空安全保卫条例》第 30 条至第 33 条，《水路货物运输合同实施细则》第 8 条。

第八百二十九条　【托运人请求变更的权利】在承运人将货物交付收货人之前，托运人可以要求承运人中止运输、返还货物、变更到达地或者将货物交给其他收货人，但是应当赔偿承运人因此受到的损失。

司法解释适用

《最高人民法院关于新疆梧桐塑料厂与乌鲁木齐铁路分局铁路货物运输合同赔偿纠纷一案的请示的答复》

新疆维吾尔自治区高级人民法院：

你院新高法〔2001〕175 号《关于新疆梧桐塑料厂与乌鲁木齐铁路分局铁路货物运输合同赔偿纠纷一案适用法律问题的请示报告》收悉。经研究，答复如下：

根据《铁路法》第十一条、二十一条、二十二条，并参照《合同法》第三百零八条、三百零九条、三百一十条等相关规定，铁路货物运输合同是托运人与铁路承运人签订的明确相互之间权利义务关系的协议。货物运抵到站后，承运人因交付货物与收货人发生权利义务关系，对发生的货物损失，收货人有权依据运输合同向承运人提出赔偿请求。在货物交付前，承运人与收货人之间不存在权利义务关系。

本案发站感德车站虽然向托运人交付了货票和领货凭证，但货票和领货凭证不是物权凭证，不构成承运人据以交付货物的保证。因意利高公司未提供货物，可以认为是意利高公司取消了托运。根据《铁路法》第十七条规定，承运人只对承运的货物自接收承运时起到交付时止发生的损失承担赔偿责任。塑料厂向到站乌铁分局提出运输合同赔偿之诉没有依据，被告主体不适格。

本案发站感德站在没有收到货物的情况下，违规操作办理承运手续，为意利高公司诈骗塑料厂货款提供了条件，应承担一定的过错责任。但造成塑料厂货款被骗有诸多原因，塑料厂可根据《民事诉讼法》第二十九条的规定，对感德车站和意利高公司提出侵权赔偿之诉。

以上意见供参考。

权威案例指引

▶指导性案例

浙江隆达不锈钢有限公司诉 A. P. 穆勒—马士基有限公司海上货物运输合同纠纷案，指导案例 108 号（2019 年 2 月 25 日）

裁判要点：在海上货物运输合同中，依据《合同法》第三百零八条的规定，承运人将货物交付收货人之前，托运人享有要求变更运输合同的权利，但双方当事人仍要遵循《合同法》第五条规定的公平原则确定各方的权利和义务。托运人行使此项权利时，承运人也可相应行使一定的抗辩权。如果变更海上货物运输合同难以实现或者将严重影响承运人正常营运，承运人可以拒绝托运人改港或者退运的请求，但应当及时通知托运人不能变更的原因。

第八百三十条　【承运人的通知义务及收货人及时提货义务】货物运输到达后，承运人知道收货人的，应当及时通知收货人，收货人应当及时提货。收货人逾期提货的，应当向承运人支付保管费等费用。

关联法规参见

▶**法律：**《铁路法》第 16 条、第 21 条、第 22 条，《海商法》第 50 条。

第八百三十一条　【收货人对货物的检验】收货人提货时应当按照约定的期限检验货物。对检验货物的期限没有约定或者约定不明确，依据本法第五百一十条的规定仍不能确定的，应当在合理期限内检验货物。收货人在约定的期限或者合理期限内对货物的数量、毁损等未提出异议的，视为承运人已经按照运输单证的记载交付的初步证据。

关联法规参见

▶**法律**：《民法典合同编》第510条。

权威案例指引

▶**公报案例**

《财保北京支公司诉铜河公司、寰宇公司海上货物运输合同代位求偿纠纷案》，《最高人民法院公报》2007年第7期

裁判摘要：一、承运人在履行海上货物运输合同的交货义务时，应当按照清洁提单关于货物的记载进行交货。即使承运人以装港空距报告证明其实际接收的货物或装船的货物与清洁提单记载不符，收货人仍有权依据《海商法》第七十七条的规定，按照提单记载内容向承运人提取货物。

二、原油贸易合同和运输单证中没有约定装、卸港的交接计量方法，实际交接时采用了流量计计量、岸罐计量和油舱空距计量等多种不同的计量方式。在此情形下，收货人以卸货港岸罐计量证书的记载与提单记载不符主张货物短少，但其提供的岸罐计量数据发生在承运人的责任期间之外，也不能提供其他有效证据证明原油短少发生在承运人责任期间，承运人以装卸港船舱空距报告和干舱报告与提单相符进行抗辩的，原油实际交付的数量可以依据船舱空距报告和干舱报告确认。收货人提供的计量岸罐重量证书，除非经承运人同意，否则不具有证明原油交货数量的效力。

第八百三十二条　【承运人的赔偿责任及免责事由】承运人对运输过程中货物的毁损、灭失承担赔偿责任。但是，承运人证明货物的毁损、灭失是因不可抗力、货物本身的自然性质或者合理损耗以及托运人、收货人的过错造成的，不承担赔偿责任。

关联法规参见

▶**法律**：《民法典总则编》第180条，《民法典合同编》第590条，《民用航空法》第125条至第136条，《铁路法》第16条、第18条。

▶**行政法规**：《铁路货物运输合同实施细则》第18条、第21条，《水路货物运输合同实施细则》第20条至第22条。

司法解释适用

《最高人民法院关于国内水路货物运输纠纷案件法律问题的指导意见》

三、依法审理国内水路货物运输合同纠纷案件，准确认定合同承运人和实际承运人的责任，保障当事人的合法权益

6. 国内水路货物运输的合同承运人将全部或者部分运输委托给实际承运人履行，托运人或者收货人就全部或部分运输向合同承运人、实际承运人主张权利的，人民法院应当准确认

定合同承运人和实际承运人的法律地位和法律责任。人民法院可以参照《国内水路货物运输规则》第四十六条的规定判定合同承运人和实际承运人的赔偿责任，充分保护国内水路货物运输合同托运人或者收货人的合法权益，减少当事人的讼累。

权威案例指引

▶公报案例

《哈池曼海运公司与上海申福化工有限公司、日本德宝海运株式会社海上货物运输合同货损纠纷案》，《最高人民法院公报》2016 年第 2 期

裁判摘要：海上货物运输合同的承运人对其责任期间发生的货损依照《中华人民共和国海商法》第五十五条的规定承担赔偿责任。《中华人民共和国海商法》第五十五条规定的货物实际价值不包括市价损失。

《中国人民财产保险股份有限公司浙江省分公司诉上海瀚航集运有限公司海上货物运输合同货物灭失代位求偿纠纷案》，《最高人民法院公报》2007 年第 10 期

裁判摘要：一、根据《海商法》第五十一条的规定，海上货物运输合同的承运人对于在其责任期间内发生火灾事故造成货物灭失或者损坏的，不负赔偿责任。这里的“承运人”是指本人或者委托他人以本人名义与托运人订立海上货物运输合同的人。

二、根据《海商法》第四十六条的规定，承运人对集装箱装运的货物的责任期间，是指从装货港接收货物时起至卸货港交付货物时止，货物处于承运人掌管之下的全部期间。本案火灾发生在承运人责任期间之内，并且火灾的发生并非由于承运人本人的过失所造成。因此，承运人得以免责。

第八百三十三条　【确定货损额的方法】 货物的毁损、灭失的赔偿额，当事人有约定的，按照其约定；没有约定或者约定不明确，依据本法第五百一十条的规定仍不能确定的，按照交付或者应当交付时货物到达地的市场价格计算。法律、行政法规对赔偿额的计算方法和赔偿限额另有规定的，依照其规定。

关联法规参见

▶**法律**：《民法典合同编》第 510 条。

第八百三十四条　【相继运输的责任承担】 两个以上承运人以同一运输方式联运的，与托运人订立合同的承运人应当对全程运输承担责任；损失发生在某一运输区段的，与托运人订立合同的承运人和该区段的承运人承担连带责任。

司法解释适用

《最高人民法院关于“吕洪斌与浙江象山县荣宁船务公司水路货物运输合同纠纷一案有关适用法律问题的请示”的复函》

湖北省高级人民法院：

你院〔2005〕鄂民四终字第41号关于吕洪斌与浙江象山县荣宁船务公司水路货物运输合同纠纷一案有关适用法律问题的请示收悉。经研究，答复如下：

本案是水路货物运输合同纠纷，应当适用《中华人民共和国合同法》（以下简称《合同法》）等有关法律以及合同的约定确定各方当事人的权利义务。

根据你院认定的事实，吕洪斌为本案的实际托运人，运单上记载的托运人南海市西樵祥安货运贸易部仅为接受吕洪斌委托与承运人中国扬子江轮船股份有限公司（以下简称扬子江公司）签订合同的人。根据合同约定适用的《国内水路货物运输规则》（以下简称《货规》）的规定，收货人有权就水路货物运单上所载货物损坏、灭失或者迟延交付所造成的损害向承运人索赔。虽然吕洪斌向武汉海事法院提供了黄永明出具的证明其代理吕洪斌收货的“证明”，法院并未予以认定，你院请示报告以及武汉海事法院民事判决中并未认定吕洪斌为涉案货物收货人的地位，亦未说明有证据证明吕洪斌因货损而产生损失，故尽管吕洪斌与承运人之间存在运输合同关系，但尚无证据证明吕洪斌对承运人具有货损请求权。你院应当在二审程序中对此事实予以查明。

在认定吕洪斌具有货损请求权的前提下，扬子江公司作为承运人签发了涉案运单，吕洪斌与扬子江公司之间存在以运单为证明的水路货物运输合同关系。作为实际完成运输任务的浙江象山县荣宁船务公司（以下简称荣宁公司）应当作为该航次水路货物运输的实际承运人。根据《合同法》以及《货规》的规定，承运人应当对运输货物发生的货损承担赔偿责任。承运人将货物运输或者部分运输委托给实际承运人履行的，承运人仍然应当对全程运输负责。故扬子江公司作为本次运输的承运人，应当对吕洪斌的货物损失承担赔偿责任。《货规》还规定：承运人与实际承运人都负有赔偿责任的，应当在该项责任范围内承担连带责任。但根据你院请示报告中认定的事实，本案货损的发生是“希望”轮全部责任所致，荣宁公司对货物发生损失无过错，不应承担赔偿责任，故要求实际承运人荣宁公司对吕洪斌的损失承担连带赔偿责任缺乏事实依据和法律依据。

此复。

第八百三十五条　【货物的灭失与运费的处理】 货物在运输过程中因不可抗力灭失，未收取运费的，承运人不得请求支付运费；已经收取运费的，托运人可以请求返还。法律另有规定的，依照其规定。

第八百三十六条　【运送物的留置】 托运人或者收货人不支付运费、保管费或者其他费用的，承运人对相应的运输货物享有留置权，但是当事人另有约定的除外。

关联法规参见

▶**法律：**《民法典物权编》第 447 条至第 450 条，《海商法》第 87 条、第 88 条。

司法解释适用

《最高人民法院关于国内水路货物运输纠纷案件法律问题的指导意见》

四、准确理解有关留置的法律规定，妥善审理留置权纠纷

7. 国内水路货物运输合同履行完毕，托运人或者收货人没有按照约定支付运费、保管费或者其他运输费用，依照合同法第三百一十五条的规定，承运人对相应的运输货物享有留置权。人民法院在审查承运人的留置权时，应当重点审查承运人留置货物的数量是否是在合理的限度之内，以及承运人留置的货物是否是其合法占有的货物。债务人对留置货物是否具有所有权并不必然影响承运人留置权的行使，除非运输合同当事人对承运人的留置权另有特殊约定。

第八百三十七条　【货物的提存】收货人不明或者收货人无正当理由拒绝受领货物的，承运人依法可以提存货物。

关联法规参见

▶**法律：**《民法典合同编》第 570 条至第 574 条。

第四节　多式联运合同

第八百三十八条　【多式联运经营人的权利义务】多式联运经营人负责履行或者组织履行多式联运合同，对全程运输享有承运人的权利，承担承运人的义务。

第八百三十九条　【多式联运的责任制度】多式联运经营人可以与参加多式联运的各区段承运人就多式联运合同的各区段运输约定相互之间的责任；但是，该约定不影响多式联运经营人对全程运输承担的义务。

关联法规参见

▶**法律：**《海商法》第 103 条。

第八百四十条　【联运单据的转让】多式联运经营人收到托运人交付的货物时，应当签发多式联运单据。按照托运人的要求，多式联运单据可以是可转让单据，也可以是不可转让单据。

第八百四十一条　【托运人的赔偿责任】因托运人托运货物时的过错造成多式联运经营人损失的，即使托运人已经转让多式联运单据，托运人仍然应当承担赔偿责任。

第八百四十二条　【赔偿责任适用法律的规定】货物的毁损、灭失发生于多式联运的某一运输区段的，多式联运经营人的赔偿责任和责任限额，适用调整该区段运输方式的有关法律规定；货物毁损、灭失发生的运输区段不能确定的，依照本章规定承担赔偿责任。

关联法规参见

▶**法律：**《铁路法》第 29 条，《海商法》第 104 条至第 106 条。

第二十章　技术合同

第一节　一般规定

第八百四十三条　【技术合同的定义】技术合同是当事人就技术开发、转让、许可、咨询或者服务订立的确立相互之间权利和义务的合同。

司法解释适用

《最高人民法院关于审理技术合同纠纷案件适用法律若干问题的解释》（法释〔2020〕19 号修改）

新《技术合同司法解释》	原《技术合同司法解释》
第四十二条　当事人将技术合同和其他合同内容或者将不同类型的技术合同内容订立在一个合同中的，应当根据当事人争议的权利义务内容，确定案件的性质和案由。 技术合同名称与约定的权利义务关系不一致的，应当按照约定的权利义务内容，确定合同的类型和案由。 技术转让合同或者技术许可合同中约定让与人或者许可人负责包销或者回购受让	**第四十二条**　当事人将技术合同和其他合同内容或者将不同类型的技术合同内容订立在一个合同中的，应当根据当事人争议的权利义务内容，确定案件的性质和案由。 技术合同名称与约定的权利义务关系不一致的，应当按照约定的权利义务内容，确定合同的类型和案由。 技术转让合同中约定让与人负责包销或者回购受让人实施合同标的技术制造的产

<table>
<tr><th>新《技术合同司法解释》</th><th>原《技术合同司法解释》</th></tr>
<tr><td>人、被许可人实施合同标的技术制造的产品，仅因让与人或者许可人不履行或者不能全部履行包销或者回购义务引起纠纷，不涉及技术问题的，应当按照包销或者回购条款约定的权利义务内容确定案由。</td><td>品，仅因让与人不履行或者不能全部履行包销或者回购义务引起纠纷，不涉及技术问题的，应当按照包销或者回购条款约定的权利义务内容确定案由。</td></tr>
<tr><td colspan="2">第四十三条（原第四十三条）　技术合同纠纷案件一般由中级以上人民法院管辖。
各高级人民法院根据本辖区的实际情况并报经最高人民法院批准，可以指定若干基层人民法院管辖第一审技术合同纠纷案件。
其他司法解释对技术合同纠纷案件管辖另有规定的，从其规定。
合同中既有技术合同内容，又有其他合同内容，当事人就技术合同内容和其他合同内容均发生争议的，由具有技术合同纠纷案件管辖权的人民法院受理。</td></tr>
<tr><td colspan="2">第四十四条（原第四十四条）　一方当事人以诉讼争议的技术合同侵害他人技术成果为由请求确认合同无效，或者人民法院在审理技术合同纠纷中发现可能存在该无效事由的，人民法院应当依法通知有关利害关系人，其可以作为有独立请求权的第三人参加诉讼或者依法向有管辖权的人民法院另行起诉。
利害关系人在接到通知后15日内不提起诉讼的，不影响人民法院对案件的审理。</td></tr>
<tr><td>第四十五条　第三人向受理技术合同纠纷案件的人民法院就合同标的技术提出权属或者侵权请求时，受诉人民法院对此也有管辖权的，可以将权属或者侵权纠纷与合同纠纷合并审理；受诉人民法院对此没有管辖权的，应当告知其向有管辖权的人民法院另行起诉或者将已经受理的权属或者侵权纠纷案件移送有管辖权的人民法院。权属或者侵权纠纷另案受理后，合同纠纷应当中止诉讼。
专利实施许可合同诉讼中，被许可人或者第三人向国家知识产权局请求宣告专利权无效的，人民法院可以不中止诉讼。在案件审理过程中专利权被宣告无效的，按照专利法第四十七条第二款和第三款的规定处理。</td><td>第四十五条　第三人向受理技术合同纠纷案件的人民法院就合同标的技术提出权属或者侵权请求时，受诉人民法院对此也有管辖权的，可以将权属或者侵权纠纷与合同纠纷合并审理；受诉人民法院对此没有管辖权的，应当告知其向有管辖权的人民法院另行起诉或者将已经受理的权属或者侵权纠纷案件移送有管辖权的人民法院。权属或者侵权纠纷另案受理后，合同纠纷应当中止诉讼。
专利实施许可合同诉讼中，受让人或者第三人向专利复审委员会请求宣告专利权无效的，人民法院可以不中止诉讼。在案件审理过程中专利权被宣告无效的，按照专利法第四十七条第二款和第三款的规定处理。</td></tr>
<tr><td>第四十六条　计算机软件开发等合同争议，著作权法以及其他法律、行政法规另有规定的，依照其规定；没有规定的，适用民法典第三编第一分编的规定，并可以参照民法典第三编第二分编第二十章和本解释的有关规定处理。</td><td>第四十六条　~~集成电路布图设计、植物新品种许可使用和转让等合同争议，相关行政法规另有规定的，适用其规定；没有规定的，适用合同法总则的规定，并可以参照合同法第十八章和本解释的有关规定处理。~~</td></tr>
</table>

新《技术合同司法解释》	原《技术合同司法解释》
	计算机软件开发~~、许可使用和转让~~等合同争议，著作权法以及其他法律、行政法规另有规定的，依照其规定；没有规定的，适用合同法总则的规定，并可以参照合同法第十八章和本解释的有关规定处理。

《最高人民法院关于印发〈全国法院知识产权审判工作会议关于审理技术合同纠纷案件若干问题的纪要〉的通知》

32. 当事人将技术合同和其他合同内容合订为一个合同，或者将不同类型的技术合同内容合订在一个合同中的，应当根据当事人争议的权利义务内容，确定案件的性质和案由，适用相应的法律、法规。

33. 技术合同名称与合同约定的权利义务关系不一致的，应当按照合同约定的权利义务内容，确定合同的类型和案由，适用相应的法律、法规。

34. 当事人以技术开发、转让、咨询或者服务为承包内容订立的合同，属于技术合同。

35. 转让阶段性技术成果并约定后续开发义务的合同，就该阶段性技术成果的重复试验效果方面发生争议的，按照技术转让合同处理；就后续开发方面发生争议的，按照技术开发合同处理。

36. 技术转让合同中约定让与人向受让人提供实施技术的专用设备、原材料或者提供有关的技术咨询、技术服务的，这类约定属于技术转让合同的组成部分。因这类约定发生纠纷的，按照技术转让合同处理。

37. 当事人以技术入股方式订立联营合同，但技术入股人不参与联营体的经营管理，并且以保底条款形式约定联营体或者联营对方支付其技术价款或者使用费的，属于技术转让合同。

38. 技术转让合同中约定含让与人负责包销（回购）受让人实施合同标的技术制造的产品，仅因让与人不履行或者不能全部履行包销（回购）义务引起纠纷，不涉及技术问题的，按照包销（回购）条款所约定的权利义务内容确定案由，并适用相应的法律规定处理。

39. 技术开发合同当事人一方仅提供资金、设备、材料等物质条件，承担辅助协作事项，另一方进行研究开发工作的合同，属于委托开发合同。

40. 当事人一方以技术转让的名义提供已进入公有领域的技术，并进行技术指导，传授技术知识等，为另一方解决特定技术问题所订立的合同，可以视为技术服务合同履行，但属于合同法第五十二条和第五十四条规定情形的除外。

41. 新药技术成果转让和植物新品种申请权转让、植物新品种权转让和使用许可等合同争议，适用合同法总则的规定，并可以参照合同法第十八章和本纪要关于技术转让合同的规定，但法律另有规定的，依照其规定。

42. 计算机软件开发、许可、转让等合同争议，著作权法以及其他法律另有规定的，依照其规定；没有规定的，适用合同法总则的规定，并可以参照合同法第十八章和本纪要的有关规定。

90. 技术合同纠纷属于与知识产权有关的纠纷，由中级以上人民法院管辖，但最高人民法院另行确定管辖的除外。

91. 合同中既有技术合同内容，又有其他合同内容，当事人就技术合同内容和其他合同内容均发生争议的，由具有技术合同纠纷案件管辖权的人民法院受理。

92. 一方当事人以诉讼争议的技术合同侵害他人技术成果为由主张合同无效或者人民法院在审理技术合同纠纷中发现可能存在该无效事由时，应当依法通知有关利害关系人作为有独立请求权的第三人参加诉讼。

93. 他人向受理技术合同纠纷的人民法院就该合同标的技术提出权属或者侵权主张时，受诉人民法院对此亦有管辖权的，可以将该权属或者侵权纠纷与合同纠纷合并审理；受诉人民法院对此没有管辖权的，应当告知其向有管辖权的人民法院另行起诉。权属或者侵权纠纷另案受理后，合同纠纷应当中止诉讼。

94. 专利实施许可合同诉讼中，受让人（被许可人）或者第三人向专利复审委员会请求宣告该专利权无效的，人民法院可以不中止诉讼。在审理过程中该专利权被宣告无效的，按照专利法的有关规定处理。

95. 因技术中介合同中介人违反约定的保密义务发生的纠纷，可以与技术合同纠纷合并审理。

96. 中介人一般不作为委托人与第三人之间的技术合同诉讼的当事人，但下列情况除外：

（1）中介人与技术合同一方当事人恶意串通损害另一方利益的，恶意串通的双方应列为共同被告，承担连带责任；

（2）中介人隐瞒技术合同一方当事人的真实情况给另一方造成损失的，中介人应列为被告，并依其过错承担相应的责任；

（3）因中介人不履行技术中介合同或者中介条款约定的其他义务，导致技术合同不能依约履行的，可以根据具体情况将中介人列为诉讼当事人。

97. 在技术合同纠纷诉讼中，需对合同标的技术进行鉴定的，除法定鉴定部门外，当事人协商推荐共同信任的组织或者专家进行鉴定的，人民法院可予指定；当事人不能协商一致的，人民法院可以从由省级以上科技行政主管部门推荐的鉴定组织或者专家中选择并指定，也可以直接指定相关组织或者专家进行鉴定。

指定专家进行鉴定的，应当组成鉴定组。

鉴定人应当是三人以上的单数。

98. 鉴定应当以合同约定由当事人提供的技术成果或者技术服务内容为鉴定对象，从原理、设计、工艺和必要的技术资料等方面，按照约定的检测方式和验收标准，审查其能否达到约定的技术指标和经济效益指标。

99. 当事人对技术成果的检测方式或者验收标准没有约定或者约定不明确，依照合同法第六十一条的规定不能达成补充协议的，可以根据具体案情采用本行业常用的或者合乎实用的检测方式或者验收标准进行检测鉴定、专家评议或者验收鉴定。

对合同约定的验收标准明确、技术问题并不复杂的，可以采取当事人现场演示、操作、制作等方式对技术成果进行鉴定。

100. 技术咨询合同当事人对咨询报告和意见的验收或者评价办法没有约定或者约定不明确，依照合同法第六十一条的规定不能达成补充协议的，按照合乎实用的一般要求进行鉴定。

101. 对已经按照国家有关规定通过技术成果鉴定、新产品鉴定等鉴定，又无相反的证据能够足以否定该鉴定结论的技术成果，或者已经实际使用证明是成熟可靠的技术成果，在诉讼中当事人又对该技术成果的评价发生争议的，不再进行鉴定。

102. 不能以授予专利权的有关专利文件代替对合同标的技术的鉴定结论。

第八百四十四条　【订立技术合同的原则】订立技术合同，应当有利于知识产权的保护和科学技术的进步，促进科学技术成果的研发、转化、应用和推广。

司法解释适用

《最高人民法院关于审理技术合同纠纷案件适用法律若干问题的解释》（法释〔2020〕19号修改）

<table>
<tr><th>新《技术合同司法解释》</th><th>原《技术合同司法解释》</th></tr>
<tr><td colspan="2">第一条（原第一条）　技术成果，是指利用科学技术知识、信息和经验作出的涉及产品、工艺、材料及其改进等的技术方案，包括专利、专利申请、技术秘密、计算机软件、集成电路布图设计、植物新品种等。
技术秘密，是指不为公众所知悉、具有商业价值并经权利人采取相应保密措施的技术信息。</td></tr>
</table>

《最高人民法院关于印发〈全国法院知识产权审判工作会议关于审理技术合同纠纷案件若干问题的纪要〉的通知》

1. 合同法第十八章所称技术成果，是指利用科学技术知识、信息和经验作出的产品、工艺、材料及其改进等技术方案，包括专利、专利申请、技术秘密和其他能够取得知识产权的技术成果（如植物新品种、计算机软件、集成电路布图设计和新药成果等）。

2. 合同法第十八章所称的技术秘密，是指不为公众所知悉、能为权利人带来经济利益、具有实用性并经权利人采取保密措施的技术信息。

前款所称不为公众所知悉，是指该技术信息的整体或者精确的排列组合或者要素，并非为通常涉及该信息有关范围的人所普遍知道或者容易获得；能为权利人带来经济利益、具有实用性，是指该技术信息因属于秘密而具有商业价值，能够使拥有者获得经济利益或者获得竞争优势；权利人采取保密措施，是指该技术信息的合法拥有者根据有关情况采取的合理措施，在正常情况下可以使该技术信息得以保密。

合同法所称技术秘密与技术秘密成果是同义语。

第八百四十五条　【技术合同的主要条款】技术合同的内容一般包括项目的名称，标的的内容、范围和要求，履行的计划、地点和方式，技术信息和资料的保密，技术成果的归属和收益的分配办法，验收标准和方法，名词和术语的解释等条款。

与履行合同有关的技术背景资料、可行性论证和技术评价报告、项目任务书和计划书、技术标准、技术规范、原始设计和工艺文件，以及其他技术文档，按照当事人的约定可以作为合同的组成部分。

技术合同涉及专利的，应当注明发明创造的名称、专利申请人和专利权人、申请日期、申请号、专利号以及专利权的有效期限。

司法解释适用

《最高人民法院关于印发〈全国法院知识产权审判工作会议关于审理技术合同纠纷案件若干问题的纪要〉的通知》

23. 当事人对技术合同的价款、报酬和使用费没有约定或者约定不明确，依照合同法第六十一条的规定不能达成补充协议的，人民法院可以按照以下原则处理：

（1）对于技术开发合同和技术转让合同，根据有关技术成果的研究开发成本、先进性、实施转化和应用的程度，当事人享有的权益和承担的责任，以及技术成果的经济效益和社会效益等合理认定；

（2）对于技术咨询合同和技术服务合同，根据有关咨询服务工作的数量、质量和技术含量，以及预期产生的经济效益和社会效益等合理认定。

技术合同价款、报酬、使用费中包含非技术性款项的，应当分项计算。

24. 当事人对技术合同的履行地点没有约定或者约定不明确，依照合同法第六十一条的规定不能达成补充协议的，技术开发合同以研究开发人所在地为履行地，但依据合同法第三百三十条第四款订立的合同以技术成果实施地为履行地；技术转让合同以受让人所在地为履行地；技术咨询合同以受托人所在地为履行地；技术服务合同以委托人所在地为履行地。但给付合同价款、报酬、使用费的，以接受给付的一方所在地为履行地。

25. 技术合同当事人对技术成果的验收标准没有约定或者约定不明确，在适用合同法第六十二条的规定时，没有国家标准、行业标准或者专业技术标准的，按照本行业合乎实用的一般技术要求履行。

当事人订立技术合同时所作的可行性分析报告中有关经济效益或者成本指标的预测和分析，不应当视为合同约定的验收标准，但当事人另有约定的除外。

第八百四十六条 【技术合同价款、报酬或使用费】技术合同价款、报酬或者使用费的支付方式由当事人约定，可以采取一次总算、一次总付或者一次总算、分期支付，也可以采取提成支付或者提成支付附加预付入门费的方式。

约定提成支付的，可以按照产品价格、实施专利和使用技术秘密后新增的产值、利润或者产品销售额的一定比例提成，也可以按照约定的其他方式计算。提成支付的比例可以采取固定比例、逐年递增比例或者逐年递减比例。

约定提成支付的，当事人可以约定查阅有关会计账目的办法。

司法解释适用

《最高人民法院关于审理技术合同纠纷案件适用法律若干问题的解释》（法释〔2020〕19号修改）

新《技术合同司法解释》	原《技术合同司法解释》
第十四条 对技术合同的价款、报酬和使用费，当事人没有约定或者约定不明确的，人民法院可以按照以下原则处理： （一）对于技术开发合同和技术转让合同、技术许可合同，根据有关技术成果的研究开发成本、先进性、实施转化和应用的程度，当事人享有的权益和承担的责任，以及技术成果的经济效益等合理确定； （二）对于技术咨询合同和技术服务合同，根据有关咨询服务工作的技术含量、质量和数量，以及已经产生和预期产生的经济效益等合理确定。 技术合同价款、报酬、使用费中包含非技术性款项的，应当分项计算。	**第十四条** 对技术合同的价款、报酬和使用费，当事人没有约定或者约定不明确的，人民法院可以按照以下原则处理： （一）对于技术开发合同和技术转让合同，根据有关技术成果的研究开发成本、先进性、实施转化和应用的程度，当事人享有的权益和承担的责任，以及技术成果的经济效益等合理确定； （二）对于技术咨询合同和技术服务合同，根据有关咨询服务工作的技术含量、质量和数量，以及已经产生和预期产生的经济效益等合理确定。 技术合同价款、报酬、使用费中包含非技术性款项的，应当分项计算。

《最高人民法院关于印发〈全国法院知识产权审判工作会议关于审理技术合同纠纷案件若干问题的纪要〉的通知》

20. 侵害他人技术秘密成果使用权、转让权的技术合同无效后，除法律、行政法规另有规定的以外，善意、有偿取得该技术秘密的一方可以继续使用该技术秘密，但应当向权利人支付合理的使用费并承担保密义务。除与权利人达成协议以外，善意取得的一方（使用人）继续使用该技术秘密不得超过其取得时确定的使用范围。当事人双方恶意串通或者一方明知或者应知另一方侵权仍然与其订立或者履行合同的，属于共同侵权，应当承担连带赔偿责任和保密义务，因该无效合同而取得技术秘密的当事人不得继续使用该技术秘密。

前款规定的使用费由使用人与权利人协议确定，不能达成协议的，任何一方可以请求人民法院予以裁决。使用人拒不履行双方达成的使用费协议的，权利人除可以请求人民法院判令使用人支付已使用期间的使用费以外，还可以请求判令使用人停止使用该技术秘密；使用人拒不执行人民法院关于使用费的裁决的，权利人除可以申请强制执行已使用期间的使用费外，还可以请求人民法院判令使用人停止使用该技术秘密。在双方就使用费达成协议或者人民法院作出生效裁决以前，使用人可以不停止使用该技术秘密。

21. 人民法院在裁决前条规定的使用费时，可以根据权利人善意对外转让该技术秘密的费用并考虑使用人的使用规模和经济效益等因素来确定；也可以依据使用人取得该技术秘密所支付的费用并考虑该技术秘密的研究开发成本、成果转化和应用程度和使用人的使用规模和经济效益等因素来确定。

人民法院应当对已使用期间的使用费和以后使用的付费标准一并作出裁决。

合同被确认无效后，使用人不论是否继续使用该技术秘密，均应当向权利人支付其已使用期间的使用费，其已向无效合同的让与人支付的费用应当由让与人负责返还，该费用中已由让与人作为侵权损害的赔偿直接给付权利人的部分，在计算使用人向权利人支付的使用费时相应扣除。

第八百四十七条　【职务技术成果的经济权属】职务技术成果的使用权、转让权属于法人或者非法人组织的，法人或者非法人组织可以就该项职务技术成果订立技术合同。法人或者非法人组织订立技术合同转让职务技术成果时，职务技术成果的完成人享有以同等条件优先受让的权利。

职务技术成果是执行法人或者非法人组织的工作任务，或者主要是利用法人或者非法人组织的物质技术条件所完成的技术成果。

关联法规参见

▶**法律：**《专利法》第6条、第15条、第17条。

司法解释适用

《最高人民法院关于审理技术合同纠纷案件适用法律若干问题的解释》（法释〔2020〕19号修改）

新《技术合同司法解释》	原《技术合同司法解释》
第二条　民法典第八百四十七条第二款所称“执行法人或者非法人组织的工作任务”，包括：	**第二条**　合同法第三百二十六条第二款所称“执行法人或者其他组织的工作任务”，包括：

新《技术合同司法解释》	原《技术合同司法解释》
（一）履行法人或者非法人组织的岗位职责或者承担其交付的其他技术开发任务； （二）离职后一年内继续从事与其原所在法人或者非法人组织的岗位职责或者交付的任务有关的技术开发工作，但法律、行政法规另有规定的除外。 法人或者非法人组织与其职工就职工在职期间或者离职以后所完成的技术成果的权益有约定的，人民法院应当依约定确认。	（一）履行法人或者其他组织的岗位职责或者承担其交付的其他技术开发任务； （二）离职后一年内继续从事与其原所在法人或者其他组织的岗位职责或者交付的任务有关的技术开发工作，但法律、行政法规另有规定的除外。 法人或者其他组织与其职工就职工在职期间或者离职以后所完成的技术成果的权益有约定的，人民法院应当依约定确认。
第三条　民法典第八百四十七条第二款所称"物质技术条件"，包括资金、设备、器材、原材料、未公开的技术信息和资料等。	**第三条**　合同法第三百二十六条第二款所称"物质技术条件"，包括资金、设备、器材、原材料、未公开的技术信息和资料等。
第四条　民法典第八百四十七条第二款所称"主要是利用法人或者非法人组织的物质技术条件"，包括职工在技术成果的研究开发过程中，全部或者大部分利用了法人或者非法人组织的资金、设备、器材或者原材料等物质条件，并且这些物质条件对形成该技术成果具有实质性的影响；还包括该技术成果实质性内容是在法人或者非法人组织尚未公开的技术成果、阶段性技术成果基础上完成的情形。但下列情况除外： （一）对利用法人或者非法人组织提供的物质技术条件，约定返还资金或者交纳使用费的； （二）在技术成果完成后利用法人或者非法人组织的物质技术条件对技术方案进行验证、测试的。	**第四条**　合同法第三百二十六条第二款所称"主要利用法人或者其他组织的物质技术条件"，包括职工在技术成果的研究开发过程中，全部或者大部分利用了法人或者其他组织的资金、设备、器材或者原材料等物质条件，并且这些物质条件对形成该技术成果具有实质性的影响；还包括该技术成果实质性内容是在法人或者其他组织尚未公开的技术成果、阶段性技术成果基础上完成的情形。但下列情况除外： （一）对利用法人或者其他组织提供的物质技术条件，约定返还资金或者交纳使用费的； （二）在技术成果完成后利用法人或者其他组织的物质技术条件对技术方案进行验证、测试的。
第六条　民法典第八百四十七条所称"职务技术成果的完成人"、第八百四十八条所称"完成技术成果的个人"，包括对技术成果单独或者共同作出创造性贡献的人，也即技术成果的发明人或者设计人。人民法院在对创造性贡献进行认定时，应当分解所涉及技术成果的实质性技术构成。提出实质性技术构成并由此实现技术方案的人，是作出创造性贡献的人。	**第六条**　合同法第三百二十六条、第三百二十七条所称完成技术成果的"个人"，包括对技术成果单独或者共同作出创造性贡献的人，也即技术成果的发明人或者设计人。人民法院在对创造性贡献进行认定时，应当分解所涉及技术成果的实质性技术构成。提出实质性技术构成并由此实现技术方案的人，是作出创造性贡献的人。

新《技术合同司法解释》	原《技术合同司法解释》
提供资金、设备、材料、试验条件，进行组织管理，协助绘制图纸、整理资料、翻译文献等人员，不属于职务技术成果的完成人、完成技术成果的个人。	提供资金、设备、材料、试验条件，进行组织管理，协助绘制图纸、整理资料、翻译文献等人员，不属于完成技术成果的个人。
第七条 不具有民事主体资格的科研组织订立的技术合同，经法人或者非法人组织授权或者认可的，视为法人或者非法人组织订立的合同，由法人或者非法人组织承担责任；未经法人或者非法人组织授权或者认可的，由该科研组织成员共同承担责任，但法人或者非法人组织因该合同受益的，应当在其受益范围内承担相应责任。 前款所称不具有民事主体资格的科研组织，包括法人或者非法人组织设立的从事技术研究开发、转让等活动的课题组、工作室等。	**第七条** 不具有民事主体资格的科研组织订立的技术合同，经法人或者其他组织授权或者认可的，视为法人或者其他组织订立的合同，由法人或者其他组织承担责任；未经法人或者其他组织授权或者认可的，由该科研组织成员共同承担责任，但法人或者其他组织因该合同受益的，应当在其受益范围内承担相应责任。 前款所称不具有民事主体资格的科研组织，包括法人或者其他组织设立的从事技术研究开发、转让等活动的课题组、工作室等。
第十六条（原第十六条） 当事人以技术成果向企业出资但未明确约定权属，接受出资的企业主张该技术成果归其享有的，人民法院一般应当予以支持，但是该技术成果价值与该技术成果所占出资额比例明显不合理损害出资人利益的除外。 当事人对技术成果的权属约定有比例的，视为共同所有，其权利使用和利益分配，按共有技术成果的有关规定处理，但当事人另有约定的，从其约定。 当事人对技术成果的使用权约定有比例的，人民法院可以视为当事人对实施该项技术成果所获收益的分配比例，但当事人另有约定的，从其约定。	

《最高人民法院关于印发〈全国法院知识产权审判工作会议关于审理技术合同纠纷案件若干问题的纪要〉的通知》

3. 法人或者其他组织与其职工在劳动合同或者其他协议中就职工在职期间或者离职以后所完成的技术成果的权益有约定的，依其约定确认。但该约定依法应当认定为无效或者依法被撤销、解除的除外。

4. 合同法第三百二十六条第二款所称执行法人或者其他组织的工作任务，是指：

（1）职工履行本岗位职责或者承担法人或者其他组织交付的其他科学研究和技术开发任务。

（2）离职、退职、退休后一年内继续从事与其原所在法人或者其他组织的岗位职责或者交付的任务有关的科学研究和技术开发，但法律、行政法规另有规定或者当事人另有约定的除外。

前款所称岗位职责，是指根据法人或者其他组织的规定，职工所在岗位的工作任务和责任范围。

5. 合同法第三百二十六条第二款所称物质技术条件，是指资金、设备、器材、原材料、未公开的技术信息和资料。

合同法第三百二十六条第二款所称主要利用法人或者其他组织的物质技术条件，是指职工在完成技术成果的研究开发过程中，全部或者大部分利用了法人或者其他组织的资金、设备、器材或者原材料，或者该技术成果的实质性内容是在该法人或者其他组织尚未公开的技术成果、阶段性技术成果或者关键技术的基础上完成的。但对利用法人或者其他组织提供的物质技术条件，约定返还资金或者交纳使用费的除外。

在研究开发过程中利用法人或者其他组织已对外公开或者已为本领域普通技术人员公知的技术信息，或者在技术成果完成后利用法人或者其他组织的物质条件对技术方案进行验证、测试的，不属于主要利用法人或者其他组织的物质技术条件。

9. 法人或者其他组织设立的从事技术研究开发、转让等活动的不具有民事主体资格的科研组织（包括课题组、工作室等）订立的技术合同，经法人或者其他组织授权或者认可的，视为法人或者其他组织订立的合同，由法人或者其他组织承担责任；未经法人或者其他组织授权或者认可的，由该科研组织成员共同承担责任，但法人或者其他组织因该合同受益的，应当在其受益范围内承担相应的责任。

第八百四十八条　【非职务技术成果的经济权属】 非职务技术成果的使用权、转让权属于完成技术成果的个人，完成技术成果的个人可以就该项非职务技术成果订立技术合同。

司法解释适用

《最高人民法院关于审理技术合同纠纷案件适用法律若干问题的解释》（法释〔2020〕19号修改）

新《技术合同司法解释》	原《技术合同司法解释》
第五条　个人完成的技术成果，属于执行原所在法人或者非法人组织的工作任务，又主要利用了现所在法人或者非法人组织的物质技术条件的，应当按照该自然人原所在和现所在法人或者非法人组织达成的协议确认权益。不能达成协议的，根据对完成该项技术成果的贡献大小由双方合理分享。	**第五条**　个人完成的技术成果，属于执行原所在法人或者其他组织的工作任务，又主要利用了现所在法人或者其他组织的物质技术条件的，应当按照该自然人原所在和现所在法人或者其他组织达成的协议确认权益。不能达成协议的，根据对完成该项技术成果的贡献大小由双方合理分享。
第六条　民法典第八百四十七条所称“职务技术成果的完成人”、第八百四十八条所称“完成技术成果的个人”，包括对技术成果单独或者共同作出创造性贡献的人，	**第六条**　合同法第三百二十六条、第三百二十七条所称完成技术成果的“个人”，包括对技术成果单独或者共同作出创造性贡献的人，也即技术成果的发明人或者

新《技术合同司法解释》	原《技术合同司法解释》
也即技术成果的发明人或者设计人。人民法院在对创造性贡献进行认定时，应当分解所涉及技术成果的实质性技术构成。提出实质性技术构成并由此实现技术方案的人，是作出创造性贡献的人。 提供资金、设备、材料、试验条件，进行组织管理，协助绘制图纸、整理资料、翻译文献等人员，不属于职务技术成果的完成人、完成技术成果的个人。	设计人。人民法院在对创造性贡献进行认定时，应当分解所涉及技术成果的实质性技术构成。提出实质性技术构成并由此实现技术方案的人，是作出创造性贡献的人。 提供资金、设备、材料、试验条件，进行组织管理，协助绘制图纸、整理资料、翻译文献等人员，不属于完成技术成果的个人。

《最高人民法院关于印发〈全国法院知识产权审判工作会议关于审理技术合同纠纷案件若干问题的纪要〉的通知》

6. 完成技术成果的个人既执行了原所在法人或者其他组织的工作任务，又就同一科学研究或者技术开发课题主要利用了现所在法人或者其他组织的物质技术条件所完成的技术成果的权益，由其原所在法人或者其他组织和现所在法人或者其他组织协议确定，不能达成协议的，由双方合理分享。

7. 职工于本岗位职责或者其所在法人或者其他组织交付的任务之外从事业余兼职活动或者与他人合作完成的技术成果的权益，按照其与聘用人（兼职单位）或者合作人的约定确认。没有约定或者约定不明确，依照合同法第六十一条的规定不能达成补充协议的，按照合同法第三百二十六条和第三百二十七条的规定确认。

依照前款规定处理时不得损害职工所在的法人或者其他组织的技术权益。

8. 合同法第三百二十六条和第三百二十七条所称完成技术成果的个人，是指对技术成果单独或者共同作出创造性贡献的人，不包括仅提供资金、设备、材料、试验条件的人员，进行组织管理的人员，协助绘制图纸、整理资料、翻译文献等辅助服务人员。

判断创造性贡献时，应当分解技术成果的实质性技术构成，提出实质性技术构成和由此实现技术方案的人是作出创造性贡献的人。对技术成果做出创造性贡献的人为发明人或者设计人。

第八百四十九条　【技术成果的精神权属】完成技术成果的个人享有在有关技术成果文件上写明自己是技术成果完成者的权利和取得荣誉证书、奖励的权利。

第八百五十条　【技术合同的无效】非法垄断技术或者侵害他人技术成果的技术合同无效。

关联法规参见

▶**法律：**《民法典总则编》第143条、第153条。

司法解释适用

《最高人民法院关于审理技术合同纠纷案件适用法律若干问题的解释》（法释〔2020〕19号修改）

新《技术合同司法解释》	原《技术合同司法解释》
第十条　下列情形，属于民法典第八百五十条所称的"非法垄断技术"： （一）限制当事人一方在合同标的技术基础上进行新的研究开发或者限制其使用所改进的技术，或者双方交换改进技术的条件不对等，包括要求一方将其自行改进的技术无偿提供给对方、非互惠性转让给对方、无偿独占或者共享该改进技术的知识产权； （二）限制当事人一方从其他来源获得与技术提供方类似技术或者与其竞争的技术； （三）阻碍当事人一方根据市场需求，按照合理方式充分实施合同标的技术，包括明显不合理地限制技术接受方实施合同标的技术生产产品或者提供服务的数量、品种、价格、销售渠道和出口市场； （四）要求技术接受方接受并非实施技术必不可少的附带条件，包括购买非必需的技术、原材料、产品、设备、服务以及接收非必需的人员等； （五）不合理地限制技术接受方购买原材料、零部件、产品或者设备等的渠道或者来源； （六）禁止技术接受方对合同标的技术知识产权的有效性提出异议或者对提出异议附加条件。	**第十条**　下列情形，属于合同法第三百二十九条所称的"非法垄断技术、~~妨碍技术进步~~"： （一）限制当事人一方在合同标的技术基础上进行新的研究开发或者限制其使用所改进的技术，或者双方交换改进技术的条件不对等，包括要求一方将其自行改进的技术无偿提供给对方、非互惠性转让给对方、无偿独占或者共享该改进技术的知识产权； （二）限制当事人一方从其他来源获得与技术提供方类似技术或者与其竞争的技术； （三）阻碍当事人一方根据市场需求，按照合理方式充分实施合同标的技术，包括明显不合理地限制技术接受方实施合同标的技术生产产品或者提供服务的数量、品种、价格、销售渠道和出口市场； （四）要求技术接受方接受并非实施技术必不可少的附带条件，包括购买非必需的技术、原材料、产品、设备、服务以及接收非必需的人员等； （五）不合理地限制技术接受方购买原材料、零部件、产品或者设备等的渠道或者来源； （六）禁止技术接受方对合同标的技术知识产权的有效性提出异议或者对提出异议附加条件。
第十一条　技术合同无效或者被撤销后，技术开发合同研究开发人、技术转让合同让与人、技术许可合同许可人、技术咨询合同和技术服务合同的受托人已经履行或者部分履行了约定的义务，并且造成合同无效或者被撤销的过错在对方的，对其	**第十一条**　技术合同无效或者被撤销后，技术开发合同研究开发人、技术转让合同让与人、技术咨询合同和技术服务合同的受托人已经履行或者部分履行了约定的义务，并且造成合同无效或者被撤销的过错在对方的，对其已履行部分应当收取的

新《技术合同司法解释》	原《技术合同司法解释》
已履行部分应当收取的研究开发经费、技术使用费、提供咨询服务的报酬，人民法院可以认定为因对方原因导致合同无效或者被撤销给其造成的损失。 技术合同无效或者被撤销后，因履行合同所完成新的技术成果或者在他人技术成果基础上完成后续改进技术成果的权利归属和利益分享，当事人不能重新协议确定的，人民法院可以判决由完成技术成果的一方享有。	研究开发经费、技术使用费、提供咨询服务的报酬，人民法院可以认定为因对方原因导致合同无效或者被撤销给其造成的损失。 技术合同无效或者被撤销后，因履行合同所完成新的技术成果或者在他人技术成果基础上完成后续改进技术成果的权利归属和利益分享，当事人不能重新协议确定的，人民法院可以判决由完成技术成果的一方享有。
第十二条 根据民法典第八百五十条的规定，侵害他人技术秘密的技术合同被确认无效后，除法律、行政法规另有规定的以外，善意取得该技术秘密的一方当事人可以在其取得时的范围内继续使用该技术秘密，但应当向权利人支付合理的使用费并承担保密义务。 当事人双方恶意串通或者一方知道或者应当知道另一方侵权仍与其订立或者履行合同的，属于共同侵权，人民法院应当判令侵权人承担连带赔偿责任和保密义务，因此取得技术秘密的当事人不得继续使用该技术秘密。	**第十二条** 根据合同法第三百二十九条的规定，侵害他人技术秘密的技术合同被确认无效后，除法律、行政法规另有规定的以外，善意取得该技术秘密的一方当事人可以在其取得时的范围内继续使用该技术秘密，但应当向权利人支付合理的使用费并承担保密义务。 当事人双方恶意串通或者一方知道或者应当知道另一方侵权仍与其订立或者履行合同的，属于共同侵权，人民法院应当判令侵权人承担连带赔偿责任和保密义务，因此取得技术秘密的当事人不得继续使用该技术秘密。
第十三条 依照前条第一款规定可以继续使用技术秘密的人与权利人就使用费支付发生纠纷的，当事人任何一方都可以请求人民法院予以处理。继续使用技术秘密但又拒不支付使用费的，人民法院可以根据权利人的请求判令使用人停止使用。 人民法院在确定使用费时，可以根据权利人通常对外许可该技术秘密的使用费或者使用人取得该技术秘密所支付的使用费，并考虑该技术秘密的研究开发成本、成果转化和应用程度以及使用人的使用规模、经济效益等因素合理确定。 不论使用人是否继续使用技术秘密，人民法院均应当判令其向权利人支付已使用期间的使用费。使用人已向无效合同的让与人或者许可人支付的使用费应当由让与人或者许可人负责返还。	**第十三条** 依照前条第一款规定可以继续使用技术秘密的人与权利人就使用费支付发生纠纷的，当事人任何一方都可以请求人民法院予以处理。继续使用技术秘密但又拒不支付使用费的，人民法院可以根据权利人的请求判令使用人停止使用。 人民法院在确定使用费时，可以根据权利人通常对外许可该技术秘密的使用费或者使用人取得该技术秘密所支付的使用费，并考虑该技术秘密的研究开发成本、成果转化和应用程度以及使用人的使用规模、经济效益等因素合理确定。 不论使用人是否继续使用技术秘密，人民法院均应当判令其向权利人支付已使用期间的使用费。使用人已向无效合同的让与人支付的使用费应当由让与人负责返还。

《最高人民法院关于印发〈全国法院知识产权审判工作会议关于审理技术合同纠纷案件若干问题的纪要〉的通知》

10. 技术合同不因下列事由无效：

（1）合同标的技术未经技术鉴定；

（2）技术合同未经登记或者未向有关部门备案；

（3）以已经申请专利尚未授予专利权的技术订立专利实施许可合同。

11. 技术合同内容有下列情形的，属于合同法第三百二十九条所称“非法垄断技术，妨碍技术进步”：

（1）限制另一方在合同标的技术的基础上进行新的研究开发，或者双方交换改进技术的条件不对等，包括要求一方将其自行改进的技术无偿地提供给对方、非互惠性的转让给对方、无偿地独占或者共享该改进技术的知识产权；

（2）限制另一方从其他来源吸收技术；

（3）阻碍另一方根据市场的需求，按照合理的方式充分实施合同标的技术，包括不合理地限制技术接受方实施合同标的技术生产产品或者提供服务的数量、品种、价格、销售渠道和出口市场；

（4）要求技术接受方接受并非实施技术必不可少的附带条件，包括购买技术接受方并不需要的技术、服务、原材料、设备或者产品等和接收技术接受方并不需要的人才等；

（5）不合理地限制技术接受方自由选择从不同来源购买原材料、零部件或者设备等。

（6）禁止技术接受方对合同标的技术的知识产权的有效性提出异议的条件。

12. 技术合同内容有下列情形的，属于合同法第三百二十九条所称侵害他人技术成果：

（1）侵害他人专利权、专利申请权、专利实施权的；

（2）侵害他人技术秘密成果使用权、转让权的；

（3）侵害他人植物新品种权、植物新品种申请权、植物新品种实施权的；

（4）侵害他人计算机软件著作权、集成电路电路布图设计权、新药成果权等技术成果权的；

（5）侵害他人发明权、发现权以及其他科技成果权的。

侵害他人发明权、发现权以及其他科技成果权等技术成果完成人人身权利的合同，合同部分无效，不影响其他部分效力的，其他部分仍然有效。

13. 当事人使用或者转让其独立研究开发或者以其他正当方式取得的与他人的技术秘密相同或者近似的技术秘密的，不属于合同法第三百二十九条所称侵害他人技术成果。

通过合法的参观访问或者对合法取得的产品进行拆卸、测绘、分析等反向工程手段掌握相关技术的，属于前款所称以其他正当方式取得。但法律另有规定或者当事人另有约定的除外。

14. 除当事人另有约定或者技术成果的权利人追认的以外，技术秘密转让合同和专利实施许可合同的受让人，将合同标的技术向他人转让而订立的合同无效。

15. 技术转让合同中既有专利权转让或者专利实施许可内容，又有技术秘密转让内容，专利权被宣告无效或者技术秘密被他人公开的，不影响合同中另一部分内容的效力。但当事人另有约定的除外。

16. 当事人一方采取欺诈手段，就其现有技术成果作为研究开发标的与他人订立委托开发合同收取研究开发费用，或者就同一研究开发课题先后与两个或者两个以上的委托人分别订立委托开发合同重复收取研究开发费用的，受损害方可以依照合同法第五十四条第二款的规定请求变更或者撤销合同，但属于合同法第五十二条和第三百二十九条规定的情形应当对合同作无效处理的除外。

17. 技术合同无效或者被撤销后，研究开发人、让与人、受托人已经履行了约定的义务，且造成合同无效或者被撤销的过错在对方的，其按约定应当收取的研究开发经费、技术使用费和提供咨询服务的报酬，可以视为因对方原因导致合同无效或者被撤销给其造成的损失。

18. 技术合同无效或者被撤销后，当事人因合同取得的技术资料、样品、样机等技术载体应当返还权利人，并不得保留复制品；涉及技术秘密的，当事人依法负有保密义务。

19. 技术合同无效或者被撤销后，因履行合同所完成的新的技术成果或者在他人技术成果的基础上完成的后续改进部分的技术成果的权利归属和利益分享，当事人不能重新协议确定的，由完成技术成果的一方当事人享有。

权威案例指引

▶公报案例

《大洋公司诉黄河公司专利实施许可合同纠纷案》，《最高人民法院公报》2004年第9期

裁判摘要：专利技术实施许可合同生效后，专利技术许可方按合同的约定，向专利技术接受方提供包含专利技术的专用生产设备，使其用于生产和销售专利产品的，不构成《合同法》第三百二十九条规定的“非法垄断技术、妨碍技术进步”的情形。

第二节　技术开发合同

第八百五十一条　【技术开发合同的定义及形式】技术开发合同是当事人之间就新技术、新产品、新工艺、新品种或者新材料及其系统的研究开发所订立的合同。

技术开发合同包括委托开发合同和合作开发合同。

技术开发合同应当采用书面形式。

当事人之间就具有实用价值的科技成果实施转化订立的合同，参照适用技术开发合同的有关规定。

司法解释适用

《最高人民法院关于审理技术合同纠纷案件适用法律若干问题的解释》（法释〔2020〕19号修改）

新《技术合同司法解释》	原《技术合同司法解释》
第十七条　民法典第八百五十一条第一款所称“新技术、新产品、新工艺、新品种或者新材料及其系统”，包括当事人在订立技术合同时尚未掌握的产品、工艺、材料及其系统等技术方案，但对技术上没有创新的现有产品的改型、工艺变更、材料配方调整以及对技术成果的验证、测试和使用除外。	**第十七条**　合同法第三百三十条所称“新技术、新产品、新工艺、新材料及其系统”，包括当事人在订立技术合同时尚未掌握的产品、工艺、材料及其系统等技术方案，但对技术上没有创新的现有产品的改型、工艺变更、材料配方调整以及对技术成果的验证、测试和使用除外。
第十八条　民法典第八百五十一条第四款规定的“当事人之间就具有实用价值的科技成果实施转化订立的”技术转化合同，是指当事人之间就具有实用价值但尚未实现工业化应用的科技成果包括阶段性技术成果，以实现该科技成果工业化应用为目标，约定后续试验、开发和应用等内容的合同。	**第十八条**　合同法第三百三十条第四款规定的“当事人之间就具有产业应用价值的科技成果实施转化订立的”技术转化合同，是指当事人之间就具有实用价值但尚未实现工业化应用的科技成果包括阶段性技术成果，以实现该科技成果工业化应用为目标，约定后续试验、开发和应用等内容的合同。

《最高人民法院关于印发〈全国法院知识产权审判工作会议关于审理技术合同纠纷案件若干问题的纪要〉的通知》

43. 合同法第三百三十条所称新技术、新产品、新工艺、新材料及其系统，是指当事人在订立技术合同时尚未掌握的产品、工艺、材料及其系统等技术方案，但在技术上没有创新的现有产品的改型、工艺变更、材料配方调整以及技术成果的验证、测试和使用除外。

44. 合同法第三百三十条第四款所称当事人之间就具有产业应用价值的科技成果实施转化订立的合同，是指当事人之间就具有实用价值但尚未能够实现商品化、产业化应用的科技成果（包括阶段性技术成果），以实现该科技成果的商品化、产业化应用为目标，约定有关后续试验、开发和应用等内容的合同。

权威案例指引

▶公报案例

《钦州锐丰钒钛铁科技有限公司与北京航空航天大学技术合同纠纷案》，《最高人民法院公报》2018年第1期

裁判摘要：1. 对于技术委托开发合同中受托方欺诈行为的认定，必须尊重技术开发活动本身的特点和规律，区分技术开发的不同阶段，以合同签订之时的已知事实和受托方当时可以合理预知的情况作为判断其是否虚报情况或者隐瞒真实情况的标准。

2. 对于产品的理解，尤其是对中间产品的理解，既要考虑其所处的研发阶段，也要考虑其所对应的具体程序。

3. 技术开发成本包括但是不限于实验设备的相关费用，且技术开发成本也仅仅是决定技术开发合同价款的因素之一。技术成果的先进性、技术成果实施转化和应用的程度、当事人享有的权益和承担的责任、技术成果的经济效益等，亦与技术开发成本一样，是技术开发合同定价的重要考虑因素。

4. 关于是否向规模化工业实验项目投资的判断，尽管离不开对技术和项目的理解，但本质上仍是一种商业判断。项目产值的估算、项目成本的核算、项目利润的预测等商业分析，应由投资方完成。

第八百五十二条　【委托人的义务】委托开发合同的委托人应当按照约定支付研究开发经费和报酬，提供技术资料，提出研究开发要求，完成协作事项，接受研究开发成果。

司法解释适用

《最高人民法院关于印发〈全国法院知识产权审判工作会议关于审理技术合同纠纷案件若干问题的纪要〉的通知》

48. 委托开发合同委托人在不妨碍研究开发人正常工作的情况下，有权依据合同法第六十条第二款的规定，对研究开发人履行合同和使用研究开发经费的情况进行必要的监督检查，包括查阅帐册和访问现场。

研究开发人有权依据合同法第三百三十一条的规定，要求委托人补充必要的背景资料和数据等，但不得超过履行合同所需要的范围。

49. 研究开发成果验收时，委托开发合同的委托人和合作开发合同的当事人有权取得实施技术成果所必需的技术资料、试验报告和数据，要求另一方进行必要的技术指导，保证所提供的技术成果符合合同约定的条件。

第八百五十三条　【受托人的义务】委托开发合同的研究开发人应当按照约定制定和实施研究开发计划，合理使用研究开发经费，按期完成研究开发工作，交付研究开发成果，提供有关的技术资料和必要的技术指导，帮助委托人掌握研究开发成果。

第八百五十四条　【委托人的违约责任】委托开发合同的当事人违反约定造成研究开发工作停滞、延误或者失败的，应当承担违约责任。

第八百五十五条　【合作开发各方的主要义务】合作开发合同的当事人应当按照约定进行投资，包括以技术进行投资，分工参与研究开发工作，协作配合研究开发工作。

司法解释适用

《最高人民法院关于审理技术合同纠纷案件适用法律若干问题的解释》（法释〔2020〕19号修改）

新《技术合同司法解释》	原《技术合同司法解释》
第十九条　民法典第八百五十五条所称"分工参与研究开发工作"，包括当事人按照约定的计划和分工，共同或者分别承担设计、工艺、试验、试制等工作。 技术开发合同当事人一方仅提供资金、设备、材料等物质条件或者承担辅助协作事项，另一方进行研究开发工作的，属于委托开发合同。	**第十九条**　合同法第三百三十五条所称"分工参与研究开发工作"，包括当事人按照约定的计划和分工，共同或者分别承担设计、工艺、试验、试制等工作。 技术开发合同当事人一方仅提供资金、设备、材料等物质条件或者承担辅助协作事项，另一方进行研究开发工作的，属于委托开发合同。

《最高人民法院关于印发〈全国法院知识产权审判工作会议关于审理技术合同纠纷案件若干问题的纪要〉的通知》

45. 合同法第三百三十五条所称分工参与研究开发工作，是指按照约定的计划和分工共同或者分别承担设计、工艺、试验、试制等工作。

第八百五十六条　【合作开发各方的违约责任】合作开发合同的当事人违反约定造成研究开发工作停滞、延误或者失败的，应当承担违约责任。

第八百五十七条　【技术开发合同的解除】作为技术开发合同标的的技术已经由他人公开，致使技术开发合同的履行没有意义的，当事人可以解除合同。

第八百五十八条　【风险负担及通知义务】技术开发合同履行过程中，因出现无法克服的技术困难，致使研究开发失败或者部分失败的，该风险由当事人约定；没有约定或者约定不明确，依据本法第五百一十条的规定仍不能确定的，风险由当事人合理分担。

当事人一方发现前款规定的可能致使研究开发失败或者部分失败的情形时，应当及时通知另一方并采取适当措施减少损失；没有及时通知并采取适当措施，致使损失扩大的，应当就扩大的损失承担责任。

关联法规参见

▶**法律**：《民法典合同编》第510条。

第八百五十九条　【技术成果的归属】委托开发完成的发明创造，除法律另有规定或者当事人另有约定外，申请专利的权利属于研究开发人。研究开发人取得专利权的，委托人可以依法实施该专利。

研究开发人转让专利申请权的，委托人享有以同等条件优先受让的权利。

司法解释适用

《最高人民法院关于印发〈全国法院知识产权审判工作会议关于审理技术合同纠纷案件若干问题的纪要〉的通知》

50. 根据合同法第三百三十九条第一款和第三百四十条第一款的规定，委托开发或者合作开发完成的技术成果所获得的专利权为当事人共有的，实施该专利的方式和利益分配办法，由当事人约定。当事人没有约定或者约定不明确，依照合同法第六十一条的规定不能达成补充协议的，当事人均享有自己实施该专利的权利，由此所获得的利益归实施人。

当事人不具备独立实施专利的条件，以普通实施许可的方式许可一个法人或者其他组织实施该专利，或者与一个法人、其他组织或者自然人合作实施该专利或者通过技术入股与之联营实施该专利，可以视为当事人自己实施专利。

第八百六十条　【合作开发技术成果的归属】合作开发完成的发明创造，申请专利的权利属于合作开发的当事人共有；当事人一方转让其共有的专利申请权的，其他各方享有以同等条件优先受让的权利。但是，当事人另有约定的除外。

合作开发的当事人一方声明放弃其共有的专利申请权的，除当事人另有约定外，可以由另一方单独申请或者由其他各方共同申请。申请人取得专利权的，放弃专利申请权的一方可以免费实施该专利。

合作开发的当事人一方不同意申请专利的，另一方或者其他各方不得申请专利。

司法解释适用

《最高人民法院关于印发〈全国法院知识产权审判工作会议关于审理技术合同纠纷案件若干问题的纪要〉的通知》

50. 根据合同法第三百三十九条第一款和第三百四十条第一款的规定，委托开发或者合作开发完成的技术成果所获得的专利权为当事人共有的，实施该专利的方式和利益分配办法，由当事人约定。当事人没有约定或者约定不明确，依照合同法第六十一条的规定不能达成补充协议的，当事人均享有自己实施该专利的权利，由此所获得的利益归实施人。

当事人不具备独立实施专利的条件，以普通实施许可的方式许可一个法人或者其他组织实施该专利，或者与一个法人、其他组织或者自然人合作实施该专利或者通过技术入股与之联营实施该专利，可以视为当事人自己实施专利。

第八百六十一条　【委托开发或合作开发完成的技术秘密成果的使用权、转让权及利益分配】委托开发或者合作开发完成的技术秘密成果的使用权、转让权以及收益的分配办法，由当事人约定；没有约定或者约定不明确，依据本法第五百一十条的规定仍不能确定的，在没有相同技术方案被授予专利权前，当事人均有使用和转让的权利。但是，委托开发的研究开发人不得在向委托人交付研究开发成果之前，将研究开发成果转让给第三人。

关联法规参见

▶**法律：**《民法典合同编》第510条，《促进科技成果转化法》第40条，《专利法》第8条。

司法解释适用

《最高人民法院关于审理技术合同纠纷案件适用法律若干问题的解释》（法释〔2020〕19号修改）

新《技术合同司法解释》	原《技术合同司法解释》
第二十条　民法典第八百六十一条所称“当事人均有使用和转让的权利”，包括当事人均有不经对方同意而自己使用或者以普通使用许可的方式许可他人使用技术秘密，并独占由此所获利益的权利。当事人一方将技术秘密成果的转让权让与他人，或者以独占或者排他使用许可的方式许可他人使用技术秘密，未经对方当事人同意或者追认的，应当认定该让与或者许可行为无效。	**第二十条**　合同法第三百四十一条所称“当事人均有使用和转让的权利”，包括当事人均有不经对方同意而自己使用或者以普通使用许可的方式许可他人使用技术秘密，并独占由此所获利益的权利。当事人一方将技术秘密成果的转让权让与他人，或者以独占或者排他使用许可的方式许可他人使用技术秘密，未经对方当事人同意或者追认的，应当认定该让与或者许可行为无效。
第二十一条　技术开发合同当事人依照民法典的规定或者约定自行实施专利或使用技术秘密，但因其不具备独立实施专利或者使用技术秘密的条件，以一个普通许可方式许可他人实施或者使用的，可以准许。	**第二十一条**　技术开发合同当事人依照合同法的规定或者约定自行实施专利或使用技术秘密，但因其不具备独立实施专利或者使用技术秘密的条件，以一个普通许可方式许可他人实施或者使用的，可以准许。

《最高人民法院关于印发〈全国法院知识产权审判工作会议关于审理技术合同纠纷案件若干问题的纪要〉的通知》

46. 合同法第三百四十一条所称技术秘密成果的使用权、转让权，是指当事人依据法律规定或者合同约定所取得的使用、转让技术秘密成果的权利。使用权是指以生产经营为目的自己使用或者许可他人使用技术秘密成果的权利；转让权是指向他人让与技术秘密成果的权利。

47. 合同法第三百四十一条所称当事人均有使用和转让的权利，是指当事人均有不经对方同意而自己使用或者以普通使用许可的方式许可他人使用技术秘密并独占由此获得的利益的权利。当事人一方将技术秘密成果的使用权、转让权全部让与他人，或者以独占、排他使用许可的方式许可他人使用技术秘密的，必须征得对方当事人的同意。

51. 根据合同法第三百四十一条的规定，当事人一方仅享有自己使用技术秘密的权利，但其不具备独立使用该技术秘密的条件，以普通使用许可的方式许可一个法人或者其他组织使用该技术秘密，或者与一个法人、其他组织或者自然人合作使用该技术秘密或者通过技术入股与之联营使用该技术秘密，可以视为当事人自己使用技术秘密。

第三节　技术转让合同和技术许可合同

第八百六十二条　【技术转让合同和技术许可合同的定义】技术转让合同是合法拥有技术的权利人，将现有特定的专利、专利申请、技术秘密的相关权利让与他人所订立的合同。

技术许可合同是合法拥有技术的权利人，将现有特定的专利、技术秘密的相关权利许可他人实施、使用所订立的合同。

技术转让合同和技术许可合同中关于提供实施技术的专用设备、原材料或者提供有关的技术咨询、技术服务的约定，属于合同的组成部分。

关联法规参见

▶**法律：**《专利法》第10条、第12条。

司法解释适用

《最高人民法院关于审理技术合同纠纷案件适用法律若干问题的解释》（法释〔2020〕19 号修改）

<table>
<tr><th>新《技术合同司法解释》</th><th>原《技术合同司法解释》</th></tr>
<tr><td>第二十二条　就尚待研究开发的技术成果或者不涉及专利、专利申请或者技术秘密的知识、技术、经验和信息所订立的合同，不属于民法典第八百六十二条规定的技术转让合同或者技术许可合同。
技术转让合同中关于让与人向受让人提供实施技术的专用设备、原材料或者提供有关的技术咨询、技术服务的约定，属于技术转让合同的组成部分。因此发生的纠纷，按照技术转让合同处理。
当事人以技术入股方式订立联营合同，但技术入股人不参与联营体的经营管理，并且以保底条款形式约定联营体或者联营对方支付其技术价款或者使用费的，视为技术转让合同或者技术许可合同。</td><td>第二十二条　~~合同法第三百四十二条规定的“技术转让合同”，是指合法拥有技术的权利人，包括其他有权对外转让技术的人，将现有特定的专利、专利申请、技术秘密的相关权利让与他人，或者许可他人实施、使用所订立的合同。~~但就尚待研究开发的技术成果或者不涉及专利、专利申请或者技术秘密的知识、技术、经验和信息所订立的合同除外。
技术转让合同中关于让与人向受让人提供实施技术的专用设备、原材料或者提供有关的技术咨询、技术服务的约定，属于技术转让合同的组成部分。因此发生的纠纷，按照技术转让合同处理。
当事人以技术入股方式订立联营合同，但技术入股人不参与联营体的经营管理，并且以保底条款形式约定联营体或者联营对方支付其技术价款或者使用费的，视为技术转让合同。</td></tr>
<tr><td>第二十三条　专利申请权转让合同当事人以专利申请被驳回或者被视为撤回为由请求解除合同，该事实发生在依照专利法第十条第三款的规定办理专利申请权转让登记之前的，人民法院应当予以支持；发生在转让登记之后的，不予支持，但当事人另有约定的除外。
专利申请因专利申请权转让合同成立时即存在尚未公开的同样发明创造的在先专利申请被驳回，当事人依据民法典第五百六十三条第一款第（四）项的规定请求解除合同的，人民法院应当予以支持。</td><td>第二十三条　专利申请权转让合同当事人以专利申请被驳回或者被视为撤回为由请求解除合同，该事实发生在依照专利法第十条第三款的规定办理专利申请权转让登记之前的，人民法院应当予以支持；发生在转让登记之后的，不予支持，但当事人另有约定的除外。
专利申请因专利申请权转让合同成立时即存在尚未公开的同样发明创造的在先专利申请被驳回，当事人依据合同法第五十四条第一款第（二）项的规定请求予以变更或者撤销合同的，人民法院应当予以支持。</td></tr>
<tr><td colspan="2">第二十四条（原第二十四条）　订立专利权转让合同或者专利申请权转让合同前，让与人自己已经实施发明创造，在合同生效后，受让人要求让与人停止实施的，人民法院应当予以支持，但当事人另有约定的除外。</td></tr>
</table>

<table>
<tr><th>新《技术合同司法解释》</th><th>原《技术合同司法解释》</th></tr>
<tr><td colspan="2">让与人与受让人订立的专利权、专利申请权转让合同，不影响在合同成立前让与人与他人订立的相关专利实施许可合同或者技术秘密转让合同的效力。</td></tr>
<tr><td>第二十五条　专利实施许可包括以下方式：
（一）独占实施许可，是指许可人在约定许可实施专利的范围内，将该专利仅许可一个被许可人实施，许可人依约定不得实施该专利；
（二）排他实施许可，是指许可人在约定许可实施专利的范围内，将该专利仅许可一个被许可人实施，但许可人依约定可以自行实施该专利；
（三）普通实施许可，是指许可人在约定许可实施专利的范围内许可他人实施该专利，并且可以自行实施该专利。
当事人对专利实施许可方式没有约定或者约定不明确的，认定为普通实施许可。专利实施许可合同约定被许可人可以再许可他人实施专利的，认定该再许可为普通实施许可，但当事人另有约定的除外。
技术秘密的许可使用方式，参照本条第一、二款的规定确定。</td><td>第二十五条　专利实施许可包括以下方式：
（一）独占实施许可，是指让与人在约定许可实施专利的范围内，将该专利仅许可一个受让人实施，让与人依约定不得实施该专利；
（二）排他实施许可，是指让与人在约定许可实施专利的范围内，将该专利仅许可一个受让人实施，但让与人依约定可以自行实施该专利；
（三）普通实施许可，是指让与人在约定许可实施专利的范围内许可他人实施该专利，并且可以自行实施该专利。
当事人对专利实施许可方式没有约定或者约定不明确的，认定为普通实施许可。专利实施许可合同约定受让人可以再许可他人实施专利的，认定该再许可为普通实施许可，但当事人另有约定的除外。
技术秘密的许可使用方式，参照本条第一、二款的规定确定。</td></tr>
<tr><td>第二十六条　专利实施许可合同许可人负有在合同有效期内维持专利权有效的义务，包括依法缴纳专利年费和积极应对他人提出宣告专利权无效的请求，但当事人另有约定的除外。</td><td>第二十六条　专利实施许可合同让与人负有在合同有效期内维持专利权有效的义务，包括依法缴纳专利年费和积极应对他人提出宣告专利权无效的请求，但当事人另有约定的除外。</td></tr>
<tr><td>第二十七条　排他实施许可合同许可人不具备独立实施其专利的条件，以一个普通许可的方式许可他人实施专利的，人民法院可以认定为许可人自己实施专利，但当事人另有约定的除外。</td><td>第二十七条　排他实施许可合同让与人不具备独立实施其专利的条件，以一个普通许可的方式许可他人实施专利的，人民法院可以认定为让与人自己实施专利，但当事人另有约定的除外。</td></tr>
</table>

《最高人民法院关于印发〈全国法院知识产权审判工作会议关于审理技术合同纠纷案件若干问题的纪要〉的通知》

52. 合同法第三百四十二条所称技术转让合同，是指技术的合法拥有者包括有权对外转让技术的人将特定和现有的专利、专利申请、技术秘密的相关权利让与他人或者许可他人使用所订立的合同，不包括就尚待研究开发的技术成果或者不涉及专利、专利申请或者技术秘密的知识、技术、经验和信息订立的合同。其中：

（1）专利权转让合同，是指专利权人将其专利权让与受让人，受让人支付价款所订立的合同。

（2）专利申请权转让合同，是指让与人将其特定的技术成果申请专利的权利让与受让人，受让人支付价款订立的合同。

（3）技术秘密转让合同，是指技术秘密成果的权利人或者其授权的人作为让与人将技术秘密提供给受让人，明确相互之间技术秘密成果使用权、转让权，受让人支付价款或者使用费所订立的合同。

（4）专利实施许可合同，是指专利权人或者其授权的人作为让与人许可受让人在约定的范围内实施专利，受让人支付使用费所订立的合同。

53. 技术转让合同让与人应当保证受让人按约定的方式实施技术达到约定的技术指标。除非明确约定让与人保证受让人达到约定的经济效益指标，让与人不对受让人实施技术后的经济效益承担责任。

转让阶段性技术成果，让与人应当保证在一定条件下重复试验可以得到预期的效果。

54. 技术转让合同中约定受让人取得的技术须经受让人小试、中试、工业性试验后才能投入批量生产的，受让人未经小试、中试、工业性试验直接投入批量生产所发生的损失，让与人不承担责任。

58. 订立专利权转让合同或者专利申请权转让合同前，让与人自己已经实施发明创造的，除当事人另有约定的以外，在合同生效后，受让人有权要求让与人停止实施。

专利权或者专利申请权依照专利法的规定让与受让人后，受让人可以依法作为专利权人或者专利申请人对他人行使权利。

59. 专利权转让合同、专利申请权转让合同不影响让与人在合同成立前与他人订立的专利实施许可合同或者技术秘密转让合同的效力。有关当事人之间的权利义务依照合同法第五章的规定确定。

60. 专利申请权依照专利法的规定让与受让人前专利申请被驳回的，当事人可以解除专利申请权转让合同；让与受让人后专利申请被驳回的，合同效力不受影响。但当事人另有约定的除外。

专利申请因专利申请权转让合同成立时即存在尚未公开的同样发明创造的在先专利申请而被驳回的，当事人可以依据合同法第五十四条第一款第（二）项的规定请求予以变更或者撤销合同。

61. 专利实施许可合同让与人应当在合同有效期内维持专利权有效，但当事人另有约定的除外。

在合同有效期内，由于让与人的原因导致专利权被终止的，受让人可以依据合同法第九十四条第（四）项的规定解除合同，让与人应当承担违约责任；专利权被宣告无效的，合同终止履行，并依据专利法的有关规定处理。

62. 专利实施许可合同对实施专利的期限没有约定或者约定不明确，依照合同法第六十一条的规定不能达成补充协议的，受让人实施专利不受期限限制。

63. 专利实施许可可以采取独占实施许可、排他实施许可、普通实施许可等方式。

前款所称排他实施许可，是指让与人在已经许可受让人实施专利的范围内无权就同一专利再许可他人实施；独占实施许可，是指让与人在已经许可受让人实施专利的范围内无权就同一专利再许可他人实施或者自己实施；普通实施许可，是指让与人在已经许可受让人实施专利的范围内仍可以就同一专利再许可他人实施。

当事人对专利实施许可方式没有约定或者约定不明确，依照合同法第六十一条的规定不能达成补充协议的，视为普通实施许可。

专利实施许可合同约定受让人可以再许可他人实施该专利的，该再许可为普通实施许可，但当事人另有约定的除外。

64. 除当事人另有约定的以外，根据实施专利的强制许可决定而取得的专利实施权为普通实施许可。

65. 除当事人另有约定的以外，排他实施许可合同让与人不具备独立实施其专利的条件，与一个法人、其他组织或者自然人合作实施该专利，或者通过技术入股实施该专利，可视为让与人自己实施专利。但让与人就同一专利与两个或者两个以上法人、其他组织或者自然人分别合作实施或者入股联营的，属于合同法第三百五十一条规定的违反约定擅自许可第三人实施专利的行为。

66. 除当事人另有约定的以外，专利实施许可合同的受让人将受让的专利与他人合作实施或者入股联营的，属于合同法第三百五十二条规定的未经让与人同意擅自许可第三人实施专利的行为。

67. 技术秘密转让合同对使用技术秘密的期限没有约定或者约定不明确，依照合同法第六十一条的规定不能达成补充协议的，受让人可以无限期地使用该技术秘密。

68. 合同法第三百四十七条所称技术秘密转让合同让与人的保密义务不影响其申请专利的权利，但当事人约定让与人不得申请专利或者明确约定让与人承担保密义务的除外。

69. 技术秘密转让可以采取本纪要第63条规定的许可使用方式，并参照适用合同法和本纪要关于专利实施许可使用方式的有关规定。

《最高人民法院民事审判第三庭关于黑龙江无线电一厂与王兴华等专利实施许可合同使用费纠纷案的函》

黑龙江省高级人民法院：

关于黑龙江无线电一厂（以下简称无线电一厂）与王兴华、王振中、吕文富、梅明宇专利实施许可合同使用费纠纷一案，无线电一厂不服你院〔1997〕黑经终字第68号终审民事判决，向本院申请再审。经初步审查申请再审人提交的《民事申诉状》、《民事再审申请书》及其补充材料和一、二审判决书以及相关证据材料，提出以下意见供你院考虑：

本案核心问题是1991年3月20日王兴华与无线电一厂所签“终止合同协议书”的效力的认定。该协议与1990年11月1日双方所签排他性的专利实施许可合同均是由王兴华签字的。在王兴华签订这两份协议时，其仍是专利证书所记载的惟一的专利权人。其他专利权共有人的身份是在 1995 年 5 月 15 日作出的〔1994〕哈经初字第 229 号民事判决书生效之后才得以确认的。在此之前，王兴华仍然是法律上所认可的专利权人，其可以依法独立行使对其专利的处分权，以其名义签订的这两份协议，其效力是应当均作有效的一致认定。即使在 1990 年 11 月 1 日的合同中已说明王兴华是同时代表其他人与无线电一厂签订合同，但在履约过程中专利权人身份未依法变更之前，所谓被代表的其他人也无权对专利权人的处分行为进行限制。况且，该合同也只是讲专利是三人的“非职务发明”、“专利设计人王兴华等三名同志与无线电一厂协商一致”，并未明确指出专利的处分权属于三个人共有。作为与专利权人交易的相对人，除非其有明显过错，不能要求其承担——专利权人的身份在将来必然会产生变更——这样的注意义务，其并不对与其交易时专利证书记载的专利权人因该交易行为而对其他事后确认的专利权共有人产生的侵权行为承担。但从现有证据材料看，王兴华不能证明其并未与无线电一厂签有该“终止合同协议书”；王兴华、王振中、吕文富也不能证明无线电一厂在与王兴华签订该协议书时系明知或者应知王兴华并非为法律所承认的惟一的专利权人或者双方有恶意串通等行为。至于无线电一厂在该“终止合同协议书”签订之后仍继续向对方支付费用的问题，原审判决并未说明支付的是何期间的费用。如果无线电一厂是合同义务依法终止后仍继续付费，也属于对自己权利的处分。如无其他足够的证据可以就证，不能因此反推该“终止合同协议书”就不具有法律效力。

如果“终止合同协议书”认定为有效，则王兴华等人依据 1990 年 11 月 1 日合同所主张的权利就不应予以支持，但其可以依法另行向无线电一厂主张专利侵权等其他权利。

另外，在无线电一厂否认其生产的两种型号的产品系实施原告专利技术所得的情况下，原审判决是就已经完成的技术鉴定问题作出审查认定，也未进行其他技术对比判断，即依此来计算使用费，亦有不妥。

现将有关申请再审材料转你院，请你院就以上问题和申请再审人反映的其他问题一并予以复查，在三个月内将复查结果报告本院民事审判第三庭并迳复申请再审人。

《最高人民法院知识产权庭关于绍兴中药厂与上海医科大学附属华山医院技术转让合同纠纷案的函》

浙江省高级人民法院：

绍兴市中级人民法院一审审结并发生法律效力的〔1994〕绍中经初字第 104 号关于绍兴中药厂（以下简称绍兴药厂）与上海医科大学附属华山医院（以下简称华山医院）技术转让合同纠纷一案，经本院调卷审查后认为：

在四川省高级人民法院〔1993〕川高法经终字第 31 号终审判决已对绍兴药厂与华山医院的技术转让合同作出合同无效的认定并判决合同终止履行，绍兴市中级人民法院又就同一法律关系作出合同有效的认定并判决合同继续履行的相反判决，明显错误。不论〔1993〕川高法经终字第 31 号判决的认定和处理是否存在错误，绍兴市中级人民法院均不能另行重新认定并作出相反判决。如该判决确有错误，也应当通过审判监督程序予以纠正。

对本案存在的问题，请你院依法监督处理，并希望有关法院在以后审判工作中注意类似问题。

第八百六十三条　【技术转让合同和技术许可合同的内容与形式】 技术转让合同包括专利权转让、专利申请权转让、技术秘密转让等合同。

技术许可合同包括专利实施许可、技术秘密使用许可等合同。

技术转让合同和技术许可合同应当采用书面形式。

司法解释适用

《最高人民法院关于审理技术合同纠纷案件适用法律若干问题的解释》（法释〔2020〕19号修改）

新《技术合同司法解释》	原《技术合同司法解释》
第二十二条　就尚待研究开发的技术成果或者不涉及专利、专利申请或者技术秘密的知识、技术、经验和信息所订立的合同，不属于民法典第八百六十二条规定的技术转让合同或者技术许可合同。 技术转让合同中关于让与人向受让人提供实施技术的专用设备、原材料或者提供有关的技术咨询、技术服务的约定，属于技术转让合同的组成部分。因此发生的纠纷，按照技术转让合同处理。 当事人以技术入股方式订立联营合同，但技术入股人不参与联营体的经营管理，并且以保底条款形式约定联营体或者联营对方支付其技术价款或者使用费的，视为技术转让合同或者技术许可合同。	**第二十二条**　~~合同法第三百四十二条规定的“技术转让合同”，是指合法拥有技术的权利人，包括其他有权对外转让技术的人，将现有特定的专利、专利申请、技术秘密的相关权利让与他人，或者许可他人实施、使用所订立的合同。~~但就尚待研究开发的技术成果或者不涉及专利、专利申请或者技术秘密的知识、技术、经验和信息所订立的合同除外。 技术转让合同中关于让与人向受让人提供实施技术的专用设备、原材料或者提供有关的技术咨询、技术服务的约定，属于技术转让合同的组成部分。因此发生的纠纷，按照技术转让合同处理。 当事人以技术入股方式订立联营合同，但技术入股人不参与联营体的经营管理，并且以保底条款形式约定联营体或者联营对方支付其技术价款或者使用费的，视为技术转让合同。

第八百六十四条　【技术转让合同的约定内容】 技术转让合同和技术许可合同可以约定实施专利或者使用技术秘密的范围，但是不得限制技术竞争和技术发展。

司法解释适用

《最高人民法院关于审理技术合同纠纷案件适用法律若干问题的解释》（法释〔2020〕19号修改）

新《技术合同司法解释》	原《技术合同司法解释》
第二十八条 民法典第八百六十四条所称"实施专利或者使用技术秘密的范围"，包括实施专利或者使用技术秘密的期限、地域、方式以及接触技术秘密的人员等。 当事人对实施专利或者使用技术秘密的期限没有约定或者约定不明确的，受让人、被许可人实施专利或者使用技术秘密不受期限限制。	**第二十八条** 合同法第三百四十三条所称"实施专利或者使用技术秘密的范围"，包括实施专利或者使用技术秘密的期限、地域、方式以及接触技术秘密的人员等。 当事人对实施专利或者使用技术秘密的期限没有约定或者约定不明确的，受让人实施专利或者使用技术秘密不受期限限制。

《最高人民法院关于印发〈全国法院知识产权审判工作会议关于审理技术合同纠纷案件若干问题的纪要〉的通知》

55. 合同法第三百四十三条所称实施专利或者使用技术秘密的范围，是指实施专利或者使用技术秘密的期限、地域和方式以及接触技术秘密的人员等。

第八百六十五条　【专利实施许可合同效力的限制】专利实施许可合同仅在该专利权的存续期限内有效。专利权有效期限届满或者专利权被宣告无效的，专利权人不得就该专利与他人订立专利实施许可合同。

关联法规参见

▶**法律**：《专利法》第42条。

权威案例指引

▶**公报案例**

《王兴华、王振中、吕文富、梅明宇与黑龙江无线电一厂专利实施许可合同纠纷案》，《最高人民法院公报》2007年第1期

裁判摘要：专利权人与其他非专利权人共同作为合同的一方当事人，与他人签订专利实施许可合同，且合同中明确约定了其他非专利权人的权利义务的，专利权人行使专利权应当受到合同的约束，非经其他非专利权人同意，专利权人无权独自解除该专利实施许可合同。

第865条

第八百六十六条　【专利实施许可合同让与人的义务】专利实施许可合同的许可人应当按照约定许可被许可人实施专利，交付实施专利有关的技术资料，提供必要的技术指导。

第八百六十七条　【专利实施许可合同受让人的义务】专利实施许可合同的被许可人应当按照约定实施专利，不得许可约定以外的第三人实施该专利，并按照约定支付使用费。

司法解释适用

《最高人民法院关于审理技术合同纠纷案件适用法律若干问题的解释》（法释〔2020〕19号修改）

新《技术合同司法解释》	原《技术合同司法解释》
第二十五条　专利实施许可包括以下方式： （一）独占实施许可，是指许可人在约定许可实施专利的范围内，将该专利仅许可一个被许可人实施，许可人依约定不得实施该专利； （二）排他实施许可，是指许可人在约定许可实施专利的范围内，将该专利仅许可一个被许可人实施，但许可人依约定可以自行实施该专利； （三）普通实施许可，是指许可人在约定许可实施专利的范围内许可他人实施该专利，并且可以自行实施该专利。 当事人对专利实施许可方式没有约定或者约定不明确的，认定为普通实施许可。专利实施许可合同约定被许可人可以再许可他人实施专利的，认定该再许可为普通实施许可，但当事人另有约定的除外。 技术秘密的许可使用方式，参照本条第一、二款的规定确定。	**第二十五条**　专利实施许可包括以下方式： （一）独占实施许可，是指让与人在约定许可实施专利的范围内，将该专利仅许可一个受让人实施，让与人依约定不得实施该专利； （二）排他实施许可，是指让与人在约定许可实施专利的范围内，将该专利仅许可一个受让人实施，但让与人依约定可以自行实施该专利； （三）普通实施许可，是指让与人在约定许可实施专利的范围内许可他人实施该专利，并且可以自行实施该专利。 当事人对专利实施许可方式没有约定或者约定不明确的，认定为普通实施许可。专利实施许可合同约定受让人可以再许可他人实施专利的，认定该再许可为普通实施许可，但当事人另有约定的除外。 技术秘密的许可使用方式，参照本条第一、二款的规定确定。
第二十六条　专利实施许可合同许可人负有在合同有效期内维持专利权有效的义务，包括依法缴纳专利年费和积极应对他人提出宣告专利权无效的请求，但当事人另有约定的除外。	**第二十六条**　专利实施许可合同让与人负有在合同有效期内维持专利权有效的义务，包括依法缴纳专利年费和积极应对他人提出宣告专利权无效的请求，但当事人另有约定的除外。

新《技术合同司法解释》	原《技术合同司法解释》
第二十七条　排他实施许可合同许可人不具备独立实施其专利的条件，以一个普通许可的方式许可他人实施专利的，人民法院可以认定为许可人自己实施专利，但当事人另有约定的除外。	**第二十七条**　排他实施许可合同让与人不具备独立实施其专利的条件，以一个普通许可的方式许可他人实施专利的，人民法院可以认定为让与人自己实施专利，但当事人另有约定的除外。

第八百六十八条　【技术秘密让与人和许可人的义务】技术秘密转让合同的让与人和技术秘密使用许可合同的许可人应当按照约定提供技术资料，进行技术指导，保证技术的实用性、可靠性，承担保密义务。

前款规定的保密义务，不限制许可人申请专利，但是当事人另有约定的除外。

司法解释适用

《最高人民法院关于审理技术合同纠纷案件适用法律若干问题的解释》（法释〔2020〕19号修改）

新《技术合同司法解释》	原《技术合同司法解释》
第二十九条　当事人之间就申请专利的技术成果所订立的许可使用合同，专利申请公开以前，适用技术秘密许可合同的有关规定；发明专利申请公开以后、授权以前，参照适用专利实施许可合同的有关规定；授权以后，原合同即为专利实施许可合同，适用专利实施许可合同的有关规定。 人民法院不以当事人就已经申请专利但尚未授权的技术订立专利实施许可合同为由，认定合同无效。	**第二十九条**　~~合同法第三百四十七条规定技术秘密转让合同让与人承担的“保密义务”，不限制其申请专利，但当事人约定让与人不得申请专利的除外。~~ 当事人之间就申请专利的技术成果所订立的许可使用合同，专利申请公开以前，适用技术秘密转让合同的有关规定；发明专利申请公开以后、授权以前，参照适用专利实施许可合同的有关规定；授权以后，原合同即为专利实施许可合同，适用专利实施许可合同的有关规定。 人民法院不以当事人就已经申请专利但尚未授权的技术订立专利实施许可合同为由，认定合同无效。

第八百六十九条　【技术秘密受让人和被许可人的义务】技术秘密转让合同的受让人和技术秘密使用许可合同的被许可人应当按照约定使用技术，支付转让费、使用费，承担保密义务。

第八百七十条　【技术转让合同让与人的保证义务】技术转让合同的让与人和技术许可合同的许可人应当保证自己是所提供的技术的合法拥有者，并保证所提供的技术完整、无误、有效，能够达到约定的目标。

权威案例指引

▶公报案例

《汾州裕源土特产品有限公司与陕西天宝大豆食品技术研究所技术合同纠纷再审案》，《最高人民法院公报》2018年第2期

裁判摘要：一、能否产出符合合同约定的产品，与该产品能否上市销售、是否适销对路、有否利润空间等并非同一层面的问题。技术合同领域，尤其是涉及技术工业化的合同中，如果当事人之间没有明确约定，不应将产品商业化认定为技术合同的目的。

二、投资方应审慎签订涉及技术工业化的合同，在技术指标的设置和产品合格标准的选择上，应当尽可能贴近市场对产品的要求，尤应避免在市场竞争较为激烈或者相关公众要求较高的领域，仅以市场准入标准作为合同项下的产品合格标准，从而陷入产品合格而商业失败的窘境。

第八百七十一条　【技术转让合同受让人和被许可人的义务】技术转让合同的受让人和技术许可合同的被许可人应当按照约定的范围和期限，对让与人、许可人提供的技术中尚未公开的秘密部分，承担保密义务。

第八百七十二条　【技术许可人和让与人的违约责任】许可人未按照约定许可技术的，应当返还部分或者全部使用费，并应当承担违约责任；实施专利或者使用技术秘密超越约定的范围的，违反约定擅自许可第三人实施该项专利或者使用该项技术秘密的，应当停止违约行为，承担违约责任；违反约定的保密义务的，应当承担违约责任。

让与人承担违约责任，参照适用前款规定。

第八百七十三条　【技术被许可人和受让人的违约责任】被许可人未按照约定支付使用费的，应当补交使用费并按照约定支付违约金；不补交使用费或者支付违约金的，应当停止实施专利或者使用技术秘密，交还技术资料，承担违约责任；实施专利或者使用技术秘密超越约定的范围的，未经许可人同意擅自许可第三人实施该专利或者使用该技术秘密的，应当停止违约行为，承担违约责任；违反约定的保密义务的，应当承担违约责任。

受让人承担违约责任，参照适用前款规定。

司法解释适用

《最高人民法院关于印发〈全国法院知识产权审判工作会议关于审理技术合同纠纷案件若干问题的纪要〉的通知》

66. 除当事人另有约定的以外，专利实施许可合同的受让人将受让的专利与他人合作实施或者入股联营的，属于合同法第三百五十二条规定的未经让与人同意擅自许可第三人实施专利的行为。

第八百七十四条 【受让人、被许可人按约实施专利、使用技术秘密侵害他人合法权益的责任承担】 受让人或者被许可人按照约定实施专利、使用技术秘密侵害他人合法权益的，由让与人或者许可人承担责任，但是当事人另有约定的除外。

第八百七十五条 【后续改进技术成果的归属与分享】 当事人可以按照互利的原则，在合同中约定实施专利、使用技术秘密后续改进的技术成果的分享办法；没有约定或者约定不明确，依据本法第五百一十条的规定仍不能确定的，一方后续改进的技术成果，其他各方无权分享。

关联法规参见

▶**法律**：《民法典合同编》第510条。

司法解释适用

《最高人民法院关于印发〈全国法院知识产权审判工作会议关于审理技术合同纠纷案件若干问题的纪要〉的通知》

56. 合同法第三百五十四条所称后续改进，是指在技术转让合同有效期内，当事人一方或各方对合同标的技术所作的革新或者改良。

57. 当事人之间就申请专利的技术成果所订立的许可使用合同，专利申请公开以前，适用技术秘密转让合同的有关规定；发明专利申请公开以后、授权以前，参照专利实施许可合同的有关规定；授权以后，原合同即为专利实施许可合同，适用专利实施许可合同的有关规定。

第八百七十六条 【其他知识产权转让和许可的参照适用】 集成电路布图设计专有权、植物新品种权、计算机软件著作权等其他知识产权的转让和许可，参照适用本节的有关规定。

第八百七十七条　【技术出口合同或专利、专利申请合同的法律适用】法律、行政法规对技术进出口合同或者专利、专利申请合同另有规定的，依照其规定。

关联法规参见

▶法律：《对外贸易法》第14条至第19条。

▶行政法规：《技术进出口管理条例》第2条至第51条。

第四节　技术咨询合同和技术服务合同

第八百七十八条　【技术咨询合同的定义；技术服务合同的定义】技术咨询合同是当事人一方以技术知识为对方就特定技术项目提供可行性论证、技术预测、专题技术调查、分析评价报告等所订立的合同。

技术服务合同是当事人一方以技术知识为对方解决特定技术问题所订立的合同，不包括承揽合同和建设工程合同。

司法解释适用

《最高人民法院关于审理技术合同纠纷案件适用法律若干问题的解释》（法释〔2020〕19号修改）

新《技术合同司法解释》	原《技术合同司法解释》
第三十条　民法典第八百七十八条第一款所称"特定技术项目"，包括有关科学技术与经济社会协调发展的软科学研究项目，促进科技进步和管理现代化、提高经济效益和社会效益等运用科学知识和技术手段进行调查、分析、论证、评价、预测的专业性技术项目。	**第三十条**　合同法第三百五十六条第一款所称"特定技术项目"，包括有关科学技术与经济社会协调发展的软科学研究项目，促进科技进步和管理现代化、提高经济效益和社会效益等运用科学知识和技术手段进行调查、分析、论证、评价、预测的专业性技术项目。
第三十三条　民法典第八百七十八条第二款所称"特定技术问题"，包括需要运用专业技术知识、经验和信息解决的有关改进产品结构、改良工艺流程、提高产品质量、降低产品成本、节约资源能耗、保护资源环境、实现安全操作、提高经济效益和社会效益等专业技术问题。	**第三十三条**　合同法第三百五十六条第二款所称"特定技术问题"，包括需要运用专业技术知识、经验和信息解决的有关改进产品结构、改良工艺流程、提高产品质量、降低产品成本、节约资源能耗、保护资源环境、实现安全操作、提高经济效益和社会效益等专业技术问题。

《最高人民法院关于印发〈全国法院知识产权审判工作会议关于审理技术合同纠纷案件若干问题的纪要〉的通知》

70. 合同法第三百五十六条第一款所称的特定技术项目，包括有关科学技术与经济、社会协调发展的软科学研究项目和促进科技进步和管理现代化，提高经济效益和社会效益的技术项目以及其他专业性技术项目。

71. 除当事人另有约定的以外，技术咨询合同受托人进行调查研究、分析论证、试验测定等所需费用，由受托人自己负担。

72. 技术咨询合同委托人提供的技术资料和数据或者受托人提出的咨询报告和意见，当事人没有约定保密义务的，在不侵害对方当事人对此享有的合法权益的前提下，双方都有引用、发表和向第三人提供的权利。

73. 技术咨询合同受托人发现委托人提供的资料、数据等有明显错误和缺陷的，应当及时通知委托人。委托人应当及时答复并在约定的期限内予以补正。

受托人发现前款所述问题不及时通知委托人的，视为其认可委托人提供的技术资料、数据等符合约定的条件。

74. 合同法第三百五十六条第二款所称特定技术问题，是指需要运用科学技术知识解决专业技术工作中的有关改进产品结构、改良工艺流程、提高产品质量、降低产品成本、节约资源能耗、保护资源环境、实现安全操作、提高经济效益和社会效益等问题。

75. 除当事人另有约定的以外，技术服务合同受托人完成服务项目，解决技术问题所需费用，由受托人自己负担。

76. 技术服务合同受托人发现委托人提供的资料、数据、样品、材料、场地等工作条件不符合约定的，应当及时通知委托人。委托人应当及时答复并在约定的期限内予以补正。

受托人发现前款所述问题不及时通知委托人的，视为其认可委托人提供的技术资料、数据等工作条件符合约定的条件。

77. 技术服务合同受托人在履约期间，发现继续工作对材料、样品或者设备等有损坏危险时，应当中止工作，并及时通知委托人或者提出建议。委托人应当在约定的期限内作出答复。

受托人不中止工作或者不及时通知委托人并且未采取适当措施的，或者委托人未按期答复的，对因此发生的危险后果由责任人承担相应的责任。

第八百七十九条　【技术咨询合同委托人的义务】技术咨询合同的委托人应当按照约定阐明咨询的问题，提供技术背景材料及有关技术资料，接受受托人的工作成果，支付报酬。

第八百八十条　【技术咨询合同受托人的义务】技术咨询合同的受托人应当按照约定的期限完成咨询报告或者解答问题，提出的咨询报告应当达到约定的要求。

司法解释适用

《最高人民法院关于审理技术合同纠纷案件适用法律若干问题的解释》（法释〔2020〕19号修改）

<table>
<tr><th>新《技术合同司法解释》</th><th>原《技术合同司法解释》</th></tr>
<tr><td>第三十一条　当事人对技术咨询合同委托人提供的技术资料和数据或者受托人提出的咨询报告和意见未约定保密义务，当事人一方引用、发表或者向第三人提供的，不认定为违约行为，但侵害对方当事人对此享有的合法权益的，应当依法承担民事责任。</td><td>第三十一条　~~当事人对技术咨询合同受托人进行调查研究、分析论证、试验测定等所需费用的负担没有约定或者约定不明确的，由受托人承担。~~
当事人对技术咨询合同委托人提供的技术资料和数据或者受托人提出的咨询报告和意见未约定保密义务，当事人一方引用、发表或者向第三人提供的，不认定为违约行为，但侵害对方当事人对此享有的合法权益的，应当依法承担民事责任。</td></tr>
<tr><td colspan="2">第三十二条（原第三十二条）　技术咨询合同受托人发现委托人提供的资料、数据等有明显错误或者缺陷，未在合理期限内通知委托人的，视为其对委托人提供的技术资料、数据等予以认可。委托人在接到受托人的补正通知后未在合理期限内答复并予补正的，发生的损失由委托人承担。</td></tr>
</table>

第八百八十一条　【技术咨询合同当事人的违约责任及决策风险责任】技术咨询合同的委托人未按照约定提供必要的资料，影响工作进度和质量，不接受或者逾期接受工作成果的，支付的报酬不得追回，未支付的报酬应当支付。

技术咨询合同的受托人未按期提出咨询报告或者提出的咨询报告不符合约定的，应当承担减收或者免收报酬等违约责任。

技术咨询合同的委托人按照受托人符合约定要求的咨询报告和意见作出决策所造成的损失，由委托人承担，但是当事人另有约定的除外。

第八百八十二条　【技术服务合同的委托人义务】技术服务合同的委托人应当按照约定提供工作条件，完成配合事项，接受工作成果并支付报酬。

第八百八十三条　【技术服务合同的受托人义务】技术服务合同的受托人应当按照约定完成服务项目，解决技术问题，保证工作质量，并传授解决技术问题的知识。

司法解释适用

《最高人民法院关于审理技术合同纠纷案件适用法律若干问题的解释》（法释〔2020〕19号修改）

新《技术合同司法解释》	原《技术合同司法解释》
第三十四条 当事人一方以技术转让或者技术许可的名义提供已进入公有领域的技术，或者在技术转让合同、技术许可合同履行过程中合同标的技术进入公有领域，但是技术提供方进行技术指导、传授技术知识，为对方解决特定技术问题符合约定条件的，按照技术服务合同处理，约定的技术转让费、使用费可以视为提供技术服务的报酬和费用，但是法律、行政法规另有规定的除外。 依照前款规定，技术转让费或者使用费视为提供技术服务的报酬和费用明显不合理的，人民法院可以根据当事人的请求合理确定。	**第三十四条** 当事人一方以技术转让的名义提供已进入公有领域的技术，或者在技术转让合同履行过程中合同标的技术进入公有领域，但是技术提供方进行技术指导、传授技术知识，为对方解决特定技术问题符合约定条件的，按照技术服务合同处理，约定的技术转让费可以视为提供技术服务的报酬和费用，但是法律、行政法规另有规定的除外。 依照前款规定，技术转让费视为提供技术服务的报酬和费用明显不合理的，人民法院可以根据当事人的请求合理确定。

第884条

第八百八十四条 【技术服务合同中的委托人与受托人的权利义务】 技术服务合同的委托人不履行合同义务或者履行合同义务不符合约定，影响工作进度和质量，不接受或者逾期接受工作成果的，支付的报酬不得追回，未支付的报酬应当支付。

技术服务合同的受托人未按照约定完成服务工作的，应当承担免收报酬等违约责任。

司法解释适用

《最高人民法院关于审理技术合同纠纷案件适用法律若干问题的解释》（法释〔2020〕19号修改）

新《技术合同司法解释》	原《技术合同司法解释》
第三十五条 技术服务合同受托人发现委托人提供的资料、数据、样品、材料、场地等工作条件不符合约定，未在合理期限内通知委托人的，视为其对委托人提供的工作条件予以认可。委托人在接到受托人的补正通知后未在合理期限内答复并予补正的，发生的损失由委托人承担。	**第三十五条** ~~当事人对技术服务合同受托人提供服务所需费用的负担没有约定或者约定不明确的，由受托人承担~~。 技术服务合同受托人发现委托人提供的资料、数据、样品、材料、场地等工作条件不符合约定，未在合理期限内通知委托人的，视为其对委托人提供的工作条件予

新《技术合同司法解释》	原《技术合同司法解释》
	以认可。委托人在接到受托人的补正通知后未在合理期限内答复并予补正的，发生的损失由委托人承担。

第八百八十五条　【技术咨询合同、技术服务合同的技术成果的归属】技术咨询合同、技术服务合同履行过程中，受托人利用委托人提供的技术资料和工作条件完成的新的技术成果，属于受托人。委托人利用受托人的工作成果完成的新的技术成果，属于委托人。当事人另有约定的，按照其约定。

第八百八十六条　【技术咨询合同、技术服务合同未约定费用负担的处理规则】技术咨询合同和技术服务合同对受托人正常开展工作所需费用的负担没有约定或者约定不明确的，由受托人负担。

司法解释适用

《最高人民法院关于审理技术合同纠纷案件适用法律若干问题的解释》（法释〔2020〕19号修改）

新《技术合同司法解释》	原《技术合同司法解释》
第三十五条　技术服务合同受托人发现委托人提供的资料、数据、样品、材料、场地等工作条件不符合约定，未在合理期限内通知委托人的，视为其对委托人提供的工作条件予以认可。委托人在接到受托人的补正通知后未在合理期限内答复并予补正的，发生的损失由委托人承担。	**第三十五条**　~~当事人对技术服务合同受托人提供服务所需费用的负担没有约定或者约定不明确的，由受托人承担~~。 技术服务合同受托人发现委托人提供的资料、数据、样品、材料、场地等工作条件不符合约定，未在合理期限内通知委托人的，视为其对委托人提供的工作条件予以认可。委托人在接到受托人的补正通知后未在合理期限内答复并予补正的，发生的损失由委托人承担。

第八百八十七条　【技术中介合同、技术培训合同的法律适用】法律、行政法规对技术中介合同、技术培训合同另有规定的，依照其规定。

司法解释适用

《最高人民法院关于审理技术合同纠纷案件适用法律若干问题的解释》（法释〔2020〕19号修改）

<table>
<tr><th>新《技术合同司法解释》</th><th>原《技术合同司法解释》</th></tr>
<tr><td>第三十六条 民法典第八百八十七条规定的“技术培训合同”，是指当事人一方委托另一方对指定的学员进行特定项目的专业技术训练和技术指导所订立的合同，不包括职业培训、文化学习和按照行业、法人或者非法人组织的计划进行的职工业余教育。</td><td>第三十六条 合同法第三百六十四条规定的“技术培训合同”，是指当事人一方委托另一方对指定的学员进行特定项目的专业技术训练和技术指导所订立的合同，不包括职业培训、文化学习和按照行业、法人或者其他组织的计划进行的职工业余教育。</td></tr>
<tr><td colspan="2">第三十七条（原第三十七条） 当事人对技术培训必需的场地、设施和试验条件等工作条件的提供和管理责任没有约定或者约定不明确的，由委托人负责提供和管理。
技术培训合同委托人派出的学员不符合约定条件，影响培训质量的，由委托人按照约定支付报酬。
受托人配备的教员不符合约定条件，影响培训质量，或者受托人未按照计划和项目进行培训，导致不能实现约定培训目标的，应当减收或者免收报酬。
受托人发现学员不符合约定条件或者委托人发现教员不符合约定条件，未在合理期限内通知对方，或者接到通知的一方未在合理期限内按约定改派的，应当由负有履行义务的当事人承担相应的民事责任。</td></tr>
<tr><td>第三十八条 民法典第八百八十七条规定的“技术中介合同”，是指当事人一方以知识、技术、经验和信息为另一方与第三人订立技术合同进行联系、介绍以及对履行合同提供专门服务所订立的合同。</td><td>第三十八条 合同法第三百六十四条规定的“技术中介合同”，是指当事人一方以知识、技术、经验和信息为另一方与第三人订立技术合同进行联系、介绍以及对履行合同提供专门服务所订立的合同。</td></tr>
<tr><td colspan="2">第三十九条（原第三十九条） 中介人从事中介活动的费用，是指中介人在委托人和第三人订立技术合同前，进行联系、介绍活动所支出的通信、交通和必要的调查研究等费用。中介人的报酬，是指中介人为委托人与第三人订立技术合同以及对履行该合同提供服务应当得到的收益。
当事人对中介人从事中介活动的费用负担没有约定或者约定不明确的，由中介人承担。当事人约定该费用由委托人承担但未约定具体数额或者计算方法的，由委托人支付中介人从事中介活动支出的必要费用。
当事人对中介人的报酬数额没有约定或者约定不明确的，应当根据中介人所进行的劳务合理确定，并由委托人承担。仅在委托人与第三人订立的技术合同中约定中介条款，但未约定给付中介人报酬或者约定不明确的，应当支付的报酬由委托人和第三人平均承担。</td></tr>
<tr><td colspan="2">第四十条（原第四十条） 中介人未促成委托人与第三人之间的技术合同成立的，其要求支付报酬的请求，人民法院不予支持；其要求委托人支付其从事中介活动必要费用的请求，应当予以支持，但当事人另有约定的除外。</td></tr>
</table>

<table>
<tr><th>新《技术合同司法解释》</th><th>原《技术合同司法解释》</th></tr>
<tr><td colspan="2">中介人隐瞒与订立技术合同有关的重要事实或者提供虚假情况，侵害委托人利益的，应当根据情况免收报酬并承担赔偿责任。</td></tr>
<tr><td colspan="2">第四十一条（原第四十一条）　中介人对造成委托人与第三人之间的技术合同的无效或者被撤销没有过错，并且该技术合同的无效或者被撤销不影响有关中介条款或者技术中介合同继续有效，中介人要求按照约定或者本解释的有关规定给付从事中介活动的费用和报酬的，人民法院应当予以支持。
中介人收取从事中介活动的费用和报酬不应当被视为委托人与第三人之间的技术合同纠纷中一方当事人的损失。</td></tr>
</table>

《最高人民法院关于印发〈全国法院知识产权审判工作会议关于审理技术合同纠纷案件若干问题的纪要〉的通知》

78. 合同法第三百六十四条所称技术培训合同，是指当事人一方委托另一方对指定的人员（学员）进行特定项目的专业技术训练和技术指导所订立的合同，不包括职业培训、文化学习和按照行业、单位的计划进行的职工业余教育。

79. 技术培训合同委托人的主要义务是按照约定派出符合条件的学员；保证学员遵守培训纪律，接受专业技术训练和技术指导；按照约定支付报酬。

受托人的主要义务是按照约定配备符合条件的教员；制定和实施培训计划，按期完成培训；实现约定的培训目标。

80. 当事人对技术培训必需的场地、设施和试验条件等的提供和管理责任没有约定或者约定不明确，依照合同法第六十一条的规定不能达成补充协议的，由委托人负责提供和管理。

81. 技术培训合同委托人派出的学员不符合约定条件，影响培训质量的，委托人应当按照约定支付报酬。

受托人配备的教员不符合约定条件，影响培训质量的，或者受托人未按照计划和项目进行培训，导致不能实现约定的培训目标的，应当承担减收或者免收报酬等违约责任。

受托人发现学员不符合约定条件或者委托人发现教员不符合约定条件的，应当及时通知对方改派。对方应当在约定的期限内改派。未及时通知或者未按约定改派的，责任人承担相应的责任。

82. 合同法第三百六十四条所称技术中介合同，是指当事人一方以知识、技术、经验和信息为另一方与第三人订立技术合同进行联系、介绍、组织商品化、产业化开发并对履行合同提供服务所订立的合同，但就不含有技术中介服务内容订立的各种居间合同除外。

83. 技术中介合同委托人的主要义务是提出明确的订约要求，提供有关背景材料；按照约定承担中介人从事中介活动的费用；按照约定支付报酬。

中介人的主要义务是如实反映委托人和第三人的技术成果、资信状况和履约能力；保守委托人和第三人的商业秘密；按照约定为委托人和第三人订立、履行合同提供服务。

84. 当事人对中介人从事中介活动的费用的负担没有约定或者约定不明确，依照合同法

第六十一条的规定不能达成补充协议的，由中介人自己负担。当事人约定该费用由委托人承担但没有约定该费用的数额或者计算方法的，委托人应当支付中介人从事中介活动支出的必要费用。

前款所称中介人从事中介活动的费用，是指中介人在委托人和第三人订立技术合同前，进行联系、介绍活动所支出的通信、交通和必要的调查研究等费用。

85. 当事人对中介人的报酬数额没有约定或者约定不明确，依照合同法第六十一条的规定不能达成补充协议的，根据中介人的劳务合理确定，并由委托人负担。仅在委托人与第三人订立的技术合同中约定有中介条款，但对给付中介人报酬的义务没有约定或者约定不明确，依照合同法第六十一条的规定不能达成补充协议的，由委托人和第三人平均负担。

前款所称中介人的报酬，是指中介人为委托人与第三人订立技术合同，以及为其履行合同提供服务应当得到的收益。

86. 中介人未促成委托人与第三人之间的技术合同成立的，无权要求支付报酬，但可以要求委托人支付从事中介活动支出的必要费用。

87. 中介人故意隐瞒与订立技术合同有关的重要事实或者提供虚假情况，损害委托人利益的，应当承担免收报酬和损害赔偿责任。

88. 中介人收取的从事中介活动的费用和报酬不应视为委托人与第三人之间的技术合同纠纷中一方当事人的损失。

89. 中介人对造成委托人与第三人之间的技术合同的无效或者被撤销没有过错，且该技术合同无效或者被撤销不影响有关中介条款或者技术中介合同继续有效的，中介人仍有权按照约定收取从事中介活动的费用和报酬。

第二十一章　保管合同

第八百八十八条　【保管合同的定义】 保管合同是保管人保管寄存人交付的保管物，并返还该物的合同。

寄存人到保管人处从事购物、就餐、住宿等活动，将物品存放在指定场所的，视为保管，但是当事人另有约定或者另有交易习惯的除外。

关联法规参见

▶**法律**：《消费者权益保护法》第18条。

第八百八十九条　【寄存人的义务】 寄存人应当按照约定向保管人支付保管费。

当事人对保管费没有约定或者约定不明确，依据本法第五百一十条的规定仍不能确定的，视为无偿保管。

关联法规参见

▶法律：《民法典合同编》第510条。

第八百九十条　【保管合同的成立：保管物交付】保管合同自保管物交付时成立，但是当事人另有约定的除外。

第八百九十一条　【保管人给付保管凭证的义务】寄存人向保管人交付保管物的，保管人应当出具保管凭证，但是另有交易习惯的除外。

第八百九十二条　【保管人对保管物的妥善保管义务】保管人应当妥善保管保管物。

当事人可以约定保管场所或者方法。除紧急情况或者为维护寄存人利益外，不得擅自改变保管场所或者方法。

权威案例指引

▶公报案例

《大连俸旗投资管理有限公司与中国外运辽宁储运公司等借款合同纠纷案》，《最高人民法院公报》2017年第7期

裁判摘要：一、在审理动产质押监管合同纠纷案件时，应当查明质物是否真实移交监管或是否足额移交监管的基本事实，据此对相应质权是否已经设立作出准确认定。

二、在动产质押监管合同纠纷中，如果债权人、作为出质人的债务人、质物监管人三方对质物没有真实移交监管或没有足额移交监管均存在过错，则三方对相应质权没有设立给债权人造成的损失均应承担责任。由于债务人负有移交质物的法定义务，且质物是否移交直接决定质权设立，所以其对质物没有真实移交监管或没有足额移交监管而致质权没有设立给债权人造成的损失，存在的是主要过错，应当承担主要责任。监管人虽然存在误以为质物真实移交的过错行为，但因这种过错行为不是导致质权没有设立的主要原因，所以其应对债权人损失承担次要责任。监管人的这种责任因违反约定义务而产生，性质上应认定为违约责任。

三、在动产质押监管合同纠纷中，债权人的直接义务人是债务人和担保人，监管人仅是帮助债权人实现债权的辅助人，除因自身原因造成监管质物灭失外，其责任需依附于债务人与担保人的直接责任。如果直接责任因清偿而消灭，债权人因获得清偿而不存在损失，则监管人的监管责任也相应消灭。因此，监管人只是前述直接义务人的补充义务人，其对质物没有真实移交监管或没有足额移交监管而致质权没有设立给债权人造成的损失，应承担补充赔偿责任。

第八百九十三条 【寄存人如实告知义务】寄存人交付的保管物有瑕疵或者根据保管物的性质需要采取特殊保管措施的，寄存人应当将有关情况告知保管人。寄存人未告知，致使保管物受损失的，保管人不承担赔偿责任；保管人因此受损失的，除保管人知道或者应当知道且未采取补救措施外，寄存人应当承担赔偿责任。

第八百九十四条 【保管人亲自保管义务及赔偿责任】保管人不得将保管物转交第三人保管，但是当事人另有约定的除外。

保管人违反前款规定，将保管物转交第三人保管，造成保管物损失的，应当承担赔偿责任。

第八百九十五条 【保管人不得使用保管物、不得许可第三人使用保管物的义务】保管人不得使用或者许可第三人使用保管物，但是当事人另有约定的除外。

第八百九十六条 【第三人主张权利时保管人对寄存人的返还义务和通知义务】第三人对保管物主张权利的，除依法对保管物采取保全或者执行措施外，保管人应当履行向寄存人返还保管物的义务。

第三人对保管人提起诉讼或者对保管物申请扣押的，保管人应当及时通知寄存人。

第八百九十七条 【保管物毁损、保管物灭失：保管人承担赔偿责任】保管期内，因保管人保管不善造成保管物毁损、灭失的，保管人应当承担赔偿责任。但是，无偿保管人证明自己没有故意或者重大过失的，不承担赔偿责任。

司法解释适用

《最高人民法院关于审理旅游纠纷案件适用法律若干问题的规定》（法释〔2020〕17号修改）

新《旅游纠纷司法解释》	原《旅游纠纷司法解释》
第十九条 旅游经营者或者旅游辅助服务者为旅游者代管的行李物品损毁、灭失，旅游者请求赔偿损失的，人民法院应予支持，但下列情形除外： （一）损失是由于旅游者未听从旅游经营者或者旅游辅助服务者的事先声明或者提示，未将现金、有价证券、贵重物品由其随身携带而造成的；	**第二十二条** 旅游经营者或者旅游辅助服务者为旅游者代管的行李物品损毁、灭失，旅游者请求赔偿损失的，人民法院应予支持，但下列情形除外： （一）损失是由于旅游者未听从旅游经营者或者旅游辅助服务者的事先声明或者提示，未将现金、有价证券、贵重物品由其随身携带而造成的；

新《旅游纠纷司法解释》	原《旅游纠纷司法解释》
（二）损失是由于不可抗力造成的； （三）损失是由于旅游者的过错造成的； （四）损失是由于物品的自然属性造成的。	（二）损失是由于不可抗力~~、意外事件~~造成的； （三）损失是由于旅游者的过错造成的； （四）损失是由于物品的自然属性造成的。

第八百九十八条　【寄存货币、有价证券或其他贵重物品的声明义务】寄存人寄存货币、有价证券或者其他贵重物品的，应当向保管人声明，由保管人验收或者封存；寄存人未声明的，该物品毁损、灭失后，保管人可以按照一般物品予以赔偿。

第八百九十九条　【保管物的领取时间】寄存人可以随时领取保管物。

当事人对保管期限没有约定或者约定不明确的，保管人可以随时请求寄存人领取保管物；约定保管期限的，保管人无特别事由，不得请求寄存人提前领取保管物。

第九百条　【保管人归还原物及孳息的义务】保管期限届满或者寄存人提前领取保管物的，保管人应当将原物及其孳息归还寄存人。

第九百零一条　【保管可替代物：返还同种类物】保管人保管货币的，可以返还相同种类、数量的货币；保管其他可替代物的，可以按照约定返还相同种类、品质、数量的物品。

第九百零二条　【保管费的支付】有偿的保管合同，寄存人应当按照约定的期限向保管人支付保管费。

当事人对支付期限没有约定或者约定不明确，依据本法第五百一十条的规定仍不能确定的，应当在领取保管物的同时支付。

关联法规参见

▶**法律：**《民法典合同编》第510条。

第九百零三条　【保管人的留置权】寄存人未按照约定支付保管费或者其他费用的，保管人对保管物享有留置权，但是当事人另有约定的除外。

关联法规参见

▶**法律**：《民法典物权编》第447条至第450条。

第二十二章　仓储合同

第九百零四条　【仓储合同的定义】 仓储合同是保管人储存存货人交付的仓储物，存货人支付仓储费的合同。

关联法规参见

▶**行政法规**：《粮食流通管理条例》第11条、第13条、第23条。

第九百零五条　【仓储合同的成立时间】 仓储合同自保管人和存货人意思表示一致时成立。

第九百零六条　【易燃、易爆、有毒、有腐蚀性、有放射性等危险物品或者易变质物品的仓储】 储存易燃、易爆、有毒、有腐蚀性、有放射性等危险物品或者易变质物品的，存货人应当说明该物品的性质，提供有关资料。

存货人违反前款规定的，保管人可以拒收仓储物，也可以采取相应措施以避免损失的发生，因此产生的费用由存货人负担。

保管人储存易燃、易爆、有毒、有腐蚀性、有放射性等危险物品的，应当具备相应的保管条件。

关联法规参见

▶**行政法规**：《危险化学品安全管理条例》第2条、第3条、第11条至第27条、第36条。

第九百零七条　【仓储物的验收】 保管人应当按照约定对入库仓储物进行验收。保管人验收时发现入库仓储物与约定不符合的，应当及时通知存货人。保管人验收后，发生仓储物的品种、数量、质量不符合约定的，保管人应当承担赔偿责任。

第九百零八条　【仓单的交付】 存货人交付仓储物的，保管人应当出具仓单、入库单等凭证。

第九百零九条　【仓单的内容】保管人应当在仓单上签名或者盖章。仓单包括下列事项：

（一）存货人的姓名或者名称和住所；

（二）仓储物的品种、数量、质量、包装及其件数和标记；

（三）仓储物的损耗标准；

（四）储存场所；

（五）储存期限；

（六）仓储费；

（七）仓储物已经办理保险的，其保险金额、期间以及保险人的名称；

（八）填发人、填发地和填发日期。

第九百一十条　【仓单的性质及背书转让】仓单是提取仓储物的凭证。存货人或者仓单持有人在仓单上背书并经保管人签名或者盖章的，可以转让提取仓储物的权利。

司法解释适用

《最高人民法院关于适用〈中华人民共和国民法典〉有关担保制度的解释》（法释〔2020〕28号）

《民法典担保制度司法解释》	原《担保法司法解释》
第五十九条　存货人或者仓单持有人在仓单上以背书记载“质押”字样，并经保管人签章，仓单已经交付质权人的，人民法院应当认定质权自仓单交付质权人时设立。没有权利凭证的仓单，依法可以办理出质登记的，仓单质权自办理出质登记时设立。 出质人既以仓单出质，又以仓储物设立担保，按照公示的先后确定清偿顺序；难以确定先后的，按照债权比例清偿。 保管人为同一货物签发多份仓单，出质人在多份仓单上设立多个质权，按照公示的先后确定清偿顺序；难以确定先后的，按照债权比例受偿。 存在第二款、第三款规定的情形，债权人举证证明其损失系由出质人与保管人的共同行为所致，请求出质人与保管人承担连带赔偿责任的，人民法院应予支持。	**第一百零一条**　以票据、债券、存款单、仓单、提单出质的，质权人再转让或者质押的无效。 **第一百零二条**　以载明兑现或者提货日期的汇票、支票、本票、债券、存款单、仓单、提单出质的，其兑现或者提货日期后于债务履行期的，质权人只能在兑现或者提货日期届满时兑现款项或者提取货物。

第九百一十一条　【存货人或仓单持有人检查仓储物或提取样品的权利】保管人根据存货人或者仓单持有人的要求，应当同意其检查仓储物或者提取样品。

第九百一十二条　【保管人的通知义务】保管人发现入库仓储物有变质或者其他损坏的，应当及时通知存货人或者仓单持有人。

第九百一十三条　【仓储物变质或其他损坏危及其他仓储物的安全和正常保管的处理】保管人发现入库仓储物有变质或者其他损坏，危及其他仓储物的安全和正常保管的，应当催告存货人或者仓单持有人作出必要的处置。因情况紧急，保管人可以作出必要的处置；但是，事后应当将该情况及时通知存货人或者仓单持有人。

第九百一十四条　【仓储物的提取】当事人对储存期限没有约定或者约定不明确的，存货人或者仓单持有人可以随时提取仓储物，保管人也可以随时请求存货人或者仓单持有人提取仓储物，但是应当给予必要的准备时间。

第九百一十五条　【仓储物的提取规则】储存期限届满，存货人或者仓单持有人应当凭仓单、入库单等提取仓储物。存货人或者仓单持有人逾期提取的，应当加收仓储费；提前提取的，不减收仓储费。

第九百一十六条　【保管人的催告权、提存权】储存期限届满，存货人或者仓单持有人不提取仓储物的，保管人可以催告其在合理期限内提取；逾期不提取的，保管人可以提存仓储物。

第九百一十七条　【保管不善致仓储物损毁、灭失的保管人的责任承担】储存期内，因保管不善造成仓储物毁损、灭失的，保管人应当承担赔偿责任。因仓储物本身的自然性质、包装不符合约定或者超过有效储存期造成仓储物变质、损坏的，保管人不承担赔偿责任。

第九百一十八条　【参照适用保管合同的规定】本章没有规定的，适用保管合同的有关规定。

关联法规参见

▶**法律：**《民法典合同编》第888条至第903条。

第二十三章 委托合同

第九百一十九条 【委托合同的定义】委托合同是委托人和受托人约定，由受托人处理委托人事务的合同。

权威案例指引

▶公报案例

《湘财证券有限责任公司与中国光大银行长沙新华支行、第三人湖南省平安轻化科技实业有限公司借款合同代位权纠纷案》，《最高人民法院公报》2007年第1期

裁判摘要：一、客户与证券经营机构签订合同，约定由客户将资金交付给证券经营机构，委托证券经营机构在一定期限内投资于证券市场，并由证券经营机构按期向客户支付投资收益。此类合同属于委托理财合同。

二、客户与证券经营机构在委托理财合同中约定，由证券经营机构保证客户的投资收益达到一定比例，不足部分由证券经营机构补足。此类约定属于委托理财合同中保证本息固定回报的条款，即保底条款。根据《中华人民共和国证券法》第一百四十三条的规定，证券商不得以任何方式对客户证券买卖收益或者赔偿证券买卖的损失作出承诺。上述保底条款因违反该规定而无效。因保底条款属于委托理财合同的目的条款或核心条款，故保底条款无效即导致委托理财合同整体无效。

第九百二十条 【委托权限：特别委托与概括委托】委托人可以特别委托受托人处理一项或者数项事务，也可以概括委托受托人处理一切事务。

关联法规参见

▶**法律：**《律师法》第25条，《职业教育法》第22条。

第九百二十一条 【处理委托事务的费用】委托人应当预付处理委托事务的费用。受托人为处理委托事务垫付的必要费用，委托人应当偿还该费用并支付利息。

第九百二十二条 【受托人应当按照委托人的指示处理委托事务】受托人应当按照委托人的指示处理委托事务。需要变更委托人指示的，应当经委托人同意；因情况紧急，难以和委托人取得联系的，受托人应当妥善处理委托事务，但是事后应当将该情况及时报告委托人。

权威案例指引

▶公报案例

《西能科技公司诉国泰君安证券公司委托管理资产合同纠纷案》，《最高人民法院公报》2004 年第 8 期

裁判摘要：资产管理人根据资产管理委托协议，在股市证券买卖交易中，基于商业判断而作出的正常投资行为，只要尽到了善良管理义务，不存在明显的过错，就不应承担交易损失的后果。

第九百二十三条　【受托人亲自处理委托事务的义务和转委托】受托人应当亲自处理委托事务。经委托人同意，受托人可以转委托。转委托经同意或者追认的，委托人可以就委托事务直接指示转委托的第三人，受托人仅就第三人的选任及其对第三人的指示承担责任。转委托未经同意或者追认的，受托人应当对转委托的第三人的行为承担责任；但是，在紧急情况下受托人为了维护委托人的利益需要转委托第三人的除外。

关联法规参见

▶**法律：**《民法典总则编》第 169 条。

司法解释适用

《最高人民法院关于对中国长江航运（集团）总公司与武汉港务管理局委托代收水运客货运附加费纠纷一案请示的复函》

湖北省高级人民法院：

你院《关于对中国长江航运（集团）总公司与武汉港务管理局委托代收永运客货运附加费纠纷一案的请示报告》收悉。本院经研究认为，水运客货运附加费属国家行政规费，交通部是惟一的法定征收单位。中国长江航运（集团）总公司（以下称长航总公司）和武汉港务管理局虽是企业法人，但根据交财发〔1993〕456 号和交财发〔1993〕541 号两个文件的规定，它们是受交通部委托征收水运客货运附加费的代征单位和代收单位，因此与交通部形成行政委托法律关系，长航总公司与武汉港务管理局之间则构成该项行政委托的转委托关系，不应认定是民事委托关系。

综上，同意你院审判委员会的第二种意见，本案纠纷不属人民法院受理范围，应依法驳回长航总公司的起诉。

此复

第九百二十四条　【受托人的报告义务】受托人应当按照委托人的要求，报告委托事务的处理情况。委托合同终止时，受托人应当报告委托事务的结果。

第九百二十五条　【受托人以自己名义从事受托事务的法律效果】受托人以自己的名义，在委托人的授权范围内与第三人订立的合同，第三人在订立合同时知道受托人与委托人之间的代理关系的，该合同直接约束委托人和第三人；但是，有确切证据证明该合同只约束受托人和第三人的除外。

司法解释适用

《最高人民法院关于对湖南省高级人民法院就申请人湖南省人民政府、湖南省交通运输厅与被申请人凯旋国际投资（澳门）有限公司、湖南凯旋长潭西线高速公路有限公司申请确认仲裁协议效力一案请示的复函》

湖南省高级人民法院：

你院〔2016〕湘民他字第3号《湖南省高级人民法院关于申请人湖南省人民政府、湖南省交通运输厅与被申请人凯旋国际投资（澳门）有限公司、湖南凯旋长潭西线高速公路有限公司申请确认仲裁协议效力一案的请示》收悉。经研究，答复如下：

本案申请人请求人民法院确认仲裁协议对申请人和被申请人之间的纠纷是否具有约束力，对于此类案件，人民法院应当作为确认仲裁协议效力案件予以受理。你院应首先对仲裁协议的效力作出认定，再进一步对申请人的请求进行审查。若仲裁协议无效，则其对各方当事人当然不具有约束力。若仲裁协议有效，则继续审查其对非仲裁协议当事人是否具有约束力的问题。

根据你院请示所述事实，案涉仲裁协议体现为《特许经营合同》中的仲裁条款。首先，湖南省人民政府并非案涉《特许经营合同》的签约主体，其与签订《特许经营合同》的湖南省交通运输厅之间并不存在民事授权或民事委托关系，亦不存在权利、义务的承继关系。因此，案涉仲裁协议对湖南省人民政府不具有约束力。其次，湖南凯旋长潭西线高速公路有限公司虽然在《特许经营合同》签订时并未成立，但湖南省交通运输厅与凯旋国际投资（澳门）有限公司在订立合同之时即已对该公司的成立及其权利、义务作出了约定，该公司成立后也按照合同的约定参与了合同的履行，且在纠纷发生后以主动提起仲裁、出具书面《说明函》的方式表明其接受合同仲裁条款的约束。因此，案涉仲裁协议对湖南凯旋长潭西线高速公路有限公司有约束力。

此复。

《最高人民法院关于"吕洪斌与浙江象山县荣宁船务公司水路货物运输合同纠纷一案有关适用法律问题的请示"的复函》

湖北省高级人民法院：

你院〔2005〕鄂民四终字第41号关于吕洪斌与浙江象山县荣宁船务公司水路货物运输合同纠纷一案有关适用法律问题的请示收悉。经研究，答复如下：

本案是水路货物运输合同纠纷，应当适用《中华人民共和国合同法》（以下简称《合同法》）等有关法律以及合同的约定确定各方当事人的权利义务。

根据你院认定的事实，吕洪斌为本案的实际托运人，运单上记载的托运人南海市西樵祥安货运贸易部仅为接受吕洪斌委托与承运人中国扬子江轮船股份有限公司（以下简称扬子江公司）签订合同的人。根据合同约定适用的《国内水路货物运输规则》（以下简称《货规》）的规定，收货人有权就水路货物运单上所载货物损坏、灭失或者迟延交付所造成的损害向承运人索赔。虽然吕洪斌向武汉海事法院提供了黄永明出具的证明其代理吕洪斌收货的“证明”，法院并未予以认定，你院请示报告以及武汉海事法院民事判决中并未认定吕洪斌为涉案货物收货人的地位，亦未说明有证据证明吕洪斌因货损而产生损失，故尽管吕洪斌与承运人之间存在运输合同关系，但尚无证据证明吕洪斌对承运人具有货损请求权。你院应当在二审程序中对此事实予以查明。

在认定吕洪斌具有货损请求权的前提下，扬子江公司作为承运人签发了涉案运单，吕洪斌与扬子江公司之间存在以运单为证明的水路货物运输合同关系。作为实际完成运输任务的浙江象山县荣宁船务公司（以下简称荣宁公司）应当作为该航次水路货物运输的实际承运人。根据《合同法》以及《货规》的规定，承运人应当对运输货物发生的货损承担赔偿责任。承运人将货物运输或者部分运输委托给实际承运人履行的，承运人仍然应当对全程运输负责。故扬子江公司作为本次运输的承运人，应当对吕洪斌的货物损失承担赔偿责任。《货规》还规定：承运人与实际承运人都负有赔偿责任的，应当在该项责任范围内承担连带责任。但根据你院请示报告中认定的事实，本案货损的发生是“希望”轮全部责任所致，荣宁公司对货物发生损失无过错，不应承担赔偿责任，故要求实际承运人荣宁公司对吕洪斌的损失承担连带赔偿责任缺乏事实依据和法律依据。

此复。

权威案例指引

▶公报案例

《厦门航空开发股份有限公司与北京南钢金贸易有限公司及第三人厦门市东方龙金属材料有限公司买卖合同纠纷案》，《最高人民法院公报》2017年第1期

裁判摘要：《合同法》第四百零二条但书前的规定，仅仅适用于单纯的委托合同关系。实践中因委托合同产生的法律关系，往往不仅仅涉及委托关系，还可能涉及买卖、借贷以及担保等多重法律关系。在此情况下，如简单适用《合同法》第四百零二条但书前的规定，可能损害委托方合法权益，故应综合考虑全部案情，谨慎衡量，正确适用《合同法》第四百零二条的规定。

第九百二十六条　【委托人的介入权、第三人的选择权】 受托人以自己的名义与第三人订立合同时，第三人不知道受托人与委托人之间的代理关系的，受托人因第三人的原因对委托人不履行义务，受托人应当向委托人披露第三人，委托人因此可以行使受托人对第三人的权利。但是，第三人与受托人订立合同时如果知道该委托人就不会订立合同的除外。

受托人因委托人的原因对第三人不履行义务，受托人应当向第三人披露委托人，第三人因此可以选择受托人或者委托人作为相对人主张其权利，但是第三人不得变更选定的相对人。

委托人行使受托人对第三人的权利的，第三人可以向委托人主张其对受托人的抗辩。第三人选定委托人作为其相对人的，委托人可以向第三人主张其对受托人的抗辩以及受托人对第三人的抗辩。

司法解释适用

《最高人民法院关于申请人北方万邦物流有限公司申请撤销〔2012〕海仲京裁字第001号仲裁裁决一案的请示的复函》

天津市高级人民法院：

你院〔2012〕津高民四他字第6号《关于申请人北方万邦物流有限公司申请撤销〔2012〕海仲京裁字第001号仲裁裁决一案的请示》收悉。经研究，答复如下：

根据你院提供的案情，北方万邦物流有限公司（以下简称万邦公司）与卓域集团有限公司（以下简称卓域公司）签订的《国际运输代理合同》约定："本协议项下产生的或与本协议有关的任何争议均应提交中国海事仲裁委员会按照申请仲裁时现行有效的仲裁规则在北京进行仲裁。"该约定为万邦公司与卓域公司之间就合同争议解决方式达成的仲裁合意，卓域公司依据该约定向仲裁机构提起仲裁，并无不当。万邦公司向卓域公司提出的反请求，亦应受双方之间签订的《国际运输代理合同》中仲裁条款的约束，仲裁庭对该反请求进行审理并作出裁决符合相关法律规定。但涉案仲裁条款仅能约束合同当事人，即万邦公司与卓域公司。金源矿业有限公司（以下简称金源公司）作为第一申请人，以万邦公司作为被申请人，向仲裁机构申请仲裁，金源公司并无证据证明其与万邦公司之间存在有效的仲裁条款。在万邦公司提出管辖权异议后，仲裁庭根据《中华人民共和国合同法》第四百零三条的规定，确定对金源公司具有管辖权，并决定仲裁程序在金源公司、卓域公司和万邦公司之间继续进行，缺乏充分的事实依据和法律依据。涉案仲裁裁决涉及卓域公司、万邦公司、金源公司三方权利义务，但三方之间并不存在有效的仲裁协议，涉案仲裁裁决违反《中华人民共和国仲裁法》第四条"当事人采用仲裁方式解决纠纷的，应当双方自愿，达成仲裁协议。没有仲裁协议的，一方申请仲裁，仲裁委员会不予受理"的规定。

同意你院撤销中国海事仲裁委员会〔2012〕海仲京裁字第001号仲裁裁决的意见。

此复

权威案例指引

▶公报案例

《上海闽路润贸易有限公司与上海钢翼贸易有限公司买卖合同纠纷案》，《最高人民法院公报》2016年第1期

裁判摘要：受托人以自己的名义与第三人订立合同时，第三人不知道受托人与委托人之间的代理关系的，合同约束受托人与第三人。受托人因第三人的原因对委托人不履行义务，受托人向委托人披露第三人后，委托人可以选择是否行使介入权：委托人行使介入权的，则合同直接约束委托人与第三人，委托人可以要求第三人向其承担违约责任；委托人不行使介入权的，根据合同的相对性原则，合同仍约束受托人与第三人，受托人可以向第三人主张违约责任，受托人与委托人之间的纠纷根据委托合同的约定另行解决。

在判定合同的效力时，不能仅因合同当事人一方实施了涉嫌犯罪的行为，而当然认定合同无效。此时，仍应根据《合同法》等法律、行政法规的规定对合同的效力进行审查判断，以保护合同中无过错一方当事人的合法权益，维护交易安全和交易秩序。在合同约定本身不属于无效事由的情况下，合同中一方当事人实施的涉嫌犯罪的行为并不影响合同的有效性。

第九百二十七条　【受托人转移委托事务所得利益的义务】受托人处理委托事务取得的财产，应当转交给委托人。

第九百二十八条　【有偿委托合同的报酬支付】受托人完成委托事务的，委托人应当按照约定向其支付报酬。

因不可归责于受托人的事由，委托合同解除或者委托事务不能完成的，委托人应当向受托人支付相应的报酬。当事人另有约定的，按照其约定。

第九百二十九条　【因受托人过错致委托人损失的赔偿责任】有偿的委托合同，因受托人的过错造成委托人损失的，委托人可以请求赔偿损失。无偿的委托合同，因受托人的故意或者重大过失造成委托人损失的，委托人可以请求赔偿损失。

受托人超越权限造成委托人损失的，应当赔偿损失。

司法解释适用

《最高人民法院关于浙江省医学科学院普康生物技术公司诉中国农业银行信托投资公司委托贷款合同纠纷一案的答复》

北京市高级人民法院：

你院请示收悉，经研究，答复如下：

农行信托公司有协助委托人监管贷款的义务，当普康公司向其提示风险并要求采取措施时，农行信托公司不仅没有采取应急措施，反而向普康公司提供了担保人捷通公司虚假的资产平衡表，因此，农行信托公司对贷款损失应负主要责任；普康公司指定三联公司为借款人，对借款人的资信情况有失审查，对贷款损失亦负有一定责任。双方当事人具体可按6：4的比例分别承担责任，即由农行信托公司承担60%的责任，普康公司承担40%的责任。如事实有变化，由该院自定。

权威案例指引

▶公报案例

《周伟均、周伟达诉王煦琼委托合同纠纷案》，《最高人民法院公报》2018年第3期

裁判摘要：一、在借贷关系中，出借人为防止借款无法按期收回而要求借款人提供不动产作为债权担保的，双方应签订抵押合同并办理抵押物登记。出借人回避抵押担保制度，选择指定第三人与借款人签订委托合同并由该第三人取得出售借款人的不动产等重大权利的，此时委托合同虽意在实现抵押担保功能，但其项下的权利义务关系仍应受委托合同的法律规则之制约。

二、在委托合同项下，受托人负有遵照委托人指示，本着诚实信用的原则在授权范围内依法善意处理委托事务之法定义务。受托人无视委托人的真实意愿与切身利益，转而根据出借人指令恶意处分委托人财产，即使该处分行为对交易相对方发生效力，受托人仍应就其严重侵害委托人利益的行为承担相应赔偿责任。

《李彦东诉上海汉宇房地产顾问有限公司居间合同纠纷案》，《最高人民法院公报》2015年第2期

裁判摘要：在房屋买卖居间活动中，中介公司（居间人）对于受托事项及居间服务应承担符合专业主体要求的注意义务，注重审查核实与交易相关的主体身份、房产权属、委托代理、信用资信等证明材料的真实性。中介公司因未尽必要的注意义务而未能发现一方提供的相关材料存在重大瑕疵、缺陷，由此使另一方受欺诈遭受损失的，应根据其过错程度在相应的范围内承担赔偿责任。

《苏州阳光新地置业有限公司新地中心酒店诉苏州文化国际旅行社有限公司新区塔园路营业部、苏州文化国际旅行社有限公司委托合同纠纷案》，《最高人民法院公报》2012年第8期

裁判摘要：旅游公司借用星级酒店POS机进行刷卡，并在星级酒店获得银行刷卡预付款项后与星级酒店进行结算，在款项的收取和结算上与星级酒店形成委托合同关系。由于星级酒店与银行就境外信用卡POS机刷卡签有特约商户协议，对境外银行卡的受理条件、操作流程、风险防范和控制有专门的约定，并对酒店刷卡人员进行了专业的培训，因此星级酒店在有关境外信用卡的刷卡业务上具有一般商事主体不具备的专业知识和风险防控能力。星级酒

店在受委托操作POS机刷卡时，特别是受理如“无卡无密”这种风险较高的境外信用卡刷卡业务时，应进行认真核查，负有审慎和风险告知的义务。否则即构成重大过失，应对完成委托事务过程中造成的损害承担相应的赔偿责任。

第九百三十条　【受托人的求偿权】受托人处理委托事务时，因不可归责于自己的事由受到损失的，可以向委托人请求赔偿损失。

第九百三十一条　【委托第三人处理委托事务的处理】委托人经受托人同意，可以在受托人之外委托第三人处理委托事务。因此造成受托人损失的，受托人可以向委托人请求赔偿损失。

第九百三十二条　【共同受托人的连带责任】两个以上的受托人共同处理委托事务的，对委托人承担连带责任。

第九百三十三条　【委托合同可随时解除及解除后的赔偿责任】委托人或者受托人可以随时解除委托合同。因解除合同造成对方损失的，除不可归责于该当事人的事由外，无偿委托合同的解除方应当赔偿因解除时间不当造成的直接损失，有偿委托合同的解除方应当赔偿对方的直接损失和合同履行后可以获得的利益。

第930～934条

权威案例指引

▶**公报案例**

《上海盘起贸易有限公司与盘起工业（大连）有限公司委托合同纠纷案》，《最高人民法院公报》2006年第4期

裁判摘要：根据《合同法》第四百一十条规定，委托人或者受托人可以随时解除委托合同。因解除合同给对方造成损失的，除不可归责于该当事人的事由以外，应当赔偿损失。但是，当事人基于解除委托合同而应承担的民事赔偿责任，不同于基于故意违约而应承担的民事责任，前者的责任范围仅限于给对方造成的直接损失，不包括对方的预期利益。

第九百三十四条　【委托人或受托人死亡、丧失民事行为能力或终止的处理】委托人死亡、终止或者受托人死亡、丧失民事行为能力、终止的，委托合同终止；但是，当事人另有约定或者根据委托事务的性质不宜终止的除外。

关联法规参见

▶**法律：**《民法典总则编》第173条。

第九百三十五条　【因委托人死亡、丧失民事行为能力或者终止致委托合同终止将损害委托人利益的处理】因委托人死亡或者被宣告破产、解散，致使委托合同终止将损害委托人利益的，在委托人的继承人、遗产管理人或者清算人承受委托事务之前，受托人应当继续处理委托事务。

关联法规参见

▶法律：《民法典总则编》第 174 条。

第九百三十六条　【因委托人死亡、丧失民事行为能力或者终止致委托合同终止的受托人的继承人、法定代理人或清算组织的义务】因受托人死亡、丧失民事行为能力或者被宣告破产、解散，致使委托合同终止的，受托人的继承人、遗产管理人、法定代理人或者清算人应当及时通知委托人。因委托合同终止将损害委托人利益的，在委托人作出善后处理之前，受托人的继承人、遗产管理人、法定代理人或者清算人应当采取必要措施。

关联法规参见

▶法律：《民法典继承编》第 1145 条至第 1148 条。

第二十四章　物业服务合同

第九百三十七条　【物业服务合同的定义】物业服务合同是物业服务人在物业服务区域内，为业主提供建筑物及其附属设施的维修养护、环境卫生和相关秩序的管理维护等物业服务，业主支付物业费的合同。

物业服务人包括物业服务企业和其他管理人。

关联法规参见

▶法律：《民法典物权编》第 285 条。

▶行政法规：《物业管理条例》第 2 条。

第九百三十八条　【物业服务合同的内容；物业服务合同的形式】物业服务合同的内容一般包括服务事项、服务质量、服务费用的标准和收取办法、维修资金的使用、服务用房的管理和使用、服务期限、服务交接等条款。

物业服务人公开作出的有利于业主的服务承诺，为物业服务合同的组成部分。

物业服务合同应当采用书面形式。

关联法规参见

▶**法律**：《民法典物权编》第285条。

第九百三十九条　【物业服务合同的约束力】建设单位依法与物业服务人订立的前期物业服务合同，以及业主委员会与业主大会依法选聘的物业服务人订立的物业服务合同，对业主具有法律约束力。

关联法规参见

▶**法律**：《民法典物权编》第285条。

▶**行政法规**：《物业管理条例》第21条至第31条。

司法解释适用

《最高人民法院关于审理物业服务纠纷案件适用法律若干问题的解释》（法释〔2020〕17号修改）

<table>
<tr><th>新《物业服务纠纷司法解释》</th><th>原《物业服务纠纷司法解释》</th></tr>
<tr><td colspan="2">删除条文

~~**第二条**　符合下列情形之一，业主委员会或者业主请求确认合同或者合同相关条款无效的，人民法院应予支持：~~
~~（一）物业服务企业将物业服务区域内的全部物业服务业务一并委托他人而签订的委托合同；~~
~~（二）物业服务合同中免除物业服务企业责任、加重业主委员会或者业主责任、排除业主委员会或者业主主要权利的条款。~~
~~前款所称物业服务合同包括前期物业服务合同。~~</td></tr>
</table>

第九百四十条　【前期物业服务合同的终止情形】 建设单位依法与物业服务人订立的前期物业服务合同约定的服务期限届满前，业主委员会或者业主与新物业服务人订立的物业服务合同生效的，前期物业服务合同终止。

关联法规参见

▶**法律**：《民法典物权编》第285条。

第九百四十一条　【物业服务合同的转委托】 物业服务人将物业服务区域内的部分专项服务事项委托给专业性服务组织或者其他第三人的，应当就该部分专项服务事项向业主负责。

物业服务人不得将其应当提供的全部物业服务转委托给第三人，或者将全部物业服务支解后分别转委托给第三人。

关联法规参见

▶**法律**：《民法典物权编》第285条。

第九百四十二条　【物业服务人的义务】 物业服务人应当按照约定和物业的使用性质，妥善维修、养护、清洁、绿化和经营管理物业服务区域内的业主共有部分，维护物业服务区域内的基本秩序，采取合理措施保护业主的人身、财产安全。

对物业服务区域内违反有关治安、环保、消防等法律法规的行为，物业服务人应当及时采取合理措施制止、向有关行政主管部门报告并协助处理。

关联法规参见

▶**法律**：《民法典物权编》第285条、第287条，《消防法》第18条。

▶**行政法规**：《物业管理条例》第35条、第46条、第47条。

司法解释适用

《最高人民法院关于审理物业服务纠纷案件适用法律若干问题的解释》（法释〔2020〕17号修改）

新《物业服务纠纷司法解释》	原《物业服务纠纷司法解释》
删除条文 ~~**第三条**　物业服务企业不履行或者不完全履行物业服务合同约定的或者法律、法规规定以及相关行业规范确定的维修、养护、管理和维护义务，业主请求物业服务企业承担继续履行、采取补救措施或者赔偿损失等违约责任的，人民法院应予支持。~~ ~~物业服务企业公开作出的服务承诺及制定的服务细则，应当认定为物业服务合同的组成部分。~~	
第一条　业主违反物业服务合同或者法律、法规、管理规约，实施妨碍物业服务与管理的行为，物业服务人请求业主承担停止侵害、排除妨碍、恢复原状等相应民事责任的，人民法院应予支持。	**第四条**　业主违反物业服务合同或者法律、法规、管理规约，实施妨害物业服务与管理的行为，物业服务企业请求业主承担恢复原状、停止侵害、排除妨害等相应民事责任的，人民法院应予支持。
第二条　物业服务人违反物业服务合同约定或者法律、法规、部门规章规定，擅自扩大收费范围、提高收费标准或者重复收费，业主以违规收费为由提出抗辩的，人民法院应予支持。 业主请求物业服务人退还其已经收取的违规费用的，人民法院应予支持。	**第五条**　物业服务企业违反物业服务合同约定或者法律、法规、部门规章规定，擅自扩大收费范围、提高收费标准或者重复收费，业主以违规收费为由提出抗辩的，人民法院应予支持。 业主请求物业服务企业退还其已收取的违规费用的，人民法院应予支持。

权威案例指引

▶公报案例

《陈书豪与南京武宁房地产开发有限公司、南京青和物业管理有限公司财产损害赔偿纠纷案》，《最高人民法院公报》2013年第5期

裁判摘要：物业服务企业对小区共有部分负有保养、维护义务，对于可能对业主财产造成损害的小区共用部分的安全隐患，应当及时消除，否则致业主财产损害后，物业服务企业应承担违约责任，对业主的损失进行赔偿。即便该安全隐患是第三人造成，也不能免除物业服务企业的违约责任，因第三人侵权致小区共用部分对业主财产造成损害的，物业服务企业可以免责的情形是物业服务企业已履行了保养维护义务，而第三人侵权是不可预见、不可避免的。

价值较大的财物在受损后，虽经修复，但与原物相比，不仅在客观价值上可能降低，而且在人们心理上价值降低，这就是价值贬损，按照违约责任理论，承担违约责任的方式首先是恢复原状，而恢复原状肯定要求赔偿财物的价值贬损。

房地产开发企业作为商品房的出卖人，在出售房屋、转移房屋所有权，并且商品房小区已经封园后，在所售房屋及共用部分没有质量瑕疵的情形下，对于小区业主的义务已经履行完毕，不需要承担责任。

第九百四十三条　【物业服务人的报告义务】物业服务人应当定期将服务的事项、负责人员、质量要求、收费项目、收费标准、履行情况，以及维修资金使用情况、业主共有部分的经营与收益情况等以合理方式向业主公开并向业主大会、业主委员会报告。

关联法规参见

▶**法律：**《民法典物权编》第285条。

第九百四十四条　【物业服务人的报酬请求权】业主应当按照约定向物业服务人支付物业费。物业服务人已经按照约定和有关规定提供服务的，业主不得以未接受或者无需接受相关物业服务为由拒绝支付物业费。

业主违反约定逾期不支付物业费的，物业服务人可以催告其在合理期限内支付；合理期限届满仍不支付的，物业服务人可以提起诉讼或者申请仲裁。

物业服务人不得采取停止供电、供水、供热、供燃气等方式催交物业费。

关联法规参见

▶**法律：**《民法典物权编》第285条。

▶**行政法规：**《物业管理条例》第7条、第40条至第44条。

司法解释适用

《最高人民法院关于审理物业服务纠纷案件适用法律若干问题的解释》（法释〔2020〕17号修改）

新《物业服务纠纷司法解释》	原《物业服务纠纷司法解释》
删除条文	~~**第六条**　经书面催交，业主无正当理由拒绝交纳或者在催告的合理期限内仍未交纳物业费，物业服务企业请求业主支付物业费的，人民法院应予支持。物业服务企业已经按照合同约定以及相关规定提供服务，业主仅以未享受或者无需接受相关物业服务为抗辩理由的，人民法院不予支持。~~

新《物业服务纠纷司法解释》	原《物业服务纠纷司法解释》
	第七条　~~业主与物业的承租人、借用人或者其他物业使用人约定由物业使用人交纳物业费，物业服务企业请求业主承担连带责任的，人民法院应予支持。~~

第九百四十五条　【装饰装修、处分专有部分或改变共有部分用途时业主的告知义务】业主装饰装修房屋的，应当事先告知物业服务人，遵守物业服务人提示的合理注意事项，并配合其进行必要的现场检查。

业主转让、出租物业专有部分、设立居住权或者依法改变共有部分用途的，应当及时将相关情况告知物业服务人。

第945~946条

关联法规参见

▶**法律**：《民法典物权编》第285条。

▶**行政法规**：《物业管理条例》第49条至第55条。

第九百四十六条　【业主解聘物业服务人的程序规则；解除合同造成物业服务人损失的赔偿规则】业主依照法定程序共同决定解聘物业服务人的，可以解除物业服务合同。决定解聘的，应当提前六十日书面通知物业服务人，但是合同对通知期限另有约定的除外。

依据前款规定解除合同造成物业服务人损失的，除不可归责于业主的事由外，业主应当赔偿损失。

关联法规参见

▶**法律**：《民法典物权编》第285条。

司法解释适用

《最高人民法院关于审理物业服务纠纷案件适用法律若干问题的解释》（法释〔2020〕17号修改）

新《物业服务纠纷司法解释》	原《物业服务纠纷司法解释》
删除条文	**第八条**　~~业主大会按照物权法第七十六条规定的程序作出解聘物业服务企业的决定后，业主委员会请求解除物业服务合同的，人民法院应予支持。~~ ~~物业服务企业向业主委员会提出物业费主张的，人民法院应当告知其向拖欠物业费的业主另行主张权利。~~

第九百四十七条　【物业服务期限届满前决定是否续聘以及相应的处理规则】物业服务期限届满前，业主依法共同决定续聘的，应当与原物业服务人在合同期限届满前续订物业服务合同。

物业服务期限届满前，物业服务人不同意续聘的，应当在合同期限届满前九十日书面通知业主或者业主委员会，但是合同对通知期限另有约定的除外。

关联法规参见

▶**法律**：《民法典物权编》第285条。

第九百四十八条　【不定期物业服务合同的成立与解除】物业服务期限届满后，业主没有依法作出续聘或者另聘物业服务人的决定，物业服务人继续提供物业服务的，原物业服务合同继续有效，但是服务期限为不定期。

当事人可以随时解除不定期物业服务合同，但是应当提前六十日书面通知对方。

关联法规参见

▶**法律**：《民法典物权编》第285条。

第九百四十九条　【物业服务合同终止后原物业服务人的义务】物业服务合同终止的，原物业服务人应当在约定期限或者合理期限内退出物业服务区域，将物业服务用房、相关设施、物业服务所必需的相关资料等交还给业主委员会、决定自行管理的业主或者其指定的人，配合新物业服务人做好交接工作，并如实告知物业的使用和管理状况。

原物业服务人违反前款规定的，不得请求业主支付物业服务合同终止后的物业费；造成业主损失的，应当赔偿损失。

关联法规参见

▶**法律**：《民法典物权编》第285条。

第九百五十条　【物业服务合同终止后新合同成立前期间的相关事项】物业服务合同终止后，在业主或者业主大会选聘的新物业服务人或者决定自行管理的业主接管之前，原物业服务人应当继续处理物业服务事项，并可以请求业主支付该期间的物业费。

关联法规参见

▶**法律：**《民法典物权编》第 285 条。

第二十五章　行纪合同

第九百五十一条　【行纪合同的定义】行纪合同是行纪人以自己的名义为委托人从事贸易活动，委托人支付报酬的合同。

第九百五十二条　【行纪人处理委托事务的费用负担】行纪人处理委托事务支出的费用，由行纪人负担，但是当事人另有约定的除外。

第九百五十三条　【行纪人妥善保管委托物的义务】行纪人占有委托物的，应当妥善保管委托物。

第九百五十四条　【委托物有瑕疵或容易腐烂、变质的处分】委托物交付给行纪人时有瑕疵或者容易腐烂、变质的，经委托人同意，行纪人可以处分该物；不能与委托人及时取得联系的，行纪人可以合理处分。

第九百五十五条　【行纪人按约定价格买卖的义务】行纪人低于委托人指定的价格卖出或者高于委托人指定的价格买入的，应当经委托人同意；未经委托人同意，行纪人补偿其差额的，该买卖对委托人发生效力。

行纪人高于委托人指定的价格卖出或者低于委托人指定的价格买入的，可以按照约定增加报酬；没有约定或者约定不明确，依据本法第五百一十条的规定仍不能确定的，该利益属于委托人。

委托人对价格有特别指示的，行纪人不得违背该指示卖出或者买入。

关联法规参见

▶**法律**：《民法典合同编》第510条。

第九百五十六条　【卖出或买入具有市场定价的商品行纪人的介入权】行纪人卖出或者买入具有市场定价的商品，除委托人有相反的意思表示外，行纪人自己可以作为买受人或者出卖人。

行纪人有前款规定情形的，仍然可以请求委托人支付报酬。

第九百五十七条　【行纪人对委托物的提存】行纪人按照约定买入委托物，委托人应当及时受领。经行纪人催告，委托人无正当理由拒绝受领的，行纪人依法可以提存委托物。

委托物不能卖出或者委托人撤回出卖，经行纪人催告，委托人不取回或者不处分该物的，行纪人依法可以提存委托物。

第九百五十八条　【行纪人与第三人订立合同的效力】行纪人与第三人订立合同的，行纪人对该合同直接享有权利、承担义务。

第三人不履行义务致使委托人受到损害的，行纪人应当承担赔偿责任，但是行纪人与委托人另有约定的除外。

第九百五十九条　【行纪人的报酬请求权及留置权】行纪人完成或者部分完成委托事务的，委托人应当向其支付相应的报酬。委托人逾期不支付报酬的，行纪人对委托物享有留置权，但是当事人另有约定的除外。

关联法规参见

▶**法律**：《民法典物权编》第447条至第450条。

司法解释适用

《最高人民法院关于适用〈中华人民共和国民法典〉有关担保制度的解释》（法释〔2020〕28号）

《民法典担保制度司法解释》	原《担保法司法解释》
第六十二条　债务人不履行到期债务，债权人因同一法律关系留置合法占有的第三人的动产，并主张就该留置财产优先受偿的，人民法院应予支持。第三人以该留置财产并非债务人的财产为由请求返还的，人民法院不予支持。	**第一百零七条**　当事人在合同中约定排除留置权，债务履行期届满，债权人行使留置权的，人民法院不予支持。

《民法典担保制度司法解释》	原《担保法司法解释》
企业之间留置的动产与债权并非同一法律关系，债务人以该债权不属于企业持续经营中发生的债权为由请求债权人返还留置财产的，人民法院应予支持。 企业之间留置的动产与债权并非同一法律关系，债权人留置第三人的财产，第三人请求债权人返还留置财产的，人民法院应予支持。	
第三十八条　主债权未受全部清偿，担保物权人主张就担保财产的全部行使担保物权的，人民法院应予支持，但是留置权人行使留置权的，应当依照民法典第四百五十条的规定处理。 担保财产被分割或者部分转让，担保物权人主张就分割或者转让后的担保财产行使担保物权的，人民法院应予支持，但是法律或者司法解释另有规定的除外。	**第七十一条**　主债权未受全部清偿的，抵押权人可以就抵押物的全部行使其抵押权。 抵押物被分割或者部分转让的，抵押权人可以就分割或者转让后的抵押物行使抵押权。

第九百六十条　【行纪合同参照适用委托合同的规定】本章没有规定的，参照适用委托合同的有关规定。

关联法规参见

▶**法律：**《民法典合同编》第919条至第936条。

第二十六章　中介合同

第九百六十一条　【中介合同的定义】中介合同是中介人向委托人报告订立合同的机会或者提供订立合同的媒介服务，委托人支付报酬的合同。

第九百六十二条　【中介人的如实报告义务；中介人故意隐瞒重要事实或提供虚假情况的责任】中介人应当就有关订立合同的事项向委托人如实报告。

中介人故意隐瞒与订立合同有关的重要事实或者提供虚假情况，损害委托人利益的，不得请求支付报酬并应当承担赔偿责任。

权威案例指引

▶公报案例

《应娟利诉亿贝易趣网络信息服务（上海）有限公司服务合同纠纷案》，《最高人民法院公报》2007 年第 3 期

裁判摘要：一、在网络交易中，提供交易平台的网站与交易双方之间构成居间合同关系的，网站负有合同法所规定的居间人的义务，如应当就有关订立合同的事项向合同双方如实报告，不得故意隐瞒与订立合同有关的重要事实或者提供虚假情况等。如果违反这些义务，网站应当承担相应的法律责任。

二、当事人通过网站交易平台与他人订立网络买卖合同，但未实际履行该合同，而是利用网站提供的合同对方的个人信息，通过电话联系方式与对方订立了与网络买卖合同完全不同的新的合同，该新合同与网站无关，当事人因履行该新合同而遭受经济损失的，网站不承担赔偿责任。

第九百六十三条　【中介人促成合同成立时的报酬请求权及中介费用负担】中介人促成合同成立的，委托人应当按照约定支付报酬。对中介人的报酬没有约定或者约定不明确，依据本法第五百一十条的规定仍不能确定的，根据中介人的劳务合理确定。因中介人提供订立合同的媒介服务而促成合同成立的，由该合同的当事人平均负担中介人的报酬。

中介人促成合同成立的，中介活动的费用，由中介人负担。

关联法规参见

▶**法律：**《民法典合同编》第 510 条。

权威案例指引

▶典型案例

《尊重当事人意思自治合理保护居间者的报酬请求权——英属维尔京群岛万嘉融资咨询私人有限公司、马来西亚叶某某与中宇建材集团有限公司居间合同纠纷上诉案》，《最高法院发布的第二批涉"一带一路"建设典型案例之二》（2017 年 5 月 15 日）

典型意义：该案对于合理保护居间人的报酬请求权具有重要意义。在"一带一路"战略推进过程中，居间人为投资者或者募集者提供居间服务，其报酬请求权应受法律保护。中国法院充分尊重当事人意思自治原则，根据合同约定确定居间报酬的金额，并根据实际情况适当调整居间报酬的支付方式，平等保护各方当事人的合法权益，维护交易秩序，有利于促进国际投资和国际交流。

第九百六十四条　【中介人未促成合同时的中介费用】中介人未促成合同成立的，不得请求支付报酬；但是，可以按照约定请求委托人支付从事中介活动支出的必要费用。

第九百六十五条　【跳单：绕开中介人直接订立合同时的费用负担】委托人在接受中介人的服务后，利用中介人提供的交易机会或者媒介服务，绕开中介人直接订立合同的，应当向中介人支付报酬。

权威案例指引

▶**指导性案例**

上海中原物业顾问有限公司诉陶德华居间合同纠纷案，指导案例 1 号（2011 年 12 月 20 日）

裁判要点：房屋买卖居间合同中关于禁止买方利用中介公司提供的房源信息却绕开该中介公司与卖方签订房屋买卖合同的约定合法有效。但是，当卖方将同一房屋通过多个中介公司挂牌出售时，买方通过其他公众可以获知的正当途径获得相同房源信息的，买方有权选择报价低、服务好的中介公司促成房屋买卖合同成立，其行为并没有利用先前与之签约中介公司的房源信息，故不构成违约。

第九百六十六条　【中介合同参照适用委托合同的规定】本章没有规定的，参照适用委托合同的有关规定。

关联法规参见

▶**法律：**《民法典合同编》第 919 条至第 936 条。

第二十七章　合伙合同

第九百六十七条　【合伙合同的定义】合伙合同是两个以上合伙人为了共同的事业目的，订立的共享利益、共担风险的协议。

关联法规参见

▶**法律：**《合伙企业法》第 4 条、第 5 条、第 19 条。

第九百六十八条　【合伙人的出资义务】合伙人应当按照约定的出资方式、数额和缴付期限，履行出资义务。

关联法规参见

▶**法律**：《合伙企业法》第16条、第17条。

第九百六十九条　【合伙财产的定义】 合伙人的出资、因合伙事务依法取得的收益和其他财产，属于合伙财产。

合伙合同终止前，合伙人不得请求分割合伙财产。

关联法规参见

▶**法律**：《合伙企业法》第20条、第21条。

第九百七十条　【合伙事务的执行】 合伙人就合伙事务作出决定的，除合伙合同另有约定外，应当经全体合伙人一致同意。

合伙事务由全体合伙人共同执行。按照合伙合同的约定或者全体合伙人的决定，可以委托一个或者数个合伙人执行合伙事务；其他合伙人不再执行合伙事务，但是有权监督执行情况。

合伙人分别执行合伙事务的，执行事务合伙人可以对其他合伙人执行的事务提出异议；提出异议后，其他合伙人应当暂停该项事务的执行。

关联法规参见

▶**法律**：《合伙企业法》第26条至第36条。

第九百七十一条　【合伙人执行合伙事务不得请求支付报酬】 合伙人不得因执行合伙事务而请求支付报酬，但是合伙合同另有约定的除外。

第九百七十二条　【合伙的利润分配和亏损分担】 合伙的利润分配和亏损分担，按照合伙合同的约定办理；合伙合同没有约定或者约定不明确的，由合伙人协商决定；协商不成的，由合伙人按照实缴出资比例分配、分担；无法确定出资比例的，由合伙人平均分配、分担。

关联法规参见

▶**法律**：《民法典合同编》第978条，《合伙企业法》第33条。

第九百七十三条　【合伙人对合伙债务的连带责任及追偿权】合伙人对合伙债务承担连带责任。清偿合伙债务超过自己应当承担份额的合伙人，有权向其他合伙人追偿。

关联法规参见

▶**法律**：《合伙企业法》第38条至第40条。

第九百七十四条　【合伙人对外转让财产份额的要求】除合伙合同另有约定外，合伙人向合伙人以外的人转让其全部或者部分财产份额的，须经其他合伙人一致同意。

关联法规参见

▶**法律**：《合伙企业法》第22条、第23条。

第九百七十五条　【合伙人个人债务的负担】合伙人的债权人不得代位行使合伙人依照本章规定和合伙合同享有的权利，但是合伙人享有的利益分配请求权除外。

关联法规参见

▶**法律**：《合伙企业法》第41条、第42条。

第九百七十六条　【合伙期限的推定；不定期合伙的特殊解除规则】合伙人对合伙期限没有约定或者约定不明确，依据本法第五百一十条的规定仍不能确定的，视为不定期合伙。

合伙期限届满，合伙人继续执行合伙事务，其他合伙人没有提出异议的，原合伙合同继续有效，但是合伙期限为不定期。

合伙人可以随时解除不定期合伙合同，但是应当在合理期限之前通知其他合伙人。

关联法规参见

▶**法律**：《民法典合同编》第510条。

第九百七十七条　【合伙人死亡、民事行为能力丧失或终止时合伙合同的效力】合伙人死亡、丧失民事行为能力或者终止的，合伙合同终止；但是，合伙合同另有约定或者根据合伙事务的性质不宜终止的除外。

关联法规参见

▶**法律：**《合伙企业法》第 80 条。

第九百七十八条　【合伙合同终止后剩余财产的分配规则】合伙合同终止后，合伙财产在支付因终止而产生的费用以及清偿合伙债务后有剩余的，依据本法第九百七十二条的规定进行分配。

关联法规参见

▶**法律：**《民法典合同编》第 972 条。

第三分编　准合同

第二十八章　无因管理

第九百七十九条　【无因管理的定义及法律效果】管理人没有法定的或者约定的义务，为避免他人利益受损失而管理他人事务的，可以请求受益人偿还因管理事务而支出的必要费用；管理人因管理事务受到损失的，可以请求受益人给予适当补偿。

管理事务不符合受益人真实意思的，管理人不享有前款规定的权利；但是，受益人的真实意思违反法律或者违背公序良俗的除外。

关联法规参见

▶**法律：**《民法典总则编》第 121 条。

第九百八十条　【受益人享有管理利益的补偿责任】管理人管理事务不属于前条规定的情形，但是受益人享有管理利益的，受益人应当在其获得的利益范围内向管理人承担前条第一款规定的义务。

第九百八十一条　【管理人的善良管理义务】管理人管理他人事务，应当采取有利于受益人的方法。中断管理对受益人不利的，无正当理由不得中断。

第九百八十二条　【管理人的通知义务】管理人管理他人事务，能够通知受益人的，应当及时通知受益人。管理的事务不需要紧急处理的，应当等待受益人的指示。

第九百八十三条　【管理人的报告及转交财产义务】管理结束后，管理人应当向受益人报告管理事务的情况。管理人管理事务取得的财产，应当及时转交给受益人。

第九百八十四条　【事后追认适用委托合同有关规定】管理人管理事务经受益人事后追认的，从管理事务开始时起，适用委托合同的有关规定，但是管理人另有意思表示的除外。

关联法规参见

▶**法律：**《民法典合同编》第919条至第936条。

第二十九章　不当得利

第九百八十五条　【不当得利的构成及除外情况】得利人没有法律根据取得不当利益的，受损失的人可以请求得利人返还取得的利益，但是有下列情形之一的除外：

（一）为履行道德义务进行的给付；

（二）债务到期之前的清偿；

（三）明知无给付义务而进行的债务清偿。

关联法规参见

▶**法律：**《民法典总则编》第122条。

权威案例指引

▶**公报案例**

《喻山澜诉工行宣武支行、工行北京分行不当得利纠纷案》，《最高人民法院公报》2005年第6期

裁判摘要：根据《民法通则》第九十二条规定，金融企业在发放与行政机关行政管理职责相关的服务性集成电路卡时，违反收费管理办法，向当事人收取工本费以外的费用，构成不当得利。

第九百八十六条　【善意得利人在利益不存在时的责任免除】得利人不知道且不应当知道取得的利益没有法律根据，取得的利益已经不存在的，不承担返还该利益的义务。

第九百八十七条　【恶意得利人的赔偿责任】得利人知道或者应当知道取得的利益没有法律根据的，受损失的人可以请求得利人返还其取得的利益并依法赔偿损失。

权威案例指引

▶公报案例

《孙卫与南通百川面粉有限公司不当得利纠纷案》，《最高人民法院公报》2015 年第 7 期

裁判摘要：刑事判决认定的赃款数额并非等同于作案造成损失的范围，不能简单依据刑事判决认定赃款的数额确定损失范围。刑事案件与民事案件的证明标准不同。不应以刑事案件的高标准取代民事证明标准。

第九百八十八条　【无偿受让利益第三人的返还义务】得利人已经将取得的利益无偿转让给第三人的，受损失的人可以请求第三人在相应范围内承担返还义务。

第四编　人格权

第一章　一般规定

第九百八十九条　【人格权编的调整范围】本编调整因人格权的享有和保护产生的民事关系。

关联法规参见

▶**法律**：《民法典总则编》第 109 条至第 111 条。

第九百九十条　【人格权的种类；一般人格权】人格权是民事主体享有的生命权、身体权、健康权、姓名权、名称权、肖像权、名誉权、荣誉权、隐私权等权利。

除前款规定的人格权外，自然人享有基于人身自由、人格尊严产生的其他人格权益。

关联法规参见

▶**法律**：《民法典总则编》第 110 条，《旅游法》第 10 条，《残疾人保障法》第 3 条，《消费者权益保护法》第 14 条，《档案法》第 47 条，《国防法》第 62 条。

第九百九十一条　【人格权益受法律保护】民事主体的人格权受法律保护，任何组织或者个人不得侵害。

关联法规参见

▶**法律**：《宪法》第 37 条、第 38 条，《民法典总则编》第 16 条、第 109 条，《义务教育法》第 29 条，《老年人权益保障法》第 21 条、第 25 条，《刑事诉讼法》第 135 条，《妇女权益保障法》第 1 条、第 2 条、第 9 条、第 11 条、第 12 条、第 15 条、第 16 条、第 21 条至第 25 条、第 27 条、第 30 条、第 32 条至第 34 条、第 36 条、第 37 条、第 42 条至第 44 条、第 46 条，《残疾人保障法》第 3 条、第 9 条、第 25 条、第 40 条、第 49 条、第 59 条、第 60 条、第 62 条至第 65 条、第 67 条，《精神卫生法》第 4 条、第 5 条、第 26 条、第 71 条、第 78 条，《刑法》第 238 条、第 241 条、第 244 条、第 318 条，《海关法》第 72 条，《慈善法》第 62 条，《水法》第 74 条，《消费者权益保护法》第 14 条、第 27 条，《国家赔偿法》第 3 条，《未成年人保护法》第 3 条、第 27 条、第 28 条、第 102 条、第 119 条，《治安管理处罚法》第 5 条、第 40 条，《劳动合同法》第 88 条，《人民警察法》第 2 条、第 22 条，《人民武装警察法》第 29 条，《监狱法》第 14 条，《预防未成年人犯罪法》第 3 条、第 31 条，《执业医师法》第 21 条、第 40 条，《教师法》第 8 条，《国防法》第 62 条，《人民武装警察法》第 19 条，《澳门特别行政区基本法》第 28 条、第 30 条，《香港特别行政区基本法》第 28 条。

▶**行政法规**：《外交特权与豁免条例》第 12 条。

司法解释适用

《最高人民法院关于适用〈中华人民共和国刑事诉讼法〉的解释》（法释〔2021〕1 号）

新《刑事诉讼法司法解释》	原《刑事诉讼法司法解释》
第二百六十一条　向证人发问应当遵循以下规则： （一）发问的内容应当与本案事实有关； （二）不得以诱导方式发问； （三）不得威胁证人； （四）不得损害证人的人格尊严。 对被告人、被害人、附带民事诉讼当事人、鉴定人、有专门知识的人、调查人员、侦查人员或者其他人员的讯问、发问，适用前款规定。	**第二百一十三条**　向证人发问应当遵循以下规则： （一）发问的内容应当与本案事实有关； （二）不得以诱导方式发问； （三）不得威胁证人； （四）不得损害证人的人格尊严。 ~~前款规定适用于~~对被告人、被害人、附带民事诉讼当事人、鉴定人、有专门知识的人的讯问、发问。
第五百零八条　执行死刑前，指挥执行的审判人员应当对罪犯验明正身，讯问有无遗言、信札，并制作笔录，再交执行人员执行死刑。 执行死刑应当公布，禁止游街示众或者其他有辱罪犯人格的行为。	**第四百二十六条**　执行死刑前，指挥执行的审判人员对罪犯应当验明正身，讯问有无遗言、信札，并制作笔录，再交执行人员执行死刑。 执行死刑应当公布，禁止游街示众或者其他有辱罪犯人格的行为。

《最高人民法院关于审理劳动争议案件适用法律问题的解释（一）》（法释〔2020〕26 号修改）

<table>
<tr><th>《劳动争议案件适用司法解释（一）》</th><th>原《劳动争议案件司法解释（一）》</th></tr>
<tr><td colspan="2">第四十五条（原第十五条）　用人单位有下列情形之一，迫使劳动者提出解除劳动合同的，用人单位应当支付劳动者的劳动报酬和经济补偿，并可支付赔偿金：
（一）以暴力、威胁或者非法限制人身自由的手段强迫劳动的；
（二）未按照劳动合同约定支付劳动报酬或者提供劳动条件的；
（三）克扣或者无故拖欠劳动者工资的；
（四）拒不支付劳动者延长工作时间工资报酬的；
（五）低于当地最低工资标准支付劳动者工资的。</td></tr>
</table>

《最高人民法院关于确定民事侵权精神损害赔偿责任若干问题的解释》（法释〔2020〕17 号修改）

新《精神损害赔偿司法解释》	原《精神损害赔偿司法解释》
第一条　因人身权益或者具有人身意义的特定物受到侵害，自然人或者其近亲属向人民法院提起诉讼请求精神损害赔偿的，人民法院应当依法予以受理。	**第一条**　自然人因下列人格权利遭受非法侵害，向人民法院起诉请求赔偿精神损害的，人民法院应当依法予以受理： （一）生命权、健康权、身体权； （二）姓名权、肖像权、名誉权、荣誉权； （三）人格尊严权、人身自由权。 违反社会公共利益、社会公德侵害他人隐私或者其他人格利益，受害人以侵权为由向人民法院起诉请求赔偿精神损害的，人民法院应当依法予以受理。

《最高人民法院关于审理国家赔偿案件确定精神损害赔偿责任适用法律若干问题的解释》

第一条　公民以人身权受到侵犯为由提出国家赔偿申请，依照国家赔偿法第三十五条的规定请求精神损害赔偿的，适用本解释。

法人或者非法人组织请求精神损害赔偿的，人民法院不予受理。

第二条　公民以人身权受到侵犯为由提出国家赔偿申请，未请求精神损害赔偿，或者未同时请求消除影响、恢复名誉、赔礼道歉以及精神损害抚慰金的，人民法院应当向其释明。经释明后不变更请求，案件审结后又基于同一侵权事实另行提出申请的，人民法院不予受理。

《最高人民法院关于审理拐卖妇女儿童犯罪案件具体应用法律若干问题的解释》

第三条　以介绍婚姻为名，采取非法扣押身份证件、限制人身自由等方式，或者利用妇女人地生疏、语言不通、孤立无援等境况，违背妇女意志，将其出卖给他人的，应当以拐卖妇女罪追究刑事责任。

以介绍婚姻为名，与被介绍妇女串通骗取他人钱财，数额较大的，应当以诈骗罪追究刑事责任。

权威案例指引

▶公报案例

《梁某某诉广东惠食佳经济发展有限公司、广州市越秀区名豪轩鱼翅海鲜大酒楼人格权纠纷案》，《最高人民法院公报》2021 年第 1 期

裁判摘要：就业平等权不仅属于劳动者的劳动权利范畴，亦属劳动者作为自然人的人格权范畴。在招聘广告并未明确不招女性，对于并非不适宜女性从事的工作位，用人单位无不当理由 仅因劳动者的性别而作出不合理的区别、限制以及排斥行为的，构成就业性别歧视，

侵犯了劳动者的平等就业权。

▶典型案例

《邓某某诉某速递公司、某劳务公司一般人格权纠纷案》，《最高人民法院发布十起关于弘扬社会主义核心价值观典型案例之九》（2016 年 8 月 23 日）

典型意义：社会公德

实行男女平等是国家的基本国策。《中华人民共和国宪法》、《中华人民共和国妇女权益保障法》均规定妇女在政治的、经济的、文化的、社会的和家庭的生活等各方面享有同男子平等的权利，而《中华人民共和国劳动法》、《中华人民共和国就业促进法》进一步具体规定劳动者就业，不因民族、种族、性别、宗教信仰不同而受歧视，妇女享有与男子平等的就业权利；在录用职工时，除国家规定的不适合妇女的工种或者岗位外，不得以性别为由拒绝录用妇女或者提高对妇女的录用标准。但现实生活中，考虑到女性特殊的生理性原因，妇女需要生育、哺乳以及有生理期等，招聘单位往往以较为隐蔽的方式（比如以只接收简历不通知面试或专业不对口等非性别原因掩盖核心的性别原因）拒绝录用女性，使得女性在就业时因性别而遭受歧视。由于应聘者和招聘单位地位不对等、信息不对称使得应聘者很难获取招聘单位实施就业性别歧视的证据，即便掌握了相关证据，出于诉讼成本及效益等方面的考虑，应聘者未必拿起法律武器维护自己的权益。

本案中，应聘者通过搜集证据形成证据链，能够证明某速递公司在已表明愿为其提供担任快递员机会并签约的情形下，又予以反悔，拒绝录用应聘者，构成就业性别歧视。在招聘单位仅仅以性别原因拒绝录用应聘者的情况下，招聘单位就构成了侵权，对由此而给应聘者造成的直接经济损失应予以赔偿，同时招聘单位的拒录行为客观上也给应聘者造成了一定的精神损害，对于应聘者主张的精神损害抚慰金可根据招聘单位的过错程度以及对应聘者造成的损害后果酌情确定。对实施就业性别歧视的单位通过判决使其承担民事责任，不仅是对全体劳动者的保护，营造平等、和谐的就业环境，更是对企图实施就业性别歧视的单位予以威慑，让平等就业的法律法规落到实处，起到规范、引导的良好作用。

第九百九十二条　【人格权不得放弃、转让、继承】人格权不得放弃、转让或者继承。

第九百九十三条　【人格利益的许可使用】民事主体可以将自己的姓名、名称、肖像等许可他人使用，但是依照法律规定或者根据其性质不得许可的除外。

第九百九十四条　【死者人格利益保护】死者的姓名、肖像、名誉、荣誉、隐私、遗体等受到侵害的，其配偶、子女、父母有权依法请求行为人承担民事责任；死者没有配偶、子女且父母已经死亡的，其他近亲属有权依法请求行为人承担民事责任。

司法解释适用

《最高人民法院关于适用〈中华人民共和国民事诉讼法〉的解释》（法释〔2020〕20号修改）

新《民事诉讼法司法解释》	原《民事诉讼法司法解释》
第六十九条（原第六十九条）　对侵害死者遗体、遗骨以及姓名、肖像、名誉、荣誉、隐私等行为提起诉讼的，死者的近亲属为当事人。	

《最高人民法院关于周海婴诉绍兴越王珠宝金行侵犯鲁迅肖像权一案应否受理的答复意见》

浙江省高级人民法院：

你院〔97〕浙法告申民他字第6号关于周海婴诉绍兴越王珠宝金行侵犯鲁迅肖像权一案应否受理的请示报告收悉。经研究，答复如下：

公民死亡后，其肖像权应依法保护。任何污损、丑化或擅自以营利为目的使用死者肖像构成侵权的，死者的近亲属有权向人民法院提起诉讼。

鲁迅之子周海婴的起诉符合《民事诉讼法》第一百零八条规定的条件，绍兴市中级人民法院应当受理，受理后以调解结案为宜。如调解不成，你院可根据本案实体审理的情况确定被告是否承担责任或如何承担责任。

以上意见供参考。

《最高人民法院关于死亡人的名誉权应依法保护的复函》

天津市高级人民法院：

你院津高法〔1988〕第47号关于处理《荷花女》名誉权纠纷案的请示报告收悉。经研究答复如下：

一、吉文贞（艺名荷花女）死后，其名誉权应依法保护，其母陈秀琴亦有权向人民法院提起诉讼。

二、《荷花女》一文中的插图无明显侵权情况，插图作者可不列为本案的诉讼当事人。

三、本案被告是否承担或如何承担民事责任，由你院根据本案具体情况确定。

以上意见供参考。

第995条

第九百九十五条　【侵害人格权的民事责任】人格权受到侵害的，受害人有权依照本法和其他法律的规定请求行为人承担民事责任。受害人的停止侵害、排除妨碍、消除危险、消除影响、恢复名誉、赔礼道歉请求权，不适用诉讼时效的规定。

关联法规参见

▶**法律：**《民法典总则编》第196条，《民法典侵权责任编》第1179条、第1182条、第1183条、第1207条，《劳动法》第96条，《食品安全法》第141条、第148条，《消费者权益保护法》第 50 条、第 55 条、第 56 条，《公职人员政务处分法》第 32 条、第 53 条。

▶**行政法规**：《医疗纠纷预防和处理条例》第 51 条，《事业单位人事管理条例》第 42 条，《公安机关督察条例》第 14 条，《行政机关公务员处分条例》第 51 条。

司法解释适用

《最高人民法院关于审理人身损害赔偿案件适用法律若干问题的解释》（法释〔2020〕17 号修改）

新《人身损害赔偿解释》	原《人身损害赔偿解释》
新增条文 **第二十三条** 精神损害抚慰金适用《最高人民法院关于确定民事侵权精神损害赔偿责任若干问题的解释》予以确定。	

《最高人民法院关于确定民事侵权精神损害赔偿责任若干问题的解释》（法释〔2020〕17 号修改）

新《精神损害赔偿司法解释》	原《精神损害赔偿司法解释》
删除条文 ~~**第八条** 因侵权致人精神损害，但未造成严重后果，受害人请求赔偿精神损害的，一般不予支持，人民法院可以根据情形判令侵权人停止侵害、恢复名誉、消除影响、赔礼道歉。~~ ~~因侵权致人精神损害，造成严重后果的，人民法院除判令侵权人承担停止侵害、恢复名誉、消除影响、赔礼道歉等民事责任外，可以根据受害人一方的请求判令其赔偿相应的精神损害抚慰金。~~	

《最高人民法院关于审理国家赔偿案件确定精神损害赔偿责任适用法律若干问题的解释》

第二条 公民以人身权受到侵犯为由提出国家赔偿申请，未请求精神损害赔偿，或者未同时请求消除影响、恢复名誉、赔礼道歉以及精神损害抚慰金的，人民法院应当向其释明。经释明后不变更请求，案件审结后又基于同一侵权事实另行提出申请的，人民法院不予受理。

第三条 赔偿义务机关有国家赔偿法第三条、第十七条规定情形之一，依法应当承担国家赔偿责任的，可以同时认定该侵权行为致人精神损害。但是赔偿义务机关有证据证明该公民不存在精神损害，或者认定精神损害违背公序良俗的除外。

第四条 侵权行为致人精神损害，应当为受害人消除影响、恢复名誉或者赔礼道歉；侵权行为致人精神损害并造成严重后果，应当在支付精神损害抚慰金的同时，视案件具体情形，为受害人消除影响、恢复名誉或者赔礼道歉。

消除影响、恢复名誉与赔礼道歉，可以单独适用，也可以合并适用，并应当与侵权行为的具体方式和造成的影响范围相当。

第五条　人民法院可以根据案件具体情况，组织赔偿请求人与赔偿义务机关就消除影响、恢复名誉或者赔礼道歉的具体方式进行协商。

协商不成作出决定的，应当采用下列方式：

（一）在受害人住所地或者所在单位发布相关信息；

（二）在侵权行为直接影响范围内的媒体上予以报道；

（三）赔偿义务机关有关负责人向赔偿请求人赔礼道歉。

第六条　决定为受害人消除影响、恢复名誉或者赔礼道歉的，应当载入决定主文。

赔偿义务机关在决定作出前已为受害人消除影响、恢复名誉或者赔礼道歉，或者原侵权案件的纠正被媒体广泛报道，客观上已经起到消除影响、恢复名誉作用，且符合本解释规定的，可以在决定书中予以说明。

第九条　精神损害抚慰金的具体数额，应当在兼顾社会发展整体水平的同时，参考下列因素合理确定：

（一）精神受到损害以及造成严重后果的情况；

（二）侵权行为的目的、手段、方式等具体情节；

（三）侵权机关及其工作人员的违法、过错程度、原因力比例；

（四）原错判罪名、刑罚轻重、羁押时间；

（五）受害人的职业、影响范围；

（六）纠错的事由以及过程；

（七）其他应当考虑的因素。

第十条　精神损害抚慰金的数额一般不少于一千元；数额在一千元以上的，以千为计数单位。

赔偿请求人请求的精神损害抚慰金少于一千元，且其请求事由符合本解释规定的造成严重后果情形，经释明不予变更的，按照其请求数额支付。

第十一条　受害人对损害事实和后果的发生或者扩大有过错的，可以根据其过错程度减少或者不予支付精神损害抚慰金。

第十二条　决定中载明的支付精神损害抚慰金及其他责任承担方式，赔偿义务机关应当履行。

第九百九十六条　【请求承担违约责任不影响请求精神损害赔偿】 因当事人一方的违约行为，损害对方人格权并造成严重精神损害，受损害方选择请求其承担违约责任的，不影响受损害方请求精神损害赔偿。

关联法规参见

▶**法律：**《民法典总则编》第186条。

第996条

司法解释适用

《最高人民法院关于审理人身损害赔偿案件适用法律若干问题的解释》（法释〔2020〕17号修改）

新《人身损害赔偿司法解释》	
新增条文 **第二十三条** 精神损害抚慰金适用《最高人民法院关于确定民事侵权精神损害赔偿责任若干问题的解释》予以确定。	

第九百九十七条 【停止侵害人格权禁令】 民事主体有证据证明行为人正在实施或者即将实施侵害其人格权的违法行为，不及时制止将使其合法权益受到难以弥补的损害的，有权依法向人民法院申请采取责令行为人停止有关行为的措施。

第九百九十八条 【认定承担侵害精神性人格权民事责任的考虑因素】 认定行为人承担侵害除生命权、身体权和健康权外的人格权的民事责任，应当考虑行为人和受害人的职业、影响范围、过错程度，以及行为的目的、方式、后果等因素。

司法解释适用

《最高人民法院关于确定民事侵权精神损害赔偿责任若干问题的解释》（法释〔2020〕17号修改）

新《精神损害赔偿解释》	原《精神损害赔偿解释》
第五条 精神损害的赔偿数额根据以下因素确定： （一）侵权人的过错程度，但是法律另有规定的除外； （二）侵权行为的目的、方式、场合等具体情节； （三）侵权行为所造成的后果； （四）侵权人的获利情况； （五）侵权人承担责任的经济能力； （六）受理诉讼法院所在地的平均生活水平。	**第十条** 精神损害的赔偿数额根据以下因素确定： （一）侵权人的过错程度，法律另有规定的除外； （二）侵害的手段、场合、行为方式等具体情节； （三）侵权行为所造成的后果； （四）侵权人的获利情况； （五）侵权人承担责任的经济能力； （六）受诉法院所在地平均生活水平。 ~~法律、行政法规对残疾赔偿金、死亡赔偿金等有明确规定的，适用法律、行政法规的规定。~~

权威案例指引

▶公报案例

《周星驰诉中建荣真无锡建材科技有限公司肖像权、姓名权纠纷案》，《最高人民法院公报》2020 年第 2 期

裁判摘要：1. 在涉外人格权侵权纠纷中，双方当事人援引相同的法律且未提出法律适用异议的，人民法院可以认定当事人已经就该民事关系的准据法做出了一致的选择。

2. 当姓名权和肖像权具有商业化使用权能时，当事人仅以侵权责任法为依据进行主张，该人格权的精神利益和财产价值可一并予以保护，包括属于合理开支的律师费用在内均应纳入人格权的损害赔偿范围。

3. 在酌定赔偿数额时，人民法院应该结合权利类型，侵权方式、从侵权程度、被侵权人和侵权人的身份地位、经济情况、获利情况、过错类型、其他情形等方面予以整合考虑。

▶典型案例

《徐大雯与宋祖德、刘信达侵害名誉权民事纠纷案——精神损害赔偿应与侵权人的过错程度相适应》，《最高人民法院公布 8 起利用信息网络侵害人身权益典型案例之一》（2014 年 10 月 10 日）

典型意义：本案是一起利用博客侵害他人名誉权的案件。正如一、二审判决所言，在公开博客这样的自媒体中表达，与通过广播、电视、报刊等方式表达一样，都应当遵守国家的法律法规，不得侵犯他人的合法权益。博客开设者应当对博客内容承担法律责任。本案两被告利用互联网和其他媒体侵犯谢晋名誉，法院根据其行为的主观过错、侵权手段的恶劣程度、侵权结果等因素，判处较高数额的精神损害抚慰金，体现了侵权责任法的理念和精神。

《赵雅芝与上海琪姿贸易有限公司、上海诺宝丝化妆品有限公司侵害姓名权纠纷、肖像权纠纷案——被侵权人的影响力是判断经济损失的重要因素》，《最高人民法院公布 8 起利用信息网络侵害人身权益典型案例之四》（2014 年 10 月 10 日）

典型意义：使用名人的影响力提升产品或服务的知名度，是比较常用的营销手段。基于互联网技术，未经同意使用他人肖像或姓名要比过去更容易查证。本案的特点是，法院在认定受害人的经济损失时，综合考虑了被侵权人的知名度、对相关产品进行宣传可提升该产品的影响力和可信度、对该产品的生产商或销售商可带来的实际利益、使用被侵权人姓名和肖像的时间长短、对被侵权人造成的影响范围、其行为的过错程度等因素，并据此判决较高的经济损失，贯彻了通过损害赔偿制裁违法行为、提高违法行为的成本的制度功能。

第九百九十九条　【新闻报道、舆论监督等行为的合理使用与不合理使用的民事责任】为公共利益实施新闻报道、舆论监督等行为的，可以合理使用民事主体的姓名、名称、肖像、个人信息等；使用不合理侵害民事主体人格权的，应当依法承担民事责任。

关联法规参见

▶**法律：**《未成年人保护法》第103条，《预防未成年人犯罪法》第50条、第51条。

第一千条　【侵害人格权民事责任的相当性与替代性公布执行方式】行为人因侵害人格权承担消除影响、恢复名誉、赔礼道歉等民事责任的，应当与行为的具体方式和造成的影响范围相当。

行为人拒不承担前款规定的民事责任的，人民法院可以采取在报刊、网络等媒体上发布公告或者公布生效裁判文书等方式执行，产生的费用由行为人负担。

关联法规参见

▶**法律：**《国家赔偿法》第35条。

▶**行政法规：**《公安机关督察条例》第14条。

司法解释适用

《最高人民法院关于审理国家赔偿案件确定精神损害赔偿责任适用法律若干问题的解释》

第二条　公民以人身权受到侵犯为由提出国家赔偿申请，未请求精神损害赔偿，或者未同时请求消除影响、恢复名誉、赔礼道歉以及精神损害抚慰金的，人民法院应当向其释明。经释明后不变更请求，案件审结后又基于同一侵权事实另行提出申请的，人民法院不予受理。

第三条　赔偿义务机关有国家赔偿法第三条、第十七条规定情形之一，依法应当承担国家赔偿责任的，可以同时认定该侵权行为致人精神损害。但是赔偿义务机关有证据证明该公民不存在精神损害，或者认定精神损害违背公序良俗的除外。

第四条　侵权行为致人精神损害，应当为受害人消除影响、恢复名誉或者赔礼道歉；侵权行为致人精神损害并造成严重后果，应当在支付精神损害抚慰金的同时，视案件具体情形，为受害人消除影响、恢复名誉或者赔礼道歉。

消除影响、恢复名誉与赔礼道歉，可以单独适用，也可以合并适用，并应当与侵权行为的具体方式和造成的影响范围相当。

第五条　人民法院可以根据案件具体情况，组织赔偿请求人与赔偿义务机关就消除影响、恢复名誉或者赔礼道歉的具体方式进行协商。

协商不成作出决定的，应当采用下列方式：

（一）在受害人住所地或者所在单位发布相关信息；

（二）在侵权行为直接影响范围内的媒体上予以报道；

（三）赔偿义务机关有关负责人向赔偿请求人赔礼道歉。

第六条　决定为受害人消除影响、恢复名誉或者赔礼道歉的，应当载入决定主文。

赔偿义务机关在决定作出前已为受害人消除影响、恢复名誉或者赔礼道歉，或者原侵权案件的纠正被媒体广泛报道，客观上已经起到消除影响、恢复名誉作用，且符合本解释规定的，可以在决定书中予以说明。

第九条　精神损害抚慰金的具体数额，应当在兼顾社会发展整体水平的同时，参考下列因素合理确定：

（一）精神受到损害以及造成严重后果的情况；

（二）侵权行为的目的、手段、方式等具体情节；

（三）侵权机关及其工作人员的违法、过错程度、原因力比例；

（四）原错判罪名、刑罚轻重、羁押时间；

（五）受害人的职业、影响范围；

（六）纠错的事由以及过程；

（七）其他应当考虑的因素。

第十条　精神损害抚慰金的数额一般不少于一千元；数额在一千元以上的，以千为计数单位。

赔偿请求人请求的精神损害抚慰金少于一千元，且其请求事由符合本解释规定的造成严重后果情形，经释明不予变更的，按照其请求数额支付。

第十一条　受害人对损害事实和后果的发生或者扩大有过错的，可以根据其过错程度减少或者不予支付精神损害抚慰金。

第十二条　决定中载明的支付精神损害抚慰金及其他责任承担方式，赔偿义务机关应当履行。

《最高人民法院关于审理民事、行政诉讼中司法赔偿案件适用法律若干问题的解释》

第十一条　人民法院及其工作人员在民事、行政诉讼过程中，具有本解释第二条、第六条规定情形，侵犯公民人身权的，应当依照国家赔偿法第三十三条、第三十四条的规定计算赔偿金。致人精神损害的，应当依照国家赔偿法第三十五条的规定，在侵权行为影响的范围内，为受害人消除影响、恢复名誉、赔礼道歉；造成严重后果的，还应当支付相应的精神损害抚慰金。

第一千零一条　【自然人身份权利的保护】对自然人因婚姻家庭关系等产生的身份权利的保护，适用本法第一编、第五编和其他法律的相关规定；没有规定的，可以根据其性质参照适用本编人格权保护的有关规定。

关联法规参见

▶**法律：**《民法典总则编》第3条、第112条。

第二章　生命权、身体权和健康权

第一千零二条　【生命权】自然人享有生命权。自然人的生命安全和生命尊严受法律保护。任何组织或者个人不得侵害他人的生命权。

关联法规参见

▶**法律**：《民法典总则编》第15条、第110条、第181条、第182条，《妇女权益保障法》第38条，《国家赔偿法》第34条。

司法解释适用

《最高人民法院关于审理人身损害赔偿案件适用法律若干问题的解释》（法释〔2020〕17号修改）

新《人身赔偿司法解释》	原《人身赔偿司法解释》
新增条文 **第十六条**　被扶养人生活费计入残疾赔偿金或者死亡赔偿金。	
第十五条（原第二十九条）　死亡赔偿金按照受诉法院所在地上一年度城镇居民人均可支配收入或者农村居民人均纯收入标准，按二十年计算。但六十周岁以上的，年龄每增加一岁减少一年；七十五周岁以上的，按五年计算。	

《最高人民法院关于审理国家赔偿案件确定精神损害赔偿责任适用法律若干问题的解释》

第一条　公民以人身权受到侵犯为由提出国家赔偿申请，依照国家赔偿法第三十五条的规定请求精神损害赔偿的，适用本解释。

法人或者非法人组织请求精神损害赔偿的，人民法院不予受理。

第二条　公民以人身权受到侵犯为由提出国家赔偿申请，未请求精神损害赔偿，或者未同时请求消除影响、恢复名誉、赔礼道歉以及精神损害抚慰金的，人民法院应当向其释明。经释明后不变更请求，案件审结后又基于同一侵权事实另行提出申请的，人民法院不予受理。

权威案例指引

▶**典型案例**

《华波与王士波、王希全生命权纠纷执行案》，《最高人民法院发布十起关于弘扬社会主义核心价值观典型案例之十》（2016年8月23日）

典型意义：友善互助

考虑此案的发生确实导致申请人的生活困难，法院不能放手不管。要对申请人受到的心灵创伤给予抚慰，同时体现社会主义公平正义价值观。

第一千零三条　【身体权】自然人享有身体权。自然人的身体完整和行动自由受法律保护。任何组织或者个人不得侵害他人的身体权。

关联法规参见

▶**法律**：《民法典总则编》第110条，《刑事诉讼法》第131条，《传染病防治法》第46条，《医疗事故处理条例》第18条。

司法解释适用

《最高人民法院关于适用〈中华人民共和国刑事诉讼法〉的解释》（法释〔2021〕1号）

新《刑事诉讼法司法解释》	原《刑事诉讼法司法解释》
第五百一十条　执行死刑后，负责执行的人民法院应当办理以下事项： （一）对罪犯的遗书、遗言笔录，应当及时审查；涉及财产继承、债务清偿、家事嘱托等内容的，将遗书、遗言笔录交给家属，同时复制附卷备查；涉及案件线索等问题的，抄送有关机关； （二）通知罪犯家属在限期内领取罪犯骨灰；没有火化条件或者因民族、宗教等原因不宜火化的，通知领取尸体；过期不领取的，由人民法院通知有关单位处理，并要求有关单位出具处理情况的说明；对罪犯骨灰或者尸体的处理情况，应当记录在案； （三）对外国籍罪犯执行死刑后，通知外国驻华使领馆的程序和时限，根据有关规定办理。	**第四百二十八条**　执行死刑后，负责执行的人民法院应当办理以下事项： （一）对罪犯的遗书、遗言笔录，应当及时审查；涉及财产继承、债务清偿、家事嘱托等内容的，将遗书、遗言笔录交给家属，同时复制附卷备查；涉及案件线索等问题的，抄送有关机关； （二）通知罪犯家属在限期内领取罪犯骨灰；没有火化条件或者因民族、宗教等原因不宜火化的，通知领取尸体；过期不领取的，由人民法院通知有关单位处理，并要求有关单位出具处理情况的说明；对罪犯骨灰或者尸体的处理情况，应当记录在案； （三）对外国籍罪犯执行死刑后，通知外国驻华使、领馆的程序和时限，根据有关规定办理。

《最高人民法院关于审理人身损害赔偿案件适用法律若干问题的解释》（法释〔2020〕17号修改）

新《人身赔偿司法解释》	原《人身损害赔偿司法解释》
新增条文 **第十六条**　被扶养人生活费计入残疾赔偿金或者死亡赔偿金。	

第1003条

新《人身赔偿司法解释》	原《人身损害赔偿司法解释》
第十五条（原第二十九条） 死亡赔偿金按照受诉法院所在地上一年度城镇居民人均可支配收入或者农村居民人均纯收入标准，按二十年计算。但六十周岁以上的，年龄每增加一岁减少一年；七十五周岁以上的，按五年计算。	

《最高人民法院关于审理国家赔偿案件确定精神损害赔偿责任适用法律若干问题的解释》

第一条 公民以人身权受到侵犯为由提出国家赔偿申请，依照国家赔偿法第三十五条的规定请求精神损害赔偿的，适用本解释。

法人或者非法人组织请求精神损害赔偿的，人民法院不予受理。

第二条 公民以人身权受到侵犯为由提出国家赔偿申请，未请求精神损害赔偿，或者未同时请求消除影响、恢复名誉、赔礼道歉以及精神损害抚慰金的，人民法院应当向其释明。经释明后不变更请求，案件审结后又基于同一侵权事实另行提出申请的，人民法院不予受理。

第一千零四条 【健康权】自然人享有健康权。自然人的身心健康受法律保护。任何组织或者个人不得侵害他人的健康权。

关联法规参见

▶**法律：**《民法典总则编》第110条，《妇女权益保障法》第38条，《国家赔偿法》第34条，《突发事件应对法》第49条、第55条至第57条。

司法解释适用

《最高人民法院关于审理人身损害赔偿案件适用法律若干问题的解释》（法释〔2020〕17号修改）

新《人身损害赔偿司法解释》	原《人身损害赔偿解释》
第十二条（原第二十五条） 残疾赔偿金根据受害人丧失劳动能力程度或者伤残等级，按照受诉法院所在地上一年度城镇居民人均可支配收入或者农村居民人均纯收入标准，自定残之日起按二十年计算。但六十周岁以上的，年龄每增加一岁减少一年；七十五周岁以上的，按五年计算。 受害人因伤致残但实际收入没有减少，或者伤残等级较轻但造成职业妨害严重影响其劳动就业的，可以对残疾赔偿金作相应调整。	
新增条文 **第十六条** 被扶养人生活费计入残疾赔偿金或者死亡赔偿金。	

《最高人民法院关于审理国家赔偿案件确定精神损害赔偿责任适用法律若干问题的解释》

第一条 公民以人身权受到侵犯为由提出国家赔偿申请，依照国家赔偿法第三十五条的规定请求精神损害赔偿的，适用本解释。

法人或者非法人组织请求精神损害赔偿的，人民法院不予受理。

第二条 公民以人身权受到侵犯为由提出国家赔偿申请，未请求精神损害赔偿，或者未同时请求消除影响、恢复名誉、赔礼道歉以及精神损害抚慰金的，人民法院应当向其释明。经释明后不变更请求，案件审结后又基于同一侵权事实另行提出申请的，人民法院不予受理。

第一千零五条 【物质性人格权受侵害时的法定救助义务】 自然人的生命权、身体权、健康权受到侵害或者处于其他危难情形的，负有法定救助义务的组织或者个人应当及时施救。

关联法规参见

▶**法律：**《民法典合同编》第822条，《消防法》第44条，《职业病防治法》第37条，《民用航空法》第50条，《旅游法》第82条，《精神卫生法》第16条，《反恐怖主义法》第65条，《红十字会法》第11条，《海上交通安全法》第35条至第38条，《慈善法》第30条，《防洪法》第47条，《反家庭暴力法》第13条至第15条，《未成年人保护法》第37条，《人民警察法》第21条，《道路交通安全法》第75条，《国防动员法》第47条，《执业医师法》第24条，《人民武装警察法》第18条、第28条，《防震减灾法》第50条、第54条至第57条。

第一千零六条 【无偿捐献人体细胞、组织、器官和遗体】 完全民事行为能力人有权依法自主决定无偿捐献其人体细胞、人体组织、人体器官、遗体。任何组织或者个人不得强迫、欺骗、利诱其捐献。

完全民事行为能力人依据前款规定同意捐献的，应当采用书面形式，也可以订立遗嘱。

自然人生前未表示不同意捐献的，该自然人死亡后，其配偶、成年子女、父母可以共同决定捐献，决定捐献应当采用书面形式。

关联法规参见

▶**行政法规：**《宗教事务条例》第57条。

第一千零七条 【禁止买卖人体细胞、组织、器官和遗体】 禁止以任何形式买卖人体细胞、人体组织、人体器官、遗体。

违反前款规定的买卖行为无效。

关联法规参见

▶**法律**：《民法典总则编》第153条。

第一千零八条　【人体临床试验的伦理审查与知情同意权】为研制新药、医疗器械或者发展新的预防和治疗方法，需要进行临床试验的，应当依法经相关主管部门批准并经伦理委员会审查同意，向受试者或者受试者的监护人告知试验目的、用途和可能产生的风险等详细情况，并经其书面同意。

进行临床试验的，不得向受试者收取试验费用。

关联法规参见

▶**法律**：《药品管理法》第19条至第21条，《疫苗管理法》第16条、第18条。

▶**行政法规**：《人类遗传资源管理条例》第8条、第9条。

第一千零九条　【从事人体基因、胚胎等医学和科研活动的法定限制】从事与人体基因、人体胚胎等有关的医学和科研活动，应当遵守法律、行政法规和国家有关规定，不得危害人体健康，不得违背伦理道德，不得损害公共利益。

第一千零一十条　【性骚扰的民事责任与单位预防义务】违背他人意愿，以言语、文字、图像、肢体行为等方式对他人实施性骚扰的，受害人有权依法请求行为人承担民事责任。

机关、企业、学校等单位应当采取合理的预防、受理投诉、调查处置等措施，防止和制止利用职权、从属关系等实施性骚扰。

关联法规参见

▶**法律**：《民法典总则编》第3条，《妇女权益保障法》第40条，《治安管理处罚法》第42条。

▶**行政法规**：《女职工劳动保护特别规定》第11条。

第一千零一十一条　【剥夺、限制他人行动自由或者非法搜查身体的民事责任】以非法拘禁等方式剥夺、限制他人的行动自由，或者非法搜查他人身体的，受害人有权依法请求行为人承担民事责任。

关联法规参见

▶**法律**：《水法》第74条，《消费者权益保护法》第27条、第50条、第51条。

第三章　姓名权和名称权

第一千零一十二条　【姓名权】自然人享有姓名权，有权依法决定、使用、变更或者许可他人使用自己的姓名，但是不得违背公序良俗。

关联法规参见

▶**法律**：《民法典总则编》第110条，《民法典婚姻家庭编》第1056条。

司法解释适用

《最高人民法院关于审理国家赔偿案件确定精神损害赔偿责任适用法律若干问题的解释》

第一条　公民以人身权受到侵犯为由提出国家赔偿申请，依照国家赔偿法第三十五条的规定请求精神损害赔偿的，适用本解释。

法人或者非法人组织请求精神损害赔偿的，人民法院不予受理。

第二条　公民以人身权受到侵犯为由提出国家赔偿申请，未请求精神损害赔偿，或者未同时请求消除影响、恢复名誉、赔礼道歉以及精神损害抚慰金的，人民法院应当向其释明。经释明后不变更请求，案件审结后又基于同一侵权事实另行提出申请的，人民法院不予受理。

《最高人民法院关于范曾诉盛林虎姓名权纠纷案的复函》

江苏省高级人民法院：

你院〔1989〕民请字第6号关于范曾诉盛林虎姓名权纠纷一案的请示报告收悉。经研究，我们认为，盛林虎临摹范曾绘画作品是一种复制行为。未经作者范曾同意，以营利为目的出售该复制品，侵害了范曾的著作权，盛林虎应承担侵权的民事责任。根据该案情况，其案由以定著作权纠纷为宜。

以上意见，供参考。

权威案例指引

▶**指导性案例**

迈克尔·杰弗里·乔丹与国家工商行政管理总局商标评审委员会、乔丹体育股份有限公司“乔丹”商标争议行政纠纷案，指导案例113号（2019年12月24日）

裁判要点：1. 姓名权是自然人对其姓名享有的人身权，姓名权可以构成商标法规定的在先权利。外国自然人外文姓名的中文译名符合条件的，可以依法主张作为特定名称按照姓名权的有关规定予以保护。

2. 外国自然人就特定名称主张姓名权保护的，该特定名称应当符合以下三项条件：（1）

第1012条

该特定名称在我国具有一定的知名度，为相关公众所知悉；(2) 相关公众使用该特定名称指代该自然人；(3) 该特定名称已经与该自然人之间建立了稳定的对应关系。

3. 使用是姓名权人享有的权利内容之一，并非姓名权人主张保护其姓名权的法定前提条件。特定名称按照姓名权受法律保护的，即使自然人并未主动使用，也不影响姓名权人按照商标法关于在先权利的规定主张权利。

4. 违反诚实信用原则，恶意申请注册商标，侵犯他人现有在先权利的“商标权人”，以该商标的宣传、使用、获奖、被保护等情况形成了“市场秩序”或者“商业成功”为由，主张该注册商标合法有效的，人民法院不予支持。

第一千零一十三条 【名称权】法人、非法人组织享有名称权，有权依法决定、使用、变更、转让或者许可他人使用自己的名称。

关联法规参见

▶**法律**：《民法典总则编》第 54 条、第 110 条。

▶**行政法规**：《企业名称登记管理规定》第 4 条、第 13 条至第 15 条、第 19 条、第 21 条至第 23 条。

权威案例指引

▶**指导性案例**

成都同德福合川桃片有限公司诉重庆市合川区同德福桃片有限公司、余晓华侵害商标权及不正当竞争纠纷案，指导案例 58 号（2016 年 5 月 20 日）

裁判要点：1. 与“老字号”无历史渊源的个人或企业将“老字号”或与其近似的字号注册为商标后，以“老字号”的历史进行宣传的，应认定为虚假宣传，构成不正当竞争。

2. 与“老字号”具有历史渊源的个人或企业在未违反诚实信用原则的前提下，将“老字号”注册为个体工商户字号或企业名称，未引人误认且未突出使用该字号的，不构成不正当竞争或侵犯注册商标专用权。

第一千零一十四条 【禁止侵害他人的姓名或名称】任何组织或者个人不得以干涉、盗用、假冒等方式侵害他人的姓名权或者名称权。

关联法规参见

▶**法律**：《英雄烈士保护法》第 22 条、第 23 条，《网络安全法》第 41 条至第 45 条、第 76 条。

司法解释适用

《最高人民法院关于审理商标授权确权行政案件若干问题的规定》（法释〔2020〕19号修改）

新《商标授权确权行政案件规定》	原《商标授权确权行政案件若干规定》
第二十条（原第二十条）　当事人主张诉争商标损害其姓名权，如果相关公众认为该商标标志指代了该自然人，容易认为标记有该商标的商品系经过该自然人许可或者与该自然人存在特定联系的，人民法院应当认定该商标损害了该自然人的姓名权。 当事人以其笔名、艺名、译名等特定名称主张姓名权，该特定名称具有一定的知名度，与该自然人建立了稳定的对应关系，相关公众以其指代该自然人的，人民法院予以支持。	

《最高人民法院关于确定民事侵权精神损害赔偿责任若干问题的解释》（法释〔2020〕17号修改）

新《精神损害赔偿司法解释》	原《精神损害赔偿司法解释》
第一条　因人身权益或者具有人身意义的特定物受到侵害，自然人或者其近亲属向人民法院提起诉讼请求精神损害赔偿的，人民法院应当依法予以受理。	**第一条**　自然人因下列人格权利遭受非法侵害，向人民法院起诉请求赔偿精神损害的，人民法院应当依法予以受理： （一）生命权、健康权、身体权； （二）姓名权、肖像权、名誉权、荣誉权； （三）人格尊严权、人身自由权。 违反社会公共利益、社会公德侵害他人隐私或者其他人格利益，受害人以侵权为由向人民法院起诉请求赔偿精神损害的，人民法院应当依法予以受理。

第一千零一十五条　【自然人姓氏的选取】自然人应当随父姓或者母姓，但是有下列情形之一的，可以在父姓和母姓之外选取姓氏：

（一）选取其他直系长辈血亲的姓氏；

（二）因由法定扶养人以外的人扶养而选取扶养人姓氏；

（三）有不违背公序良俗的其他正当理由。

少数民族自然人的姓氏可以遵从本民族的文化传统和风俗习惯。

关联法规参见

▶**法律：**《民法典婚姻家庭编》第1112条。

权威案例指引

▶**指导性案例**

“北雁云依”诉济南市公安局历下区分局燕山派出所公安行政登记案，指导案例 89 号（2017 年 11 月 15 日）

裁判要点：公民选取或创设姓氏应当符合中华传统文化和伦理观念。仅凭个人喜好和愿望在父姓、母姓之外选取其他姓氏或者创设新的姓氏，不属于《全国人民代表大会常务委员会关于〈中华人民共和国民法通则〉第九十九条第一款、〈中华人民共和国婚姻法〉第二十二条的解释》第二款第三项规定的“有不违反公序良俗的其他正当理由”。

第一千零一十六条　【变更姓名、名称或者转让名称的登记义务；变更姓名、名称前实施民事法律行为的法律约束力】自然人决定、变更姓名，或者法人、非法人组织决定、变更、转让名称的，应当依法向有关机关办理登记手续，但是法律另有规定的除外。

民事主体变更姓名、名称的，变更前实施的民事法律行为对其具有法律约束力。

关联法规参见

▶**法律：**《高等教育法》第 29 条，《律师法》第 21 条，《商业银行法》第 24 条，《保险法》第 84 条，《劳动合同法》第 33 条。

▶**行政法规：**《外资保险公司管理条例》第 22 条，《互联网上网服务营业场所管理条例》第 13 条，《人力资源市场暂行条例》第 21 条，《融资担保公司监督管理条例》第 9 条，《旅行社条例》第 50 条，《印刷业管理条例》第 12 条，《出版管理条例》第 17 条、第 44 条，《营业性演出管理条例》第 8 条，《音像制品管理条例》第 18 条、第 33 条，《公司登记管理条例》第 28 条、第 48 条，《征信业管理条例》第 9 条，《使用有毒物品作业场所劳动保护条例》第 15 条，《电影管理条例》第 39 条，《户口登记条例》第 18 条。

第一千零一十七条　【姓名与名称的扩展保护】具有一定社会知名度，被他人使用足以造成公众混淆的笔名、艺名、网名、译名、字号、姓名和名称的简称等，参照适用姓名权和名称权保护的有关规定。

关联法规参见

▶**法律：**《反不正当竞争法》第 6 条。

司法解释适用

《最高人民法院关于审理商标授权确权行政案件若干问题的规定》（法释〔2020〕19号修改）

新《商标授权确权行政案件规定》	原《商标授权确权行政案件若干规定》
第二十条（原第二十条）　当事人主张诉争商标损害其姓名权，如果相关公众认为该商标标志指代了该自然人，容易认为标记有该商标的商品系经过该自然人许可或者与该自然人存在特定联系的，人民法院应当认定该商标损害了该自然人的姓名权。 当事人以其笔名、艺名、译名等特定名称主张姓名权，该特定名称具有一定的知名度，与该自然人建立了稳定的对应关系，相关公众以其指代该自然人的，人民法院予以支持。	

《最高人民法院关于审理不正当竞争民事案件应用法律若干问题的解释》（法释〔2020〕19号修改）

新《不正当竞争民事案件司法解释》	原《不正当竞争民事案件司法解释》
第六条（原第六条）　企业登记主管机关依法登记注册的企业名称，以及在中国境内进行商业使用的外国（地区）企业名称，应当认定为反不正当竞争法第五条第（三）项规定的"企业名称"。具有一定的市场知名度、为相关公众所知悉的企业名称中的字号，可以认定为反不正当竞争法第五条第（三）项规定的"企业名称"。 在商品经营中使用的自然人的姓名，应当认定为反不正当竞争法第五条第（三）项规定的"姓名"。具有一定的市场知名度、为相关公众所知悉的自然人的笔名、艺名等，可以认定为反不正当竞争法第五条第（三）项规定的"姓名"。	

权威案例指引

▶指导性案例

天津中国青年旅行社诉天津国青国际旅行社擅自使用他人企业名称纠纷案，指导案例29号（2014年6月26日）

裁判要点：1. 对于企业长期、广泛对外使用，具有一定市场知名度、为相关公众所知悉，已实际具有商号作用的企业名称简称，可以视为企业名称予以保护。

2. 擅自将他人已实际具有商号作用的企业名称简称作为商业活动中互联网竞价排名关键词，使相关公众产生混淆误认的，属于不正当竞争行为。

▶公报案例

《山东起重机有限公司与山东山起重工有限公司侵犯企业名称权纠纷案》，《最高人民法院公报》2010年第3期

裁判摘要：企业名称的简称源于语言交流的方便。企业简称的形成与两个过程有关：一是企业自身使用简称代替其正式名称；二是社会公众对于企业简称的认同，即认可企业简称与其正式名称所指代对象为同一企业。由于简称省略了正式名称中某些具有限定作用的要

素，可能会不适当地扩大正式名称所指代的对象范围。因此，企业简称能否特指该企业，取决于该企业简称是否为相关社会公众所认可，并在相关社会公众中建立起与该企业的稳定的关联关系。对于具有一定的市场知名度、为相关社会公众所熟知并已经实际具有商号作用的企业或者企业名称的简称，可以视为企业名称。如果经过使用和社会公众认同，企业的特定简称已经在特定地域内为相关社会公众所认可，具有相应的市场知名度，与该企业建立了稳定的关联关系，具有识别经营主体的商业标识意义，他人在后擅自使用该知名企业简称，足以使特定地域内的相关社会公众对在后使用者和在先企业之间发生市场主体的混淆、误认，在后使用者就会不恰当地利用在先企业的商誉，侵害在先企业的合法权益。具有此种情形的，应当将在先企业的特定简称视为企业名称，并根据《中华人民共和国反不正当竞争法》第五条第（三）项的规定加以保护。

▶典型案例

《尚客圈（北京）文化传播有限公司诉为你读诗（北京）科技有限公司、首善（北京）文化产业有限公司擅自使用知名服务特有名称纠纷案》，《最高人民法院发布第一批涉互联网典型案例之七》（2018年8月16日）

典型意义：本案的焦点问题涉及知名微信公众号名称的不正当竞争保护，由于移动互联网络具有受众范围广、传播速度快等特点，故其产业经营特点、竞争方式有别于传统产业。对于涉互联网不正当竞争纠纷案件的处理，既要准确理解、适用法律，也要充分了解特定产业的特点。对于互联网环境下的竞争纠纷，要结合网络本身所具有的特点，充分考量互联网软件产品或服务的模式创新以及市场主体的劳动付出，通过司法裁判，促进和规范市场竞争秩序。

法院生效判决认为，首先，为你读诗公司、首善文化公司与尚客圈公司具有竞争关系。为你读诗公司、首善文化公司与尚客圈公司提供的服务都是以移动客户端如手机为载体，服务对象都是移动平台用户，服务内容都是与诗歌有关的主题，故为你读诗公司和首善文化公司与尚客圈公司提供的是类似的服务，构成竞争关系，应受反不正当竞争法的调整。其次，尚客圈公司的微信公众号“为你读诗”构成知名服务特有的名称。根据查明的事实可以认定在被控侵权行为发生时，尚客圈公司的“为你读诗”微信公众号服务在我国已具有一定的市场知名度，属于相关公众所知悉的服务。最后，为你读诗公司和首善文化公司的被诉行为构成不正当竞争。根据相关法律规定，所述混淆或误认是指发生混淆或者误认的可能性，而不需要实际发生混淆或误认，且不以实际发生损害后果为前提。为你读诗APP和“为你读诗”微信公众号的名称完全相同，二者均是以移动客户端如手机为载体，且“为你读诗”微信公众号提供的核心服务为朗诵诗歌供订阅者收听，可完全被为你读诗APP提供的服务所涵盖，上述情形使得相关公众在接受为你读诗APP、“为你读诗官方客户端”微信公众号的服务时，容易认为该服务系由尚客圈公司提供，从而产生混淆或误认。

第四章　肖像权

第一千零一十八条　【肖像权；肖像】自然人享有肖像权，有权依法制作、使用、公开或者许可他人使用自己的肖像。

肖像是通过影像、雕塑、绘画等方式在一定载体上所反映的特定自然人可以被识别的外部形象。

关联法规参见

▶**法律**：《民法典总则编》第110条。

司法解释适用

《最高人民法院关于审理国家赔偿案件确定精神损害赔偿责任适用法律若干问题的解释》

第一条　公民以人身权受到侵犯为由提出国家赔偿申请，依照国家赔偿法第三十五条的规定请求精神损害赔偿的，适用本解释。

法人或者非法人组织请求精神损害赔偿的，人民法院不予受理。

第二条　公民以人身权受到侵犯为由提出国家赔偿申请，未请求精神损害赔偿，或者未同时请求消除影响、恢复名誉、赔礼道歉以及精神损害抚慰金的，人民法院应当向其释明。经释明后不变更请求，案件审结后又基于同一侵权事实另行提出申请的，人民法院不予受理。

权威案例指引

▶**公报案例**

《迈克尔·杰弗里·乔丹与国家工商行政管理总局商标评审委员会、第三人乔丹体育股份有限公司商标争议行政纠纷案》，《最高人民法院公报》2018年第9期

裁判摘要：肖像权所保护的“肖像”应当具有可识别性，其中应当包含足以使社会公众识别其所对应的权利主体，即特定自然人的个人特征，从而能够明确指代其所对应的权利主体。

如果请求肖像权保护的标识不具有可识别性，不能明确指代特定自然人，则难以在该标识上形成依法应予保护，且归属于特定自然人的人格尊严或人格利益。

如果当事人主张肖像权保护的标识并不具有足以识别的面部特征，则应当提供充分的证据，证明该标识包含了其他足以反映其所对应的自然人的个人特征，具有可识别性，使得社会公众能够认识到该标识能够明确指代该自然人。

第一千零一十九条　【肖像权的保护；未经肖像权人同意不得使用或者公开肖像】任何组织或者个人不得以丑化、污损，或者利用信息技术手段伪造等方式侵害他人的肖像权。未经肖像权人同意，不得制作、使用、公开肖像权人的肖像，但是法律另有规定的除外。

未经肖像权人同意，肖像作品权利人不得以发表、复制、发行、出租、展览等方式使用或者公开肖像权人的肖像。

关联法规参见

▶**法律**：《妇女权益保障法》第42条，《精神卫生法》第4条，《英雄烈士保护法》第22条。

▶**行政法规**：《艾滋病防治条例》第39条。

司法解释适用

《最高人民法院关于上海科技报社和陈贯一与朱虹侵害肖像权上诉案的函》

上海市高级人民法院：

你院〔90〕沪高民他字第4号关于"上海科技报社和陈贯一与朱虹侵害肖像权上诉案的请示"收悉。

经研究认为：上海科技报社、陈贯一未经朱虹同意，在上海科技报载文介绍陈贯一对"重症肌无力症"的治疗经验时，使用了朱虹患病时和治愈后的两幅照片，其目的是为了宣传医疗经验，对社会是有益的，且该行为并未造成严重不良后果，尚构不成侵害肖像权。因此，同意你院审判委员会的意见，即该案由二审人民法院撤销一审人民法院原审判决，驳回朱虹的诉讼请求。在处理时，应向上海科技报社和陈贯一指出，今后未经肖像权人同意，不得再使用其肖像。以上意见，供参考。

第一千零二十条　【肖像权的合理使用】合理实施下列行为的，可以不经肖像权人同意：

（一）为个人学习、艺术欣赏、课堂教学或者科学研究，在必要范围内使用肖像权人已经公开的肖像；

（二）为实施新闻报道，不可避免地制作、使用、公开肖像权人的肖像；

（三）为依法履行职责，国家机关在必要范围内制作、使用、公开肖像权人的肖像；

（四）为展示特定公共环境，不可避免地制作、使用、公开肖像权人的肖像；

（五）为维护公共利益或者肖像权人合法权益，制作、使用、公开肖像权人的其他行为。

第一千零二十一条　【肖像许可使用合同的解释】当事人对肖像许可使用合同中关于肖像使用条款的理解有争议的，应当作出有利于肖像权人的解释。

关联法规参见

▶**法律：**《保险法》第 30 条。

▶**行政法规：**《旅行社条例》第 29 条。

第一千零二十二条　【肖像许可使用合同期限】当事人对肖像许可使用期限没有约定或者约定不明确的，任何一方当事人可以随时解除肖像许可使用合同，但是应当在合理期限之前通知对方。

当事人对肖像许可使用期限有明确约定，肖像权人有正当理由的，可以解除肖像许可使用合同，但是应当在合理期限之前通知对方。因解除合同造成对方损失的，除不可归责于肖像权人的事由外，应当赔偿损失。

第一千零二十三条　【对姓名等的许可使用参照肖像权；声音权的保护参照肖像权】对姓名等的许可使用，参照适用肖像许可使用的有关规定。

对自然人声音的保护，参照适用肖像权保护的有关规定。

第五章　名誉权和荣誉权

第一千零二十四条　【名誉权；名誉】民事主体享有名誉权。任何组织或者个人不得以侮辱、诽谤等方式侵害他人的名誉权。

名誉是对民事主体的品德、声望、才能、信用等的社会评价。

关联法规参见

▶**法律：**《民法典总则编》第 110 条，《检察官法》第 66 条，《法官法》第 65 条，《公务员法》第 110 条，《妇女权益保障法》第 42 条，《英雄烈士保护法》第 22 条，《红十字会法》第 27 条，《网络安全法》第 12 条，《国家赔偿法》第 35 条，《未成年人保护法》第 110 条至第 112 条，《澳门特别行政区基本法》第 30 条。

司法解释适用

《最高人民法院关于审理国家赔偿案件确定精神损害赔偿责任适用法律若干问题的解释》

第一条 公民以人身权受到侵犯为由提出国家赔偿申请，依照国家赔偿法第三十五条的规定请求精神损害赔偿的，适用本解释。

法人或者非法人组织请求精神损害赔偿的，人民法院不予受理。

第二条 公民以人身权受到侵犯为由提出国家赔偿申请，未请求精神损害赔偿，或者未同时请求消除影响、恢复名誉、赔礼道歉以及精神损害抚慰金的，人民法院应当向其释明。经释明后不变更请求，案件审结后又基于同一侵权事实另行提出申请的，人民法院不予受理。

《最高人民法院关于审理民事、行政诉讼中司法赔偿案件适用法律若干问题的解释》

第十一条 人民法院及其工作人员在民事、行政诉讼过程中，具有本解释第二条、第六条规定情形，侵犯公民人身权的，应当依照国家赔偿法第三十三条、第三十四条的规定计算赔偿金。致人精神损害的，应当依照国家赔偿法第三十五条的规定，在侵权行为影响的范围内，为受害人消除影响、恢复名誉、赔礼道歉；造成严重后果的，还应当支付相应的精神损害抚慰金。

《最高人民法院关于中国人民解放军第四医大附属西京医院、樊代明和杨林海名誉权纠纷一案的函》

陕西省高级人民法院：

你院关于中国人民解放军第四军医大学附属西京医院、樊代明与杨林海名誉权纠纷一案的请示报告收悉。经研究，我们认为，西京医院和樊代明的行为是正常的医务活动，没有违反有关法律规定和规章制度，事实上也不存在侵害杨林海名誉权的问题。故同意你院审判委员会的意见，即西京医院和樊代明的行为不构成对杨林海名誉权的侵害。

以上意见，供参考。

权威案例指引

▶公报案例

《陈某某诉莫宝兰、莫兴明、邹丽丽侵犯健康权、名誉权纠纷案》，《最高人民法院公报》2015 年第 5 期

裁判摘要：公民享有名誉权，公民的人格尊严受法律保护，禁止用侮辱、诽谤等方式损害公民的名誉。国家保障未成年人的人身、财产和其他合法权益不受侵犯。行为人以未成年人违法为由对其作出侮辱行为，该行为对未成年人名誉造成一定影响的，属于名誉侵权行为，应依法承担相应责任。

《李忠平诉南京艺术学院、江苏振泽律师事务所名誉权侵权纠纷案》，《最高人民法院公报》2008 年第 11 期

裁判摘要：律师事务所或者律师接受委托人的委托发布律师声明，应当对委托人要求发布的声明内容是否真实、合法进行必要的审查、核实。律师事务所或者律师未尽必要的审查义务，即按照委托人的要求发布署名律师声明，如果该律师声明违背事实，侵犯他人名誉权，律师事务所或者律师应对此承担连带侵权责任。

《徐恺诉上海宝钢冶金建设公司侵犯名誉权纠纷案》，《最高人民法院公报》2006 年第 12 期

裁判摘要：名誉是指根据公民的观点、行为、作用、表现等所形成的关于公民品德、才干及其他素质的总体社会评价，是对公民社会价值的一般认识。公民享有名誉权，法律禁止用侮辱、诽谤等方式损害公民的名誉。用工单位对劳动者的劳动、工作情况作出的评价也是劳动者总体社会评价的重要组成部分。用工单位对劳动者作出不实、不良的评价，足以影响到劳动者今后的就业求职和工作生活的，构成对劳动者名誉权的侵犯。

▶典型案例

《微信群发表不当言论名誉侵权案—某公司、黄某诉邵某名誉权纠纷案》，《人民法院大力弘扬社会主义核心价值观十大典型民事案例之五》（2020 年 5 月 13 日）

典型意义：在互联网 + 时代，微信虽为网络虚拟空间，但已成为与人们生活密不可分的交往工具。微信群、朋友圈不是法外之地，公民在微信群和朋友圈等网络空间同样需要遵守国家的法律法规，不能为所欲为、不加节制。在微信群、朋友圈中损毁他人名誉，构成网络名誉侵权，应承担相应的法律责任。本案对于规范公民网络空间行为、树立文明交往风尚、构建良好网络社会秩序具有积极意义。

《北京金山安全软件有限公司与周鸿祎侵犯名誉权纠纷案——公众人物发表网络言论时应承担更大的注意义务》，《最高人民法院公布 8 起利用信息网络侵害人身权益典型案例之三》（2014 年 10 月 10 日）

典型意义：本案是利用微博侵害企业名誉权的案件。首先，一、二审法院根据微博这一“自媒体”的特征，认为把握微博言论是否侵权的尺度要适度宽松，体现了与互联网技术发展相结合的审判思路，值得赞同。其次，一、二审法院都认为，微博言论是否侵权应当结合博主的身份、言论的内容及主观目的等因素综合认定。公众人物应当承担更多的注意义务，这一判断与侵权法的基本理念相契合。本案在利用网络侵害经营主体商业信誉、商品或服务的社会评价的现象逐步增加的背景下，更具启示意义。

第一千零二十五条　【新闻报道、舆论监督影响他人名誉不承担民事责任及其例外】行为人为公共利益实施新闻报道、舆论监督等行为，影响他人名誉的，不承担民事责任，但是有下列情形之一的除外：

（一）捏造、歪曲事实；

（二）对他人提供的严重失实内容未尽到合理核实义务；

（三）使用侮辱性言辞等贬损他人名誉。

司法解释适用

《最高人民法院关于审理利用信息网络侵害人身权益民事纠纷案件适用法律若干问题的规定》（法释〔2020〕17 号修改）

新《利用信息网络侵害人身权益案件规定》	原《利用信息网络侵害人身权益案件规定》
第八条（原第十一条） 网络用户或者网络服务提供者采取诽谤、诋毁等手段，损害公众对经营主体的信赖，降低其产品或者服务的社会评价，经营主体请求网络用户或者网络服务提供者承担侵权责任的，人民法院应依法予以支持。	

《最高人民法院关于刘兰祖诉山西日报社、山西省委支部建设杂志社侵害名誉权一案的复函》

山西省高级人民法院：

你院〔1999〕晋民他字第 1 号《关于刘兰祖诉山西日报社、山西省委支部建设杂志社侵害名誉权一案的请示报告》收悉。经研究，我们认为，贾卯清和刘兰祖合谋侵吞公款的行为已经有关纪检部门予以认定，并给予贾卯清相应的党纪处分，山西日报社和山西省委支部建设杂志社（以下简称支部建设杂志社）将相关事实通过新闻媒体予以报道，没有违反新闻真实性的基本原则，该报道的内容未有失实之处，属于正常的舆论监督。根据最高人民法院有关司法解释的规定精神和本案的具体情况，山西日报社和支部建设杂志社的行为，不构成对刘兰祖名誉权的侵害。

《最高人民法院关于徐良诉上海文化艺术报社等侵害名誉权案件的函》

上海市高级人民法院：

你院〔89〕沪高民他字第 7 号《关于处理徐良诉上海文化艺术报社、赵伟昌侵害名誉权案件的请示报告》收悉。经研究，答复如下：

一、被告赵伟昌根据传闻，撰写严重失实的文章“索价三千元带来的震荡”和被告《上海文化艺术报》社未经核实而刊登该文，造成了不良后果，两被告的行为均已构成侵害徐良的名誉权。

二、陈保平不是必要的共同诉讼人，原告徐良亦表示不告，法院可不追加陈保平为被告。

三、根据本案的具体情况，两被告对原告徐良因进行诉讼而支付的合理的、必要的费用，应酌予赔偿。

权威案例指引

▶公报案例

《上海法率信息技术有限公司诉北京奇虎科技有限公司名誉权纠纷案》，《最高人民法院公报》2020 年第 10 期

裁判摘要： 手机用户使用安全软件对呼入号码进行评价性标注，即使评价带有负面性特征，也属于公众正当社会评价的范畴。安全软件平台根据公众用户的标注，将被标注号码的

负面性评价在手机用户接听界面中予以自动展示的，其行为不具有违法性。除号码权利人能够证明平台故意捏造虚假评价外，即使展示内容对号码权利人声誉产生一定影响，平台也不构成名誉权侵权或帮助侵权。

《李海峰等诉叶集公安分局、安徽电视台等侵犯名誉权、肖像权纠纷案》，《最高人民法院公报》2007 年第 2 期

裁判摘要：公安机关在向新闻媒体提供侦破案件的相关资料，供新闻媒体用于新闻报道时，应尽谨慎注意义务以保护他人合法权益。未尽此义务导致他人名誉权受到侵犯的，应承担相应的民事责任。公安机关侦查行为的合法性、配合新闻媒体进行法制宣传的正当性以及新闻媒体自身在新闻报道中的过失，均不构成免除公安机关上述民事责任的法定事由。

▶典型案例

《范冰冰与毕成功、贵州易赛德文化传媒有限公司侵犯名誉权纠纷案——"影射"者的责任：从信息接受者的视角判断》，《最高人民法院公布 8 起利用信息网络侵害人身权益典型案例之五》（2014 年 10 月 10 日）

典型意义：在利用信息网络侵害他人名誉权等人身权益的案件中，侵权信息往往具有"含沙射影"、"指桑骂槐"的特征，并不明确指明被侵权人，尤其是在针对公众人物的情况下。如何判断网络信息针对的对象就是原告？如何判断原告因这些信息受到损害？本案的结论是，要从信息接受者的角度判断，即"并不要求毁损性陈述指名道姓，只要原告证明在特定情况下，具有特定知识背景的人有理由相信该陈述针对的对象是原告即可"。这种判断标准实质性地把握了损害后果、损害后果与侵权信息之间的因果关系，对于利用网络信息侵害名誉权案件的审理，具有启示意义。

《徐杰敖与北京新浪互联信息服务有限公司侵犯名誉权纠纷案——转载者的责任：专业媒体应承担更大的注意义务》，《最高人民法院公布 8 起利用信息网络侵害人身权益典型案例之八》（2014 年 10 月 10 日）

典型意义：自媒体的发展及成熟是互联网时代的一大特征，但是这并不意味着专业媒体与自媒体之间就应当被同等对待。本案的判决说明，在认定互联网时代最普遍的转载行为的法律责任时，应当区分专业媒体和非专业媒体，专业媒体的注意义务应当高于一般自媒体。所以，转载他人信息未更正仍需承担侵权责任。

第一千零二十六条　【认定是否尽到合理审查义务的考虑因素】认定行为人是否尽到前条第二项规定的合理核实义务，应当考虑下列因素：

（一）内容来源的可信度；

（二）对明显可能引发争议的内容是否进行了必要的调查；

（三）内容的时限性；

（四）内容与公序良俗的关联性；

（五）受害人名誉受贬损的可能性；

（六）核实能力和核实成本。

第一千零二十七条　【文学、艺术作品侵害名誉权的认定与例外】 行为人发表的文学、艺术作品以真人真事或者特定人为描述对象，含有侮辱、诽谤内容，侵害他人名誉权的，受害人有权依法请求该行为人承担民事责任。

行为人发表的文学、艺术作品不以特定人为描述对象，仅其中的情节与该特定人的情况相似的，不承担民事责任。

司法解释适用

《最高人民法院关于都兴久、都兴亚诉高其昌、王大学名誉权纠纷一案的请示报告》

辽宁省高级人民法院：

你院〔1996〕辽民他字第9号《关于都兴久、都兴亚诉高其昌、王大学名誉权纠纷一案的请示报告》收悉。经研究认为，作家高其昌、王大学创作《关东魂》一书的主观动机是弘扬爱国主义精神，在塑造都本德这一反面人物时确有一定的生活素材为依据，作者主观上没有损害都本德名誉的故意，小说中使用都本德真实姓名虽有不妥，但都本德在历史上确实担任伪职，据此情况，以不认定小说《关东魂》损害了都本德的名誉权为宜。请你院责成有关法院在审理本案中多做调解工作。

《最高人民法院关于邵文卿与黄朝星侵害名誉权案的函》

江西省高级人民法院：

你院关于邵文卿与黄朝星侵害名誉权案的请示报告收悉。经研究认为：从本案情况看，被告黄朝星撰写的报告文学作品《红杏枝头——瑞昌市人民医院变迁记》中所虚构的“元老”，未指名道姓，不是指特定的人，其特征描写与原告邵文卿并不相符，原告不应对号入座。据此，我们同意你院审委会多数人的意见，即以认定不构成侵害名誉权为宜。

以上意见，供参考。

《最高人民法院关于胡秋生、娄良英等八人诉彭拜、漓江出版社名誉权纠纷案的复函》

安徽省高级人民法院：

你院〔1993〕皖法民上字7－14号《关于娄良英等八人诉彭拜及漓江出版社侵害名誉权一案的请示报告》收悉。经研究认为：彭拜撰写的小说《斜阳梦》，虽未写明原告的真实姓名和住址，但在人物特征有了明显指向的情况下，侮辱了原告或披露了有损其名誉的家庭隐私。彭拜应当也能够预见《斜阳梦》的发表会给原告的名誉造成损害，却放任了损害后果的发生，主观上有过错。因此，同意你院审判委员会的倾向性意见，彭拜的行为已构成侵害他人名誉权，应承担民事责任。对漓江出版社，可不认定其构成侵权。

以上意见，供参考。

《最高人民法院关于朱秀琴、朱良发、沈珍珠诉〈青春〉编辑部名誉权纠纷案的函》

江苏省高级人民法院：

你院〔1991〕民请字第10号关于朱秀琴、朱良发、沈珍珠诉《青春》编辑部名誉权纠纷案的请示报告收悉。经研究认为：1986年，《青春》杂志社刊登唐敏撰写的侮辱、诽谤死者王练忠及原告的《太姥山妖氛》一文，编辑部未尽到审查、核实之责；同年6月，原告及其所在乡、区政府及县委多次向编辑部反映：《太姥山妖氛》系以真实姓名、地点和虚构的事实侮辱、诽谤王练忠及原告，要求其澄清事实、消除影响；1990年1月，作者唐敏为此以诽谤罪被判处有期徒刑后，《青春》编辑部仍不采取措施，为原告消除影响，致使该小说继续流传于社会，扩大了不良影响，侵害了原告的名誉权，故同意你院审判委员会的意见，《青春》编辑部应承担民事责任。

《最高人民法院关于胡骥超、周孔昭、石述成诉刘守忠、遵义晚报社侵害名誉权一案的函》

贵州省高级人民法院：

你院〔90〕民请字第2号《关于胡骥超、周孔昭、石述成诉刘守忠、遵义晚报社侵害名誉权一案的请示报告》收悉。

经研究认为：本案被告刘守忠因与原告胡骥超、周孔昭、石述成有矛盾，在历史小说创作中故意以影射手法对原告进行丑化和侮辱，使其名誉受到了损害。被告遵义晚报社在已知所发表的历史小说对他人的名誉造成损害的情况下，仍继续连载，放任侵权后果的扩大。依照《中华人民共和国民法通则》第101条和第120条的规定，上述二被告的行为已构成侵害原告的名誉权，应承担侵权民事责任。

以上意见供参考。

第一千零二十八条 【媒体报道内容失实侵害名誉权】民事主体有证据证明报刊、网络等媒体报道的内容失实，侵害其名誉权的，有权请求该媒体及时采取更正或者删除等必要措施。

关联法规参见

▶**法律：**《英雄烈士保护法》第23条。

司法解释适用

《最高人民法院关于广西高院请示黄仕冠、黄德信与广西法制报社、范宝忠名誉侵权一案请示的复函》

广西壮族自治区高级人民法院：

你院关于黄仕冠、黄德信与广西法制报社、范宝忠名誉侵权一案的请示收悉。经研究认为，范宝忠供稿、《广西法制报》发表的《法官黄仕冠、黄德信徇私舞弊被逮捕》一文，内容严重失实，且在人民法院判决黄仕冠、黄德信无罪后，范宝忠、广西法制报社拒绝进行更正报道和后续报道，根据我院《关于审理名誉权案件若干问题的解释》① 的有关规定，其行为侵害了黄仕冠、黄德信的名誉权，范宝忠、广西法制报社依法应承担相应的民事责任。但考虑到本案的具体情况，该案以案外和解的方式处理为宜。故请告知范宝忠和广西法制报社，依照法律规定，其应当承担侵权的民事责任。希望范宝忠和广西法制报社通过赔礼道歉、消除影响以及给黄仕冠、黄德信一定经济补偿等方式争取达成和解，使黄仕冠、黄德信主动撤诉。如果不能达成和解，则依法作出处理。

第一千零二十九条　【信用权】民事主体可以依法查询自己的信用评价；发现信用评价不当的，有权提出异议并请求采取更正、删除等必要措施。信用评价人应当及时核查，经核查属实的，应当及时采取必要措施。

权威案例指引

▶公报案例

《周雅芳诉中国银行股份有限公司上海市分行名誉权纠纷案》②，《最高人民法院公报》2012 年第 9 期

裁判摘要：名义上的信用卡持卡人与银行之间因不良信用记录发生名誉权纠纷，法院应当依据侵权行为的要件进行审查。银行按照国家的相关法律法规及监管要求报送相关信息，其报送的信息也都是源于名义持卡人名下信用卡的真实欠款记录，并非捏造，不存在虚构事实或侮辱的行为，故不构成侵害名誉权的行为。名誉权受损害的后果应当是导致名义持卡人的社会评价降低。但是，中国人民银行的征信系统相对封闭，只有本人或者相关政府部门、金融机构因法定事由才能对该系统内的记录进行查询，这些记录并未在不特定的人群中进行传播，不会造成名义持卡人的社会评价降低，故不能认定存在损害名誉权的后果。

《王春生诉张开峰、江苏省南京工程高等职业学校、招商银行股份有限公司南京分行、招商银行股份有限公司信用卡中心侵权纠纷案》③，《最高人民法院公报》2008 年第 10 期

裁判摘要：一、根据《中华人民共和国民法通则》第九十九条的规定，姓名权是指公民

① 2020 年 12 月 29 日《最高人民法院关于废止部分司法解释及相关规范性文件的决定》已废止该解释。

② 建议废止《周雅芳诉中国银行股份有限公司上海市分行名誉权纠纷案》（《最高人民法院公报》2012 年第 9 期），理由：与《民法典人格权编》第一千零二十九条规定的信用权冲突。

③ 建议废止《王春生诉张开峰、江苏省南京工程高等职业学校、招商银行股份有限公司南京分行、招商银行股份有限公司信用卡中心侵权纠纷案》（《最高人民法院公报》2008 年第 10 期）“裁判摘要”第一点，理由：与《民法典人格权编》第一千零二十九条规定的信用权冲突。

自由决定、使用和依照规定改变自己的姓名，并禁止他人干涉、盗用、假冒自己姓名的一项民事权利。未经他人同意，盗用他人身份证、以他人的姓名申办信用卡的行为，即属于盗用、假冒他人姓名，侵犯他人姓名权的民事侵权行为。以上述方式办理信用卡后透支消费，导致他人姓名被银行列入不良信用记录，给他人造成名誉损失的，属于侵犯他人姓名权行为造成的损害后果，不属于侵犯他人名誉权的行为。

二、当事人因他人盗用、冒用自己姓名申办信用卡并透支消费的侵犯姓名权行为，导致其在银行征信系统存有不良信用纪录，对当事人从事商业活动及其他社会、经济活动具有重大不良影响，给当事人实际造成精神痛苦，妨碍其内心安宁，降低其社会评价，当事人就此提出精神损害赔偿诉讼请求的，人民法院应予支持。

第一千零三十条　【信用权准用个人信息保护的规定】 民事主体与征信机构等信用信息处理者之间的关系，适用本编有关个人信息保护的规定和其他法律、行政法规的有关规定。

关联法规参见

▶**行政法规**：《征信业管理条例》。

第一千零三十一条　【荣誉权；荣誉称号的记载】 民事主体享有荣誉权。任何组织或者个人不得非法剥夺他人的荣誉称号，不得诋毁、贬损他人的荣誉。

获得的荣誉称号应当记载而没有记载的，民事主体可以请求记载；获得的荣誉称号记载错误的，民事主体可以请求更正。

关联法规参见

▶**法律**：《民法典总则编》第110条、第185条，《妇女权益保障法》第42条，《英雄烈士保护法》第22条，《预备役军官法》第3条、第4条、第10条、第61条，《教师法》第33条。

司法解释适用

《最高人民法院关于审理国家赔偿案件确定精神损害赔偿责任适用法律若干问题的解释》

第一条　公民以人身权受到侵犯为由提出国家赔偿申请，依照国家赔偿法第三十五条的规定请求精神损害赔偿的，适用本解释。

法人或者非法人组织请求精神损害赔偿的，人民法院不予受理。

第二条　公民以人身权受到侵犯为由提出国家赔偿申请，未请求精神损害赔偿，或者未同时请求消除影响、恢复名誉、赔礼道歉以及精神损害抚慰金的，人民法院应当向其释明。经释明后不变更请求，案件审结后又基于同一侵权事实另行提出申请的，人民法院不予受理。

《最高人民法院〈关于张自修诉横峰县老干部管理局损害赔偿纠纷案的请示〉的函》

江西省高级人民法院：

你院赣高法民请字〔1996〕01号《关于张自修诉横峰县老干部管理局损害赔偿纠纷案的请示》收悉。经研究认为：被告横峰县老干部局在收集原告张自修所获得的奖章及证书等纪念物后，因遗失不能归还，起诉到人民法院，不应定为荣誉权纠纷，也构不成对原告荣誉权的侵害，但对原告所遭受的损失应予赔偿。至于赔偿的数额，可结合纪念物的价值（包括收藏价值）、质地及纪念物遗失后对原告精神方面造成的损害等各种因素确定。

第六章　隐私权和个人信息保护

第一千零三十二条　【隐私权；隐私】 自然人享有隐私权。任何组织或者个人不得以刺探、侵扰、泄露、公开等方式侵害他人的隐私权。

隐私是自然人的私人生活安宁和不愿为他人知晓的私密空间、私密活动、私密信息。

关联法规参见

▶**法律**：《民法典总则编》第110条，《检察官法》第47条，《法官法》第46条，《刑事诉讼法》第54条、第152条、第188条，《妇女权益保障法》第42条，《广告法》第9条、第43条、第44条，《公共图书馆法》第43条、第50条，《电子商务法》第25条，《精神卫生法》第23条，《反恐怖主义法》第48条，《监察法》第18条，《律师法》第38条，《行政处罚法》第50条、第64条，《公证法》第13条、第23条，《民事诉讼法》第68条、第134条，《网络安全法》第12条、第45条，《电影产业促进法》第16条，《慈善法》第62条、第76条，《资产评估法》第13条，《反家庭暴力法》第5条，《邮政法》第3条，《反间谍法》第17条，《传染病防治法》第12条，《未成年人保护法》第63条，《治安管理处罚法》第80条，《人民调解法》第15条，《执业医师法》第22条、第37条，《农村土地承包经营纠纷调解仲裁法》第30条、第40条，《反洗钱法》第30条，《银行业监督管理法》第43条。

▶**行政法规**：《护士条例》第18条、第31条，《人类遗传资源管理条例》第9条，《政府信息公开条例》第15条，《国务院关于在线政务服务的若干规定》第14条，《重大行政决策程序暂行条例》第19条，《交强险条例》第34条，《残疾预防和残疾人康复条例》第21条，《医疗纠纷预防和处理条例》第42条、第50条，《志愿服务条例》第21条，《残疾人教育条例》第20条，《税收征收管理法实施细则》第5条，《征信业管理条例》第3条，《保安服务管理条例》第25条、第30条、第43条、第45条，《流动人口计划生育工作条例》第18

条,《地方志工作条例》第11条,《海关行政处罚实施条例》第34条,《乡村医生从业管理条例》第24条,《外国律师事务所驻华代表机构管理条例》第17条、第27条。

司法解释适用

《最高人民法院关于适用〈中华人民共和国刑事诉讼法〉的解释》(法释〔2021〕1号)

新《刑事诉讼法司法解释》	原《刑事诉讼法司法解释》
新增条文 **第五十五条** 查阅、摘抄、复制案卷材料,涉及国家秘密、商业秘密、个人隐私的,应当保密;对不公开审理案件的信息、材料,或者在办案过程中获悉的案件重要信息、证据材料,不得违反规定泄露、披露,不得用于办案以外的用途。人民法院可以要求相关人员出具承诺书。 违反前款规定的,人民法院可以通报司法行政机关或者有关部门,建议给予相应处罚;构成犯罪的,依法追究刑事责任。	
第八十一条 公开审理案件时,公诉人、诉讼参与人提出涉及国家秘密、商业秘密或者个人隐私的证据的,法庭应当制止;确与本案有关的,可以根据具体情况,决定将案件转为不公开审理,或者对相关证据的法庭调查不公开进行。	**第六十八条** 公开审理案件时,公诉人、诉讼参与人提出涉及国家秘密、商业秘密或者个人隐私的证据的,法庭应当制止。~~有关证据~~确与本案有关的,可以根据具体情况,决定将案件转为不公开审理,或者对相关证据的法庭调查不公开进行。
第一百三十五条 法庭决定对证据收集的合法性进行调查的,由公诉人通过宣读调查、侦查讯问笔录、出示提讯登记、体检记录、对讯问合法性的核查材料等证据材料,有针对性地播放讯问录音录像,提请法庭通知有关调查人员、侦查人员或者其他人员出庭说明情况等方式,证明证据收集的合法性。 讯问录音录像涉及国家秘密、商业秘密、个人隐私或者其他不宜公开内容的,法庭可以决定对讯问录音录像不公开播放、质证。 公诉人提交的取证过程合法的说明材料,应当经有关调查人员、侦查人员签名,并加盖单位印章。未经签名或者盖章的,不得作为证据使用。上述说明材料不能单独作为证明取证过程合法的根据。	**第一百零一条** 法庭决定对证据收集的合法性进行调查的,~~可以~~由公诉人通过~~出示、~~宣读讯问笔录或者其他证据,有针对性地播放讯问~~过程的~~录音录像,提请法庭通知有关侦查人员或者其他人员出庭说明情况等方式,证明证据收集的合法性。 公诉人提交的取证过程合法的说明材料,应当经有关侦查人员签名,并加盖公章。未经~~有关侦查人员~~签名的,不得作为证据使用。上述说明材料不能单独作为证明取证过程合法的根据。

新《刑事诉讼法司法解释》	原《刑事诉讼法司法解释》
第二百二十二条 审判案件应当公开进行。 案件涉及国家秘密或者个人隐私的，不公开审理；涉及商业秘密，当事人提出申请的，法庭可以决定不公开审理。 不公开审理的案件，任何人不得旁听，但具有刑事诉讼法第二百八十五条规定情形的除外。	**第一百八十六条** 审判案件应当公开进行。 案件涉及国家秘密或者个人隐私的，不公开审理；涉及商业秘密，当事人提出申请的，法庭可以决定不公开审理。 不公开审理的案件，任何人不得旁听，但法律另有规定的除外。
第二百八十七条 审判长宣布法庭辩论终结后，合议庭应当保证被告人充分行使最后陈述的权利。 被告人在最后陈述中多次重复自己的意见的，法庭可以制止；陈述内容蔑视法庭、公诉人，损害他人及社会公共利益，或者与本案无关的，应当制止。 在公开审理的案件中，被告人最后陈述的内容涉及国家秘密、个人隐私或者商业秘密的，应当制止。	**第二百三十五条** 审判长宣布法庭辩论终结后，合议庭应当保证被告人充分行使最后陈述的权利。被告人在最后陈述中多次重复自己的意见的，审判长可以制止。陈述内容蔑视法庭、公诉人，损害他人及社会公共利益，或者与本案无关的，应当制止。 在公开审理的案件中，被告人最后陈述的内容涉及国家秘密、个人隐私或者商业秘密的，应当制止。

《最高人民法院关于民事执行中财产调查若干问题的规定》（法释〔2020〕21号修改）

新《民事执行中财产调查规定》	原《民事执行中财产调查规定》
第二十五条（原第二十五条） 执行人员不得调查与执行案件无关的信息，对调查过程中知悉的国家秘密、商业秘密和个人隐私应当保密。	

《最高人民法院关于诉讼代理人查阅民事案件材料的规定》（法释〔2020〕20号修改）

新《诉讼代理人查阅民事案件材料规定》	原《诉讼代理人查阅民事案件材料规定》
第八条（原第八条） 查阅案件材料中涉及国家秘密、商业秘密和个人隐私的，诉讼代理人应当保密。	

《最高人民法院关于审理因垄断行为引发的民事纠纷案件应用法律若干问题的规定》（法释〔2020〕19号修改）

新《垄断行为引发民事纠纷案件规定》	原《垄断行为引发民事纠纷案件规定》
第十一条（原第十一条） 证据涉及国家秘密、商业秘密、个人隐私或者其他依法应当保密的内容的，人民法院可以依职权或者当事人的申请采取不公开开庭、限制或者禁止复制、仅对代理律师展示、责令签署保密承诺书等保护措施。	

《最高人民法院关于确定民事侵权精神损害赔偿责任若干问题的解释》（法释〔2020〕17号修改）

新《精神损害赔偿解释》	原《精神损害赔偿解释》
第一条　因人身权益或者具有人身意义的特定物受到侵害，自然人或者其近亲属向人民法院提起诉讼请求精神损害赔偿的，人民法院应当依法予以受理。	**第一条**　自然人因下列人格权利遭受非法侵害，向人民法院起诉请求赔偿精神损害的，人民法院应当依法予以受理： （一）生命权、健康权、身体权； （二）姓名权、肖像权、名誉权、荣誉权； （三）人格尊严权、人身自由权。 违反社会公共利益、社会公德侵害他人隐私或者其他人格利益，受害人以侵权为由向人民法院起诉请求赔偿精神损害的，人民法院应当依法予以受理。

《最高人民法院关于审理国家赔偿案件确定精神损害赔偿责任适用法律若干问题的解释》

第一条　公民以人身权受到侵犯为由提出国家赔偿申请，依照国家赔偿法第三十五条的规定请求精神损害赔偿的，适用本解释。

法人或者非法人组织请求精神损害赔偿的，人民法院不予受理。

第二条　公民以人身权受到侵犯为由提出国家赔偿申请，未请求精神损害赔偿，或者未同时请求消除影响、恢复名誉、赔礼道歉以及精神损害抚慰金的，人民法院应当向其释明。经释明后不变更请求，案件审结后又基于同一侵权事实另行提出申请的，人民法院不予受理。

《最高人民法院关于公布失信被执行人名单信息的若干规定》

第六条　记载和公布的失信被执行人名单信息应当包括：

（一）作为被执行人的法人或者其他组织的名称、统一社会信用代码（或组织机构代码）、法定代表人或者负责人姓名；

（二）作为被执行人的自然人的姓名、性别、年龄、身份证号码；

（三）生效法律文书确定的义务和被执行人的履行情况；

（四）被执行人失信行为的具体情形；

（五）执行依据的制作单位和文号、执行案号、立案时间、执行法院；

（六）人民法院认为应当记载和公布的不涉及国家秘密、商业秘密、个人隐私的其他事项。

《最高人民法院关于人民法院在互联网公布裁判文书的规定》

第十条　人民法院在互联网公布裁判文书时，应当删除下列信息：

（一）自然人的家庭住址、通讯方式、身份证号码、银行账号、健康状况、车牌号码、动产或不动产权属证书编号等个人信息；

（二）法人以及其他组织的银行账号、车牌号码、动产或不动产权属证书编号等信息；

（三）涉及商业秘密的信息；

（四）家事、人格权益等纠纷中涉及个人隐私的信息；

（五）涉及技术侦查措施的信息；

（六）人民法院认为不宜公开的其他信息。

按照本条第一款删除信息影响对裁判文书正确理解的，用符号“×”作部分替代。

《最高人民法院关于人民法院赔偿委员会适用质证程序审理国家赔偿案件的规定》

第三条 除涉及国家秘密、个人隐私或者法律另有规定的以外，质证应当公开进行。

赔偿请求人或者赔偿义务机关申请不公开质证，对方同意的，赔偿委员会可以不公开质证。

《最高人民法院关于审理政府信息公开行政案件若干问题的规定》

第六条 人民法院审理政府信息公开行政案件，应当视情采取适当的审理方式，以避免泄露涉及国家秘密、商业秘密、个人隐私或者法律规定的其他应当保密的政府信息。

第八条 政府信息涉及国家秘密、商业秘密、个人隐私的，人民法院应当认定属于不予公开范围。

政府信息涉及商业秘密、个人隐私，但权利人同意公开，或者不公开可能对公共利益造成重大影响的，不受前款规定的限制。

权威案例指引

▶典型案例

《庞理鹏诉中国东方航空股份有限公司、北京趣拿信息技术有限公司隐私权纠纷案》，《最高人民法院发布第一批涉互联网典型案例之五》（2018年8月16日）

典型意义：随着科技的飞速发展和信息的快速传播，现实生活中出现大量关于个人信息保护的问题，个人信息的不当扩散与不当利用已经逐渐发展成为危害公民民事权利的一个社会性问题。本案是由网络购票引发的涉及航空公司、网络购票平台侵犯公民隐私权的纠纷，各方当事人立场鲜明，涉及的焦点问题具有代表性和典型性。公民的姓名、电话号码及行程安排等事项属于个人信息。在大数据时代，信息的收集和匹配成本越来越低，原来单个的、孤立的、可以公示的个人信息一旦被收集、提取和综合，就完全可以与特定的个人相匹配，从而形成某一特定个人详细准确的整体信息。此时，这些全方位、系统性的整体信息，就不再是单个的可以任意公示的个人信息，这些整体信息一旦被泄露扩散，任何人都将没有自己的私人空间，个人的隐私将遭受威胁。因此，基于合理事由掌握上述整体信息的组织或个人应积极地、谨慎地采取有效措施防止信息泄露。任何人未经权利人的允许，都不得扩散和不当利用能够指向特定个人的整体信息，而整体信息也因包含了隐私而整体上成为隐私信息，可以通过隐私权纠纷而寻求救济。

本案中，庞理鹏被泄露的信息包括姓名、尾号＊＊49手机号、行程安排等，其行程安排无疑属于私人活动信息，应该属于隐私信息，可以通过本案的隐私权纠纷主张救济。从收集证据的资金、技术等成本上看，作为普通人的庞理鹏根本不具备对东航、趣拿公司内部数据信息管理是否存在漏洞等情况进行举证证明的能力。因此，客观上，法律不能也不应要求庞理鹏证明必定是东航或趣拿公司泄露了其隐私信息。东航和趣拿公司均未证明涉案信息泄漏归因于他人，或黑客攻击，抑或是庞理鹏本人。法院在排除其他泄露隐私信息可能性的前提下，结合本案证据认定上述两公司存在过错。东航和趣拿公司作为各自行业的知名企业，一方面因其经营性质掌握了大量的个人信息，另一方面亦有相应的能力保护好消费者的个人信息免受泄露，这既是其社会责任，也是其应尽的法律义务。本案泄露事件的发生，是由于航空公司、网络购票平台疏于防范导致的结果，因而可以认定其具有过错，应承担侵权责任。综上所述，本案的审理对个人信息保护以及隐私权侵权的认定进行了充分论证，兼顾了隐私权保护及信息传播的衡平。

《王某与张某、北京凌云互动信息技术有限公司、海南天涯在线网络科技有限公司侵犯名誉权纠纷系列案——媒体报道应当尊重个人隐私》，《最高人民法院公布8起利用信息网络侵害人身权益典型案例之六》（2014年10月10日）

典型意义：哪些个人信息是个人隐私？那些有违公序良俗的个人信息是否应当受到保护？这些问题的答案都随着互联网时代的到来发生着深刻的变化。本案是曾引起舆论广泛关注的所谓博客自杀第一案。本案中，虽然原告王某的婚外情在道德上值得批评，但这并非公众干预其个人生活的合法理由。公民的个人感情生活包括婚外男女关系均属个人隐私，无论是个人通过互联网披露、还是媒体的公开报道，都应当注意个人隐私的保护。

第一千零三十三条　【侵害隐私权的方式】除法律另有规定或者权利人明确同意外，任何组织或者个人不得实施下列行为：

（一）以电话、短信、即时通讯工具、电子邮件、传单等方式侵扰他人的私人生活安宁；

（二）进入、拍摄、窥视他人的住宅、宾馆房间等私密空间；

（三）拍摄、窥视、窃听、公开他人的私密活动；

（四）拍摄、窥视他人身体的私密部位；

（五）处理他人的私密信息；

（六）以其他方式侵害他人的隐私权。

关联法规参见

▶**法律：**《宪法》第39条，《刑事诉讼法》第136条，《监察法》第24条，《刑法》第245条，《反间谍法》第32条，《治安管理处罚法》第42条，《人民警察法》第12条、第22条，《人民武装警察法》第19条、第29条。

▶**行政法规：**《外交特权与豁免条例》第4条，《保安服务管理条例》第25条。

司法解释适用

《最高人民法院关于民事执行中财产调查若干问题的规定》（法释〔2020〕21号修改）

新《民事执行中财产调查规定》	原《民事执行中财产调查规定》
第十四条（原第十四条） 被执行人隐匿财产、会计账簿等资料拒不交出的，人民法院可以依法采取搜查措施。 人民法院依法搜查时，对被执行人可能隐匿财产或者资料的处所、箱柜等，经责令被执行人开启而拒不配合的，可以强制开启。	

《最高人民法院关于适用〈中华人民共和国民事诉讼法〉的解释》（法释〔2020〕20号修改）

新《民事诉讼司法解释》	原《民事诉讼司法解释》
第四百九十六条（原第四百九十六条） 在执行中，被执行人隐匿财产、会计账簿等资料的，人民法院除可依照民事诉讼法第一百一十一条第一款第六项规定对其处理外，还应责令被执行人交出隐匿的财产、会计账簿等资料。被执行人拒不交出的，人民法院可以采取搜查措施。	

第一千零三十四条　【个人信息；个人信息中的私密信息】自然人的个人信息受法律保护。

个人信息是以电子或者其他方式记录的能够单独或者与其他信息结合识别特定自然人的各种信息，包括自然人的姓名、出生日期、身份证件号码、生物识别信息、住址、电话号码、电子邮箱、健康信息、行踪信息等。

个人信息中的私密信息，适用有关隐私权的规定；没有规定的，适用有关个人信息保护的规定。

关联法规参见

▶**法律：**《民法典总则编》第111条，《社会保险法》第92条，《旅游法》第52条，《国际刑事司法协助法》第17条，《电子商务法》第32条，《网络安全法》第44条，《消费者权益保护法》第14条。

▶**行政法规：**《人力资源市场暂行条例》第29条，《彩票管理条例》第27条。

司法解释适用

《最高人民法院关于审理旅游纠纷案件适用法律若干问题的规定》（法释〔2020〕17号修改）

新《旅游纠纷司法解释》	原《旅游纠纷司法解释》
第九条　旅游经营者、旅游辅助服务者以非法收集、存储、使用、加工、传输、买卖、提供、公开等方式处理旅游者个人信息，旅游者请求其承担相应责任的，人民法院应予支持。	**第九条**　旅游经营者、旅游辅助服务者泄露旅游者个人信息或者未经旅游者同意公开其个人信息，旅游者请求其承担相应责任的，人民法院应予支持。

《最高人民法院关于审理国家赔偿案件确定精神损害赔偿责任适用法律若干问题的解释》

第一条　公民以人身权受到侵犯为由提出国家赔偿申请，依照国家赔偿法第三十五条的规定请求精神损害赔偿的，适用本解释。

法人或者非法人组织请求精神损害赔偿的，人民法院不予受理。

第二条　公民以人身权受到侵犯为由提出国家赔偿申请，未请求精神损害赔偿，或者未同时请求消除影响、恢复名誉、赔礼道歉以及精神损害抚慰金的，人民法院应当向其释明。经释明后不变更请求，案件审结后又基于同一侵权事实另行提出申请的，人民法院不予受理。

《最高人民法院、最高人民检察院关于办理侵犯公民个人信息刑事案件适用法律若干问题的解释》

第一条　刑法第二百五十三条之一规定的“公民个人信息”，是指以电子或者其他方式记录的能够单独或者与其他信息结合识别特定自然人身份或者反映特定自然人活动情况的各种信息，包括姓名、身份证件号码、通信通讯联系方式、住址、账号密码、财产状况、行踪轨迹等。

《最高人民法院关于人民法院在互联网公布裁判文书的规定》

第十条　人民法院在互联网公布裁判文书时，应当删除下列信息：

（一）自然人的家庭住址、通讯方式、身份证号码、银行账号、健康状况、车牌号码、动产或不动产权属证书编号等个人信息；

（二）法人以及其他组织的银行账号、车牌号码、动产或不动产权属证书编号等信息

（三）涉及商业秘密的信息；

（四）家事、人格权益等纠纷中涉及个人隐私的信息；

（五）涉及技术侦查措施的信息；

（六）人民法院认为不宜公开的其他信息。

按照本条第一款删除信息影响对裁判文书正确理解的，用符号“×”作部分替代。

第一千零三十五条　【个人信息处理的原则和条件】 处理个人信息的，应当遵循合法、正当、必要原则，不得过度处理，并符合下列条件：

（一）征得该自然人或者其监护人同意，但是法律、行政法规另有规定的除外；

（二）公开处理信息的规则；

（三）明示处理信息的目的、方式和范围；

（四）不违反法律、行政法规的规定和双方的约定。

个人信息的处理包括个人信息的收集、存储、使用、加工、传输、提供、公开等。

关联法规参见

▶**法律**：《电子商务法》第23条，《核安全法》第69条，《测绘法》第47条，《网络安全法》第22条、第37条、第40条、第42条，《消费者权益保护法》第29条。

▶**行政法规**：《地图管理条例》第35条，《征信业管理条例》第13条、第19条、第20条。

第一千零三十六条　【处理个人信息不承担责任的特定情形】 处理个人信息，有下列情形之一的，行为人不承担民事责任：

（一）在该自然人或者其监护人同意的范围内合理实施的行为；

（二）合理处理该自然人自行公开的或者其他已经合法公开的信息，但是该自然人明确拒绝或者处理该信息侵害其重大利益的除外；

（三）为维护公共利益或者该自然人合法权益，合理实施的其他行为。

关联法规参见

▶**行政法规**：《个人所得税法实施条例》第30条，《征信业管理条例》第17条。

第一千零三十七条　【个人信息决定权】 自然人可以依法向信息处理者查阅或者复制其个人信息；发现信息有错误的，有权提出异议并请求及时采取更正等必要措施。

自然人发现信息处理者违反法律、行政法规的规定或者双方的约定处理其个人信息的，有权请求信息处理者及时删除。

司法解释适用

《最高人民法院关于审理利用信息网络侵害人身权益民事纠纷案件适用法律若干问题的规定》（法释〔2020〕17号修改）

新《利用信息网络侵害人身权益纠纷案件规定》	原《利用信息网络侵害人身权益纠纷案件规定》
删除条文 ~~**第十二条**　网络用户或者网络服务提供者利用网络公开自然人基因信息、病历资料、健康检查资料、犯罪记录、家庭住址、私人活动等个人隐私和其他个人信息，造成他人损害，被侵权人请求其承担侵权责任的，人民法院应予支持。但下列情形除外：~~ ~~（一）经自然人书面同意且在约定范围内公开；~~ ~~（二）为促进社会公共利益且在必要范围内；~~ ~~（三）学校、科研机构等基于公共利益为学术研究或者统计的目的，经自然人书面同意，且公开的方式不足以识别特定自然人；~~ ~~（四）自然人自行在网络上公开的信息或者其他已合法公开的个人信息；~~ ~~（五）以合法渠道获取的个人信息；~~ ~~（六）法律或者行政法规另有规定。~~ ~~网络用户或者网络服务提供者以违反社会公共利益、社会公德的方式公开前款第四项、第五项规定的个人信息，或者公开该信息侵害权利人值得保护的重大利益，权利人请求网络用户或者网络服务提供者承担侵权责任的，人民法院应予支持。~~ ~~国家机关行使职权公开个人信息的，不适用本条规定。~~	

第一千零三十八条　【个人信息安全】信息处理者不得泄露或者篡改其收集、存储的个人信息；未经自然人同意，不得向他人非法提供其个人信息，但是经过加工无法识别特定个人且不能复原的除外。

信息处理者应当采取技术措施和其他必要措施，确保其收集、存储的个人信息安全，防止信息泄露、篡改、丢失；发生或者可能发生个人信息泄露、篡改、丢失的，应当及时采取补救措施，按照规定告知自然人并向有关主管部门报告。

关联法规参见

▶**法律**：《网络安全法》第43条，《消费者权益保护法》第29条。

▶**行政法规**：《地图管理条例》第35条。

司法解释适用

最高人民法院关于审理利用信息网络侵害人身权益民事纠纷案件适用法律若干问题的规定（法释〔2020〕17号修改）

新《利用信息网络侵害人身权益纠纷案件规定》	原《利用信息网络侵害人身权益纠纷案件规定》
删除条文 ~~第十二条 网络用户或者网络服务提供者利用网络公开自然人基因信息、病历资料、健康检查资料、犯罪记录、家庭住址、私人活动等个人隐私和其他个人信息，造成他人损害，被侵权人请求其承担侵权责任的，人民法院应予支持。但下列情形除外：~~ ~~（一）经自然人书面同意且在约定范围内公开；~~ ~~（二）为促进社会公共利益且在必要范围内；~~ ~~（三）学校、科研机构等基于公共利益为学术研究或者统计的目的，经自然人书面同意，且公开的方式不足以识别特定自然人；~~ ~~（四）自然人自行在网络上公开的信息或者其他已合法公开的个人信息；~~ ~~（五）以合法渠道获取的个人信息；~~ ~~（六）法律或者行政法规另有规定。~~ ~~网络用户或者网络服务提供者以违反社会公共利益、社会公德的方式公开前款第四项、第五项规定的个人信息，或者公开该信息侵害权利人值得保护的重大利益，权利人请求网络用户或者网络服务提供者承担侵权责任的，人民法院应予支持。~~ ~~国家机关行使职权公开个人信息的，不适用本条规定。~~	

第一千零三十九条 【国家机关、法定机构及其工作人员对隐私和个人信息的保密义务】国家机关、承担行政职能的法定机构及其工作人员对于履行职责过程中知悉的自然人的隐私和个人信息，应当予以保密，不得泄露或者向他人非法提供。

关联法规参见

▶**法律：**《社会保险法》第92条，《刑事诉讼法》第64条，《旅游法》第86条，《公共图书馆法》第43条，《电子商务法》第25条、第79条、第87条。《国家情报法》第19条、第31条，《反恐怖主义法》第76条，《刑法》第253条，《核安全法》第74条、第75条，《网络安全法》第44条、第45条、第64条，《出境入境管理法》第85条，《居民身份证法》第6条、第13条、第19条、第20条，《统计法》第9条、第39条，《护照法》第12条、第20条。

▶**行政法规：**《国务院关于在线政务服务的若干规定》第14条，《缺陷汽车产品召回管理条例》第7条、第25条，《社会救助暂行办法》第61条、第66条，《戒毒条例》第7条、第10条、第43条，《全国经济普查条例》第32条，《残疾人教育条例》第20条，《居住证暂行条例》第 17 条、第 20 条。

司法解释适用

最高人民法院关于审理利用信息网络侵害人身权益民事纠纷案件适用法律若干问题的规定（法释〔2020〕17 号修改）

新《利用信息网络侵害人身权益纠纷案件规定》	原《利用信息网络侵害人身权益纠纷案件规定》
删除条文 ~~**第十二条**　网络用户或者网络服务提供者利用网络公开自然人基因信息、病历资料、健康检查资料、犯罪记录、家庭住址、私人活动等个人隐私和其他个人信息，造成他人损害，被侵权人请求其承担侵权责任的，人民法院应予支持。但下列情形除外：~~ ~~（一）经自然人书面同意且在约定范围内公开；~~ ~~（二）为促进社会公共利益且在必要范围内；~~ ~~（三）学校、科研机构等基于公共利益为学术研究或者统计的目的，经自然人书面同意，且公开的方式不足以识别特定自然人；~~ ~~（四）自然人自行在网络上公开的信息或者其他已合法公开的个人信息；~~ ~~（五）以合法渠道获取的个人信息；~~ ~~（六）法律或者行政法规另有规定。~~ ~~网络用户或者网络服务提供者以违反社会公共利益、社会公德的方式公开前款第四项、第五项规定的个人信息，或者公开该信息侵害权利人值得保护的重大利益，权利人请求网络用户或者网络服务提供者承担侵权责任的，人民法院应予支持。~~ ~~国家机关行使职权公开个人信息的，不适用本条规定。~~	

《最高人民法院关于审理国家赔偿案件确定精神损害赔偿责任适用法律若干问题的解释》

第一条　公民以人身权受到侵犯为由提出国家赔偿申请，依照国家赔偿法第三十五条的规定请求精神损害赔偿的，适用本解释。

法人或者非法人组织请求精神损害赔偿的，人民法院不予受理。

第二条　公民以人身权受到侵犯为由提出国家赔偿申请，未请求精神损害赔偿，或者未同时请求消除影响、恢复名誉、赔礼道歉以及精神损害抚慰金的，人民法院应当向其释明。经释明后不变更请求，案件审结后又基于同一侵权事实另行提出申请的，人民法院不予受理。

第五编　婚姻家庭

第一章　一般规定

第一千零四十条　【婚姻家庭编的调整范围】本编调整因婚姻家庭产生的民事关系。

关联法规参见

法律：《宪法》第49条，《妇女权益保障法》第2条、第43条。

司法解释适用

《最高人民法院关于适用〈中华人民共和国民法典〉婚姻家庭编的解释（一）》（法释〔2020〕22号）

《民法典婚姻家庭编司法解释（一）》	原《婚姻法系列司法解释》
第三条　当事人提起诉讼仅请求解除同居关系的，人民法院不予受理；已经受理的，裁定驳回起诉。 当事人因同居期间财产分割或者子女抚养纠纷提起诉讼的，人民法院应当受理。	**《婚姻法司法解释二》** 第一条　当事人起诉请求解除同居关系的，人民法院不予受理。~~但当事人请求解除的同居关系，属于婚姻法第三条、第三十二条、第四十六条规定的“有配偶者与他人同居”的，人民法院应当受理并依法予以解除。~~ 当事人因同居期间财产分割或者子女抚养纠纷提起诉讼的，人民法院应当受理。
第五条　当事人请求返还按照习俗给付的彩礼的，如果查明属于以下情形，人民法院应当予以支持： （一）双方未办理结婚登记手续； （二）双方办理结婚登记手续但确未共同生活； （三）婚前给付并导致给付人生活困难。 适用前款第二项、第三项的规定，应当以双方离婚为条件。	**《婚姻法司法解释二》** **第十条**　当事人请求返还按照习俗给付的彩礼的，如果查明属于以下情形，人民法院应当予以支持： （一）双方未办理结婚登记手续的； （二）双方办理结婚登记手续但确未共同生活的； （三）婚前给付并导致给付人生活困难的。 适用前款第（二）、（三）项的规定，应当以双方离婚为条件。

《民法典婚姻家庭编司法解释（一）》	原《婚姻法系列司法解释》
第十七条（原《婚姻法解释（三）》第一条） 当事人以结婚登记程序存在瑕疵为由提起民事诉讼，主张撤销结婚登记的，告知其可以依法申请行政复议或者提起行政诉讼。	

第一千零四十一条　【我国的婚姻制度及保护的权益】 婚姻家庭受国家保护。

实行婚姻自由、一夫一妻、男女平等的婚姻制度。

保护妇女、未成年人、老年人、残疾人的合法权益。

关联法规参见

▶**法律：**《宪法》第48条、第49条，《民法典总则编》第110条、第128条，《民法典婚姻家庭编》第1055条、第1057条，《民法典继承编》第1155条、第1158条，《农村土地承包法》第6条，《老年人权益保障法》第2条至第8条、第18条、第21条，《妇女权益保障法》第2条、第31条、第43条、第44条，《就业促进法》第27条，《未成年人保护法》第2条至第6条。

司法解释适用

《最高人民法院关于婚姻问题的复函》

最高人民法院华东分院：

1953年6月11日东法研字第2979号函悉。对你院复江苏省人民法院有关婚姻问题的意见，我们的意见如下：

婚姻法第二条规定，禁止重婚、纳妾。故自婚姻法颁布时起，重婚纳妾即为违法行为，属于刑事范畴。至于重婚、纳妾之属于刑事范围究应从贯彻婚姻法运动后起算，抑应从婚姻法颁布时起算，本就本年3月22日人民日报所载法制委员会《有关婚姻问题的若干解答》来看，仍应从婚姻法颁布之时起算。但在处理具体案件时，可视各地区贯彻婚姻法的情况及案件情节的轻重，影响的大小，酌予较轻的刑事处分（包括缓刑和训诫）。

来文第二点关于重婚纳妾及离婚问题，可按照上述法制委员会解答的第一答问处理。

权威案例指引

▶**典型案例**

《杜某某诉张某某、何某某财产损害赔偿案》，《最高人民法院公布10起残疾人权益保障典型案例之七》（2016年5月14日）

典型意义：依法切实保障残疾人生产经营权利

让残疾人平等参与社会生活、共享改革发展成果，是具体检验支持残疾人事业发展的重要标志。本案原告杜某某系双眼全盲残疾人，其作为民事主体租赁门面用于经营盲人按摩，是残疾人平等参与社会生活的积极体现，其合法经营权利更应受法律保护。而本案出租方违约侵害残疾人正常生产经营，理应承担相应的责任。本案原告作为残疾人，由于其身体残疾、法律知识薄弱、经济条件有限等原因，在依法保护其权益时处于明显弱势地位。针对本案，法院的审理工作立足保护残疾人生产经营权益，加大案件调解力度，最终通过调解方式结案，使本案残疾人能够平等参与社会生活、共享改革发展成果。

第一千零四十二条　【禁止的婚姻家庭行为】 禁止包办、买卖婚姻和其他干涉婚姻自由的行为。禁止借婚姻索取财物。

禁止重婚。禁止有配偶者与他人同居。

禁止家庭暴力。禁止家庭成员间的虐待和遗弃。

关联法规参见

▶**法律**：《宪法》第49条，《民法典婚姻家庭编》第1079条、第1091条，《老年人权益保障法》第76条、第78条，《妇女权益保障法》第36条、第37条至第42条、第44条、第46条、第52条至第59条，《刑法》第257条至第261条，《反家庭暴力法》第2条至第5条，《未成年人保护法》第15条至第17条。

司法解释适用

《最高人民法院关于适用〈中华人民共和国民法典〉婚姻家庭编的解释（一）》（法释〔2020〕22号）

《民法典婚姻家庭编司法解释（一）》	原《婚姻法系列司法解释》
第一条　持续性、经常性的家庭暴力，可以认定为民法典第一千零四十二条、第一千零七十九条、第一千零九十一条所称的“虐待”。	**《婚姻法司法解释（一）》** **第一条**　~~婚姻法第三条、第三十二条、第四十三条、第四十五条、第四十六条所称的“家庭暴力”，是指行为人以殴打、捆绑、残害、强行限制人身自由或者其他手段，给其家庭成员的身体、精神等方面造成一定伤害后果的行为。~~持续性、经常性的家庭暴力，构成虐待。
第二条　民法典第一千零四十二条、第一千零七十九条、第一千零九十一条规定的“与他人同居”的情形，是指有配偶者与婚外异性，不以夫妻名义，持续、稳定地共同居住。	**《婚姻法司法解释（一）》** **第二条**　婚姻法第三条、第三十二条、第四十六条规定的“~~有配偶者~~与他人同居”的情形，是指有配偶者与婚外异性，不以夫妻名义，持续、稳定地共同居住。

《民法典婚姻家庭编司法解释（一）》	原《婚姻法系列司法解释》
第三条　当事人提起诉讼仅请求解除同居关系的，人民法院不予受理；已经受理的，裁定驳回起诉。 当事人因同居期间财产分割或者子女抚养纠纷提起诉讼的，人民法院应当受理。	**《婚姻法司法解释（二）》** **第一条**　当事人起诉请求解除同居关系的，人民法院不予受理。~~但当事人请求解除的同居关系，属于婚姻法第三条、第三十二条、第四十六条规定的“有配偶者与他人同居”的，人民法院应当受理并依法予以解除。~~ 当事人因同居期间财产分割或者子女抚养纠纷提起诉讼的，人民法院应当受理。
第五条　当事人请求返还按照习俗给付的彩礼的，如果查明属于以下情形，人民法院应当予以支持： （一）双方未办理结婚登记手续； （二）双方办理结婚登记手续但确未共同生活； （三）婚前给付并导致给付人生活困难。 适用前款第二项、第三项的规定，应当以双方离婚为条件。	**《婚姻法司法解释二》** **第十条**　当事人请求返还按照习俗给付的彩礼的，如果查明属于以下情形，人民法院应当予以支持： （一）双方未办理结婚登记手续的； （二）双方办理结婚登记手续但确未共同生活的； （三）婚前给付并导致给付人生活困难的。 适用前款第（二）、（三）项的规定，应当以双方离婚为条件。
第六十二条　无民事行为能力人的配偶有民法典第三十六条第一款规定行为，其他有监护资格的人可以要求撤销其监护资格，并依法指定新的监护人；变更后的监护人代理无民事行为能力一方提起离婚诉讼的，人民法院应予受理。	**《婚姻法司法解释（三）》** 第八条　无民事行为能力人的配偶有虐待、遗弃等严重损害无民事行为能力一方的人身权利或者财产权益行为，其他有监护资格的人可以依照特别程序要求变更监护关系；变更后的监护人代理无民事行为能力一方提起离婚诉讼的，人民法院应予受理。

《最高人民法院研究室关于重婚案件中受骗的一方当事人能否作为被害人向法院提起诉讼问题的电话答复》

广东省高级人民法院：

你院《关于重婚案件中受骗的一方当事人能否作为被害人向法院提起诉讼问题的请示》收阅。经研究，答复如下：

基本同意你院的第二种意见，即：重婚案件中的被害人，既包括重婚者在原合法婚姻关系中的配偶，也包括后来受欺骗而与重婚者结婚的人。鉴于受骗一方当事人在主观上不具有重婚的故意，因此，根据你院《请示》中介绍的案情，陈若容可以作为本案的被害人。根据最高人民法院、最高人民检察院1983年7月26日《关于重婚案件管辖问题的通知》中关于“由被害人提出控告的重婚案件……由人民法院直接受理”的规定，陈若容可以作为自诉人，直接向人民法院提起诉讼。

《最高人民法院研究室关于重婚案件的被告人长期外逃法院能否中止审理和是否受追诉时效限制问题的电话答复》

陕西省高级人民法院：

你院陕高法研〔1989〕35号《关于重婚案件的被告人长期外逃法院能否中止审理和是否受追诉时效限制问题的请示》收悉。经研究，答复如下：

同意你院意见，即胡应亭诉焦有枝、赵炳信重婚一案，在人民法院对焦有枝采取取保候审的强制措施后，焦有枝潜逃并和赵炳信一直在外流窜，下落不明的情况下，可参照最高人民法院法（研）复〔1988〕29号《关于刑事案件取保候审的被告人在法院审理期间潜逃应宣告中止审理的批复》的规定，中止审理，俟被告人追捕归案后，再恢复审理。关于追诉时效问题，根据刑法第七十七条的规定，对焦有枝追究刑事责任不受追诉期限的限制。对于赵炳信，只要他同焦有枝的非法婚姻关系不解除，他们的重婚犯罪行为就处于一种继续状态，根据刑法第七十八条的规定，人民法院随时都可以对他追究刑事责任。此外，如果公安机关已对赵炳信发布了通缉令，也可以根据刑法第七十七条的规定，对他追究刑事责任，不受追诉期限的限制。

权威案例指引

▶典型案例

《杨某与刘某某离婚纠纷案》，《家庭婚姻纠纷典型案例（山东）之三》（2015年11月19日）

典型意义：这是一起涉及婚内财产协议效力的案件。当前，许多人在婚前婚内签订一纸“保婚”文书，而“谁提离婚，谁便净身出户”，往往成为婚内财产协议中的恩爱信诺，以使得双方打消离婚念头，一心一意的经营好婚姻。但是，这些协议究竟有没有效力。根据婚姻法第十九条“夫妻双方可以约定婚姻关系存续期间所得财产以及婚前财产归各自所有、共同所有或部分各自所有、共同所有。约定应采用书面形式，没有约定或约定不明确的，适用本法第十七条、十八条的规定。夫妻对婚姻关系存续期间所得的财产以及婚前财产的约定，对双方具有约束力”。本案中的《协议书》由当事人双方签字认可，且有见证人签字，协议书签署后双方共同生活一年以上，在刘某某无相反证据证实杨某存在欺诈、胁迫的情形时，《协议书》内容应视为双方真实意思表示，不违反法律规定，法院应予支持。对于《协议书》所附“一方提出离婚，协议无效”的约定，因限制他人离婚自由，违反法律规定和公序良俗而无效，其无效不影响协议书其他条款的效力。

第一千零四十三条　【婚姻家庭的倡导性规定】家庭应当树立优良家风，弘扬家庭美德，重视家庭文明建设。

夫妻应当互相忠实，互相尊重，互相关爱；家庭成员应当敬老爱幼，互相帮助，维护平等、和睦、文明的婚姻家庭关系。

关联法规参见

▶**法律**：《民法典婚姻家庭编》第 1055 条、第 1057 条。

司法解释适用

《最高人民法院关于适用〈中华人民共和国民法典〉婚姻家庭编的解释（一）》（法释〔2020〕22 号）

《民法典婚姻家庭编司法解释（一）》	原《婚姻法司法解释（一）》
第四条　当事人仅以民法典第一千零四十三条为依据提起诉讼的，人民法院不予受理；已经受理的，裁定驳回起诉。	**第三条**　当事人仅以婚姻法第四条为依据提起诉讼的，人民法院不予受理；已经受理的，裁定驳回起诉。

权威案例指引

▶**典型案例**

《刘某诉刘某某、周某某共有房屋分割案》，《最高人民法院公布 10 起弘扬社会主义核心价值观典型案例之一》（2016 年 3 月 10 日）

典型意义：家庭美德

孝敬父母，是中国社会传承几千年的重要家庭伦理道德。父母为子女含辛茹苦，将子女培养成人，子女长大后理应善待父母，为他们营造安定的生活环境。本案中，父母为购房支付了大部分房款，并从子女利益考虑，让女儿占有房屋产权 90% 的份额，但作为女儿，原告刘某却意图将父母占有的份额转让给自己，从而占有房屋的全部份额，损害了父母的利益，人民法院依法不予支持。

第一千零四十四条　【收养的原则与禁止性规定】收养应当遵循最有利于被收养人的原则，保障被收养人和收养人的合法权益。

禁止借收养名义买卖未成年人。

第一千零四十五条　【亲属、近亲属及家庭成员】亲属包括配偶、血亲和姻亲。

配偶、父母、子女、兄弟姐妹、祖父母、外祖父母、孙子女、外孙子女为近亲属。

配偶、父母、子女和其他共同生活的近亲属为家庭成员。

关联法规参见

▶**法律**：《民法典总则编》第 28 条、第 33 条，《民法典婚姻家庭编》第 1050 条，《刑事诉讼法》第 29 条、第 33 条至第 35 条、第 43 条、第 46 条、第 63 条、第 64 条、第 97 条、第 99 条、第 101 条、第 108 条、第 111 条、第 114 条、第 227 条、第 237 条、第 252 条、第 253

条、第 293 条、第 294 条、第 296 条、第 299 条、第 300 条、第 305 条、第 306 条，《民事诉讼法》第 44 条、第 58 条、第 187 条、第 189 条，《行政诉讼法》第 25 条、第 31 条。

司法解释适用

《最高人民法院关于适用〈中华人民共和国刑事诉讼法〉的解释》（法释〔2021〕1 号）

<table>
<tr><th>新《刑事诉讼法司法解释》</th><th>原《刑事诉讼法司法解释》</th></tr>
<tr><td colspan="2">第二十七条（原第二十三条）　审判人员具有下列情形之一的，应当自行回避，当事人及其法定代理人有权申请其回避：
（一）是本案的当事人或者是当事人的近亲属的；
（二）本人或者其近亲属与本案有利害关系的；
（三）担任过本案的证人、鉴定人、辩护人、诉讼代理人、翻译人员的；
（四）与本案的辩护人、诉讼代理人有近亲属关系的；
（五）与本案当事人有其他利害关系，可能影响公正审判的。</td></tr>
<tr><td>第四十条　人民法院审判案件，应当充分保障被告人依法享有的辩护权利。
被告人除自己行使辩护权以外，还可以委托辩护人辩护。下列人员不得担任辩护人：
（一）正在被执行刑罚或者处于缓刑、假释考验期间的人；
（二）依法被剥夺、限制人身自由的人；
（三）被开除公职或者被吊销律师、公证员执业证书的人；
（四）人民法院、人民检察院、监察机关、公安机关、国家安全机关、监狱的现职人员；
（五）人民陪审员；
（六）与本案审理结果有利害关系的人；
（七）外国人或者无国籍人；
（八）无行为能力或者限制行为能力的人。
前款第三项至第七项规定的人员，如果是被告人的监护人、近亲属，由被告人委托担任辩护人的，可以准许。</td><td>第三十五条　人民法院审判案件，应当充分保障被告人依法享有的辩护权利。
被告人除自己行使辩护权以外，还可以委托辩护人辩护。下列人员不得担任辩护人：
（一）正在被执行刑罚或者处于缓刑、假释考验期间的人；
（二）依法被剥夺、限制人身自由的人；
（三）无行为能力或者限制行为能力的人；
（四）人民法院、人民检察院、公安机关、国家安全机关、监狱的现职人员；
（五）人民陪审员；
（六）与本案审理结果有利害关系的人；
（七）外国人或者无国籍人。
前款第四项至第七项规定的人员，如果是被告人的监护人、近亲属，由被告人委托担任辩护人的，可以准许。</td></tr>
</table>

<table>
<tr><th>新《刑事诉讼法司法解释》</th><th>原《刑事诉讼法司法解释》</th></tr>
<tr><td>第四十一条 审判人员和人民法院其他工作人员从人民法院离任后二年内，不得以律师身份担任辩护人。
审判人员和人民法院其他工作人员从人民法院离任后，不得担任原任职法院所审理案件的辩护人，但系被告人的监护人、近亲属的除外。
审判人员和人民法院其他工作人员的配偶、子女或者父母不得担任其任职法院所审理案件的辩护人，但系被告人的监护人、近亲属的除外。</td><td>第三十六条 审判人员和人民法院其他工作人员从人民法院离任后二年内，不得以律师身份担任辩护人。
审判人员和人民法院其他工作人员从人民法院离任后，不得担任原任职法院所审理案件的辩护人，但作为被告人的监护人、近亲属进行辩护的除外。
审判人员和人民法院其他工作人员的配偶、子女或者父母不得担任其任职法院所审理案件的辩护人，但作为被告人的监护人、近亲属进行辩护的除外。</td></tr>
<tr><td>第四十五条 审判期间，在押的被告人要求委托辩护人的，人民法院应当在三日以内向其监护人、近亲属或者其指定的人员转达要求。被告人应当提供有关人员的联系方式。有关人员无法通知的，应当告知被告人。</td><td>第四十条 审判期间，在押的被告人要求委托辩护人的，人民法院应当在三日内向其监护人、近亲属或者其指定的人员转达要求。被告人应当提供有关人员的联系方式。有关人员无法通知的，应当告知被告人。</td></tr>
<tr><td colspan="2">新增条文
第五十一条 对法律援助机构指派律师为被告人提供辩护，被告人的监护人、近亲属又代为委托辩护人的，应当听取被告人的意见，由其确定辩护人人选。</td></tr>
<tr><td colspan="2">第五十八条（原第五十条） 辩护律师申请向被害人及其近亲属、被害人提供的证人收集与本案有关的材料，人民法院认为确有必要的，应当签发准许调查书。</td></tr>
<tr><td>第一百二十三条 采用下列非法方法收集的被告人供述，应当予以排除：
（一）采用殴打、违法使用戒具等暴力方法或者变相肉刑的恶劣手段，使被告人遭受难以忍受的痛苦而违背意愿作出的供述；
（二）采用以暴力或者严重损害本人及其近亲属合法权益等相威胁的方法，使被告人遭受难以忍受的痛苦而违背意愿作出的供述；
（三）采用非法拘禁等非法限制人身自由的方法收集的被告人供述。</td><td>第九十五条 使用肉刑或者变相肉刑，或者采用其他使被告人在肉体上或者精神上遭受剧烈疼痛或者痛苦的方法，迫使被告人违背意愿供述的，应当认定为刑事诉讼法第五十四条规定的“刑讯逼供等非法方法”。
认定刑事诉讼法第五十四条规定的“可能严重影响司法公正”，应当综合考虑收集物证、书证违反法定程序以及所造成后果的严重程度等情况。</td></tr>
</table>

<table>
<tr><th>新《刑事诉讼法司法解释》</th><th>原《刑事诉讼法司法解释》</th></tr>
<tr><td>第一百七十四条　被告人及其法定代理人、近亲属或者辩护人申请变更、解除强制措施的，应当说明理由。人民法院收到申请后，应当在三日以内作出决定。同意变更、解除强制措施的，应当依照本解释规定处理；不同意的，应当告知申请人，并说明理由。</td><td>第一百三十七条　被告人及其法定代理人、近亲属或者辩护人申请变更强制措施的，应当说明理由。人民法院收到申请后，应当在三日内作出决定。同意变更强制措施的，应当依照本解释规定处理；不同意的，应当告知申请人，并说明理由。</td></tr>
<tr><td colspan="2">第一百七十七条（原第一百四十条）　国家机关工作人员在行使职权时，侵犯他人人身、财产权利构成犯罪，被害人或者其法定代理人、近亲属提起附带民事诉讼的，人民法院不予受理，但应当告知其可以依法申请国家赔偿。</td></tr>
<tr><td>第一百七十八条　人民法院受理刑事案件后，对符合刑事诉讼法第一百零一条和本解释第一百七十五条第一款规定的，可以告知被害人或者其法定代理人、近亲属有权提起附带民事诉讼。
有权提起附带民事诉讼的人放弃诉讼权利的，应当准许，并记录在案。</td><td>第一百四十一条　人民法院受理刑事案件后，对符合刑事诉讼法第九十九条和本解释第一百三十八条第一款规定的，可以告知被害人或者其法定代理人、近亲属有权提起附带民事诉讼。
有权提起附带民事诉讼的人放弃诉讼权利的，应当准许，并记录在案。</td></tr>
<tr><td colspan="2">第一百八十一条（第一百四十四条）　被害人或者其法定代理人、近亲属仅对部分共同侵害人提起附带民事诉讼的，人民法院应当告知其可以对其他共同侵害人，包括没有被追究刑事责任的共同侵害人，一并提起附带民事诉讼，但共同犯罪案件中同案犯在逃的除外。
被害人或者其法定代理人、近亲属放弃对其他共同侵害人的诉讼权利的，人民法院应当告知其相应法律后果，并在裁判文书中说明其放弃诉讼请求的情况。</td></tr>
<tr><td colspan="2">第一百八十三条（第一百四十六条）　共同犯罪案件，同案犯在逃的，不应列为附带民事诉讼被告人。逃跑的同案犯到案后，被害人或者其法定代理人、近亲属可以对其提起附带民事诉讼，但已经从其他共同犯罪人处获得足额赔偿的除外。</td></tr>
<tr><td colspan="2">第一百八十五条（第一百四十八条）　侦查、审查起诉期间，有权提起附带民事诉讼的人提出赔偿要求，经公安机关、人民检察院调解，当事人双方已经达成协议并全部履行，被害人或者其法定代理人、近亲属又提起附带民事诉讼的，人民法院不予受理，但有证据证明调解违反自愿、合法原则的除外。</td></tr>
<tr><td>第一百八十六条　被害人或者其法定代理人、近亲属提起附带民事诉讼的，人民法院应当在七日以内决定是否受理。符合刑事诉讼法第一百零一条以及本解释有关规定的，应当受理；不符合的，裁定不予受理。</td><td>第一百四十九条　被害人或者其法定代理人、近亲属提起附带民事诉讼的，人民法院应当在七日内决定是否立案。符合刑事诉讼法第九十九条以及本解释有关规定的，应当受理；不符合的，裁定不予受理。</td></tr>
</table>

<table>
<tr><th>新《刑事诉讼法司法解释》</th><th>原《刑事诉讼法司法解释》</th></tr>
<tr><td>第二百条　被害人或者其法定代理人、近亲属在刑事诉讼过程中未提起附带民事诉讼，另行提起民事诉讼的，人民法院可以进行调解，或者根据本解释第一百九十二条第二款、第三款的规定作出判决。</td><td>第一百六十四条　被害人或者其法定代理人、近亲属在刑事诉讼过程中未提起附带民事诉讼，另行提起民事诉讼的，人民法院可以进行调解，或者根据物质损失情况作出判决。</td></tr>
<tr><td>第二百五十六条　证人、鉴定人、被害人因出庭作证，本人或者其近亲属的人身安全面临危险的，人民法院应当采取不公开其真实姓名、住址和工作单位等个人信息，或者不暴露其外貌、真实声音等保护措施。辩护律师经法庭许可，查阅对证人、鉴定人、被害人使用化名情况的，应当签署保密承诺书。
审判期间，证人、鉴定人、被害人提出保护请求的，人民法院应当立即审查；认为确有保护必要的，应当及时决定采取相应保护措施。必要时，可以商请公安机关协助。</td><td>第二百零九条　~~审判危害国家安全犯罪、恐怖活动犯罪、黑社会性质的组织犯罪、毒品犯罪等案件，~~证人、鉴定人、被害人因出庭作证，本人或者其近亲属的人身安全面临危险的，人民法院应当采取不公开其真实姓名、住址和工作单位等个人信息，或者不暴露其外貌、真实声音等保护措施。
审判期间，证人、鉴定人、被害人提出保护请求的，人民法院应当立即审查；认为确有保护必要的，应当及时决定采取相应保护措施。</td></tr>
<tr><td colspan="2">第二百七十六条（原第二百二十五条）　法庭审理过程中，对与量刑有关的事实、证据，应当进行调查。
人民法院除应当审查被告人是否具有法定量刑情节外，还应当根据案件情况审查以下影响量刑的情节：
（一）案件起因；
（二）被害人有无过错及过错程度，是否对矛盾激化负有责任及责任大小；
（三）被告人的近亲属是否协助抓获被告人；
（四）被告人平时表现，有无悔罪态度；
（五）退赃、退赔及赔偿情况；
（六）被告人是否取得被害人或者其近亲属谅解；
（七）影响量刑的其他情节。</td></tr>
<tr><td>第三百零三条　判决书应当送达人民检察院、当事人、法定代理人、辩护人、诉讼代理人，并可以送达被告人的近亲属。被害人死亡，其近亲属申请领取判决书的，人民法院应当及时提供。</td><td>第二百四十七条　~~当庭宣告判决的，应当在五日内送达判决书。定期宣告判决的，应当在宣判前，先期公告宣判的时间和地点，传唤当事人并通知公诉人、法定代理人、辩护人和诉讼代理人；判决宣告后，应当立即送达判决书。~~</td></tr>
</table>

<table>
<tr><th>新《刑事诉讼法司法解释》</th><th>原《刑事诉讼法司法解释》</th></tr>
<tr><td>判决生效后，还应当送达被告人的所在单位或者户籍地的公安派出所，或者被告单位的注册登记机关。被告人系外国人，且在境内有居住地的，应当送达居住地的公安派出所。</td><td>判决书应当送达人民检察院、当事人、法定代理人、辩护人、诉讼代理人，并可以送达被告人的近亲属。判决生效后，还应当送达被告人的所在单位或者原户籍地的公安派出所，或者被告单位的注册登记机关。</td></tr>
<tr><td colspan="2">第三百一十七条（原第二百六十条）　本解释第一条规定的案件，如果被害人死亡、丧失行为能力或者因受强制、威吓等无法告诉，或者是限制行为能力人以及因年老、患病、盲、聋、哑等不能亲自告诉，其法定代理人、近亲属告诉或者代为告诉的，人民法院应当依法受理。
被害人的法定代理人、近亲属告诉或者代为告诉的，应当提供与被害人关系的证明和被害人不能亲自告诉的原因的证明。</td></tr>
<tr><td>第三百六十一条　适用简易程序审理的案件，符合刑事诉讼法第三十五条第一款规定的，人民法院应当告知被告人及其近亲属可以申请法律援助。</td><td>第二百九十一条　适用简易程序审理的案件，符合刑事诉讼法第三十四条第一款规定的，人民法院应当告知被告人及其近亲属可以申请法律援助。</td></tr>
<tr><td>第三百七十八条　地方各级人民法院在宣告第一审判决、裁定时，应当告知被告人、自诉人及其法定代理人不服判决和准许撤回起诉、终止审理等裁定的，有权在法定期限内以书面或者口头形式，通过本院或者直接向上一级人民法院提出上诉；被告人的辩护人、近亲属经被告人同意，也可以提出上诉；附带民事诉讼当事人及其法定代理人，可以对判决、裁定中的附带民事部分提出上诉。
被告人、自诉人、附带民事诉讼当事人及其法定代理人是否提出上诉，以其在上诉期满前最后一次的意思表示为准。</td><td>第二百九十九条　地方各级人民法院在宣告第一审判决、裁定时，应当告知被告人、自诉人及其法定代理人不服判决、裁定的，有权在法定期限内以书面或者口头形式，通过本院或者直接向上一级人民法院提出上诉；被告人的辩护人、近亲属经被告人同意，也可以提出上诉；附带民事诉讼当事人及其法定代理人，可以对判决、裁定中的附带民事部分提出上诉。
被告人、自诉人、附带民事诉讼当事人及其法定代理人是否提出上诉，以其在上诉期满前最后一次的意思表示为准。</td></tr>
<tr><td colspan="2">第三百七十九条（原第三百条）　人民法院受理的上诉案件，一般应当有上诉状正本及副本。
上诉状内容一般包括：第一审判决书、裁定书的文号和上诉人收到的时间，第一审人民法院的名称，上诉的请求和理由，提出上诉的时间。被告人的辩护人、近亲属经被告人同意提出上诉的，还应当写明其与被告人的关系，并应当以被告人作为上诉人。</td></tr>
<tr><td>第四百零一条　审理被告人或者其法定代理人、辩护人、近亲属提出上诉的案件，不得对被告人的刑罚作出实质不利的改判，并应当执行下列规定：</td><td>第三百二十五条　审理被告人或者其法定代理人、辩护人、近亲属提出上诉的案件，不得加重被告人的刑罚，并应当执行下列规定：</td></tr>
</table>

新《刑事诉讼法司法解释》	原《刑事诉讼法司法解释》
（一）同案审理的案件，只有部分被告人上诉的，既不得加重上诉人的刑罚，也不得加重其他同案被告人的刑罚； （二）原判认定的罪名不当的，可以改变罪名，但不得加重刑罚或者对刑罚执行产生不利影响； （三）原判认定的罪数不当的，可以改变罪数，并调整刑罚，但不得加重决定执行的刑罚或者对刑罚执行产生不利影响； （四）原判对被告人宣告缓刑的，不得撤销缓刑或者延长缓刑考验期； （五）原判没有宣告职业禁止、禁止令的，不得增加宣告；原判宣告职业禁止、禁止令的，不得增加内容、延长期限； （六）原判对被告人判处死刑缓期执行没有限制减刑、决定终身监禁的，不得限制减刑、决定终身监禁； （七）原判判处的刑罚不当、应当适用附加刑而没有适用的，不得直接加重刑罚、适用附加刑。原判判处的刑罚畸轻，必须依法改判的，应当在第二审判决、裁定生效后，依照审判监督程序重新审判。 人民检察院抗诉或者自诉人上诉的案件，不受前款规定的限制。	（一）同案审理的案件，只有部分被告人上诉的，既不得加重上诉人的刑罚，也不得加重其他同案被告人的刑罚； （二）原判事实清楚，证据确实、充分，只是认定的罪名不当的，可以改变罪名，但不得加重刑罚； （三）原判对被告人实行数罪并罚的，不得加重决定执行的刑罚，也不得加重数罪中某罪的刑罚； （四）原判对被告人宣告缓刑的，不得撤销缓刑或者延长缓刑考验期； （五）原判没有宣告禁止令的，不得增加宣告；原判宣告禁止令的，不得增加内容、延长期限； （六）原判对被告人判处死刑缓期执行没有限制减刑的，不得限制减刑； （七）原判事实清楚，证据确实、充分，但判处的刑罚畸轻、应当适用附加刑而没有适用的，不得直接加重刑罚、适用附加刑，也不得以事实不清、证据不足为由发回第一审人民法院重新审判。必须依法改判的，应当在第二审判决、裁定生效后，依照审判监督程序重新审判。 人民检察院抗诉或者自诉人上诉的案件，不受前款规定的限制。
第四百零三条　被告人或者其法定代理人、辩护人、近亲属提出上诉，人民检察院未提出抗诉的案件，第二审人民法院发回重新审判后，除有新的犯罪事实且人民检察院补充起诉的以外，原审人民法院不得加重被告人的刑罚。 对前款规定的案件，原审人民法院对上诉发回重新审判的案件依法作出判决后，人民检察院抗诉的，第二审人民法院不得改判为重于原审人民法院第一次判处的刑罚。	**第三百二十七条**　被告人或者其法定代理人、辩护人、近亲属提出上诉的案件，第二审人民法院发回重新审判后，除有新的犯罪事实，人民检察院补充起诉的以外，原审人民法院不得加重被告人的刑罚。

<table>
<tr><th>新《刑事诉讼法司法解释》</th><th>原《刑事诉讼法司法解释》</th></tr>
<tr><td>**第四百三十七条** 人民法院对查封、扣押、冻结的涉案财物及其孳息，应当妥善保管，并制作清单，附卷备查；对人民检察院随案移送的实物，应当根据清单核查后妥善保管。任何单位和个人不得挪用或者自行处理。
查封不动产、车辆、船舶、航空器等财物，应当扣押其权利证书，经拍照或者录像后原地封存，或者交持有人、被告人的近亲属保管，登记并写明财物的名称、型号、权属、地址等详细信息，并通知有关财物的登记、管理部门办理查封登记手续。
扣押物品，应当登记并写明物品名称、型号、规格、数量、重量、质量、成色、纯度、颜色、新旧程度、缺损特征和来源等。扣押货币、有价证券，应当登记并写明货币、有价证券的名称、数额、面额等，货币应当存入银行专门账户，并登记银行存款凭证的名称、内容。扣押文物、金银、珠宝、名贵字画等贵重物品以及违禁品，应当拍照，需要鉴定的，应当及时鉴定。对扣押的物品应当根据有关规定及时估价。
冻结存款、汇款、债券、股票、基金份额等财产，应当登记并写明编号、种类、面值、张数、金额等。</td><td>**第三百五十九条** 人民法院对查封、扣押、冻结的被告人财物及其孳息，应当妥善保管，并制作清单，附卷备查；对人民检察院随案移送的被告人财物及其孳息，应当根据清单核查后妥善保管。任何单位和个人不得挪用或者自行处理。
查封不动产、车辆、船舶、航空器等财物，应当扣押其权利证书，经拍照或者录像后原地封存，或者交持有人、被告人的近亲属保管，登记并写明财物的名称、型号、权属、地址等详细情况，并通知有关财物的登记、管理部门办理查封登记手续。
扣押物品，应当登记并写明物品名称、型号、规格、数量、重量、质量、成色、纯度、颜色、新旧程度、缺损特征和来源等。扣押货币、有价证券，应当登记并写明货币、有价证券的名称、数额、面额等，货币应当存入银行专门账户，并登记银行存款凭证的名称、内容。扣押文物、金银、珠宝、名贵字画等贵重物品以及违禁品，应当拍照，需要鉴定的，应当及时鉴定。对扣押的物品应当根据有关规定及时估价。
冻结存款、汇款、债券、股票、基金份额等财产，应当登记并写明编号、种类、面值、张数、金额等。</td></tr>
<tr><td>**第四百五十一条** 当事人及其法定代理人、近亲属对已经发生法律效力的判决、裁定提出申诉的，人民法院应当审查处理。</td><td>**第三百七十一条** 当事人及其法定代理人、近亲属对已经发生法律效力的判决、裁定提出申诉的，人民法院应当审查处理。
~~案外人认为已经发生法律效力的判决、裁定侵害其合法权益，提出申诉的，人民法院应当审查处理。~~
~~申诉可以委托律师代为进行。~~</td></tr>
<tr><td colspan="2">**第四百八十一条（原第三百九十八条）** 人民法院受理涉外刑事案件后，应当告知在押的外国籍被告人享有与其国籍国驻华使领馆联系，与其监护人、近亲属会见、通信，以及请求人民法院提供翻译的权利。</td></tr>
</table>

新《刑事诉讼法司法解释》	原《刑事诉讼法司法解释》
第四百八十二条　涉外刑事案件审判期间，外国籍被告人在押，其国籍国驻华使领馆官员要求探视的，可以向受理案件的人民法院所在地的高级人民法院提出。人民法院应当根据我国与被告人国籍国签订的双边领事条约规定的时限予以安排；没有条约规定的，应当尽快安排。必要时，可以请人民政府外事主管部门协助。 涉外刑事案件审判期间，外国籍被告人在押，其监护人、近亲属申请会见的，可以向受理案件的人民法院所在地的高级人民法院提出，并依照本解释第四百八十六条的规定提供与被告人关系的证明。人民法院经审查认为不妨碍案件审判的，可以批准。 被告人拒绝接受探视、会见的，应当由其本人出具书面声明。拒绝出具书面声明的，应当记录在案；必要时，应当录音录像。 探视、会见被告人应当遵守我国法律规定。	**第三百九十九条**　涉外刑事案件审判期间，外国籍被告人在押，其国籍国驻华使、领馆官员要求探视的，可以向受理案件的人民法院所在地的高级人民法院提出。人民法院应当根据我国与被告人国籍国签订的双边领事条约规定的时限予以安排；没有条约规定的，应当尽快安排。必要时，可以请人民政府外事主管部门协助。 涉外刑事案件审判期间，外国籍被告人在押，其监护人、近亲属申请会见的，可以向受理案件的人民法院所在地的高级人民法院提出，并依照本解释第四百零三条的规定提供与被告人关系的证明。人民法院经审查认为不妨碍案件审判的，可以批准。 被告人拒绝接受探视、会见的，~~可以不予安排，但~~应当由其本人出具书面声明。 探视、会见被告人应当遵守我国法律规定。
第四百八十五条　外国籍被告人委托律师辩护，或者外国籍附带民事诉讼原告人、自诉人委托律师代理诉讼的，应当委托具有中华人民共和国律师资格并依法取得执业证书的律师。 外国籍被告人在押的，其监护人、近亲属或者其国籍国驻华使领馆可以代为委托辩护人。其监护人、近亲属代为委托的，应当提供与被告人关系的有效证明。 外国籍当事人委托其监护人、近亲属担任辩护人、诉讼代理人的，被委托人应当提供与当事人关系的有效证明。经审查，符合刑事诉讼法、有关司法解释规定的，人民法院应当准许。 外国籍被告人没有委托辩护人的，人民法院可以通知法律援助机构为其指派律师提供辩护。被告人拒绝辩护人辩护的，应当由其出具书面声明，或者将其口头声明记录在案；必要时，应当录音录像。被告人属于应当提供法律援助情形的，依照本解释第五十条规定处理。	**第四百零二条**　外国籍被告人委托律师辩护，或者外国籍附带民事诉讼原告人、自诉人委托律师代理诉讼的，应当委托具有中华人民共和国律师资格并依法取得执业证书的律师。 外国籍被告人在押的，其监护人、近亲属或者其国籍国驻华使、领馆可以代为委托辩护人。其监护人、近亲属代为委托的，应当提供与被告人关系的有效证明。 外国籍当事人委托其监护人、近亲属担任辩护人、诉讼代理人的，被委托人应当提供与当事人关系的有效证明。经审查，符合刑事诉讼法、有关司法解释规定的，人民法院应当准许。 外国籍被告人没有委托辩护人的，人民法院可以通知法律援助机构为其指派律师提供辩护。被告人拒绝辩护人辩护的，应当由其出具书面声明，或者将其口头声明记录在案。被告人属于应当提供法律援助情形的，依照本解释第四十五条规定处理。

新《刑事诉讼法司法解释》	原《刑事诉讼法司法解释》
第四百八十六条 外国籍当事人从中华人民共和国领域外寄交或者托交给中国律师或者中国公民的委托书，以及外国籍当事人的监护人、近亲属提供的与当事人关系的证明，必须经所在国公证机关证明，所在国中央外交主管机关或者其授权机关认证，并经中华人民共和国驻该国使领馆认证，或者履行中华人民共和国与该所在国订立的有关条约中规定的证明手续，但我国与该国之间有互免认证协定的除外。	**第四百零三条** 外国籍当事人从中华人民共和国领域外寄交或者托交给中国律师或者中国公民的委托书，以及外国籍当事人的监护人、近亲属提供的与当事人关系的证明，必须经所在国公证机关证明，所在国中央外交主管机关或者其授权机关认证，并经我国驻该国使、领馆认证，但我国与该国之间有互免认证协定的除外。
第五百零五条 第一审人民法院在执行死刑前，应当告知罪犯有权会见其近亲属。罪犯申请会见并提供具体联系方式的，人民法院应当通知其近亲属。确实无法与罪犯近亲属取得联系，或者其近亲属拒绝会见的，应当告知罪犯。罪犯申请通过录音录像等方式留下遗言的，人民法院可以准许。 罪犯近亲属申请会见的，人民法院应当准许并及时安排，但罪犯拒绝会见的除外。罪犯拒绝会见的，应当记录在案并及时告知其近亲属；必要时，应当录音录像。 罪犯申请会见近亲属以外的亲友，经人民法院审查，确有正当理由的，在确保安全的情况下可以准许。 罪犯申请会见未成年子女的，应当经未成年子女的监护人同意；会见可能影响未成年人身心健康的，人民法院可以通过视频方式安排会见，会见时监护人应当在场。 会见一般在罪犯羁押场所进行。 会见情况应当记录在案，附卷存档。	**第四百二十三条** 第一审人民法院在执行死刑前，应当告知罪犯有权会见其近亲属。罪犯申请会见并提供具体联系方式的，人民法院应当通知其近亲属。罪犯近亲属申请会见的，人民法院应当准许，并及时安排会见。
第五百六十七条（原第四百七十五条） 被告人实施被指控的犯罪时不满十八周岁，开庭时已满十八周岁、不满二十周岁的，人民法院开庭时，一般应当通知其近亲属到庭。经法庭同意，近亲属可以发表意见。近亲属无法通知、不能到场或者是共犯的，应当记录在案。	

<table>
<tr><th>新《刑事诉讼法司法解释》</th><th>原《刑事诉讼法司法解释》</th></tr>
<tr><td>第五百八十八条　符合刑事诉讼法第二百八十八条规定的公诉案件，被害人死亡的，其近亲属可以与被告人和解。近亲属有多人的，达成和解协议，应当经处于最先继承顺序的所有近亲属同意。
被害人系无行为能力或者限制行为能力人的，其法定代理人、近亲属可以代为和解。</td><td>第四百九十七条　符合刑事诉讼法第二百七十七条规定的公诉案件，被害人死亡的，其近亲属可以与被告人和解。近亲属有多人的，达成和解协议，应当经处于同一继承顺序的所有近亲属同意。
被害人系无行为能力或者限制行为能力人的，其法定代理人、近亲属可以代为和解。</td></tr>
<tr><td colspan="2">第五百八十九（原第四百九十八条）　条被告人的近亲属经被告人同意，可以代为和解。
被告人系限制行为能力人的，其法定代理人可以代为和解。
被告人的法定代理人、近亲属依照前两款规定代为和解的，和解协议约定的赔礼道歉等事项，应当由被告人本人履行。</td></tr>
<tr><td colspan="2">第五百九十四条（原第五百零三条）　双方当事人在侦查、审查起诉期间已经达成和解协议并全部履行，被害人或者其法定代理人、近亲属又提起附带民事诉讼的，人民法院不予受理，但有证据证明和解违反自愿、合法原则的除外。</td></tr>
<tr><td colspan="2">第五百九十五条（原第五百零四条）　被害人或者其法定代理人、近亲属提起附带民事诉讼后，双方愿意和解，但被告人不能即时履行全部赔偿义务的，人民法院应当制作附带民事调解书。</td></tr>
<tr><td colspan="2">新增条文
第五百九十八条　对人民检察院依照刑事诉讼法第二百九十一条第一款的规定提起公诉的案件，人民法院应当重点审查以下内容：
（一）是否属于可以适用缺席审判程序的案件范围；
（二）是否属于本院管辖；
（三）是否写明被告人的基本情况，包括明确的境外居住地、联系方式等；
（四）是否写明被告人涉嫌有关犯罪的主要事实，并附证据材料；
（五）是否写明被告人有无近亲属以及近亲属的姓名、身份、住址、联系方式等情况；
（六）是否列明违法所得及其他涉案财产的种类、数量、价值、所在地等，并附证据材料；
（七）是否附有查封、扣押、冻结违法所得及其他涉案财产的清单和相关法律手续。
前款规定的材料需要翻译件的，人民法院应当要求人民检察院一并移送。
第六百条　对人民检察院依照刑事诉讼法第二百九十一条第一款的规定提起公诉的案件，人民法院立案后，应当将传票和起诉书副本送达被告人，传票应当载明被告人到案期限以及不按要求到案的法律后果等事项；应当将起诉书副本送达被告人近亲属，告知其有权代为委托辩护人，并通知其敦促被告人归案。</td></tr>
</table>

新《刑事诉讼法司法解释》	原《刑事诉讼法司法解释》
第六百零一条 人民法院审理人民检察院依照刑事诉讼法第二百九十一条第一款的规定提起公诉的案件，被告人有权委托或者由近亲属代为委托一至二名辩护人。委托律师担任辩护人的，应当委托具有中华人民共和国律师资格并依法取得执业证书的律师；在境外委托的，应当依照本解释第四百八十六条的规定对授权委托进行公证、认证。 被告人及其近亲属没有委托辩护人的，人民法院应当通知法律援助机构指派律师为被告人提供辩护。 被告人及其近亲属拒绝法律援助机构指派的律师辩护的，依照本解释第五十条第二款的规定处理。 **第六百零二条** 人民法院审理人民检察院依照刑事诉讼法第二百九十一条第一款的规定提起公诉的案件，被告人的近亲属申请参加诉讼的，应当在收到起诉书副本后、第一审开庭前提出，并提供与被告人关系的证明材料。有多名近亲属的，应当推选一至二人参加诉讼。 对被告人的近亲属提出申请的，人民法院应当及时审查决定。 **第六百零三条** 人民法院审理人民检察院依照刑事诉讼法第二百九十一条第一款的规定提起公诉的案件，参照适用公诉案件第一审普通程序的有关规定。被告人的近亲属参加诉讼的，可以发表意见，出示证据，申请法庭通知证人、鉴定人等出庭，进行辩论。 **第六百零五条** 因被告人患有严重疾病导致缺乏受审能力，无法出庭受审，中止审理超过六个月，被告人仍无法出庭，被告人及其法定代理人、近亲属申请或者同意恢复审理的，人民法院可以根据刑事诉讼法第二百九十六条的规定缺席审判。 符合前款规定的情形，被告人无法表达意愿的，其法定代理人、近亲属可以代为申请或者同意恢复审理。	
第六百一十六条 刑事诉讼法第二百九十九条第二款、第三百条第二款规定的“其他利害关系人”，是指除犯罪嫌疑人、被告人的近亲属以外的，对申请没收的财产主张权利的自然人和单位。	**第五百一十三条** 对申请没收的财产主张所有权的人，应当认定为刑事诉讼法第二百八十一条第二款规定的“其他利害关系人”。 犯罪嫌疑人、被告人的近亲属和其他利害关系人申请参加诉讼的，应当在公告期间提出。犯罪嫌疑人、被告人的近亲属应当提供其与犯罪嫌疑人、被告人关系的证明材料，其他利害关系人应当提供申请没收的财产系其所有的证据材料。 犯罪嫌疑人、被告人的近亲属和其他利害关系人在公告期满后申请参加诉讼，能够合理说明原因，并提供证明申请没收的财产系其所有的证据材料的，人民法院应当准许。

新《刑事诉讼法司法解释》	原《刑事诉讼法司法解释》
第六百一十七条　犯罪嫌疑人、被告人的近亲属和其他利害关系人申请参加诉讼的，应当在公告期间内提出。犯罪嫌疑人、被告人的近亲属应当提供其与犯罪嫌疑人、被告人关系的证明材料，其他利害关系人应当提供证明其对违法所得及其他涉案财产主张权利的证据材料。 利害关系人可以委托诉讼代理人参加诉讼。委托律师担任诉讼代理人的，应当委托具有中华人民共和国律师资格并依法取得执业证书的律师；在境外委托的，应当依照本解释第四百八十六条的规定对授权委托进行公证、认证。	**第五百一十三条**　~~对申请没收的财产主张所有权的人，应当认定为刑事诉讼法第二百八十一条第二款规定的“其他利害关系人”~~。 犯罪嫌疑人、被告人的近亲属和其他利害关系人申请参加诉讼的，应当在公告期间提出。犯罪嫌疑人、被告人的近亲属应当提供其与犯罪嫌疑人、被告人关系的证明材料，其他利害关系人应当提供申请没收的财产系其所有的证据材料。 ~~犯罪嫌疑人、被告人的近亲属和其他利害关系人在公告期满后申请参加诉讼，能够合理说明原因，并提供证明申请没收的财产系其所有的证据材料的，人民法院应当准许~~。
第六百二十二条　对没收违法所得或者驳回申请的裁定，犯罪嫌疑人、被告人的近亲属和其他利害关系人或者人民检察院可以在五日以内提出上诉、抗诉。	**第五百一十七条**　对没收违法所得或者驳回申请的裁定，犯罪嫌疑人、被告人的近亲属和其他利害关系人或者人民检察院可以在五日内提出上诉、抗诉。
第六百三十四条　审理强制医疗案件，应当通知被申请人或者被告人的法定代理人到场；被申请人或者被告人的法定代理人经通知未到场的，可以通知被申请人或者被告人的其他近亲属到场。 被申请人或者被告人没有委托诉讼代理人的，应当自受理强制医疗申请或者发现被告人符合强制医疗条件之日起三日以内，通知法律援助机构指派律师担任其诉讼代理人，为其提供法律帮助。	**第五百二十八条**　审理强制医疗案件，应当通知被申请人或者被告人的法定代理人到场。被申请人或者被告人没有委托诉讼代理人的，应当通知法律援助机构指派律师担任其诉讼代理人，为其提供法律帮助。
第六百四十二条　被决定强制医疗的人、被害人及其法定代理人、近亲属对强制医疗决定不服的，可以自收到决定书第二日起五日以内向上一级人民法院申请复议。复议期间不停止执行强制医疗的决定。	**第五百三十六条**　被决定强制医疗的人、被害人及其法定代理人、近亲属对强制医疗决定不服的，可以自收到决定书之日起五日内向上一级人民法院申请复议。复议期间不停止执行强制医疗的决定。
第六百四十四条　对本解释第六百三十九条第一项规定的判决、决定，人民检察院提出抗诉，同时被决定强制医疗的人、	**第五百三十八条**　对本解释第五百三十三条第一项规定的判决、决定，人民检察院提出抗诉，同时被决定强制医疗的人、

<table>
<tr><th>新《刑事诉讼法司法解释》</th><th>原《刑事诉讼法司法解释》</th></tr>
<tr><td>被害人及其法定代理人、近亲属申请复议的，上一级人民法院应当依照第二审程序一并处理。</td><td>被害人及其法定代理人、近亲属申请复议的，上一级人民法院应当依照第二审程序一并处理。</td></tr>
<tr><td colspan="2">第六百四十五条（原第五百四十条）　被强制医疗的人及其近亲属申请解除强制医疗的，应当向决定强制医疗的人民法院提出。
被强制医疗的人及其近亲属提出的解除强制医疗申请被人民法院驳回，六个月后再次提出申请的，人民法院应当受理。</td></tr>
<tr><td colspan="2">第六百四十六条（原第五百四十一条）　强制医疗机构提出解除强制医疗意见，或者被强制医疗的人及其近亲属申请解除强制医疗的，人民法院应当审查是否附有对被强制医疗的人的诊断评估报告。
强制医疗机构提出解除强制医疗意见，未附诊断评估报告的，人民法院应当要求其提供。
被强制医疗的人及其近亲属向人民法院申请解除强制医疗，强制医疗机构未提供诊断评估报告的，申请人可以申请人民法院调取。必要时，人民法院可以委托鉴定机构对被强制医疗的人进行鉴定。</td></tr>
<tr><td>第六百四十七条　强制医疗机构提出解除强制医疗意见，或者被强制医疗的人及其近亲属申请解除强制医疗的，人民法院应当组成合议庭进行审查，并在一个月以内，按照下列情形分别处理：
（一）被强制医疗的人已不具有人身危险性，不需要继续强制医疗的，应当作出解除强制医疗的决定，并可责令被强制医疗的人的家属严加看管和医疗；
（二）被强制医疗的人仍具有人身危险性，需要继续强制医疗的，应当作出继续强制医疗的决定。
对前款规定的案件，必要时，人民法院可以开庭审理，通知人民检察院派员出庭。
人民法院应当在作出决定后五日以内，将决定书送达强制医疗机构、申请解除强制医疗的人、被决定强制医疗的人和人民检察院。决定解除强制医疗的，应当通知强制医疗机构在收到决定书的当日解除强制医疗。</td><td>第五百四十二条　强制医疗机构提出解除强制医疗意见，或者被强制医疗的人及其近亲属申请解除强制医疗的，人民法院应当组成合议庭进行审查，并在一个月内，按照下列情形分别处理：
（一）被强制医疗的人已不具有人身危险性，不需要继续强制医疗的，应当作出解除强制医疗的决定，并可责令被强制医疗的人的家属严加看管和医疗；
（二）被强制医疗的人仍具有人身危险性，需要继续强制医疗的，应当作出继续强制医疗的决定。
人民法院应当在作出决定后五日内，将决定书送达强制医疗机构、申请解除强制医疗的人、被决定强制医疗的人和人民检察院。决定解除强制医疗的，应当通知强制医疗机构在收到决定书的当日解除强制医疗。</td></tr>
</table>

第二章　结　婚

第一千零四十六条　【结婚自愿】结婚应当男女双方完全自愿，禁止任何一方对另一方加以强迫，禁止任何组织或者个人加以干涉。

关联法规参见

▶**法律：**《宪法》第49条，《民法典婚姻家庭编》第1042条，《老年人权益保障法》第21条，《妇女权益保障法》第44条，《刑法》第257条。

司法解释适用

《最高人民法院关于印度在中国的侨民和非印度籍公民结婚是否被承认及夫妇一方遗弃他方是否即被认为离婚等问题的函》

外交部第一亚洲司：

你部发一亚字第55/01770号函收悉。

关于印度驻华大使馆提出的两个问题：

一、印度在中国的侨民与非印度籍公民结婚，哪种是被承认的？

二、夫妇一方遗弃他方，是否即被认为离婚，被遗弃的一方与第三人生养子女是否合法？

我们意见：……关于夫妇一方遗弃他方，并与之断绝联系，依我国婚姻法不能认为当然已离婚，应依法办理离婚登记，或经法院的判决，才算离婚（请参考婚姻法第十七条第十八条及“婚姻登记办法”第五条）。被遗弃的一方，在未依法办妥离婚手续之前与第三人生养子女，这种关系，不能认为是合法的婚姻关系，但所生的子女受法律的保护，他们享受和婚生子女同等的权利，任何人不得加以危害和歧视（婚姻法第十五条）。

《最高人民法院办公厅关于五代以内旁系血亲可否结婚问题的复函》

四川省开县人民法院：

全国人民代表大会常务委员会转来你县绣衣池谢国亚的来信，提出第四代旁系血亲的从堂兄妹能否结婚的问题。我们意见，根据婚姻法第五条第一款第二次的规定精神，原则上应从习惯。但对具体问题亦应适当考虑具体情况和几年来由于婚姻法的贯彻，群众觉悟的提高，如当地虽无此种习惯，但经向群众说服不致产生不良影响时，可以允许结婚，如经过说服群众（而不是几个人）仍非常反对时，为免发生意外，可斟酌具体情况适当处理（如申请人迁居等）。

《最高人民法院华东分院关于贯彻婚姻法运动后不登记结婚者请求离婚是否按离婚办理问题的批复》

浙江省人民法院：

你院浙法宣字第6002号报告收悉。崇德县院请示"在这次贯彻婚姻法运动后，如仍有私下结婚不向政府登记，其要求离婚时，是否当离婚处理"的问题。我们认为婚姻法施行后，婚姻登记机关已建立地区，结婚而不去登记或在这次贯彻婚姻法运动后，仍有不经登记而结婚的都是不应该的。但在目前情况下，婚姻法宣传还不够广与深，因此对事实上已结婚，而仅欠缺结婚登记手续者，除给一定教育外，仍应视为是夫妻关系。其要求脱离者亦应根据具体情况，按照婚姻法关于离婚的规定办理。但如不经登记结婚而有违反婚姻法第五条关于禁止结婚规定者，其要求脱离时，则应根据具体情况分别办理。

《最高人民法院西南分院、西南军政委员会司法部关于父女兄妹间发生不正当的性行为应如何处罚问题的函复》

云南省人民法院：

你院法行字第420号报告已悉，兹综合答复如下：

一、关于父女间发生性行为，结合目前社会，封建家长制的权威，在农村中普遍没有摧毁，如此而发生性行为，则这种性行为从实质上说是一种强奸行为。为了维护新民主主义社会道德、秩序，及贯彻反封建的斗争，对于这种强奸行为应较一般强奸罪从重办理。兄妹间发生性行为，如亦系以封建家长制权威，也应依上述精神办理。

二、兄妹间如无利用封建家长制权威，双方又均无配偶，而发生性行为者是违反了婚姻法第五条第一款禁止规定的精神，可按违反婚姻法禁止规定予以制裁；如有配偶而发生性行为，可按一般通奸罪从重处刑。

第一千零四十七条 【法定婚龄】结婚年龄，男不得早于二十二周岁，女不得早于二十周岁。

司法解释适用

《最高人民法院关于适用〈中华人民共和国民法典〉婚姻家庭编的解释（一）》

（法释〔2020〕22号）

《民法典婚姻家庭编司法解释（一）》	原《婚姻法司法解释（一）》
第九条 有权依据民法典第一千零五十一条规定向人民法院就已办理结婚登记的婚姻请求确认婚姻无效的主体，包括婚姻当事人及利害关系人。其中，利害关系人包括： （一）以重婚为由的，为当事人的近亲属及基层组织；	**第七条** 有权依据婚姻法第十条规定向人民法院就已办理结婚登记的婚姻申请宣告婚姻无效的主体，包括婚姻当事人及利害关系人。利害关系人包括： （一）以重婚为由~~申请宣告婚姻无效~~的，为当事人的近亲属及基层组织。

《民法典婚姻家庭编司法解释（一）》	原《婚姻法司法解释（一）》
（二）以未到法定婚龄为由的，为未到法定婚龄者的近亲属； （三）以有禁止结婚的亲属关系为由的，为当事人的近亲属。	（二）以未到法定婚龄为由~~申请宣告婚姻无效~~的，为未达法定婚龄者的近亲属。 （三）以有禁止结婚的亲属关系为由~~申请宣告婚姻无效~~的，为当事人的近亲属。 ~~（四）以婚前患有医学上认为不应当结婚的疾病，婚后尚未治愈为由申请宣告婚姻无效的，为与患病者共同生活的近亲属~~。
第十条 当事人依据民法典第一千零五十一条规定向人民法院请求确认婚姻无效，法定的无效婚姻情形在提起诉讼时已经消失的，人民法院不予支持。	**第八条** 当事人依据婚姻法第十条规定向人民法院申请宣告婚姻无效的，~~申请时，~~法定的无效婚姻情形已经消失的，人民法院不予支持。

《最高人民法院民事审判庭关于贯彻执行最高人民法院〈关于人民法院审理未办结婚登记而以夫妻名义同居生活案件的若干意见〉有关问题的电话答复》①

广东省高级人民法院：

你院《关于贯彻执行最高人民法院〈关于人民法院审理未办结婚登记而以夫妻名义同居生活案件的若干意见〉有关问题的请示》收悉，经研究，电话答复如下：

一、关于你院请示中一、二条所提一方或双方当事人隐瞒结婚时年龄以及隐瞒近亲属关系骗取结婚证，现一方提出离婚，是作为非法同居关系，事实婚姻关系还是作为登记婚姻处理的问题，我们认为：非法同居关系，事实婚姻关系的共同特征是未办结婚登记即以夫妻名义同居生活。隐瞒结婚年龄以及隐瞒近亲属关系骗取结婚证后，一方要求离婚的案件，不符合非法同居关系或事实婚姻关系的构成特征，因此不能按非法同居关系或事实婚姻关系对待，而应作为登记婚姻按《最高人民法院关于判决离婚的若干具体规定》第四条和其他有关规定处理。

二、关于处理非法同居案件中，双方对非婚生子女抚养和非法同居期间财产处理已达成协议，是分别制作判决书、调解书还是用判决形式一并处理的问题，我们认为：解除非法同居案件中的子女抚养和财产分割属于牵连之诉，应予一并处理。当事人对子女抚养和财产分割达成协议的，人民法院只须将当事人之间达成的协议直接写进判决书即可，无须分别制作判决书、调解书。

三、关于女方在非法同居期间怀孕，男方提出解除非法同居关系人民法院是否受婚姻法

---

① 经查，该电话答复现行有效。但鉴于最高人民法院于 2020 年 12 月 23 日通过了《最高人民法院关于废止部分司法解释及相关规范性文件的决定》，其中将《最高人民法院印发〈关于人民法院审理离婚案件如何认定夫妻感情确已破裂的若干具体意见〉〈关于人民法院审理未办结婚登记而以夫妻名义同居生活案件的若干意见〉的通知》（法〔民〕发〔1989〕38 号）予以废止，故该“电话答复”与上述“废止文件”相冲突，建议废止“电话答复”。

第二十七条的限制是否受理的问题，我们认为婚姻法二十七条保护的前提是合法的婚姻关系，女方在非法同居期间怀孕，违反了婚姻法的有关规定，为了严肃执法，对男方诉到法院要求解除非法同居关系的，应予受理。受理后即应作出解除非法同居关系的判决。女方分娩后，再处理子女抚养问题。

第一千零四十八条 【禁止结婚的情形】直系血亲或者三代以内的旁系血亲禁止结婚。

关联法规参见

▶**行政法规：**《婚姻登记条例》第6条。

司法解释适用

《最高人民法院关于三代以内的旁系血亲之间的婚姻关系如何处理问题的批复》

安徽省高级人民法院：

你院法民他字〔1986〕第4号关于曹永林诉占可琴离婚一案的请示报告收悉。经征求全国人大常委法制工作委员会和民政部等单位的意见后，我们研究认为：曹永林与占可琴是三代以内的表兄妹，双方隐瞒近亲关系骗取结婚登记，违反了我国婚姻法第六条关于禁止三代以内的旁系血亲结婚的规定，这种婚姻关系依法是不应保护的。但曹、占两人已经结婚多年，并生有子女，根据本案的具体情况，为保护妇女和儿童的利益，同意你院的第二种意见，按婚姻法第二十五条规定处理。处理时，必须指出双方骗取结婚登记的错误，特别是对男方曹永林的错误要进行严肃的批评教育，并可建议其工作单位给以适当处分，对子女抚养和财产分割，应照顾子女和女方的合法权益，合情合理地予以解决。

《最高人民法院关于辈分不同的旁系血亲能否结婚等问题的批复》

热河省高级人民法院：

法民字第13号报告已收到。你们对张×与张××婚姻问题的处理意见，基本上是妥当可行的。但应把处理办法的顺序颠倒一下即：应先劝说其母亲，争取她同意其女儿与张×结婚；如劝说确实无效时，再劝说张×与张××双方另行结婚；如劝说也无效时，则可让他们到外地结婚。惟张×与张××都是农民，如离乡背井到外地结婚，事实上是否可能，需要慎重考虑。

我院认为此种婚姻与婚姻法第二章第五条一款“其他五代内旁系血亲禁止结婚问题，从习惯”之规定精神不相符合，如果准许他们结婚，不但张姓家族及群众不满，更主要的是将会引起其母有生命危险，因此我们的意见，不准其结婚；再次向男女双方讲清政策，说服教育，并将小孩适当安置，动员其与他人另行结婚，如经过说服教育无效时，法院再协同民政、妇联有关部门对其母进行说服解释，搞通思想准其结婚；如说服其母不成而男女又坚决要求结婚时，则应准许结婚；但为避免不满，免出事故，让他们到外地结婚，并在群众中加以解释，以免群众对此问题处理感到不满，上述意见是否可行，请予批示。

第一千零四十九条　【结婚登记】要求结婚的男女双方应当亲自到婚姻登记机关申请结婚登记。符合本法规定的，予以登记，发给结婚证。完成结婚登记，即确立婚姻关系。未办理结婚登记的，应当补办登记。

关联法规参见

▶**行政法规：**《婚姻登记条例》第2条至第8条。

司法解释适用

《最高人民法院关于适用〈中华人民共和国民法典〉婚姻家庭编的解释（一）》（法释〔2020〕22号）

《民法典婚姻家庭编司法解释（一）》	原《婚姻法系列司法解释》
第六条　男女双方依据民法典第一千零四十九条规定补办结婚登记的，婚姻关系的效力从双方均符合民法典所规定的结婚的实质要件时起算。	《婚姻法司法解释（一）》 **第四条**　男女双方根据婚姻法第八条规定补办结婚登记的，婚姻关系的效力从双方均符合婚姻法所规定的结婚的实质要件时起算。
第七条　未依据民法典第一千零四十九条规定办理结婚登记而以夫妻名义共同生活的男女，提起诉讼要求离婚的，应当区别对待： （一）1994年2月1日民政部《婚姻登记管理条例》公布实施以前，男女双方已经符合结婚实质要件的，按事实婚姻处理。 （二）1994年2月1日民政部《婚姻登记管理条例》公布实施以后，男女双方符合结婚实质要件的，人民法院应当告知其补办结婚登记。未补办结婚登记的，依据本解释第三条规定处理。	《婚姻法司法解释（一）》 第五条　未按婚姻法第八条规定办理结婚登记而以夫妻名义共同生活的男女，起诉到人民法院要求离婚的，应当区别对待： （一）1994年2月1日民政部《婚姻登记管理条例》公布实施以前，男女双方已经符合结婚实质要件的，按事实婚姻处理； （二）1994年2月1日民政部《婚姻登记管理条例》公布实施以后，男女双方符合结婚实质要件的，人民法院应当告知其~~在案件受理前~~补办结婚登记；未补办结婚登记的，按解除同居关系处理。
第八条　未依据民法典第一千零四十九条规定办理结婚登记而以夫妻名义共同生活的男女，一方死亡，另一方以配偶身份主张享有继承权的，依据本解释第七条的原则处理。	《婚姻法司法解释（一）》 **第六条**　未按婚姻法第八条规定办理结婚登记而以夫妻名义共同生活的男女，一方死亡，另一方以配偶身份主张享有继承权的，按照本解释第五条的原则处理。

第十七条（原《婚姻法司法解释（三）》第一条）　当事人以结婚登记程序存在瑕疵为由提起民事诉讼，主张撤销结婚登记的，告知其可以依法申请行政复议或者提起行政诉讼。

《最高人民法院行政审判庭关于婚姻登记行政案件原告资格及判决方式有关问题的答复》

浙江省高级人民法院：

你院《关于婚姻关系当事人以外的其他人可否对婚姻登记行为提起行政诉讼及对程序违法的婚姻登记行为能否判决撤销的请示》收悉。经研究，答复如下：

一、依据《中华人民共和国行政诉讼法》第二十四条第二款规定，有权起诉婚姻登记行为的婚姻关系当事人死亡的，其近亲属可以提起行政诉讼。

二、根据《中华人民共和国婚姻法》第八条规定，婚姻关系双方或一方当事人未亲自到婚姻登记机关进行婚姻登记，且不能证明婚姻登记系男女双方的真实意思表示，当事人对该婚姻登记不服提起诉讼的，人民法院应当依法予以撤销。

《最高人民法院关于符合结婚条件的男女在登记结婚之前曾公开同居生活能否连续计算婚姻关系存续期间并依此分割财产问题的复函》

黑龙江省高级人民法院：

你院《关于符合结婚条件的男女在登记结婚之前曾公开同居生活能否连续计算婚姻关系存续期间并依此分割财产问题的请示》收悉。经研究，答复如下：

我院同意你院审判委员会的第一种意见，即根据民政部1994年2月1日实施的《婚姻登记管理条例》。1989年11月21日我院《关于人民法院审理未办理结婚登记而以夫妻名义同居生活案件的若干意见》① 以及1994年4月4日我院《关于适用新的〈婚姻登记管理条例〉的通知》的有关规定，在民政部婚姻登记管理条例施行之前，对于符合结婚条件的男女在登记结婚之前，以夫妻名义同居生活，群众也认为是夫妻关系的，可认定为事实婚姻关系，与登记婚姻关系合并计算婚姻关系存续期间。

《最高人民法院民事审判庭关于贯彻执行最高人民法院〈关于人民法院审理未办结婚登记而以夫妻名义同居生活案件的若干意见〉有关问题的电话答复》②

广东省高级人民法院：

你院《关于贯彻执行最高人民法院〈关于人民法院审理未办结婚登记而以夫妻名义同居生活案件的若干意见〉有关问题的请示》收悉，经研究，电话答复如下：

一、关于你院请示中一、二条所提一方或双方当事人隐瞒结婚时年龄以及隐瞒近亲属关系骗取结婚证，现一方提出离婚，是作为非法同居关系，事实婚姻关系还是作为登记婚姻处理的问题，我们认为：非法同居关系，事实婚姻关系的共同特征是未办结婚登记即以夫妻名

---

① 2020年12月29日《最高人民法院关于废止部分司法解释及相关规范性文件的决定》已废止该意见。

② 经查，该电话答复现行有效。但鉴于最高人民法院于2020年12月23日通过了《最高人民法院关于废止部分司法解释及相关规范性文件的决定》，其中将《最高人民法院印发〈关于人民法院审理离婚案件如何认定夫妻感情确已破裂的若干具体意见〉〈关于人民法院审理未办结婚登记而以夫妻名义同居生活案件的若干意见〉的通知》（法〔民〕发〔1989〕38号）予以废止，故该“电话答复”与上述“废止文件”相冲突，建议废止“电话答复”。

义同居生活。隐瞒结婚年龄以及隐瞒近亲属关系骗取结婚证后，一方要求离婚的案件，不符合非法同居关系或事实婚姻关系的构成特征，因此不能按非法同居关系或事实婚姻关系对待，而应作为登记婚姻按《最高人民法院关于判决离婚的若干具体规定》第四条和其他有关规定处理。

二、关于处理非法同居案件中，双方对非婚生子女抚养和非法同居期间财产处理已达成协议，是分别制作判决书、调解书还是用判决形式一并处理的问题，我们认为：解除非法同居案件中的子女抚养和财产分割属于牵连之诉，应予一并处理。当事人对子女抚养和财产分割达成协议的，人民法院只须将当事人之间达成的协议直接写进判决书即可，无须分别制作判决书、调解书。

三、关于女方在非法同居期间怀孕，男方提出解除非法同居关系人民法院是否受婚姻法第二十七条的限制是否受理的问题，我们认为婚姻法二十七条保护的前提是合法的婚姻关系，女方在非法同居期间怀孕，违反了婚姻法的有关规定，为了严肃执法，对男方诉到法院要求解除非法同居关系的，应予受理。受理后即应作出解除非法同居关系的判决。女方分娩后，再处理子女抚养问题。

《最高人民法院民事审判庭关于未经结婚登记以夫妻名义同居生活一方死亡后另一方有无继承其遗产权利的答复》

辽宁省高级人民法院：

你院关于未经结婚登记以夫妻名义同居生活，一方死亡后另一方有无继承其遗产权利的案情报告收悉。经研究认为，在本案中，不能承认刘美珍与栾庆吉为事实婚姻。

至于栾庆杰死亡后遗留的财产，可按财产纠纷处理。

《最高人民法院关于三代以内的旁系血亲之间的婚姻关系如何处理问题的批复》

安徽省高级人民法院：

你院法民他字〔1986〕第4号关于曹永林诉占可琴离婚一案的请示报告收悉。经征求全国人大常委法制工作委员会和民政部等单位的意见后，我们研究认为：曹永林与占可琴是三代以内的表兄妹，双方隐瞒近亲关系骗取结婚登记，违反了我国婚姻法第六条关于禁止三代以内的旁系血亲结婚的规定，这种婚姻关系依法是不应保护的。但曹、占两人已经结婚多年，并生有子女，根据本案的具体情况，为保护妇女和儿童的利益，同意你院的第二种意见，按婚姻法第二十五条规定处理。处理时，必须指出双方骗取结婚登记的错误，特别是对男方曹永林的错误要进行严肃的批评教育，并可建议其工作单位给以适当处分，对子女抚养和财产分割，应照顾子女和女方的合法权益，合情合理地予以解决。

《最高人民法院民事审判庭关于李玲与王景年婚姻纠纷案的复函》

宁夏回族自治区高级人民法院民事审判庭：

你院〔82〕宁高法民函字第1号请示和补充意见的来函均已收悉。

李玲与王景年婚姻纠纷一案，经研究认为：他们双方在插队期间，以夫妻相待，共同生活长达5年之久，回城就业时李玲又将户口粮食关系落在王景年家中，邻里群众均公认他们是夫妻，双方年龄又都符合1950年婚姻法规定的条件，虽未经政府登记结婚，但已构成事实婚姻，他们的婚姻纠纷应按一般离婚案件审理。

上述意见，供参考。

第一千零五十条　【婚后双方互为家庭成员】登记结婚后，按照男女双方约定，女方可以成为男方家庭的成员，男方可以成为女方家庭的成员。

关联法规参见

▶**法律：**《民法典婚姻家庭编》第1045条，《妇女权益保障法》第32条、第33条。

▶**行政法规：**《婚姻登记条例》第5条。

第一千零五十一条　【婚姻无效的情形】有下列情形之一的，婚姻无效：

（一）重婚；

（二）有禁止结婚的亲属关系；

（三）未到法定婚龄。

关联法规参见

▶**法律：**《民法典总则编》第144条至第146条，《民法典婚姻家庭编》第1042条、第1047条、第1048条、第1054条、第1079条。

▶**行政法规：**《婚姻登记条例》第6条、第7条。

司法解释适用

《最高人民法院关于适用〈中华人民共和国民法典〉婚姻家庭编的解释（一）》（法释〔2020〕22号）

《民法典婚姻家庭编司法解释（一）》	原《婚姻法系列司法解释》
第九条　有权依据民法典第一千零五十一条规定向人民法院就已办理结婚登记的婚姻请求确认婚姻无效的主体，包括婚姻当事人及利害关系人。其中，利害关系人包括： （一）以重婚为由的，为当事人的近亲属及基层组织； （二）以未到法定婚龄为由的，为未到法定婚龄者的近亲属； （三）以有禁止结婚的亲属关系为由的，为当事人的近亲属。	**《婚姻法司法解释（一）》** **第七条**　有权依据婚姻法第十条规定向人民法院就已办理结婚登记的婚姻申请宣告婚姻无效的主体，包括婚姻当事人及利害关系人。利害关系人包括： （一）以重婚为由~~申请宣告婚姻无效~~的，为当事人的近亲属及基层组织。 （二）以未到法定婚龄为由~~申请宣告婚姻无效~~的，为未达法定婚龄者的近亲属。 （三）以有禁止结婚的亲属关系为由~~申请宣告婚姻无效~~的，为当事人的近亲属。

《民法典婚姻家庭编司法解释（一）》	原《婚姻法系列司法解释》
第十条　当事人依据民法典第一千零五十一条规定向人民法院请求确认婚姻无效，法定的无效婚姻情形在提起诉讼时已经消失的，人民法院不予支持。	**《婚姻法司法解释（一）》** **第八条**　当事人依据婚姻法第十条规定向人民法院申请宣告婚姻无效的，~~申请时，~~法定的无效婚姻情形已经消失的，人民法院不予支持。
第十一条　人民法院受理请求确认婚姻无效案件后，原告申请撤诉的，不予准许。 对婚姻效力的审理不适用调解，应当依法作出判决。 涉及财产分割和子女抚养的，可以调解。调解达成协议的，另行制作调解书；未达成调解协议的，应当一并作出判决。	**《婚姻法司法解释（二）》** **第二条**　人民法院受理申请宣告婚姻无效案件后，~~经审查确属无效婚姻的，应当依法作出宣告婚姻无效的判决。~~原告申请撤诉的，不予准许。 **《婚姻法司法解释（一）》** **第九条**　~~人民法院审理宣告婚姻无效案件，~~对婚姻效力的审理不适用调解，应当依法作出判决~~；有关婚姻效力的判决一经作出，即发生法律效力~~。 涉及财产分割和子女抚养的，可以调解。调解达成协议的，另行制作调解书。 ~~对财产分割和子女抚养问题的判决不服的，当事人可以上诉。~~
第十二条　人民法院受理离婚案件后，经审理确属无效婚姻的，应当将婚姻无效的情形告知当事人，并依法作出确认婚姻无效的判决。	**《婚姻法司法解释（二）》** **第三条**　人民法院受理离婚案件后，经审查确属无效婚姻的，应当将婚姻无效的情形告知当事人，并依法作出宣告婚姻无效的判决。
第十三条　人民法院就同一婚姻关系分别受理了离婚和请求确认婚姻无效案件的，对于离婚案件的审理，应当待请求确认婚姻无效案件作出判决后进行。	**《婚姻法司法解释（二）》** **第七条**　人民法院就同一婚姻关系分别受理了离婚和申请宣告婚姻无效案件的，对于离婚案件的审理，应当待申请宣告婚姻无效案件作出判决后进行。 ~~前款所指的婚姻关系被宣告无效后，涉及财产分割和子女抚养的，应当继续审理。~~
第十四条　夫妻一方或者双方死亡后，生存一方或者利害关系人依据民法典第一千零五十一条的规定请求确认婚姻无效的，人民法院应当受理。	**《婚姻法司法解释（二）》** **第五条**　夫妻一方或者双方死亡后~~一年内，~~生存一方或者利害关系人依据婚姻法第十条的规定申请宣告婚姻无效的，人民法院应当受理。

<table>
<tr><th>《民法典婚姻家庭编司法解释（一）》</th><th>原《婚姻法系列司法解释》</th></tr>
<tr><td>第十五条　利害关系人依据民法典第一千零五十一条的规定，请求人民法院确认婚姻无效的，利害关系人为原告，婚姻关系当事人双方为被告。
夫妻一方死亡的，生存一方为被告。</td><td>《婚姻法司法解释（二）》
第六条　利害关系人依据婚姻法第十条的规定，申请人民法院宣告婚姻无效的，利害关系人为申请人，婚姻关系当事人双方为被申请人。
夫妻一方死亡的，生存一方为被申请人。
~~夫妻双方均已死亡的，不列被申请人。~~</td></tr>
<tr><td colspan="2">第十六条（原《婚姻法司法解释（一）》第十六条）　人民法院审理重婚导致的无效婚姻案件时，涉及财产处理的，应当准许合法婚姻当事人作为有独立请求权的第三人参加诉讼。</td></tr>
<tr><td>第十七条　当事人以民法典第一千零五十一条规定的三种无效婚姻以外的情形请求确认婚姻无效的，人民法院应当判决驳回当事人的诉讼请求。</td><td>《婚姻法司法解释（三）》
第一条　当事人以婚姻法第十条规定以外的情形申请宣告婚姻无效的，人民法院应当判决驳回当事人的申请。</td></tr>
<tr><td>第二十条　民法典第一千零五十四条所规定的“自始没有法律约束力”，是指无效婚姻或者可撤销婚姻在依法被确认无效或者被撤销时，才确定该婚姻自始不受法律保护。</td><td>《婚姻法司法解释（一）》
第十三条　婚姻法第十二条所规定的自始无效，是指无效或者可撤销婚姻在依法被宣告无效或被撤销时，才确定该婚姻自始不受法律保护。</td></tr>
<tr><td>第二十一条　人民法院根据当事人的请求，依法确认婚姻无效或者撤销婚姻的，应当收缴双方的结婚证书并将生效的判决书寄送当地婚姻登记管理机关。</td><td>《婚姻法司法解释（一）》
第十四条　人民法院根据当事人的申请，依法宣告婚姻无效或者撤销婚姻的，应当收缴双方的结婚证书并将生效的判决书寄送当地婚姻登记管理机关。</td></tr>
<tr><td>第二十二条　被确认无效或者被撤销的婚姻，当事人同居期间所得的财产，除有证据证明为当事人一方所有的以外，按共同共有处理。</td><td>《婚姻法司法解释（一）》
第十五条　被宣告无效或被撤销的婚姻，当事人同居期间所得的财产，按共同共有处理。但有证据证明为当事人一方所有的除外。</td></tr>
</table>

第一千零五十二条　【受胁迫婚姻的撤销；请求撤销婚姻的除斥期间】因胁迫结婚的，受胁迫的一方可以向人民法院请求撤销婚姻。

请求撤销婚姻的，应当自胁迫行为终止之日起一年内提出。

被非法限制人身自由的当事人请求撤销婚姻的，应当自恢复人身自由之日起一年内提出。

关联法规参见

▶法律：《民法典婚姻家庭编》第 1054 条。

▶行政法规：《婚姻登记条例》第 9 条。

司法解释适用

《最高人民法院关于适用〈中华人民共和国民法典〉婚姻家庭编的解释（一）》（法释〔2020〕22 号）

<table>
<tr><th>《民法典婚姻家庭编司法解释（一）》</th><th>原《婚姻法系列司法解释》</th></tr>
<tr><td>第十七条　当事人以民法典第一千零五十一条规定的三种无效婚姻以外的情形请求确认婚姻无效的，人民法院应当判决驳回当事人的诉讼请求。
当事人以结婚登记程序存在瑕疵为由提起民事诉讼，主张撤销结婚登记的，告知其可以依法申请行政复议或者提起行政诉讼。</td><td>《婚姻法司法解释（三）》
第一条　当事人以婚姻法第十条规定以外的情形申请宣告婚姻无效的，人民法院应当判决驳回当事人的申请。
当事人以结婚登记程序存在瑕疵为由提起民事诉讼，主张撤销结婚登记的，告知其可以依法申请行政复议或者提起行政诉讼。</td></tr>
<tr><td>第十八条　行为人以给另一方当事人或者其近亲属的生命、身体、健康、名誉、财产等方面造成损害为要挟，迫使另一方当事人违背真实意愿结婚的，可以认定为民法典第一千零五十二条所称的“胁迫”。
因受胁迫而请求撤销婚姻的，只能是受胁迫一方的婚姻关系当事人本人。</td><td>《婚姻法司法解释（一）》
第十条　婚姻法第十一条所称的“胁迫”，是指行为人以给另一方当事人或者其近亲属的生命、身体健康、名誉、财产等方面造成损害为要挟，迫使另一方当事人违背真实意愿结婚的~~情况~~。
因受胁迫而请求撤销婚姻的，只能是受胁迫一方的婚姻关系当事人本人。</td></tr>
<tr><td colspan="2">删除条文
《婚姻法司法解释（一）》
~~第十一条　人民法院审理婚姻当事人因受胁迫而请求撤销婚姻的案件，应当适用简易程序或者普通程序。~~</td></tr>
<tr><td>第十九条　民法典第一千零五十二条规定的“一年”，不适用诉讼时效中止、中断或者延长的规定。</td><td>《婚姻法司法解释（一）》
第十二条　婚姻法第十一条规定的“一年”，不适用诉讼时效中止、中断或者延长的规定。</td></tr>
<tr><td>第二十一条　人民法院根据当事人的请求，依法确认婚姻无效或者撤销婚姻的，应当收缴双方的结婚证书并将生效的判决书寄送当地婚姻登记管理机关。</td><td>《婚姻法司法解释（一）》
第十四条　人民法院根据当事人的申请，依法宣告婚姻无效或者撤销婚姻的，应当收缴双方的结婚证书并将生效的判决书寄送当地婚姻登记管理机关。</td></tr>
</table>

《民法典婚姻家庭编司法解释（一）》	原《婚姻法系列司法解释》
第二十二条 被确认无效或者被撤销的婚姻，当事人同居期间所得的财产，除有证据证明为当事人一方所有的以外，按共同共有处理。	《婚姻法司法解释（一）》 第十五条 被宣告无效或被撤销的婚姻，当事人同居期间所得的财产，按共同共有处理。但有证据证明为当事人一方所有的除外。

《最高人民法院关于适用〈中华人民共和国民法典〉时间效力的若干规定》（法释〔2020〕15号）

《民法典时间效力规定》	
新增条文 **第二十六条** 当事人以民法典施行前受胁迫结婚为由请求人民法院撤销婚姻的，撤销权的行使期限适用民法典第一千零五十二条第二款的规定。	

第一千零五十三条　【重大疾病如实告知义务；未如实告知时对方的婚姻撤销请求权】一方患有重大疾病的，应当在结婚登记前如实告知另一方；不如实告知的，另一方可以向人民法院请求撤销婚姻。

请求撤销婚姻的，应当自知道或者应当知道撤销事由之日起一年内提出。

关联法规参见

▶**法律：**《民法典总则编》第148条，《母婴保健法》第7条至第13条。

第一千零五十四条　【婚姻无效或被撤销的法律后果】无效的或者被撤销的婚姻自始没有法律约束力，当事人不具有夫妻的权利和义务。同居期间所得的财产，由当事人协议处理；协议不成的，由人民法院根据照顾无过错方的原则判决。对重婚导致的无效婚姻的财产处理，不得侵害合法婚姻当事人的财产权益。当事人所生的子女，适用本法关于父母子女的规定。

婚姻无效或者被撤销的，无过错方有权请求损害赔偿。

关联法规参见

▶**法律：**《民法典物权编》第297条至第309条，《民法典婚姻家庭编》第1051条、第1052条、第1067条、第1068条至第1073条。

司法解释适用

《最高人民法院关于适用〈中华人民共和国民法典〉婚姻家庭编的解释（一）》（法释〔2020〕22号）

《民法典婚姻家庭编司法解释（一）》	原《婚姻法系列司法解释》
第十一条　人民法院受理请求确认婚姻无效案件后，原告申请撤诉的，不予准许。 对婚姻效力的审理不适用调解，应当依法作出判决。 涉及财产分割和子女抚养的，可以调解。调解达成协议的，另行制作调解书；未达成调解协议的，应当一并作出判决。	**《婚姻法司法解释（二）》** **第二条**　人民法院受理申请宣告婚姻无效案件后，~~经审查确属无效婚姻的，应当依法作出宣告婚姻无效的判决~~。原告申请撤诉的，不予准许。 **《婚姻法司法解释（一）》** **第九条**　~~人民法院审理宣告婚姻无效案件，~~对婚姻效力的审理不适用调解，应当依法作出判决~~；有关婚姻效力的判决一经作出，即发生法律效力~~。 涉及财产分割和子女抚养的，可以调解。调解达成协议的，另行制作调解书。 ~~对财产分割和子女抚养问题的判决不服的，当事人可以上诉~~。
第十三条　人民法院就同一婚姻关系分别受理了离婚和请求确认婚姻无效案件的，对于离婚案件的审理，应当待请求确认婚姻无效案件作出判决后进行。	**《婚姻法司法解释（二）》** **第七条**　人民法院就同一婚姻关系分别受理了离婚和申请宣告婚姻无效案件的，对于离婚案件的审理，应当待申请宣告婚姻无效案件作出判决后进行。 ~~前款所指的婚姻关系被宣告无效后，涉及财产分割和子女抚养的，应当继续审理~~。
第十四条　夫妻一方或者双方死亡后，生存一方或者利害关系人依据民法典第一千零五十一条的规定请求确认婚姻无效的，人民法院应当受理。	**《婚姻法司法解释（二）》** **第五条**　夫妻一方或者双方死亡后~~一年内，~~生存一方或者利害关系人依据婚姻法第十条的规定申请宣告婚姻无效的，人民法院应当受理。
第十五条　利害关系人依据民法典第一千零五十一条的规定，请求人民法院确认婚姻无效的，利害关系人为原告，婚姻关系当事人双方为被告。 夫妻一方死亡的，生存一方为被告。	**《婚姻法司法解释（二）》** **第六条**　利害关系人依据婚姻法第十条的规定，申请人民法院宣告婚姻无效的，利害关系人为申请人，婚姻关系当事人双方为被申请人。 夫妻一方死亡的，生存一方为被申请人。 ~~夫妻双方均已死亡的，不列被申请人~~。

《民法典婚姻家庭编司法解释（一）》	原《婚姻法系列司法解释》
第十六条（原《婚姻法司法解释（一）》第十六条） 人民法院审理重婚导致的无效婚姻案件时，涉及财产处理的，应当准许合法婚姻当事人作为有独立请求权的第三人参加诉讼。	
第二十条 民法典第一千零五十四条所规定的“自始没有法律约束力”，是指无效婚姻或者可撤销婚姻在依法被确认无效或者被撤销时，才确定该婚姻自始不受法律保护。	**《婚姻法司法解释（一）》** **第十三条** 婚姻法第十二条所规定的自始无效，是指无效或者可撤销婚姻在依法被宣告无效或被撤销时，才确定该婚姻自始不受法律保护。
第二十一条 人民法院根据当事人的请求，依法确认婚姻无效或者撤销婚姻的，应当收缴双方的结婚证书并将生效的判决书寄送当地婚姻登记管理机关。	**《婚姻法司法解释（一）》** **第十四条** 人民法院根据当事人的申请，依法宣告婚姻无效或者撤销婚姻的，应当收缴双方的结婚证书并将生效的判决书寄送当地婚姻登记管理机关。
第二十二条 被确认无效或者被撤销的婚姻，当事人同居期间所得的财产，除有证据证明为当事人一方所有的以外，按共同共有处理。	**《婚姻法司法解释（一）》** **第十五条** 被宣告无效或被撤销的婚姻，当事人同居期间所得的财产，按共同共有处理。但有证据证明为当事人一方所有的除外。

《最高人民法院民事审判庭关于贯彻执行最高人民法院〈关于人民法院审理未办结婚登记而以夫妻名义同居生活案件的若干意见〉有关问题的电话答复》①

广东省高级人民法院：

你院《关于贯彻执行最高人民法院〈关于人民法院审理未办结婚登记而以夫妻名义同居生活案件的若干意见〉有关问题的请示》收悉，经研究，电话答复如下：

一、关于你院请示中一、二条所提一方或双方当事人隐瞒结婚时年龄以及隐瞒近亲属关系骗取结婚证，现一方提出离婚，是作为非法同居关系，事实婚姻关系还是作为登记婚姻处理的问题，我们认为：非法同居关系，事实婚姻关系的共同特征是未办结婚登记即以夫妻名义同居生活。隐瞒结婚年龄以及隐瞒近亲属关系骗取结婚证后，一方要求离婚的案件，不符合非法同居关系或事实婚姻关系的构成特征，因此不能按非法同居关系或事实婚姻关系对待，而应作为登记婚姻按《最高人民法院关于判决离婚的若干具体规定》第四条和其他有关规定处理。

① 经查，该电话答复现行有效。但鉴于最高人民法院于 2020 年 12 月 23 日通过了《最高人民法院关于废止部分司法解释及相关规范性文件的决定》，其中将《最高人民法院印发〈关于人民法院审理离婚案件如何认定夫妻感情确已破裂的若干具体意见〉〈关于人民法院审理未办结婚登记而以夫妻名义同居生活案件的若干意见〉的通知》（法〔民〕发〔1989〕38 号）予以废止，故该“电话答复”与上述“废止文件”相冲突，建议废止“电话答复”。

二、关于处理非法同居案件中，双方对非婚生子女抚养和非法同居期间财产处理已达成协议，是分别制作判决书、调解书还是用判决形式一并处理的问题，我们认为：解除非法同居案件中的子女抚养和财产分割属于牵连之诉，应予一并处理。当事人对子女抚养和财产分割达成协议的，人民法院只须将当事人之间达成的协议直接写进判决书即可，无须分别制作判决书、调解书。

三、关于女方在非法同居期间怀孕，男方提出解除非法同居关系人民法院是否受婚姻法第二十七条的限制是否受理的问题，我们认为婚姻法二十七条保护的前提是合法的婚姻关系，女方在非法同居期间怀孕，违反了婚姻法的有关规定，为了严肃执法，对男方诉到法院要求解除非法同居关系的，应予受理。受理后即应作出解除非法同居关系的判决。女方分娩后，再处理子女抚养问题。

第三章　家庭关系

第一节　夫妻关系

第一千零五十五条　【夫妻地位平等】夫妻在婚姻家庭中地位平等。

关联法规参见

▶**法律：**《宪法》第48条，《民法典婚姻家庭编》第1041条，《妇女权益保障法》第43条、第44条、第47条、第49条至第51条。

第一千零五十六条　【夫妻姓名权】夫妻双方都有各自使用自己姓名的权利。

关联法规参见

▶**法律：**《民法典总则编》第110条。

▶**行政法规：**《户口登记条例》第18条。

第一千零五十七条　【夫妻人身自由权】夫妻双方都有参加生产、工作、学习和社会活动的自由，一方不得对另一方加以限制或者干涉。

关联法规参见

▶**法律：**《宪法》第37条，《妇女权益保障法》第2条、第9条至第11条、第15条、第22条、第36条至第43条，《就业促进法》第2条、第27条。

第一千零五十八条　【父母对未成年子女抚养、教育和保护的权利义务平等】夫妻双方平等享有对未成年子女抚养、教育和保护的权利，共同承担对未成年子女抚养、教育和保护的义务。

关联法规参见

▶**法律：**《民法典总则编》第26条至第39条，《民法典侵权责任编》第1169条、第1188条、第1189条，《老年人权益保障法》第10条至第17条，《妇女权益保障法》第49条，《残疾人保障法》第9条，《刑法》第261条，《未成年人保护法》第3条、第15条至第17条、第19条、第21条至第23条，《预防未成年人犯罪法》第16条、第19条、第22条、第29条、第30条、第32条、第34条至第37条、第39条、第40条、第42条、第43条、第48条、第49条、第56条、第57条、第61条。

司法解释适用

《最高人民法院关于适用〈中华人民共和国民法典〉婚姻家庭编的解释（一）》（法释〔2020〕22号）

《民法典婚姻家庭编司法解释（一）》	原《婚姻法系列司法解释》
第四十一条　尚在校接受高中及其以下学历教育，或者丧失、部分丧失劳动能力等非因主观原因而无法维持正常生活的成年子女，可以认定为民法典第一千零六十七条规定的“不能独立生活的成年子女”。	**《婚姻法司法解释（一）》** **第二十条**　婚姻法第二十一条规定的“不能独立生活的子女”，是指尚在校接受高中及其以下学历教育，或者丧失或未完全丧失劳动能力等非因主观原因而无法维持正常生活的成年子女。
第四十二条　民法典第一千零六十七条所称“抚养费”，包括子女生活费、教育费、医疗费等费用。	**《婚姻法司法解释（一）》** **第二十一条**　婚姻法第二十一条所称“抚养费”，包括子女生活费、教育费、医疗费等费用。
第四十三条　婚姻关系存续期间，父母双方或者一方拒不履行抚养子女义务，未成年子女或者不能独立生活的成年子女请求支付抚养费的，人民法院应予支持。	**《婚姻法司法解释（三）》** **第三条**　婚姻关系存续期间，父母双方或者一方拒不履行抚养子女义务，未成年或者不能独立生活的子女请求支付抚养费的，人民法院应予支持。

《最高人民法院关于未成年的侵权人死亡其父母作为监护人能否成为诉讼主体的复函》

内蒙古自治区高级人民法院：

你院〔1989〕内法民字第8号《关于那木斯来起诉损害赔偿一案的请示报告》收悉。

经研究认为，未成年人阿拉腾乌拉携带其父额尔登巴图藏在家中的炸药到那木斯来家玩耍，将炸药引爆，炸毁那木斯家房屋顶棚及部分家具。那木斯来以额尔登巴图为被告要求赔偿损失，人民法院应依法受理，并依据《民法通则》及《婚姻法》的有关规定妥善处理。

第一千零五十九条 【夫妻扶养义务】夫妻有相互扶养的义务。

需要扶养的一方，在另一方不履行扶养义务时，有要求其给付扶养费的权利。

关联法规参见

▶**法律：**《刑法》第261条，《老年人权益保障法》第23条。

权威案例指引

▶**典型案例**

《黄某某与张某某婚内扶养纠纷案》，《"用公开促公正建设核心价值"主题教育活动婚姻家庭纠纷典型案例之三十七》（2015年12月4日）

典型意义：近年来，因夫妻一方患病导致夫妻感情淡化，因意外事故导致婚姻难以维系时，一方离家不离婚以及一方坚决离婚、不尽扶养义务，另一方坚决不离婚的情况时有发生，婚内扶养案件在婚姻家庭纠纷案件中愈来愈多。我国《婚姻法》第二十条规定：夫妻有互相扶养的义务。一方不履行扶养义务时，需要扶养的一方，有要求对方给付扶养费的权利。婚内扶养义务不仅仅是一个道德问题，更是夫妻之间的法定义务，有扶养能力的一方必须自觉履行这一义务，特别是在对方患病，或是丧失劳动能力的情况下更应该做到这一点。如果一方不履行这一法定义务，另一方可通过法律途径实现自己的合法权益。扶养责任的承担，既是婚姻关系得以维持和存续的前提，也是夫妻共同生活的保障。本案中，黄某某、张某某系合法夫妻，现黄某某身患疾病，需大量医疗费，而张某某撒手不管，多次提出离婚，一、二审鉴于黄某某确实需要扶养，张某某又有一定的经济能力，酌定张某某婚内每月给付黄某某1000元扶养费，充分保护了需要扶养一方的权利，也给那些不尽夫妻扶养义务的具有一定的警示作用。

第一千零六十条 【夫妻双方家事代理权及限制】夫妻一方因家庭日常生活需要而实施的民事法律行为，对夫妻双方发生效力，但是夫妻一方与相对人另有约定的除外。

夫妻之间对一方可以实施的民事法律行为范围的限制，不得对抗善意相对人。

关联法规参见

▶**法律：**《民法典婚姻家庭编》第1062条、第1064条。

司法解释适用

《最高人民法院关于适用〈中华人民共和国民法典〉婚姻家庭编的解释（一）》（法释〔2020〕22号）

《民法典婚姻家庭编司法解释（一）》	原《婚姻法系列司法解释》
第三十三条　债权人就一方婚前所负个人债务向债务人的配偶主张权利的，人民法院不予支持。但债权人能够证明所负债务用于婚后家庭共同生活的除外。 **第三十四条**　夫妻一方与第三人串通，虚构债务，第三人主张该债务为夫妻共同债务的，人民法院不予支持。 夫妻一方在从事赌博、吸毒等违法犯罪活动中所负债务，第三人主张该债务为夫妻共同债务的，人民法院不予支持。	**《婚姻法司法解释（二）》** **第二十四条**　债权人就婚姻关系存续期间夫妻一方以个人名义所负债务主张权利的，应当按夫妻共同债务处理。但夫妻一方能够证明债权人与债务人明确约定为个人债务，或者能够证明属于婚姻法第十九条第三款规定情形的除外。 夫妻一方与第三人串通，虚构债务，第三人主张权利的，人民法院不予支持。 夫妻一方在从事赌博、吸毒等违法犯罪活动中所负债务，第三人主张权利的，人民法院不予支持。 **《〈婚姻法司法解释（二）〉补充规定》** **第二十四条**　夫妻一方与第三人串通，虚构债务，第三人主张权利的，人民法院不予支持。 夫妻一方在从事赌博、吸毒等违法犯罪活动中所负债务，第三人主张权利的，人民法院不予支持。

第一千零六十一条　【夫妻遗产继承权】夫妻有相互继承遗产的权利。

关联法规参见

▶**法律：**《民法典总则编》第124条，《民法典继承编》第1127条，《妇女权益保障法》第34条、第35条。

第一千零六十二条　【夫妻共同财产】夫妻在婚姻关系存续期间所得的下列财产，为夫妻的共同财产，归夫妻共同所有：

（一）工资、奖金、劳务报酬；

（二）生产、经营、投资的收益；

（三）知识产权的收益；

（四）继承或者受赠的财产，但是本法第一千零六十三条第三项规定的除外；

（五）其他应当归共同所有的财产。

夫妻对共同财产，有平等的处理权。

关联法规参见

▶**法律：**《民法典婚姻家庭编》第1063条、第1065条，《妇女权益保障法》第31条至第33条、第47条。

司法解释适用

《最高人民法院关于适用〈中华人民共和国民法典〉婚姻家庭编的解释（一）》（法释〔2020〕22号）

《民法典婚姻家庭编司法解释（一）》	原《婚姻法系列司法解释》
第二十四条　民法典第一千零六十二条第一款第三项规定的“知识产权的收益”，是指婚姻关系存续期间，实际取得或者已经明确可以取得的财产性收益。	**《婚姻法司法解释（二）》** **第十二条**　婚姻法第十七条第三项规定的“知识产权的收益”，是指婚姻关系存续期间，实际取得或者已经明确可以取得的财产性收益。
第二十五条　婚姻关系存续期间，下列财产属于民法典第一千零六十二条规定的“其他应当归共同所有的财产”： （一）一方以个人财产投资取得的收益； （二）男女双方实际取得或者应当取得的住房补贴、住房公积金； （三）男女双方实际取得或者应当取得的基本养老金、破产安置补偿费。	**《婚姻法司法解释（二）》** **第十一条**　婚姻关系存续期间，下列财产属于婚姻法第十七条规定的“其他应当归共同所有的财产”： （一）一方以个人财产投资取得的收益； （二）男女双方实际取得或者应当取得的住房补贴、住房公积金； （三）男女双方实际取得或者应当取得的养老保险金、破产安置补偿费。
第二十六条（原《婚姻法司法解释（三）》第五条）　夫妻一方个人财产在婚后产生的收益，除孳息和自然增值外，应认定为夫妻共同财产。	

第1062条

<table>
<tr><th>《民法典婚姻家庭编司法解释（一）》</th><th>原《婚姻法系列司法解释》</th></tr>
<tr><td>第二十九条　当事人结婚前，父母为双方购置房屋出资的，该出资应当认定为对自己子女个人的赠与，但父母明确表示赠与双方的除外。
当事人结婚后，父母为双方购置房屋出资的，依照约定处理；没有约定或者约定不明确的，按照民法典第一千零六十二条第一款第四项规定的原则处理。</td><td>第二十二条　当事人结婚前，父母为双方购置房屋出资的，该出资应当认定为对自己子女的个人赠与，但父母明确表示赠与双方的除外。
当事人结婚后，父母为双方购置房屋出资的，该出资应当认定为对夫妻双方的赠与，但父母明确表示赠与一方的除外。</td></tr>
<tr><td colspan="2">第三十条（原《婚姻法司法解释（二）》第十三条）　军人的伤亡保险金、伤残补助金、医药生活补助费属于个人财产。</td></tr>
<tr><td>第三十二条　婚前或者婚姻关系存续期间，当事人约定将一方所有的房产赠与另一方或者共有，赠与方在赠与房产变更登记之前撤销赠与，另一方请求判令继续履行的，人民法院可以按照民法典第六百五十八条的规定处理。</td><td>《婚姻法司法解释（三）》
第六条　婚前或者婚姻关系存续期间，当事人约定将一方所有的房产赠与另一方，赠与方在赠与房产变更登记之前撤销赠与，另一方请求判令继续履行的，人民法院可以按照合同法第一百八十六条的规定处理。</td></tr>
<tr><td>第三十八条　婚姻关系存续期间，除民法典第一千零六十六条规定情形以外，夫妻一方请求分割共同财产的，人民法院不予支持。</td><td>《婚姻法司法解释（三）》
第四条　婚姻关系存续期间，夫妻一方请求分割共同财产的，人民法院不予支持，~~但有下列重大理由且不损害债权人利益的除外：~~
~~（一）一方有隐藏、转移、变卖、毁损、挥霍夫妻共同财产或者伪造夫妻共同债务等严重损害夫妻共同财产利益行为的；~~
~~（二）一方负有法定扶养义务的人患重大疾病需要医治，另一方不同意支付相关医疗费用的。~~</td></tr>
<tr><td colspan="2">删除条文
《婚姻法司法解释（三）》
~~第七条　婚后由一方父母出资为子女购买的不动产，产权登记在出资人子女名下的，可按照婚姻法第十八条第（三）项的规定，视为只对自己子女一方的赠与，该不动产应认定为夫妻一方的个人财产。~~
~~由双方父母出资购买的不动产，产权登记在一方子女名下的，该不动产可认定为双方按照各自父母的出资份额按份共有，但当事人另有约定的除外。~~</td></tr>
</table>

<table>
<tr><th>《民法典婚姻家庭编司法解释（一）》</th><th>原《婚姻法系列司法解释》</th></tr>
<tr><td colspan="2">第七十二条（原《婚姻法司法解释（二）》第十五条）　夫妻双方分割共同财产中的股票、债券、投资基金份额等有价证券以及未上市股份有限公司股份时，协商不成或者按市价分配有困难的，人民法院可以根据数量按比例分配。</td></tr>
<tr><td>第七十三条　人民法院审理离婚案件，涉及分割夫妻共同财产中以一方名义在有限责任公司的出资额，另一方不是该公司股东的，按以下情形分别处理：
（一）夫妻双方协商一致将出资额部分或者全部转让给该股东的配偶，其他股东过半数同意，并且其他股东均明确表示放弃优先购买权的，该股东的配偶可以成为该公司股东；
（二）夫妻双方就出资额转让份额和转让价格等事项协商一致后，其他股东半数以上不同意转让，但愿意以同等条件购买该出资额的，人民法院可以对转让出资所得财产进行分割。其他股东半数以上不同意转让，也不愿意以同等条件购买该出资额的，视为其同意转让，该股东的配偶可以成为该公司股东。
用于证明前款规定的股东同意的证据，可以是股东会议材料，也可以是当事人通过其他合法途径取得的股东的书面声明材料。</td><td>《婚姻法司法解释（二）》
第十六条　人民法院审理离婚案件，涉及分割夫妻共同财产中以一方名义在有限责任公司的出资额，另一方不是该公司股东的，按以下情形分别处理：
（一）夫妻双方协商一致将出资额部分或者全部转让给该股东的配偶，过半数股东同意、其他股东明确表示放弃优先购买权的，该股东的配偶可以成为该公司股东；
（二）夫妻双方就出资额转让份额和转让价格等事项协商一致后，过半数股东不同意转让，但愿意以同等价格购买该出资额的，人民法院可以对转让出资所得财产进行分割。过半数股东不同意转让，也不愿意以同等价格购买该出资额的，视为其同意转让，该股东的配偶可以成为该公司股东；
用于证明前款规定的<s>过半数</s>股东同意的证据，可以是股东会决议，也可以是当事人通过其他合法途径取得的股东的书面声明材料。</td></tr>
<tr><td>第七十四条　人民法院审理离婚案件，涉及分割夫妻共同财产中以一方名义在合伙企业中的出资，另一方不是该企业合伙人的，当夫妻双方协商一致，将其合伙企业中的财产份额全部或者部分转让给对方时，按以下情形分别处理：
（一）其他合伙人一致同意的，该配偶依法取得合伙人地位；
（二）其他合伙人不同意转让，在同等条件下行使优先购买权的，可以对转让所得的财产进行分割；</td><td>《婚姻法司法解释（二）》
第十七条　人民法院审理离婚案件，涉及分割夫妻共同财产中以一方名义在合伙企业中的出资，另一方不是该企业合伙人的，当夫妻双方协商一致，将其合伙企业中的财产份额全部或者部分转让给对方时，按以下情形分别处理：
（一）其他合伙人一致同意的，该配偶依法取得合伙人地位；
（二）其他合伙人不同意转让，在同等条件下行使优先受让权的，可以对转让所得的财产进行分割；</td></tr>
</table>

《民法典婚姻家庭编司法解释（一）》	原《婚姻法系列司法解释》
（三）其他合伙人不同意转让，也不行使优先购买权，但同意该合伙人退伙或者削减部分财产份额的，可以对结算后的财产进行分割； （四）其他合伙人既不同意转让，也不行使优先购买权，又不同意该合伙人退伙或者削减部分财产份额的，视为全体合伙人同意转让，该配偶依法取得合伙人地位。	（三）其他合伙人不同意转让，也不行使优先受让权，但同意该合伙人退伙或者退还部分财产份额的，可以对退还的财产进行分割； （四）其他合伙人既不同意转让，也不行使优先受让权，又不同意该合伙人退伙或者退还部分财产份额的，视为全体合伙人同意转让，该配偶依法取得合伙人地位。
第七十五条　夫妻以一方名义投资设立个人独资企业的，人民法院分割夫妻在该个人独资企业中的共同财产时，应当按照以下情形分别处理： （一）一方主张经营该企业的，对企业资产进行评估后，由取得企业资产所有权一方给予另一方相应的补偿； （二）双方均主张经营该企业的，在双方竞价基础上，由取得企业资产所有权的一方给予另一方相应的补偿； （三）双方均不愿意经营该企业的，按照《中华人民共和国个人独资企业法》等有关规定办理。	**《婚姻法司法解释（二）》** **第十八条**　夫妻以一方名义投资设立独资企业的，人民法院分割夫妻在该独资企业中的共同财产时，应当按照以下情形分别处理： （一）一方主张经营该企业的，对企业资产进行评估后，由取得企业一方给予另一方相应的补偿； （二）双方均主张经营该企业的，在双方竞价基础上，由取得企业的一方给予另一方相应的补偿； （三）双方均不愿意经营该企业的，按照《中华人民共和国个人独资企业法》等有关规定办理。
第二十七条　由一方婚前承租、婚后用共同财产购买的房屋，登记在一方名下的，应当认定为夫妻共同财产。	**《婚姻法司法解释（二）》** **第十九条**　由一方婚前承租、婚后用共同财产购买的房屋，~~房屋权属证书~~登记在一方名下的，应当认定为夫妻共同财产。
第七十六条　双方对夫妻共同财产中的房屋价值及归属无法达成协议时，人民法院按以下情形分别处理： （一）双方均主张房屋所有权并且同意竞价取得的，应当准许； （二）一方主张房屋所有权的，由评估机构按市场价格对房屋作出评估，取得房屋所有权的一方应当给予另一方相应的补偿； （三）双方均不主张房屋所有权的，根据当事人的申请拍卖、变卖房屋，就所得价款进行分割。	**《婚姻法司法解释（二）》** **第二十条**　双方对夫妻共同财产中的房屋价值及归属无法达成协议时，人民法院按以下情形分别处理： （一）双方均主张房屋所有权并且同意竞价取得的，应当准许； （二）一方主张房屋所有权的，由评估机构按市场价格对房屋作出评估，取得房屋所有权的一方应当给予另一方相应的补偿； （三）双方均不主张房屋所有权的，根据当事人的申请拍卖房屋，就所得价款进行分割。

<table>
<tr><th>《民法典婚姻家庭编司法解释（一）》</th><th>原《婚姻法系列司法解释》</th></tr>
<tr><td colspan="2">第七十七条（原《婚姻法司法解释（二）》第二十一条） 离婚时双方对尚未取得所有权或者尚未取得完全所有权的房屋有争议且协商不成的，人民法院不宜判决房屋所有权的归属，应当根据实际情况判决由当事人使用。
当事人就前款规定的房屋取得完全所有权后，有争议的，可以另行向人民法院提起诉讼。</td></tr>
</table>

《最高人民法院关于刘立民与赵淑华因离婚诉讼涉及民办私立学校校产分割一案的复函》

辽宁省高级人民法院：

你院请示收悉，经研究，答复如下：

刘立民、赵淑华夫妻共同投资办学，应共同享有办学积累中属于夫妻的财产权益。原一、二审判决将办学积累全部认定为刘立民、赵淑华二人的共同财产进行分割没有法律依据。

刘立民、赵淑华夫妻离婚，已丧失了共同办学的条件，对其共同享有的财产权益应予分割。根据本案具体情况，为维护学校完整，学校由赵淑华单独管理后，赵淑华应对刘立民丧失的财产权益以及由此丧失的期待利益予以补偿。补偿数额可参照原二审判决的数额。

《最高人民法院关于夫妻一方未经对方同意将共有房屋赠与他人属于夫妻另一方的部分应属无效的批复》

浙江省高级人民法院：

你院1987年3月7日关于王棣华等人与王庆贞、朱亚英房屋继承一案的请示报告已悉。

据你院调查，王棣华等人与王庆贞、朱亚英诉争的房屋，原系王镛、王庆贞、王守瑜母亲的奁产，后被王镛舅母出典，1937年由王镛出资回赎，1947年办理了过户手续。1950年8月，杭州市人民政府给王镛颁发了房产证，但该房一直由王镛之妹王守瑜使用、管理。1956年3月，王镛在其妻孙跃文未表示同意的情况下，个人书写“赠与书”和“房地产让渡证明书”，连同房契和个人印章一并交给王守瑜（未办理过户手续）。1960年、1963年，王镛夫妇相继去世。1981年11月，王守瑜在联系出售该房时病故。当月，王庆贞之女朱亚英以1250元价款将房屋出售。王镛之子女王棣华等人得知，诉至法院，要求将该房确认为其父的遗产，予以继承。

经研究，我们认为，该案争执之房屋原系王镛、王守瑜、王庆贞之母的财产。出典后，由王镛于1937年出资赎回，解放后，该房屋确权为王镛所有。在王镛与孙跃文婚姻关系存继期间，夫妻任何一方所得之财产，包括上述房屋，应属夫妻共同财产，夫妻一方在处理共同财产时，应取得另一方的同意。王镛在征求孙跃文意见时，孙明确表示不同意将房屋赠与王守瑜，以后在赠与书上又未签字，因此赠与应属无效。但鉴于王守瑜已长期掌管使用，王镛生前曾有过赠与的明确表示，其子女当时也表示同意的历史状况，从实际情况出发，以认定一部分为王镛和孙跃文的遗产，一部分属于王守瑜的遗产为宜。按照继承法的规定，双方的遗产分别由他们各自的法定继承人继承。

《最高人民法院关于高原生活补助费能否作为夫妻共同财产继承的批复》

青海省高级人民法院：

你院6月16日〔83〕青法研字第36号《关于退休费能否作为家庭共同财产来继承的请示报告》收阅。经研究，原则上同意你院意见。即肖桂兰的住房补助费应为夫妻双方共有，属于其夫赵泰部分，可由其合法继承人继承，高原生活补助费不属共同财产，应归肖个人所有。

权威案例指引

▶公报案例

《彭丽静与梁喜平、王保山、河北金海岸房地产开发有限公司股权转让侵权纠纷案》，《最高人民法院公报》2009年第5期

裁判要点：一、夫妻双方共同出资设立公司的，应当以各自所有的财产作为注册资本，并各自承担相应的责任。因此，夫妻双方登记注册公司时应当提交财产分割证明。未进行财产分割的，应当认定为夫妻双方以共同共有财产出资设立公司，在夫妻关系存续期间，夫或妻名下的公司股份属于夫妻双方共同共有的财产，作为共同共有人，夫妻双方对该项财产享有平等的占有、使用、收益和处分的权利。

二、根据《最高人民法院关于适用〈中华人民共和国婚姻法〉若干问题的解释（一）》第十七条第二款的规定，夫或妻非因日常生活需要对夫妻共同财产做重要处理决定，夫妻双方应当平等协商，取得一致意见。他人有理由相信夫或妻一方做出的处理为夫妻双方共同意思表示的，另一方不得以不同意或不知道为由对抗善意第三人。因此，夫或妻一方转让共同共有的公司股权的行为，属于对夫妻共同财产做出重要处理，应当由夫妻双方协商一致并共同在股权转让协议、股东会决议和公司章程修正案上签名。

三、夫妻双方共同共有公司股权的，夫或妻一方与他人订立股权转让协议的效力问题，应当根据案件事实，结合另一方对股权转让是否明知、受让人是否为善意等因素进行综合分析。如果能够认定另一方明知股权转让，且受让人是基于善意，则股权转让协议对于另一方具有约束力。

权威案例指引

▶典型案例

《李某与杨某不当得利纠纷案》，《“用公开促公正建设核心价值”主题教育活动婚姻家庭纠纷典型案例之二十三》（2015年12月4日）

典型意义：本案是因婚外情导致的不当得利纠纷，因现实生活中有类似情况的出现，故本案的处理引起了广泛的关注。法律明确规定，夫或妻在处理夫妻共同财产上的权利是平等的。因日常生活需要而处理夫妻共同财产的，任何一方均有权决定。夫或妻非因日常生活需要对夫妻共同财产做重要处理决定，夫妻双方应当平等协商，取得一致意见。他人有理由相信其为夫妻双方共同意思表示的，另一方不得以不同意或不知道为由对抗善意第三人。本案例中，杨某接受宋某赠与的财产并没有付出相应的对价，因此不属于有偿取得，不能适用善

意取得制度。另一方面因该66万元数额巨大，且并非日常生活需要，宋某无权单独处理，其无偿赠与杨某的行为损害了李某的合法权益，有违公平原则。并且原告丈夫与情人的关系与我国提倡的社会主义道德是相违背的，违反了公序良俗，是不受法律保护的。因此，宋某的赠与行为应认定为无效，李某作为财产所有人和利害关系人有权要求杨某全部返还。

第一千零六十三条　【夫妻个人财产】下列财产为夫妻一方的个人财产：

（一）一方的婚前财产；

（二）一方因受到人身损害获得的赔偿或者补偿；

（三）遗嘱或者赠与合同中确定只归一方的财产；

（四）一方专用的生活用品；

（五）其他应当归一方的财产。

关联法规参见

▶**法律：**《民法典婚姻家庭编》第1062条、第1065条。

司法解释适用

《最高人民法院关于适用〈中华人民共和国民法典〉婚姻家庭编的解释（一）》（法释〔2020〕22号）

《民法典婚姻家庭编司法解释（一）》	原《婚姻法系列司法解释》
第二十九条　当事人结婚前，父母为双方购置房屋出资的，该出资应当认定为对自己子女个人的赠与，但父母明确表示赠与双方的除外。 当事人结婚后，父母为双方购置房屋出资的，依照约定处理；没有约定或者约定不明确的，按照民法典第一千零六十二条第一款第四项规定的原则处理。	**《婚姻法司法解释（二）》** **第二十二条**　当事人结婚前，父母为双方购置房屋出资的，该出资应当认定为对自己子女的个人赠与，但父母明确表示赠与双方的除外。 当事人结婚后，父母为双方购置房屋出资的，该出资应当认定为对夫妻双方的赠与，但父母明确表示赠与一方的除外。
第三十条（原《婚姻法司法解释（二）》第十三条）　军人的伤亡保险金、伤残补助金、医药生活补助费属于个人财产。	
第三十一条　民法典第一千零六十三条规定为夫妻一方的个人财产，不因婚姻关系的延续而转化为夫妻共同财产。但当事人另有约定的除外。	**《婚姻法司法解释（一）》** **第十九条**　婚姻法第十八条规定为夫妻一方的所有的财产，不因婚姻关系的延续而转化为夫妻共同财产。但当事人另有约定的除外。

第1063条

<table>
<tr><th>《民法典婚姻家庭编司法解释（一）》</th><th>原《婚姻法系列司法解释》</th></tr>
<tr><td>第三十二条　婚前或者婚姻关系存续期间，当事人约定将一方所有的房产赠与另一方或者共有，赠与方在赠与房产变更登记之前撤销赠与，另一方请求判令继续履行的，人民法院可以按照民法典第六百五十八条的规定处理。</td><td>《婚姻法司法解释（三）》
第六条　婚前或者婚姻关系存续期间，当事人约定将一方所有的房产赠与另一方，赠与方在赠与房产变更登记之前撤销赠与，另一方请求判令继续履行的，人民法院可以按照合同法第一百八十六条的规定处理。</td></tr>
<tr><td colspan="2">第三十三条（原《婚姻法司法解释（二）》第二十三条）　债权人就一方婚前所负个人债务向债务人的配偶主张权利的，人民法院不予支持。但债权人能够证明所负债务用于婚后家庭共同生活的除外。</td></tr>
<tr><td colspan="2">删除条文
《婚姻法司法解释（三）》
~~第七条　婚后由一方父母出资为子女购买的不动产，产权登记在出资人子女名下的，可按照婚姻法第十八条第（三）项的规定，视为只对自己子女一方的赠与，该不动产应认定为夫妻一方的个人财产。~~
~~由双方父母出资购买的不动产，产权登记在一方子女名下的，该不动产可认定为双方按照各自父母的出资份额按份共有，但当事人另有约定的除外。~~</td></tr>
<tr><td>第七十九条　婚姻关系存续期间，双方用夫妻共同财产出资购买以一方父母名义参加房改的房屋，登记在一方父母名下，离婚时另一方主张按照夫妻共同财产对该房屋进行分割的，人民法院不予支持。购买该房屋时的出资，可以作为债权处理。</td><td>《婚姻法司法解释（三）》
第十二条　婚姻关系存续期间，双方用夫妻共同财产出资购买以一方父母名义参加房改的房屋，产权登记在一方父母名下，离婚时另一方主张按照夫妻共同财产对该房屋进行分割的，人民法院不予支持。购买该房屋时的出资，可以作为债权处理。</td></tr>
</table>

第一千零六十四条　【夫妻共同债务】夫妻双方共同签名或者夫妻一方事后追认等共同意思表示所负的债务，以及夫妻一方在婚姻关系存续期间以个人名义为家庭日常生活需要所负的债务，属于夫妻共同债务。

夫妻一方在婚姻关系存续期间以个人名义超出家庭日常生活需要所负的债务，不属于夫妻共同债务；但是，债权人能够证明该债务用于夫妻共同生活、共同生产经营或者基于夫妻双方共同意思表示的除外。

关联法规参见

▶**法律**：《民法典婚姻家庭编》第1060条。

司法解释适用

《最高人民法院关于适用〈中华人民共和国民法典〉婚姻家庭编的解释（一）》（法释〔2020〕22号）

《民法典婚姻家庭编司法解释（一）》	原《婚姻法系列司法解释》
第十三条（原《婚姻法司法解释（二）》第十三条） 军人的伤亡保险金、伤残补助金、医药生活补助费属于个人财产。	
第二十九条 当事人结婚前，父母为双方购置房屋出资的，该出资应当认定为对自己子女个人的赠与，但父母明确表示赠与双方的除外。 当事人结婚后，父母为双方购置房屋出资的，依照约定处理；没有约定或者约定不明确的，按照民法典第一千零六十二条第一款第四项规定的原则处理。	**《婚姻法司法解释（二）》** **第二十二条** 当事人结婚前，父母为双方购置房屋出资的，该出资应当认定为对自己子女的个人赠与，但父母明确表示赠与双方的除外。 当事人结婚后，父母为双方购置房屋出资的，该出资应当认定为对夫妻双方的赠与，但父母明确表示赠与一方的除外。
第三十一条 民法典第一千零六十三条规定为夫妻一方的个人财产，不因婚姻关系的延续而转化为夫妻共同财产。但当事人另有约定的除外。	**《婚姻法司法解释（一）》** **第十九条** 婚姻法第十八条规定为夫妻一方的所有的财产，不因婚姻关系的延续而转化为夫妻共同财产。但当事人另有约定的除外。
第三十二条 婚前或者婚姻关系存续期间，当事人约定将一方所有的房产赠与另一方或者共有，赠与方在赠与房产变更登记之前撤销赠与，另一方请求判令继续履行的，人民法院可以按照民法典第六百五十八条的规定处理。	**《婚姻法司法解释（三）》** **第六条** 婚前或者婚姻关系存续期间，当事人约定将一方所有的房产赠与另一方，赠与方在赠与房产变更登记之前撤销赠与，另一方请求判令继续履行的，人民法院可以按照合同法第一百八十六条的规定处理。
第三十三条 债权人就一方婚前所负个人债务向债务人的配偶主张权利的，人民法院不予支持。但债权人能够证明所负债务用于婚后家庭共同生活的除外。	**《婚姻法司法解释（二）》** **第二十四条** 债权人就婚姻关系存续期间夫妻一方以个人名义所负债务主张权利的，应当按夫妻共同债务处理。但夫妻一方能够证明债权人与债务人明确约定为个人债务，或者能够证明属于婚姻法第十九条第三款规定情形的除外。

《民法典婚姻家庭编司法解释（一）》	原《婚姻法系列司法解释》
第三十四条 夫妻一方与第三人串通，虚构债务，第三人主张该债务为夫妻共同债务的，人民法院不予支持。 夫妻一方在从事赌博、吸毒等违法犯罪活动中所负债务，第三人主张该债务为夫妻共同债务的，人民法院不予支持。	**《婚姻法司法解释（二）补充规定》** **第二十四条** 夫妻一方与第三人串通，虚构债务，第三人主张权利的，人民法院不予支持。 夫妻一方在从事赌博、吸毒等违法犯罪活动中所负债务，第三人主张权利的，人民法院不予支持。
第三十五条 当事人的离婚协议或者人民法院生效判决、裁定、调解书已经对夫妻财产分割问题作出处理的，债权人仍有权就夫妻共同债务向男女双方主张权利。 一方就夫妻共同债务承担清偿责任后，主张由另一方按照离婚协议或者人民法院的法律文书承担相应债务的，人民法院应予支持。	**《婚姻法司法解释（二）》** **第二十五条** 当事人的离婚协议或者人民法院的判决书、裁定书、调解书已经对夫妻财产分割问题作出处理的，债权人仍有权就夫妻共同债务向男女双方主张权利。 一方就共同债务承担~~连带~~清偿责任后，基于离婚协议或者人民法院的法律文书向另一方主张追偿的，人民法院应当支持。
第三十六条 夫或者妻一方死亡的，生存一方应当对婚姻关系存续期间的夫妻共同债务承担清偿责任。	**《婚姻法司法解释（二）》** **第二十六条** 夫或妻一方死亡的，生存一方应当对婚姻关系存续期间的共同债务承担~~连带~~清偿责任。
删除条文 **《婚姻法司法解释（三）》** ~~**第七条** 婚后由一方父母出资为子女购买的不动产，产权登记在出资人子女名下的，可按照婚姻法第十八条第（三）项的规定，视为只对自己子女一方的赠与，该不动产应认定为夫妻一方的个人财产。~~ ~~由双方父母出资购买的不动产，产权登记在一方子女名下的，该不动产可认定为双方按照各自父母的出资份额按份共有，但当事人另有约定的除外。~~	
第七十九条 婚姻关系存续期间，双方用夫妻共同财产出资购买以一方父母名义参加房改的房屋，登记在一方父母名下，离婚时另一方主张按照夫妻共同财产对该房屋进行分割的，人民法院不予支持。购买该房屋时的出资，可以作为债权处理。	**《婚姻法司法解释（三）》** **第十二条** 婚姻关系存续期间，双方用夫妻共同财产出资购买以一方父母名义参加房改的房屋，~~产权~~登记在一方父母名下，离婚时另一方主张按照夫妻共同财产对该房屋进行分割的，人民法院不予支持。购买该房屋时的出资，可以作为债权处理。

权威案例指引

▶公报案例

《赵俊诉项会敏、何雪琴民间借贷纠纷案》，《最高人民法院公报》2014 年第 12 期

裁判要点：一、夫妻一方具有和第三人恶意串通、通过虚假诉讼虚构婚内债务嫌疑的，该夫妻一方单方自认债务，并不必然免除“出借人”对借贷关系成立并生效的事实应承担的举证责任。

二、借款人配偶未参加诉讼且出借人及借款人均未明确表示放弃该配偶可能承担的债务份额的，为查明案件事实，应依法追加与案件审理结果具有利害关系的借款人配偶作为第三人参加诉讼，以形成实质性的对抗。

三、出借人仅提供借据佐证借贷关系的，应深入调查辅助性事实以判断借贷合意的真实性，如举债的必要性、款项用途的合理性等。出借人无法提供证据证明借款交付事实的，应综合考虑出借人的经济状况、资金来源、交付方式、在场见证人等因素判断当事人陈述的可信度。对于大额借款仅有借据而无任何交付凭证、当事人陈述有重大疑点或矛盾之处的，应依据证据规则认定“出借人”未完成举证义务，判决驳回其诉讼请求。

《单洪远、刘春林诉胡秀花、单良、单译贤法定继承纠纷案》，《最高人民法院公报》2006 年第 5 期

裁判要点：《最高人民法院关于适用〈中华人民共和国婚姻法〉若干问题的解释（二）》第二十四条的规定，本意在于加强对债权人的保护，一般只适用于对夫妻外部债务关系的处理。人民法院在处理涉及夫妻内部财产关系的纠纷时，不能简单依据该规定将夫或妻一方的对外债务认定为夫妻共同债务，其他人民法院依据该规定作出的关于夫妻对外债务纠纷的生效裁判，也不能当然地作为处理夫妻内部财产纠纷的判决依据，主张夫或妻一方的对外债务属于夫妻共同债务的当事人仍负有证明该项债务确为夫妻共同债务的举证责任。

▶典型案例

《防范串谋诉讼“夫妻船”共债共担——杨某某与方某某船员劳务合同纠纷案》，《最高人民法院关于船员权益保护典型案例之六》（2020 年 6 月 24 日）

典型意义：司法实践中，船舶经司法拍卖后，被执行人为从拍卖款中非法受偿，与船员串通伪造、虚增债务的现象时有发生。如仅凭被执行人自认即对此类债务进行认定，将严重侵害其他债权人的合法权益。本案情况则更为极端。内河船舶一般以家庭夫妻共同经营为常态，如认可夫妻在共同经营船舶中仍能形成船员劳务合同关系，轻易认定此类“劳务报酬”，将助长被执行人以此方式逃避债务、规避执行的行为，严重侵害被执行人债权人的合法权益。故而本案在实体审理中，从多角度分析原、被告不能成立船员劳务合同关系，从而彻底否定了其债权主张。在程序上，允许作为被执行人债权人的第三人参加诉讼，有效预防原、被告双方串谋诉讼。人民法院在审判环节严格把关，不搞“和稀泥”式的裁判，否决此类串谋诉讼，彰显了法院维护诚信诉讼环境、防范和打击当事人通过诉讼侵害他人权益的基本立场。

第一千零六十五条　【夫妻财产约定制】男女双方可以约定婚姻关系存续期间所得的财产以及婚前财产归各自所有、共同所有或者部分各自所有、部分共同所有。约定应当采用书面形式。没有约定或者约定不明确的，适用本法第一千零六十二条、第一千零六十三条的规定。

夫妻对婚姻关系存续期间所得的财产以及婚前财产的约定，对双方具有法律约束力。

夫妻对婚姻关系存续期间所得的财产约定归各自所有，夫或者妻一方对外所负的债务，相对人知道该约定的，以夫或者妻一方的个人财产清偿。

关联法规参见

▶法律：《民法典总则编》第135条、第143条，《民法典婚姻家庭编》第1062条、第1063条，《妇女权益保障法》第47条。

司法解释适用

《最高人民法院关于适用〈中华人民共和国民法典〉婚姻家庭编的解释（一）》（法释〔2020〕22号）

<table>
<tr><th>《民法典婚姻家庭编司法解释（一）》</th><th>原《婚姻法系列司法解释》</th></tr>
<tr><td>第三十二条　婚前或者婚姻关系存续期间，当事人约定将一方所有的房产赠与另一方或者共有，赠与方在赠与房产变更登记之前撤销赠与，另一方请求判令继续履行的，人民法院可以按照民法典第六百五十八条的规定处理。</td><td>《婚姻法司法解释（三）》
第六条　婚前或者婚姻关系存续期间，当事人约定将一方所有的房产赠与另一方，赠与方在赠与房产变更登记之前撤销赠与，另一方请求判令继续履行的，人民法院可以按照合同法第一百八十六条的规定处理。</td></tr>
<tr><td colspan="2">第三十三条（原《婚姻法司法解释（二）》第二十三条）　债权人就一方婚前所负个人债务向债务人的配偶主张权利的，人民法院不予支持。但债权人能够证明所负债务用于婚后家庭共同生活的除外。</td></tr>
<tr><td>第三十四条　夫妻一方与第三人串通，虚构债务，第三人主张该债务为夫妻共同债务的，人民法院不予支持。
夫妻一方在从事赌博、吸毒等违法犯罪活动中所负债务，第三人主张该债务为夫妻共同债务的，人民法院不予支持。</td><td>《婚姻法司法解释（二）》
第二十四条　~~债权人就婚姻关系存续期间夫妻一方以个人名义所负债务主张权利的，应当按夫妻共同债务处理。但夫妻一方能够证明债权人与债务人明确约定为个人债务，或者能够证明属于婚姻法第十九条第三款规定情形的除外。~~</td></tr>
</table>

《民法典婚姻家庭编司法解释（一）》	原《婚姻法系列司法解释》
	夫妻一方与第三人串通，虚构债务，第三人主张权利的，人民法院不予支持。 夫妻一方在从事赌博、吸毒等违法犯罪活动中所负债务，第三人主张权利的，人民法院不予支持。
第三十五条　当事人的离婚协议或者人民法院生效判决、裁定、调解书已经对夫妻财产分割问题作出处理的，债权人仍有权就夫妻共同债务向男女双方主张权利。 一方就夫妻共同债务承担清偿责任后，主张由另一方按照离婚协议或者人民法院的法律文书承担相应债务的，人民法院应予支持。	**《婚姻法司法解释（二）》** **第二十五条**　当事人的离婚协议或者人民法院的判决书、裁定书、调解书已经对夫妻财产分割问题作出处理的，债权人仍有权就夫妻共同债务向男女双方主张权利。 一方就共同债务承担连带清偿责任后，基于离婚协议或者人民法院的法律文书向另一方主张追偿的，人民法院应当支持。
第三十六条　夫或者妻一方死亡的，生存一方应当对婚姻关系存续期间的夫妻共同债务承担清偿责任。	**《婚姻法司法解释（二）》** **第二十六条**　夫或妻一方死亡的，生存一方应当对婚姻关系存续期间的共同债务承担连带清偿责任。
第八十二条　夫妻之间订立借款协议，以夫妻共同财产出借给一方从事个人经营活动或者用于其他个人事务的，应视为双方约定处分夫妻共同财产的行为，离婚时可以按照借款协议的约定处理。	**《婚姻法司法解释（三）》** **第十六条**　夫妻之间订立借款协议，以夫妻共同财产出借给一方从事个人经营活动或用于其他个人事务的，应视为双方约定处分夫妻共同财产的行为，离婚时可按照借款协议的约定处理。

删除条文

《婚姻法司法解释（一）》

~~**第十八条**　婚姻法第十九条所称“第三人知道该约定的”，夫妻一方对此负有举证责任。~~

第一千零六十六条　【婚内分割夫妻共同财产请求权】婚姻关系存续期间，有下列情形之一的，夫妻一方可以向人民法院请求分割共同财产：

（一）一方有隐藏、转移、变卖、毁损、挥霍夫妻共同财产或者伪造夫妻共同债务等严重损害夫妻共同财产利益的行为；

（二）一方负有法定扶养义务的人患重大疾病需要医治，另一方不同意支付相关医疗费用。

关联法规参见

▶**法律**：《民法典婚姻家庭编》第 1062 条、第 1063 条、第 1065 条，《民法典物权编》第 303 条。

司法解释适用

《最高人民法院关于适用〈中华人民共和国民法典〉婚姻家庭编的解释（一）》（法释〔2020〕22 号）

<table>
<tr><th>《民法典婚姻家庭编司法解释（一）》</th><th>原《婚姻法司法解释（二）》</th></tr>
<tr><td colspan="2">第十三条（原第十三条）　军人的伤亡保险金、伤残补助金、医药生活补助费属于个人财产。</td></tr>
<tr><td>第二十四条　民法典第一千零六十二条第一款第三项规定的“知识产权的收益”，是指婚姻关系存续期间，实际取得或者已经明确可以取得的财产性收益。</td><td>第十二条　婚姻法第十七条第三项规定的“知识产权的收益”，是指婚姻关系存续期间，实际取得或者已经明确可以取得的财产性收益。</td></tr>
<tr><td>第二十五条　婚姻关系存续期间，下列财产属于民法典第一千零六十二条规定的“其他应当归共同所有的财产”：
（一）一方以个人财产投资取得的收益；
（二）男女双方实际取得或者应当取得的住房补贴、住房公积金；
（三）男女双方实际取得或者应当取得的基本养老金、破产安置补偿费。</td><td>第十一条　婚姻关系存续期间，下列财产属于婚姻法第十七条规定的“其他应当归共同所有的财产”：
（一）一方以个人财产投资取得的收益；
（二）男女双方实际取得或者应当取得的住房补贴、住房公积金；
（三）男女双方实际取得或者应当取得的养老保险金、破产安置补偿费。</td></tr>
</table>

第二节　父母子女关系和其他近亲属关系

第一千零六十七条　【父母与子女间的抚养赡养义务】父母不履行抚养义务的，未成年子女或者不能独立生活的成年子女，有要求父母给付抚养费的权利。

成年子女不履行赡养义务的，缺乏劳动能力或者生活困难的父母，有要求成年子女给付赡养费的权利。

关联法规参见

▶**法律**：《民法典总则编》第 26 条，《民法典婚姻家庭编》第 1054 条、第 1072 条、第 1111

条，《老年人权益保障法》第 10 条至第 22 条，《刑法》第 261 条，《未成年人保护法》第 2 条、第 15 条至第 17 条、第 19 条、第 21 条至第 23 条、第 108 条、第 109 条。

司法解释适用

《最高人民法院关于适用〈中华人民共和国民法典〉婚姻家庭编的解释（一）》（法释〔2020〕22 号）

《民法典婚姻家庭编司法解释（一）》	原《婚姻法系列司法解释》
第三十九条　父或者母向人民法院起诉请求否认亲子关系，并已提供必要证据予以证明，另一方没有相反证据又拒绝做亲子鉴定的，人民法院可以认定否认亲子关系一方的主张成立。 父或者母以及成年子女起诉请求确认亲子关系，并提供必要证据予以证明，另一方没有相反证据又拒绝做亲子鉴定的，人民法院可以认定确认亲子关系一方的主张成立。	**《婚姻法司法解释（三）》** **第二条**　夫妻一方向人民法院起诉请求确认亲子关系不存在，并已提供必要证据予以证明，另一方没有相反证据又拒绝做亲子鉴定的，人民法院可以推定请求确认亲子关系不存在一方的主张成立。 当事人一方起诉请求确认亲子关系，并提供必要证据予以证明，另一方没有相反证据又拒绝做亲子鉴定的，人民法院可以推定请求确认亲子关系一方的主张成立。
第四十一条　尚在校接受高中及其以下学历教育，或者丧失、部分丧失劳动能力等非因主观原因而无法维持正常生活的成年子女，可以认定为民法典第一千零六十七条规定的“不能独立生活的成年子女”。	**《婚姻法司法解释（一）》** **第二十条**　婚姻法第二十一条规定的“不能独立生活的子女”，是指尚在校接受高中及其以下学历教育，或者丧失或未完全丧失劳动能力等非因主观原因而无法维持正常生活的成年子女。
第四十二条　民法典第一千零六十七条所称“抚养费”，包括子女生活费、教育费、医疗费等费用。	**《婚姻法司法解释（一）》** **第二十一条**　婚姻法第二十一条所称“抚养费”，包括子女生活费、教育费、医疗费等费用。
第四十三条　婚姻关系存续期间，父母双方或者一方拒不履行抚养子女义务，未成年子女或者不能独立生活的成年子女请求支付抚养费的，人民法院应予支持。	**《婚姻法司法解释（三）》** **第三条**　婚姻关系存续期间，父母双方或者一方拒不履行抚养子女义务，未成年或者不能独立生活的子女请求支付抚养费的，人民法院应予支持。

权威案例指引

▶典型案例

《刘某某诉袁乙赡养纠纷案》，《“用公开促公正建设核心价值”主题教育活动婚姻家庭纠纷典型案例之十七》（2015 年 12 月 4 日）

典型意义：法律规定子女有对父母赡养扶助的义务，父母经济困难时有权利要求子女支付赡养费，这里包括基本医疗支出。但这不是说，父母经济水平良好时，子女就不需赡养父母了，赡养义务是不能附加任何条件的，子女不得以任何理由拒绝履行赡养义务。在本案中，原告虽有退休金和医疗保险，但原告患有大量的疾病，这些费用不能满足原告需要的医疗支出，而女儿不愿赡养原告的理由是原告有两套房产，因原告把其中一套房产给了儿子，而没有给女儿，所以被告就说如果原告把其中一套房产抵押贷款或者变卖，原告的医疗费用就不成问题了，而被告也不需要再支出费用了。原告说儿子家庭比较困难，女儿对原告帮助儿子有意见，本不想让女儿出钱，但现在的病情严重，费用比较高，想让女儿承担一些医疗费用，女儿家庭也比较富裕，有能力承担一部分，于是只要求女儿支出医疗费的三分之一。

在物欲横流的现代社会，人们会为了利益不惜舍弃亲情。天下父母之爱最无私，而子女对父母之爱最吝啬，认为父母的所作所为都是应当的，当财产分配不均时会为此反目成仇。大多数赡养案件都是因为父母对财产分配不均或子女认为父母对哪个子女偏心引起的。写这个案例，就是要告诉大家，赡养父母是法定义务，是不附加任何条件的。

《黎某某与被告资某祥等六人赡养纠纷案》，《“用公开促公正建设核心价值”主题教育活动婚姻家庭纠纷典型案例之十九》（2015年12月4日）

典型意义：古语说“养儿防老”，原告好不容易将6个子女抚养成人，却不料晚年落到如此境地，着实让人心寒。我国法律规定，子女对父母有赡养扶助的义务。6名被告作为原告的子女，应当履行赡养义务，照顾老年人的晚年生活。现原告年迈多病，丧失劳动能力，现有经济状况无法维持其基本生活需要，其子女应当承担相应的赡养义务。

《李某福诉李甲、李乙赡养费纠纷案》，《“用公开促公正建设核心价值”主题教育活动婚姻家庭纠纷典型案例之三十五》（2015年12月4日）

典型意义：随着社会经济发展，年轻人生活压力不断增大，面对资源相对有限的现实，相继出现“啃老族”、“不管族”。“啃老族”在工作成家后，依然向父母伸手要钱；“不管族”念在父母有存款或者有生活来源，不履行赡养义务，任凭老人“自生自灭”。《婚姻法》第21条规定，子女对父母有赡养扶助的义务，子女不履行赡养义务时，无劳动能力或生活困难的父母，有要求子女付给赡养费的权利。《老年人权益保障法》第14条规定，赡养人应当履行对老年人经济上供养、生活上照料和精神上慰藉的义务，照顾老年人的特殊需要。因此，子女不能因为父母有存款或者有一定的经济来源就完全将父母置之不顾，这不仅违反法律规定，也不符合中华民族“百善孝为先”的传统美德。在日常生活中，我们应当在物质上、精神上、生活上给予老人全方面的关心和爱护，妥善安排老人的衣、食、住、行，鼓励老人健康生活、快乐生活，使他们在感情上得到慰藉，愉快地安度晚年。

《弟媳向“大伯子”索要儿子抚养费纠纷案》，《“用公开促公正建设核心价值”主题教育活动婚姻家庭纠纷典型案例之三十八》（2015年12月4日）

典型意义：从生物学上讲刘某系孩子的父亲，按照婚姻法规定亲生父亲有抚养教育子女的义务。但是鉴于双方都有各自的家庭，共同抚养孩子是双方家庭的不稳定因素，所以以支付抚养费的方式为宜。

《张老太与子女赡养纠纷案》，《“用公开促公正建设核心价值”主题教育活动婚姻家庭纠纷典型案例之四十》（2015年12月4日）

典型意义：古话说“养儿防老”，虽说传统上老百姓一般把养老的义务主要放在儿子身上，但现代社会中，女儿和儿子一样具有对父母亲进行赡养的义务，这是法定强制义务，不会因父母的过错或其他原因而解除，父母能不辞辛苦抚育儿女长大成人，儿女也应不讲条件地照顾和赡养老人，动物尚有“乌鸦反哺”、“羊羔跪乳”之举，而作为万物之灵的人类，理应做得更好。

《朱绍昌诉朱正方、朱正德、朱立香赡养费纠纷案》，《“用公开促公正建设核心价值”主题教育活动婚姻家庭纠纷典型案例之四十一》（2015年12月4日）

典型意义：随着我国老龄化人口急剧增多，农村老人的赡养问题已成为一种突出的社会现象。

该案中，老人都已80多岁，而子女也已是60多岁的人，并且子女无正式工作，还依靠下一代来赡养，但因老人觉得赡养费太低还是要起诉60多岁的儿女。所以在审理该案时，承办法官综合考虑各方因素，我国《婚姻法》规定：“父母对子女有抚养教育的义务，子女对父母有赡养扶助的义务。子女不履行赡养义务时，无劳动能力的或生活困难的父母，有要求子女付给赡养费的权利。”这说明父母子女间的权利义务是对等的，父母抚养了子女，对社会和家庭尽到了责任，当父母年老体衰时，子女也应尽赡养扶助父母的义务。我国《老年人权益保障法》则规定，老年人养老主要依靠家庭，家庭成员应当关心和照料老年人。赡养人应当履行对老年人经济上供养、生活上照料和精神上慰藉的义务，照顾老年人的特殊需要，对患病的老年人应当提供医疗费用和护理。赡养人不履行赡养义务，老年人有要求赡养人付给赡养费的权利。赡养人之间可以就履行赡养义务签订协议，并征得老年人的同意。

先哲孟子的名言“老吾老以及人之老，幼吾幼以及人之幼，天下可运于掌。”把敬老爱幼提高到了治国安邦的高度，成为我国传统孝文化的精华。天下父母们在“幼吾幼以及人之幼”上大都做得无私而近乎完美，把子女养大成人后仍无怨无悔地奉献“余热”：带孙子孙女，作“免费饭堂、旅馆、保姆”，被子女心安理得“傍老”甚至无情地“啃老”、“刮老”，不求什么回报，只要看到子孙幸福有出息就很满足。相比之下，子女们做得如何呢？答案是令人遗憾而诧异的：在我国已步入老龄化社会的今天，不少子女和父母对簿公堂，缘由是老年人得不到适当的甚至起码的赡养，父母、子孙在彼此的矛盾冲突和泣血伤痛后终于无奈地对峙在法庭之上。这不能不说是一个与当代和谐社会大背景不协调的现象。在社会经济大幅飙升、生活水平不断改善的今天，为何子女与父母之间的亲情如此淡薄？老人的白发清泪，几代子女的争执和叹息不能不引起我们的深思。

《何某锦诉周某英抚养纠纷案》，《“用公开促公正建设核心价值”主题教育活动婚姻家庭纠纷典型案例之四十五》（2015年12月4日）

典型意义：本案的争议焦点是以没有能力抚养为由拒绝履行抚养义务是否应得到支持？父母对子女有抚养教育的义务，父母不履行抚养义务时，未成年或不能独立生活的子女，有要求父母给付抚养费的权利，这是法律赋予的权利和义务，也是中华民族的优良传统。无论以任何理由，均不能拒绝履行抚养义务，都不会得到支持。

《吕某珍等二人诉李某有等四人赡养纠纷案》，《“用公开促公正建设核心价值”主题教育活动婚姻家庭纠纷典型案例之四十六》（2015 年 12 月 4 日）

典型意义：本案的争议焦点是以财产分配不公为由拒绝尽赡养义务是否应得到支持？“养儿防老，积谷防饥”，子女对父母有赡养扶助的义务。子女不履行赡养义务时，无劳动能力的或生活困难的父母，有要求子女付给赡养费的权利。这是法律赋予的权利和义务，也是中华民族的优良传统。无论以任何理由，均不能拒绝尽赡养义务，都不会得到支持。

《狄桂霞诉被告李志明、李志刚、李志强、李亚杰赡养纠纷案》，《“用公开促公正建设核心价值”主题教育活动婚姻家庭纠纷典型案例之四十九》（2015 年 12 月 4 日）

典型意义：尊老敬老是中华民族的传统美德，我国《婚姻法》也明确规定，子女对父母有赡养扶助的义务，《中华人民共和国老年人权益保障法》也规定，赡养人应当履行对老年人经济上供养、生活上照料和精神上慰藉的义务。农村中部分赡养人的法治意识和道德观念较差，无视甚至不履行对老人的赡养义务。因此，有必要对这一传统美德大力弘扬，形成敬老养老的良好道德风尚，彻底铲除滋生不赡养老人现象的土壤。

《张某诉郭甲、郭乙、郭丙赡养纠纷案》，《婚姻家庭纠纷典型案例（北京）之三》（2015 年 11 月 19 日）

典型意义：我国《婚姻法》第二十一条第三款规定：“子女不履行赡养义务时，无劳动能力的或生活困难的父母，有要求子女给付赡养费的权利。”原告现已年迈，且体弱多病，丧失了劳动能力，确实需要子女赡养，其子女均有赡养原告的义务。

诚然，在多子女的家庭，在父母不反对的情况下，签订赡养协议分工赡养父母是合理合法的，法律上也是允许的。我国《老年人权益保障法》第二十条规定：“经老年人同意，赡养人之间可以就履行赡养义务签订协议。赡养协议的内容不得违反法律的规定和老年人的意愿。”但是，如果客观情况发生变化，比如某位子女明显没有能力赡养好父或母，如果父或母提出赡养要求，其他子女无法免除。这也是《婚姻法》第二十一条第三款规定的题中之意，因为赡养义务是强制性的法定义务。

现实中，很多子女之间签订赡养协议时，仍然有封建思想，尤其是农村地区，如“嫁出去的女，泼出去的水”、“出嫁女无赡养父母的义务”，女儿对父母的赡养义务被人为地免除。但从法律上讲，子女对父母均有赡养义务，女儿不论出嫁与否都与父母存在法律上的赡养关系，不因任何原因而免除。而对于赡养协议中免除次子郭乙对母亲的赡养义务，属于约定免除了次子郭乙对母亲的法定义务，应属无效约定。故对原告要求三子女均需履行赡养义务的诉讼请求应当支持。

就张某的居住和日常照料问题，张某表示愿意随次子郭乙生活，而次子郭乙也表示同意，尊重当事人的意见。就赡养费的数额和医药费负担比例问题，考虑到次子郭乙已经履行了对父亲全部的赡养义务，长子郭甲应当多承担赡养费，体现法律与人情兼顾，也能更好促进家庭关系的和谐。

《刘某诉刘甲、刘乙赡养费纠纷案》，《婚姻家庭纠纷典型案例（北京）之九》（2015年11月19日）

典型意义：不少子女面对老人赡养诉讼请求提出各种各样的理由，但多数拒绝理由没有法律依据，如有的子女以父母有足够的收入、享受有医疗保险为理由不支付赡养费；有的子女以父母离异后长期未与一方父母共同生活为由不愿意履行赡养义务；有的多子女家庭中子女之间因经济条件差异或老年人在处分财产时偏心相互推诿。这些理由都将难以被法院认可。此外，法院在审理赡养纠纷时将酌情考量被赡养人的身体情况、日常生活水平、当地消费水平、赡养人是否可以正常工作等情况对赡养费数额予以酌定。尤其在存在多名赡养人的情况，因为经济条件不同，将可能承担不同金额的赡养费。

《付某桐诉付某强抚养费纠纷案》，《家庭婚姻纠纷典型案例（河南）之二》（2015年11月19日）

典型意义：未成年子女要求支付抚养费，基本上都是在夫妻双方离婚时或离婚后才产生的，而在婚姻存续期间，由于夫妻双方财产为共有财产，是否能要求不尽抚养义务的一方支付抚养费，这是本案争议的要点。在《最高人民法院关于适用〈中华人民共和国婚姻法〉若干问题的解释（三）》出台之前，对此一直存在争议。而《婚姻法》解释（三）第三条则对此作出了明确规定：婚姻关系存续期间，父母双方或者一方拒不履行抚养子女义务，未成年或者不能独立生活的子女请求支付抚养费的，人民法院应予支持。抚养子女是父母应尽的法定义务，不管是婚内还是婚外、婚生子女抑或非婚生子女，父母的抚养义务是不变的，只要一方不履行该抚养义务，未成年子女有权利向其主张抚养费。同时，在子女抚育费数额的具体确定上，还要根据子女正常生活的实际需要，应能维持其衣、食、住、行、学、医的正常需求，并需要综合考虑父母双方的经济收入、费用支出、现有生活负担、履行义务的可能性和社会地位等因素，最终做出公平合理的判决。

《贾某诉刘某赡养纠纷案——用法律来纠偏“久病床前无孝子”》，《家庭婚姻纠纷典型案例（河南）之五》（2015年11月19日）

典型意义：赡养老人是回报养育之恩是中华民族的传统美德，更是子女对父母应尽的法定义务。子女不仅要赡养父母，而且要尊敬父母，关心父母，在家庭生活中的各方面给予积极扶助。不得以放弃继承权或者其他理由，拒绝履行赡养义务。子女不履行赡养义务，父母有要求子女付给赡养费、医疗费的权利。当父母年老、体弱、病残时，子女更应妥善加以照顾，使他们在感情上、精神上得到慰藉，安度晚年。本案的被告刘某作为原告七个子女中的赡养义务人之一，无论从道义上、伦理上还是从法律上都应对母亲履行赡养义务，在老母亲年老体弱且患有疾病的情况下，被告应当与其他兄弟姊妹一起共同承担赡养义务，使老母亲能够安度晚年、幸福生活，而被告有能力履行赡养义务却三番五次推诿履行，并公开放言不管不顾老母亲，在当地造成恶劣影响，引起民愤。法院在确认双方关系和事实前提下，依法判令被告履行赡养义务，彰显了法治权威，同时也维护了道德风尚。

《陈某真诉陈某领、陈某霞赡养纠纷案——用巡回审判铸造“孝道红黑榜”》，《家庭婚姻纠纷典型案例（河南）之六》（2015 年 11 月 19 日）

典型意义： 乌鸦有反哺之义，羊羔有跪乳之恩。百善孝为先，子女赡养父母是中华民族的传统美德，也是法律的明确规定。家庭是社会的细胞，家庭不和谐，社会和谐便成了无本之木。本案被告陈某领不但不赡养年迈的父亲，而且还抢钱霸地，施以暴力，其不孝行为与中华民族良好的道德传统背道而驰，格格不入。

商丘市睢阳区人民法院受案后，认为这是一件“审理一案、教育一片”的典型案例，遂在原被告所在村提前张贴开庭公告，以巡回审判的方式审理此案。庭审中，法官的教育、旁听群众的议论、父亲的控诉指责，形成了一股不可辩驳的正能量，迫使被告陈某领当庭承认自己的错误做法，跪求父亲原谅，并保证认真履行法院判决义务。人民法院通过巡回审判的方式，公开对维护老年人合法权益进行审理，结合社会舆论打造“孝道红黑榜”，不失为审判机关在培树社会主义核心价值道路上的一种探索形式。

《丁某与蒋甲、蒋乙等赡养纠纷案》，《家庭婚姻纠纷典型案例（山东）之七》（2015 年 11 月 19 日）

典型意义： 本案系赡养纠纷案件。当前农村地区的赡养纠纷案件时有发生，如何更好地维护老年人权益，增进社会对老年人的关爱，给予老年人更好的物质与精神照顾，已成为全社会的责任，也是法院审理赡养类案件的出发点和落脚点。《中华人民共和国婚姻法》规定：子女不履行赡养义务时，无劳动能力的或生活困难的父母，有要求子女给付赡养费的权利。《中华人民共和国老年人权益保障法》规定：赡养人应当履行对老年人经济上供养、生活上照料和精神上慰藉的义务，照顾老年人的特殊需要；赡养人应当使患病的老年人及时得到治疗和护理；对经济困难的老年人，应当提供医疗费用。对生活不能自理的老年人，赡养人应当承担照料责任；不能亲自照料的，可以按照老年人的意愿委托他人或者养老机构等照料。赡养老人不仅是成年子女应尽的法律义务，也是中华民族的传统美德。随着社会法治的不断进步，老年人依法运用法律手段维护自身合法权益，显得尤为重要和迫切。

《耿某、赵某与耿甲、耿乙、耿丙赡养纠纷案》，《家庭婚姻纠纷典型案例（山东）之八》（2015 年 11 月 19 日）

典型意义： 本案是一起典型的赡养纠纷案件。之所以发生，究其原因，在于人们法律意识的淡薄。我们不仅要提倡道德规范对人们行为的约束，更要注重法律的最终保障力。当道德约束失效时，应当有完善的法律规定予以保护。同时，法律也需要有人去维护，否则只是白纸一张。特别是面对弱势群体权益被侵害时，法院发挥公正审判职能显得尤为重要。该案告诉我们，赡养老人是中华民族的传统美德，做好农村老人赡养工作是个长期而艰巨的任务。

第一千零六十八条　【父母对未成年子女的教育和保护义务】父母有教育、保护未成年子女的权利和义务。未成年子女造成他人损害的，父母应当依法承担民事责任。

关联法规参见

▶**法律**：《民法典总则编》第 17 条、第 27 条至第 39 条，《民法典婚姻家庭编》第 1054 条、第 1072 条、第 1111 条，《未成年人保护法》第 3 条、第 15 条至第 17 条，《预防未成年人犯罪法》第 16 条、第 19 条、第 22 条、第 29 条、第 30 条、第 32 条、第 34 条至第 37 条、第 39 条、第 40 条、第 42 条、第 43 条、第 48 条、第 49 条、第 56 条、第 57 条、第 61 条。

司法解释适用

《最高人民法院关于未成年的侵权人死亡其父母作为监护人能否成为诉讼主体的复函》

内蒙古自治区高级人民法院：

你院〔1989〕内法民字第 8 号《关于那木斯来起诉损害赔偿一案的请示报告》收悉。

经研究认为，未成年人阿拉腾乌拉携带其父额尔登巴图藏在家中的炸药到那木斯来家玩耍，将炸药引爆，炸毁那木斯家房屋顶棚及部分家具。那木斯来以额尔登巴图为被告要求赔偿损失，人民法院应依法受理，并依据《民法通则》及《婚姻法》的有关规定妥善处理。

《最高人民法院民事审判庭关于田海和诉田莆民、田长友扶养费一案的电话答复》

安徽省高级人民法院：

你院《关于田海和诉田莆民、田长友扶养一案的请示》问题，经我们研究认为，此案不宜比照婚姻法第二十三条规定处理。现就该案有关问答复如下：

一、同意你院关于田海和与田长友之间收养关系不成立的意见。因为双方从未在一起生活过，田海和对田长友也没尽过抚养义务，事实上没有形成收养关系，“继书”不宜采纳。

二、田莆民与田海和之间订立的“承养字”没有法律约束力。

三、田海和是有残疾的成年人，不宜比照婚姻法第二十三条的规定处理，扩大该法律原文解释。

四、田海和生活困难问题请有关法院会同当地政府有关部门协商，作为社会救济，给予妥善安置。

《最高人民法院关于革命军人离婚后的财产处理等问题的函》

由中央政治法律委员会转来你的来信一件收悉。你所询问关于革命军人离婚后的财产处理及终审判决的问题，因不了解所问详情，仅就我们处理这类问题时的几个原则意见提供你参考。

一、关于男女双方离婚后的财产处理问题，婚姻法第七章已作了明确规定，对于双方的应得财产都要保护，若一方在离婚后生活确有困难，可给予适当的照顾。如果一方在离婚时愿意将自己应得的财产之一部或全部赠予另一方时，亦为法律所允许。但一方并无此种赠予表示，即应根据婚姻法第七章第二十三条、第二十四条、第二十五条的规定进行处理。革命军人离婚时的财产问题亦应按照婚姻法规定的原则办理。

二、所谓“终审判决”，就是最后确定的判决。按照中华人民共和国法院组织暂行条例规定的审级制度，是基本上的三级二审制，省法院和它的分院就是二审终审法院，一般案件至此即为终审判决。对于这种终审判决，当事人如能举出新的事实，即可向原审法院提请再审。否则，即应按照判决执行。

《最高人民法院华东分院关于妇女离婚带产问题之处理意见的批复》

山东省人民法院德州分院：

（一）你院1952年德法民〔52〕字第504号关于妇女离婚带产问题的报告收到。

（二）根据你院所述情况，我们意见：凡系过去处理的离婚案件，在女方带走土地及婚前个人财产后，关于房屋家具少带或不带的问题，为避免牵涉面太广，对生产影响很大，一般可不必重行处理；但是如果有个别女方因离婚带产处理不够公平妥当，而影响生产，或生活困难，请求照顾时，可视男方的经济情况，参酌婚姻法第二十五条精神，给予适当的处理。

（三）男女双方对家庭财产虽有平等的所有权与处理权，根据婚姻法第二十三条的精神，离婚时，应先经双方协议，足见不是机械的采取各半平分的方法，主要是根据双方具体经济情况，并照顾女方及子女利益，和有利于双方劳动生产；因此，如统一布置平均分析家庭财产，也是不妥当的。

第一千零六十九条　【子女尊重父母的婚姻权利及赡养义务】子女应当尊重父母的婚姻权利，不得干涉父母离婚、再婚以及婚后的生活。子女对父母的赡养义务，不因父母的婚姻关系变化而终止。

关联法规参见

▶**法律：**《民法典婚姻家庭编》第1054条、第1072条、第1111条，《老年人权益保障法》第18条、第21条、第48条、第76条，《刑法》第257条、第261条。

第一千零七十条　【父母子女的遗产继承权】父母和子女有相互继承遗产的权利。

关联法规参见

▶**法律：**《民法典总则编》第124条，《民法典婚姻家庭编》第1054条、第1072条、第1111条，《民法典继承编》第1127条。

第一千零七十一条　【非婚生子女的权利；不直接抚养方给付抚养费的义务】非婚生子女享有与婚生子女同等的权利，任何组织或者个人不得加以危害和歧视。

不直接抚养非婚生子女的生父或者生母，应当负担未成年子女或者不能独立生活的成年子女的抚养费。

关联法规参见

▶**法律**：《民法典婚姻家庭编》第 1054 条、第 1072 条、第 1111 条。

司法解释适用

《最高人民法院关于适用〈中华人民共和国民法典〉婚姻家庭编的解释（一）》（法释〔2020〕22 号）

《民法典婚姻家庭编司法解释（一）》	原《婚姻法司法解释（一）》
第四十一条　尚在校接受高中及其以下学历教育，或者丧失、部分丧失劳动能力等非因主观原因而无法维持正常生活的成年子女，可以认定为民法典第一千零六十七条规定的“不能独立生活的成年子女”。	**第二十条**　婚姻法第二十一条规定的“不能独立生活的子女”，是指尚在校接受高中及其以下学历教育，或者丧失或未完全丧失劳动能力等非因主观原因而无法维持正常生活的成年子女。

《最高人民法院关于三代以内的旁系血亲之间的婚姻关系如何处理问题的批复》

安徽省高级人民法院：

你院法民他字〔1986〕第 4 号关于曹永林诉占可琴离婚一案的请示报告收悉。经征求全国人大常委法制工作委员会和民政部等单位的意见后，我们研究认为：曹永林与占可琴是三代以内的表兄妹，双方隐瞒近亲关系骗取结婚登记，违反了我国婚姻法第六条关于禁止三代以内的旁系血亲结婚的规定，这种婚姻关系依法是不应保护的。但曹、占两人已经结婚多年，并生有子女，根据本案的具体情况，为保护妇女和儿童的利益，同意你院的第二种意见，按婚姻法第二十五条规定处理。处理时，必须指出双方骗取结婚登记的错误，特别是对男方曹永林的错误要进行严肃的批评教育，并可建议其工作单位给以适当处分，对子女抚养和财产分割，应照顾子女和女方的合法权益，合情合理地予以解决。

《最高人民法院关于非婚生子女抚养问题的批复》

内蒙古自治区高级人民法院：

你院内法民字〔1980〕10 号关于高玉兰非婚生子抚养纠纷一案的请示报告收悉。据报送材料和卷宗所载，王桂芳之子郭才生前与高玉兰恋爱过程中致高怀孕，高于 1979 年 1 月 23 日生一男孩后即及时送给事先找妥的收养人徐金柱抚养，后王桂芳以“留后代”为由要求抚养，虽经喜桂图旗人民法院及呼伦贝尔盟中级人民法院判决归王桂芳抚养，但因生母高玉兰与收养人徐家均不同意，执行不通，而你院拟改变原判决。

经我们研究，认为根据婚姻法规定精神，处理这类案件，应以保障儿童身心健康成长为出发点，从该案实际情况看，收养人徐金柱夫妇未生育子女，对所争之男孩从出生到现在已抚养一年多了，又有较好的抚养条件，有利于儿童的成长，应该承认此抚养关系和予以保护。至于王桂芳虽与此男孩有血缘关系，但孩子生父已死，生母为孩子利益着想，有权决定送人抚养，况且王桂芳家抚养条件不利于孩子身心健康成长。因此，我们同意你院的处理意见，即改判由收养人徐金柱继续抚养为宜。对王桂芳之诉讼请求，不予支持，应说服其息诉。

权威案例指引

▶典型案例

《马某文诉魏某红子女抚养纠纷案》，《“用公开促公正建设核心价值”主题教育活动婚姻家庭纠纷典型案例之四十四》（2015年12月4日）

典型意义：事实婚实际上在我国长期大量存在，在广大农村特别是边远地区，事实婚甚至占当地婚姻相当大的比例。针对案例中这一普遍存在的现象，不仅需要当事人法律意识的提高，也需要法律工作者进行更多更广泛的法律宣传和法律教育，同时要不断促进婚姻登记制度的完善，使公民特别是广大农村边远地区的公民从思想上认识到没有登记的婚姻是不受法律保护的，以及这种同居关系对他们生活的影响，使他们在考虑婚姻缔结时能够认识到通过婚姻登记的方式给自己的婚姻关系予以法律的保护，给自己的婚后生活以法律的保障，减少类似本案例中的情况发生。

第一千零七十二条　【继父母子女之间的权利义务】继父母与继子女间，不得虐待或者歧视。

继父或者继母和受其抚养教育的继子女间的权利义务关系，适用本法关于父母子女关系的规定。

关联法规参见

▶法律：《民法典婚姻家庭编》第1054条、第1067条至第1071条、第1073条、第1111条，《民法典继承编》第1127条。

《最高人民法院关于适用〈中华人民共和国民法典〉继承编的解释（一）》（法释〔2020〕23号）

《民法典继承编司法解释（一）》	原《继承法意见》
第十一条（原21）　继子女继承了继父母遗产的，不影响其继承生父母的遗产。 继父母继承了继子女遗产的，不影响其继承生子女的遗产。	
第十三条（原24）　继兄弟姐妹之间的继承权，因继兄弟姐妹之间的扶养关系而发生。没有扶养关系的，不能互为第二顺序继承人。 继兄弟姐妹之间相互继承了遗产的，不影响其继承亲兄弟姐妹的遗产。	
第十五条（原26）　被继承人的养子女、已形成扶养关系的继子女的生子女可以代位继承；被继承人亲生子女的养子女可以代位继承；被继承人养子女的养子女可以代位继承；与被继承人已形成扶养关系的继子女的养子女也可以代位继承。	

《最高人民法院关于适用〈中华人民共和国民法典〉婚姻家庭编的解释（一）》（法释〔2020〕22 号）

《民法典婚姻家庭编司法解释（一）》	原《人民法院审理离婚案件子女抚养意见》
第五十四条　生父与继母离婚或者生母与继父离婚时，对曾受其抚养教育的继子女，继父或者继母不同意继续抚养的，仍应由生父或者生母抚养。	13. 生父与继母或生母与继父离婚时，对曾受其抚养教育的继子女，继父或继母不同意继续抚养的，仍应由生父母抚养。

《最高人民法院关于继母与生父离婚后仍有权要求已与其形成抚养关系的继，子女履行赡养义务的批复》

辽宁省高级人民法院：

你院〔85〕民监字 6 号关于《王淑梅诉李春景姐弟等人赡养费一案处理意见的请示报告》收悉。

据报告及所附材料，被申诉人王淑梅于 1951 年 12 月与申诉人李春景之父李明心结婚时，李明心有前妻所生子女李春景等五人（均未成年）。在长期共同生活中，王淑梅对五个继子女都尽了一定的抚养教育义务，直至其成年并参加工作。1983 年 4 月王淑梅与李明心离婚。1983 年 8 月王淑梅向大连市西岗区人民法院起诉，要求继子女给付赡养费。一、二审法院判决认为，继子女李春景姐弟五人受过王淑梅的抚养教育，根据权利义务一致的原则，在王淑梅年老体弱、生活无来源的情况下，对王淑梅应履行赡养义务。李春景姐弟对判决不服，以王淑梅已与生父离婚，继母与继子女关系即消失为由，拒不承担对王淑梅的赡养义务，并向你院申诉。你院认为，王淑梅与李明心既已离婚，继子女与继母关系事实上已经消除，李春景姐弟不应再承担对王淑梅的赡养义务。

经我们研究认为：王淑梅与李春景姐弟五人之间，既存在继母与继子女间的姻亲关系，又存在由于长期共同生活而形成的抚养关系。尽管继母王淑梅与生父李明心离婚，婚姻关系消失，但王淑梅与李春景姐弟等人之间已经形成的抚养关系不能消失。因此，有负担能力的李春景姐弟等人，对曾经长期抚养教育过他们的年老体弱、生活困难的王淑梅应尽赡养扶助的义务。

权威案例指引

▶典型案例

《韩某控告张某新遗弃案》，《“用公开促公正建设核心价值”主题教育活动婚姻家庭纠纷典型案例之十四》（2015 年 12 月 4 日）

典型意义：本案是涉及成年智障人的监护问题及继父母子女的监护关系。本案中，韩某虽已成年，但有证据证明其系智障人，应视为不完全民事行为能力人，需要被监护与扶养。继父母子女共同生活，形成事实上的扶养关系，继父母对子女不进行扶养，或继承子女对父母不进行扶养均应承担相应的法律责任。本案中，作为继父的张某新逃避对继子应尽的扶养义务，将其遗弃，虽之后其与刘某离婚，与韩某亦自动解除的扶养关系，但并不因此否定其在扶养关系存续期间的特定义务。其行为已构成遗弃罪，应受到法律的追究。事后韩某有幸被找回，得到了较好的扶养。该案在审理过程中，张某新认识到自己的犯罪行为，主动要求调解，赔偿被害人的经济损失，韩某的法定监护人考虑到案件的特殊性，接受调解，最终以调解结案，案结事了。这一起案件让我们意识到对特殊人员除了家庭的保护与监护外，社会亦有所保障。

《陈长臻诉陈路程、徐磊、徐春艳赡养纠纷案》，《“用公开促公正建设核心价值”主题教育活动婚姻家庭纠纷典型案例之三十三》(2015 年 12 月 4 日)

典型意义：赡养老人是中华民族的传统美德，做好农村老人赡养工作是个长期而艰巨的任务，而继父母的赡养问题更加复杂。当前农村存在很多继父母与继子女之间的关系。继父母与继子女间的关系问题，是一个较为敏感的社会问题。正确认识继父母子女的关系性质，适用有关法律对继父母子女关系进行全面调整，具有重要的社会意义。

法律规定，继父母与继子女之间有抚养关系的，继子女必须对继父母承担赡养义务。针对继父母这一特殊群体，法官应不断分析新情况、探索新办法、解决新问题，及时维护农村老人的合法权益，确保老人安度晚年，真正做到案结事了人和。

《陈某与陈甲、徐乙、徐丙赡养纠纷案》，《家庭婚姻纠纷典型案例（山东）之五》(2015 年 11 月 19 日)

典型意义：赡养老人是中华民族的传统美德，做好农村老人赡养工作是长期而艰巨的任务，而继父母的赡养问题更加复杂。当前农村存在很多继父母与继子女之间的关系，而这种关系问题是一个较为敏感的社会问题。正确认识继父母子女的关系性质，适用有关法律对继父母子女关系进行全面调整，具有重要的社会意义。法律规定，继父母与继子女之间有抚养关系的，继子女必须对继父母承担赡养义务。针对赡养继父母这一特殊群体，需在农村加大宣传力度，引导社会形成正确认识，及时维护农村老人合法权益，确保老人安度晚年，真正做到案结事了人和。

《周某与肖某、倪甲等赡养纠纷案》，《家庭婚姻纠纷典型案例（山东）之六》(2015 年 11 月 19 日)

典型意义：赡养扶助义务是子女对父母应尽的法律义务，这里所指的“子女”包括亲生子女和养子女以及形成抚养关系的继子女。婚生子女和非婚生子女在法律地位上是相同的，子女不能以自己对父母的亲疏好恶等看法来选择是否赡养父母，也不能以要赡养亲生父母为由而拒绝赡养养父母。随着城市化的发展，因拆迁引起的赡养纠纷也逐渐增多，有不少再婚的老人，各自的子女为获得拆迁款，不仅不赡养老人，而且把老人拒之门外，这种行为既会受到道德的谴责，也要受到法律的制裁。当子女与继父母形成抚养关系后，无论是不是亲生子女，都具有赡养义务。《婚姻法》第二十一条也明确规定“父母对子女有抚养教育的义务；子女对父母有赡养扶助的义务。”因此，当子女不履行赡养义务时，无劳动能力的或生活困难的父母，有要求子女付给赡养费的权利。

第一千零七十三条　【亲子关系异议之诉】对亲子关系有异议且有正当理由的，父或者母可以向人民法院提起诉讼，请求确认或者否认亲子关系。

对亲子关系有异议且有正当理由的，成年子女可以向人民法院提起诉讼，请求确认亲子关系。

关联法规参见

▶**法律：**《民法典婚姻家庭编》第1054条、第1072条、第1111条。

司法解释适用

《最高人民法院关于适用〈中华人民共和国民法典〉婚姻家庭编的解释（一）》（法释〔2020〕22号）

《民法典婚姻家庭编司法解释（一）》	原《婚姻法司法解释（三）》
第三十九条　父或者母向人民法院起诉请求否认亲子关系，并已提供必要证据予以证明，另一方没有相反证据又拒绝做亲子鉴定的，人民法院可以认定否认亲子关系一方的主张成立。 父或者母以及成年子女起诉请求确认亲子关系，并提供必要证据予以证明，另一方没有相反证据又拒绝做亲子鉴定的，人民法院可以认定确认亲子关系一方的主张成立。	**第二条**　夫妻一方向人民法院起诉请求确认亲子关系不存在，并已提供必要证据予以证明，另一方没有相反证据又拒绝做亲子鉴定的，人民法院可以推定请求确认亲子关系不存在一方的主张成立。 当事人一方起诉请求确认亲子关系，并提供必要证据予以证明，另一方没有相反证据又拒绝做亲子鉴定的，人民法院可以推定请求确认亲子关系一方的主张成立。

第一千零七十四条　【祖与孙的抚养赡养义务】有负担能力的祖父母、外祖父母，对于父母已经死亡或者父母无力抚养的未成年孙子女、外孙子女，有抚养的义务。

有负担能力的孙子女、外孙子女，对于子女已经死亡或者子女无力赡养的祖父母、外祖父母，有赡养的义务。

关联法规参见

▶**法律：**《民法典婚姻家庭编》第1111条，《老年人权益保障法》第19条、第20条。

司法解释适用

《最高人民法院关于当前民事审判工作中的若干具体问题》

三、关于婚姻家庭、继承纠纷等家事案件的审理问题

……

第四，关于祖父母、外祖父母是否享有探望权的问题。这个问题涉及当事人的情感、隐私、风俗习惯等很多伦理因素，要尽量避免法律的刚性对婚姻家庭和未成年人生活的伤害。我们倾向认为，原则上应根据婚姻法第三十八条规定，将探望权的主体限定为父或者母，但是可以探索在特定情况下的突破，比如祖父母或外祖父母代替已经死亡或者无抚养能力的子女尽抚养义务时，根据婚姻法第二十八条规定，可以赋予其探望权。

《最高人民法院民事审判庭关于田海和诉田莆民、田长友扶养费一案的电话答复》

安徽省高级人民法院：

你院《关于田海和诉田莆民、田长友扶养一案的请示》问题，经我们研究认为，此案不宜比照婚姻法第二十三条规定处理。现就该案有关问答复如下：

一、同意你院关于田海和与田长友之间收养关系不成立的意见。因为双方从未在一起生活过，田海和对田长友也没尽过抚养义务，事实上没有形成收养关系，“继书”不宜采纳。

二、田莆民与田海和之间订立的“承养字”没有法律约束力。

三、田海和是有残疾的成年人，不宜比照婚姻法第二十三条的规定处理，扩大该法律原文解释。

四、田海和生活困难问题请有关法院会同当地政府有关部门协商，作为社会救济，给予妥善安置。

第一千零七十五条　【兄姐与弟妹的扶养义务】有负担能力的兄、姐，对于父母已经死亡或者父母无力抚养的未成年弟、妹，有扶养的义务。

由兄、姐扶养长大的有负担能力的弟、妹，对于缺乏劳动能力又缺乏生活来源的兄、姐，有扶养的义务。

关联法规参见

▶**法律**：《民法典婚姻家庭编》第1111条，《老年人权益保障法》第23条。

司法解释适用

《最高人民法院关于对年老、无子女的人能否按婚姻法第二十三条类推判决有负担能力的兄弟姐妹承担抚养义务的复函》

上海市高级人民法院：

你院〔81〕沪高民督字第54号“关于对年老、无子女的人，能否按照婚姻法第二十三条类推，判决有负担能力的兄弟姐妹承担抚养义务的请示报告”收悉。经研究，基本同意你院的意见。李××过去对其弟妹尽过抚助义务，现年老、丧失劳动能力，又无子女赡养，参照婚姻法有关规定的精神，根据权利义务一致的原则，其弟、妹对李××应承担抚养义务，但不宜用“类推”的提法。在处理中，要依靠李的弟、妹等所在单位组织，对其进行思想教育。并主要根据他们的经济条件，争取调解解决。

第四章　离　婚

第一千零七十六条　【协议离婚及其内容】夫妻双方自愿离婚的，应当签订书面离婚协议，并亲自到婚姻登记机关申请离婚登记。

离婚协议应当载明双方自愿离婚的意思表示和对子女抚养、财产以及债务处理等事项协商一致的意见。

关联法规参见

▶**行政法规：**《婚姻登记条例》第10条至第13条。

司法解释适用

《最高人民法院关于适用〈中华人民共和国民法典〉婚姻家庭编的解释（一）》（法释〔2020〕22号）

《民法典婚姻家庭编司法解释（一）》	原《婚姻法司法解释（二）》
第六十九条　当事人达成的以协议离婚或者到人民法院调解离婚为条件的财产以及债务处理协议，如果双方离婚未成，一方在离婚诉讼中反悔的，人民法院应当认定该财产以及债务处理协议没有生效，并根据实际情况依照民法典第一千零八十七条和第一千零八十九条的规定判决。 当事人依照民法典第一千零七十六条签订的离婚协议中关于财产以及债务处理的条款，对男女双方具有法律约束力。登记离婚后当事人因履行上述协议发生纠纷提起诉讼的，人民法院应当受理。	**第八条**　离婚协议中关于财产分割的条款或者当事人因离婚就财产分割达成的协议，对男女双方具有法律约束力。 当事人因履行上述财产分割协议发生纠纷提起诉讼的，人民法院应当受理。
第七十条　夫妻双方协议离婚后就财产分割问题反悔，请求撤销财产分割协议的，人民法院应当受理。 人民法院审理后，未发现订立财产分割协议时存在欺诈、胁迫等情形的，应当依法驳回当事人的诉讼请求。	**第九条**　男女双方协议离婚后一年内就财产分割问题反悔，请求变更或者撤销财产分割协议的，人民法院应当受理。 人民法院审理后，未发现订立财产分割协议时存在欺诈、胁迫等情形的，应当依法驳回当事人的诉讼请求。

《最高人民法院关于辛克伟与张晓杰抚养子女纠纷申请再审案的函》

河北省高级人民法院：

你院〔91〕民监字第203号关于辛克伟与张晓杰抚养子女纠纷申请再审一案的请示报告

收悉。经研究，答复如下：

张晓杰与辛克伟在离婚时自愿达成的抚养子女协议并不违反法律，双方在履行该协议中发生争执，仍属于抚养子女纠纷。对此，张晓杰以“侵害监护权”为由起诉，原一、二审人民法院以“侵权”案件受理、审判，均属不当。故你院对本案可依照审判监督程序予以提审，撤销一、二审判决，驳回原告“侵权”的诉讼请求，并告知原告如以子女抚养纠纷起诉，应依照民事诉讼法第22条规定，向被告住所地人民法院提出。

以上意见供参考。

《最高人民法院关于旅居外国的中国公民按居住国法律允许的方式达成的分居协议，我国法律是否承认其离婚效力的函》

驻阿根廷大使馆领事部：

你部一九八四年十月三十一日〔84〕领发70号文收悉。关于在国内结婚后旅居阿根廷的中国公民王钰与杨洁敏因婚姻纠纷，由于阿根廷婚姻法不允许离婚，即按阿根廷法律允许的方式达成长期分居协议，请求你部承认并协助执行问题，经与外交部领事司研究认为，我驻外使领馆办理中国公民之间的有关事项，应当执行我国法律。王钰与杨洁敏的分居协议，不符合我国婚姻法的规定，故不能承认和协助执行。他们按照阿根廷法律允许的方式达成的分居协议，只能按阿根廷法律规定的程序向阿有关方面申请承认。如果他们要取得在国内离婚的效力，必须向国内原结婚登记机关或结婚登记地人民法院申办离婚手续。

第一千零七十七条　【离婚冷静期的期限及法律效果】自婚姻登记机关收到离婚登记申请之日起三十日内，任何一方不愿意离婚的，可以向婚姻登记机关撤回离婚登记申请。

前款规定期限届满后三十日内，双方应当亲自到婚姻登记机关申请发给离婚证；未申请的，视为撤回离婚登记申请。

第一千零七十八条　【协议离婚的处理】婚姻登记机关查明双方确实是自愿离婚，并已经对子女抚养、财产以及债务处理等事项协商一致的，予以登记，发给离婚证。

关联法规参见

▶**行政法规：**《婚姻登记条例》第10条至第13条。

第一千零七十九条　【调解及诉讼离婚】夫妻一方要求离婚的，可以由有关组织进行调解或者直接向人民法院提起离婚诉讼。

人民法院审理离婚案件，应当进行调解；如果感情确已破裂，调解无效的，应当准予离婚。

有下列情形之一，调解无效的，应当准予离婚：

（一）重婚或者与他人同居；

（二）实施家庭暴力或者虐待、遗弃家庭成员；

（三）有赌博、吸毒等恶习屡教不改；

（四）因感情不和分居满二年；

（五）其他导致夫妻感情破裂的情形。

一方被宣告失踪，另一方提起离婚诉讼的，应当准予离婚。

经人民法院判决不准离婚后，双方又分居满一年，一方再次提起离婚诉讼的，应当准予离婚。

关联法规参见

▶**法律**：《民法典总则编》第 40 条至第 46 条，《民事诉讼法》第 22 条、第 62 条、第 134 条。

▶**行政法规**：《婚姻登记条例》第 13 条。

司法解释适用

《最高人民法院关于适用〈中华人民共和国民法典〉婚姻家庭编的解释（一）》（法释〔2020〕22 号）

《民法典婚姻家庭编司法解释（一）》	原《婚姻法系列司法解释》
第一条　持续性、经常性的家庭暴力，可以认定为民法典第一千零四十二条、第一千零七十九条、第一千零九十一条所称的“虐待”。	**《婚姻法司法解释（一）》** **第一条**　~~婚姻法第三条、第三十二条、第四十三条、第四十五条、第四十六条所称的“家庭暴力”，是指行为人以殴打、捆绑、残害、强行限制人身自由或者其他手段，给其家庭成员的身体、精神等方面造成一定伤害后果的行为。~~持续性、经常性的家庭暴力，构成虐待。
第二条　民法典第一千零四十二条、第一千零七十九条、第一千零九十一条规定的“与他人同居”的情形，是指有配偶者与婚外异性，不以夫妻名义，持续、稳定地共同居住。	**《婚姻法司法解释（一）》** **第二条**　婚姻法第三条、第三十二条、第四十六条规定的“~~有配偶者~~与他人同居”的情形，是指有配偶者与婚外异性，不以夫妻名义，持续、稳定地共同居住。

第1079条

《民法典婚姻家庭编司法解释（一）》	原《婚姻法系列司法解释》
第三条　当事人提起诉讼仅请求解除同居关系的，人民法院不予受理；已经受理的，裁定驳回起诉。 当事人因同居期间财产分割或者子女抚养纠纷提起诉讼的，人民法院应当受理。	**《婚姻法司法解释（二）》** **第一条**　当事人起诉请求解除同居关系的，人民法院不予受理。~~但当事人请求解除的同居关系，属于婚姻法第三条、第三十二条、第四十六条规定的“有配偶者与他人同居”的，人民法院应当受理并依法予以解除~~。 当事人因同居期间财产分割或者子女抚养纠纷提起诉讼的，人民法院应当受理。
删除条文 **《婚姻法司法解释（一）》** ~~**第九条**　人民法院审理宣告婚姻无效案件，对婚姻效力的审理不适用调解，应当依法作出判决；有关婚姻效力的判决一经作出，即发生法律效力。涉及财产分割和子女抚养的，可以调解。调解达成协议的，另行制作调解书。对财产分割和子女抚养问题的判决不服的，当事人可以上诉~~。	
第二十三条　夫以妻擅自中止妊娠侵犯其生育权为由请求损害赔偿的，人民法院不予支持；夫妻双方因是否生育发生纠纷，致使感情确已破裂，一方请求离婚的，人民法院经调解无效，应依照民法典第一千零七十九条第三款第五项的规定处理。	**《婚姻法司法解释（三）》** **第九条**　夫以妻擅自中止妊娠侵犯其生育权为由请求损害赔偿的，人民法院不予支持；夫妻双方因是否生育发生纠纷，致使感情确已破裂，一方请求离婚的，人民法院经调解无效，应依照婚姻法第三十二条第三款第（五）项的规定处理。
第六十三条　人民法院审理离婚案件，符合民法典第一千零七十九条第三款规定“应当准予离婚”情形的，不应当因当事人有过错而判决不准离婚。	**《婚姻法司法解释（一）》** **第二十二条**　人民法院审理离婚案件，符合第三十二条第二款规定“应准予离婚”情形的，不应当因当事人有过错而判决不准离婚。
第八十八条　人民法院受理离婚案件时，应当将民法典第一千零九十一条等规定中当事人的有关权利义务，书面告知当事人。在适用民法典第一千零九十一条时，应当区分以下不同情况： （一）符合民法典第一千零九十一条规定的无过错方作为原告基于该条规定向人民法院提起损害赔偿请求的，必须在离婚诉讼的同时提出。	**《婚姻法司法解释（一）》** **第三十条**　人民法院受理离婚案件时，应当将婚姻法第四十六条等规定中当事人的有关权利义务，书面告知当事人。在适用婚姻法第四十六条时，应当区分以下不同情况： （一）符合婚姻法第四十六条规定的无过错方作为原告基于该条规定向人民法院提起损害赔偿请求的，必须在离婚诉讼的同时提出。

《民法典婚姻家庭编司法解释（一）》	原《婚姻法系列司法解释》
（二）符合民法典第一千零九十一条规定的无过错方作为被告的离婚诉讼案件，如果被告不同意离婚也不基于该条规定提起损害赔偿请求的，可以就此单独提起诉讼。 （三）无过错方作为被告的离婚诉讼案件，一审时被告未基于民法典第一千零九十一条规定提出损害赔偿请求，二审期间提出的，人民法院应当进行调解；调解不成的，告知当事人另行起诉。双方当事人同意由第二审人民法院一并审理的，第二审人民法院可以一并裁判。	（二）符合婚姻法第四十六条规定的无过错方作为被告的离婚诉讼案件，如果被告不同意离婚也不基于该条规定提起损害赔偿请求的，可以~~在离婚后一年内~~就此单独提起诉讼。 （三）无过错方作为被告的离婚诉讼案件，一审时被告未基于婚姻法第四十六条规定提出损害赔偿请求，二审期间提出的，人民法院应当进行调解，调解不成的，告知当事人~~在离婚后一年内~~另行起诉。

《最高人民法院关于适用〈中华人民共和国民法典〉时间效力的若干规定》（法释〔2020〕15号）

《民法典时间效力规定》	
新增条文 **第二十二条**　民法典施行前，经人民法院判决不准离婚后，双方又分居满一年，一方再次提起离婚诉讼的，适用民法典第一千零七十九条第五款的规定。	

《最高人民法院函〈申请确认在台湾离婚协议效力问题〉》

北京市高级人民法院：

你院关于当事人向法院申请确认在台湾离婚协议效力问题的请示收悉。经研究，同意你院于1996年4月1日补报的倾向性意见，即由于当事人是自愿在台湾当局的主管部门协议离婚，而没有通过诉讼程序离婚，故人民法院对认可该离婚协议效力的申请，缺乏受理依据，应不予受理。当事人杨彦如申请再婚登记或变更户籍婚姻登记等应由主管部门处理。如其向人民法院起诉离婚，有管辖权的法院应依法受理。

《最高人民法院对我国留学生夫妻双方要求离婚如何办理离婚手续的通知》

你们双方要求解除婚姻关系一事的来信收悉。根据我国法律的有关规定，如果你们双方对离婚及财产分割、子女抚养等问题没有任何争议，可以回国向原结婚登记机关申请办理离婚手续；如果对以上问题存有争议，则需回国向原结婚登记地人民法院提起离婚诉讼。你们双方如因特殊情况不能回国，可办理授权委托书，委托国内亲友或律师作为代理人代为办理，并向国内原结婚登记机关或结婚登记地人民法院提交书面意见，由该登记机关办理或由人民法院进行审理。委托书和意见书须经当地公证机关公证、我驻美使领馆认证，亦可由我驻美使领馆直接公证。

《最高人民法院关于刘秦勤与邓西民离婚问题的函》

刘秦勤、邓西民：

来信收到。你们要求解除婚姻关系一事，根据我国法律的有关规定，你们双方如果对离婚及财产分割等问题没有任何争议，可以回国向原结婚登记机关申请办理离婚手续；如果对以上问题存有争议，则需回国向原结婚登记地人民法院提起离婚诉讼。如果你们双方因特殊情况不能回国，可办理授权委托书，委托国内亲友或律师作为代理人代为办理，并向国内原结婚登记机关或结婚登记地人民法院提交书面意见，由该登记机关办理或由人民法院进行审理。委托书和意见书均须经当地公证机关公证，我驻美使领馆认证，亦可由我驻美使领馆直接公证。

《最高人民法院关于孟宪明、李瑞玲离婚案的批复》

河南省高级人民法院：

你院1984年12月26日关于孟宪明诉李瑞玲离婚一案处理意见的请示报告收悉。关于杞县人民法院〔84〕杞法民调字第35号对此案的离婚调解书是否有效的问题，我们研究认为，双方在1982年3月4日达成以离婚为前提的结婚协议后，于1982年3月9日办理了结婚登记，这是违反婚姻法结婚必须男女双方完全自愿的规定的。此后，双方协议离婚取得一致意见，并于1984年3月18日到杞县人民法院高阳人民法庭签署了离婚协议。1984年3月26日，高阳人民法庭又已通知李瑞玲领取调解书。李瑞玲从1984年3月27日起至4月15日止这段期间内，三次去高阳人民法庭领调解书，只是由于客观原因而未能领到。根据上述事实，我们同意你院第一种意见，应认为调解书是有效的。

《最高人民法院关于马娜萍离婚案的批复》

云南省高级人民法院：

马娜萍与合应廷离婚一案，你院于一九六五年一月十六日〔65〕法民字第022号的请示报告已收悉。经研究认为：合应廷于一九四九年外出到泰国经商，至一九五九年即与女方断绝了通讯关系，如再经多方查找又无音讯，马娜萍申请离婚，可以由中级法院作一审缺席判决离婚，判决书交男方的亲属代收或转达。

《最高人民法院关于张绪桂与姚梅霞离婚案的批复》

安徽省高级人民法院：

你院关于张绪桂与姚梅霞离婚案的请示报告收悉。经研究后，我们认为：如姚梅霞提出离婚要求经查属实，现张绪桂又提出离婚，可按双方同意离婚处理。

《最高人民法院关于旅荷华侨离婚问题的复函》

外交部领事司：

1981年1月5日〔80〕领荷转字第33号转办单及3月12日〔81〕领二字第67号来函收到。现对我驻荷大使馆所询问题答复如下：

（一）旅荷华侨夫妇经荷兰法院判决离婚的，如不违反我国婚姻法的基本原则，可承认这种判决对双方当事人在法律上有拘束力（参见我院1957年5月4日法行字第8490号关于波兰法院对双方都居住在波兰的中国侨民的离婚判决在中国是否有法律效力问题给你司的复函）。离婚后，当事人要求我驻荷使领馆加以认证的，可予认证。

（二）夫妻一方侨居荷兰，一方仍在国内，如双方同意离婚，对子女、财产也无争议的，可按我国婚姻法第 24 条的规定，在国内一方户籍所在地或居住地负责婚姻登记的机关办理离婚手续。提起诉讼的，如系国内一方提出离婚，应向本人所在地或居住地人民法院起诉；侨居荷兰一方要求离婚，也应向国内一方的户籍所在地或居住地人民法院起诉。

（三）侨居荷兰一方提出离婚，荷兰法院予以受理和判决的，如双方并无异议，可不予干涉；如一方对子女抚养或国内财产的处理有不同意见，可按（一）项的精神决定是否承认这种判决在我国境内具有效力。

权威案例指引

▶典型案例

《曾某某与张某某离婚案》，《最高人民法院公布 10 起残疾人权益保障典型案例之二》（2016 年 5 月 13 日）

典型意义：依法切实维护残疾人的婚姻权利

维护残疾人婚姻权利是残疾人权益保障的重要内容，判决残疾人离婚与否，将会对该残疾人今后生活产生重大影响，人民法院对残疾人与其配偶之间婚姻关系是否破裂的认定要严格遵照法律规定，更加慎重。本案中曾某某为智残人员，曾某某的父亲以其法定代理人名义起诉离婚，在张某某明确表示愿意与曾某某共同生活且无充分证据证明夫妻关系确已破裂的情况下，人民法院本着维护残疾人最大利益的考虑，依法作出了不准予离婚的判决。

《刘某森诉李某梅离婚纠纷案》，《“用公开促公正建设核心价值”主题教育活动婚姻家庭纠纷典型案例之十五》（2015 年 12 月 4 日）

典型意义：本案是老年离婚的典型案件。近年来，老年离婚案件数量逐渐增多，若夫妻感情确已破裂、符合《中华人民共和国婚姻法》第三十二条的相关规定，可判离婚，但“少时夫妻老来伴”，在年轻的感情逐渐淡去之时，老年夫妻之间所谓的感情更多的是对一份承诺的信守和由此演变而来的符合公序良俗的家庭责任和社会担当。老年婚姻关系的解除，不能简单等同于一般离婚案件，其产生的影响牵涉至其子女、甚至于孙子女在内的多个家庭，人民法院依法裁判，具有积极的导向异议，在审理老年离婚案件时，应认识到老年夫妻之间已经过数十年的磨合，实属不易，双方如能念及多年的夫妻情份，念及对自身对家庭应有的责任，共同努力，双方还是具有重归于好的可能的，从而更加慎重的审核老年夫妻离婚案件，如此才能更好地维护社会稳定、提高社会幸福指数。

《彭某某与李某某离婚纠纷案》，《“用公开促公正建设核心价值”主题教育活动婚姻家庭纠纷典型案例之二十四》（2015 年 12 月 4 日）

典型意义：原、被告系再婚家庭，双方感情基础薄弱，婚后没有建立起真正的夫妻感情。双方因感情不和已分居至今，说明原、被告夫妻感情确已破裂，无和好可能。本案中，原、被告均有自己的各自的家庭，双方均没有很好地融入家庭中，矛盾时常发生。当然，双方离婚跟各自的子女沟通不够有关。法官提醒老年人，找老伴要多与自己的子女沟通。为人子女也要站在老年人的角度，多关心自己父母，不仅是物质上，更要有精神上的，让他们有一个幸福的晚年。

《孙丰杰与王玉萍离婚纠纷案》，《“用公开促公正建设核心价值”主题教育活动婚姻家庭纠纷典型案例之二十八》（2015 年 12 月 4 日）

典型意义：离婚诉讼中如何判断“感情确已破裂”成为本案审理的关键。《中华人民共和国婚姻法》（以下简称“《婚姻法》”）第三十二条第二款、将“感情确已破裂”作为离婚的法定理由，该条第三款列举应准予离婚的五种情形。可见《婚姻法》采用这种概括与列举相结合的立法模式，使离婚的法定理由具有可操作性。本案中，从婚后感情来看，双方性格差异较大，在共同生活期间矛盾较多，因此二人的感情生活受到很大影响，并逐年恶化。从夫妻关系的现状来看，双方因感情不和已分居四年，且该期间很少接触。这符合《婚姻法》第三十二条第三款列举的应准予离婚的五种情形中的“双方因感情不和分居两年”规定。从孙丰杰的离婚决心来看，孙丰杰已经是第三次向法院提出离婚诉讼，且一审、二审试图调解和好，均失败，可见其离婚决心。综合以上因素，可以认定孙丰杰与王玉萍感情确已破裂，已无和好可能，应当准予离婚。

《原告汤某诉被告姜某离婚纠纷案》，《“用公开促公正建设核心价值”主题教育活动婚姻家庭纠纷典型案例之三十九》（2015 年 12 月 4 日）

典型意义：司法实践中，法院受理的离婚案件，为利于改善双方当事人的关系，促进家庭的和睦，社会的稳定，对一些夫妻感情尚未破裂或者一方没有证据证实夫妻感情确已达到破裂程度的案件，法院会作出不准许离婚的判决，以期双方当事人审慎对待婚姻家庭问题，能够重新和好。在上述情形下，一部分离婚案件当事人能够彼此改正缺点，加强交流和沟通，增加夫妻感情密切程度，和好如初。

婚姻最本质的因素和基础应是夫妻间的感情，夫妻共同生活是基于感情的必然要求，这也是婚姻关系的重要内容。在本案中，虽原告提出双方常发生口角，但双方并未提供证据证实夫妻感情确已达到破裂程度，只要双方互谅互让，多换位思考，多沟通交流，双方的矛盾是可以消除的，双方感情尚未彻底破裂。加之，双方婚生女姜某某在原告起诉离婚时尚不满一周岁，原、被告双方的离婚不利于孩子的身心健康，有可能对其生长产生不利影响，故本院对原告提出离婚的诉讼请求不予支持。

《赵某花与杨某良离婚纠纷案》，《“用公开促公正建设核心价值”主题教育活动婚姻家庭纠纷典型案例之四十七》（2015 年 12 月 4 日）

典型意义：夫妻感情确已破裂是准予离婚的唯一法定理由。认定夫妻感情是否确已破裂，要根据离婚纠纷案件的客观事实来确定。《关于人民法院审理离婚案件如何认定夫妻感情确已破裂的若干具体意见》① 中规定，应当从婚姻继承、婚后感情、离婚原因、夫妻关系的现状和有无和好的可能等方面综合分析。在本案中，原、被告双方系自由恋爱，婚姻基础较好，婚后双方虽因家务琐事发生吵闹，但只要双方加强沟通交流，克服生活中的各种困

① 该规定已被废止。

难，珍惜相互间的夫妻感情，另一方面双方所生两子女尚幼，从有利于小孩的健康成长出发，综合本案实际夫妻双方方仍有和好可能，据此法院判决原、被告双方不准离婚。

《孙某某诉田某某离婚纠纷案》，《“用公开促公正建设核心价值”主题教育活动婚姻家庭纠纷典型案例之四十八》（2015年12月4日）

典型意义：伪造身份信息与他人登记结婚后，提供真实身份信息一方请求解除婚姻关系时，法院应准予其离婚。依据《婚姻登记条例》第九条之规定，可以撤销婚姻登记的仅限于一方受胁迫结婚，婚姻登记程序瑕疵并不在可撤销登记的范围之列。本案中原告孙某某在知晓被告田某某办理结婚登记时是提供的虚假身份信息后，向人民法院起诉离婚，人民法院应当将其作为离婚纠纷立案受理；被告田某某在事情败露后离家出走，至今下落不明，经法院公告送达开庭传票后仍未到庭参加诉讼，因缺乏调解基础，秀山法院依据《婚姻法》第三十二条第三款第（五）项判决解除原被告间的婚姻关系。

《邵某诉薛某离婚纠纷案——“网恋”时代，更应惜缘》，《家庭婚姻纠纷典型案例（河南）之九》（2015年11月19日）

典型意义：近年来，随着信息技术和交通事业的飞速发展，“网恋”、“闪婚”已不再罕见，“千里之外”的异地恋也逐渐盛行，但随之而来的大量离婚纠纷，尤其是子女出生后产生家庭矛盾而引发婚姻矛盾的案件呈上升趋势。年轻人本身感情经历少，心气过重，对待婚姻关系不太严肃，稍有矛盾就诉诸离婚并不是明智之举，法院在审理时亦应当以引导当事人互相谅解、共同维护婚姻关系，不应轻易判决年轻夫妻离婚，而更应注意给闹矛盾的双方留下缓冲和解的空间。法院判决不离婚时亦在强调夫妻双方在婚姻中要注重多沟通和磨合，增强责任意识，在面临冲突时多相互体谅和宽容。同时，也要引导上一辈老人注意不可过多干涉子女的婚姻生活，应摆正自己的位置，多放手让子女自行处理婚姻中的问题，为维护子女小家庭的和谐努力。

第一千零八十条　【婚姻关系的解除】完成离婚登记，或者离婚判决书、调解书生效，即解除婚姻关系。

关联法规参见

▶**行政法规：**《婚姻登记条例》第10条至第13条。

第一千零八十一条　【军婚的保护】现役军人的配偶要求离婚，应当征得军人同意，但是军人一方有重大过错的除外。

关联法规参见

▶**法律：**《刑法》第259条。

司法解释适用

《最高人民法院关于适用〈中华人民共和国民法典〉婚姻家庭编的解释（一）》（法释〔2020〕22号）

《民法典婚姻家庭编司法解释（一）》	原《婚姻法司法解释（一）》
第六十四条 民法典第一千零八十一条所称的“军人一方有重大过错”，可以依据民法典第一千零七十九条第三款前三项规定及军人有其他重大过错导致夫妻感情破裂的情形予以判断。	**第二十三条** 婚姻法第三十三条所称的“军人一方有重大过错”，可以依据婚姻法第三十二条第二款前三项规定及军人有其他重大过错导致夫妻感情破裂的情形予以判断。

第一千零八十二条　【男方提出离婚的限制与除外情形】女方在怀孕期间、分娩后一年内或者终止妊娠后六个月内，男方不得提出离婚；但是，女方提出离婚或者人民法院认为确有必要受理男方离婚请求的除外。

关联法规参见

▶**法律**：《妇女权益保障法》第45条。

第一千零八十三条　【复婚】离婚后，男女双方自愿恢复婚姻关系的，应当到婚姻登记机关重新进行结婚登记。

关联法规参见

▶**行政法规**：《婚姻登记条例》第14条。

司法解释适用

《最高人民法院关于适用〈中华人民共和国民法典〉婚姻家庭编的解释（一）》（法释〔2020〕22号）

《民法典婚姻家庭编司法解释（一）》	原《婚姻法司法解释（一）》
第七条 未依据民法典第一千零四十九条规定办理结婚登记而以夫妻名义共同生活的男女，提起诉讼要求离婚的，应当区别对待： （一）1994年2月1日民政部《婚姻登记管理条例》公布实施以前，男女双方已经符合结婚实质要件的，按事实婚姻处理。	**第五条** 未按婚姻法第八条规定办理结婚登记而以夫妻名义共同生活的男女，起诉到人民法院要求离婚的，应当区别对待： （一）1994年2月1日民政部《婚姻登记管理条例》公布实施以前，男女双方已经符合结婚实质要件的，按事实婚姻处理；

第1082～1083条

《民法典婚姻家庭编司法解释（一）》	原《婚姻法司法解释（一）》
（二）1994 年 2 月 1 日民政部《婚姻登记管理条例》公布实施以后，男女双方符合结婚实质要件的，人民法院应当告知其补办结婚登记。未补办结婚登记的，依据本解释第三条规定处理。	（二）1994 年 2 月 1 日民政部《婚姻登记管理条例》公布实施以后，男女双方符合结婚实质要件的，人民法院应当告知其~~在案件受理前~~补办结婚登记；未补办结婚登记的，按解除同居关系处理。

《最高人民法院关于处理配偶一方在港澳台或国外，人民法院已经判决离婚，现当事人要求复婚的复函》

上海市高级人民法院：

你院 1980 年 7 月 30 日〔80〕沪高法民字 154 号函收悉。

关于你院请示的处理配偶一方在港澳台或国外，已由人民法院判决离婚，现当事人要求复婚的问题，经研究，同意你院提出的处理意见。

此复。

附：上海市高级人民法院关于处理配偶一方在港澳台或国外，人民法院已经判决离婚，现当事人要求复婚的请示报告

最高人民法院：

去年 8 月以来，本市一些区、县法院先后收到和接待配偶一方在港澳台或国外，已经人民法院判决离婚，现当事人要求复婚的来信来访六起。其情况主要是在本市的一方以对方长期与家庭不通音讯，下落不明，提出离婚，或双方虽有通信联系，但本市一方迫于政治压力，以种种理由，坚决要求离婚，由人民法院判决准予离婚的。现在，随着中美建交以及我对台政策的变化，原来下落不明的，已有了下落，他们又取得了联系。于是本市一方（都是女方）因自己离婚后并未再婚，双方年纪已老（年龄最小的五十二岁，高的七十二岁），希望恢复夫妻关系后，能以配偶身份出国（境）与亲人团聚或动员亲人回来，而外出一方考虑到将来叶落归根，则以未收到判决书不承认法院的离婚判决，或恳求法院准予他们复婚。他们的子女也要求法院准许他们父母复婚，全家团圆。

对于这个问题，开始我们根据《中华人民共和国婚姻法》及《上海市婚姻登记暂行办法规定》的精神，答复她们通知在外的一方回来办理复婚登记手续。可是实际上难以做到，个别的至今未把离婚情况告诉对方，当然不愿通知对方回来办理复婚手续。

面对这样的情况，我们感到这是一个特殊的问题，经与市委统战部、市侨务办公室联系，一致认为：对于这类案件的处理，应从有利于发展和壮大爱国统一战线和台湾归回祖国，实现祖国统一的大业出发，在不违背我国政策、法律基本原则的前提下，可以采取一些灵活办法，尽力促进这类人员的家庭团聚。为此，提出以下几点意见：

（一）人民法院根据有关政策、法律，为保护本市一方的正当权益所作出的离婚判决，无论在外的一方是否收到判决书，均为已经发生法律效力的判决。

（二）在外一方的当事人，要求与原配偶恢复婚姻关系，但本市一方已经另行结婚，或虽未再婚，而坚决不同意复婚的，通知对方不再重新处理。

（三）双方要求复婚，人民法院可以受理，但鉴于他们离婚时间较久，为维护一夫一妻的婚

姻制度，在外一方必须提供无配偶的证明，并经当地公证部门公证，或我驻外使馆认证。

原审人民法院可按申诉案件处理，经查证双方确未再婚，可用裁定将原判决注销，准予双方恢复夫妻关系。

（四）台湾同胞要求与原配偶复婚，若提供无配偶的公证有困难，应提供律师或工作单位为他们出具无配偶的证明，寄交原审人民法院按（三）条二款办理。

（五）经人民法院判决离婚后，本市一方出于种种原因未将离婚情况告诉对方，恢复通讯后双方又确以夫妻关系相称和对待的，现在本市一方提出要求复婚，经调查确实的，可用裁定将原判决注销，准予双方恢复夫妻关系。

以上报告当否，请批示。

第一千零八十四条　【离婚后子女的抚养】父母与子女间的关系，不因父母离婚而消除。离婚后，子女无论由父或者母直接抚养，仍是父母双方的子女。

离婚后，父母对于子女仍有抚养、教育、保护的权利和义务。

离婚后，不满两周岁的子女，以由母亲直接抚养为原则。已满两周岁的子女，父母双方对抚养问题协议不成的，由人民法院根据双方的具体情况，按照最有利于未成年子女的原则判决。子女已满八周岁的，应当尊重其真实意愿。

关联法规参见

▶**法律：**《妇女权益保障法》第50条。

司法解释适用

《最高人民法院关于适用〈中华人民共和国民法典〉婚姻家庭编的解释（一）》（法释〔2020〕22号）

《民法典婚姻家庭编司法解释（一）》	原《人民法院审理离婚案件子女抚养意见》
第四十四条　离婚案件涉及未成年子女抚养的，对不满两周岁的子女，按照民法典第一千零八十四条第三款规定的原则处理。母亲有下列情形之一，父亲请求直接抚养的，人民法院应予支持： （一）患有久治不愈的传染性疾病或者其他严重疾病，子女不宜与其共同生活； （二）有抚养条件不尽抚养义务，而父亲要求子女随其生活； （三）因其他原因，子女确不宜随母亲生活。	1. 两周岁以下的子女，一般随母方生活。母方有下列情形之一的，可随父方生活： （1）患有久治不愈的传染性疾病或其他严重疾病，子女不宜与其共同生活的； （2）有抚养条件不尽抚养义务，而父方要求子女随其生活的； （3）因其他原因，子女确无法随母方生活的。

《民法典婚姻家庭编司法解释（一）》	原《人民法院审理离婚案件子女抚养意见》
第四十五条 父母双方协议不满两周岁子女由父亲直接抚养，并对子女健康成长无不利影响的，人民法院应予支持。	2. 父母双方协议两周岁以下子女随父方生活，并对子女健康成长无不利影响的，可予准许。
第四十六条 对已满两周岁的未成年子女，父母均要求直接抚养，一方有下列情形之一的，可予优先考虑： （一）已做绝育手术或者因其他原因丧失生育能力； （二）子女随其生活时间较长，改变生活环境对子女健康成长明显不利； （三）无其他子女，而另一方有其他子女； （四）子女随其生活，对子女成长有利，而另一方患有久治不愈的传染性疾病或者其他严重疾病，或者有其他不利于子女身心健康的情形，不宜与子女共同生活。	3. 对两周岁以上未成年的子女，父方和母方均要求随其生活，一方有下列情形之一的，可予优先考虑： （1）已做绝育手术或因其他原因丧失生育能力的； （2）子女随其生活时间较长，改变生活环境对子女健康成长明显不利的； （3）无其他子女，而另一方有其他子女的； （4）子女随其生活，对子女成长有利，而另一方患有久治不愈的传染性疾病或其他严重疾病，或者有其他不利于子女身心健康的情形，不宜与子女共同生活的。
第四十七条 父母抚养子女的条件基本相同，双方均要求直接抚养子女，但子女单独随祖父母或者外祖父母共同生活多年，且祖父母或者外祖父母要求并且有能力帮助子女照顾孙子女或者外孙子女的，可以作为父或者母直接抚养子女的优先条件予以考虑。	4. 父方与母方抚养子女的条件基本相同，双方均要求子女与其共同生活，但子女单独随祖父母或外祖父母共同生活多年，且祖父母或外祖父母要求并且有能力帮助子女照顾孙子女或外孙子女的，可作为子女随父或母生活的优先条件予以考虑。
第四十八条 在有利于保护子女利益的前提下，父母双方协议轮流直接抚养子女的，人民法院应予支持。	6. 在有利于保护子女利益的前提下，父母双方协议轮流抚养子女的，可予准许。
第五十五条 离婚后，父母一方要求变更子女抚养关系的，或者子女要求增加抚养费的，应当另行提起诉讼。	15. 离婚后，一方要求变更子女抚养关系的，或者子女要求增加抚育费的，应另行起诉。
第五十六条 具有下列情形之一，父母一方要求变更子女抚养关系的，人民法院应予支持： （一）与子女共同生活的一方因患严重疾病或者因伤残无力继续抚养子女； （二）与子女共同生活的一方不尽抚养义务或有虐待子女行为，或者其与子女共同生活对子女身心健康确有不利影响；	16. 一方要求变更子女抚养关系有下列情形之一的，应予支持。 （1）与子女共同生活的一方因患严重疾病或因伤残无力继续抚养子女的； （2）与子女共同生活的一方不尽抚养义务或有虐待子女行为，或其与子女共同生活对子女身心健康确有不利影响的；

《民法典婚姻家庭编司法解释（一）》	原《人民法院审理离婚案件子女抚养意见》
（三）已满八周岁的子女，愿随另一方生活，该方又有抚养能力； （四）有其他正当理由需要变更。	（3）十周岁以上未成年子女，愿随另一方生活，该方又有抚养能力的； （4）有其他正当理由需要变更的。
第五十七条 父母双方协议变更子女抚养关系的，人民法院应予支持。	17. 父母双方协议变更子女抚养关系的，应予准许。
第五十九条 父母不得因子女变更姓氏而拒付子女抚养费。父或者母擅自将子女姓氏改为继母或继父姓氏而引起纠纷的，应当责令恢复原姓氏。	19. 父母不得因子女变更姓氏而拒付子女抚育费。父或母一方擅自将子女姓氏改为继母或继父姓氏而引起纠纷的，应责令恢复原姓氏。
第六十条 在离婚诉讼期间，双方均拒绝抚养子女的，可以先行裁定暂由一方抚养。	20. 在离婚诉讼期间，双方均拒绝抚养子女的，可先行裁定暂由一方抚养。
第六十一条 对拒不履行或者妨害他人履行生效判决、裁定、调解书中有关子女抚养义务的当事人或者其他人，人民法院可依照民事诉讼法第一百一十一条的规定采取强制措施。	21. 对拒不履行或妨害他人履行生效判决、裁定、调解中有关子女抚养义务的当事人或者其他人，人民法院可依照《中华人民共和国民事诉讼法》第一百零二条的规定采取强制措施。

《最高人民法院关于辛克伟与张晓杰抚养子女纠纷申请再审案的函》

河北省高级人民法院：

你院〔91〕民监字第203号关于辛克伟与张晓杰抚养子女纠纷申请再审一案的请示报告收悉。经研究，答复如下：

张晓杰与辛克伟在离婚时自愿达成的抚养子女协议并不违反法律，双方在履行该协议中发生争执，仍属于抚养子女纠纷。对此，张晓杰以“侵害监护权”为由起诉，原一、二审人民法院以“侵权”案件受理、审判，均属不当。故你院对本案可依照审判监督程序予以提审，撤销一、二审判决，驳回原告“侵权”的诉讼请求，并告知原告如以子女抚养纠纷起诉，应依照民事诉讼法第22条规定，向被告住所地人民法院提出。

以上意见供参考。

《最高人民法院关于按中国婚姻法离婚的父母对子女的权利义务规定如何理解的函》

外交部领事司：

你司〔87〕领四转字第13号来函收悉。

关于英国驻华使馆就按中国婚姻法离婚的父母，在离婚后对子女的权利义务，中国婚姻法的规定如何理解的来照，经研究，我们认为：按我国婚姻法的规定，父母离婚后，对未成年子女仍负有抚养教育的权利与义务。没有抚养子女的一方，有权探视由他方抚养的子女。

英国驻华使馆认为，按照中国婚姻法的规定，父母离婚后，并不取消没有抚养教育子女一方的权利，双方仍具有对子女抚养教育的合法权利，这种理解是符合中国婚姻法规定的精神的。

对于英国驻华使馆来照中所针对的案件，我们认为，香港居民鲁慕贞经我法院调解与澳门居民林勤离婚后，向港英当局申请归她抚养的、现居内地的双方婚生子林伟超去港定居，是否得到批准，这是有关管理部门决定的事。至于林勤从澳门申请去港探视孩子，被批准的可能性较小，我们希望英国驻华使馆注意我国法律的规定，在处理此事上，给予当事人方便。

《最高人民法院关于涉外离婚诉讼中子女抚养问题如何处理的批复》

浙江省高级人民法院：

你院 1987 年 6 月 11 日〔87〕浙法民他字 19 号请示报告收悉。

关于杭州市中级人民法院审理的加拿大籍华人姜伟明与中国公民陈科离婚一案有关子女归谁抚养的问题，经研究，我们认为，对该案审理中涉及的外籍华人离婚后子女抚养的问题，应适用我国法律，按照我国婚姻法有关规定的精神，从切实保护子女权益，有利于子女身心健康成长出发，结合双方的具体情况进行处理。处理时，对有识别能力的子女，要事先征求并尊重其本人愿随父或随母生活的意见。鉴于姜伟明、陈科之子陈宇（现年十二岁）过去主要由其母姜伟明抚养，本人又坚决表示不愿随父陈科生活的实际情况，我们同意你院审判委员会的处理意见，即根据有关政策法律规定，陈宇以仍由其母姜伟明抚养为宜。

权威案例指引

▶典型案例

《陈某琪与被告陈某明抚养费纠纷案》，《"用公开促公正建设核心价值"主题教育活动婚姻家庭纠纷典型案例之十八》（2015 年 12 月 4 日）

典型意义：该案在审理过程中始终体现了保护未成年人合法权益这个宗旨：一是司法救助。在立案阶段即报请院长审批免交诉讼费，对追索抚养费的原告予以司法救助。二是注重调解。对该类案件注重调解，更有利于为未成年人营造一个良好的成长环境。三是维护亲情。原告之母因病去世，原告仍随外祖父母生活。承办法官在办理该案过程中，始终注重维系亲情，绝不能因为官司使双方反目成仇，亲情沦丧。希望原告在失去母爱后，被告能给原告多一份关爱，多一份责任。原告外祖父母在其负担能力范围内尽一份对外孙的抚养义务，共同抚养未成年的原告茁壮成长。同时向原告说明原告向被告追索抚养费是其权利，但是原告应多体谅父亲的难处，被告在还有 2 个小孩需抚养的情况下，仍然同意增加支付抚养费，已经是尽力而为了，平时要多注重与父亲沟通，增进父女感情。该案调解结案后，原被告都很满意，原告所在村组、学校也反映良好。

《陈某某与梁某某子女抚养纠纷案》，《"用公开促公正建设核心价值"主题教育活动婚姻家庭纠纷典型案例之二十》（2015 年 12 月 4 日）

典型意义：父母对子女均有抚养的权利和义务，关于子女的抚养问题，应坚持有利于子女身心健康、保障子女合法权益的基本原则，只有在此前提下，再结合父母双方的抚养能力和抚养条件等具体情况妥善解决。

《杨某某诉汪某某变更抚养权纠纷案》，《“用公开促公正建设核心价值”主题教育活动婚姻家庭纠纷典型案例之二十五》（2015 年 12 月 4 日）

典型意义：本案源于吴某某对婷婷的家庭暴力引发，案件处理过程中，杨某某还向宝应法院提起刑事自诉，诉请以虐待罪追究吴某某的刑事责任。为了避免双方加重对立情绪，承办法官多次与双方沟通，最终促成杨某某撤回自诉，不再追究吴某某的刑事责任，共同努力让婷婷生活在一个和谐的环境中。

《郭某诉焦某变更抚养关系案》，《婚姻家庭纠纷典型案例（北京）之六》（2015 年 11 月 19 日）

典型意义：二审经审查后认为，关于焦小某的抚养问题已经法院生效调解确定，至今不过 1 年余，双方抚养条件并未发生较大变化。且焦小某现已在幼儿园就学，生活学习环境已相对稳定，贸然变更不利于其维持稳定生活状态。在原审法院审理过程中，法院当庭征询了焦小某（年仅 4 岁）的意见，并将其作为变更抚养的理由之一，但焦某一方坚持认为法庭误读了焦小某的意思，其庭上所称“妈妈”指的是焦小某的继母而非其亲生母亲郭某。二审承办法官考虑如果简单改判此案，势必进一步激化双方矛盾，使焦小某的抚养探望问题失去对话基础，加深两家之间的矛盾。

为了确定原审法院征求焦小某意见是否合适，二审承办法官及合议庭成员在与焦小某见面交流后发现焦小某对于诉讼争议的问题完全不具备相应的理解和表达的能力。为了缓解双方矛盾，缓解郭某思念之情，在征得双方同意后，法官特意在我院花园内组织了一场法庭亲情探望，两个家庭的成员及焦小某在探望过程中尽享天伦之乐。在和谐的氛围中，法官借势开展劝导说服工作，最终郭某表示同意法院改判的结果，焦某也当面表示郭某可随时将焦小某接走探望，案件得以圆满解决。为了增强判决效果，法官在本院认为部分单辟一段写道：“父爱与母爱对未成年人都是不可或缺的，法院希望焦某、郭莫从保证未成年人健康成长出发，能够在原有离婚调解协议的基础上，妥善处理探望及抚养费问题，共同为焦小某营造融洽、和睦的氛围，创造良好的生活、学习环境。”

本案是一起当事人矛盾焦点集中在子女探望问题上的案件。虽然是离异家庭的子女，但是在感情的世界里，他们不应该有缺失。二中院在遵循有利于未成年人成长的基础上，尝试开展“法庭亲情探望”，探索因人因案而异的探望权行使形式。本案是通过该项举措成功促成纠纷化解的典型案例。法官征得双方当事人同意后，安排两个家庭在温馨平和的气氛里，对焦小某进行探望，并顺势进行辨法析理，引导当事人理性诉讼，最终促成双方达成一致意见，取得了良好的裁判效果。“法庭亲情探望”为不直接抚养子女的一方提供了与子女面对面沟通交流的机会，拉近了感情距离，有助于当事人从子女利益出发，合理解决纠纷，也有助于唤醒父母对子女的关爱，鼓励他们尽快走出离婚阴影，共同努力为子女创造一个和谐稳定的成长环境。

《王某与张某变更抚养关系案》，《家庭婚姻纠纷典型案例（山东）之九》（2015 年 11 月 19 日）

典型意义：根据最高人民法院《关于人民法院审理离婚案件处理子女抚养问题的若干具体意见》① 之规定，与子女共同生活的一方不尽抚养义务或者有虐待子女行为的情形，一方要求变更子女抚养关系的，应予支持。离婚是自由的，但孩子是无辜的。父母与子女间的血缘关系，是一个永远都无法改变的事实。父母双方再婚时，均要客观的、现实的考虑到孩子的实际情况和感情，均应从有利于孩子生活和学习的角度出发，给孩子一个健康、稳定的成长环境。这样，孩子的幸福才不会因为父母的分离而削减。

第一千零八十五条　【离婚后的子女抚养费负担】离婚后，子女由一方直接抚养的，另一方应当负担部分或者全部抚养费。负担费用的多少和期限的长短，由双方协议；协议不成的，由人民法院判决。

前款规定的协议或者判决，不妨碍子女在必要时向父母任何一方提出超过协议或者判决原定数额的合理要求。

关联法规参见

▶**法律：**《妇女权益保障法》第 49 条、第 50 条。

司法解释适用

《最高人民法院关于适用〈中华人民共和国民法典〉婚姻家庭编的解释（一）》（法释〔2020〕22 号）

《民法典婚姻家庭编司法解释（一）》	原《人民法院审理离婚案件子女抚养意见》
第四十九条　抚养费的数额，可以根据子女的实际需要、父母双方的负担能力和当地的实际生活水平确定。 有固定收入的，抚养费一般可以按其月总收入的百分之二十至三十的比例给付。负担两个以上子女抚养费的，比例可以适当提高，但一般不得超过月总收入的百分之五十。 无固定收入的，抚养费的数额可以依据当年总收入或者同行业平均收入，参照上述比例确定。 有特殊情况的，可以适当提高或者降低上述比例。	7. 子女抚育费的数额，可根据子女的实际需要、父母双方的负担能力和当地的实际生活水平确定。 有固定收入的，抚育费一般可按其月总收入的百分之二十至三十的比例给付。负担两个以上子女抚育费的，比例可适当提高，但一般不得超过月总收入的百分之五十。 无固定收入的，抚育费的数额可依据当年总收入或同行业平均收入，参照上述比例确定。 有特殊情况的，可适当提高或降低上述比例。

① 该规定已废止。

第 1085 条

《民法典婚姻家庭编司法解释（一）》	原《人民法院审理离婚案件子女抚养意见》
第五十条 抚养费应当定期给付，有条件的可以一次性给付。	8. 抚育费应定期给付，有条件的可一次性给付。
第五十一条 父母一方无经济收入或者下落不明的，可以用其财物折抵抚养费。	9. 对一方无经济收入或者下落不明的，可用其财物折抵子女抚育费。
第五十二条 父母双方可以协议由一方直接抚养子女并由直接抚养方负担子女全部抚养费。但是，直接抚养方的抚养能力明显不能保障子女所需费用，影响子女健康成长的，人民法院不予支持。	10. 父母双方可以协议子女随一方生活并由抚养方负担子女全部抚育费。但经查实，抚养方的抚养能力明显不能保障子女所需费用，影响子女健康成长的，不予准许。
第五十三条 抚养费的给付期限，一般至子女十八周岁为止。 十六周岁以上不满十八周岁，以其劳动收入为主要生活来源，并能维持当地一般生活水平的，父母可以停止给付抚养费。	11. 抚育费的给付期限，一般至子女十八周岁为止。 十六周岁以上不满十八周岁，以其劳动收入为主要生活来源，并能维持当地一般生活水平的，父母可停止给付抚育费。
第五十五条 离婚后，父母一方要求变更子女抚养关系的，或者子女要求增加抚养费的，应当另行提起诉讼。	15. 离婚后，一方要求变更子女抚养关系的，或者子女要求增加抚育费的，应另行起诉。
第五十八条 具有下列情形之一，子女要求有负担能力的父或者母增加抚养费的，人民法院应予支持： （一）原定抚养费数额不足以维持当地实际生活水平； （二）因子女患病、上学，实际需要已超过原定数额； （三）有其他正当理由应当增加。	18. 子女要求增加抚育费有下列情形之一，父或母有给付能力的，应予支持。 （1）原定抚育费数额不足以维持当地实际生活水平的； （2）因子女患病、上学，实际需要已超过原定数额的； （3）有其他正当理由应当增加的。
第五十九条 父母不得因子女变更姓氏而拒付子女抚养费。父或者母擅自将子女姓氏改为继母或继父姓氏而引起纠纷的，应当责令恢复原姓氏。	19. 父母不得因子女变更姓氏而拒付子女抚育费。父或母一方擅自将子女姓氏改为继母或继父姓氏而引起纠纷的，应责令恢复原姓氏。
第六十条 在离婚诉讼期间，双方均拒绝抚养子女的，可以先行裁定暂由一方抚养。	20. 在离婚诉讼期间，双方均拒绝抚养子女的，可先行裁定暂由一方抚养。

《民法典婚姻家庭编司法解释（一）》	原《人民法院审理离婚案件子女抚养意见》
第六十一条　对拒不履行或者妨害他人履行生效判决、裁定、调解书中有关子女抚养义务的当事人或者其他人，人民法院可依照民事诉讼法第一百一十一条的规定采取强制措施。	21. 对拒不履行或妨害他人履行生效判决、裁定、调解中有关子女抚养义务的当事人或者其他人，人民法院可依照《中华人民共和国民事诉讼法》第一百零二条的规定采取强制措施。

《最高人民法院关于夫妻关系存续期间男方受欺骗抚养非亲生子女离婚后可否向女方追索抚养费的复函》

四川省高级人民法院：

你院“关于夫妻关系存续期间男方受欺骗抚养非亲生子女离婚后可否向女方追索抚养费的请示”收悉。经研究，我们认为，在夫妻关系存续期间，一方与他人通奸生育了子女，隐瞒真情，另一方受欺骗而抚养了非亲生子女，其中离婚后给付的抚育费，受欺骗方要求返还的，可酌情返还；至于在夫妻关系存续期间受欺骗方支出的抚育费用应否返还，因涉及的问题比较复杂，尚需进一步研究，就你院请示所述具体案件而言，因双方在离婚时，其共同财产已由男方一人分得，故可不予返还，以上意见供参考。

《最高人民法院关于离婚时协议一方不负担子女抚养费，经过若干时间他方提起要求对方负担抚养费的诉讼，法院如何处理的复函》

新疆维吾尔自治区高级人民法院：

你院1981年6月6日关于处理抚养纠纷中两个问题的请示收悉。

第一个问题。据你院来文所述，男女当事人在民政部门登记离婚，对孩子抚养问题，当时以一方抚养孩子，另一方不负担抚养费达成协议，过若干时间（如一、两年）后，抚养孩子的一方以新婚姻法第三十条为依据，向法院提起要求对方负担抚养费用的诉讼，另一方则据原协议拒绝这种要求。人民法院应如何处理？

我们认为：根据婚姻法第二十九条“父母与子女间的关系，不因父母离婚而消除。离婚后，子女无论由父方或母方抚养，仍是父母双方的子女。”“离婚后，父母对子女仍有抚养和教育的权利和义务。”和第三十条“关于子女生活费和教育费的协议或判决，不妨碍子女在必要时向父母任何一方提出超过协议或判决原定数额的合理要求”的规定，抚养孩子的一方向法院提起要求对方负担抚养费用的诉讼，人民法院应予受理，并根据原告申述的理由，经调查了解双方经济情况有无变化，子女的生活费和教育费是否确有增加的必要，从而作出变更或维持原协议的判决。

第二个问题。当事人邓森，因双方和孩子的情况发生了较大变化，要求改变原来对孩子抚养费部分的判决。我们同意你院的下述意见：即“邓森所提不是基于对原判不服的申诉，而是依据新情况提出诉讼请求。”因此，可由你院发交基层法院作新案处理。

权威案例指引

▶公报案例

《刘青先诉徐飚、尹欣怡抚养费纠纷案》，《最高人民法院公报》2016 年第 7 期

裁判要点：抚养费案件中第三人撤销权的认定，需明确父母基于对子女的抚养义务支付抚养费是否会侵犯父或母再婚后的夫妻共同财产权。虽然夫妻对共同所有财产享有平等处理的权利，但夫或妻也有合理处分个人收入的权利。除非一方支付的抚养费明显超过其负担能力或者有转移夫妻共同财产的行为，否则不能因未与现任配偶达成一致意见即认定属于侵犯夫妻共同财产权。

▶典型案例

《原告李泊霖、李宁诉被告李涛抚养费纠纷案》，《“用公开促公正建设核心价值”主题教育活动婚姻家庭纠纷典型案例之三十四》（2015 年 12 月 4 日）

典型意义：随着我国高等教育的逐渐普及，上大学（含各类职业技术学校）越来越成为适龄青少年的普遍选择。就我国传统习惯和绝大多数的家庭选择而言，没能经济独立的子女就读大学（含各类职业技术学校）的费用，由有经济能力的父母支付已然成为一种惯例。然而我国民法通则、婚姻法、未成年人保护法等等法律，却作出了与之相悖的规定，父母没有义务支付该部分费用。这就造成了习惯做法、社会传统和法律规定的冲突。尤其是在离异家庭中，这种冲突直接导致了亲情的反目和对立。本案就是涉及大学期间学费、生活费负担问题的典型案例。

本案中，原告李宁与被告李涛的离婚协议是双方真实意思表示，双方对于孩子上大学学费、生活费和结婚费用的约定，是其离婚协议的一部分，是双方在离婚时就子女读书、婚嫁事宜作出的合理安排，且原告李宁为达成离婚协议而自愿承担原告李泊霖成年之前的抚养义务，并免除了被告李涛支付抚养费的法定义务，这也可视为原告李宁为争取到孩子的大学学费和婚嫁费用而在其他方面做出的让步。这种约定不违反法律的禁止性规定，合法有效，依法应当得到法律的支持和认可。如果认定离婚协议的该条款无效，则不但违背了民法的基本原则，对原告李宁的权益也是一种损害。故本案一审法院本着尊重当事人意思自治的原则，依法支持了原告李泊霖的合法诉求，为同类案件的审理提供了可资借鉴的依据。

《博小某诉博某抚养费案》，《婚姻家庭纠纷典型案例（北京）之四》（2015 年 11 月 19 日）

典型意义：在本案中，原告的法定代理人与被告签订了夫妻分居协议，该协议约定婚生子由一方抚养，另一方每月给付抚养费，并约定了迟延履行要支付违约金的条款。抚养费的给付是基于身为父母的法定义务，而并非基于父母双方的协议，该协议可以且只能约定抚养费的数额，且该法定义务不能因父母双方的协议而免除。因此，公民法定义务的履行只能依据法律法规的约束，而不宜因公民之间约定的违约金条款而予以约束。抚养费设立的初衷是为了保护离婚后未成年人子女的合法权益，是以赋予未抚养一方法定义务的方式，努力使得

未成年子女的生活恢复到其父母离婚前的状态。抚养费本质上是一种针对未成年人的保障，因此，抚养人不应以违约金的形式从子女的抚养费中获利。

《麻某某诉麻晓某抚养费纠纷案》，《婚姻家庭纠纷典型案例（北京）之七》（2015 年 11 月 19 日）

典型意义：本案例案情简单、诉讼标的不大，但却涉及未成年人最基本的利益需求，体现了近年来物价上涨与未成年人抚养费理念、立法相对滞后之间的冲突。审判实践中，应着眼于未成年人的合理需求，既排斥奢侈性的抚养费请求，也避免过低的抚养费给付，遵循未成年人最大利益原则。因此，在每月支付的固定数额抚养费之外另行主张的大额子女抚养费用请求是否应予准许，首先应当考虑该请求是否符合未成年人的利益以及是否有相应的法律依据；其次，该请求是否属于因未成年人合理需求产生的支出，法律不鼓励超前的或者奢侈的抚养费需求；最后应考虑夫妻的经济能力与实际负担义务，相应费用若由一方负担是否会导致夫妻双方义务负担的不平衡。

《孙某某申请执行彭某某抚养费案》，《婚姻家庭纠纷典型案例（北京）之十》（2015 年 11 月 19 日）

典型意义：本案是被执行人有给付孩子抚养费的能力而拒不履行法院生效判决，拒不给付未成年子女抚养费的案件。并且被执行人还采取编造谎言欺骗法官的方式拒不履行生效判决所确定的义务，严重缺乏社会诚信。《中华人民共和国婚姻法》第二十一条规定：父母对子女有抚养教育的义务；父母不履行抚养义务时，未成年的或不能独立生活的子女，有要求父母给付抚养费的权利。彭某某作为彭小某的生父，对彭小某有抚养的义务，此种义务并不会因父母离婚而受影响。离婚后，父母对于子女仍有抚养和教育的权利和义务。根据《中华人民共和国婚姻法》第三十七条第一款的规定，离婚后，一方抚养的子女，另一方应负担必要的生活费和教育费的一部或全部。就本案来说，法院作出的生效判决也明确彭某某每月二十五日前应给付彭小某抚养费一千元，直至彭小某满十八周岁时止。但是，彭某某并未主动履行法院生效判决所确定的义务，不仅对其亲生儿子彭小某不闻不问，还拒绝给付孩子抚养费，未能尽到一个父亲应尽的义务。在法院立案执行后，彭某某虽有履行能力却拒不履行给付抚养费的义务，还编造谎言逃避法院的执行。这种行为不仅没有尽到一个父亲应尽的法律义务，也背离了中华民族尊老爱幼的传统美德。被执行人不仅未主动履行给付孩子抚养费的义务，还编造谎言逃避法院执行的行为是严重缺乏社会诚信的表现。人无信不立，诚信是为人处事的基本准则，也是中华民族的传统美德。现代社会是一个讲究诚信的社会，一个缺乏诚信的人不可能得到他人的尊重和社会的认同。目前，我国正大力推进社会信用体系建设，加大对被执行人的信用惩戒。未来，诚信可走遍天下，失信将会寸步难行。

《余某诉余某望抚养费纠纷案——抚养费标准是否能随物价上涨而提高?》，《家庭婚姻纠纷典型案例（河南）之三》（2015 年 11 月 19 日）

典型意义：世界许多国家和地区的婚姻家庭法立法时都遵循“儿童利益优先原则”和“儿童最大利益原则”，目前，我国的《婚姻法》和《未成年人保护法》也明确规定了保护妇女、儿童合法权益的原则。“未成年人利益优先原则”和“未成年人最大利益原则”应当成为我国婚姻家事立法的基本原则，尽可能预防和减少由于父母的离婚，给未成年子女带来的生活环境上的影响及未成年子女性格养成、思想变化、学习成长等不利因素。

在婚姻家庭类案件中，人民法院在对未成年子女的抚养费进行判决、调解时，抚养费标准一般是依据当时当地的社会平均生活水平而确定。但随着经济的发展，生活水平的提高及物价上涨等因素，法院原先所判决、调解的抚养费的基础已经不存在或发生很大改变，再依据当时的条件和标准支付抚养费，已经不能满足未成年人基本的生活要求，不能保障未成年子女正常的生活和学习。因此，法律和司法解释规定未成年子女有权基于法定情形，向抚养义务人要求增加抚养费。本案正是基于最大限度保障未成年子女利益的考量，在原审调解书已经发生法律效力的情况下，准予未成年子女余某向人民法院提起新的诉讼，依法支持其请求其父增加抚养费的主张。该判决契合了我们中华民族尊老爱幼的传统家庭美德教育，符合社会主义核心价值观的要求。

《王某某与王甲抚养费案》，《家庭婚姻纠纷典型案例（山东）之十》（2015年11月19日）

典型意义：本案是子女抚养纠纷，在这类案件中，双方当事人关系特殊。因此，在处理此类案件时，应考虑到这一特殊性，尽量协调调解结案。如果确实无法调解，对这类案件应尽快依法判决。另外，也应考虑到原告的生活环境，有时原告户口与经常居住地不一致，这时就应该考虑如何最大程度保护孩子的权益。本案中，原告虽是农村户口，但原告从出生起就生活在县城，并在县城居住上学，而且被告也在县城购买住房，考虑到这些情况，法院最终判决被告按照城镇居民人均纯收入的标准支付原告抚养费。

第一千零八十六条　【离婚后父母的探望权】离婚后，不直接抚养子女的父或者母，有探望子女的权利，另一方有协助的义务。

行使探望权利的方式、时间由当事人协议；协议不成的，由人民法院判决。

父或者母探望子女，不利于子女身心健康的，由人民法院依法中止探望；中止的事由消失后，应当恢复探望。

司法解释适用

《最高人民法院关于适用〈中华人民共和国民法典〉婚姻家庭编的解释（一）》（法释〔2020〕22号）

《民法典婚姻家庭编司法解释（一）》	原《婚姻法司法解释（一）》
第六十五条（原第二十四条）　人民法院作出的生效的离婚判决中未涉及探望权，当事人就探望权问题单独提起诉讼的，人民法院应予受理。	

《民法典婚姻家庭编司法解释（一）》	原《婚姻法司法解释（一）》
第六十六条　当事人在履行生效判决、裁定或者调解书的过程中，一方请求中止探望的，人民法院在征询双方当事人意见后，认为需要中止探望的，依法作出裁定；中止探望的情形消失后，人民法院应当根据当事人的请求书面通知其恢复探望。	**第二十五条**　当事人在履行生效判决、裁定或者调解书的过程中，请求中止行使探望权的，人民法院在征询双方当事人意见后，认为需要中止行使探望权的，依法作出裁定。中止探望的情形消失后，人民法院应当根据当事人的申请通知其恢复探望权的行使。
第六十七条　未成年子女、直接抚养子女的父或者母以及其他对未成年子女负担抚养、教育、保护义务的法定监护人，有权向人民法院提出中止探望的请求。	**第二十六条**　未成年子女、直接抚养子女的父或母及其他对未成年子女负担抚养、教育义务的法定监护人，有权向人民法院提出中止探望权的请求。
第六十八条　对于拒不协助另一方行使探望权的有关个人或者组织，可以由人民法院依法采取拘留、罚款等强制措施，但是不能对子女的人身、探望行为进行强制执行。	**第三十二条**　婚姻法第四十八条关于对拒不执行有关探望子女等判决和裁定的，由人民法院依法强制执行的规定，是指对拒不履行协助另一方行使探望权的有关个人和单位采取拘留、罚款等强制措施，不能对子女的人身、探望行为进行强制执行。

权威案例指引

▶典型案例

《何某某与蒋某某探望权纠纷案》，《“用公开促公正建设核心价值”主题教育活动婚姻家庭纠纷典型案例之二十一》（2015 年 12 月 4 日）

典型意义：夫妻离婚后，不直接抚养子女的一方，有探望子女的权利，另一方应予协助配合。本案中被告因小孩住院期间原告父亲去医院探望小孩没有买东西，以及原告没有马上给付小孩医疗费用而不给原告探望小孩，是不利于小孩身心健康成长的。原、被告虽已离婚，但是无法隔断父母双方与子女之间的血缘关系和情感纽带，父亲在儿子的成长过程中有着无可替代的重要地位和作用，被告不能因为原、被告双方家庭之间的矛盾影响到原告的合法权益和小孩的健康成长。法院希望双方在今后探望小孩问题上本着互谅互让、有利于小孩身心健康成长为准则，遇事多克制、协商。法院考虑从既不影响小孩现有正常生活和学习，又增加儿子与父亲的沟通交流，既维护原告的合法权益又有利于小孩身心健康成长的目的出发，酌情做出上述判决。

《韩理诉杨延铭探望权纠纷案》，《“用公开促公正建设核心价值”主题教育活动婚姻家庭纠纷典型案例之二十九》（2015 年 12 月 4 日）

典型意义：《中华人民共和国婚姻法》第三十八条规定，离婚后，不直接抚养子女的父或母，有探望子女的权利，另一方有协助的义务。行使探望权利的方式、时间由当事人协议；协议不成时，由人民法院判决。父或母探望子女，不利于子女身心健康的，由人民法院依法中止探望的权利；中止的事由消失后，应当恢复探望的权利。离婚后不直接抚养孩子的一方具有探望孩子的法定的权利，另一方不应以先行给付抚养费等理由加以干涉、阻挠。离婚后的双方应当本着有利于孩子身心健康的原则，对子女探望、教育等事项进行协商解决，为孩子营造和谐的成长环境。

《王某辉诉柴某探望权纠纷案——莫让孩子受到再一次的伤害》，《家庭婚姻纠纷典型案例（河南）之一》（2015年11月19日）

典型意义：探望权是基于父母子女身份关系不直接抚养方享有的与未成年子女探望、联系、会面、交往、短期共同生活的法定权利。离婚后不直接抚养子女方探视子女产生纠纷的原因较多，问题很复杂，其产生的根源往往是由于双方"草率"离婚时对处理子女抚养及对方探望子女考虑不周，以致于产生矛盾隔阂。我国婚姻法对探望权的规定比较原则，仅有一条"离婚后，不直接抚养子女的父或母，有探望子女的权利，另一方有协助的义务。行使探望权利的方式、时间由当事人协议；协议不成时，由人民法院判决。"此类案件在审理时，法院在确定探望的时间和方式上，应从有利于子女的身心健康、且不影响子女的正常生活和学习的角度考虑，探望的方式亦应灵活多样，简便易行，具有可操作性，便于当事人行使权利和法院的有效执行。

第一千零八十七条　【离婚时夫妻共同财产的处理】 离婚时，夫妻的共同财产由双方协议处理；协议不成的，由人民法院根据财产的具体情况，按照照顾子女、女方和无过错方权益的原则判决。

对夫或者妻在家庭土地承包经营中享有的权益等，应当依法予以保护。

第1087条

关联法规参见

▶**法律**：《民法典物权编》第308条、第309条，《民法典婚姻家庭编》第1062条，《妇女权益保障法》第47条、第48条，《农村土地承包经营纠纷调解仲裁法》第2条。

司法解释适用

《最高人民法院关于适用〈中华人民共和国民法典〉婚姻家庭编的解释（一）》（法释〔2020〕22号）

《民法典婚姻家庭编司法解释（一）》	原《婚姻法系列司法解释》
第五条　当事人请求返还按照习俗给付的彩礼的，如果查明属于以下情形，人民法院应当予以支持： （一）双方未办理结婚登记手续；	**《婚姻法司法解释（二）》** **第十条**　当事人请求返还按照习俗给付的彩礼的，如果查明属于以下情形，人民法院应当予以支持： （一）双方未办理结婚登记手续的；

<table>
<tr><th>《民法典婚姻家庭编司法解释（一）》</th><th>原《婚姻法系列司法解释》</th></tr>
<tr><td>（二）双方办理结婚登记手续但确未共同生活；
（三）婚前给付并导致给付人生活困难。
适用前款第二项、第三项的规定，应当以双方离婚为条件。</td><td>（二）双方办理结婚登记手续但确未共同生活的；
（三）婚前给付并导致给付人生活困难的。
适用前款第（二）、（三）项的规定，应当以双方离婚为条件。</td></tr>
<tr><td colspan="2">第十三条（原《婚姻法司法解释（二）》第十三条）　军人的伤亡保险金、伤残补助金、医药生活补助费属于个人财产。</td></tr>
<tr><td>第二十四条　民法典第一千零六十二条第一款第三项规定的“知识产权的收益”，是指婚姻关系存续期间，实际取得或者已经明确可以取得的财产性收益。</td><td>《婚姻法司法解释（二）》
第十二条　婚姻法第十七条第三项规定的“知识产权的收益”，是指婚姻关系存续期间，实际取得或者已经明确可以取得的财产性收益。</td></tr>
<tr><td>第二十五条　婚姻关系存续期间，下列财产属于民法典第一千零六十二条规定的“其他应当归共同所有的财产”：
（一）一方以个人财产投资取得的收益；
（二）男女双方实际取得或者应当取得的住房补贴、住房公积金；
（三）男女双方实际取得或者应当取得的基本养老金、破产安置补偿费。</td><td>《婚姻法司法解释（二）》
第十一条　婚姻关系存续期间，下列财产属于婚姻法第十七条规定的“其他应当归共同所有的财产”：
（一）一方以个人财产投资取得的收益；
（二）男女双方实际取得或者应当取得的住房补贴、住房公积金；
（三）男女双方实际取得或者应当取得的养老保险金、破产安置补偿费。</td></tr>
<tr><td colspan="2">第二十六条（原《婚姻法司法解释（三）》第五条）　夫妻一方个人财产在婚后产生的收益，除孳息和自然增值外，应认定为夫妻共同财产。</td></tr>
<tr><td>第二十九条　当事人结婚前，父母为双方购置房屋出资的，该出资应当认定为对自己子女个人的赠与，但父母明确表示赠与双方的除外。
当事人结婚后，父母为双方购置房屋出资的，依照约定处理；没有约定或者约定不明确的，按照民法典第一千零六十二条第一款第四项规定的原则处理。</td><td>《婚姻法司法解释（二）》
第二十二条　当事人结婚前，父母为双方购置房屋出资的，该出资应当认定为对自己子女的个人赠与，但父母明确表示赠与双方的除外。
当事人结婚后，父母为双方购置房屋出资的，该出资应当认定为对夫妻双方的赠与，但父母明确表示赠与一方的除外。</td></tr>
</table>

<table>
<tr><th>《民法典婚姻家庭编司法解释（一）》</th><th>原《婚姻法系列司法解释》</th></tr>
<tr><td>第三十二条　婚前或者婚姻关系存续期间，当事人约定将一方所有的房产赠与另一方或者共有，赠与方在赠与房产变更登记之前撤销赠与，另一方请求判令继续履行的，人民法院可以按照民法典第六百五十八条的规定处理。</td><td>《婚姻法司法解释（三）》
第六条　婚前或者婚姻关系存续期间，当事人约定将一方所有的房产赠与另一方，赠与方在赠与房产变更登记之前撤销赠与，另一方请求判令继续履行的，人民法院可以按照合同法第一百八十六条的规定处理。</td></tr>
<tr><td colspan="2">第七十一条（原《婚姻法司法解释（二）》第十四条）　人民法院审理离婚案件，涉及分割发放到军人名下的复员费、自主择业费等一次性费用的，以夫妻婚姻关系存续年限乘以年平均值，所得数额为夫妻共同财产。
前款所称年平均值，是指将发放到军人名下的上述费用总额按具体年限均分得出的数额。其具体年限为人均寿命七十岁与军人入伍时实际年龄的差额。</td></tr>
<tr><td colspan="2">第七十二条（原《婚姻法司法解释（二）》第十五条）　夫妻双方分割共同财产中的股票、债券、投资基金份额等有价证券以及未上市股份有限公司股份时，协商不成或者按市价分配有困难的，人民法院可以根据数量按比例分配。</td></tr>
<tr><td>第七十三条　人民法院审理离婚案件，涉及分割夫妻共同财产中以一方名义在有限责任公司的出资额，另一方不是该公司股东的，按以下情形分别处理：
（一）夫妻双方协商一致将出资额部分或者全部转让给该股东的配偶，其他股东过半数同意，并且其他股东均明确表示放弃优先购买权的，该股东的配偶可以成为该公司股东；
（二）夫妻双方就出资额转让份额和转让价格等事项协商一致后，其他股东半数以上不同意转让，但愿意以同等条件购买该出资额的，人民法院可以对转让出资所得财产进行分割。其他股东半数以上不同意转让，也不愿意以同等条件购买该出资额的，视为其同意转让，该股东的配偶可以成为该公司股东。
用于证明前款规定的股东同意的证据，可以是股东会议材料，也可以是当事人通过其他合法途径取得的股东的书面声明材料。</td><td>《婚姻法司法解释（二）》
第十六条　人民法院审理离婚案件，涉及分割夫妻共同财产中以一方名义在有限责任公司的出资额，另一方不是该公司股东的，按以下情形分别处理：
（一）夫妻双方协商一致将出资额部分或者全部转让给该股东的配偶，过半数股东同意、其他股东明确表示放弃优先购买权的，该股东的配偶可以成为该公司股东；
（二）夫妻双方就出资额转让份额和转让价格等事项协商一致后，过半数股东不同意转让，但愿意以同等价格购买该出资额的，人民法院可以对转让出资所得财产进行分割。过半数股东不同意转让，也不愿意以同等价格购买该出资额的，视为其同意转让，该股东的配偶可以成为该公司股东；
用于证明前款规定的过半数股东同意的证据，可以是股东会决议，也可以是当事人通过其他合法途径取得的股东的书面声明材料。</td></tr>
</table>

《民法典婚姻家庭编司法解释（一）》	原《婚姻法系列司法解释》
第七十四条　人民法院审理离婚案件，涉及分割夫妻共同财产中以一方名义在合伙企业中的出资，另一方不是该企业合伙人的，当夫妻双方协商一致，将其合伙企业中的财产份额全部或者部分转让给对方时，按以下情形分别处理： （一）其他合伙人一致同意的，该配偶依法取得合伙人地位； （二）其他合伙人不同意转让，在同等条件下行使优先购买权的，可以对转让所得的财产进行分割； （三）其他合伙人不同意转让，也不行使优先购买权，但同意该合伙人退伙或者削减部分财产份额的，可以对结算后的财产进行分割； （四）其他合伙人既不同意转让，也不行使优先购买权，又不同意该合伙人退伙或者削减部分财产份额的，视为全体合伙人同意转让，该配偶依法取得合伙人地位。	**《婚姻法司法解释（二）》** **第十七条**　人民法院审理离婚案件，涉及分割夫妻共同财产中以一方名义在合伙企业中的出资，另一方不是该企业合伙人的，当夫妻双方协商一致，将其合伙企业中的财产份额全部或者部分转让给对方时，按以下情形分别处理： （一）其他合伙人一致同意的，该配偶依法取得合伙人地位； （二）其他合伙人不同意转让，在同等条件下行使优先受让权的，可以对转让所得的财产进行分割； （三）其他合伙人不同意转让，也不行使优先受让权，但同意该合伙人退伙或者退还部分财产份额的，可以对退还的财产进行分割； （四）其他合伙人既不同意转让，也不行使优先受让权，又不同意该合伙人退伙或者退还部分财产份额的，视为全体合伙人同意转让，该配偶依法取得合伙人地位。
第七十五条　夫妻以一方名义投资设立个人独资企业的，人民法院分割夫妻在该个人独资企业中的共同财产时，应当按照以下情形分别处理： （一）一方主张经营该企业的，对企业资产进行评估后，由取得企业资产所有权一方给予另一方相应的补偿； （二）双方均主张经营该企业的，在双方竞价基础上，由取得企业资产所有权的一方给予另一方相应的补偿； （三）双方均不愿意经营该企业的，按照《中华人民共和国个人独资企业法》等有关规定办理。	**《婚姻法司法解释（二）》** **第十八条**　夫妻以一方名义投资设立独资企业的，人民法院分割夫妻在该独资企业中的共同财产时，应当按照以下情形分别处理： （一）一方主张经营该企业的，对企业资产进行评估后，由取得企业一方给予另一方相应的补偿； （二）双方均主张经营该企业的，在双方竞价基础上，由取得企业的一方给予另一方相应的补偿； （三）双方均不愿意经营该企业的，按照《中华人民共和国个人独资企业法》等有关规定办理。
第二十七条　由一方婚前承租、婚后用共同财产购买的房屋，登记在一方名下的，应当认定为夫妻共同财产。	**《婚姻法司法解释（二）》** **第十九条**　由一方婚前承租、婚后用共同财产购买的房屋，~~房屋权属证书~~登记在一方名下的，应当认定为夫妻共同财产。

《民法典婚姻家庭编司法解释（一）》	原《婚姻法系列司法解释》
第六十九条 当事人达成的以协议离婚或者到人民法院调解离婚为条件的财产以及债务处理协议，如果双方离婚未成，一方在离婚诉讼中反悔的，人民法院应当认定该财产以及债务处理协议没有生效，并根据实际情况依照民法典第一千零八十七条和第一千零八十九条的规定判决。 当事人依照民法典第一千零七十六条签订的离婚协议中关于财产以及债务处理的条款，对男女双方具有法律约束力。登记离婚后当事人因履行上述协议发生纠纷提起诉讼的，人民法院应当受理。	**《婚姻法司法解释（二）》** **第八条** 离婚协议中关于财产分割的条款或者当事人因离婚就财产分割达成的协议，对男女双方具有法律约束力。 当事人因履行上述~~财产分割~~协议发生纠纷提起诉讼的，人民法院应当受理。
第七十条 夫妻双方协议离婚后就财产分割问题反悔，请求撤销财产分割协议的，人民法院应当受理。 人民法院审理后，未发现订立财产分割协议时存在欺诈、胁迫等情形的，应当依法驳回当事人的诉讼请求。	**《婚姻法司法解释（二）》** **第九条** 男女双方协议离婚后~~一年内~~就财产分割问题反悔，请求~~变更或者~~撤销财产分割协议的，人民法院应当受理。 人民法院审理后，未发现订立财产分割协议时存在欺诈、胁迫等情形的，应当依法驳回当事人的诉讼请求。 **《婚姻法司法解释（三）》** ~~**第十四条** 当事人达成的以登记离婚或者到人民法院协议离婚为条件的财产分割协议，如果双方协议离婚未成，一方在离婚诉讼中反悔的，人民法院应当认定该财产分割协议没有生效，并根据实际情况依法对夫妻共同财产进行分割。~~
第七十六条 双方对夫妻共同财产中的房屋价值及归属无法达成协议时，人民法院按以下情形分别处理： （一）双方均主张房屋所有权并且同意竞价取得的，应当准许； （二）一方主张房屋所有权的，由评估机构按市场价格对房屋作出评估，取得房屋所有权的一方应当给予另一方相应的补偿； （三）双方均不主张房屋所有权的，根据当事人的申请拍卖、变卖房屋，就所得价款进行分割。	**《婚姻法司法解释（二）》** **第二十条** 双方对夫妻共同财产中的房屋价值及归属无法达成协议时，人民法院按以下情形分别处理： （一）双方均主张房屋所有权并且同意竞价取得的，应当准许； （二）一方主张房屋所有权的，由评估机构按市场价格对房屋作出评估，取得房屋所有权的一方应当给予另一方相应的补偿； （三）双方均不主张房屋所有权的，根据当事人的申请拍卖房屋，就所得价款进行分割。

<table>
<tr><th>《民法典婚姻家庭编司法解释（一）》</th><th>原《婚姻法系列司法解释》</th></tr>
<tr><td colspan="2">第七十七条（原《婚姻法司法解释（二）》第二十一条）　离婚时双方对尚未取得所有权或者尚未取得完全所有权的房屋有争议且协商不成的，人民法院不宜判决房屋所有权的归属，应当根据实际情况判决由当事人使用。
当事人就前款规定的房屋取得完全所有权后，有争议的，可以另行向人民法院提起诉讼。</td></tr>
<tr><td>第七十八条　夫妻一方婚前签订不动产买卖合同，以个人财产支付首付款并在银行贷款，婚后用夫妻共同财产还贷，不动产登记于首付款支付方名下的，离婚时该不动产由双方协议处理。
依前款规定不能达成协议的，人民法院可以判决该不动产归登记一方，尚未归还的贷款为不动产登记一方的个人债务。双方婚后共同还贷支付的款项及其相对应财产增值部分，离婚时应根据民法典第一千零八十七条第一款规定的原则，由不动产登记一方对另一方进行补偿。</td><td>《婚姻法司法解释（三）》
第十条　夫妻一方婚前签订不动产买卖合同，以个人财产支付首付款并在银行贷款，婚后用夫妻共同财产还贷，不动产登记于首付款支付方名下的，离婚时该不动产由双方协议处理。
依前款规定不能达成协议的，人民法院可以判决该不动产归产权登记一方，尚未归还的贷款为产权登记一方的个人债务。双方婚后共同还贷支付的款项及其相对应财产增值部分，离婚时应根据婚姻法第三十九条第一款规定的原则，由产权登记一方对另一方进行补偿。</td></tr>
<tr><td>第七十九条　婚姻关系存续期间，双方用夫妻共同财产出资购买以一方父母名义参加房改的房屋，登记在一方父母名下，离婚时另一方主张按照夫妻共同财产对该房屋进行分割的，人民法院不予支持。购买该房屋时的出资，可以作为债权处理。</td><td>《婚姻法司法解释（三）》
第十二条　婚姻关系存续期间，双方用夫妻共同财产出资购买以一方父母名义参加房改的房屋，产权登记在一方父母名下，离婚时另一方主张按照夫妻共同财产对该房屋进行分割的，人民法院不予支持。购买该房屋时的出资，可以作为债权处理。</td></tr>
<tr><td>第八十条　离婚时夫妻一方尚未退休、不符合领取基本养老金条件，另一方请求按照夫妻共同财产分割基本养老金的，人民法院不予支持；婚后以夫妻共同财产缴纳基本养老保险费，离婚时一方主张将养老金账户中婚姻关系存续期间个人实际缴纳部分及利息作为夫妻共同财产分割的，人民法院应予支持。</td><td>《婚姻法司法解释（三）》
第十三条　离婚时夫妻一方尚未退休、不符合领取养老保险金条件，另一方请求按照夫妻共同财产分割养老保险金的，人民法院不予支持；婚后以夫妻共同财产缴付养老保险费，离婚时一方主张将养老金账户中婚姻关系存续期间个人实际缴付部分作为夫妻共同财产分割的，人民法院应予支持。</td></tr>
<tr><td colspan="2">第八十一条（原《婚姻法司法解释（二）》第二十一条）　婚姻关系存续期间，夫妻一方作为继承人依法可以继承的遗产，在继承人之间尚未实际分割，起诉离婚时另一方请求分割的，人民法院应当告知当事人在继承人之间实际分割遗产后另行起诉。</td></tr>
</table>

<table>
<tr><th>《民法典婚姻家庭编司法解释（一）》</th><th>原《婚姻法系列司法解释》</th></tr>
<tr><td>第八十二条　夫妻之间订立借款协议，以夫妻共同财产出借给一方从事个人经营活动或者用于其他个人事务的，应视为双方约定处分夫妻共同财产的行为，离婚时可以按照借款协议的约定处理。</td><td>《婚姻法司法解释（三）》
第十六条　夫妻之间订立借款协议，以夫妻共同财产出借给一方从事个人经营活动或用于其他个人事务的，应视为双方约定处分夫妻共同财产的行为，离婚时可按照借款协议的约定处理。</td></tr>
<tr><td colspan="2">第八十三条（原《婚姻法司法解释（三）》第十八条）　离婚后，一方以尚有夫妻共同财产未处理为由向人民法院起诉请求分割的，经审查该财产确属离婚时未涉及的夫妻共同财产，人民法院应当依法予以分割。</td></tr>
<tr><td colspan="2">删除条文

《婚姻法司法解释（三）》
~~第七条　婚后由一方父母出资为子女购买的不动产，产权登记在出资人子女名下的，可按照婚姻法第十八条第（三）项的规定，视为只对自己子女一方的赠与，该不动产应认定为夫妻一方的个人财产。~~
~~由双方父母出资购买的不动产，产权登记在一方子女名下的，该不动产可认定为双方按照各自父母的出资份额按份共有，但当事人另有约定的除外。~~</td></tr>
</table>

《最高人民法院关于刘立民与赵淑华因离婚诉讼涉及民办私立学校校产分割一案的复函》

辽宁省高级人民法院：

你院请示收悉，经研究，答复如下：

刘立民、赵淑华夫妻共同投资办学，应共同享有办学积累中属于夫妻的财产权益。原一、二审判决将办学积累全部认定为刘立民、赵淑华二人的共同财产进行分割没有法律依据。

刘立民、赵淑华夫妻离婚，已丧失了共同办学的条件，对其共同享有的财产权益应予分割。根据本案具体情况，为维护学校完整，学校由赵淑华单独管理后，赵淑华应对刘立民丧失的财产权益以及由此丧失的期待利益予以补偿。补偿数额可参照原二审判决的数额。

《最高人民法院关于革命军人离婚后的财产处理等问题的函》

由中央政治法律委员会转来你的来信一件收悉。你所询问关于革命军人离婚后的财产处理及终审判决的问题，因不了解所问详情，仅就我们处理这类问题时的几个原则意见提供你参考。

一、关于男女双方离婚后的财产处理问题，婚姻法第七章已作了明确规定，对于双方的应得财产都要保护，若一方在离婚后生活确有困难，可给予适当的照顾。如果一方在离婚时愿意将自己应得的财产之一部或全部赠予另一方时，亦为法律所允许。但一方并无此种赠予表示，即应根据婚姻法第七章第二十三条、第二十四条、第二十五条的规定进行处理。革命军人离婚时的财产问题亦应按照婚姻法规定的原则办理。

二、所谓“终审判决”，就是最后确定的判决。按照中华人民共和国法院组织暂行条例规定的审级制度，是基本上的三级二审制，省法院和它的分院就是二审终审法院，一般案件至此即为终审判决。对于这种终审判决，当事人如能举出新的事实，即可向原审法院提请再审。否则，即应按照判决执行。

权威案例指引

▶典型案例

《郭某起诉与吕某离婚案》，《“用公开促公正建设核心价值”主题教育活动婚姻家庭纠纷典型案例之十三》（2015 年 12 月 4 日）

典型意义：有关彩礼与嫁妆如何返还的案件，在我国广大地区特别是农村男女离婚案件中具有一定的普遍意义。依习俗通称，彩礼是婚前男方家庭送给女方的一份礼金或财产，嫁妆是女方带给婆家的物品或钱财的总和。在传统习俗看来，没有彩礼与嫁妆，婚姻难以成立、难讲合法。有人从经济关系分析说彩礼和嫁妆是亲家之间为了建立长久的婚姻关系而采取的物质相互交换，又有人说彩礼是买卖婚姻的筹码，并使神圣的婚姻变得铜臭。彩礼与嫁妆极易导致畸形“金钱婚姻”观，败坏社会风气。彩礼飙升，嫁妆攀比，这已不仅是一个重大的社会问题，而且也是一个值得研究的法律问题。

关于彩礼返还问题，最高人民法院关于适用《中华人民共和国婚姻法》若干问题的解释（二）中有明确规定：“当事人请求返还按照风俗给付的彩礼的，如果查明属于以下情形，人民法院应予支持：（一）双方未办理结婚登记手续的；（二）双方办理结婚登记手续但却未共同生活的；（三）婚前给付导致给付人生活困难的。”

本案适用前款第（二）项的规定，即“双方办理结婚登记手续但确未共同生活”，返还彩礼应当以双方离婚为条件，本案的审理结果也依照上述规定。另外，男方只拿回了一万四千多元钱，是因为彩礼应返还多少尚没有明确法律条文进行详细规定，一般是根据双方婚姻维持时间长短，还有双方的过错确定。

《王鹏与徐丽丽彩礼返还案》，《“用公开促公正建设核心价值”主题教育活动婚姻家庭纠纷典型案例之二十七》（2015 年 12 月 4 日）

典型意义：近年来，离婚时索要婚前给付彩礼的案件频见报端，甚至有索要不成而故意杀人的悲剧发生。处理好此类案件，对于创造良好的人际关系，维护和谐稳定的社会秩序有着重要的意义。对此最高人民法院的司法解释有明确规定。

最高人民法院《关于适用中华人民共和国婚姻法若干问题的解释二》第十条规定：“当事人请求返还按照习俗给付的彩礼的，如果查明属于以下情形，人民法院应当予以支持：（一）双方未办理结婚登记手续的；（二）双方办理结婚登记手续但确未共同生活的；（三）婚前给付并导致给付人生活困难的。适用前款第（二）、（三）项的规定，应当以双方离婚为条件。”那么如何理解“生活困难”呢？《解释（二）》第二十七条对“生活困难”的含义作出了这样的解释：“婚姻法第四十二条所称‘生活困难’，是指依靠个人财产和离婚时分得的财产无法维持当地基本生活水平。”

《刘平诉孔霄离婚纠纷案》，《“用公开促公正建设核心价值”主题教育活动婚姻家庭纠纷典型案例之三十二》（2015年12月4日）

典型意义：离婚案件当事人在离婚诉讼之前，往往对财产分割与子女抚养进行多次协商，在这一过程中，有可能会对上述问题达成一致意见并签订书面协议。对于签订协议后双方即办理离婚登记的情形，该协议成立并生效，协议内容对双方当事人均有约束力。但在签订协议后未办理离婚登记的情形下，应参照《中华人民共和国婚姻法解释（三）》第十四条规定：当事人达成的以登记离婚或者到人民法院协议离婚为条件的财产分割协议，如果双方协议离婚未成，一方在离婚诉讼中反悔的，人民法院应当认定该财产分割协议没有生效，并根据实际情况依法对夫妻共同财产进行分割。这对于均衡双方当事人的合法权益，避免当事人因欠缺法律知识做出错误的意思表示提供最后的救济途径。

《张某某与赵某婚约财产纠纷案》，《家庭婚姻纠纷典型案例（山东）之一》（2015年11月19日）

典型意义：本案是一起典型的婚约财产纠纷案件。原告与被告经人介绍认识，原告按照当地风俗习惯给予被告彩礼，但原告与被告之后未能登记结婚。关于此种情况如何处理，《最高人民法院关于适用〈中华人民共和国婚姻法〉若干问题的解释（二）》中作了明确规定，即双方未办理结婚登记手续的，法院应支持当事人要求返还彩礼的诉讼请求。彩礼虽具有赠与的外观，但法律后果与普通的赠与却大相径庭。被告关于原告给予其彩礼的行为为赠与行为的抗辩，法院不应支持。

《刘某与冯某婚姻财产纠纷案》，《家庭婚姻纠纷典型案例（山东）之二》（2015年11月19日）

典型意义：本案争议的一个主要焦点是离婚后婚前彩礼是否返还的问题，这在广大农村是比较典型的。相当多的当事人认为彩礼是为结婚而给付的，离婚了就应返还。其实，这是个误解。最高人民法院在《婚姻法》解释（二）中规定，只有符合以下情况，人民法院才支持返还彩礼：一是双方未办理结婚登记手续的；二是双方办理结婚登记手续但确未共同生活的；三是婚前给付并导致给付人生活困难的。如果不符合这三种情况，法院不支持返还彩礼。像本案这种情况，尽管双方共同生活时间不长，但毕竟已经结婚并共同生活，被告非因给付彩礼而导致非常困难，所以其要求返还彩礼的主张，法院没有支持。这一点，希望广大家庭特别是农村家庭予以特别关注，离婚时要审慎对待这个问题，应依法去行使权利，履行义务。

《张某诉陈某离婚后财产纠纷案——莫把婚姻当作获利工具》，《家庭婚姻纠纷典型案例（河南）之八》（2015年11月19日）

典型意义：伴随着城镇化飞速发展的步伐，围绕农村土地的各种纠纷也出现上升趋势。如本案中的情况，张某一家把获取土地补偿款等利益作为结婚的主要考量因素和目的，这样的仓促婚姻往往因缺乏感情基础而极不稳固，对个人、家庭和社会也都是极度不负责的做法，更存在着法律和财产上的风险。金钱买不来爱情，也锁不住婚姻，终身大事还是谨慎为好。

第一千零八十八条　【离婚时的经济补偿请求权】夫妻一方因抚育子女、照料老年人、协助另一方工作等负担较多义务的，离婚时有权向另一方请求补偿，另一方应当给予补偿。具体办法由双方协议；协议不成的，由人民法院判决。

关联法规参见

▶**法律**：《妇女权益保障法》第47条。

权威案例指引

▶**典型案例**

《岳某诉曹某离婚纠纷案——公平原则在离婚案件中的彰显》，《家庭婚姻纠纷典型案例（河南）之七》（2015年11月19日）

典型意义：在婚姻关系中，女方往往处于弱势地位。一方面她们出于照顾家庭的考虑，往往以牺牲自己的工作甚至事业为代价；另一方面，在出现婚姻纠纷时，女方往往由于没有为家庭带来直接经济收入导致其合法权益得不到保障。在审理此类案件时，要充分查明案件事实，对于确实对家庭付出较多义务的女方应判决给予一定的经济帮助，使其合法权益能够得到保障。本案中，考虑到曹某在夫妻共同生活期间，抚育子女、照顾老人，付出较多，对家庭做出了较大的贡献；离婚后没有固定的经济收入，还要抚养孩子，经济压力比较大，因此判决岳某给付曹某经济帮助两万元。

第一千零八十九条　【离婚时夫妻共同债务的清偿】离婚时，夫妻共同债务应当共同偿还。共同财产不足清偿或者财产归各自所有的，由双方协议清偿；协议不成的，由人民法院判决。

关联法规参见

▶**法律**：《民法典婚姻家庭编》第1060条、第1064条。

司法解释适用

《最高人民法院关于适用〈中华人民共和国民法典〉婚姻家庭编的解释（一）》（法释〔2020〕22号）

《民法典婚姻家庭编司法解释（一）》	原《婚姻法司法解释（二）》
第三十三条（原第二十三条）　债权人就一方婚前所负个人债务向债务人的配偶主张权利的，人民法院不予支持。但债权人能够证明所负债务用于婚后家庭共同生活的除外。	

《民法典婚姻家庭编司法解释（一）》	原《婚姻法司法解释（二）》
第三十三条 债权人就一方婚前所负个人债务向债务人的配偶主张权利的，人民法院不予支持。但债权人能够证明所负债务用于婚后家庭共同生活的除外。 **第三十四条** 夫妻一方与第三人串通，虚构债务，第三人主张该债务为夫妻共同债务的，人民法院不予支持。 夫妻一方在从事赌博、吸毒等违法犯罪活动中所负债务，第三人主张该债务为夫妻共同债务的，人民法院不予支持。	**第二十四条** 债权人就婚姻关系存续期间夫妻一方以个人名义所负债务主张权利的，应当按夫妻共同债务处理。但夫妻一方能够证明债权人与债务人明确约定为个人债务，或者能够证明属于婚姻法第十九条第三款规定情形的除外。 夫妻一方与第三人串通，虚构债务，第三人主张权利的，人民法院不予支持。 夫妻一方在从事赌博、吸毒等违法犯罪活动中所负债务，第三人主张权利的，人民法院不予支持。
第三十五条 当事人的离婚协议或者人民法院生效判决、裁定、调解书已经对夫妻财产分割问题作出处理的，债权人仍有权就夫妻共同债务向男女双方主张权利。 一方就夫妻共同债务承担清偿责任后，主张由另一方按照离婚协议或者人民法院的法律文书承担相应债务的，人民法院应予支持。	**第二十五条** 当事人的离婚协议或者人民法院的判决书、裁定书、调解书已经对夫妻财产分割问题作出处理的，债权人仍有权就夫妻共同债务向男女双方主张权利。 一方就共同债务承担连带清偿责任后，基于离婚协议或者人民法院的法律文书向另一方主张追偿的，人民法院应当支持。
第三十六条 夫或者妻一方死亡的，生存一方应当对婚姻关系存续期间的夫妻共同债务承担清偿责任。	**第二十六条** 夫或妻一方死亡的，生存一方应当对婚姻关系存续期间的共同债务承担连带清偿责任。

《最高人民法院关于当前民事审判工作中的若干具体问题》

三、关于婚姻家庭、继承纠纷等家事案件的审理问题

对未成年人、妇女和老年人等弱势群体的倾斜保护，不仅是社会共同体自身发展的内在需求，也是弘扬中华传统道德文化和社会主义核心价值观，推动家风、家德、家教建设的重要内容。对家事审判的整体裁判思路和理念，下午杜专委要作为一个重要问题专门讲，我只谈几个具体问题：

第一，关于夫妻共同债务的认定问题。这个问题已经引起社会的广泛关注，每年全国两会后，也总有一定数量全国人大代表、全国政协委员的建议、提案是针对此问题提出的，今年尤其多。夫妻一方举债的情形在现实生活中非常复杂，不仅存在夫妻一方以个人名义在婚姻关系存续期间举债给其配偶造成损害的情况；也存在夫妻合谋以离婚为手段，将共同财产分配给一方，而将债务分配给另一方，借以达到逃避债务、损害债权人利益目的的情形。从我们了解的情况看，各地法院对这个问题争议也非常大，包括共同债务除借款外是否还包括侵权等其他债务；在夫妻共同债务的认定上，除“用于夫妻共同生活”的标准外，是否要考虑增加“为了家庭共同利益”的标准；在举债人配偶一方举证证明举债人所借债务明显超出日常生活及生产

经营所需，或者举债人具有赌博、吸毒等不良嗜好的，举证证明责任能否转移等问题。这些问题目前争议都非常大，我们也正在研究中。总体意见是，处理这类纠纷一定要兼顾债权人信赖利益的保护和妇女儿童权益的维护两个方面。就婚姻关系存续期间夫妻一方以个人名义所负债务性质的考量，应区分规制不同的法律关系，分别适用婚姻法第四十一条和《婚姻法司法解释（二）》

……

《最高人民法院民一庭关于婚姻关系存续期间夫妻一方以个人名义所负债务性质如何认定的答复》

江苏省高级人民法院：

你院〔2014〕苏民他字第2号《关于婚姻关系存续期间夫妻一方以个人名义所负债务的性质如何认定问题的请示》收悉。

经研究，同意你院审判委员会的倾向性意见。在不涉及他人的离婚案件中，由以个人名义举债的配偶一方负责举证证明所借债务用于夫妻共同生活，如证据不足，则其配偶一方不承担偿还责任。在债权人以夫妻一方为被告起诉的债务纠纷中，对于案涉债务是否属于夫妻共同债务，应当按照《最高人民法院关于适用〈中华人民共和国婚姻法〉若干问题的解释（二）》第二十四条规定认定。如果举债人的配偶举证证明所借债务并非用于夫妻共同生活，则其不承担偿还责任。

权威案例指引

▶典型案例

《王丽诉张伟同居析产案》，《“用公开促公正建设核心价值”主题教育活动婚姻家庭纠纷典型案例之二十六》（2015年12月4日）

典型意义：近年来，涉及解除同居关系以及分割财产的案件越趋复杂，在很多情况下，同居关系与婚姻关系非常接近，除了两张纸（结婚证），几乎没有区别。然而，在起诉同居析产的情况下，同居关系的处理与婚姻关系有着不小的区别。经过结婚登记的夫妻在婚姻关系存续期间，一方或双方所得的财产，除《婚姻法》第十八条列举的财产以外，均为夫妻共有财产，夫或妻对共有财产享有平等的处分权。同居关系析产则是以财产取得方式确定产权，共同财产未经共有人同意不得处分。其行为模式不同，后果模式也不相同。同居关系和家庭关系都是整个社会的小细胞，处理好同居关系对和谐社会的建设有着十分重要的意义。

第一千零九十条 【离婚经济帮助】离婚时，如果一方生活困难，有负担能力的另一方应当给予适当帮助。具体办法由双方协议；协议不成的，由人民法院判决。

关联法规参见

▶**法律**：《妇女权益保障法》第48条。

司法解释适用

《最高人民法院关于革命军人离婚后的财产处理等问题的函》

由中央政治法律委员会转来你的来信一件收悉。你所询问关于革命军人离婚后的财产处理及终审判决的问题，因不了解所问详情，仅就我们处理这类问题时的几个原则意见提供你参考。

一、关于男女双方离婚后的财产处理问题，婚姻法第七章已作了明确规定，对于双方的应得财产都要保护，若一方在离婚后生活确有困难，可给予适当的照顾。如果一方在离婚时愿意将自己应得的财产之一部或全部赠予另一方时，亦为法律所允许。但一方并无此种赠予表示，即应根据婚姻法第七章第二十三条、第二十四条、第二十五条的规定进行处理。革命军人离婚时的财产问题亦应按照婚姻法规定的原则办理。

二、所谓“终审判决”，就是最后确定的判决。按照中华人民共和国法院组织暂行条例规定的审级制度，是基本上的三级二审制，省法院和它的分院就是二审终审法院，一般案件至此即为终审判决。对于这种终审判决，当事人如能举出新的事实，即可向原审法院提请再审。否则，即应按照判决执行。

第一千零九十一条　【无过错方请求离婚损害赔偿的情形】 有下列情形之一，导致离婚的，无过错方有权请求损害赔偿：

（一）重婚；

（二）与他人同居；

（三）实施家庭暴力；

（四）虐待、遗弃家庭成员；

（五）有其他重大过错。

关联法规参见

▶**法律**：《民法典侵权责任编》第1183条。

司法解释适用

《最高人民法院关于适用〈中华人民共和国民法典〉婚姻家庭编的解释（一）》（法释〔2020〕22号）

《民法典婚姻家庭编司法解释（一）》	原《婚姻法系列司法解释》
第一条　持续性、经常性的家庭暴力，可以认定为民法典第一千零四十二条、第一千零七十九条、第一千零九十一条所称的“虐待”。	《婚姻法司法解释（一）》 **第一条**　~~婚姻法第三条、第三十二条、第四十三条、第四十五条、第四十六条所称的“家庭暴力”，是指行为人以殴打、捆绑、残害、强行限制人身自由或者其他手段，给其家庭成员的身体、精神等方面造成一定伤害后果的行为。~~持续性、经常性的家庭暴力，构成虐待。

《民法典婚姻家庭编司法解释（一）》	原《婚姻法系列司法解释》
第二条　民法典第一千零四十二条、第一千零七十九条、第一千零九十一条规定的“与他人同居”的情形，是指有配偶者与婚外异性，不以夫妻名义，持续、稳定地共同居住。	**《婚姻法司法解释（一）》** **第二条**　婚姻法第三条、第三十二条、第四十六条规定的“~~有配偶者~~与他人同居”的情形，是指有配偶者与婚外异性，不以夫妻名义，持续、稳定地共同居住。
第三条　当事人提起诉讼仅请求解除同居关系的，人民法院不予受理；已经受理的，裁定驳回起诉。 当事人因同居期间财产分割或者子女抚养纠纷提起诉讼的，人民法院应当受理。	**《婚姻法司法解释（二）》** **第一条**　当事人起诉请求解除同居关系的，人民法院不予受理。~~但当事人请求解除的同居关系，属于婚姻法第三条、第三十二条、第四十六条规定的“有配偶者与他人同居”的，人民法院应当受理并依法予以解除。~~ 当事人因同居期间财产分割或者子女抚养纠纷提起诉讼的，人民法院应当受理。
第八十七条　承担民法典第一千零九十一条规定的损害赔偿责任的主体，为离婚诉讼当事人中无过错方的配偶。 人民法院判决不准离婚的案件，对于当事人基于民法典第一千零九十一条提出的损害赔偿请求，不予支持。 在婚姻关系存续期间，当事人不起诉离婚而单独依据民法典第一千零九十一条提起损害赔偿请求的，人民法院不予受理。	**《婚姻法司法解释（一）》** **第二十九条**　承担婚姻法第四十六条规定的损害赔偿责任的主体，为离婚诉讼当事人中无过错方的配偶。 人民法院判决不准离婚的案件，对于当事人基于婚姻法第四十六条提出的损害赔偿请求，不予支持。 在婚姻关系存续期间，当事人不起诉离婚而单独依据该条规定提起损害赔偿请求的，人民法院不予受理。
第八十八条　人民法院受理离婚案件时，应当将民法典第一千零九十一条等规定中当事人的有关权利义务，书面告知当事人。在适用民法典第一千零九十一条时，应当区分以下不同情况： （一）符合民法典第一千零九十一条规定的无过错方作为原告基于该条规定向人民法院提起损害赔偿请求的，必须在离婚诉讼的同时提出。 （二）符合民法典第一千零九十一条规定的无过错方作为被告的离婚诉讼案件，如果被告不同意离婚也不基于该条规定提起损害赔偿请求的，可以就此单独提起诉讼。	**《婚姻法司法解释（一）》** **第三十条**　人民法院受理离婚案件时，应当将婚姻法第四十六条等规定中当事人的有关权利义务，书面告知当事人。在适用婚姻法第四十六条时，应当区分以下不同情况： （一）符合婚姻法第四十六条规定的无过错方作为原告基于该条规定向人民法院提起损害赔偿请求的，必须在离婚诉讼的同时提出。 （二）符合婚姻法第四十六条规定的无过错方作为被告的离婚诉讼案件，如果被告不同意离婚也不基于该条规定提起损害赔偿请求的，可以~~在离婚后一年内~~就此单独提起诉讼。

《民法典婚姻家庭编司法解释（一）》	原《婚姻法系列司法解释》
（三）无过错方作为被告的离婚诉讼案件，一审时被告未基于民法典第一千零九十一条规定提出损害赔偿请求，二审期间提出的，人民法院应当进行调解；调解不成的，告知当事人另行起诉。双方当事人同意由第二审人民法院一并审理的，第二审人民法院可以一并裁判。	（三）无过错方作为被告的离婚诉讼案件，一审时被告未基于婚姻法第四十六条规定提出损害赔偿请求，二审期间提出的，人民法院应当进行调解，调解不成的，告知当事人~~在离婚后一年内~~另行起诉。
第八十九条 当事人在婚姻登记机关办理离婚登记手续后，以民法典第一千零九十一条规定为由向人民法院提出损害赔偿请求的，人民法院应当受理。但当事人在协议离婚时已经明确表示放弃该项请求的，人民法院不予支持。	**《婚姻法司法解释（二）》** **第二十七条** 当事人在婚姻登记机关办理离婚登记手续后，以婚姻法第四十六条规定为由向人民法院提出损害赔偿请求的，人民法院应当受理。但当事人在协议离婚时已经明确表示放弃该项请求，~~或者在办理离婚登记手续一年后提出的，~~不予支持。
第九十条 夫妻双方均有民法典第一千零九十一条规定的过错情形，一方或者双方向对方提出离婚损害赔偿请求的，人民法院不予支持。	**《婚姻法司法解释（三）》** **第十七条** 夫妻双方均有婚姻法第四十六条规定的过错情形，一方或者双方向对方提出离婚损害赔偿请求的，人民法院不予支持。

《最高人民法院关于确定民事侵权精神损害赔偿责任若干问题的解释》法释〔2020〕17号修改

新《精神损害赔偿司法解释》	原《精神损害赔偿司法解释》
第一条 因人身权益或者具有人身意义的特定物受到侵害，自然人或者其近亲属向人民法院提起诉讼请求精神损害赔偿的，人民法院应当依法予以受理。	**第一条** 自然人因下列人格权利遭受非法侵害，向人民法院起诉请求赔偿精神损害的，人民法院应当依法予以受理： （一）生命权、健康权、身体权； （二）姓名权、肖像权、名誉权、荣誉权； （三）人格尊严权、人身自由权。 违反社会公共利益、社会公德侵害他人隐私或者其他人格利益，受害人以侵权为由向人民法院起诉请求赔偿精神损害的，人民法院应当依法予以受理。
第二条（原第二条） 非法使被监护人脱离监护，导致亲子关系或者近亲属间的亲属关系遭受严重损害，监护人向人民法院起诉请求赔偿精神损害的，人民法院应当依法予以受理。	

<table>
<tr><th>新《精神损害赔偿司法解释》</th><th>原《精神损害赔偿司法解释》</th></tr>
<tr><td>第三条　死者的姓名、肖像、名誉、荣誉、隐私、遗体、遗骨等受到侵害，其近亲属向人民法院提起诉讼请求精神损害赔偿的，人民法院应当依法予以支持。</td><td>第三条　自然人死亡后，其近亲属因下列侵权行为遭受精神痛苦，向人民法院起诉请求赔偿精神损害的，人民法院应当依法予以受理：
（一）以侮辱、诽谤、贬损、丑化或者违反社会公共利益、社会公德的其他方式，侵害死者姓名、肖像、名誉、荣誉；
（二）非法披露、利用死者隐私，或者以违反社会公共利益、社会公德的其他方式侵害死者隐私；
（三）非法利用、损害遗体、遗骨，或者以违反社会公共利益、社会公德的其他方式侵害遗体、遗骨。</td></tr>
<tr><td>第四条　法人或者非法人组织以名誉权、荣誉权、名称权遭受侵害为由，向人民法院起诉请求精神损害赔偿的，人民法院不予支持。</td><td>第五条　法人或者其他组织以人格权利遭受侵害为由，向人民法院起诉请求赔偿精神损害的，人民法院不予受理。</td></tr>
<tr><td colspan="2">删除条文
<s>第六条　当事人在侵权诉讼中没有提出赔偿精神损害的诉讼请求，诉讼终结后又基于同一侵权事实另行起诉请求赔偿精神损害的，人民法院不予受理。</s>
<s>第七条　自然人因侵权行为致死，或者自然人死亡后其人格或者遗体遭受侵害，死者的配偶、父母和子女向人民法院起诉请求赔偿精神损害的，列其配偶、父母和子女为原告；没有配偶、父母和子女的，可以由其他近亲属提起诉讼，列其他近亲属为原告。</s>
<s>第八条　因侵权致人精神损害，但未造成严重后果，受害人请求赔偿精神损害的，一般不予支持，人民法院可以根据情形判令侵权人停止侵害、恢复名誉、消除影响、赔礼道歉。</s>
<s>因侵权致人精神损害，造成严重后果的，人民法院除判令侵权人承担停止侵害、恢复名誉、消除影响、赔礼道歉等民事责任外，可以根据受害人一方的请求判令其赔偿相应的精神损害抚慰金。</s>
<s>第九条　精神损害抚慰金包括以下方式：</s>
<s>（一）致人残疾的，为残疾赔偿金；</s>
<s>（二）致人死亡的，为死亡赔偿金；</s>
<s>（三）其他损害情形的精神抚慰金。</s></td></tr>
<tr><td>第五条　精神损害的赔偿数额根据以下因素确定：
（一）侵权人的过错程度，但是法律另有规定的除外；</td><td>第十条　精神损害的赔偿数额根据以下因素确定：
（一）侵权人的过错程度，法律另有规定的除外；</td></tr>
</table>

新《精神损害赔偿司法解释》	原《精神损害赔偿司法解释》
（二）侵权行为的目的、方式、场合等具体情节； （三）侵权行为所造成的后果； （四）侵权人的获利情况； （五）侵权人承担责任的经济能力； （六）受理诉讼法院所在地的平均生活水平。	（二）侵害的手段、场合、行为方式等具体情节； （三）侵权行为所造成的后果； （四）侵权人的获利情况； （五）侵权人承担责任的经济能力； （六）受诉法院所在地平均生活水平。 ~~法律、行政法规对残疾赔偿金、死亡赔偿金等有明确规定的，适用法律、行政法规的规定。~~
删除条文 ~~**第十一条**　受害人对损害事实和损害后果的发生有过错的，可以根据其过错程度减轻或者免除侵权人的精神损害赔偿责任。~~	
第六条（原第十二条）　在本解释公布施行之前已经生效施行的司法解释，其内容有与本解释不一致的，以本解释为准。	

权威案例指引

▶典型案例

《张某诉程某身体权纠纷案》，《“用公开促公正建设核心价值”主题教育活动婚姻家庭纠纷典型案例之三十一》（2015年12月4日）

典型意义：本案是一起典型的家庭暴力案件，呼和浩特市中级法院针对家庭暴力对象的特殊性、形式的多样性、行为的隐蔽性、结果的循环性等特点，认真审理了此案。被告人程某粗鲁强势，其母目中无人，辱骂法官的行为能够印证家暴是导致他们婚姻关系破裂的主要原因，一个完整的家庭解体了，但对张某身体及精神造成的危害却无法弥补。本案中张某冷静理智，没有采用“以暴制暴”的手段来反抗，而是拿起法律这个有力的武器来捍卫自己的合法权益，其法律意识之强深深打动了每一位法官。以往因家庭暴力导致离婚的案件通常仅仅止步于婚姻关系的终止，受害人在离婚后就人身损害提起民事诉讼的情况极少。本案中张某在婚姻关系存续期间对程某的家庭暴力行为提起过刑事附带民事诉讼，获得了部分赔偿。在离婚后，对家庭暴力造成的人身损害再一次提起了民事诉讼。该案件在当地群众中产生了深远的影响，研究探讨该案例对法律适用和预防家庭暴力行为有着重要意义：

第一、受害人对家庭暴力行为能够及时收集、保留、固定证据，使案件能够顺利立案并最终判决，家庭暴力的施暴者得到了有力的惩治；

第二，该案例为家庭暴力的受害者在离婚后如何请求保护人身损害赔偿指明了道路，最高人民法院《关于适用〈中华人民共和国婚姻法〉若干问题的解释（一）》对家庭暴力行为进行了定义，对家庭暴力的范畴作出了明确表述，为法官审理此类案件提供了有力的法律依据；

第三，纠正了不正确的认识。刑事附带民事判决不能囊括全部受害人应得的人身损害赔偿，对于没有对受害人进行赔偿的部分，受害人有权另行提起民事诉讼；

第四，许多起家庭暴力案件都造成了极其严重的后果，有些甚至造成了人身伤亡事件，立法者乃至整个社会应当从此案件中反思，如何通过立法、执法行为，在家庭暴力发生前就给施暴者以威慑，从根源上遏制家庭暴力。

《张某与蒋某婚姻家庭纠纷案》，《“用公开促公正建设核心价值”主题教育活动婚姻家庭纠纷典型案例之三十六》（2015 年 12 月 4 日）

典型意义：《中华人民共和国婚姻法》第四条规定了夫妻应当互相忠实、互相尊重的义务。违反忠实义务往往对配偶的情感和精神造成非常严重的伤害。这和我国社会一般大众因为习惯、传统等原因对婚姻家庭的认识有很大关系。故《最高人民法院关于适用〈中华人民共和国婚姻法〉若干问题的解释（一）》第二十八条规定：婚姻法第四十六条规定的“损害赔偿”，包括物质损害赔偿和精神损害赔偿。涉及精神损害赔偿的，适用最高人民法院《关于确定民事侵权精神损害赔偿责任若干问题的解释》的有关规定。本案中张某在得知张某某并非自己的亲生子后，其精神受到伤害，要求蒋某赔偿精神损害抚慰金的理由正当合法，得到了法院的支持。而张某某因与张某并无血缘关系，张某对其并无法定抚养义务，故法院对张某要求蒋某返还自己已承担的张某某的抚养费的主张予以了支持。

《王某诉江某离婚案》，《婚姻家庭纠纷典型案例（北京）之二》（2015 年 11 月 19 日）

典型意义：夫妻应当互敬互爱，和睦相处，但遗憾的是，夫妻之间实施暴力给其中一方造成人身伤害和精神痛苦的现象仍然存在，家庭暴力问题作为离婚案件的重要诱因，仍然在很大程度上影响着家庭的稳定与和谐。家庭暴力是指行为人以殴打、捆绑、残害、强行限制人身自由或者其他手段，给其家庭成员的身体、精神等方面造成一定伤害后果的行为。持续性、经常性的家庭暴力，构成虐待。根据北京法院对 2013 年度东城法院、丰台法院、通州法院结案的 620 件离婚案件抽样统计显示，涉家庭暴力类的离婚案件占选取离婚案件总数的 9%，数量比例虽不高，但涉家暴案件大多矛盾激烈、调解率低、最终离异率高。我国婚姻法明确禁止家庭暴力，规定配偶一方对另一方实施家庭暴力，经调解无效的应准予离婚，因实施家庭暴力导致离婚的，无过错方在离婚时有权请求损害赔偿。正在全国人大审议中的《反家暴法》也通过规定了一系列制度安排，以期保护家庭中的弱势群体，对家庭暴力行为进行遏制。本案就是典型的因家庭暴力导致离婚的案件，人民法院依法支持无过错方的离婚请求和赔偿请求，对于家庭暴力这样违反法律和社会主义道德的行为，旗帜鲜明地给予否定性评价。

《陆某诉陈某离婚案》，《婚姻家庭纠纷典型案例（北京）之五》（2015 年 11 月 19 日）

典型意义：我国婚姻法第四条规定了夫妻的互相忠实义务。婚姻应当以感情为基础，夫妻之间应当互相忠实，互相尊重，以维护平等、和睦、文明的婚姻家庭关系。维护夫妻之间的相互忠诚，不仅仅是道德义务，更是法律义务。本案中，陈某与她人存在不正当男女关系，伤害了陆某的个人感情，损害了双方之间的婚姻关系，陈某的行为是不道德的，亦违反了我国婚姻法规定的夫妻之间的忠实义务。陆某作为无过错方，有权提起离婚诉讼并同时请求损害赔偿，人民法院依法予以支持。

《周某诉张某离婚后损害责任纠纷案——是否可请求出轨者支付精神赔偿?》，《家庭婚姻纠纷典型案例（河南）之十》（2015年11月19日）

夫妻互相忠实，不背叛爱情，不仅是传统美德，也是法定义务。对婚姻不忠实，是难以容忍的不诚信，它不仅破坏了夫妻关系，拆散了家庭，也伤及无辜的子女，而且败坏了社会风气，是法律所禁止的行为。因此，在离婚后发现被告的婚姻存续期间的出轨行为，请求精神损害赔偿，人民法院依法予以支持，以彰显法律的公正和道德力量

第一千零九十二条　【隐藏、变卖、毁损夫妻共同财产或伪造债务行为的处理规则】夫妻一方隐藏、转移、变卖、毁损、挥霍夫妻共同财产，或者伪造夫妻共同债务企图侵占另一方财产的，在离婚分割夫妻共同财产时，对该方可以少分或者不分。离婚后，另一方发现有上述行为的，可以向人民法院提起诉讼，请求再次分割夫妻共同财产。

关联法规参见

▶**法律：**《刑法》第314条，《民事诉讼法》第111条、第114条。

司法解释适用

《最高人民法院关于适用〈中华人民共和国民法典〉婚姻家庭编的解释（一）》（法释〔2020〕22号）

《民法典婚姻家庭编司法解释（一）》	原《婚姻法系列司法解释》
第八十四条　当事人依据民法典第一千零九十二条的规定向人民法院提起诉讼，请求再次分割夫妻共同财产的诉讼时效期间为三年，从当事人发现之日起计算。	**《婚姻法司法解释（一）》** **第三十一条**　当事人依据婚姻法第四十七条的规定向人民法院提起诉讼，请求再次分割夫妻共同财产的诉讼时效为两年，从当事人发现之次日起计算。
第八十五条（原《婚姻法司法解释（二）》第二十八条）　夫妻一方申请对配偶的个人财产或者夫妻共同财产采取保全措施的，人民法院可以在采取保全措施可能造成损失的范围内，根据实际情况，确定合理的财产担保数额。	

权威案例指引

▶指导性案例

雷某某诉宋某某离婚纠纷案，指导案例 66 号（2016 年 9 月 19 日）

裁判要点：一方在离婚诉讼期间或离婚诉讼前，隐藏、转移、变卖、毁损夫妻共同财产，或伪造债务企图侵占另一方财产的，离婚分割夫妻共同财产时，依照《中华人民共和国婚姻法》第四十七条的规定可以少分或不分财产。

▶典型案例

《原告吕某芳诉被告许某坤离婚案》，《"用公开促公正建设核心价值"主题教育活动婚姻家庭纠纷典型案例之四十三》（2015 年 12 月 4 日）

典型意义：离婚诉讼中，很多当事人担心对方开始隐匿家庭共同财产，其实这个担心并不是多余的，几乎 60% 以上的案件都会涉及一方涉嫌隐匿财产的情况。因此，防止对方隐匿财产，应当提前准备。比如，在起诉前，就将家庭共同财产的发票收集好，或请朋友做见证证言，兼采用影像取证技术。另外，对于银行存款、股票基金等，可以在起诉同时申请法院调查或律师出具调查令调查，一旦查出财产下落，可以视情况采取财产保全措施等。本案中，原告申请法院调查收集证据，法院向中国农业银行宣威板桥分理处调取被告许享坤在该行的开户及账号交易明细情况，查明被告许享坤从 2 月 4 日至 3 月 9 日共销户定期一本通子账户七笔，合计 553932.14 元。故法院作出前述判决。

《李某诉孙某离婚后财产纠纷案》，《婚姻家庭纠纷典型案例（北京）之八》（2015 年 11 月 19 日）

典型意义：随着社会的发展，传统从一而终的婚姻观念已经悄然发生改变，在法院最直接的体现便是受理离婚相关的案件越来越多。曾经如胶似漆的两人，若在分道扬镳的岔路口，也能不因感情的逝去而坦诚相待，无疑也算得上是美事一件。但是现实生活往往不同于童话小说，离婚中的双方似乎总要将感情失利的不快转移到对共同财产的锱铢必较。因此，法院在审理涉及财产分割的离婚案件中，对双方共同财产予以公平分割，无疑能更好平息双方因离婚带来的不快，促进双方好合好散。在调处涉嫌隐瞒夫妻共同财产案件时明察秋毫，既是对失信一方的惩罚，亦是对另一方合法权益的维护，无疑也对社会的安定和谐有莫大的促进。

《婚姻法》第四十七条明确规定，离婚时，一方隐藏、转移、变卖、毁损夫妻共同财产，或伪造债务企图侵占另一方财产的，分割夫妻共同财产时，对隐藏、转移、变卖、毁损夫妻共同财产或伪造债务的一方，可以少分或不分。离婚后，另一方发现有上述行为的，可以向人民法院提起诉讼，请求再次分割夫妻共同财产。本案中，在案证据能够证明孙某的现住房是其在与李某婚姻存续期间用夫妻共同财产购买的，而且其主张购买该房屋已经告知李某缺乏证据支持，因此法院将涉案房屋认定为夫妻共同财产，并依法进行了分割。同时，对于隐瞒财产的分割比例问题，需要法院依据过错大小、具体案情等综合认定，故本案中李某以孙某隐瞒夫妻共同财产存在错误为由，要求涉案房屋全部归自己所有的诉讼请求亦未得到支持。天下没有不透风的墙，在夫妻缘分走到尽头之时，双方还应坦诚相待，避免日后对簿公堂，为自己的不当行为买单，既得不偿失，也失了风度。

第五章　收　养

第一节　收养关系的成立

第一千零九十三条　【被收养人的条件】下列未成年人，可以被收养：

（一）丧失父母的孤儿；

（二）查找不到生父母的未成年人；

（三）生父母有特殊困难无力抚养的子女。

关联法规参见

▶**法律：**《民法典总则编》第19条、第20条，《民法典婚姻家庭编》第1099条、第1103条。

第一千零九十四条　【送养人的条件】下列个人、组织可以作送养人：

（一）孤儿的监护人；

（二）儿童福利机构；

（三）有特殊困难无力抚养子女的生父母。

关联法规参见

▶**法律：**《民法典婚姻家庭编》第1099条、第1103条，《未成年人保护法》第96条。

第一千零九十五条　【监护人送养未成年人的情形】未成年人的父母均不具备完全民事行为能力且可能严重危害该未成年人的，该未成年人的监护人可以将其送养。

关联法规参见

▶**法律：**《未成年人保护法》第108条、第109条、第118条。

司法解释适用

《民政部关于规范生父母有特殊困难无力抚养的子女和社会散居孤儿收养工作的意见》

二、明确送养人和送养意愿

生父母有特殊困难无力抚养的子女由生父母作为送养人。生父母均不具备完全民事行为能力且对被收养人有严重危害可能的，由被收养人的监护人作为送养人。社会散居孤儿由其监护人作为送养人。社会散居孤儿的监护人依法变更为社会福利机构的，可以由社会福利机构送养。送养人可以向民政部门提出送养意愿。民政部门可以委托社会福利机构代为接收送养意愿。

三、严格规范送养材料

提交送养材料时，送养人可以直接向县级以上人民政府民政部门提交，也可以由受委托的社会福利机构转交。受委托的社会福利机构应当协助送养人按照要求提交送养证明材料。

送养人应当提交下列证件和证明材料：本人及被收养人的居民身份证和居民户口簿或公安机关出具的户籍证明，《生父母或监护人同意送养的书面意见》（见附件1），并根据下列情况提交相关证明材料。

（一）生父母作为送养人的，应当提交下列证明材料：

1. 生父母有特殊困难无力抚养子女的证明；

2. 生父母与当地卫生和计划生育部门签订的计划生育协议。

生父母有特殊困难无力抚养的证明是指生父母所在单位或者村（居）委会根据下列证件、证明材料之一出具的能够确定生父母有特殊困难无力抚养的相关证明：

（1）县级以上医疗机构出具的重特大疾病证明；

（2）县级残疾人联合会出具的重度残疾证明；

（3）人民法院判处有期徒刑或无期徒刑、死刑的判决书。

生父母确因其他客观原因无力抚养子女的，乡镇人民政府、街道办事处出具的有关证明可以作为生父母有特殊困难无力抚养的证明使用。

（二）如生父母一方死亡或者下落不明的，送养人还应当提交下列证明：

1. 死亡证明、公安机关或者其他有关机关出具的下落不明的证明；

2. 经公证的死亡或者下落不明一方的父母不行使优先抚养权的书面声明（见附件2）。

（三）生父母以外的监护人作为送养人的，应当提交下列证明材料：

1. 生父母的死亡证明或者人民法院出具的能够证明生父母双方均不具备完全民事行为能力的文书；

2. 监护人所在单位或村（居）委会出具的监护人实际承担监护责任的证明；

3. 其他有抚养义务的人（祖父母、外祖父母、成年兄姐）出具的经公证的同意送养的书面意见（见附件3）。

生父母均不具备完全民事行为能力的，还应当提交生父母所在单位、村（居）委会、医疗机构、司法鉴定机构或者其他有权机关出具的生父母对被收养人有严重危害可能的证明。

……

第一千零九十六条　【监护人送养孤儿的特殊规定】监护人送养孤儿的，应当征得有抚养义务的人同意。有抚养义务的人不同意送养、监护人不愿意继续履行监护职责的，应当依照本法第一编的规定另行确定监护人。

关联法规参见

▶法律：《民法典总则编》第27条、第36条。

▶行政法规：《中国公民收养子女登记办法》第3条。

司法解释适用

《最高人民法院民事审判庭关于夫妻一方死亡另一方将子女送他人收养是否应征得愿意并有抚养能力的祖父母或外祖父母同意的电话答复》

山西省高级人民法院：

你院〔1989〕晋法民报字第1号关于夫妻一方死亡，另一方将子女送他人收养是否应征得愿意并有能力抚养的祖父母或外祖父母同意的请示报告收悉。经研究认为："收养"这类问题，情况复杂，应区别不同情况，依据有关政策法律妥善处理。

我们对下面几种情况的意见：

一、根据《民法通则》第十六条，及我院《关于贯彻执行民事政策法律若干问题的意见》第三十七条规定，收养关系是否成立，送养方主要由生父母决定。

二、我院《关于贯彻执行〈民法通则〉若干问题的意见》第二十三条规定，是针对夫妻一方死亡，另一方将子女送他人收养，收养关系已经成立，其他有监护资格的人能否以未经其同意而主张该收养关系无效问题规定的。

三、在审判实际中对不同情况的处理，需要具体研究。诸如你院报告中列举的具体问题，夫妻一方死亡，另一方有抚养子女的能力而不愿尽抚养义务，以及另一方无抚养能力，且子女已经由有抚养能力，又愿意抚养的祖父母、外祖父母抚养的，为送养子女发生争议时，从有利于子女健康成长考虑，子女由祖父母或外祖父母继续抚养较为合适。

第一千零九十七条　【生父母共同送养与单方送养】生父母送养子女，应当双方共同送养。生父母一方不明或者查找不到的，可以单方送养。

关联法规参见

▶行政法规：《中国公民收养子女登记办法》第6条，《外国人在中华人民共和国收养子女登记办法》第5条。

第一千零九十八条　【收养人条件】 收养人应当同时具备下列条件：

（一）无子女或者只有一名子女；

（二）有抚养、教育和保护被收养人的能力；

（三）未患有在医学上认为不应当收养子女的疾病；

（四）无不利于被收养人健康成长的违法犯罪记录；

（五）年满三十周岁。

关联法规参见

▶**法律：**《民法典婚姻家庭编》第1099条、第1100条、第1103条。

第一千零九十九条　【三代以内同辈旁系血亲的收养】 收养三代以内旁系同辈血亲的子女，可以不受本法第一千零九十三条第三项、第一千零九十四条第三项和第一千一百零二条规定的限制。

华侨收养三代以内旁系同辈血亲的子女，还可以不受本法第一千零九十八条第一项规定的限制。

关联法规参见

▶**法律：**《民法典婚姻家庭编》第1093条、第1094条、第1098条、第1100条、第1102条。

司法解释适用

《最高人民法院关于毛玉堂与毛新国的收养关系能否成立的复函》

河南省高级人民法院：

你院关于毛玉堂与毛新国的收养关系能否成立的请示报告收悉。经研究认为：毛新国是毛玉堂的外孙，双方是直系血亲，不能建立收养关系。据此，我们同意你院审判委员会倾向性意见，即毛玉堂与毛新国之间的收养关系不能成立，毛新国不应列为毛玉堂死亡后的第一顺序继承人。鉴于毛新国在其母死亡后，对毛玉堂尽了主要赡养义务的情况，根据最高人民法院《关于贯彻执行〈中华人民共和国继承法〉若干问题的意见》第27条规定精神，在分割毛玉堂的遗产时，毛新国可以多分。

以上意见，供参考。

《最高人民法院民事审判庭关于吴乱能否与养孙之间解除收养关系的请示的电话答复》

河北省高级人民法院：

你院报送的关于吴乱能否与养孙之间解除收养关系的请示报告收悉。经研究，我们认为，根据本案的实际情况，吴乱与孙翠楼双方自愿，虽有过继单，协商达成收养协议，公开以母子相称并按过继单规定给付吴乱生活费，已形成事实上的收养关系。但孙翠楼之子是在吴乱与孙翠楼收养关系成立后，随父一起去吴乱家的，吴乱与孙翠楼之子不存在收养关系。王果以及其子到吴乱家后单方面对吴乱尽义务多年，他们之间实际上是抚养关系。在财产分割问题上，应考虑王果及其子尽义务多年，又要体现对丧失劳动能力的老人的照顾，对双方的个人财产，共同财产，合情合理合法进行分割。

第一千一百条　【收养人数的限制及例外情形】无子女的收养人可以收养两名子女；有子女的收养人只能收养一名子女。

收养孤儿、残疾未成年人或者儿童福利机构抚养的查找不到生父母的未成年人，可以不受前款和本法第一千零九十八条第一项规定的限制。

关联法规参见

▶**法律：**《民法典婚姻家庭编》第1098条、第1099条、第1103条。

第一千一百零一条　【共同收养与单方收养】有配偶者收养子女，应当夫妻共同收养。

关联法规参见

▶**行政法规：**《中国公民收养子女登记办法》第4条，《外国人在中华人民共和国收养子女登记办法》第8条。

第一千一百零二条　【无配偶者收养异性子女的限制】无配偶者收养异性子女的，收养人与被收养人的年龄应当相差四十周岁以上。

关联法规参见

▶**法律：**《民法典婚姻家庭编》第1099条。

第一千一百零三条　【收养继子女的特别规定】继父或者继母经继子女的生父母同意，可以收养继子女，并可以不受本法第一千零九十三条第三项、第一千零九十四条第三项、第一千零九十八条和第一千一百条第一款规定的限制。

关联法规参见

▶**法律：**《民法典婚姻家庭编》第1093条、第1094条、第1098条、第1100条。

第一千一百零四条 【收养、送养自愿原则】 收养人收养与送养人送养，应当双方自愿。收养八周岁以上未成年人的，应当征得被收养人的同意。

关联法规参见

▶**法律**：《民法典总则编》第19条、第20条。

第一千一百零五条 【收养关系的成立】 收养应当向县级以上人民政府民政部门登记。收养关系自登记之日起成立。

收养查找不到生父母的未成年人的，办理登记的民政部门应当在登记前予以公告。

收养关系当事人愿意签订收养协议的，可以签订收养协议。

收养关系当事人各方或者一方要求办理收养公证的，应当办理收养公证。

县级以上人民政府民政部门应当依法进行收养评估。

关联法规参见

▶**行政法规**：《中国公民收养子女登记办法》。

权威案例指引

▶**典型案例**

《冯某诉蔡某解除收养关系纠纷案》，《“用公开促公正建设核心价值”主题教育活动婚姻家庭纠纷典型案例之四十二》（2015年12月4日）

典型意义：我国有不少收养关系并非签订书面收养协议，也不办理收养登记手续，而是事实收养关系，如果收养事实发生在《收养法》颁布之后，这样的收养关系是否有效？

1999年实行的新修改收养法时已经将收养关系的成立限定在收养应当向县级以上人民政府民政部门登记。合法有效的收养关系应当是经过民政部门的登记。同样，对于收养法施行前成立的收养关系也予以默认，《收养法》颁布后没有经过登记的收养是不受到法律保护的。

《冯某刚、周某诉冯某伟解除收养关系案——〈收养法〉实施前的收养行为如何认定?》，《家庭婚姻纠纷典型案例（河南）之四》（2015年11月19日）

典型意义：赡养老人是中华民族的传统美德，更是子女对父母应尽的义务，无论是亲生子女，还是养子女，均不得以任何理由推脱责任。本案原告夫妇收养被告的时间在1987年，虽然未按法律规定办理任何收养手续，但法院裁判时应充分考虑到原告夫妇的文化水平和邻里乡亲的证言，如果仅因原告未能办理收养手续便否定收养关系，不但会让群众不信服，也不利于保护做出善行的原告夫妇。被告冯某伟作为原告夫妇在河边捡回的弃婴，能够健康成长并结婚育子，完全受原告夫妇养育恩赐，原告夫妇含辛茹苦供养子上学接受教育，为其操办婚姻，帮其照顾孩子，但被告及其妻子的种种行为，不仅伤害了原告夫妇的感情与合法权益，更在社会上造成了不良影响，法院的公正裁判不仅是对忘恩负义行为的惩戒，更是民意所向。

第一千一百零六条　【收养后的户口登记】收养关系成立后，公安机关应当按照国家有关规定为被收养人办理户口登记。

关联法规参见

▶**行政法规：**《中国公民收养子女登记办法》第8条。

第一千一百零七条　【亲属、朋友的抚养】孤儿或者生父母无力抚养的子女，可以由生父母的亲属、朋友抚养；抚养人与被抚养人的关系不适用本章规定。

关联法规参见

▶**法律：**《民法典婚姻家庭编》第1099条。

第一千一百零八条　【祖父母、外祖父母优先抚养权】配偶一方死亡，另一方送养未成年子女的，死亡一方的父母有优先抚养的权利。

第一千一百零九条　【涉外收养】外国人依法可以在中华人民共和国收养子女。

外国人在中华人民共和国收养子女，应当经其所在国主管机关依照该国法律审查同意。收养人应当提供由其所在国有权机构出具的有关其年龄、婚姻、职业、财产、健康、有无受过刑事处罚等状况的证明材料，并与送养人签订书面协议，亲自向省、自治区、直辖市人民政府民政部门登记。

前款规定的证明材料应当经收养人所在国外交机关或者外交机关授权的机构认证，并经中华人民共和国驻该国使领馆认证，但是国家另有规定的除外。

关联法规参见

▶**行政法规：**《外国人在中华人民共和国收养子女登记办法》。

第一千一百一十条 【保守收养秘密】收养人、送养人要求保守收养秘密的，其他人应当尊重其意愿，不得泄露。

第二节 收养的效力

第一千一百一十一条 【收养的效力】自收养关系成立之日起，养父母与养子女间的权利义务关系，适用本法关于父母子女关系的规定；养子女与养父母的近亲属间的权利义务关系，适用本法关于子女与父母的近亲属关系的规定。

养子女与生父母以及其他近亲属间的权利义务关系，因收养关系的成立而消除。

关联法规参见

▶**法律**：《民法典婚姻家庭编》第1058条、第1067条至第1075条。

第一千一百一十二条 【养子女的姓氏】养子女可以随养父或者养母的姓氏，经当事人协商一致，也可以保留原姓氏。

关联法规参见

▶**法律**：《民法典总则编》第110条，《民法典人格权编》第990条、第1012条、第1015条，《民法典婚姻家庭编》第1056条。

第一千一百一十三条 【收养行为的无效】有本法第一编关于民事法律行为无效规定情形或者违反本编规定的收养行为无效。

无效的收养行为自始没有法律约束力。

关联法规参见

▶**法律**：《民法典总则编》第143条、第144条、第146条、第153条、第154条。

第三节 收养关系的解除

第一千一百一十四条 【解除收养关系】 收养人在被收养人成年以前，不得解除收养关系，但是收养人、送养人双方协议解除的除外。养子女八周岁以上的，应当征得本人同意。

收养人不履行抚养义务，有虐待、遗弃等侵害未成年养子女合法权益行为的，送养人有权要求解除养父母与养子女间的收养关系。送养人、收养人不能达成解除收养关系协议的，可以向人民法院提起诉讼。

关联法规参见

▶**法律：**《民法典总则编》第19条、第20条。

司法解释适用

《最高人民法院民事审判庭关于对周德兴诉周阿金、杭根娣解除收养关系一案的电话答复》

江苏省高级人民法院民庭：

你庭请示的周德兴诉周阿金、杭根娣解除收养关系一案，经研究认为，周阿金、杭根娣夫妇与子女订立的《产权分配证据》不符合赠与的法律特征，其赠予关系不能成立。周阿金夫妇与子女订立《产权分配证据》系周阿金夫妇为保证晚年有所赡养的情况下订立的。因此，“赠与”房屋很难说完全反映了周阿金夫妇的真实意愿。本案《产权分配证据》以受赠人按月交付赡养费为条件，将赠与的无偿性变为有偿性，改变了赠予的性质。而且《产权分配证据》只有赠与人签名，没有受赠人签名，即未办理过户手续，产权人又未将产权证明与受赠人，也不符合赠予的形式要件。周阿金、杭根娣夫妇与周德兴是养父母和养子女关系。养父母将周德兴从小养大成人，周德兴对养父母具有法定的赡养义务。以取得财产为前提方对父母进行赡养，不仅违反了社会公德，而且违反了我国婚姻法第十五条“子女对父母有赡养扶助义务”的规定。

第一千一百一十五条 【解除收养关系的方式】 养父母与成年养子女关系恶化、无法共同生活的，可以协议解除收养关系。不能达成协议的，可以向人民法院提起诉讼。

关联法规参见

▶**行政法规：**《中国公民收养子女登记办法》第2条、第9条、第10条、第13条。

第一千一百一十六条　【协议解除收养关系的程序】 当事人协议解除收养关系的，应当到民政部门办理解除收养关系登记。

关联法规参见

▶**行政法规**：《中国公民收养子女登记办法》第9条、第10条。

第一千一百一十七条　【解除收养关系后的身份效力】 收养关系解除后，养子女与养父母以及其他近亲属间的权利义务关系即行消除，与生父母以及其他近亲属间的权利义务关系自行恢复。但是，成年养子女与生父母以及其他近亲属间的权利义务关系是否恢复，可以协商确定。

第一千一百一十八条　【解除收养关系后的财产效力】 收养关系解除后，经养父母抚养的成年养子女，对缺乏劳动能力又缺乏生活来源的养父母，应当给付生活费。因养子女成年后虐待、遗弃养父母而解除收养关系的，养父母可以要求养子女补偿收养期间支出的抚养费。

生父母要求解除收养关系的，养父母可以要求生父母适当补偿收养期间支出的抚养费；但是，因养父母虐待、遗弃养子女而解除收养关系的除外。

关联法规参见

▶**法律**：《民法典总则编》第26条，《民法典婚姻家庭编》第1067条、第1111条、第1114条、第1115条，《老年人权益保障法》第10条至第22条，《刑法》第261条。

第六编　继　承

第一章　一般规定

第一千一百一十九条　【继承编的调整范围】本编调整因继承产生的民事关系。

关联法规参见

▶法律：《宪法》第13条，《民法典总则编》第124条，《民法典继承编》第1121条至第1123条、第1125条、第1127条、第1133条、第1158条、第1160条至第1162条，《妇女权益保障法》第34条。

第一千一百二十条　【继承权的保护】国家保护自然人的继承权。

关联法规参见

▶法律：《宪法》第13条，《民法典总则编》第124条。

司法解释适用

《最高人民法院民事审判庭关于钱伯春能否继承和尚钱定安遗产的电话答复》

上海市高级法院：

你院〔86〕沪高民他字第4号函请示的钱伯春能否继承和尚钱定安遗产的问题，经研究认为：

1. 我国现行法律对和尚个人遗产的继承问题并无例外的规定，因而，对作为公民的和尚，在其死后，其有继承权的亲属继承其遗产的权利尚不能否定；

2. 鉴于本案的具体情况，同意对和尚钱定安个人遗款的继承纠纷，由受理本案的法院在原、被告双方之间作调解处理。

请你院按照我院审判委员会的上述意见办理。对你院的请示报告不再作文字批复。

《最高人民法院复外交部领事司关于外侨的不动产继承问题的函》

你司1982年5月11日〔82〕领4字第170号来函收到。

"关于外侨的不动产继承问题"，经研究，基本同意你司的意见。在我国民法公布实行前，有关继承问题，应依据我国婚姻法以及有关规定精神处理：

（1）1959年中苏领事条约第20条规定："缔约任何一方公民死亡后遗留在缔约另一方领土的财产，包括动产和不动产，均按财产所在地国家法律处理"。

（2）1954年9月28日外交部、最高人民法院颁布"外人在华遗产继承问题的处理原则”的指示：“外人在华遗产继承人范围与我法院处理中国人遗产之继承人范围同”。

（3）1979年2月最高人民法院关于贯彻执行民事政策法律的意见：“被继承的遗产，首先应由其配偶、子女和父母继承。子女已去世，由其孙子女、外孙子女代位继承。如果没有配偶、子女和父母的，祖父母、外祖父母和兄弟姐妹可继承其遗产”。

（4）1955年3月1日外交部“关于在处理外人在华遗产问题中所提出的一些具体问题的答复”：“合法继承人与死者不同国籍可准继承其在华遗产”。

据此，苏侨月特里次·安娜斯塔西亚·尼阔拉耶夫娜的在华遗产继承问题应按我国法律处理，其继承人范围与中国人遗产的继承范围相同。故沙里吉夫人依法可继承其姐的在华遗产。

此外，案例不具有法律的约束力，不宜作为处理案件的主要法律依据。

第一千一百二十一条　【继承开始的时间及死亡先后的推定】

继承从被继承人死亡时开始。

相互有继承关系的数人在同一事件中死亡，难以确定死亡时间的，推定没有其他继承人的人先死亡。都有其他继承人，辈份不同的，推定长辈先死亡；辈份相同的，推定同时死亡，相互不发生继承。

关联法规参见

▶**法律**：《民法典总则编》第13条、第41条、第46条至第53条，《民事诉讼法》第33条。

司法解释适用

《最高人民法院关于适用〈中华人民共和国民法典〉继承编的解释（一）》（法释〔2020〕23号）

《民法典继承编司法解释（一）》	原《继承法意见》
第一条　继承从被继承人生理死亡或者被宣告死亡时开始。 宣告死亡的，根据民法典第四十八条规定确定的死亡日期，为继承开始的时间。	1. 继承从被继承人生理死亡或被宣告死亡时开始。 失踪人被宣告死亡的，以法院判决中确定的失踪人的死亡日期，为继承开始的时间。
删除条文 ~~2. 相互有继承关系的几个人在同一事件中死亡，如不能确定死亡先后时间的，推定没有继承人的人先死亡。死亡人各自都有继承人的，如几个死亡人辈份不同，推定长辈先死亡；几个死亡人辈份相同，推定同时死亡，彼此不发生继承，由他们各自的继承人分别继承。~~	

第1121条

第一千一百二十二条　【遗产的范围】遗产是自然人死亡时遗留的个人合法财产。

依照法律规定或者根据其性质不得继承的遗产，不得继承。

关联法规参见

▶**法律：**《民法典总则编》第124条，《民法典婚姻家庭编》第1063条、第1065条，《民法典继承编》第1153条，《农村土地承包法》第54条，《公司法》第75条，《保险法》第42条，《合伙企业法》第50条、第80条，《个人独资企业法》第17条，《著作权法》第10条，《计算机软件保护条例》第15条，《集成电路布图设计保护条例》第13条。

司法解释适用

《最高人民法院关于适用〈中华人民共和国民法典〉继承编的解释（一）》（法释〔2020〕23号）

<table>
<tr><th>《民法典继承编司法解释（一）》</th><th>原《继承法意见》</th></tr>
<tr><td colspan="2">删除条文

~~3. 公民可继承的其他合法财产包括有价证券和履行标的为财物的债权等。~~</td></tr>
<tr><td>第二条　承包人死亡时尚未取得承包收益的，可以将死者生前对承包所投入的资金和所付出的劳动及其增值和孳息，由发包单位或者接续承包合同的人合理折价、补偿。其价额作为遗产。</td><td>4. 承包人死亡时尚未取得承包收益的，可把死者生前对承包所投入的资金和所付出的劳动及其增值和孳息，由发包单位或者接续承包合同的人合理折价、补偿，其价额作为遗产。</td></tr>
</table>

《最高人民法院关于适用〈中华人民共和国民事诉讼法〉的解释》（法释〔2020〕20号修改）

<table>
<tr><th>新《民事诉讼法司法解释》</th><th>原《民事诉讼法司法解释》</th></tr>
<tr><td colspan="2">第七十条（原第七十条）　在继承遗产的诉讼中，部分继承人起诉的，人民法院应通知其他继承人作为共同原告参加诉讼；被通知的继承人不愿意参加诉讼又未明确表示放弃实体权利的，人民法院仍应将其列为共同原告。</td></tr>
<tr><td colspan="2">第四百七十五条（原第四百七十五条）　作为被执行人的公民死亡，其遗产继承人没有放弃继承的，人民法院可以裁定变更被执行人，由该继承人在遗产的范围内偿还债务。继承人放弃继承的，人民法院可以直接执行被执行人的遗产。</td></tr>
</table>

《最高人民法院关于空难死亡赔偿金能否作为遗产处理的复函》

广东省高级人民法院：

你院粤高法民一请字〔2004〕1号《关于死亡赔偿金能否作为遗产处理的请示》收悉。经研究，答复如下：

空难死亡赔偿金是基于死者死亡对死者近亲属所支付的赔偿。获得空难死亡赔偿金的权利人是死者近亲属，而非死者。故空难死亡赔偿金不宜认定为遗产。

以上意见，供参考。

《最高人民法院关于产权人生前已处分的房屋死后不宜认定为遗产的批复》

贵州省高级人民法院：

你院《关于陶冶与邓秀芳财产继承一案的请示报告》收悉。据报告称，陶庭柱、陶齐氏夫妇生育一子（陶国祥）二女（陶冶，另一女早亡），陶庭柱于1924年死亡，遗有祖遗房屋三间。陶齐氏于1941年将三间房屋过户在儿子陶国祥名下并交了该房产权状。解放后该房产权仍由陶国祥登记，并管理使用达四十余年，直至1968年陶齐氏死亡时，双方均未提出异议。1983年陶国祥死亡后，陶冶以房屋系父母遗产为由要求继承。一、二审判决认定陶冶无权继承此房，你院裁定将此案发回安顺地区中级法院再审，并向我院请示。

我们研究认为，此案讼争房屋虽系祖遗产，但陶齐氏已将产权状交与陶国祥，并在两次产权登记和私房改造中，均确定由陶国祥长期管理使用，陶冶在陶齐氏生前从未提出异议。据此应当认为该房产权早已转归陶国祥夫妻共有。陶国祥死后的遗产，依法应由邓秀芳及其子女继承。陶冶无权要求继承。

《最高人民法院民事审判庭关于盲人刘春和生前从事“算命”所积累的财产死后可否视为非法所得加以没收的电话答复》

江苏省高级人民法院：

关于盲人刘春和生前从事“算命”所积累的财产，死后可否视为非法所得加以没收的请示，我们研究认为：

《中华人民共和国治安管理处罚条例》第二十四条四款“利用封建迷信手段，扰乱社会秩序或骗取财物”和第三十二条第一款“赌博或者为赌博提供条件的”，对这两种行为人予以拘留或罚款。据公安部法规局、政策研究室的同志解释，是指正在进行非法活动之当时，对其所得予以没收，对其其他财产则不予追缴。本案中刘春和死后遗留的财产，没有没收的法律依据。第二，事实上也无充分的事实根据和确凿的证据证明刘春和死后遗留这笔财产都是“算命”所得。据此，我们同意你院审委会的意见，即：刘春和遗留的存款和其他财产，应视为遗产，由其法定继承人继承。

《最高人民法院关于父母的房屋遗产由兄弟姐妹中一人领取了房屋产权证并视为己有发生纠纷应如何处理的批复》

广东省高级人民法院：

你院粤法民字〔1987〕31号关于惠阳地区中级人民法院请示的上诉人钟秋香、钟玉妹诉钟寿祥房屋纠纷一案的报告及卷宗收悉。

据你院报告称：钟和记（1941年故）与妻子苏衬（1926年故）、继妻王细（1984年故）先后生有四个儿女，即：钟妙（1976年故）、钟秋香、钟玉妹、钟秋胜（1981年故）。1940年钟和记与王细夫妇收养了钟寿祥（当时12岁）。1939年、1940年钟和记和王细购置房屋六间，钟和记死后，由王细、钟玉妹、钟秋香、钟寿祥等长期居住。1973年钟秋香将自己居住的那部分房屋进行了改建。钟寿祥曾以自己的名字，于 1947 年、1953 年、1960 年先后领取了六间房屋所有权证。王细于 1984 年死后，钟寿祥便在 1985 年将部分房屋拆除改建，并将其中部分房屋宅基地给其子使用，为此，双方发生纠纷。

经研究，同意你院审判委员会的意见。即根据该房产的来源及使用等情况，以认定该屋为钟和源、王细的遗产，属钟秋香、钟玉妹、钟寿祥、钟妙、钟秋胜 5 人共有为宜。钟寿祥以个人名义领取的产权证，可视为代表共有人登记取得的产权证明。钟妙、钟秋胜已故，其应得部分由其合法继承人继承。以上意见供你院批复时参考。

《最高人民法院关于冯钢百遗留的油画等应如何处理的批复》

广东省高级人民法院：

你院〔1986〕粤法民上字第 38 号关于冯贵真与冯学平等四人继承纠纷一案的请示报告收悉。

据报告称，画家冯钢百于 1984 年 10 月病逝后，其子女为其父所绘油画 32 幅和绘画工具等的处理发生争执：冯贵真要求继承部分油画；冯学平等四人则认为，其父是我国著名的油画家，所遗油画有一定的艺术价值，不同意分割，主张按其父的遗愿将油画全部献给国家。为此，冯贵真向人民法院提起诉讼。

经与有关部门研究后认为，冯钢百生前所绘油画虽有一定艺术价值，但仍属可分割的遗产，他生前表示将其油画献给国家的意愿不是遗嘱。因此，冯钢百遗留的油画等遗产应根据我国继承法的有关规定，由其子女冯贵真、冯约素、冯振玉、冯磊、冯学平等人继承。

《最高人民法院民事审判庭关于招远县陆许氏遗产应由谁继承的电话答复》

山东省高级人民法院民事审判庭：

你院〔85〕鲁法民字第 25 号《关于招远县陆许氏遗产应由谁继承一案的请示报告》及补充意见均收悉。根据报告查明的情况，经我们研究认为，原则上以承认陆许氏为“五保户”比较合适，其遗产应按最高人民法院《关于贯彻执行民事政策法律若干问题的意见》第 47 条有关规定处理。入社前，被继承人依靠女儿陆玉芳生活，入社后一个月病故尽管遗产分割多年，陆玉芳要求继承是有道理的。我们的意见：一、承认陆玉芳有继承权；二、原房已卖掉，现只能将陆家村所售房屋价款作为遗产归陆玉芳继承；三、陆家村为陆许氏所花丧葬费和医药费，从卖房款中扣除。并请作好双方当事人的调解工作。此意见系根据本案的特殊情况提出来的变通处理办法，请参照此意见，妥善处理。

《最高人民法院关于高原生活补助费能否作为夫妻共同财产继承的批复》

青海省高级人民法院：

你院 6 月 16 日〔83〕青法研字第 36 号《关于退休费能否作为家庭共同财产来继承的请示报告》收阅。经研究，原则上同意你院意见。即肖桂兰的住房补助费应为夫妻双方共有，属于其夫赵泰部分，可由其合法继承人继承，高原生活补助费不属共同财产，应归肖个人所有。

《最高人民法院关于对遗产中文物如何处理问题的批复》

北京市高级人民法院：

你院 1981 年 8 月 31 日〔81〕京高法字第 96 号“关于钟仁正遗产如何处理的请示”报

告收悉。经研究：关于继承权问题，我们同意你院第二种意见，即按照现行有关政策法律规定，钟仁正五弟钟敬宽应有继承权。钟仁正遗产中的文物处理问题，应依靠当地党委和群众，动员钟敬宽将重要的历史文物和资料捐献给国家，国家给予钟敬宽一定的物质报酬和精神鼓励。如钟敬宽不愿捐献，可参照中共中央〔1971〕12 号文件精神和 1978 年 8 月 24 日中共中央批转上海市委《关于落实党对民族资产阶级若干政策问题的请示报告》中的有关规定，判决由国家收购，价款列入遗产，由钟敬宽继承。

此复。

权威案例指引

▶公报案例

《李维祥诉李格梅继承权纠纷案》，《最高人民法院公报》2009 年第 12 期

裁判要点：根据《中华人民共和国农村土地承包法》第十五条的规定，农村土地家庭承包的，承包方是本集体经济组织的农户，其本质特征是以本集体经济组织内部的农户家庭为单位实行农村土地承包经营。家庭承包方式的农村土地承包经营权属于农户家庭，而不属于某一个家庭成员。根据《中华人民共和国继承法》第三条的规定，遗产是公民死亡时遗留的个人合法财产。农村土地承包经营权不属于个人财产，故不发生继承问题。除林地外的家庭承包，当承包农地的农户家庭中的一人或几人死亡，承包经营仍然是以户为单位，承包地仍由该农户的其他家庭成员继续承包经营；当承包经营农户家庭的成员全部死亡，由于承包经营权的取得是以集体成员权为基础，该土地承包经营权归于消灭，不能由该农户家庭成员的继承人继续承包经营，更不能作为该农户家庭成员的遗产处理。

第一千一百二十三条　【继承的方式：法定继承、遗嘱遗赠、遗赠扶养协议】继承开始后，按照法定继承办理；有遗嘱的，按照遗嘱继承或者遗赠办理；有遗赠扶养协议的，按照协议办理。

关联法规参见

▶**法律：**《民法典婚姻家庭编》第 1042 条，《民法典继承编》第 1154 条、第 1158 条。

司法解释适用

《最高人民法院关于适用〈中华人民共和国民法典〉继承编的解释（一）》（法释〔2020〕23 号）

《民法典继承编司法解释（一）》	原《继承法意见》
第三条（原 5）　被继承人生前与他人订有遗赠扶养协议，同时又立有遗嘱的，继承开始后，如果遗赠扶养协议与遗嘱没有抵触，遗产分别按协议和遗嘱处理；如果有抵触，按协议处理，与协议抵触的遗嘱全部或者部分无效。	

第
1123
条

《民法典继承编司法解释（一）》	原《继承法意见》
第四条 遗嘱继承人依遗嘱取得遗产后，仍有权依照民法典第一千一百三十条的规定取得遗嘱未处分的遗产。	6. 遗嘱继承人依遗嘱取得遗产后，仍有权依继承法第十三条的规定取得遗嘱未处分的遗产。

第一千一百二十四条 【继承和遗赠的接受和放弃】 继承开始后，继承人放弃继承的，应当在遗产处理前，以书面形式作出放弃继承的表示；没有表示的，视为接受继承。

受遗赠人应当在知道受遗赠后六十日内，作出接受或者放弃受遗赠的表示；到期没有表示的，视为放弃受遗赠。

关联法规参见

▶**法律：**《民法典物权编》第 230 条。

司法解释适用

《最高人民法院关于适用〈中华人民共和国民法典〉继承编的解释（一）》（法释〔2020〕23 号）

《民法典继承编司法解释（一）》	原《继承法意见》
删除条文 8. ~~法定代理人代理被代理人行使继承权、受遗赠权，不得损害被代理人的利益。法定代理人一般不能代理被代理人放弃继承权、受遗赠权。明显损害被代理人利益的，应认定其代理行为无效。~~	
第三十二条（原 46） 继承人因放弃继承权，致其不能履行法定义务的，放弃继承权的行为无效。	
第三十三条 继承人放弃继承应当以书面形式向遗产管理人或者其他继承人表示。	47. 继承人放弃继承应当以书面形式向其他继承人表示。~~用口头方式表示放弃继承，本人承认，或有其它充分证据证明的，也应当认定其有效。~~
第三十四条（原 48） 在诉讼中，继承人向人民法院以口头方式表示放弃继承的，要制作笔录，由放弃继承的人签名。	
第三十五条（原 49） 继承人放弃继承的意思表示，应当在继承开始后、遗产分割前作出。遗产分割后表示放弃的不再是继承权，而是所有权。	

<table>
<tr><th>《民法典继承编司法解释（一）》</th><th>原《继承法意见》</th></tr>
<tr><td>第三十六条　遗产处理前或<u>者</u>在诉讼进行中，继承人对放弃继承<u>反悔</u>的，由人民法院根据其提出的具体理由，决定是否承认。遗产处理后，继承人对放弃继承<u>反悔</u>的，不予承认。</td><td>50. 遗产处理前或在诉讼进行中，继承人对放弃继承<u>翻悔</u>的，由人民法院根据其提出的具体理由，决定是否承认。遗产处理后，继承人对放弃继承<u>翻悔</u>的，不予承认。</td></tr>
<tr><td colspan="2">第三十七条（原 51）　放弃继承的效力，追溯到继承开始的时间。</td></tr>
<tr><td colspan="2">删除条文
<s>52. 继承开始后，继承人没有表示放弃继承，并于遗产分割前死亡的，其继承遗产的权利转移给他的合法继承人。</s></td></tr>
<tr><td colspan="2">第三十八条（原 53）　继承开始后，受遗赠人表示接受遗赠，并于遗产分割前死亡的，其接受遗赠的权利转移给他的继承人。</td></tr>
<tr><td>第四十三条　人民法院对故意隐匿、侵吞或<u>者</u>争抢遗产的继承人，可以酌情减少其应继承的遗产。</td><td>59. 人民法院对故意隐匿、侵吞或争抢遗产的继承人，可以酌情减少其应继承的遗产。</td></tr>
</table>

《最高人民法院关于向勋珍与叶学枝房屋纠纷案的复函》

贵州省高级人民法院：

你院〔90〕民请字第 7 号《关于向勋珍与叶学枝房屋纠纷一案的请示报告》收悉。经研究认为：宁国锋夫妇于 1929 年、1946 年先后死亡，所遗房屋由三子宁让祥一家一直居住至今，其他子女宁福英、宁雪冰、宁让贤于 1986 年以前先后死亡，他们生前均未表示放弃继承。根据我国《继承法》第 25 条和我院《关于贯彻执行〈中华人民共和国民法通则〉若干问题的意见（试行）》第 177 条的规定和该案具体情况，宁氏姐弟对其父母所遗房产可视为接受继承，并对未分割的房产享有共有权。据此，我们基本同意你院的第二种意见，即宁雪冰之妻向勋珍现提出分割的房屋，可按分割共同财产的诉讼请示处理。但鉴于叶学枝一家居住使用房屋达 40 多年等情况，为稳定住房秩序，可由叶学枝给予向勋珍等转继承人适当补偿。

以上意见，供参考。

《最高人民法院关于继承开始时继承人未表示放弃继承遗产又未分割的可按析产案件处理的批复》

江苏省高级人民法院：

你院《关于费宝珍、费江诉周福祥析产一案的请示报告》收悉。

据你院报告称：费宝珍与费翼臣婚生三女一子，在无锡市有房产一处共 241.2 平方米。1942 年长女费玉英与周福祥结婚后，夫妻住在费家，随费宝珍生活。次女费秀英、三女费惠英相继于 1950 年以前出嫁，住在丈夫家。1956 年费翼臣、费宝珍及其子费江迁居安徽，无锡的房产由长女一家管理使用。1958 年私房改造时，改造了 78.9 平方米，留自住房 162.3 平方米。1960 年费翼臣病故，费宝珍、费江迁回无锡，与费玉英夫妇共同住在自留房内，分开生活。1962 年费玉英病故。1985 年 12 月，费宝珍、费江向法院起诉，称此房为费家财产，要求周福祥及其子女搬出。周福祥认为，其妻费玉英有继承父亲费翼臣的遗产的权利，并且已经占有、使用四十多年，不同意搬出。原审在调查过程中，费秀英、费惠英也表示应有她们的产权份额。

我们研究认为，双方当事人诉争的房屋，原为费宝珍与费翼臣的夫妻共有财产，1958 年私房改造所留自住房，仍属于原产权人共有。费翼臣病故后，对属于费翼臣所有的那一份遗产，各继承人都没有表示过放弃继承，根据《继承法》第二十五条第一款的规定，应视为均已接受继承。诉争的房屋应属各继承人共同共有，他们之间为此发生之诉讼，可按析产案件处理，并参照财产来源、管理使用及实际需要等情况，进行具体分割。

《最高人民法院关于费宝珍诉周福祥房屋析产案的批复》

江苏省高级人民法院：

你院关于费宝珍、费江诉周福祥析产一案的请示报告收悉。

据你院报告称：费宝珍与费冀臣婚生三女一子，在无锡市有房产一处共 241.2 平方米，1942 年长女费玉英与周福祥结婚后，夫妻住在费家，随费宝珍生活。次女费秀英、三女费惠英相继于 1950 年以前出嫁，住在丈夫家。1956 年费冀臣、费宝珍及其子费江迁居安徽，无锡的房产由长女一家管理使用。1958 年私房改造时，改造了 78.9 平方米，留自住房 162.3 平方米。1960 年费冀臣病故，费宝珍、费江迁回无锡、与费玉英夫妇共同住在自留房内，分开生活。1962 年费玉英病故。1985 年 12 月，费宝珍、费江向法院起诉，称此房为费家财产，要求周福祥及其子女搬出。周福祥认为，其妻费玉英有继承父亲费冀臣的遗产的权利，并且已经占有、使用 40 多年，不同意搬出。原审在调查过程中，费秀英、费惠英也表示应有她们的产权份额。

我们研究认为，双方当事人诉争的房屋，原为费宝珍与费冀臣夫妻的共有财产，1958 年私房改造所留自住房，仍属于原产权人共有。费冀臣病故后，对属于费冀臣所有的那一份遗产，各继承人都没有表示过放弃继承，根据《继承法》第二十五条第一款的规定，应视为均已接受继承。诉争的房屋应属各继承人共同共有，他们之间为此发生之诉讼，可按析产案件处理，并参照财产来源、管理使用及实际需要等情况，进行具体分割。

《最高人民法院关于未成年的养子女，其养父在国外死亡后回生母处生活，仍有权继承其养父的遗产的批复》

福建省高级人民法院：

你院一九八五年十二月十日《关于泉州市戴玉芳与戴文良析产继承上诉案中黄钦辉有无继承权的请示报告》收悉。

据报告称，戴文化、戴文良兄弟二人于一九二九年至一九三一年先后从菲律宾回国在泉州市新街四十一号建楼房一座，由其父母戴淑和、林英蕊等人居住。一九四二年戴母林英蕊收黄钦辉为戴文化的养子。黄钦辉与祖母林英蕊共同生活，由其养父戴文化从国外寄给生活费和教育费，直至一九五五年戴文化在国外去世。当时黄钦辉尚未成年，后因生活无来源于一九五七年回到生母处。一九八〇年黄钦辉向法院提起诉讼，要求继承其养父戴文化新街四十一号楼房遗产。

经我们研究认为：黄钦辉于一九四二年被戴文化之母林英蕊收养为戴文化的养子，直至一九五五年戴文化去世，在长达十三年的时间里，其生活费和教育费一直由戴文化供给。这一收养关系戴文化生前及其亲属、当地基层组织和群众都承认，应依法予以保护。

关于黄钦辉是否自动解除收养关系或放弃继承权的问题，黄钦辉因养父戴文化一九五五年在国外去世，当时本人尚未成年，在无人供给生活费，又无其他经济来源的情况下，不得不于一九五七年回到生母处生活，对此不能认为黄钦辉自动解除了收养关系。黄钦辉在继承开始和遗产处理前，没有明确表示放弃继承，应当依法准许其继承戴文化的遗产。

第一千一百二十五条　【继承权的丧失及例外】 继承人有下列行为之一的，丧失继承权：

（一）故意杀害被继承人；

（二）为争夺遗产而杀害其他继承人；

（三）遗弃被继承人，或者虐待被继承人情节严重；

（四）伪造、篡改、隐匿或者销毁遗嘱，情节严重；

（五）以欺诈、胁迫手段迫使或者妨碍被继承人设立、变更或者撤回遗嘱，情节严重。

继承人有前款第三项至第五项行为，确有悔改表现，被继承人表示宽恕或者事后在遗嘱中将其列为继承人的，该继承人不丧失继承权。

受遗赠人有本条第一款规定行为的，丧失受遗赠权。

司法解释适用

《最高人民法院关于适用〈中华人民共和国民法典〉继承编的解释（一）》（法释〔2020〕23号）

《民法典继承编司法解释（一）》	原《继承法意见》
第五条　在遗产继承中，继承人之间因是否丧失继承权发生纠纷，向人民法院提起诉讼的，由人民法院依据民法典第一千一百二十五条的规定，判决确认其是否丧失继承权。	9. 在遗产继承中，继承人之间因是否丧失继承权发生纠纷，诉讼到人民法院的，由人民法院根据继承法第七条的规定，判决确认其是否丧失继承权。
第六条　继承人是否符合民法典第一千一百二十五条第一款第三项规定的“虐待被继承人情节严重”，可以从实施虐待行为的时间、手段、后果和社会影响等方面认定。 虐待被继承人情节严重的，不论是否追究刑事责任，均可确认其丧失继承权。	10. 继承人虐待被继承人情节是否严重，可以从实施虐待行为的时间、手段、后果和社会影响等方面认定。 虐待被继承人情节严重的，不论是否追究刑事责任，均可确认其丧失继承权。

<table>
<tr><th>《民法典继承编司法解释（一）》</th><th>原《继承法意见》</th></tr>
<tr><td colspan="2">第七条（原11）　继承人故意杀害被继承人的，不论是既遂还是未遂，均应当确认其丧失继承权。</td></tr>
<tr><td>第八条　继承人有民法典第一千一百二十五条第一款第一项或者第二项所列之行为，而被继承人以遗嘱将遗产指定由该继承人继承的，可以确认遗嘱无效，并确认该继承人丧失继承权。</td><td>12. 继承人有继承法第七条第（一）项或第（二）项所列之行为，而被继承人以遗嘱将遗产指定由该继承人继承的，可确认遗嘱无效，并按继承法第七条的规定处理。</td></tr>
<tr><td colspan="2">删除条文

~~13. 继承人虐待被继承人情节严重的，或者遗弃被继承人的，如以后确有悔改表现，而且被虐待人、被遗弃人生前又表示宽恕，可不确认其丧失继承权。~~</td></tr>
<tr><td>第九条　继承人伪造、篡改、隐匿或者销毁遗嘱，侵害了缺乏劳动能力又无生活来源的继承人的利益，并造成其生活困难的，应当认定为民法典第一千一百二十五条第一款第四项规定的“情节严重”。</td><td>14. 继承人伪造、篡改或者销毁遗嘱，侵害了缺乏劳动能力又无生活来源的继承人的利益，并造成其生活困难的，应认定其行为情节严重。</td></tr>
<tr><td>第十条　被收养人对养父母尽了赡养义务，同时又对生父母扶养较多的，除可以依照民法典第一千一百二十七条的规定继承养父母的遗产外，还可以依照民法典第一千一百三十一条的规定分得生父母适当的遗产。</td><td>19. 被收养人对养父母尽了赡养义务，同时又对生父母扶养较多的，除可依继承法第十条的规定继承养父母的遗产外，还可依继承法第十四条的规定分得生父母的适当的遗产。</td></tr>
<tr><td colspan="2">第十六条（原27）　代位继承人缺乏劳动能力又没有生活来源，或者对被继承人尽过主要赡养义务的，分配遗产时，可以多分。</td></tr>
<tr><td>第十七条　继承人丧失继承权的，其晚辈直系血亲不得代位继承。如该代位继承人缺乏劳动能力又没有生活来源，或者对被继承人尽赡养义务较多的，可以适当分给遗产。</td><td>28. 继承人丧失继承权的，其晚辈直系血亲不得代位继承。如该代位继承人缺乏劳动能力又没有生活来源，或对被继承人尽赡养义务较多的，可适当分给遗产。</td></tr>
</table>

《最高人民法院关于适用〈中华人民共和国民法典〉时间效力的若干规定》（法释〔2020〕15号）

《民法典时间效力规定》	
新增条文 **第十三条**　民法典施行前，继承人有民法典第一千一百二十五条第一款第四项和第五项规定行为之一，对该继承人是否丧失继承权发生争议的，适用民法典第一千一百二十五条第一款和第二款的规定。 民法典施行前，受遗赠人有民法典第一千一百二十五条第一款规定行为之一，对受遗赠人是否丧失受遗赠权发生争议的，适用民法典第一千一百二十五条第一款和第三款的规定。	

第二章　法定继承

第一千一百二十六条　【继承权男女平等原则】继承权男女平等。

关联法规参见

▶**法律：**《宪法》第48条，《民法典总则编》第4条，《妇女权益保障法》第2条、第34条、第35条。

第一千一百二十七条　【继承人的范围及继承顺序；子女、父母、兄弟姐妹的范围】遗产按照下列顺序继承：

（一）第一顺序：配偶、子女、父母；

（二）第二顺序：兄弟姐妹、祖父母、外祖父母。

继承开始后，由第一顺序继承人继承，第二顺序继承人不继承；没有第一顺序继承人继承的，由第二顺序继承人继承。

本编所称子女，包括婚生子女、非婚生子女、养子女和有扶养关系的继子女。

本编所称父母，包括生父母、养父母和有扶养关系的继父母。

本编所称兄弟姐妹，包括同父母的兄弟姐妹、同父异母或者同母异父的兄弟姐妹、养兄弟姐妹、有扶养关系的继兄弟姐妹。

关联法规参见

▶**法律**：《民法典婚姻家庭编》第 1070 条、第 1071 条、第 1111 条，《民法典继承编》第 1133 条，《老年人权益保障法》第 22 条。

司法解释适用

《最高人民法院关于适用〈中华人民共和国民法典〉继承编的解释（一）》（法释〔2020〕23 号）

<table>
<tr><th>《民法典继承编司法解释（一）》</th><th>原《继承法意见》</th></tr>
<tr><td>第十条　被收养人对养父母尽了赡养义务，同时又对生父母扶养较多的，除可以依照民法典第一千一百二十七条的规定继承养父母的遗产外，还可以依照民法典第一千一百三十一条的规定分得生父母适当的遗产。</td><td>19. 被收养人对养父母尽了赡养义务，同时又对生父母扶养较多的，除可依继承法第十条的规定继承养父母的遗产外，还可依继承法第十四条的规定分得生父母的适当的遗产。</td></tr>
<tr><td colspan="2">删除条文

~~20. 在旧社会形成的一夫多妻家庭中，子女与生母以外的父亲的其他配偶之间形成扶养关系的，互有继承权。~~</td></tr>
<tr><td colspan="2">第十一条（原 21）　继子女继承了继父母遗产的，不影响其继承生父母的遗产。
继父母继承了继子女遗产的，不影响其继承生子女的遗产。</td></tr>
<tr><td colspan="2">删除条文

~~22. 收养他人为养孙子女，视为养父母与养子女关系的，可互为第一顺序继承人。~~</td></tr>
<tr><td>第十二条　养子女与生子女之间、养子女与养子女之间，系养兄弟姐妹，可以互为第二顺序继承人。
被收养人与其亲兄弟姐妹之间的权利义务关系，因收养关系的成立而消除，不能互为第二顺序继承人。</td><td>23. 养子女与生子女之间、养子女与养子女之间，系养兄弟姐妹，可互为第二顺序继承人。
被收养人与其亲兄弟姐妹之间的权利义务关系，因收养关系的成立而消除，不能互为第二顺序继承人。</td></tr>
<tr><td colspan="2">第十三条（原 24）　继兄弟姐妹之间的继承权，因继兄弟姐妹之间的扶养关系而发生。没有扶养关系的，不能互为第二顺序继承人。
继兄弟姐妹之间相互继承了遗产的，不影响其继承亲兄弟姐妹的遗产。</td></tr>
</table>

《最高人民法院关于适用〈中华人民共和国民法典〉婚姻家庭编的解释（一）》（法释〔2020〕22 号）

《民法典婚姻家庭编司法解释（一）》	原《婚姻法司法解释（一）》
第七条　未依据民法典第一千零四十九条规定办理结婚登记而以夫妻名义共同生活的男女，提起诉讼要求离婚的，应当区别对待： （一）1994 年 2 月 1 日民政部《婚姻登记管理条例》公布实施以前，男女双方已经符合结婚实质要件的，按事实婚姻处理； （二）1994 年 2 月 1 日民政部《婚姻登记管理条例》公布实施以后，男女双方符合结婚实质要件的，人民法院应当告知其补办结婚登记。未补办结婚登记的，依据本解释第三条规定处理。	**第五条**　未按婚姻法第八条规定办理结婚登记而以夫妻名义共同生活的男女，起诉到人民法院要求离婚的，应当区别对待： （一）1994 年 2 月 1 日民政部《婚姻登记管理条例》公布实施以前，男女双方已经符合结婚实质要件的，按事实婚姻处理； （二）1994 年 2 月 1 日民政部《婚姻登记管理条例》公布实施以后，男女双方符合结婚实质要件的，人民法院应当告知其~~在案件受理前~~补办结婚登记；未补办结婚登记的，按解除同居关系处理。
第八条　未依据民法典第一千零四十九条规定办理结婚登记而以夫妻名义共同生活的男女，一方死亡，另一方以配偶身份主张享有继承权的，依据本解释第七条的原则处理。	**第六条**　未按婚姻法第八条规定办理结婚登记而以夫妻名义共同生活的男女，一方死亡，另一方以配偶身份主张享有继承权的，按照本解释第五条的原则处理。

第一千一百二十八条　【代位继承】被继承人的子女先于被继承人死亡的，由被继承人的子女的直系晚辈血亲代位继承。

被继承人的兄弟姐妹先于被继承人死亡的，由被继承人的兄弟姐妹的子女代位继承。

代位继承人一般只能继承被代位继承人有权继承的遗产份额。

关联法规参见

▶**法律**：《民法典继承编》第 1133 条。

司法解释适用

《最高人民法院关于适用〈中华人民共和国民法典〉继承编的解释（一）》（法释〔2020〕23 号）

《民法典继承编司法解释（一）》	原《继承法意见》
第十四条（原 25）　被继承人的孙子女、外孙子女、曾孙子女、外曾孙子女都可以代位继承，代位继承人不受辈数的限制。	

《民法典继承编司法解释（一）》	原《继承法意见》
第十五条 被继承人的养子女、已形成扶养关系的继子女的生子女可以代位继承；被继承人亲生子女的养子女可以代位继承；被继承人养子女的养子女可以代位继承；与被继承人已形成扶养关系的继子女的养子女也可以代位继承。	26. 被继承人的养子女、已形成扶养关系的继子女的生子女可代位继承；被继承人亲生子女的养子女可代位继承；被继承人养子女的养子女可代位继承；与被继承人已形成扶养关系的继子女的养子女也可以代位继承。
第十六条（原27） 代位继承人缺乏劳动能力又没有生活来源，或者对被继承人尽过主要赡养义务的，分配遗产时，可以多分。	
第十七条（原28） 继承人丧失继承权的，其晚辈直系血亲不得代位继承。如该代位继承人缺乏劳动能力又没有生活来源，或者对被继承人尽赡养义务较多的，可以适当分给遗产。	
第十八条 丧偶儿媳对公婆、丧偶女婿对岳父母，无论其是否再婚，依照民法典第一千一百二十九条规定作为第一顺序继承人时，不影响其子女代位继承。	29. 丧偶儿媳对公婆、丧偶女婿对岳父、岳母，无论其是否再婚，依继承法第十二条规定作为第一顺序继承人时，不影响其子女代位继承。

《最高人民法院关于适用〈中华人民共和国民法典〉时间效力的若干规定》（法释〔2020〕15号）

《民法典时间效力规定》	
新增条文 **第十四条** 被继承人在民法典施行前死亡，遗产无人继承又无人受遗赠，其兄弟姐妹的子女请求代位继承的，适用民法典第一千一百二十八条第二款和第三款的规定，但是遗产已经在民法典施行前处理完毕的除外。	

第一千一百二十九条 【丧偶儿媳、女婿的继承权】 丧偶儿媳对公婆，丧偶女婿对岳父母，尽了主要赡养义务的，作为第一顺序继承人。

关联法规参见

▶**法律**：《民法典继承编》第1127条、第1133条，《妇女权益保障法》第35条。

司法解释适用

《最高人民法院关于适用〈中华人民共和国民法典〉继承编的解释（一）》（法释〔2020〕23号）

《民法典继承编司法解释（一）》	原《继承法意见》
删除条文 ~~22. 收养他人为养孙子女，视为养父母与养子女关系的，可互为第一顺序继承人。~~	
第十八条　丧偶儿媳对公婆、丧偶女婿对岳父母，无论其是否再婚，依照民法典第一千一百二十九条规定作为第一顺序继承人时，不影响其子女代位继承。	29. 丧偶儿媳对公婆、丧偶女婿对岳父、岳母，无论其是否再婚，依继承法第十二条规定作为第一顺序继承人时，不影响其子女代位继承。
第十九条　对被继承人生活提供了主要经济来源，或者在劳务等方面给予了主要扶助的，应当认定其尽了主要赡养义务或主要扶养义务。	30. 对被继承人生活提供了主要经济来源，或在劳务等方面给予了主要扶助的，应当认定其尽了主要赡养义务或主要扶养义务。

第一千一百三十条　【遗产分配原则】同一顺序继承人继承遗产的份额，一般应当均等。

对生活有特殊困难又缺乏劳动能力的继承人，分配遗产时，应当予以照顾。

对被继承人尽了主要扶养义务或者与被继承人共同生活的继承人，分配遗产时，可以多分。

有扶养能力和有扶养条件的继承人，不尽扶养义务的，分配遗产时，应当不分或者少分。

继承人协商同意的，也可以不均等。

第1130条

关联法规参见

▶**法律：**《老年人权益保障法》第13条至第25条。

司法解释适用

《最高人民法院关于适用〈中华人民共和国民法典〉继承编的解释（一）》

（法释〔2020〕23号）

《民法典继承编司法解释（一）》	原《继承法意见》
第四条 遗嘱继承人依遗嘱取得遗产后，仍有权依照民法典第一千一百三十条的规定取得遗嘱未处分的遗产。	6. 遗嘱继承人依遗嘱取得遗产后，仍有权依继承法第十三条的规定取得遗嘱未处分的遗产。
第十九条 对被继承人生活提供了主要经济来源，或者在劳务等方面给予了主要扶助的，应当认定其尽了主要赡养义务或主要扶养义务。	30. 对被继承人生活提供了主要经济来源，或在劳务等方面给予了主要扶助的，应当认定其尽了主要赡养义务或主要扶养义务。
第二十二条（原33） 继承人有扶养能力和扶养条件，愿意尽扶养义务，但被继承人因有固定收入和劳动能力，明确表示不要求其扶养的，分配遗产时，一般不应因此而影响其继承份额。	
第二十三条（原34） 有扶养能力和扶养条件的继承人虽然与被继承人共同生活，但对需要扶养的被继承人不尽扶养义务，分配遗产时，可以少分或者不分。	
第四十二条（原58） 人民法院在分割遗产中的房屋、生产资料和特定职业所需要的财产时，应当依据有利于发挥其使用效益和继承人的实际需要，兼顾各继承人的利益进行处理。	
第四十三条 人民法院对故意隐匿、侵吞或者争抢遗产的继承人，可以酌情减少其应继承的遗产。	59. 人民法院对故意隐匿、侵吞或争抢遗产的继承人，可以酌情减少其应继承的遗产。
删除条文 ~~61. 继承人中有缺乏劳动能力又没有生活来源的人，即使遗产不足清偿债务，也应为其保留适当遗产，然后再按继承法第三十三条和民事诉讼法第一百八十条的规定清偿债务。~~	

第一千一百三十一条 【酌情分得遗产权】 对继承人以外的依靠被继承人扶养的人，或者继承人以外的对被继承人扶养较多的人，可以分给适当的遗产。

司法解释适用

《最高人民法院关于适用〈中华人民共和国民法典〉继承编的解释（一）》

（法释〔2020〕23号）

<table>
<tr><th>《民法典继承编司法解释（一）》</th><th>原《继承法意见》</th></tr>
<tr><td>第十条 被收养人对养父母尽了赡养义务，同时又对生父母扶养较多的，除可以依照民法典第一千一百二十七条的规定继承养父母的遗产外，还可以依照民法典第一千一百三十一条的规定分得生父母适当的遗产。</td><td>19. 被收养人对养父母尽了赡养义务，同时又对生父母扶养较多的，除可依继承法第十条的规定继承养父母的遗产外，还可依继承法第十四条的规定分得生父母的适当的遗产。</td></tr>
<tr><td colspan="2">第十六条（原27） 代位继承人缺乏劳动能力又没有生活来源，或者对被继承人尽过主要赡养义务的，分配遗产时，可以多分。</td></tr>
<tr><td>第十七条 继承人丧失继承权的，其晚辈直系血亲不得代位继承。如该代位继承人缺乏劳动能力又没有生活来源，或者对被继承人尽赡养义务较多的，可以适当分给遗产。</td><td>28. 继承人丧失继承权的，其晚辈直系血亲不得代位继承。如该代位继承人缺乏劳动能力又没有生活来源，或对被继承人尽赡养义务较多的，可适当分给遗产。</td></tr>
<tr><td>第二十条 依照民法典第一千一百三十一条规定可以分给适当遗产的人，分给他们遗产时，按具体情况可以多于或者少于继承人。</td><td>31. 依继承法第十四条规定可以分给适当遗产的人，分给他们遗产时，按具体情况可多于或少于继承人。</td></tr>
<tr><td>第二十一条 依照民法典第一千一百三十一条规定可以分给适当遗产的人，在其依法取得被继承人遗产的权利受到侵犯时，本人有权以独立的诉讼主体资格向人民法院提起诉讼。</td><td>32. 依继承法第十四条规定可以分给适当遗产的人，在其依法取得被继承人遗产的权利受到侵犯时，本人有权以独立的诉讼主体的资格向人民法院提起诉讼。<del>但在遗产分割时，明知而未提出请求的，一般不予受理；不知而未提出请求，在二年以内起诉的，应予受理。</del></td></tr>
<tr><td>第四十一条 遗产因无人继承又无人受遗赠归国家或者集体所有制组织所有时，按照民法典第一千一百三十一条规定可以分给适当遗产的人提出取得遗产的诉讼请求，人民法院应当视情况适当分给遗产。</td><td>57. 遗产因无人继承收归国家或集体组织所有时，按继承法第十四条规定可以分给遗产的人提出取得遗产的要求，人民法院应视情况适当分给遗产。</td></tr>
</table>

《最高人民法院关于毛玉堂与毛新国的收养关系能否成立的复函》

河南省高级人民法院：

你院关于毛玉堂与毛新国的收养关系能否成立的请示报告收悉。经研究认为：毛新国是毛玉堂的外孙，双方是直系血亲，不能建立收养关系。据此，我们同意你院审判委员会倾向性意见，即毛玉堂与毛新国之间的收养关系不能成立，毛新国不应列为毛玉堂死亡后的第一顺序继承人。鉴于毛新国在其母死亡后，对毛玉堂尽了主要赡养义务的情况，根据最高人民法院《关于贯彻执行〈中华人民共和国继承法〉若干问题的意见》第 27 条规定精神，在分割毛玉堂的遗产时，毛新国可以多分。

以上意见，供参考。

《最高人民法院关于对从香港调回的被继承人的遗产如何处理的函》

福建省高级人民法院：

你院〔1989〕闽法民他字第 24 号“关于福建省福鼎县法院受理的林泽莘等诉林丛析产纠纷案的请示报告”收悉。经研究，答复如下：

一、被继承人林泽芸的遗产从香港调回后，被告林丛违反“通过协商解决”的一致协议，私自将遗嘱继承后剩余的遗产以自己的名义存入银行，原告要求分割遗产提起诉讼，应以继承纠纷立案审理。

二、被继承人林泽芸与被告林丛的养母子关系可予认定。但对遗产的处理，应根据被继承人生前真实意愿和权利义务相一致的原则，参照继承法第 14 条规定的精神，分给林泽莘、林传璧、林传绶等人适当的遗产。

《最高人民法院关于林泽莘等诉林丛析产纠纷案的复函》

福建省高级人民法院：

你院〔1989〕闽法民他字第 24 号《关于福建省福鼎县法院受理的林泽莘等诉林丛析产纠纷案的请示报告》收悉。经研究，答复如下：

一、被继承人林泽芸的遗产从香港调回后，被告林丛违反“通过协商解决”的一致协议，私自将遗嘱继承后剩余的遗产以自己的名义存入银行，原告要求分割遗产提起诉讼，应以继承纠纷立案审理。

二、被继承人林泽芸与被告林丛的养母子关系可予认定。但对遗产的处理，应根据被继承人生前真实意愿和权利义务相一致的原则，参照继承法第十四条规定的精神，分给林泽莘、林传璧、林传绶等人适当的遗产。

第一千一百三十二条　【继承的处理方式】继承人应当本着互谅互让、和睦团结的精神，协商处理继承问题。遗产分割的时间、办法和份额，由继承人协商确定；协商不成的，可以由人民调解委员会调解或者向人民法院提起诉讼。

关联法规参见

▶**法律：**《民事诉讼法》第 33 条，《人民调解法》。

司法解释适用

《最高人民法院关于适用〈中华人民共和国民法典〉继承编的解释（一）》（法释〔2020〕15号）

《民法典时间效力规定》	
新增条文 **第四十四条**　继承诉讼开始后，如继承人、受遗赠人中有既不愿参加诉讼，又不表示放弃实体权利的，应当追加为共同原告；继承人已书面表示放弃继承、受遗赠人在知道受遗赠后六十日内表示放弃受遗赠或者到期没有表示的，不再列为当事人。	

《最高人民法院关于适用〈中华人民共和国民事诉讼法〉的解释》（法释〔2020〕20号修改）

新《民事诉讼法司法解释》	原《民事诉讼法司法解释》
第七十条（原第七十条）　在继承遗产的诉讼中，部分继承人起诉的，人民法院应通知其他继承人作为共同原告参加诉讼；被通知的继承人不愿意参加诉讼又未明确表示放弃实体权利的，人民法院仍应将其列为共同原告。	

《最高人民法院关于产权人生前已处分的房屋死后不宜认定为遗产的批复》

贵州省高级人民法院：

你院《关于陶冶与邓秀芳财产继承一案的请示报告》收悉。据报告称，陶庭柱、陶齐氏夫妇生育一子（陶国祥）二女（陶冶，另一女早亡），陶庭柱于1924年死亡，遗有祖遗房屋三间。陶齐氏于1941年将三间房屋过户在儿子陶国祥名下并交了该房产权状。解放后该房产权仍由陶国祥登记，并管理使用达四十余年，直至1968年陶齐氏死亡时，双方均未提出异议。1983年陶国祥死亡后，陶冶以房屋系父母遗产为由要求继承。一、二审判决认定陶冶无权继承此房，你院裁定将此案发回安顺地区中级法院再审，并向我院请示。

我们研究认为，此案讼争房屋虽系祖遗产，但陶齐氏已将产权状交与陶国祥，并在两次产权登记和私房改造中，均确定由陶国祥长期管理使用，陶冶在陶齐氏生前从未提出异议。据此应当认为该房产权早已转归陶国祥夫妻共有。陶国祥死后的遗产，依法应由邓秀芳及其子女继承。陶冶无权要求继承。

第三章　遗嘱继承和遗赠

第一千一百三十三条　【遗嘱处分个人财产】 自然人可以依照本法规定立遗嘱处分个人财产，并可以指定遗嘱执行人。

自然人可以立遗嘱将个人财产指定由法定继承人中的一人或者数人继承。

自然人可以立遗嘱将个人财产赠与国家、集体或者法定继承人以外的组织、个人。

自然人可以依法设立遗嘱信托。

关联法规参见

▶**法律：**《民法典继承编》第1123条、第1127条至第1129条，《信托法》第13条。

司法解释适用

《最高人民法院关于适用〈中华人民共和国民法典〉继承编的解释（一）》（法释〔2020〕23号）

《民法典继承编司法解释（一）》	原《继承法意见》
第二十七条　自然人在遗书中涉及死后个人财产处分的内容，确为死者的真实意思表示，有本人签名并注明了年、月、日，又无相反证据的，可以按自书遗嘱对待。	40. 公民在遗书中涉及死后个人财产处分的内容，确为死者真实意思的表示，有本人签名并注明了年、月、日，又无相反证据的，可按自书遗嘱对待。
删除条文 35. ~~继承法实施前订立的，形式上稍有欠缺的遗嘱，如内容合法，又有充分证据证明确为遗嘱人真实意思表示的，可以认定遗嘱有效。~~	

《最高人民法院关于向美琼、熊伟浩、熊萍与张凤霞、张旭、张林录、冯树义执行遗嘱代理合同纠纷一案的请示的复函》

陕西省高级人民法院：

你院《关于向美琼、熊伟浩、熊萍与张凤霞、张旭、张林录、冯树义执行遗嘱代理合同纠纷一案的请示报告》收悉。经研究认为，目前，《中华人民共和国民法通则》、《中华人民共和国继承法》对遗嘱执行人的法律地位、遗嘱执行人的权利义务均未作出相应的规定。只要法律无禁止性规定，民事主体处分自己私权利的行为就不应当受到限制。张凤霞作为熊毅武指定的遗嘱执行人，在遗嘱人没有明确其执行遗嘱所得报酬的情况下，与继承人熊伟浩、熊萍等人就执行遗嘱相关的事项签订协议，并按照该协议的约定收取遗嘱执行费，不属于《中华人民共和国律师法》第三十四条禁止的律师在同一案件中为双方当事人代理的情况，该协议是否有效，应当依据《中华人民共和国合同法》的规定进行审查。只要协议的签订出于双方当事人的自愿，协议内容是双方当事人真实的意思表示，不违反法律和行政法规的禁止性规定，就应认定为有效。如果熊伟浩、熊萍等人以张凤霞乘人之危，使其在违背真实意思表示的情况下签订协议为由，请求人民法院撤销或者变更该协议，应有明确的诉讼请求并提供相应的证据，否则，人民法院不宜主动对该协议加以变更或者撤销。

《最高人民法院关于中国公民接受外侨遗赠法律程序问题的批复》

黑龙江省高级人民法院：

你院〔1988〕民复字第13号函关于中国公民宁俊华申请接受苏侨比斯阔·维克托尔·帕夫洛维赤遗赠案件的请示，经我院审判委员会第四百零四次会议讨论认为，可由哈尔滨市中级人民法院告知比斯阔的遗产代管部门，比斯阔将自己的个人财产遗赠给宁俊华、李成海，符合我国继承法的有关规定，对宁、李二人领受遗赠财产的请求应予允许。如经告知，遗产代管部门仍阻碍公民合法权利的实现，宁俊华、李成海则可以遗产代管部门为被告向法院起诉，人民法院应按照普通程序进行审理，并适用继承法的有关规定。

《最高人民法院关于强毓芬等诉强锡麟继承一案的函》

上海市高级人民法院：

你院〔87〕沪高民他字第18号关于强毓芬等诉强锡麟继承一案的请示报告收悉。经我们研究认为：强锡麟把全部财产捐赠国家是一种爱国的行为，也是他与妻子高志竞的共同意思表示，代表了他们夫妻俩的共同意愿，应依法保护。据此，我们同意你院审判委员会的倾向性意见。

《最高人民法院关于继承开始时继承人未表示放弃继承遗产又未分割的可按析产案件处理的批复》

江苏省高级人民法院：

你院《关于费宝珍、费江诉周福祥析产一案的请示报告》收悉。

据你院报告称：费宝珍与费翼臣婚生三女一子，在无锡市有房产一处共241.2平方米。1942年长女费玉英与周福祥结婚后，夫妻住在费家，随费宝珍生活。次女费秀英、三女费惠英相继于1950年以前出嫁，住在丈夫家。1956年费翼臣、费宝珍及其子费江迁居安徽，无锡的房产由长女一家管理使用。1958年私房改造时，改造了78.9平方米，留自住房162.3平方米。1960年费翼臣病故，费宝珍、费江迁回无锡，与费玉英夫妇共同住在自留房内，分开生活。1962年费玉英病故。1985年12月，费宝珍、费江向法院起诉，称此房为费家财产，要求周福祥及其子女搬出。周福祥认为，其妻费玉英有继承父亲费翼臣的遗产的权利，并且已经占有、使用四十多年，不同意搬出。原审在调查过程中，费秀英、费惠英也表示应有她们的产权份额。

我们研究认为，双方当事人诉争的房屋，原为费宝珍与费翼臣的夫妻共有财产，1958年私房改造所留自住房，仍属于原产权人共有。费翼臣病故后，对属于费翼臣所有的那一份遗产，各继承人都没有表示过放弃继承，根据《继承法》第二十五条第一款的规定，应视为均已接受继承。诉争的房屋应属各继承人共同共有，他们之间为此发生之诉讼，可按析产案件处理，并参照财产来源、管理使用及实际需要等情况，进行具体分割。

《最高人民法院关于冯钢百遗留的油画等应如何处理的批复》

广东省高级人民法院：

你院〔1986〕粤法民上字第38号关于冯贵真与冯学平等四人继承纠纷一案的请示报告收悉。

据报告称，画家冯钢百于1984年10月病逝后，其子女为其父所绘油画32幅和绘画工具等的处理发生争执：冯贵真要求继承部分油画；冯学平等四人则认为，其父是我国著名的油画家，所遗油画有一定的艺术价值，不同意分割，主张按其父的遗愿将油画全部献给国家。为此，冯贵真向人民法院提起诉讼。

经与有关部门研究后认为，冯钢百生前所绘油画虽有一定艺术价值，但仍属可分割的遗产，他生前表示将其油画献给国家的意愿不是遗嘱。因此，冯钢百遗留的油画等遗产应根据我国继承法的有关规定，由其子女冯贵真、冯约素、冯振玉、冯磊、冯学平等人继承。

《最高人民法院关于财产共有人立遗嘱处分自己的财产部分有效处分他人的财产部分无效的批复》

广东省高级人民法院：

你院〔86〕粤法民字第16号请示报告收悉。关于刘坚诉冯仲勤房屋继承一案，经研究，我们基本同意你院审判委员会讨论的第一种意见。双方讼争的房屋，原系冯奇生及女儿冯湛清、女婿刘卓三人所共有。冯奇生于一九四九年病故前，经女儿冯湛清同意，用遗嘱处分属于自己和冯湛清的财产是有效的。但是，在未取得产权共有人刘卓的同意下，遗嘱也处分了刘卓的那一份财产，因此，该遗嘱所涉及刘卓财产部分则是无效的。在刘卓的权利受到侵害期间，讼争房屋进行了社会主义改造，致使刘卓无法主张权利。现讼争房屋发还，属于刘卓的那份房产应归其法定继承人刘坚等依法继承。

《最高人民法院关于对分家析产的房屋再立遗嘱变更产权，其遗嘱是否有效的批复》

四川省高级人民法院：

你院〔85〕川法民字第3号《关于处理张家定、张家铭、张家慧诉张士国房屋产权纠纷一案的请示》收悉。关于建国前已经析产确权，能否再予重新分割或立遗嘱继承等问题，经研究答复如下：张家定之祖父张文卿（张士国之父）于一九四八年将其家中自有房宅，除自己居住的一处外，其余四处均分给四个儿子。建国后由人民政府颁发了产权证。一九五三年张文卿召开有镇政府干部参加的家庭会议，经协商，重新调整各自分得的房产，以清偿分家前的债务，立了经镇政府认可的“房屋分管字据”，均无异议。一九五五年张文卿夫妇将调整给二儿媳的房产，又立遗嘱由四子张士国“继承”。一九六六年巫溪县人民法院按“遗嘱”作了调解。二儿媳的女儿张家定等人不服，提起申诉。据上，我们认为，对张家在一九四八年析产后，经财产所有人共同协商，于一九五三年分家时达成的各自管业且已执行多年的房产协议，应予以维护。张文卿夫妇于一九五五年所立“遗嘱”无效。

《最高人民法院关于张阿凤遗嘱公证部分有效问题的批复》

上海市高级人民法院：

你院〔81〕沪高法民字第102号函收悉。

关于张阿凤遗嘱公证效力的问题，经我院与司法部研究，现答复如下：

根据一九五〇年婚姻法第十二条、第十四条关于夫妻、子女和父母为同一顺序继承人的规定，张阿凤之父张福海去世后，张阿凤、张阿金、张阿富均有继承张福海遗产的权利。张阿凤所立遗嘱只能处理她应继承的份额，不能处理别人应得的份额。经查张阿金从未放弃对张福海遗产的继承权。因此，同意你院审判委员会讨论的第二种意见：张阿凤的遗嘱公证，其中有关处分张阿金应继承张福海遗产的部分，是无效的。你院应根据法律和此案的实际情况妥善处理。

权威案例指引

▶典型案例

《陈某某、陈某祥与陈某英等遗嘱继承纠纷案》，《最高人民法院公布10起残疾人权益保障典型案例之五》（2016年5月13日）

典型意义：依法切实维护残疾人的继承权

残疾人的继承权依法不受侵犯。本案中陈某某虽身体有严重残疾，但作为出嫁女，其父母在处分遗产时，并未坚持当地民间传统中将房产只传男不传女的习惯，将案涉部分房产以遗嘱的形式明确由身体有残疾的陈某某继承。人民法院通过判决的形式依法确认了遗嘱的效力，切实保护了陈某某的财产继承权，为陈某某日后的生活所需提供了坚实的物质保障。

第一千一百三十四条　【自书遗嘱】自书遗嘱由遗嘱人亲笔书写，签名，注明年、月、日。

第1134条

司法解释适用

《最高人民法院关于适用〈中华人民共和国民法典〉继承编的解释（一）》（法释〔2020〕23号）

《民法典继承编司法解释（一）》	原《继承法意见》
删除条文 35. ~~继承法实施前订立的，形式上稍有欠缺的遗嘱，如内容合法，又有充分证据证明确为遗嘱人真实意思表示的，可以认定遗嘱有效。~~	

《民法典继承编司法解释（一）》	原《继承法意见》
第二十七条 自然人在遗书中涉及死后个人财产处分的内容，确为死者的真实意思表示，有本人签名并注明了年、月、日，又无相反证据的，可以按自书遗嘱对待。	40. 公民在遗书中涉及死后个人财产处分的内容，确为死者真实意思的表示，有本人签名并注明了年、月、日，又无相反证据的，可按自书遗嘱对待。
第二十八条 遗嘱人立遗嘱时必须具有完全民事行为能力。无民事行为能力人或者限制民事行为能力人所立的遗嘱，即使其本人后来具有完全民事行为能力，仍属无效遗嘱。遗嘱人立遗嘱时具有完全民事行为能力，后来成为无民事行为能力人或者限制民事行为能力人的，不影响遗嘱的效力。	41. 遗嘱人立遗嘱时必须有行为能力。无行为能力人所立的遗嘱，即使其本人后来有了行为能力，仍属无效遗嘱。遗嘱人立遗嘱时有行为能力，后来丧失了行为能力，不影响遗嘱的效力。
删除条文 ~~42. 遗嘱人以不同形式立有数份内容相抵触的遗嘱，其中有公证遗嘱的，以最后所立公证遗嘱为准；没有公证遗嘱的，以最后所立的遗嘱为准。~~	

第一千一百三十五条 【代书遗嘱】 代书遗嘱应当有两个以上见证人在场见证，由其中一人代书，并由遗嘱人、代书人和其他见证人签名，注明年、月、日。

司法解释适用

《最高人民法院关于适用〈中华人民共和国民法典〉继承编的解释（一）》（法释〔2020〕23号）

《民法典继承编司法解释（一）》	原《继承法意见》
删除条文 ~~35. 继承法实施前订立的，形式上稍有欠缺的遗嘱，如内容合法，又有充分证据证明确为遗嘱人真实意思表示的，可以认定遗嘱有效。~~	
第二十四条（原36） 继承人、受遗赠人的债权人、债务人，共同经营的合伙人，也应当视为与继承人、受遗赠人有利害关系，不能作为遗嘱的见证人。	
第二十七条 自然人在遗书中涉及死后个人财产处分的内容，确为死者的真实意思表示，有本人签名并注明了年、月、日，又无相反证据的，可以按自书遗嘱对待。	40. 公民在遗书中涉及死后个人财产处分的内容，确为死者真实意思的表示，有本人签名并注明了年、月、日，又无相反证据的，可按自书遗嘱对待。

《民法典继承编司法解释（一）》	原《继承法意见》
第二十八条　遗嘱人立遗嘱时必须具有完全民事行为能力。无民事行为能力人或者限制民事行为能力人所立的遗嘱，即使其本人后来具有完全民事行为能力，仍属无效遗嘱。遗嘱人立遗嘱时具有完全民事行为能力，后来成为无民事行为能力人或者限制民事行为能力人的，不影响遗嘱的效力。	41. 遗嘱人立遗嘱时必须有行为能力。无行为能力人所立的遗嘱，即使其本人后来有了行为能力，仍属无效遗嘱。遗嘱人立遗嘱时有行为能力，后来丧失了行为能力，不影响遗嘱的效力。
删除条文 42. ~~遗嘱人以不同形式立有数份内容相抵触的遗嘱，其中有公证遗嘱的，以最后所立公证遗嘱为准；没有公证遗嘱的，以最后所立的遗嘱为准~~。	

第一千一百三十六条　【打印遗嘱】 打印遗嘱应当有两个以上见证人在场见证。遗嘱人和见证人应当在遗嘱每一页签名，注明年、月、日。

关联法规参见

▶**法律：**《公证法》第 11 条、第 25 条、第 26 条。

司法解释适用

《最高人民法院关于适用〈中华人民共和国民法典〉继承编的解释（一）》（法释〔2020〕23 号）

《民法典继承编司法解释（一）》	原《继承法意见》
删除条文 35. ~~继承法实施前订立的，形式上稍有欠缺的遗嘱，如内容合法，又有充分证据证明确为遗嘱人真实意思表示的，可以认定遗嘱有效~~。	
第二十七条　自然人在遗书中涉及死后个人财产处分的内容，确为死者的真实意思表示，有本人签名并注明了年、月、日，又无相反证据的，可以按自书遗嘱对待。	40. 公民在遗书中涉及死后个人财产处分的内容，确为死者真实意思的表示，有本人签名并注明了年、月、日，又无相反证据的，可按自书遗嘱对待。

第1136条

《民法典继承编司法解释（一）》	原《继承法意见》
第二十八条 遗嘱人立遗嘱时必须具有完全民事行为能力。无民事行为能力人或者限制民事行为能力人所立的遗嘱，即使其本人后来具有完全民事行为能力，仍属无效遗嘱。遗嘱人立遗嘱时具有完全民事行为能力，后来成为无民事行为能力人或者限制民事行为能力人的，不影响遗嘱的效力。	41. 遗嘱人立遗嘱时必须有行为能力。无行为能力人所立的遗嘱，即使其本人后来有了行为能力，仍属无效遗嘱。遗嘱人立遗嘱时有行为能力，后来丧失了行为能力，不影响遗嘱的效力。
删除条文 ~~42. 遗嘱人以不同形式立有数份内容相抵触的遗嘱，其中有公证遗嘱的，以最后所立公证遗嘱为准；没有公证遗嘱的，以最后所立的遗嘱为准。~~	

《最高人民法院关于适用〈中华人民共和国民法典〉时间效力的若干规定》（法释〔2020〕15号）

《民法典时间效力规定》	
新增条文 **第十五条** 民法典施行前，遗嘱人以打印方式立的遗嘱，当事人对该遗嘱效力发生争议的，适用民法典第一千一百三十六条的规定，但是遗产已经在民法典施行前处理完毕的除外。	

第一千一百三十七条 【录音录像遗嘱】以录音录像形式立的遗嘱，应当有两个以上见证人在场见证。遗嘱人和见证人应当在录音录像中记录其姓名或者肖像，以及年、月、日。

司法解释适用

第1137条

《最高人民法院关于适用〈中华人民共和国民法典〉继承编的解释（一）》（法释〔2020〕23号）

《民法典继承编司法解释（一）》	原《继承法意见》
删除条文 ~~35. 继承法实施前订立的，形式上稍有欠缺的遗嘱，如内容合法，又有充分证据证明确为遗嘱人真实意思表示的，可以认定遗嘱有效。~~	
第二十四条（原36） 继承人、受遗赠人的债权人、债务人，共同经营的合伙人，也应当视为与继承人、受遗赠人有利害关系，不能作为遗嘱的见证人。	

《民法典继承编司法解释（一）》	原《继承法意见》
第二十七条　自然人在遗书中涉及死后个人财产处分的内容，确为死者的真实意思表示，有本人签名并注明了年、月、日，又无相反证据的，可以按自书遗嘱对待。	40. 公民在遗书中涉及死后个人财产处分的内容，确为死者真实意思的表示，有本人签名并注明了年、月、日，又无相反证据的，可按自书遗嘱对待。
第二十八条　遗嘱人立遗嘱时必须具有完全民事行为能力。无民事行为能力人或者限制民事行为能力人所立的遗嘱，即使其本人后来具有完全民事行为能力，仍属无效遗嘱。遗嘱人立遗嘱时具有完全民事行为能力，后来成为无民事行为能力人或者限制民事行为能力人的，不影响遗嘱的效力。	41. 遗嘱人立遗嘱时必须有行为能力。无行为能力人所立的遗嘱，即使其本人后来有了行为能力，仍属无效遗嘱。遗嘱人立遗嘱时有行为能力，后来丧失了行为能力，不影响遗嘱的效力。
删除条文 ~~42. 遗嘱人以不同形式立有数份内容相抵触的遗嘱，其中有公证遗嘱的，以最后所立公证遗嘱为准；没有公证遗嘱的，以最后所立的遗嘱为准。~~	

第一千一百三十八条　【口头遗嘱】遗嘱人在危急情况下，可以立口头遗嘱。口头遗嘱应当有两个以上见证人在场见证。危急情况消除后，遗嘱人能够以书面或者录音录像形式立遗嘱的，所立的口头遗嘱无效。

司法解释适用

《最高人民法院关于适用〈中华人民共和国民法典〉继承编的解释（一）》（法释〔2020〕23号）

《民法典继承编司法解释（一）》	原《继承法意见》
删除条文 ~~35. 继承法实施前订立的，形式上稍有欠缺的遗嘱，如内容合法，又有充分证据证明确为遗嘱人真实意思表示的，可以认定遗嘱有效。~~	
第二十四条（原36）　继承人、受遗赠人的债权人、债务人，共同经营的合伙人，也应当视为与继承人、受遗赠人有利害关系，不能作为遗嘱的见证人。	
第二十七条　自然人在遗书中涉及死后个人财产处分的内容，确为死者的真实意思表示，有本人签名并注明了年、月、日，又无相反证据的，可以按自书遗嘱对待。	40. 公民在遗书中涉及死后个人财产处分的内容，确为死者真实意思的表示，有本人签名并注明了年、月、日，又无相反证据的，可按自书遗嘱对待。

《民法典继承编司法解释（一）》	原《继承法意见》
第二十八条 遗嘱人立遗嘱时必须具有完全民事行为能力。无民事行为能力人或者限制民事行为能力人所立的遗嘱，即使其本人后来具有完全民事行为能力，仍属无效遗嘱。遗嘱人立遗嘱时具有完全民事行为能力，后来成为无民事行为能力人或者限制民事行为能力人的，不影响遗嘱的效力。	41. 遗嘱人立遗嘱时必须有行为能力。无行为能力人所立的遗嘱，即使其本人后来有了行为能力，仍属无效遗嘱。遗嘱人立遗嘱时有行为能力，后来丧失了行为能力，不影响遗嘱的效力。
删除条文 ~~42. 遗嘱人以不同形式立有数份内容相抵触的遗嘱，其中有公证遗嘱的，以最后所立公证遗嘱为准；没有公证遗嘱的，以最后所立的遗嘱为准。~~	

第一千一百三十九条 【公证遗嘱】公证遗嘱由遗嘱人经公证机构办理。

关联法规参见

▶**法律：**《公证法》第11条、第25条、第26条。

司法解释适用

《最高人民法院关于适用〈中华人民共和国民法典〉继承编的解释（一）》（法释〔2020〕23号）

《民法典继承编司法解释（一）》	原《继承法意见》
删除条文 ~~35. 继承法实施前订立的，形式上稍有欠缺的遗嘱，如内容合法，又有充分证据证明确为遗嘱人真实意思表示的，可以认定遗嘱有效。~~	
第二十七条 自然人在遗书中涉及死后个人财产处分的内容，确为死者的真实意思表示，有本人签名并注明了年、月、日，又无相反证据的，可以按自书遗嘱对待。	40. 公民在遗书中涉及死后个人财产处分的内容，确为死者真实意思的表示，有本人签名并注明了年、月、日，又无相反证据的，可按自书遗嘱对待。
第二十八条 遗嘱人立遗嘱时必须具有完全民事行为能力。无民事行为能力人或者限制民事行为能力人所立的遗嘱，即使其本人后来具有完全民事行为能力，仍属无效遗嘱。遗嘱人立遗嘱时具有完全民事行为能力，后来成为无民事行为能力人或者限制民事行为能力人的，不影响遗嘱的效力。	41. 遗嘱人立遗嘱时必须有行为能力。无行为能力人所立的遗嘱，即使其本人后来有了行为能力，仍属无效遗嘱。遗嘱人立遗嘱时有行为能力，后来丧失了行为能力，不影响遗嘱的效力。

《民法典继承编司法解释（一）》	原《继承法意见》
删除条文 ~~42. 遗嘱人以不同形式立有数份内容相抵触的遗嘱，其中有公证遗嘱的，以最后所立公证遗嘱为准；没有公证遗嘱的，以最后所立的遗嘱为准~~。	

第一千一百四十条　【遗嘱见证人资格的限制性规定】 下列人员不能作为遗嘱见证人：

（一）无民事行为能力人、限制民事行为能力人以及其他不具有见证能力的人；

（二）继承人、受遗赠人；

（三）与继承人、受遗赠人有利害关系的人。

司法解释适用

《最高人民法院关于适用〈中华人民共和国民法典〉继承编的解释（一）》（法释〔2020〕23号）

《民法典继承编司法解释（一）》	原《继承法意见》
第二十四条（原36）　继承人、受遗赠人的债权人、债务人，共同经营的合伙人，也应当视为与继承人、受遗赠人有利害关系，不能作为遗嘱的见证人。	

第一千一百四十一条　【特留份规定】 遗嘱应当为缺乏劳动能力又没有生活来源的继承人保留必要的遗产份额。

关联法规参见

▶**法律：**《公证法》第36条、第40条。

司法解释适用

《最高人民法院关于适用〈中华人民共和国民法典〉继承编的解释（一）》（法释〔2020〕23号）

《民法典继承编司法解释（一）》	原《继承法意见》
第二十五条　遗嘱人未保留缺乏劳动能力又没有生活来源的继承人的遗产份额，遗产处理时，应当为该继承人留下必要的遗产，所剩余的部分，才可参照遗嘱确定的分配原则处理。	37. 遗嘱人未保留缺乏劳动能力又没有生活来源的继承人的遗产份额，遗产处理时，应当为该继承人留下必要的遗产，所剩余的部分，才可参照遗嘱确定的分配原则处理。

《民法典继承编司法解释（一）》	原《继承法意见》
继承人是否缺乏劳动能力又没有生活来源，应当按遗嘱生效时该继承人的具体情况确定。	继承人是否缺乏劳动能力又没有生活来源，应按遗嘱生效时该继承人的具体情况确定。
删除条文 61. ~~继承人中有缺乏劳动能力又没有生活来源的人，即使遗产不足清偿债务，也应为其保留适当遗产，然后再按继承法第三十三条和民事诉讼法第一百八十条的规定清偿债务。~~	

第一千一百四十二条　【遗嘱的撤回、变更及效力冲突】遗嘱人可以撤回、变更自己所立的遗嘱。

立遗嘱后，遗嘱人实施与遗嘱内容相反的民事法律行为的，视为对遗嘱相关内容的撤回。

立有数份遗嘱，内容相抵触的，以最后的遗嘱为准。

关联法规参见

▶**法律：**《民法典继承编》第 1143 条，《公证法》第 36 条、第 40 条。

司法解释适用

《最高人民法院关于适用〈中华人民共和国民法典〉继承编的解释（一）》（法释〔2020〕23 号）

《民法典继承编司法解释（一）》	原《继承法意见》
删除条文 39. ~~遗嘱人生前的行为与遗嘱的意思表示相反，而使遗嘱处分的财产在继承开始前灭失，部分灭失或所有权转移、部分转移的，遗嘱视为被撤销或部分被撤销。~~ 42. ~~遗嘱人以不同形式立有数份内容相抵触的遗嘱，其中有公证遗嘱的，以最后所立公证遗嘱为准；没有公证遗嘱的，以最后所立的遗嘱为准。~~	

《最高人民法院关于适用〈中华人民共和国民法典〉时间效力的若干规定》（法释〔2020〕15 号）

《民法典时间效力规定》	
新增条文 **第二十三条**　被继承人在民法典施行前立有公证遗嘱，民法典施行后又立有新遗嘱，其死亡后，因该数份遗嘱内容相抵触发生争议的，适用民法典第一千一百四十二条第三款的规定。	

第一千一百四十三条　【遗嘱无效的情形】 无民事行为能力人或者限制民事行为能力人所立的遗嘱无效。

遗嘱必须表示遗嘱人的真实意思，受欺诈、胁迫所立的遗嘱无效。

伪造的遗嘱无效。

遗嘱被篡改的，篡改的内容无效。

关联法规参见

▶**法律：**《民法典总则编》第19条至第23条、第144条。

司法解释适用

《最高人民法院关于适用〈中华人民共和国民法典〉继承编的解释（一）》（法释〔2020〕23号）

《民法典继承编司法解释（一）》	原《继承法意见》
第二十五条　遗嘱人未保留缺乏劳动能力又没有生活来源的继承人的遗产份额，遗产处理时，应当为该继承人留下必要的遗产，所剩余的部分，才可参照遗嘱确定的分配原则处理。 继承人是否缺乏劳动能力又没有生活来源，应当按遗嘱生效时该继承人的具体情况确定。	37. 遗嘱人未保留缺乏劳动能力又没有生活来源的继承人的遗产份额，遗产处理时，应当为该继承人留下必要的遗产，所剩余的部分，才可参照遗嘱确定的分配原则处理。 继承人是否缺乏劳动能力又没有生活来源，应按遗嘱生效时该继承人的具体情况确定。
第二十六条　遗嘱人以遗嘱处分了国家、集体或者他人财产的，应当认定该部分遗嘱无效。	38. 遗嘱人以遗嘱处分了属于国家、集体或他人~~所有的~~财产，遗嘱的这部分，应认定无效。
删除条文 ~~39. 遗嘱人生前的行为与遗嘱的意思表示相反，而使遗嘱处分的财产在继承开始前灭失，部分灭失或所有权转移、部分转移的，遗嘱视为被撤销或部分被撤销。~~	
第二十八条　遗嘱人立遗嘱时必须具有完全民事行为能力。无民事行为能力人或者限制民事行为能力人所立的遗嘱，即使其本人后来具有完全民事行为能力，仍属无效遗嘱。遗嘱人立遗嘱时具有完全民事行为能力，后来成为无民事行为能力人或者限制民事行为能力人的，不影响遗嘱的效力。	41. 遗嘱人立遗嘱时必须有行为能力。无行为能力人所立的遗嘱，即使其本人后来有了行为能力，仍属无效遗嘱。遗嘱人立遗嘱时有行为能力，后来丧失了行为能力，不影响遗嘱的效力。

第1143条

《民法典继承编司法解释（一）》	原《继承法意见》
删除条文 ~~42. 遗嘱人以不同形式立有数份内容相抵触的遗嘱，其中有公证遗嘱的，以最后所立公证遗嘱为准；没有公证遗嘱的，以最后所立的遗嘱为准。~~	

第一千一百四十四条　【附义务的遗嘱】遗嘱继承或者遗赠附有义务的，继承人或者受遗赠人应当履行义务。没有正当理由不履行义务的，经利害关系人或者有关组织请求，人民法院可以取消其接受附义务部分遗产的权利。

关联法规参见

▶法律：《民法典合同编》第663条。

司法解释适用

《最高人民法院关于适用〈中华人民共和国民法典〉继承编的解释（一）》（法释〔2020〕23号）

《民法典继承编司法解释（一）》	原《继承法意见》
第二十九条　附义务的遗嘱继承或者遗赠，如义务能够履行，而继承人、受遗赠人无正当理由不履行，经受益人或者其他继承人请求，人民法院可以取消其接受附义务部分遗产的权利，由提出请求的继承人或者受益人负责按遗嘱人的意愿履行义务，接受遗产。	43. 附义务的遗嘱继承或遗赠，如义务能够履行，而继承人、受遗赠人无正当理由不履行，经受益人或其他继承人请求，人民法院可以取消他接受附义务那部分遗产的权利，由提出请示的继承人或受益人负责按遗嘱人的意愿履行义务，接受遗产。

第四章　遗产的处理

第一千一百四十五条　【遗产管理人的选任】继承开始后，遗嘱执行人为遗产管理人；没有遗嘱执行人的，继承人应当及时推选遗产管理人；继承人未推选的，由继承人共同担任遗产管理人；没有继承人或者继承人均放弃继承的，由被继承人生前住所地的民政部门或者村民委员会担任遗产管理人。

关联法规参见

▶**法律**：《民法典总则编》第194条，《民法典继承编》第1133条、第1151条，《信托法》第39条。

司法解释适用

《最高人民法院关于适用〈中华人民共和国民法典〉继承编的解释（一）》（法释〔2020〕23号）

《民法典继承编司法解释（一）》	原《继承法意见》
第三十条（原44）　人民法院在审理继承案件时，如果知道有继承人而无法通知的，分割遗产时，要保留其应继承的遗产，并确定该遗产的保管人或者保管单位。	

《最高人民法院关于审理民事案件适用诉讼时效制度若干问题的规定》（法释〔2020〕17号修改）

新《民事案件诉讼时效规定》	原《民事案件诉讼时效规定》
删除条文 ~~**第二十条**　有下列情形之一的，应当认定为民法通则第一百三十九条规定的“其他障碍”，诉讼时效中止：~~ ~~（一）权利被侵害的无民事行为能力人、限制民事行为能力人没有法定代理人，或者法定代理人死亡、丧失代理权、丧失行为能力；~~ ~~（二）继承开始后未确定继承人或者遗产管理人；~~ ~~（三）权利人被义务人或者其他人控制无法主张权利；~~ ~~（四）其他导致权利人不能主张权利的客观情形。~~	

《人民法院办理执行案件规范》

23.【申请执行时效的中止】

在申请执行时效期间的最后六个月内，因不可抗力或者其他障碍不能行使请求权的，申请执行时效中止。从中止时效的原因消除之日起，申请执行时效期间继续计算。

具有下列情形之一的，可以认定为前款规定的“其他障碍”，申请执行时效中止：

（一）权利被侵害的无民事行为能力人、限制民事行为能力人没有法定代理人，或者法定代理人死亡、丧失代理权、丧失行为能力；

（二）继承开始后未确定继承人或者遗产管理人；

（三）权利人被义务人或者其他人控制无法行使请求权；

（四）其他导致权利人不能行使请求权的客观情形。

第一千一百四十六条　【申请指定遗产管理人】对遗产管理人的确定有争议的，利害关系人可以向人民法院申请指定遗产管理人。

关联法规参见

▶法律：《民法典总则编》第194条，《信托法》第39条。

司法解释适用

《最高人民法院关于审理民事案件适用诉讼时效制度若干问题的规定》（法释〔2020〕17号修改）

<table>
<tr><th>新《民事案件诉讼时效规定》</th><th>原《民事案件诉讼时效规定》</th></tr>
<tr><td colspan="2">删除条文
~~第二十条　有下列情形之一的，应当认定为民法通则第一百三十九条规定的“其他障碍”，诉讼时效中止：~~
~~（一）权利被侵害的无民事行为能力人、限制民事行为能力人没有法定代理人，或者法定代理人死亡、丧失代理权、丧失行为能力；~~
~~（二）继承开始后未确定继承人或者遗产管理人；~~
~~（三）权利人被义务人或者其他人控制无法主张权利；~~
~~（四）其他导致权利人不能主张权利的客观情形。~~</td></tr>
</table>

《人民法院办理执行案件规范》

23.【申请执行时效的中止】

在申请执行时效期间的最后六个月内，因不可抗力或者其他障碍不能行使请求权的，申请执行时效中止。从中止时效的原因消除之日起，申请执行时效期间继续计算。

具有下列情形之一的，可以认定为前款规定的“其他障碍”，申请执行时效中止：

（一）权利被侵害的无民事行为能力人、限制民事行为能力人没有法定代理人，或者法定代理人死亡、丧失代理权、丧失行为能力；

（二）继承开始后未确定继承人或者遗产管理人；

（三）权利人被义务人或者其他人控制无法行使请求权；

（四）其他导致权利人不能行使请求权的客观情形。

第一千一百四十七条　【遗产管理人的职责】遗产管理人应当履行下列职责：

（一）清理遗产并制作遗产清单；

（二）向继承人报告遗产情况；

（三）采取必要措施防止遗产毁损、灭失；

（四）处理被继承人的债权债务；

（五）按照遗嘱或者依照法律规定分割遗产；

（六）实施与管理遗产有关的其他必要行为。

关联法规参见

▶**法律**：《民法典总则编》第 194 条，《信托法》第 39 条。

司法解释适用

《最高人民法院关于审理民事案件适用诉讼时效制度若干问题的规定》（法释〔2020〕17 号修改）

<table>
<tr><th>新《民事案件诉讼时效规定》</th><th>原《民事案件诉讼时效规定》</th></tr>
<tr><td colspan="2">删除条文

<s>第二十条　有下列情形之一的，应当认定为民法通则第一百三十九条规定的“其他障碍”，诉讼时效中止：</s>
<s>（一）权利被侵害的无民事行为能力人、限制民事行为能力人没有法定代理人，或者法定代理人死亡、丧失代理权、丧失行为能力；</s>
<s>（二）继承开始后未确定继承人或者遗产管理人；</s>
<s>（三）权利人被义务人或者其他人控制无法主张权利；</s>
<s>（四）其他导致权利人不能主张权利的客观情形。</s></td></tr>
</table>

《人民法院办理执行案件规范》

23.【申请执行时效的中止】

在申请执行时效期间的最后六个月内，因不可抗力或者其他障碍不能行使请求权的，申请执行时效中止。从中止时效的原因消除之日起，申请执行时效期间继续计算。

具有下列情形之一的，可以认定为前款规定的“其他障碍”，申请执行时效中止：

（一）权利被侵害的无民事行为能力人、限制民事行为能力人没有法定代理人，或者法定代理人死亡、丧失代理权、丧失行为能力；

（二）继承开始后未确定继承人或者遗产管理人；

（三）权利人被义务人或者其他人控制无法行使请求权；

（四）其他导致权利人不能行使请求权的客观情形。

第一千一百四十八条　【遗产管理人的责任】遗产管理人应当依法履行职责，因故意或者重大过失造成继承人、受遗赠人、债权人损害的，应当承担民事责任。

关联法规参见

▶**法律**：《民法典总则编》第 194 条，《信托法》第 39 条。

司法解释适用

《最高人民法院关于审理民事案件适用诉讼时效制度若干问题的规定》（法释〔2020〕17号修改）

<table>
<tr><th>新《民事案件诉讼时效规定》</th><th>原《民事案件诉讼时效规定》</th></tr>
<tr><td colspan="2">删除条文

~~第二十条 有下列情形之一的，应当认定为民法通则第一百三十九条规定的“其他障碍”，诉讼时效中止：~~
~~（一）权利被侵害的无民事行为能力人、限制民事行为能力人没有法定代理人，或者法定代理人死亡、丧失代理权、丧失行为能力；~~
~~（二）继承开始后未确定继承人或者遗产管理人；~~
~~（三）权利人被义务人或者其他人控制无法主张权利；~~
~~（四）其他导致权利人不能主张权利的客观情形。~~</td></tr>
</table>

《人民法院办理执行案件规范》

23.【申请执行时效的中止】

在申请执行时效期间的最后六个月内，因不可抗力或者其他障碍不能行使请求权的，申请执行时效中止。从中止时效的原因消除之日起，申请执行时效期间继续计算。

具有下列情形之一的，可以认定为前款规定的“其他障碍”，申请执行时效中止：

（一）权利被侵害的无民事行为能力人、限制民事行为能力人没有法定代理人，或者法定代理人死亡、丧失代理权、丧失行为能力；

（二）继承开始后未确定继承人或者遗产管理人；

（三）权利人被义务人或者其他人控制无法行使请求权；

（四）其他导致权利人不能行使请求权的客观情形。

第一千一百四十九条　【遗产管理人的报酬】 遗产管理人可以依照法律规定或者按照约定获得报酬。

关联法规参见

▶**法律：**《民法典总则编》第194条，《信托法》第39条。

司法解释适用

《最高人民法院关于审理民事案件适用诉讼时效制度若干问题的规定》（法释〔2020〕17号修改）

新《民事案件诉讼时效规定》	原《民事案件诉讼时效规定》
删除条文 ~~**第二十条**　有下列情形之一的，应当认定为民法通则第一百三十九条规定的“其他障碍”，诉讼时效中止：~~ ~~（一）权利被侵害的无民事行为能力人、限制民事行为能力人没有法定代理人，或者法定代理人死亡、丧失代理权、丧失行为能力；~~ ~~（二）继承开始后未确定继承人或者遗产管理人；~~ ~~（三）权利人被义务人或者其他人控制无法主张权利；~~ ~~（四）其他导致权利人不能主张权利的客观情形。~~	

《人民法院办理执行案件规范》

23.【申请执行时效的中止】

在申请执行时效期间的最后六个月内，因不可抗力或者其他障碍不能行使请求权的，申请执行时效中止。从中止时效的原因消除之日起，申请执行时效期间继续计算。

具有下列情形之一的，可以认定为前款规定的“其他障碍”，申请执行时效中止：

（一）权利被侵害的无民事行为能力人、限制民事行为能力人没有法定代理人，或者法定代理人死亡、丧失代理权、丧失行为能力；

（二）继承开始后未确定继承人或者遗产管理人；

（三）权利人被义务人或者其他人控制无法行使请求权；

（四）其他导致权利人不能行使请求权的客观情形。

第一千一百五十条　【继承开始的通知】继承开始后，知道被继承人死亡的继承人应当及时通知其他继承人和遗嘱执行人。继承人中无人知道被继承人死亡或者知道被继承人死亡而不能通知的，由被继承人生前所在单位或者住所地的居民委员会、村民委员会负责通知。

司法解释适用

《最高人民法院关于适用〈中华人民共和国民法典〉继承编的解释（一）》（法释〔2020〕23号）

《民法典继承编司法解释（一）》	原《继承法意见》
第三十条（原44）　人民法院在审理继承案件时，如果知道有继承人而无法通知的，分割遗产时，要保留其应继承的遗产，并确定该遗产的保管人或者保管单位。	

第一千一百五十一条　【遗产的保管】存有遗产的人，应当妥善保管遗产，任何组织或者个人不得侵吞或者争抢。

关联法规参见

▶**法律**：《信托法》第39条。

司法解释适用

《最高人民法院关于适用〈中华人民共和国民法典〉继承编的解释（一）》（法释〔2020〕23号）

《民法典继承编司法解释（一）》	原《继承法意见》
第三十条（原44）　人民法院在审理继承案件时，如果知道有继承人而无法通知的，分割遗产时，要保留其应继承的遗产，并确定该遗产的保管人或者保管单位。	
第四十三条　人民法院对故意隐匿、侵吞或者争抢遗产的继承人，可以酌情减少其应继承的遗产。	59. 人民法院对故意隐匿、侵吞或争抢遗产的继承人，可以酌情减少其应继承的遗产。

第一千一百五十二条　【转继承】继承开始后，继承人于遗产分割前死亡，并没有放弃继承的，该继承人应当继承的遗产转给其继承人，但是遗嘱另有安排的除外。

关联法规参见

▶**法律**：《民法典继承编》第1123条。

第一千一百五十三条　【遗产的认定】夫妻共同所有的财产，除有约定的外，遗产分割时，应当先将共同所有的财产的一半分出为配偶所有，其余的为被继承人的遗产。

遗产在家庭共有财产之中的，遗产分割时，应当先分出他人的财产。

关联法规参见

▶**法律**：《民法典婚姻家庭编》第1062条、第1063条、第1065条，《民法典继承编》第1122条。

司法解释适用

《最高人民法院关于王娟婷与王万福、陈玉兰继承纠纷一案的函》

陕西省高级人民法院：

你院〔1994〕陕高法民再字第03号《关于王娟婷与王万福、陈玉兰继承纠纷一案的请示报告》收悉。经研究，我们认为：从该案情况看，王学、王娟婷夫妻自1980年冬起即与其父母王万福、陈玉兰分灶另炊；1981年3月5日王学夫妻与其父母王万福、陈玉兰又分立户籍，各为户主，均以自己的名义独立地进行土地承包、生产经营和经济核算；对外亦各自独立地与他人建立债权、债务等民事关系。据此，王学、王娟婷与王万福、陈玉兰分家的事实应予认定。现当事人双方讼争之四间水泥平板房，系王学、王娟婷投资所建，应认定为他们夫妻共同财产。王学死亡后，应依照我国继承法的有关规定，由王学的法定继承人依法继承。至于遗产的具体处理，可根据情况合理分割。

以上意见，供参考。

《最高人民法院关于周祖德、周祖明等诉周祖华、周祖荣等房屋纠纷案的函》

贵州省高级人民法院：

你院1992年1月13日关于周祖德、周祖明等诉周祖华、周祖荣等房屋纠纷一案的请示报告收悉。经研究，答复如下：

原、被告双方争议的街面房屋系其祖父母周树堂（1943年故）、周邱氏（1980年故）于1936年购置。1951年土改时确定，周家房屋不进不出。周邱氏在去世前一直居住此房，双方当事人都不能证明已分家析产。周祖华等所持土地房产证系其父周先富1954年自报的，证上无周邱氏的名字，却有土改后出生的周祖华、周祖荣的名字，所以该证没有真实反映周家土改时的实际情况。据此，我们同意你院审判委员会的第二种意见，即争议的房屋应认定为周邱氏夫妇的遗产，并按法定继承处理为宜。

以上意见，供参考。

《最高人民法院关于蒋家正、蒋淑芳与徐文英等人析产继承案的函》

江苏省高级人民法院：

你院苏法（民）发〔1990〕字第104号关于蒋家正、蒋淑芳与徐文英等人析产继承案的请示报告收悉。

经研究，我们同意你院的倾向性意见，即根据蒋松琴与徐文英结婚后，共同生活时间长达二十年等情况，依照我院1984年8月30日《关于贯彻执行民事政策法律若干问题的意见》第12条的规定精神，原属于蒋松琴的婚前个人房产应视为他与徐文英的夫妻共同财产。蒋松琴去世后，应按先析产后继承的原则，把从夫妻共同财产中分出来的属于蒋松琴的那部分作为蒋的遗产，由其法定继承人继承。各自继承的具体数额，可根据不同情况确定。

以上意见供参考。

《最高人民法院关于孙世界、孙世明与孙洪武等人房屋继承申诉案的复函》

河北省高级人民法院：

你院冀民〔1989〕150号《关于孙世界、孙世明与孙洪武、孙洪德、孙淑芹房屋继承申诉一案，对土改时祖遗房产填写土地房产所有证后的产权确认问题的请示报告》收悉。经研究，我们同意你院的第一种意见，即双方诉争之六间房产系祖遗房产，其父辈孙履忠、孙履坦兄弟二人未曾分家析产。在土改填发土地房产所有证时，孙履坦将该房填写在自己名下，但未载明家庭人数，据土改干部证明："该房是哥俩的，土地证填写谁的名都行。"因此，该房产应视为孙履忠、孙履坦之父遗产，按先析产后继承的原则处理为宜。具体如何分割，请根据实际情况酌定。

以上意见，供参考。

《最高人民法院关于共有人之一擅自出卖共有房屋无效的批复》

河南省高级人民法院：

你院1988年9月15日《关于于金明和赵文运等5人房屋纠纷一案的请示报告》收悉。经研究认为，崔希舜未经赵文运等房屋共有人同意，于1972年11月4日擅自将郑州市南学街67号院内东屋北头2间出卖给于金明是不合法的。

1984年11月，该房屋共有人赵文运等诉至郑州市管城回族区人民法院，要求废除房屋买卖关系。一、二审法院判决买卖关系无效并无不当。故同意你院审判委员会的意见，可维持一、二审判决、驳回于金明的申诉。

《最高人民法院关于赵汝是被没收发还的财产应如何认定和继承问题的批复》

河北省高级人民法院：

你院冀民法〔1988〕第3号《关于莫曼玲、莫曼荣、莫德林、莫德森与赵新燕、赵新民、田舜华继承纠纷一案的请示报告》收悉。

我们研究认为：赵汝是于1951年被错杀时，其家庭共有财产除留一小部分作为家属生活费用外，全部被没收。因此，赵汝是平反后发还的被没收的财产以认定为赵汝是及其妻、妾的共有财产为宜。处理时，应先由共有人析产，属于赵汝是的遗产部分由其法定继承人继承。属于其妻、妾的部分，由其各自的法定继承人继承。另外，考虑到赵汝芳（田舜华之母）与其弟赵汝是相互扶助等情况，可将赵汝是的遗产分给赵汝芳一部分，以示照顾。

以上意见供参考。

《最高人民法院关于王棣华等人与王庆贞等人房屋继承案的批复》

浙江省高级人民法院：

你院1987年3月7日关于王棣华等人与王庆贞、失亚英房屋继承一案的请示报告已悉。

据你院调查，王棣华等人与王庆贞、朱亚英诉争的房屋，原系王镛、王庆贞、王守瑜母亲的奁产，后被王镛舅母出典，1937年由王镛出资回赎，1947年办理了过户手续。1950年8月，杭州市人民政府给王镛颁发了房产证，但该房一直由王镛之妹王守瑜使用、管理。1956年3月，王镛在其妻孙跃文未表示同意的情况下，个人书写“赠与书”和“房地产让渡证明书”，连同房契和个人印章一并交给王守瑜（未办理过户手续）。1960年、1963年，王镛夫妇相继去世。1981年11月，王守瑜在联系出售该房时病故。当月，王庆贞之女朱亚英以一万二千五百元价款将房屋出售。王镛之子女王棣华等人得知，诉至法院，要求将该房确认为其父的遗产，予以继承。

经研究，我们认为，该案争执之房屋原系王镛、王守瑜、王庆贞之母的财产。出典后，由王镛于1937年出资赎回，解放后，该房屋确权为王镛所有。在王镛与孙跃文婚姻关系存续期间，夫妻任何一方所得之财产，包括上述房屋，应属夫妻共同财产，夫妻一方在处理共同财产时，应取得另一方的同意。王镛在征求孙跃文意见时，孙明确表示不同意将房屋赠与王守瑜，以后在赠与书上又未签字，因此赠与应属无效。但鉴于王守瑜已长期掌管使用，王镛生前曾有过赠与的明确表示，其子女当时也表示同意的历史状况，从实际情况出发，以认定一部分为王镛和孙跃文的遗产，一部分属于王守瑜的遗产为宜。按照继承法的规定，双方的遗产分别由他们各自的法定继承人继承。

第一千一百五十四条　【法定继承的适用范围】 有下列情形之一的，遗产中的有关部分按照法定继承办理：

（一）遗嘱继承人放弃继承或者受遗赠人放弃受遗赠；

（二）遗嘱继承人丧失继承权或者受遗赠人丧失受遗赠权；

（三）遗嘱继承人、受遗赠人先于遗嘱人死亡或者终止；

（四）遗嘱无效部分所涉及的遗产；

（五）遗嘱未处分的遗产。

关联法规参见

▶**法律：**《民法典继承编》第 1123 条。

第一千一百五十五条　【胎儿预留份】 遗产分割时，应当保留胎儿的继承份额。胎儿娩出时是死体的，保留的份额按照法定继承办理。

关联法规参见

▶**法律：**《民法典总则编》第 16 条。

司法解释适用

《最高人民法院关于适用〈中华人民共和国民法典〉继承编的解释（一）》（法释〔2020〕23 号）

《民法典继承编司法解释（一）》	原《继承法意见》
第三十一条　应当为胎儿保留的遗产份额没有保留的，应从继承人所继承的遗产中扣回。 为胎儿保留的遗产份额，如胎儿出生后死亡的，由其继承人继承；如胎儿娩出时是死体的，由被继承人的继承人继承。	45. 应当为胎儿保留的遗产份额没有保留的应从继承人所继承的遗产中扣回。 为胎儿保留的遗产份额，如胎儿出生后死亡的，由其继承人继承；如胎儿出生时就是死体的，由被继承人的继承人继承。

权威案例指引

▶**指导性案例**

李某、郭某阳诉郭某和、童某某继承纠纷案，指导案例 50 号（2015 年 4 月 15 日）

裁判要点：1. 夫妻关系存续期间，双方一致同意利用他人的精子进行人工授精并使女方受孕后，男方反悔，而女方坚持生出该子女的，不论该子女是否在夫妻关系存续期间出生，都应视为夫妻双方的婚生子女。

2. 如果夫妻一方所订立的遗嘱中没有为胎儿保留遗产份额，因违反《中华人民共和国继承法》第十九条规定，该部分遗嘱内容无效。分割遗产时，应当依照《中华人民共和国继承法》第二十八条规定，为胎儿保留继承份额。

第一千一百五十六条　【遗产分割的规则和方法】遗产分割应当有利于生产和生活需要，不损害遗产的效用。

不宜分割的遗产，可以采取折价、适当补偿或者共有等方法处理。

关联法规参见

▶**法律**：《民法典物权编》第308条、第309条，《民法典继承编》第1132条。

司法解释适用

《最高人民法院关于适用〈中华人民共和国民法典〉继承编的解释（一）》（法释〔2020〕23号）

《民法典继承编司法解释（一）》	原《继承法意见》
第四十二条　人民法院在分割遗产中的房屋、生产资料和特定职业所需要的财产时，应当依据有利于发挥其使用效益和继承人的实际需要，兼顾各继承人的利益进行处理。	58. 人民法院在分割遗产中的房屋、生产资料和特定职业所需要的财产时，应依据有利于发挥其使用效益和继承人的实际需要，兼顾各继承人的利益进行处理。
第四十三条　人民法院对故意隐匿、侵吞或者争抢遗产的继承人，可以酌情减少其应继承的遗产。	59. 人民法院对故意隐匿、侵吞或争抢遗产的继承人，可以酌情减少其应继承的遗产。

《最高人民法院关于金瑞仙与黄宗廉等房产纠纷一案的批复》

安徽省高级人民法院：

你院民他字〔87〕第15号《关于金瑞仙与黄宗廉等房产纠纷一案的请示报告》及1987年12月15日补充报告收悉。

据你院报告称：黄耀庭、姚玉莲夫妻于土改前死亡，遗有座落在屯溪市屯光乡的砖木结构房屋四处，建筑面积530.22平方米（其中徐家巷7号367平方米、荷花池38号73.4平方米、40号63.32平方米、42号26.5平方米）。土改时，黄耀庭、姚玉莲的五个子女，除长女黄惠珍（无配偶、子女）已经死亡外，长子黄文卿（1972年死亡）、次女黄翠珍（1982年死亡）、三女黄毓珍（1982年死亡）均在外地生活，只有次子黄润生（1964年死亡）一家六口人在当地生活，参加了土改。黄耀庭、姚玉莲所遗房产，其中荷花池42号冒登在黄惠珍名下，另外三处房屋登记在黄润生一家名下，四处房屋均由黄润生占有、使用。但黄润生生前一直承认徐家巷7号房屋系其与黄文卿共有，黄润生死亡后，其子黄宗廉、女婿朱兆生还受黄文卿之妻金瑞仙、子黄宗义的委托，答应代为出售共有的房屋。1984年12月，金瑞仙以黄宗廉、朱兆生擅自出卖共有房屋、价款据为已有为由，诉至法院。1985年11月以后，黄翠珍、黄毓珍的法定继承人亦向法院主张继承房产的权利。

我们经研究认为：讼争房屋四处原系黄耀庭、姚玉莲的遗产，土改时虽然登记在黄润生、黄惠珍名下，但根据土改时的有关政策法律规定及当地土改的实际情况，四处房屋并非确权归黄润生一家所有，黄润生及其子黄宗廉也一直承认徐家巷 7 号房屋产权系与黄文卿共有。据此，讼争房屋产权以认定为黄文卿、黄润生、黄翠珍、黄毓珍四人所共有为宜。但在具体分割时，应考虑对共有房屋长期使用、管理等实际情况，并照顾共有人的实际需要。至于黄翠珍、黄毓珍的法定继承人主张继承遗产的权利是否超过诉讼时效期间的问题，请按照我院《关于贯彻执行〈中华人民共和国继承法〉若干问题的意见》第 64 条第二款的规定处理。

此复。

第一千一百五十七条　【再婚时对所继承遗产的处分】夫妻一方死亡后另一方再婚的，有权处分所继承的财产，任何组织或者个人不得干涉。

关联法规参见

▶**法律：**《民法典总则编》第 124 条，《民法典婚姻家庭编》第 1061 条、第 1069 条，《民法典继承编》第 1127 条。

第一千一百五十八条　【遗赠扶养协议】自然人可以与继承人以外的组织或者个人签订遗赠扶养协议。按照协议，该组织或者个人承担该自然人生养死葬的义务，享有受遗赠的权利。

关联法规参见

▶**法律：**《民法典继承编》第 1123 条。

司法解释适用

《最高人民法院关于适用〈中华人民共和国民法典〉继承编的解释（一）》（法释〔2020〕23 号）

<table>
<tr><th>《民法典继承编司法解释（一）》</th><th>原《继承法意见》</th></tr>
<tr><td colspan="2">第三十八条（原 53）　继承开始后，受遗赠人表示接受遗赠，并于遗产分割前死亡的，其接受遗赠的权利转移给他的继承人。</td></tr>
<tr><td>第三十九条　由国家或者集体组织供给生活费用的烈属和享受社会救济的自然人，其遗产仍应准许合法继承人继承。</td><td>54. 由国家或集体组织供给生活费用的烈属和享受社会救济的城市居民，其遗产仍应准许合法继承人继承。</td></tr>
<tr><td colspan="2">新增条文
第四十条　继承人以外的组织或者个人与自然人签订遗赠扶养协议后，无正当理由不履行，导致协议解除的，不能享有受遗赠的权利，其支付的供养费用一般不予补偿；遗赠人无正当理由不履行，导致协议解除的，则应当偿还继承人以外的组织或者个人已支付的供养费用。</td></tr>
</table>

《民法典继承编司法解释（一）》	原《继承法意见》
删除条文 ~~55. 集体组织对“五保户”实行“五保”时，双方有扶养协议的，按协议处理；没有扶养协议，死者有遗嘱继承人或法定继承人要求继承的，按遗嘱继承或法定继承处理，但集体组织有权要求扣回“五保”费用。~~ ~~56. 扶养人或集体组织与公民订有遗赠扶养协议，扶养人或集体组织无正当理由不履行，致协议解除的，不能享有受遗赠的权利，其支付的供养费用一般不予补偿；遗赠人无正当理由不履行，致协议解除的，则应偿还扶养人或集体组织已支付的供养费用。~~	

第一千一百五十九条　【继承遗产与清偿债务】分割遗产，应当清偿被继承人依法应当缴纳的税款和债务；但是，应当为缺乏劳动能力又没有生活来源的继承人保留必要的遗产。

司法解释适用

《最高人民法院关于空难死亡赔偿金能否作为遗产处理的复函》

广东省高级人民法院：

你院粤高法民一请字〔2004〕1号《关于死亡赔偿金能否作为遗产处理的请示》收悉。经研究，答复如下：

空难死亡赔偿金是基于死者死亡对死者近亲属所支付的赔偿。获得空难死亡赔偿金的权利人是死者近亲属，而非死者。故空难死亡赔偿金不宜认定为遗产。

以上意见，供参考。

第一千一百六十条　【无人继承、受遗赠的遗产的处理】无人继承又无人受遗赠的遗产，归国家所有，用于公益事业；死者生前是集体所有制组织成员的，归所在集体所有制组织所有。

司法解释适用

《最高人民法院关于适用〈中华人民共和国民法典〉继承编的解释（一）》（法释〔2020〕23号）

《民法典继承编司法解释（一）》	原《继承法意见》
第四十一条　遗产因无人继承又无人受遗赠归国家或者集体所有制组织所有时，按照民法典第一千一百三十一条规定可以分给适当遗产的人提出取得遗产的诉讼请求，人民法院应当视情况适当分给遗产。	57. 遗产因无人继承收归国家或集体组织所有时，按继承法第十四条规定可以分给遗产的人提出取得遗产的要求，人民法院应视情况适当分给遗产。

第一千一百六十一条　【限定继承】 继承人以所得遗产实际价值为限清偿被继承人依法应当缴纳的税款和债务。超过遗产实际价值部分，继承人自愿偿还的不在此限。

继承人放弃继承的，对被继承人依法应当缴纳的税款和债务可以不负清偿责任。

司法解释适用

《最高人民法院关于适用〈中华人民共和国民法典〉继承编的解释（一）》（法释〔2020〕23号）

《民法典继承编司法解释（一）》	原《继承法意见》
第十六条（原27） 代位继承人缺乏劳动能力又没有生活来源，或者对被继承人尽过主要赡养义务的，分配遗产时，可以多分。	
删除条文	61. ~~继承人中有缺乏劳动能力又没有生活来源的人，即使遗产不足清偿债务，也应为其保留适当遗产，然后再按继承法第三十三条和民事诉讼法第一百八十条的规定清偿债务。~~

《最高人民法院关于空难死亡赔偿金能否作为遗产处理的复函》

广东省高级人民法院：

你院粤高法民一请字〔2004〕1号《关于死亡赔偿金能否作为遗产处理的请示》收悉。经研究，答复如下：

空难死亡赔偿金是基于死者死亡对死者近亲属所支付的赔偿。获得空难死亡赔偿金的权利人是死者近亲属，而非死者。故空难死亡赔偿金不宜认定为遗产。

以上意见，供参考。

第一千一百六十二条　【清偿税款、债务优先于执行遗赠】 执行遗赠不得妨碍清偿遗赠人依法应当缴纳的税款和债务。

司法解释适用

《最高人民法院关于适用〈中华人民共和国民法典〉继承编的解释（一）》（法释〔2020〕23号）

《民法典继承编司法解释（一）》	原《继承法意见》
删除条文	62. ~~遗产已被分割而未清偿债务时，如有法定继承又有遗嘱继承和遗赠的，首先由法定继承人用其所得遗产清偿债务；不足清偿时，剩余的债务由遗嘱继承人和受遗赠人按比例用所得遗产偿还；如果只有遗嘱继承和遗赠的，由遗嘱继承人和受遗赠人按比例用所得遗产偿还。~~

第一千一百六十三条　【法定继承人、遗嘱继承人、受遗赠人清偿税款债务的顺序和比例】 既有法定继承又有遗嘱继承、遗赠的，由法定继承人清偿被继承人依法应当缴纳的税款和债务；超过法定继承遗产实际价值部分，由遗嘱继承人和受遗赠人按比例以所得遗产清偿。

关联法规参见

▶**法律：**《民法典继承编》第1161条、第1162条。

第七编　侵权责任

第一章　一般规定

第一千一百六十四条　【侵权责任编的调整范围】本编调整因侵害民事权益产生的民事关系。

关联法规参见

▶**法律**：《民法典总则编》第27条、第30条至第37条、第39条、第110条、第123条至第125条。《民法典物权编》第240条、第323条、第386条。

司法解释适用

《最高人民法院关于适用〈中华人民共和国民法典〉时间效力的若干规定》（法释〔2020〕15号）

《民法典时间效力规定》	
新增条文 **第二十四条**　侵权行为发生在民法典施行前，但是损害后果出现在民法典施行后的民事纠纷案件，适用民法典的规定。	

权威案例指引

▶公报案例

《吉林市中小企业信用担保集团有限公司诉中国长城资产管理股份有限公司吉林省分公司等公司债权人利益责任纠纷案》，《最高人民法院公报》2019年第3期

裁判摘要：侵权责任法保护民事主体合法的人身权益和财产权益。依法成立并生效的债权属于债权人合法的财产权益，受法律保护，任何人不得随意侵犯。债权发生在特定的当事人之间，缺乏公示性。一般情况下，债权人应通过合同救济主张权利。认定合同当事人以外的第三人承担侵权赔偿责任，应从严把握。当债权人权利救济途径已经穷尽，债权债务关系之外的第三人，如知道或者应当知道债权债务关系存在，且违反以保护该债权为目的的法律、法规及其他规范性法律文件或违背公序良俗，造成债权人合法权益受到损害，行为人承担相应的补充赔偿责任。

《陈伟诉广东省机场管理集团公司、广州白云国际机场股份有限公司、上海证券交易所侵权纠纷案》，《最高人民法院公报》2008年第12期

裁判摘要：权证属证券衍生品种，发布权证信息的提示性公告的权证信息披露与证券法

规定的涉及上市公司财务状况、股权结构以及公司经营管理人员变化等公司内部重大事项的信息披露不同，应由发行人和相关投资者承担相关信息披露义务，而不是由权证标的证券上市公司承担。

行为人应在充分了解权证交易规则和各种风险的基础上进行高风险的权证交易。在发行人尽到了权证信息公告的披露义务、证券交易机构尽到了监管义务的前提下，行为人一旦根据自主决定进行权证买卖交易，在享有权证交易可能带来的收益的同时，也应承担可能出现的风险。因为疏忽大意没有发现重要信息，或者没有充分了解权证的有关规则，在进行交易行为时产生亏损的，相应后果应自行承担。

《深圳市商业银行宝安支行与湖南长炼兴长集团有限责任公司、深圳民鑫实业有限公司、广东金汇源投资担保有限责任公司、西北亚奥信息技术股份有限公司、吴忠仪表集团有限公司、深圳国安会计师事务所有限公司返还资金保证合同纠纷案》，《最高人民法院公报》2007 年第 9 期

裁判摘要：金融机构为债务人出具虚假资金证明，是否应当对债权人的损失承担出具虚假资金证明的赔偿责任，应当审查债权人的损失是否基于对金融机构出具的虚假资金证明的合理信赖或者使用所造成，即债权人的损失与金融机构出具虚假资金证明的行为之间是否存在因果关系。如果债权人的损失与金融机构出具虚假资金证明的行为之间并不存在因果关系，则金融机构不应对债权人的损失承担出具虚假资金证明的赔偿责任。

《连云港外代公司诉连云港港务局、港明实业公司、港明贸易公司无单放货侵权赔偿纠纷案》，《最高人民法院公报》2006 年第 7 期

裁判摘要：一、港口经营人根据与作业委托人的合同，对进口货物负有部分监管职责。为了履行这一职责，港口经营人在交付货物时，应当对提货单进行审查，审查内容仅限于审查提货单上有无海关同意放行章。对提货单的持有人是否为单上记名的收货人或其代理人，港口经营人没有审查义务。

二、提货单一经开出，就等于承认持单人有提货权利。港口经营人根据提货单上的海关同意放行章，将货物交付给提货单的持有人，是正常放货行为，不存在过错。

三、明知只有凭正本提单才能提取货物，却以虚假理由从承运人或者承运人的代理人处商借提货单，然后用该提货单办理提货手续，是以非法手段侵占他人财产的行为。依照海商法第七十一条、民法通则第一百一十七条规定，行为人应当对由此给他人造成的经济损失承担侵权赔偿责任。

《口福食品公司诉韩国企业银行、中行核电站支行信用证纠纷案》，《最高人民法院公报》2006 年第 1 期

裁判摘要：信用证欺诈，是指信用证受益人在根本无货或者质量低劣无法交货的情况下，单独或与他人恶意串通，伪造符合信用证要求的一种或几种单据，从开证行骗取信用证项下货款，从而使开证申请人遭受经济损失的行为。开证行如无证据证明信用证项下单据是受益人单独或与他人恶意串通伪造的，目的是从开证行骗取信用证项下款项，且该伪造行为已经给开证申请人造成了实质性损害，不能援引信用证欺诈例外原则拒付信用证项下款项。

《王保富诉三信律师所财产损害赔偿纠纷案》，《最高人民法院公报》2005 年第 10 期

裁判摘要：根据律师法第四十九条第一款的规定，经律师见证的遗嘱因不符合法律规定的形式要件被确认无效，致使遗嘱受益人蒙受经济损失的，律师所在的律师事务所应当承担过错赔偿责任。

《中国人寿保险公司成都分公司诉华隆公司等证券侵权纠纷案》，《最高人民法院公报》2005 年第 8 期

裁判摘要：证券营业部按规定为客户办理指定交易和撤销指定交易后，客户证券账户内的国债资金出现了变现并被用资人使用的结果，应认定其符合客户意图，与证券营业部办理指定交易和撤销指定交易的行为不存在必然因果关系。

第一千一百六十五条　【过错责任原则；过错推定责任】 行为人因过错侵害他人民事权益造成损害的，应当承担侵权责任。

依照法律规定推定行为人有过错，其不能证明自己没有过错的，应当承担侵权责任。

关联法规参见

▶**法律**：《民法典侵权责任编》第 1208 条，《精神卫生法》第 76 条至第 79 条。

司法解释适用

《最高人民法院关于当事人申请财产保全错误造成案外人损失应否承担赔偿责任问题的解释》

近来，一些法院就当事人申请财产保全错误造成案外人损失引发的赔偿纠纷案件应如何适用法律问题请示我院。经研究，现解释如下：

根据《中华人民共和国民法通则》第一百零六条、《中华人民共和国民事诉讼法》第九十六条等法律规定，当事人申请财产保全错误造成案外人损失的，应当依法承担赔偿责任。

此复。

《最高人民法院关于汪小嫚诉工商银行长沙县支行赔偿案如何处理的复函》

湖南省高级人民法院：

你院〔1992〕湘法民申字第 2 号《关于汪小嫚诉工商银行长沙县支行赔偿存款一案的请示报告》收悉。经研究，我院同意你院审判委员会第一种意见，即由于长沙县支行在办理提前支取汪小嫚存款时，没有按规定核对取款人的身份证件，该行应当对由此造成的损失负全部赔偿责任。

此复

《最高人民法院关于中国人民银行宁波市经济技术开发区支行工作人员截留当事人款项应当承担民事责任的函》

浙江省高级人民法院：

你院〔1992〕浙法经上字90—82号请示报告收悉。经研究，答复如下：原则同意你院意见。袁坚东是银行工作人员，违反结算制度截留支票款以掩盖其挪用库款的罪行，除应追究其刑事责任外，依照《中华人民共和国民法通则》第一百零六条第二款的规定，人民银行宁波市经济技术开发区支行应承担相应的民事责任。

《最高人民法院关于林木香诉中国工商银行福州支行仓山办事处、中国农业银行闽侯县支行、闽侯县闽江信用社赔偿案件如何适用法律问题的复函》

福建省高级人民法院：

你院闽法民他字〔1990〕第16号请示报告收悉。关于林木香诉中国工商银行福州支行仓山办事处、中国农业银行闽侯县支行、闽侯县闽江信用社（以下简称三被告）赔偿案件如何适用法律问题，经研究认为：三被告的经办人未按《中国人民银行储蓄存款章程》第八条和《中国人民银行储蓄管理办法》第五十九条的规定，对林有垒所持户口簿进行认真核对，致使林有垒持缺页且未盖户籍警章的户口簿冒领了林木香的存款，三被告有过错，应承担民事责任。林木香的存款被林有垒盗窃并冒领存款与林木香委托林有尧代管房屋权限不明没有必然的因果关系，因此，林木香不应承担民事责任。

《最高人民法院民事审判庭关于刘伯达诉徐州西站人身损害赔偿一案如何适用法律问题的电话答复》

江苏省高级人民法院民庭：

你院于4月22日就刘伯达诉徐州西站人身损害赔偿一案如何适用法律问题向我院请示。

经研究认为，刘伯达为委外队装卸工，在工作中被徐州西站职工唐继春违章作业砸伤致残，根据民法通则第一百零六条二款："公民、法人由于过错侵害国家的、集体的财产，侵害他人财产、人身的，应承担民事责任"的规定，徐州西站作为唐继春的所在单位，对其职工在履行职务中致人损害的，应承担赔偿责任。

刘伯达与委外队签订的"作业中发生的人身伤亡事故自行承担事故责任"之合同是无效的，但是，委外队不是侵权主体，致刘人身损害与委外队没有侵权的因果关系，因此，本案不适用我院〔88〕民他字第1号《关于雇工合同"工伤概不负责"是否有效的批复》精神。

据此，同意你院审判委员会的意见，原审法院对本案侵权责任及赔偿范围的认定基本正确，对徐州西站的申诉应予驳回。

《最高人民法院关于自押货车发生火灾铁路不负赔偿责任的指示》

据中央人民政府铁道部来函略称："1951年4月1日实施负责运输以前，自押货车发生火灾，根据1950年8月1日铁道部公布的'货物运送规则及补则'第三十四及三十五条的规定，铁路不负赔偿责任。但各级法院对这一类案件，均行受理，与铁路规章的精神不相吻合，请转知各级法院。对1951年4月1日实施负责运输以前，自押货车发生火灾者，除非铁路的直接过失（如车辆偏挂，位置不当，或烧轴等）者外，不予受理，以期维护法治的精神而免纠纷"。中长铁路局并举出松江省及哈尔滨等法院受理这一类案件 22 件，申请赔偿人民币 330454261 元。

本院认为，铁道部的意见是正确的，今后各级法院受理这类案件，应根据 1950 年 8 月 1 日铁道部公布的"货物运送规则及补则"第三十四、三十五条规定的精神来处理，希转知所属法院。

权威案例指引

▶公报案例

《刁维奎诉云南中发石化有限公司产品销售者责任纠纷案》，《最高人民法院公报》2020 年第 12 期

裁判摘要：消费者主张因购买缺陷产品而导致财产损害，但未保留消费凭证的，人民法院应结合交易产品及金额、交易习惯、当事人的陈述、相关的物证、书证等证据，综合认定消费者与销售者之间是否存在买卖合同关系。在此基础上，依据民事诉讼证明标准和民事诉讼证据规则，合理划分消费者和销售者的举证责任。如果产品缺陷与损害结果之间在通常情形下存在关联性，可认定二者之间具有因果关系。

《青岛中金渝能置业有限公司与青岛中金实业股份有限公司、滨州市中金豪运置业有限责任公司财产保全损害责任纠纷案》，《最高人民法院公报》2018 年第 10 期

裁判摘要：申请财产保全错误的赔偿在性质上属于侵权责任。判断申请财产保全是否错误，不仅要看申请保全人的诉讼请求最终是否得到支持，还要看其是否存在故意或重大过失。判断申请保全人是否存在故意或重大过失，要根据其诉讼请求及所依据的事实和理由考察其提起的诉讼是否合理，或者结合申请保全的标的额、对象及方式等考察其申请财产保全是否适当。关于赔偿数额的确定，如系冻结资金，有合同等证据证明存在借贷利息损失的，应赔偿的实际损失为该合同约定的利息损失，但该利息损失与被冻结资金的银行利息之和不能超过民间借贷司法解释规定的年利率 24% 上限，否则，赔偿的资金利息损失参照中国人民银行同期贷款基准利率或民间借贷司法解释规定的年利率 6% 的标准确定；若系查封房屋或其他存在市场价值变化的资产，如因被保全人未请求处分变现或请求不当未获准许的，被保全财产因市场变化产生的价值贬损风险由其自行承担，与申请财产保全行为没有直接的因果关系；如申请财产保全人阻碍被保全人行使处分权的，则被保全财产的价值贬损与申请保全人的行为有直接因果关系，申请保全人应赔偿的数额为被保全财产在保全开始与保全结束两个时点的价差以及开始时的价款对应的资金利息损失。为财产保全提供的担保系司法担保，第三人在其担保承诺的范围承担责任，而非因共同侵权而承担连带责任。

《宜兴市建工建筑安装有限责任公司与张欣、张学山申请诉中财产保全损害赔偿责任纠纷案》，《最高人民法院公报》2018 年第 9 期

裁判摘要：由于当事人的法律知识、对案件事实的举证证明能力、对法律关系的分析判断能力各不相同，通常达不到司法裁判所要求的专业水平，因此当事人对诉争事实和权利义务的判断未必与人民法院的裁判结果一致。对当事人申请保全所应尽到的注意义务的要求不

应过于苛责。如果仅以保全申请人的诉讼请求是否得到支持作为申请保全是否错误的依据，必然会对善意当事人依法通过诉讼保全程序维护自己权利造成妨碍，影响诉讼保全制度功能的发挥。而且，《中华人民共和国侵权责任法》第六条和第七条规定，侵权行为以过错责任为原则，无过错责任必须要有法律依据，但《中华人民共和国侵权责任法》所规定的无过错责任中并不包含申请保全错误损害赔偿责任。因此，申请保全错误，须以申请人主观存在过错为要件，不能仅以申请人的诉讼请求未得到支持为充分条件。

《江苏中江泓盛房地产开发有限公司诉陈跃石损害责任纠纷案》，《最高人民法院公报》2016 年第 6 期

裁判摘要：因财产保全引起的损害赔偿纠纷，适用侵权责任法规定的过错责任归责原则。财产保全制度的目的在于保障将来生效判决的执行，只有在申请人对财产保全错误存在故意或重大过失的情况下，方可认定申请人的申请有错误，不能仅以申请保全标的额超出生效裁判支持结果作为判断标准。

《杭州翔盛纺织有限公司诉余姚市圣凯五金厂（普通合伙）票据损害责任纠纷案》，《最高人民法院公报》2016 年第 6 期

裁判摘要：票据经公示催告程序被人民法院作出除权判决之后，原合法持票人可以公示催告申请人不当申请公示催告致其票据权利丧失为由，向人民法院提起诉讼，请求公示催告的不当申请人承担损害赔偿责任。

《上海普鑫投资管理咨询有限公司诉中银国际证券有限责任公司财产损害赔偿纠纷案》，《最高人民法院公报》2014 年第 10 期

裁判摘要：有义务协助法院采取保全措施的第三人，恶意侵害保全申请人的债权，拒不协助保全，或者采取其他措施妨害保全，导致最终裁判文书无法执行，申请人债权无法实现而受到损害的，该第三人应当对申请人承担侵权行为损害赔偿责任。

《李正辉诉柴国生财产损害赔偿纠纷案》，《最高人民法院公报》2014 年第 3 期

裁判摘要：向人民法院申请采取保全措施是当事人的诉讼权利，但申请有错误的，申请人应当赔偿被申请人因保全所遭受的损失。如何判断当事人的申请是否错误，《中华人民共和国民事诉讼法》对此并没有作出规定。判断申请人的申请是否存在错误，应当结合具体案情，通过审查申请人是否存在通过保全损害被申请人合法权益的过错、保全的对象是否属于权属有争议的标的物、被申请人是否存在损失、是否为了保证判决的执行等因素予以考虑，不宜简单地以判决支持的请求额与保全财产数额的差异判断申请人是否有错误。

《浙江省德清县上武汽车修理厂诉董艳峰损害赔偿纠纷案》，《最高人民法院公报》2011 年第 6 期

裁判摘要：案由是当事人诉讼请求所指向的法律关系。在案件中存在多个法律关系时，只有与诉讼请求在法律上、事实上直接关联的法律关系才是案由。

在侵权法律关系中，承担侵权责任的条件之一是侵权行为与损害后果之间存在因果关系，否则侵权行为不能成立，行为人对损害后果不承担法律责任。

《邢立强诉上海证券交易所权证交易侵权纠纷案》，《最高人民法院公报》2010年第7期

裁判摘要：权证产品属新型证券衍生品种，具有不同于股票交易的特点。权证发行后，符合一定条件的机构经交易所审核可创设权证。投资者以交易所审核创设权证违规为由而提起的民事侵权之诉，具有可诉性；证券交易所审核合格券商创设权证，是证券法赋予其自律监管职能的行为，其审核行为只要符合权证管理业务规则，主观上不具有过错，其对于投资者因权证交易造成的损失不承担赔偿责任，投资者应自行承担风险损失。

《江苏拜特进出口贸易有限公司、江苏省淮安市康拜特地毯有限公司诉许赞有因申请临时措施损害赔偿纠纷案》，《最高人民法院公报》2009年第4期

裁判摘要：《中华人民共和国民事诉讼法》第九十六条规定："申请有错误的，申请人应当赔偿被申请人因财产保全所遭受的损失。"最高人民法院《关于对诉前停止侵犯专利权行为适用法律问题的若干规定》① 第十三条规定："申请人不起诉或者申请错误造成被申请人损失的，被申请人可以向有管辖权的人民法院起诉请求申请人赔偿，也可以在专利权人或者利害关系人提起的专利权侵权诉讼中提出损害赔偿的请求，人民法院可以一并处理。"据此，专利权人的专利权最终被宣告无效，专利权人提出财产保全和停止侵犯专利权申请给被申请人造成损失的，属于上述法律、司法解释规定的"申请有错误"，被申请人据此请求申请人依法予以赔偿的，人民法院应予支持。

第一千一百六十六条　【非过错责任】行为人造成他人民事权益损害，不论行为人有无过错，法律规定应当承担侵权责任的，依照其规定。

关联法规参见

▶**法律：**《民法典侵权责任编》第1208条，《动物防疫法》第84条，《传染病防治法》第109条，《矿产资源法》第32条、第39条、第40条。

司法解释适用

《最高人民法院关于审理人身损害赔偿案件适用法律若干问题的解释》（法释〔2020〕17号修改）

新《人身损害赔偿司法解释》	原《人身损害赔偿司法解释》
删除条文 ~~**第二条**　受害人对同一损害的发生或者扩大有故意、过失的，依照民法通则第一百三十一条的规定，可以减轻或者免除赔偿义务人的赔偿责任。但侵权人因故意或者重大过失~~	

① 该规定已被废止。

新《人身损害赔偿司法解释》	原《人身损害赔偿司法解释》
~~致人损害，受害人只有一般过失的，不减轻赔偿义务人的赔偿责任。~~ ~~适用民法通则第一百零六条第三款规定确定赔偿义务人的赔偿责任时，受害人有重大过失的，可以减轻赔偿义务人的赔偿责任。~~	

第一千一百六十七条　【民事权益保全请求权】侵权行为危及他人人身、财产安全的，被侵权人有权请求侵权人承担停止侵害、排除妨碍、消除危险等侵权责任。

第一千一百六十八条　【共同实施侵权行为人的连带责任】二人以上共同实施侵权行为，造成他人损害的，应当承担连带责任。

司法解释适用

《最高人民法院关于审理人身损害赔偿案件适用法律若干问题的解释》（法释〔2020〕17号修改）

新《人身损害赔偿司法解释》	原《人身损害赔偿司法解释》
删除条文 ~~第三条　二人以上共同故意或者共同过失致人损害，或者虽无共同故意、共同过失，但其侵害行为直接结合发生同一损害后果的，构成共同侵权，应当依照民法通则第一百三十条规定承担连带责任。~~ ~~二人以上没有共同故意或者共同过失，但其分别实施的数个行为间接结合发生同一损害后果的，应当根据过失大小或者原因力比例各自承担相应的赔偿责任。~~	

权威案例指引

▶公报案例

《南京市高淳县飞达教育技术装备有限责任公司诉南京市高淳区隆兴农村小额贷款有限公司、江苏金创信用再担保股份有限公司侵权责任纠纷案》，《最高人民法院公报》2019年第6期

裁判摘要：债权人和债务人明知债务已清偿，债权人积极起诉担保人要求其承担连带清偿责任，债务人消极应诉且承认债权，系滥用诉讼权利损害担保人合法权益的共同侵权行为，担保人依法提出赔偿合理的律师费用等正当要求，应予支持。

《邹汉英诉孙立根、刘珍工伤事故损害赔偿纠纷案》，《最高人民法院公报》2010年第3期

裁判摘要：公司法定代表人在组织公司清算过程中，明知公司职工构成工伤并正在进行工伤等级鉴定，却未考虑其工伤等级鉴定后的待遇给付问题，从而给工伤职工的利益造成重大损害的，该行为应认定构成重大过失，应当依法承担赔偿责任。作为清算组成员的其他股

东在公司解散清算过程中，未尽到其应尽的查知责任，也应认定存在重大过失，承担连带赔偿责任。

《陈丽华等23名投资人诉大庆联谊公司、申银证券公司虚假陈述侵权赔偿纠纷案》，《最高人民法院公报》2005年第11期

裁判摘要：根据《关于审理证券市场因虚假陈述引发的民事赔偿案件的若干规定》，上市公司的实际控制人以上市公司名义实施虚假陈述行为给投资人造成损失，投资人只起诉上市公司的，上市公司应当先行承担赔偿责任，然后再向实际控制人追偿。证券承销商、证券上市推荐人知道或者应当知道上市公司虚假陈述而不予纠正或者不出具保留意见的，构成共同侵权，对投资人的损失承担连带责任。投资人以自己受到虚假陈述侵害为由，对虚假陈述行为人提起民事赔偿诉讼的，必须以有关机关的行政处罚决定或者人民法院的刑事裁判文书为依据。此类案件的诉讼时效，应当从有关机关的行政处罚决定或者人民法院的刑事裁判文书公布之日起算。

▶典型案例

《某某卫厨（中国）股份有限公司诉苏州某某科技发展有限公司、屠某某等侵犯商标权及不正当竞争纠纷案》，《最高人民法院发布7起充分发挥审判职能作用保护产权和企业家合法权益典型案例之五》（2018年1月30日）

典型意义：保护知识产权营造良好营商环境

当前，知识产权侵权易发多发，直接影响企业的正常合法经营发展。本案中，在法院已经判决苏州某某科技发展有限公司等构成商标侵权、不正当竞争及停止使用有关字号等的情况下，侵权公司的法定代表人屠某某、余某某仍然通过设立若干新公司继续对该商标实施侵权行为，法院认定屠某某、余某某恶意设立新公司实施侵权行为构成共同侵权，根据《中华人民共和国侵权责任法》第八条规定，判令屠某某、余某某与其设立的公司承担连带责任。本案判决，充分体现了司法审判对重复侵权、恶意侵权人加大惩治力度，对于严格知识产权保护，营造良好营商环境具有重要意义。

第一千一百六十九条　【教唆者、帮助者的侵权责任】教唆、帮助他人实施侵权行为的，应当与行为人承担连带责任。

教唆、帮助无民事行为能力人、限制民事行为能力人实施侵权行为的，应当承担侵权责任；该无民事行为能力人、限制民事行为能力人的监护人未尽到监护职责的，应当承担相应的责任。

司法解释适用

《最高人民法院关于对帮助他人设立注册资金虚假的公司应当如何承担民事责任的请示的答复》

上海市高级人民法院：

你院〔2000〕沪高经他字第23号关于帮助他人设立注册资金虚假的公司应当如何承担民事责任的请示收悉。经研究，答复如下：

一、上海鞍福物资贸易有限公司（以下简称鞍福公司）成立时，借用上海砖桥贸易城有限公司（以下简称砖桥贸易城）的资金登记注册，虽然该资金在鞍福公司成立后即被抽回，但鞍福公司并未被撤销，其民事主体资格仍然存在，可以作为诉讼当事人。如果确认鞍福公司应当承担责任，可以判决并未实际出资的设立人承担连带清偿责任。

二、砖桥贸易城的不当行为，虽然没有直接给当事人造成损害后果，但由于其行为，使得鞍福公司得以成立，并从事与之实际履行能力不相适应的交易活动，给他人造成不应有的损害后果。因此，砖桥贸易城是有过错的。砖桥贸易城应在鞍福公司注册资金不实的范围内承担补充赔偿责任。

此复

权威案例指引

▶指导性案例

赵春明等诉烟台市福山区汽车运输公司、卫德平等机动车交通事故责任纠纷案，指导案例19号（2013年11月8日）

裁判要点：机动车所有人或者管理人将机动车号牌出借他人套牌使用，或者明知他人套牌使用其机动车号牌不予制止，套牌机动车发生交通事故造成他人损害的，机动车所有人或者管理人应当与套牌机动车所有人或者管理人承担连带责任。

第一千一百七十条　【共同危险行为人的侵权责任】二人以上实施危及他人人身、财产安全的行为，其中一人或者数人的行为造成他人损害，能够确定具体侵权人的，由侵权人承担责任；不能确定具体侵权人的，行为人承担连带责任。

司法解释适用

《最高人民法院关于审理道路交通事故损害赔偿案件适用法律若干问题的解释》（法释〔2020〕17号修改）

新《道路交通事故司法解释》	原《道路交通事故司法解释》
第十条　多辆机动车发生交通事故造成第三人损害，当事人请求多个侵权人承担赔偿责任的，人民法院应当区分不同情况，依照民法典第一千一百七十条、第一千一百七十一条、第一千一百七十二条的规定，确定侵权人承担连带责任或者按份责任。	**第十三条**　多辆机动车发生交通事故造成第三人损害，当事人请求多个侵权人承担赔偿责任的，人民法院应当区分不同情况，依照侵权责任法第十条、第十一条或者第十二条的规定，确定侵权人承担连带责任或者按份责任。

《最高人民法院关于审理人身损害赔偿案件适用法律若干问题的解释》（法释〔2020〕17号修改）

新《人身损害赔偿司法解释》	原《人身损害赔偿司法解释》
删除条文 ~~**第四条**　二人以上共同实施危及他人人身安全的行为并造成损害后果，不能确定实际侵害行为人的，应当依照民法通则第一百三十条规定承担连带责任。共同危险行为人能够证明损害后果不是由其行为造成的，不承担赔偿责任。~~	

第一千一百七十一条　【分别实施充足原因侵权行为的连带责任】二人以上分别实施侵权行为造成同一损害，每个人的侵权行为都足以造成全部损害的，行为人承担连带责任。

司法解释适用

《最高人民法院关于审理道路交通事故损害赔偿案件适用法律若干问题的解释》（法释〔2020〕17号修改）

新《道路交通事故司法解释》	原《道路交通事故司法解释》
第十条　多辆机动车发生交通事故造成第三人损害，当事人请求多个侵权人承担赔偿责任的，人民法院应当区分不同情况，依照民法典第一千一百七十条、第一千一百七十一条、第一千一百七十二条的规定，确定侵权人承担连带责任或者按份责任。	**第十三条**　多辆机动车发生交通事故造成第三人损害，当事人请求多个侵权人承担赔偿责任的，人民法院应当区分不同情况，依照侵权责任法第十条、第十一条或者第十二条的规定，确定侵权人承担连带责任或者按份责任。

第一千一百七十二条　【分别实施非充足原因侵权行为的按份责任】二人以上分别实施侵权行为造成同一损害，能够确定责任大小的，各自承担相应的责任；难以确定责任大小的，平均承担责任。

司法解释适用

《最高人民法院关于审理道路交通事故损害赔偿案件适用法律若干问题的解释》（法释〔2020〕17号修改）

新《道路交通事故司法解释》	原《道路交通事故司法解释》
第十条　多辆机动车发生交通事故造成第三人损害，当事人请求多个侵权人承担赔偿责任的，人民法院应当区分不同情况，	**第十三条**　多辆机动车发生交通事故造成第三人损害，当事人请求多个侵权人承担赔偿责任的，人民法院应当区分不同情

新《道路交通事故司法解释》	原《道路交通事故司法解释》
依照民法典第一千一百七十条、第一千一百七十一条、第一千一百七十二条的规定，确定侵权人承担连带责任或者按份责任。	况，依照侵权责任法第十条、第十一条或者第十二条的规定，确定侵权人承担连带责任或者按份责任。

权威案例指引

▶公报案例

《雅马哈发动机株式会社与浙江华田工业有限公司、台州华田摩托车销售有限公司等商标侵权纠纷案》，《最高人民法院公报》2007 年第 10 期

裁判摘要：一、根据《最高人民法院关于审理商标案件有关管辖和法律适用范围问题的解释》第八条的规定，对商标法修改决定施行前发生的侵犯商标专用权行为起诉的案件，人民法院于该修改决定施行时尚未作出生效判决的，参照修改后商标法第五十六条的规定处理。

二、根据《最高人民法院关于审理商标民事纠纷案件适用法律若干问题的解释》第十三条的规定，人民法院依据商标法第五十六条第一款的规定确定侵权人赔偿责任时，可以根据权利人选择的计算方式计算赔偿数额。

三、对于商标侵权人违法所得的计算，可以参照《最高人民法院关于审理专利纠纷案件适用法律问题的若干规定》第二十条第三款的规定，即对于侵权人因侵权所获得的利益一般按照侵权人的营业利润计算，对于完全以侵权为业的侵权人，可以按照销售利润计算。

第一千一百七十三条　【被侵权人过错】被侵权人对同一损害的发生或者扩大有过错的，可以减轻侵权人的责任。

关联法规参见

▶**法律：**《民法典侵权责任编》第 1208 条，《道路交通安全法》第 76 条。

司法解释适用

《最高人民法院关于审理人身损害赔偿案件适用法律若干问题的解释》（法释〔2020〕17 号修改）

新《人身损害赔偿司法解释》	原《人身损害赔偿司法解释》
删除条文	~~**第二条** 受害人对同一损害的发生或者扩大有故意、过失的，依照民法通则第一百三十一条的规定，可以减轻或者免除赔偿义务人的赔偿责任。但侵权人因故意或者重大过失致人损害，受害人只有一般过失的，不减轻赔偿义务人的赔偿责任。~~ ~~适用民法通则第一百零六条第三款规定确定赔偿义务人的赔偿责任时，受害人有重大过失的，可以减轻赔偿义务人的赔偿责任。~~

第1173条

《最高人民法院关于确定民事侵权精神损害赔偿责任若干问题的解释》（法释〔2020〕17号修改）

新《精神损害赔偿司法解释》	原《精神损害赔偿司法解释》
删除条文 ~~**第十一条**　受害人对损害事实和损害后果的发生有过错的，可以根据其过错程度减轻或者免除侵权人的精神损害赔偿责任。~~	

《最高人民法院研究室关于对参加聚众斗殴受重伤或者死亡的人及其家属提出的民事赔偿请求能否予以支持问题的答复》

江苏省高级人民法院：

你院苏高法〔2004〕296号《关于对聚众斗殴案件中受伤或死亡的当事人及其家属提出的民事赔偿请求能否予以支持问题的请示》收悉。经研究，答复如下：

根据《刑法》第二百九十二条第一款的规定，聚众斗殴的参加者，无论是否首要分子，均明知自己的行为有可能产生伤害他人以及自己被他人的行为伤害的后果，其仍然参加聚众斗殴的，应当自行承担相应的刑事和民事责任。根据《刑法》第二百九十二条第二款的规定，对于参加聚众斗殴，造成他人重伤或者死亡的，行为性质发生变化，应认定为故意伤害罪或者故意杀人罪。聚众斗殴中受重伤或者死亡的人，既是故意伤害罪或者故意杀人罪的受害人，又是聚众斗殴犯罪的行为人。对于参加聚众斗殴受重伤或者死亡的人或其家属提出的民事赔偿请求，依法应予支持，并适用混合过错责任原则。

《最高人民法院关于中国人民银行郑州分行与济南市电信局侵权损害赔偿一案的复函》

河南省高级人民法院：

你院《关于中国人民银行郑州分行与济南市电信局侵权损害赔偿一案的请示报告》收悉。经研究认为：济南市电信局下属工作人员违反中国人民银行、中华人民共和国邮电部、中国工商银行、中国农业银行、中国银行、中国建设银行等部门联合下发的银发〔1987〕115号《关于加强银行电报汇款业务管理的联合通知》的文件规定，违章操作，造成中国人民银行郑州分行（以下简称人行郑州分行）200万元人民币的损失，对此应承担赔偿责任。作为金融管理机构的人行郑州分行，对有明显瑕疵且数额巨大的银行汇款电报，没有尽到行业所要求的严格注意义务，也有一定过错，依法应承担相应的民事责任。根据有关法律规定，济南市电信局对人行郑州分行的损失应承担主要赔偿责任，人行郑州分行承担相应的民事责任。

此复

《最高人民法院经济审判庭关于寿光县东都宾馆诉栖霞县物资局、物资开发公司损害赔偿纠纷一案的复函》

山东省高级人民法院：

你院鲁高法函〔1992〕66号《关于寿光县东都宾馆诉栖霞县物资局、栖霞县物资开发公司损害赔偿纠纷案几个问题的请示》收悉。经研究，答复如下：

一、该损害赔偿案件虽然是栖霞县物资局局长、物资公司经理两人在因公出差过程中发生的。但在宾馆房间忘记关闭水龙头的行为与执行职务没有必然联系，不属于职务行为，不宜让该两人所在单位参加诉讼、承担责任。

二、今年元月 4 日早晨 5 点 50 分开始供水后，流水外溢达 40 分钟，宾馆服务人员没有及时发现，致使损失扩大，东都宾馆负有管理责任，其承担的责任应不少于对方承担的责任。

此复

《最高人民法院关于珠海市对外劳动服务公司诉中国银行珠海分行损害赔偿纠纷案的复函》

广东省高级人民法院：

你院粤法民〔1991〕114 号关于珠海市对外劳动服务公司诉中国银行珠海分行损害赔偿纠纷案的请示报告收悉。

经研究，我们认为：珠海市劳动服务公司贸易中心（现改名为珠海市对外劳动服务公司）在中国银行珠海分行开户存款，双方权利、义务关系明确，受法律保护。中国银行珠海分行经办人员未仔细鉴别取款印鉴字样的不同，又未按照银行办理储蓄业务的有关规定，对两种印鉴进行折角比对，致珠海市劳动服务公司贸易中心的存款被冒领，中国银行珠海分行对此应按民法通则有关规定承担过错责任。珠海市劳动服务公司贸易中心不按银行要求认真负责地核对余额对账单，致使冒领事件未能及时发现，贻误了查处时机，扩大了损失，根据民法通则第 114 条的规定，珠海市对外劳动服务公司就扩大损失的部分提出赔偿的请求，不应予以支持。据此，我们的意见是，一、二审判决确定中国银行珠海分行赔偿被冒领的存款是正确的，但判决未明确中国银行珠海分行应按过错责任原则承担民事责任，而且判决该分行赔偿损失扩大的部分，即存款的利息实属不妥。鉴于一、二审判决在适用法律上存在上述问题，建议你院再审此案，予以妥善处理。审结后，请报结果。

以上意见，供参考。

《最高人民法院关于赵正与尹发惠人身损害赔偿案如何适用法律政策问题的函》

云南省高级人民法院：

你院法民请字〔1990〕第 16 号关于赵正与尹发惠人身损害赔偿案如何适用法律政策的请示收悉。经研究，答复如下：

尹发惠因疏忽大意行为致使幼童赵正被烫伤，应当承担侵权民事责任；赵正的父母对赵正监护不周，亦有过失，应适当减轻尹发惠的民事责任。尹发惠应赔偿赵正医治烫伤所需的医疗费、护理费、生活补助费等费用的主要部分。保险公司依照合同付给赵正的医疗赔偿金可以冲抵尹发惠应付的赔偿数额，保险公司由此获得向尹发惠的追偿权。赵正母亲所在单位的补助是对职工的照顾，因此，不能抵销尹发惠应承担的赔偿金额。

以上意见供参考。

《最高人民法院关于定边县塑料制品厂与中国工商银行咸阳市支行营业部侵权赔偿纠纷一案有关问题的复函》

陕西省高级人民法院：

你院陕高法经申〔1990〕1 号《关于定边县塑料制品厂与中国工商银行咸阳市支行营业部侵权赔偿纠纷一案有关问题的请示报告》收悉。经研究，答复如下：

一、中国工商银行咸阳市支行营业部支付汇款时未按照结算制度的规定严格审查，违反现金管理规定支付现金，并将属于陕西省定边县塑料制品厂的公款转入所谓的刘占斌私人储蓄，导致客户购货款被冒领，应当承担一定的赔偿责任。

二、陕西省定边县塑料制品厂由于工作疏忽，为冒领人获悉汇票详情提供了机会，这一点与购货款被冒领有关，故该厂也应承担一定责任。

你院可根据具体案情确定它们各自过错的大小，依法令其承担相应的民事责任。

此复

《最高人民法院关于刘玉兰诉工商银行榆次市支行赔偿存款纠纷的复函》

山西省高级人民法院：

你院晋法民报字〔1990〕第 2 号《关于刘玉兰诉工商银行榆次市支行赔偿存款纠纷》一案的请示报告收悉。经研究认为：由于工商银行榆次市支行粮店街储蓄所违反《中国人民银行储蓄存款章程》和《中国工商银行储蓄会计出纳核算制度》中关于印鉴挂失和提前支取的有关规定，致使刘玉兰的 1 万余元存款（包含利息）被冒领，依照《民法通则》第一百零六条和第一百三十一条的规定，粮店街储蓄所对刘玉兰存款的损失应承担主要赔偿责任。刘玉兰对户口本、存单保管不善，丢失后，未及时发现、挂失，对造成存款损失有过失，亦应承担一定责任。

此外，晋中地区中级人民法院〔1988〕法民裁初字第 1 号和第 2 号民事制裁决定书对晋中地区电业局和工商银行榆次市分行罚款不当，应予撤销。

《最高人民法院民事审判庭关于毕海滨诉济南仪表厂损害赔偿案的处理的电话答复》

山东省高级人民法院：

你院为毕海滨诉济南仪表厂损害赔偿一案的处理问题向我院请示。经研究，答复如下：

一、关于责任问题，我们认为济南仪表厂对施工现场的安全不够重视，措施不力，对造成毕海滨的损害应当负责任；毕海滨的父母未尽到监护责任，对造成损害事故也应当负责任。因此，认定双方属混合过错为宜。

二、鉴于受害人毕海滨的父亲系济南仪表厂的职工，家庭经济比较困难，毕海滨又需长期治疗等事实，我们认为终审判决前为医治毕海滨之伤所花去的费用凭单据计算，全部由被上诉方济南仪表厂承担。终审判决后，由济南仪表厂每月付给毕海滨生活费 45 元，护理费 25 元。今后毕海滨应在当地医院治疗，医疗费凭单据由济南仪表厂支付；如确需去外地就医，须有原医疗医院的转院证明，否则医疗费由毕海滨父母自己负责。

权威案例指引

▶指导性案例

江苏炜伦航运股份有限公司诉米拉达玫瑰公司船舶碰撞损害赔偿纠纷案，指导案例31号（2014年6月23日）

裁判要点：航行过程中，当事船舶协商不以《1972年国际海上避碰规则》确立的规则交会，发生碰撞事故后，双方约定的内容以及当事船舶在发生碰撞事故时违反约定的情形，不应作为人民法院判定双方责任的主要依据，仍应当以前述规则为准据，在综合分析紧迫局面形成原因、当事船舶双方过错程度及处置措施恰当与否的基础上，对事故责任作出认定。

荣宝英诉王阳、永诚财产保险股份有限公司江阴支公司机动车交通事故责任纠纷案，指导案例24号（2014年1月26日）

裁判要点：交通事故的受害人没有过错，其体质状况对损害后果的影响不属于可以减轻侵权人责任的法定情形。

▶典型案例

《海南新世界彩色冲印有限公司申请海南省海口市中级人民法院违法保全赔偿案》，《最高人民法院办公厅关于印发非刑事司法赔偿典型案例的通知》（2013年12月18日）

典型意义：非刑事司法赔偿案件中，人民法院违法行使职权造成损害，应承担与其违法侵权行为相适应的国家赔偿责任。此外，根据侵权法中普遍适用的过失相抵原则，如受害人对损害结果的发生或者扩大具有过错，应当依法减轻或者免除赔偿义务人的损害赔偿责任。本案中，查封财产损失，既有法院未指定保管人、未履行监管职责的过错，也有赔偿请求人自身不予配合、未尽保管之责，放任损害发生或扩大的原因。海南高院赔偿委员会的最终认定，既充分考虑了赔偿义务机关违法行为所致损害，也兼顾了受害人自身过错情形以及过失相抵原则的适用。

第一千一百七十四条　【受害人故意】损害是因受害人故意造成的，行为人不承担责任。

关联法规参见

▶**法律**：《民法典侵权责任编》第1208条，《电力法》第60条，《水污染防治法》第96条，《铁路法》第58条，《国家赔偿法》第5条，《道路交通安全法》第76条。

司法解释适用

《最高人民法院关于审理人身损害赔偿案件适用法律若干问题的解释》（法释〔2020〕17号修改）

<table>
<tr><th>新《人身损害赔偿司法解释》</th><th>原《人身损害赔偿司法解释》</th></tr>
<tr><td colspan="2">删除条文

~~**第二条**　受害人对同一损害的发生或者扩大有故意、过失的，依照民法通则第一百三十一条的规定，可以减轻或者免除赔偿义务人的赔偿责任。但侵权人因故意或者重大过失致人损害，受害人只有一般过失的，不减轻赔偿义务人的赔偿责任。~~
~~适用民法通则第一百零六条第三款规定确定赔偿义务人的赔偿责任时，受害人有重大过失的，可以减轻赔偿义务人的赔偿责任。~~</td></tr>
</table>

《最高人民法院关于确定民事侵权精神损害赔偿责任若干问题的解释》（法释〔2020〕17号修改）

<table>
<tr><th>新《精神损害赔偿司法解释》</th><th>原《精神损害赔偿司法解释》</th></tr>
<tr><td colspan="2">删除条文

~~**第十一条**　受害人对损害事实和损害后果的发生有过错的，可以根据其过错程度减轻或者免除侵权人的精神损害赔偿责任。~~</td></tr>
</table>

第一千一百七十五条　【第三人原因】损害是因第三人造成的，第三人应当承担侵权责任。

关联法规参见

▶**法律：**《电力法》第60条，《海洋环境保护法》第89条，《水污染防治法》第96条，《铁路法》第18条。

司法解释适用

《最高人民法院关于审理人身损害赔偿案件适用法律若干问题的解释》（法释〔2020〕17号修改）

<table>
<tr><th>新《人身损害赔偿司法解释》</th><th>原《人身损害赔偿司法解释》</th></tr>
<tr><td colspan="2">**第三条（原第十二条）**　依法应当参加工伤保险统筹的用人单位的劳动者，因工伤事故遭受人身损害，劳动者或者其近亲属向人民法院起诉请求用人单位承担民事赔偿责任的，告知其按《工伤保险条例》的规定处理。
因用人单位以外的第三人侵权造成劳动者人身损害，赔偿权利人请求第三人承担民事赔偿责任的，人民法院应予支持。</td></tr>
</table>

新《人身损害赔偿司法解释》	原《人身损害赔偿司法解释》
第五条 无偿提供劳务的帮工人因帮工活动遭受人身损害的，根据帮工人和被帮工人各自的过错承担相应的责任；被帮工人明确拒绝帮工的，被帮工人不承担赔偿责任，但可以在受益范围内予以适当补偿。 帮工人在帮工活动中因第三人的行为遭受人身损害的，有权请求第三人承担赔偿责任，也有权请求被帮工人予以适当补偿。被帮工人补偿后，可以向第三人追偿。	**第十四条** 帮工人因帮工活动遭受人身损害的，被帮工人应当承担赔偿责任。被帮工人明确拒绝帮工的，不承担赔偿责任；但可以在受益范围内予以适当补偿。 帮工人因第三人侵权遭受人身损害的，由第三人承担赔偿责任。第三人不能确定或者没有赔偿能力的，可以由被帮工人予以适当补偿。

第一千一百七十六条 【自甘风险】自愿参加具有一定风险的文体活动，因其他参加者的行为受到损害的，受害人不得请求其他参加者承担侵权责任；但是，其他参加者对损害的发生有故意或者重大过失的除外。

活动组织者的责任适用本法第一千一百九十八条至第一千二百零一条的规定。

关联法规参见

▶**法律：**《民法典侵权责任编》第1198条至第1201条。

司法解释适用

《最高人民法院关于适用〈中华人民共和国民法典〉时间效力的若干规定》（法释〔2020〕15号）

《民法典时间效力规定》	
新增条文 **第十六条** 民法典施行前，受害人自愿参加具有一定风险的文体活动受到损害引起的民事纠纷案件，适用民法典第一千一百七十六条的规定。	

权威案例指引

▶**公报案例**

《汪吉美诉仪征龙兴塑胶有限公司生命权纠纷案》，《最高人民法院公报》2017年第6期

裁判摘要：根据《中华人民共和国防洪法》第二十二条规定，禁止在河道、湖泊管理范

围内建设妨碍行洪的建筑物、构筑物，禁止从事影响河势稳定、危害河岸堤防安全和其他妨碍河道行洪的活动。

公民的生命权受法律保护。行为人因过错侵害他人民事权益，应当承担侵权责任。受害人对于损害的发生也具有过错的，可以减轻侵权人的民事责任。

第一千一百七十七条　【自助行为】合法权益受到侵害，情况紧迫且不能及时获得国家机关保护，不立即采取措施将使其合法权益受到难以弥补的损害的，受害人可以在保护自己合法权益的必要范围内采取扣留侵权人的财物等合理措施；但是，应当立即请求有关国家机关处理。

受害人采取的措施不当造成他人损害的，应当承担侵权责任。

关联法规参见

▶**法律**：《民法典总则编》第 132 条。

司法解释适用

《最高人民法院关于适用〈中华人民共和国民法典〉时间效力的若干规定》（法释〔2020〕15 号）

《民法典时间效力规定》	
新增条文 **第十七条**　民法典施行前，受害人为保护自己合法权益采取扣留侵权人的财物等措施引起的民事纠纷案件，适用民法典第一千一百七十七条的规定。	

权威案例指引

▶**公报案例**

《陈帮容、陈国荣、陈曦诉陈静、吴建平、李跃国、周富勇生命权纠纷案》，《最高人民法院公报》2019 年第 8 期

裁判摘要：债权人采取合理限度的自助行为以防止债务人再次隐匿逃债，并与债务人商定一同前往人民法院解决债务纠纷，在此期间，债务人在自身安全未受到现实威胁的情况下，为继续逃避法定债务，自行翻窗逃跑致死的，债权人不承担法律责任。

▶**典型案例**

《吃"霸王餐"逃跑摔伤反向餐馆索赔案——马某诉佘某某、李某侵权责任纠纷案》，《人民法院大力弘扬社会主义核心价值观十大典型民事案例之八》（2020 年 5 月 13 日）

典型意义：吃"霸王餐"是违反公序良俗的不文明行为，吃"霸王餐"后逃跑摔伤，反向餐馆索赔，不仅于法无据，更颠覆了社会公众的是非观。本案不支持"我伤我有理"

“我闹我有理”，对吃“霸王餐”者无理的索赔请求不予支持，发挥了司法裁判匡扶正义，引领诚信、友善、文明的社会新风尚的积极作用。

第一千一百七十八条 【其他法定侵权责任免除或者减轻规则】本法和其他法律对不承担责任或者减轻责任的情形另有规定的，依照其规定。

关联法规参见

▶**法律**：《民法典侵权责任编》第1188条、第1193条、第1198条、第1199条、第1201条、第1217条、第1224条、第1237条至第1240条、第1243条、第1245条、第1246条、第1248条，《电力法》第60条，《海洋环境保护法》第91条，《水污染防治法》第96条，《邮政法》第48条，《铁路法》第18条、第58条。

▶**行政法规**：《铁路交通事故应急救援和调查处理条例》第32条，《医疗事故处理条例》第33条。

司法解释适用

《最高人民法院关于陈贵松等27人诉竹山县交通局、竹山县公路段人身损害赔偿纠纷一案受理问题的复函》

湖北省高级人民法院：

你院鄂高法〔2003〕109号《湖北省高级人民法院关于陈贵松等27人诉竹山县交通局、竹山县公路段人身损害赔偿纠纷一案的请示》收悉。经研究，答复如下：

根据国务院《特别重大事故调查程序暂行规定》第十六条、第二十六条规定，政府授权部门对重大事故的调查处理，属于行政处理程序，但不能因此而排除当事人向人民法院提起损害赔偿诉讼的权利。只要当事人提起的民事诉讼，符合《中华人民共和国民事诉讼法》第一百零八条规定，人民法院就应当受理。至于本案所述的灾害事故是否属于《中华人民共和国民法通则》第一百零七条规定的不可抗力，是当事人的抗辩事由，不应当作为案件是否受理的条件。

《最高人民法院关于饶兆义木船海损赔偿一案的批复》

湖南省高级人民法院：

你院〔56〕债字第718号请示收悉。经本院与中国人民保险公司联系，并由中国人民保险公司与湖南省保险公司联系后，均认为：在饶兆义木船海损赔偿纠纷一案中，已查明船主为避免两船碰撞所采取的紧急措施是正确的，必要的。由于采取紧急措施而激进水浪，造成贸易公司食盐845斤的损失，湖南省保险公司已同意赔偿。惟这种赔偿责任，现在保险条款上尚无依据，故在处理时可采取协商办法，不必由法院判决。希你院即与湖南省保险公司联系。

特此函复

第二章　损害赔偿

第一千一百七十九条　【人身损害赔偿项目】侵害他人造成人身损害的，应当赔偿医疗费、护理费、交通费、营养费、住院伙食补助费等为治疗和康复支出的合理费用，以及因误工减少的收入。造成残疾的，还应当赔偿辅助器具费和残疾赔偿金；造成死亡的，还应当赔偿丧葬费和死亡赔偿金。

司法解释适用

《最高人民法院关于审理人身损害赔偿案件适用法律若干问题的解释》（法释〔2020〕17号修改）

新《人身损害赔偿司法解释》	原《人身损害赔偿司法解释》
删除条文 ~~**第十七条**　受害人遭受人身损害，因就医治疗支出的各项费用以及因误工减少的收入，包括医疗费、误工费、护理费、交通费、住宿费、住院伙食补助费、必要的营养费，赔偿义务人应当予以赔偿。~~ ~~受害人因伤致残的，其因增加生活上需要所支出的必要费用以及因丧失劳动能力导致的收入损失，包括残疾赔偿金、残疾辅助器具费、被扶养人生活费，以及因康复护理、继续治疗实际发生的必要的康复费、护理费、后续治疗费，赔偿义务人也应当予以赔偿。~~ ~~受害人死亡的，赔偿义务人除应当根据抢救治疗情况赔偿本条第一款规定的相关费用外，还应当赔偿丧葬费、被扶养人生活费、死亡补偿费以及受害人亲属办理丧葬事宜支出的交通费、住宿费和误工损失等其他合理费用。~~	
第六条（原第十九条）　医疗费根据医疗机构出具的医药费、住院费等收款凭证，结合病历和诊断证明等相关证据确定。赔偿义务人对治疗的必要性和合理性有异议的，应当承担相应的举证责任。 医疗费的赔偿数额，按照一审法庭辩论终结前实际发生的数额确定。器官功能恢复训练所必要的康复费、适当的整容费以及其他后续治疗费，赔偿权利人可以待实际发生后另行起诉。但根据医疗证明或者鉴定结论确定必然发生的费用，可以与已经发生的医疗费一并予以赔偿。	
第七条（原第二十条）　误工费根据受害人的误工时间和收入状况确定。 误工时间根据受害人接受治疗的医疗机构出具的证明确定。受害人因伤致残持续误工的，误工时间可以计算至定残日前一天。 受害人有固定收入的，误工费按照实际减少的收入计算。受害人无固定收入的，按照其最近三年的平均收入计算；受害人不能举证证明其最近三年的平均收入状况的，可以参照受诉法院所在地相同或者相近行业上一年度职工的平均工资计算。	

<table>
<tr><th>新《人身损害赔偿司法解释》</th><th>原《人身损害赔偿司法解释》</th></tr>
<tr><td colspan="2">**第八条（原第二十一条）** 护理费根据护理人员的收入状况和护理人数、护理期限确定。
护理人员有收入的，参照误工费的规定计算；护理人员没有收入或者雇佣护工的，参照当地护工从事同等级别护理的劳务报酬标准计算。护理人员原则上为一人，但医疗机构或者鉴定机构有明确意见的，可以参照确定护理人员人数。
护理期限应计算至受害人恢复生活自理能力时止。受害人因残疾不能恢复生活自理能力的，可以根据其年龄、健康状况等因素确定合理的护理期限，但最长不超过二十年。
受害人定残后的护理，应当根据其护理依赖程度并结合配制残疾辅助器具的情况确定护理级别。</td></tr>
<tr><td colspan="2">**第九条（原第二十二条）** 交通费根据受害人及其必要的陪护人员因就医或者转院治疗实际发生的费用计算。交通费应当以正式票据为凭；有关凭据应当与就医地点、时间、人数、次数相符合。</td></tr>
<tr><td colspan="2">**第十条（原第二十三条）** 住院伙食补助费可以参照当地国家机关一般工作人员的出差伙食补助标准予以确定。
受害人确有必要到外地治疗，因客观原因不能住院，受害人本人及其陪护人员实际发生的住宿费和伙食费，其合理部分应予赔偿。</td></tr>
<tr><td colspan="2">**第十一条（原第二十四条）** 营养费根据受害人伤残情况参照医疗机构的意见确定。</td></tr>
<tr><td colspan="2">**第十二条（原第二十五条）** 残疾赔偿金根据受害人丧失劳动能力程度或者伤残等级，按照受诉法院所在地上一年度城镇居民人均可支配收入或者农村居民人均纯收入标准，自定残之日起按二十年计算。但六十周岁以上的，年龄每增加一岁减少一年；七十五周岁以上的，按五年计算。
受害人因伤致残但实际收入没有减少，或者伤残等级较轻但造成职业妨害严重影响其劳动就业的，可以对残疾赔偿金作相应调整。</td></tr>
<tr><td colspan="2">**第十三条（原第二十六条）** 残疾辅助器具费按照普通适用器具的合理费用标准计算。伤情有特殊需要的，可以参照辅助器具配制机构的意见确定相应的合理费用标准。
辅助器具的更换周期和赔偿期限参照配制机构的意见确定。</td></tr>
<tr><td colspan="2">**第十四条（原第二十七条）** 丧葬费按照受诉法院所在地上一年度职工月平均工资标准，以六个月总额计算。</td></tr>
<tr><td colspan="2">**第十五条（原第二十九条）** 死亡赔偿金按照受诉法院所在地上一年度城镇居民人均可支配收入或者农村居民人均纯收入标准，按二十年计算。但六十周岁以上的，年龄每增加一岁减少一年；七十五周岁以上的，按五年计算。</td></tr>
<tr><td colspan="2">新增条文
第十六条 被扶养人生活费计入残疾赔偿金或者死亡赔偿金。</td></tr>
</table>

<table>
<tr><th>新《人身损害赔偿司法解释》</th><th>原《人身损害赔偿司法解释》</th></tr>
<tr><td colspan="2">第十七条（原第二十八条）　被扶养人生活费根据扶养人丧失劳动能力程度，按照受诉法院所在地上一年度城镇居民人均消费性支出和农村居民人均年生活消费支出标准计算。被扶养人为未成年人的，计算至十八周岁；被扶养人无劳动能力又无其他生活来源的，计算二十年。但六十周岁以上的，年龄每增加一岁减少一年；七十五周岁以上的，按五年计算。
被扶养人是指受害人依法应当承担扶养义务的未成年人或者丧失劳动能力又无其他生活来源的成年近亲属。被扶养人还有其他扶养人的，赔偿义务人只赔偿受害人依法应当负担的部分。被扶养人有数人的，年赔偿总额累计不超过上一年度城镇居民人均消费性支出额或者农村居民人均年生活消费支出额。</td></tr>
<tr><td colspan="2">第十八条（原第三十条）　赔偿权利人举证证明其住所地或者经常居住地城镇居民人均可支配收入或者农村居民人均纯收入高于受诉法院所在地标准的，残疾赔偿金或者死亡赔偿金可以按照其住所地或者经常居住地的相关标准计算。
被扶养人生活费的相关计算标准，依照前款原则确定。</td></tr>
<tr><td colspan="2">删除条文
~~第三十一条　人民法院应当按照民法通则第一百三十一条以及本解释第二条的规定，确定第十九条至第二十九条各项财产损失的实际赔偿金额。~~
~~前款确定的物质损害赔偿金与按照第十八条第一款规定确定的精神损害抚慰金，原则上应当一次性给付。~~</td></tr>
<tr><td colspan="2">第十九条（原第三十二条）　超过确定的护理期限、辅助器具费给付年限或者残疾赔偿金给付年限，赔偿权利人向人民法院起诉请求继续给付护理费、辅助器具费或者残疾赔偿金的，人民法院应予受理。赔偿权利人确需继续护理、配制辅助器具，或者没有劳动能力和生活来源的，人民法院应当判令赔偿义务人继续给付相关费用五至十年。</td></tr>
<tr><td>第二十条　赔偿义务人请求以定期金方式给付残疾赔偿金、辅助器具费的，应当提供相应的担保。人民法院可以根据赔偿义务人的给付能力和提供担保的情况，确定以定期金方式给付相关费用。但是，一审法庭辩论终结前已经发生的费用、死亡赔偿金以及精神损害慰问金，应当一次性给付。</td><td>第三十三条　赔偿义务人请求以定期金方式给付残疾赔偿金、~~被扶养人生活费、~~残疾辅助器具费的，应当提供相应的担保。人民法院可以根据赔偿义务人的给付能力和提供担保的情况，确定以定期金方式给付相关费用。但一审法庭辩论终结前已经发生的费用、死亡赔偿金以及精神损害抚慰金，应当一次性给付。</td></tr>
<tr><td colspan="2">第二十一条（原第三十四条）　人民法院应当在法律文书中明确定期金的给付时间、方式以及每期给付标准。执行期间有关统计数据发生变化的，给付金额应当适时进行相应调整。
定期金按照赔偿权利人的实际生存年限给付，不受本解释有关赔偿期限的限制。</td></tr>
</table>

<table>
<tr><th>新《人身损害赔偿司法解释》</th><th>原《人身损害赔偿司法解释》</th></tr>
<tr><td colspan="2">第二十二条（原第三十五条）　本解释所称“城镇居民人均可支配收入”“农村居民人均纯收入”“城镇居民人均消费性支出”“农村居民人均年生活消费支出”“职工平均工资”，按照政府统计部门公布的各省、自治区、直辖市以及经济特区和计划单列市上一年度相关统计数据确定。
“上一年度”，是指一审法庭辩论终结时的上一统计年度。</td></tr>
</table>

《最高人民法院关于审理道路交通事故损害赔偿案件适用法律若干问题的解释》（法释〔2020〕17 号修改）

新《道路交通事故司法解释》	原《道路交通事故司法解释》
第十一条　道路交通安全法第七十六条规定的“人身伤亡”，是指机动车发生交通事故侵害被侵权人的生命权、身体权、健康权等人身权益所造成的损害，包括民法典第一千一百七十九条和第一千一百八十三条规定的各项损害。 道路交通安全法第七十六条规定的“财产损失”，是指因机动车发生交通事故侵害被侵权人的财产权益所造成的损失。	**第十四条**　道路交通安全法第七十六条规定的“人身伤亡”，是指机动车发生交通事故侵害被侵权人的生命权、健康权等人身权益所造成的损害，包括侵权责任法第十六条和第二十二条规定的各项损害。 道路交通安全法第七十六条规定的“财产损失”，是指因机动车发生交通事故侵害被侵权人的财产权益所造成的损失。

《最高人民法院关于适用〈中华人民共和国侵权责任法〉若干问题的通知》

四、人民法院适用侵权责任法审理民事纠纷案件，如受害人有被抚养人的，应当依据《最高人民法院关于审理人身损害赔偿案件适用法律若干问题的解释》第二十八条的规定，将被抚养人生活费计入残疾赔偿金或死亡赔偿金。

《最高人民法院关于毕可惠与中国远洋运输集团总公司、大连远洋运输公司海上人身伤亡赔偿纠纷申诉复查一案的请示的复函》

辽宁省高级人民法院：

你院〔2005〕辽民四监字第 7 号《关于毕可惠与中国远洋运输集团总公司、大连远洋运输公司海上人身伤亡赔偿纠纷申诉复查一案的请示报告》收悉。经研究，答复如下：

1. 关于本案是否可以适用最高人民法院《关于审理涉外海上人身伤亡案件损害赔偿具体规定》（以下简称《规定》）的问题。《规定》适用于涉外海上人身侵权损害赔偿纠纷。本案中，大连市公安局和大连远洋运输公司联合调查组对毕建光事件的调查结论，已排除毕建光自杀、他杀和外逃的可能，倾向落水失踪，并无证据证明原审被告对毕建光造成侵权损害，因此，本案不属于侵权损害赔偿纠纷，不适用《规定》。

2. 由于本案不适用《规定》，关于《规定》中“生前收入”能否确定为判决宣告死亡时的收入问题对本案已无实际意义。

3. 关于申请人能否向中国远洋运输公司主张权利的问题。本案中毕建光只与大连远洋运输公司之间具有劳动合同关系，而与涉案船舶“山海关”轮期租船人新加坡金牛座船务公司之间并无合同关系，申请人不能向新加坡金牛座船务公司主张权利。案涉期租合同第三十一条并非关于船东给予船员商业保险的规定，且毕建光不是中国远洋运输集团公司与新加坡金牛座船务公司之间期租合同的当事人，申请人不能以期租合同条款向中国远洋运输集团公司主张权利。

4. 关于原审判决适用《劳动法》及工伤赔偿标准是否合适的问题。本案中，毕建光仅与大连远洋运输公司之间存有劳动合同关系，涉案不存在侵权法律关系，不存在竞合之诉，原审法院依照《劳动法》及工伤赔偿标准作出判决并无不当。

此复。

《最高人民法院关于空难死亡赔偿金能否作为遗产处理的复函》（2005 年 3 月 22 日）

广东省高级人民法院：

你院粤高法民一请字〔2004〕1 号《关于死亡赔偿金能否作为遗产处理的请示》收悉。经研究，答复如下：

空难死亡赔偿金是基于死者死亡对死者近亲属所支付的赔偿。获得空难死亡赔偿金的权利人是死者近亲属，而非死者。故空难死亡赔偿金不宜认定为遗产。

以上意见，供参考。

权威案例指引

▶公报案例

《尹瑞军诉颜礼奎健康权、身体权纠纷案》，《最高人民法院公报》2019 年第 3 期

裁判摘要：刑事案件的受害人因犯罪行为受到身体伤害，未提起刑事附带民事诉讼，而是另行提起民事侵权诉讼的，关于残疾赔偿金是否属于物质损失范畴的问题，刑事诉讼法及司法解释没有明确规定。刑事案件受害人因犯罪行为造成残疾的，今后的生活和工作必然受到影响，导致劳动能力下降，造成生活成本增加，进而变相的减少物质收入，故残疾赔偿金应属于物质损失的范畴，应予赔偿。

《江苏百锐特贸易有限公司诉张月红不当得利纠纷案》，《最高人民法院公报》2018 年第 5 期

裁判摘要：侵权人依据执行和解协议履行给付义务后，因受害人提前病故，又以不当得利为由请求受害人近亲属返还未达预期年限护理费的，不予支持。

《季宜珍等诉财保海安支公司、穆广进、徐俊交通事故损害赔偿纠纷案》，《最高人民法院公报》2006 年第 9 期

裁判摘要：最高人民法院《关于审理人身损害赔偿案件适用法律若干问题的解释》第二十九条的规定，是考虑到城镇居民的平均消费水平和收入水平均高于农村居民，为合理地补偿受害人的损失，同时避免加重赔偿人的责任。而对城镇居民和农村居民的死亡赔偿金计算标准加以区别，其本意并非人为地以户籍因素划分生命价值的高低。生命是不能用价值来计

算的。故对上述规定应当全面正确地理解，不能简单地依据户籍登记确认死亡赔偿金计算标准，而应当综合考虑受害人的经常居住地、工作地、获取报酬地、生活消费地等因素加以判断。

对于常年生活工作在城镇，收入相对稳定，消费水平也和一般城镇居民基本相同，已经融入城镇生活的农村居民，如果发生死亡事故，涉及赔偿问题的，应当按照城镇居民的标准计算死亡赔偿金。

▶典型案例

《阿某某与南昌市某某服务有限公司人身损害赔偿纠纷案》，《最高人民法院公布10起残疾人权益保障典型案例之三》（2016年5月14日）

典型意义：依法及时救济少数民族残疾人人身权益

事故致残往往会导致受害人致贫的后果，这种情况下受害人人身损害的及时救济就显得尤为重要。本案中，阿某某因交通事故导致严重残疾且生活困难，人民法院根据案件实际情况，坚持能动司法，不辞劳苦跋涉两千余里上门调解，促成被告当场赔付，及时救济了受害人的损失，实实在在为少数民族残疾人农民工做了一件好事，在当地群众当中引起了强烈反响，取得了良好的法律效果和社会效果。

《曹某诉某粮管所、黄某等人身损害赔偿纠纷案》，《最高人民法院公布10起残疾人权益保障典型案例之十》（2016年5月14日）

典型意义：坚持持续执行，大力维护涉残疾人生效判决的执行力

涉及残疾人当事人的生效判决能否及时全面执行，残疾人当事人能否及时获得判决确定的执行款，事关残疾人当事人的后续治疗和生活照料，事关残疾人能否有尊严的生活。在本案中，十五年来，人民法院秉承司法为民的工作宗旨，坚持为残疾人当事人将各项赔偿款及后续医疗费用及时执行到位，从未中断，以十五年如一日、全面到位的持续执行，解决残疾当事人的后顾之忧。

第一千一百八十条　【因同一侵权行为造成多人死亡的死亡赔偿金数额可以相同】因同一侵权行为造成多人死亡的，可以以相同数额确定死亡赔偿金。

关联法规参见

▶法律：《安全生产法》第17条、第46条、第53条、第100条、第111条，《矿山安全法》第36条至第39条。

▶行政法规：《生产安全事故报告和调查处理条例》第2条、第3条。

权威案例指引

▶**典型案例**

《统一人身伤亡赔偿标准维护遇难船员家属权益——利比里亚籍“FS SANAGA”轮与“浙三渔 00011”轮碰撞引发的海上人身损害责任纠纷系列案之四》，《最高人民法院关于船员权益保护典型案例之四》（2020 年 6 月 24 日）

典型意义：多名受害人在同一侵权事件中死亡，应适用同一标准进行赔偿。如果因循多年来民事审判领域常采取的区分城镇和农村，依据不同赔偿标准分别进行赔偿的做法，不仅在结果上不尽公平，更是对普通民众朴素情感的极大挑战。城乡二元的人身损害赔偿标准系因特殊历史时期的客观原因造成，随着城乡一体化发展以及对人的生命健康平等保护的观念日益深入人心，打破城乡藩篱适用同一赔偿标准，实行“同命同价”的呼声日益高涨。本案中，因船舶碰撞事故导致 14 名船员遇难，其中 1 人为城镇户籍，根据《中华人民共和国侵权责任法》第十七条关于“因同一侵权行为造成多人死亡的，可以以相同数额确定死亡赔偿金”的规定，结合中央提出的改革人身损害赔偿制度、统一城乡居民赔偿标准的精神，法院最终判决支持 13 名农村户籍遇难船员家属关于按照城镇标准计算死亡赔偿金的主张。本案在海事审判领域探索人身损害赔偿标准的统一，有利于进一步推进权利平等、以人为本的裁判理念。

第一千一百八十一条　【被侵权人死亡、被侵权单位分立合并的侵权责任请求权主体；支付被侵权人合理费用主体的赔偿请求权】被侵权人死亡的，其近亲属有权请求侵权人承担侵权责任。被侵权人为组织，该组织分立、合并的，承继权利的组织有权请求侵权人承担侵权责任。

被侵权人死亡的，支付被侵权人医疗费、丧葬费等合理费用的人有权请求侵权人赔偿费用，但是侵权人已经支付该费用的除外。

关联法规参见

▶**法律：**《民法典总则编》第 67 条，《公司法》第 174 条、第 176 条，《消费者权益保护法》第 41 条，《国家赔偿法》第 6 条。

司法解释适用

《最高人民法院关于审理与企业改制相关的民事纠纷案件若干问题的规定》（法释〔2020〕18 号修改）

新《企业改制民事规定》	原《企业改制民事规定》
第十二条（原第十二条）　债权人向分立后的企业主张债权，企业分立时对原企业的债务承担有约定，并经债权人认可的，按照当事人的约定处理；企业分立时对原企业债务承担没有约定或者约定不明，或者虽然有约定但债权人不予认可的，分立后的企业应当承担连带责任。	

新《企业改制民事规定》	原《企业改制民事规定》
第十三条（原第十三条） 分立的企业在承担连带责任后，各分立的企业间对原企业债务承担有约定的，按照约定处理；没有约定或者约定不明的，根据企业分立时的资产比例分担。	
第三十一条（原第三十一条） 企业吸收合并后，被兼并企业的债务应当由兼并方承担。	
第三十三条（原第三十三条） 企业新设合并后，被兼并企业的债务由新设合并后的企业法人承担。	

《最高人民法院关于审理道路交通事故损害赔偿案件适用法律若干问题的解释》（法释〔2020〕17号修改）

新《道路交通事故司法解释》	原《道路交通事故司法解释》
第二十三条（原第二十六条） 被侵权人因道路交通事故死亡，无近亲属或者近亲属不明，未经法律授权的机关或者有关组织向人民法院起诉主张死亡赔偿金的，人民法院不予受理。 侵权人以已向未经法律授权的机关或者有关组织支付死亡赔偿金为理由，请求保险公司在交强险责任限额范围内予以赔偿的，人民法院不予支持。 被侵权人因道路交通事故死亡，无近亲属或者近亲属不明，支付被侵权人医疗费、丧葬费等合理费用的单位或者个人，请求保险公司在交强险责任限额范围内予以赔偿的，人民法院应予支持。	

权威案例指引

▶公报案例

《高淳县民政局诉王昌胜、吕芳、天安保险江苏分公司交通事故人身损害赔偿纠纷案》，《最高人民法院公报》2007年第6期

裁判摘要：因交通事故引发的人身损害赔偿案件中，死亡受害人为城市生活无着的流浪乞讨人员，经公安部门刊发启示未发现其近亲属，政府民政部门作为原告提起民事诉讼，要求赔偿义务人承担赔偿责任的，因民政部门不是法律规定的赔偿权利人，与案件不存在民事权利义务关系，且其法定职责不包括代表或代替城市生活无着的流浪乞讨人员提起民事诉讼，故民政部门不是案件的适格诉讼主体，其起诉应依法驳回。

第一千一百八十二条　【侵害人身权益造成财产损失的赔偿数额计算方式】侵害他人人身权益造成财产损失的，按照被侵权人因此受到的损失或者侵权人因此获得的利益赔偿；被侵权人因此受到的损失以及侵权人因此获得的利益难以确定，被侵权人和侵权人就赔偿数额协商不一致，向人民法院提起诉讼的，由人民法院根据实际情况确定赔偿数额。

关联法规参见

▶**法律**：《著作权法》第54条。

权威案例指引

▶**公报案例**

《无锡国威陶瓷电器有限公司、蒋国屏与常熟市林芝电热器件有限公司、苏宁易购集团股份有限公司侵害实用新型专利权纠纷案》，《最高人民法院公报》2019年第3期

裁判摘要：根据当事人的诉讼请求和案件事实，选择以侵权人因侵权获得的利益计算专利侵权损害赔偿数额时，对于多部件或者多专利的被诉侵权产品，原则上不宜简单采用侵权产品销售总金额乘以侵权产品利润率的方式计算侵权获利，而需要考虑涉案专利对于侵权产品利润的贡献度，以"侵权产品销售总金额×利润率×专利技术对产品价值的贡献度"的方法进行计算。对于专利技术对产品价值的贡献度，可以结合涉案专利对产品的重要性等因素酌定。在侵权行为可分的情况下，计算侵权损害赔偿时，如果既存在可以较为精确计算权利人损失或者侵权人获益的部分，又存在难以计算权利人损失或者侵权人获益的部分，可以对前者适用以权利人损失或者侵权人获益计算赔偿，对后者适用法定赔偿，以两者之和确定损害赔偿数额。

第一千一百八十三条　【侵害人身权益的精神损害赔偿；侵害具有人身意义的特定物的精神损害赔偿】侵害自然人人身权益造成严重精神损害的，被侵权人有权请求精神损害赔偿。

因故意或者重大过失侵害自然人具有人身意义的特定物造成严重精神损害的，被侵权人有权请求精神损害赔偿。

司法解释适用

《最高人民法院关于审理人身损害赔偿案件适用法律若干问题的解释》（法释〔2020〕17号修改）

新《人身损害赔偿解释》	原《人身损害赔偿解释》
第一条　因生命、身体、健康遭受侵害，赔偿权利人起诉请求赔偿义务人赔偿物质损害和精神损害的，人民法院应予受理。 本条所称"赔偿权利人"，是指因侵权行为或者其他致害原因直接遭受人身损害的受害人以及死亡受害人的近亲属。	**第一条**　因生命、健康、身体遭受侵害，赔偿权利人起诉请求赔偿义务人赔偿财产损失和精神损害的，人民法院应予受理。 本条所称"赔偿权利人"，是指因侵权行为或者其他致害原因直接遭受人身损害的受害人~~、依法由受害人承担扶养义务的被扶养人~~以及死亡受害人的近亲属。

新《人身损害赔偿解释》	原《人身损害赔偿解释》
本条所称"赔偿义务人"，是指因自己或者他人的侵权行为以及其他致害原因依法应当承担民事责任的自然人、法人或者非法人组织。	本条所称"赔偿义务人"，是指因自己或者他人的侵权行为以及其他致害原因依法应当承担民事责任的自然人、法人或者其他组织。

删除条文

~~**第十八条** 受害人或者死者近亲属遭受精神损害，赔偿权利人向人民法院请求赔偿精神损害抚慰金的，适用《最高人民法院关于确定民事侵权精神损害赔偿责任若干问题的解释》予以确定。~~

~~精神损害抚慰金的请求权，不得让与或者继承。但赔偿义务人已经以书面方式承诺给予金钱赔偿，或者赔偿权利人已经向人民法院起诉的除外。~~

新增条文

第二十三条 精神损害抚慰金适用《最高人民法院关于确定民事侵权精神损害赔偿责任若干问题的解释》予以确定。

《最高人民法院关于审理道路交通事故损害赔偿案件适用法律若干问题的解释》（法释〔2020〕17号修改）

新《道路交通事故司法解释》	原《道路交通事故司法解释》
第十一条 道路交通安全法第七十六条规定的"人身伤亡"，是指机动车发生交通事故侵害被侵权人的生命权、身体权、健康权等人身权益所造成的损害，包括民法典第一千一百七十九条和第一千一百八十三条规定的各项损害。 道路交通安全法第七十六条规定的"财产损失"，是指因机动车发生交通事故侵害被侵权人的财产权益所造成的损失。	**第十四条** 道路交通安全法第七十六条规定的"人身伤亡"，是指机动车发生交通事故侵害被侵权人的生命权、健康权等人身权益所造成的损害，包括侵权责任法第十六条和第二十二条规定的各项损害。 道路交通安全法第七十六条规定的"财产损失"，是指因机动车发生交通事故侵害被侵权人的财产权益所造成的损失。

《最高人民法院关于确定民事侵权精神损害赔偿责任若干问题的解释》（法释〔2020〕17号修改）

新《精神损害赔偿司法解释》	原《精神损害赔偿司法解释》
为在审理民事侵权案件中正确确定精神损害赔偿责任，根据《中华人民共和国民法典》等有关法律规定，结合审判实践，制定本解释。	为在审理民事侵权案件中正确确定精神损害赔偿责任，根据《中华人民共和国民法通则》等有关法律规定，结合审判实践经验，对有关问题作如下解释。

<table>
<tr><th>新《精神损害赔偿司法解释》</th><th>原《精神损害赔偿司法解释》</th></tr>
<tr><td>第一条　因人身权益或者具有人身意义的特定物受到侵害，自然人或者其近亲属向人民法院提起诉讼请求精神损害赔偿的，人民法院应当依法予以受理。</td><td>第一条　自然人因下列人格权利遭受非法侵害，向人民法院起诉请求赔偿精神损害的，人民法院应当依法予以受理：
（一）生命权、健康权、身体权；
（二）姓名权、肖像权、名誉权、荣誉权；
（三）人格尊严权、人身自由权。
违反社会公共利益、社会公德侵害他人隐私或者其他人格利益，受害人以侵权为由向人民法院起诉请求赔偿精神损害的，人民法院应当依法予以受理。</td></tr>
<tr><td colspan="2">第二条（原第二条）　非法使被监护人脱离监护，导致亲子关系或者近亲属间的亲属关系遭受严重损害，监护人向人民法院起诉请求赔偿精神损害的，人民法院应当依法予以受理。</td></tr>
<tr><td>第三条　死者的姓名、肖像、名誉、荣誉、隐私、遗体、遗骨等受到侵害，其近亲属向人民法院提起诉讼请求精神损害赔偿的，人民法院应当依法予以支持。</td><td>第三条　自然人死亡后，其近亲属因下列侵权行为遭受精神痛苦，向人民法院起诉请求赔偿精神损害的，人民法院应当依法予以受理：
（一）以侮辱、诽谤、贬损、丑化或者违反社会公共利益、社会公德的其他方式，侵害死者姓名、肖像、名誉、荣誉；
（二）非法披露、利用死者隐私，或者以违反社会公共利益、社会公德的其他方式侵害死者隐私；
（三）非法利用、损害遗体、遗骨，或者以违反社会公共利益、社会公德的其他方式侵害遗体、遗骨。</td></tr>
<tr><td colspan="2">删除条文
~~第四条　具有人格象征意义的特定纪念物品，因侵权行为而永久性灭失或者毁损，物品所有人以侵权为由，向人民法院起诉请求赔偿精神损害的，人民法院应当依法予以受理。~~</td></tr>
<tr><td>第四条　法人或者非法人组织以名誉权、荣誉权、名称权遭受侵害为由，向人民法院起诉请求精神损害赔偿的，人民法院不予支持。</td><td>第五条　法人或者其他组织以人格权利遭受侵害为由，向人民法院起诉请求赔偿精神损害的，人民法院不予受理。</td></tr>
</table>

<table>
<tr><th>新《精神损害赔偿司法解释》</th><th>原《精神损害赔偿司法解释》</th></tr>
<tr><td colspan="2">删除条文

~~第六条　当事人在侵权诉讼中没有提出赔偿精神损害的诉讼请求，诉讼终结后又基于同一侵权事实另行起诉请求赔偿精神损害的，人民法院不予受理。~~

~~第七条　自然人因侵权行为致死，或者自然人死亡后其人格或者遗体遭受侵害，死者的配偶、父母和子女向人民法院起诉请求赔偿精神损害的，列其配偶、父母和子女为原告；没有配偶、父母和子女的，可以由其他近亲属提起诉讼，列其他近亲属为原告。~~

~~第八条　因侵权致人精神损害，但未造成严重后果，受害人请求赔偿精神损害的，一般不予支持，人民法院可以根据情形判令侵权人停止侵害、恢复名誉、消除影响、赔礼道歉。~~

~~因侵权致人精神损害，造成严重后果的，人民法院除判令侵权人承担停止侵害、恢复名誉、消除影响、赔礼道歉等民事责任外，可以根据受害人一方的请求判令其赔偿相应的精神损害抚慰金。~~

~~第九条　精神损害抚慰金包括以下方式：~~
~~（一）致人残疾的，为残疾赔偿金；~~
~~（二）致人死亡的，为死亡赔偿金；~~
~~（三）其他损害情形的精神抚慰金。~~</td></tr>
<tr><td>第五条　精神损害的赔偿数额根据以下因素确定：
（一）侵权人的过错程度，但是法律另有规定的除外；
（二）侵权行为的目的、方式、场合等具体情节；
（三）侵权行为所造成的后果；
（四）侵权人的获利情况；
（五）侵权人承担责任的经济能力；
（六）受理诉讼法院所在地的平均生活水平。</td><td>第十条　精神损害的赔偿数额根据以下因素确定：
（一）侵权人的过错程度，法律另有规定的除外；
（二）侵害的手段、场合、行为方式等具体情节；
（三）侵权行为所造成的后果；
（四）侵权人的获利情况；
（五）侵权人承担责任的经济能力；
（六）受诉法院所在地平均生活水平。
~~法律、行政法规对残疾赔偿金、死亡赔偿金等有明确规定的，适用法律、行政法规的规定。~~</td></tr>
<tr><td colspan="2">第六条（原第十二条）　在本解释公布施行之前已经生效施行的司法解释，其内容有与本解释不一致的，以本解释为准。</td></tr>
</table>

《最高人民法院关于财保六安市分公司与李福国等道路交通事故人身损害赔偿纠纷请示的复函》

安徽省高级人民法院：

你院〔2008〕皖民一他字第0019号《关于财保六安市分公司与李福国、卢士平、张东泽、六安市正宏糖果厂道路交通事故人身损害赔偿纠纷一案的请示报告》收悉。经研究，答复如下：

《机动车交通事故责任强制保险条例》第3条规定的“人身伤亡”所造成的损害包括财产损害和精神损害。

精神损害赔偿与物资损害赔偿在强制责任保险限额中的赔偿次序，请求权人有权进行选择。请求权人选择优先赔偿精神损害，对物资损害赔偿不足部分由商业第三者责任险赔偿。

此复

第一千一百八十四条　【侵害财产造成财产损失的计算方式】侵害他人财产的，财产损失按照损失发生时的市场价格或者其他合理方式计算。

司法解释适用

《最高人民法院关于审理道路交通事故损害赔偿案件适用法律若干问题的解释》（法释〔2020〕17号修改）

新《道路交通事故司法解释》	原《道路交通事故司法解释》
第十一条　道路交通安全法第七十六条规定的“人身伤亡”，是指机动车发生交通事故侵害被侵权人的生命权、身体权、健康权等人身权益所造成的损害，包括民法典第一千一百七十九条和第一千一百八十三条规定的各项损害。 道路交通安全法第七十六条规定的“财产损失”，是指因机动车发生交通事故侵害被侵权人的财产权益所造成的损失。	**第十四条**　道路交通安全法第七十六条规定的“人身伤亡”，是指机动车发生交通事故侵害被侵权人的生命权、健康权等人身权益所造成的损害，包括侵权责任法第十六条和第二十二条规定的各项损害。 道路交通安全法第七十六条规定的“财产损失”，是指因机动车发生交通事故侵害被侵权人的财产权益所造成的损失。
第十二条（原第十五条）　因道路交通事故造成下列财产损失，当事人请求侵权人赔偿的，人民法院应予支持： （一）维修被损坏车辆所支出的费用、车辆所载物品的损失、车辆施救费用； （二）因车辆灭失或者无法修复，为购买交通事故发生时与被损坏车辆价值相当的车辆重置费用； （三）依法从事货物运输、旅客运输等经营性活动的车辆，因无法从事相应经营活动所产生的合理停运损失； （四）非经营性车辆因无法继续使用，所产生的通常替代性交通工具的合理费用。	

《最高人民法院关于人事档案被原单位丢失后当事人起诉原用人单位补办人事档案并赔偿经济损失是否受理的复函》

安徽省高级人民法院：

你院〔2004〕皖民一他字第19号《关于人事档案被原单位丢失后当事人以补办人事档案并赔偿经济损失的诉请起诉原单位法院是否受理的请示》收悉。经研究，答复如下：

同意你院第一种意见。保存档案的企事业单位，违反关于妥善保存档案的法律规定，丢失他人档案的，应当承担相应的民事责任。档案关系人起诉请求补办档案、赔偿损失的，人民法院应当作为民事案件受理。

《最高人民法院关于邹树文金珠首饰在“文革”中下落不明，人民法院能否作为民事赔偿案件受理的批复》

江苏省高级人民法院：

你院〔87〕民他字第3号《关于邹树文先生金珠首饰赔偿案的请示报告》收悉。

据报告述称，邹树文夫妇在“文革”中怕再次被抄家，将一盒金珠首饰“上交”给南京市杭大附中红卫兵总部负责人王自力（高三学生）和张登舟（初二学生）。1973年以来，邹树文及其家属多次向有关部门提出要求落实政策，清退财物。你院就上述问题请示我院能否作为民事赔偿案件由人民法院受理。

经研究，我们认为：邹树文夫妇要求清退“文革”中“上交”的金珠首饰，根据中央有关文件的规定，属于落实政策的问题，不应按一般民事赔偿案件由人民法院受理。

权威案例指引

▶公报案例

《茅德贤、成县茨坝须弥山实业有限公司、甘肃有色地质勘查局106队、成县恒兴矿业有限公司与白银有色金属公司采矿权纠纷案》，《最高人民法院公报》2012年第3期

裁判摘要：一、根据《中华人民共和国行政处罚法》第七条的规定，公民、法人或者其他组织因违法受到行政处罚，其违法行为对他人造成损害的，应当依法承担民事责任。行为人因过错侵害他人民事权益的，应当承担相应的赔偿责任，行为人因同一行为已受到行政处罚的，不影响其承担民事责任。

二、根据最高人民法院《关于民事诉讼证据的若干规定》第二条的规定，当事人对自己提出的诉讼请求所依据的事实或反驳对方诉讼请求所依据的事实有责任提供证据加以证明。没有证据或者证据不足以证明当事人的事实主张的，由负有举证责任的当事人承担不利后果。案件调查处理过程中，当事人恶意阻挠调查取证，致使调查部门无法取得相关证据的，当事人应当承担举证不能的法律后果。

三、行为人侵犯他人财产造成损失的，应当承担赔偿责任，特别是恶意侵犯国有资产的行为所付出的成本不同于一般民事交易行为中的成本，计算侵权损失数额时不应予以剔除。

第一千一百八十五条　【故意侵害知识产权的惩罚性赔偿责任】故意侵害他人知识产权，情节严重的，被侵权人有权请求相应的惩罚性赔偿。

关联法规参见

▶**法律：**《民法典总则编》第179条，《民法典侵权责任编》第1207条、第1232条，《商标法》第63条。

司法解释适用

《最高人民法院关于审理侵害知识产权民事案件适用惩罚性赔偿的解释》

第一条　原告主张被告故意侵害其依法享有的知识产权且情节严重，请求判令被告承担惩罚性赔偿责任的，人民法院应当依法审查处理。

本解释所称故意，包括商标法第六十三条第一款和反不正当竞争法第十七条第三款规定的恶意。

第二条　原告请求惩罚性赔偿的，应当在起诉时明确赔偿数额、计算方式以及所依据的事实和理由。

原告在一审法庭辩论终结前增加惩罚性赔偿请求的，人民法院应当准许；在二审中增加惩罚性赔偿请求的，人民法院可以根据当事人自愿的原则进行调解，调解不成的，告知当事人另行起诉。

第三条　对于侵害知识产权的故意的认定，人民法院应当综合考虑被侵害知识产权客体类型、权利状态和相关产品知名度、被告与原告或者利害关系人之间的关系等因素。

对于下列情形，人民法院可以初步认定被告具有侵害知识产权的故意：

（一）被告经原告或者利害关系人通知、警告后，仍继续实施侵权行为的；

（二）被告或其法定代表人、管理人是原告或者利害关系人的法定代表人、管理人、实际控制人的；

（三）被告与原告或者利害关系人之间存在劳动、劳务、合作、许可、经销、代理、代表等关系，且接触过被侵害的知识产权的；

（四）被告与原告或者利害关系人之间有业务往来或者为达成合同等进行过磋商，且接触过被侵害的知识产权的；

（五）被告实施盗版、假冒注册商标行为的；

（六）其他可以认定为故意的情形。

第四条　对于侵害知识产权情节严重的认定，人民法院应当综合考虑侵权手段、次数，侵权行为的持续时间、地域范围、规模、后果，侵权人在诉讼中的行为等因素。

被告有下列情形的，人民法院可以认定为情节严重：

（一）因侵权被行政处罚或者法院裁判承担责任后，再次实施相同或者类似侵权行为；

（二）以侵害知识产权为业；

（三）伪造、毁坏或者隐匿侵权证据；

（四）拒不履行保全裁定；

（五）侵权获利或者权利人受损巨大；

（六）侵权行为可能危害国家安全、公共利益或者人身健康；

（七）其他可以认定为情节严重的情形。

第五条　人民法院确定惩罚性赔偿数额时，应当分别依照相关法律，以原告实际损失数额、被告违法所得数额或者因侵权所获得的利益作为计算基数。该基数不包括原告为制止侵权所支付的合理开支；法律另有规定的，依照其规定。

前款所称实际损失数额、违法所得数额、因侵权所获得的利益均难以计算的，人民法院依法参照该权利许可使用费的倍数合理确定，并以此作为惩罚性赔偿数额的计算基数。

人民法院依法责令被告提供其掌握的与侵权行为相关的账簿、资料，被告无正当理由拒不提供或者提供虚假账簿、资料的，人民法院可以参考原告的主张和证据确定惩罚性赔偿数额的计算基数。构成民事诉讼法第一百一十一条规定情形的，依法追究法律责任。

第六条 人民法院依法确定惩罚性赔偿的倍数时，应当综合考虑被告主观过错程度、侵权行为的情节严重程度等因素。

因同一侵权行为已经被处以行政罚款或者刑事罚金且执行完毕，被告主张减免惩罚性赔偿责任的，人民法院不予支持，但在确定前款所称倍数时可以综合考虑。

权威案例指引

▶典型案例

《广州天赐公司等与安徽纽曼公司等侵害技术秘密纠纷案》，《最高人民法院发布6起侵害知识产权民事案件适用惩罚性赔偿典型案例之一》（2021年3月15日）

典型意义：该案系最高人民法院作出判决的首例知识产权侵权惩罚性赔偿案。该案判决充分考虑了被诉侵权人的主观恶意、以侵权为业、举证妨碍行为以及被诉侵权行为的持续时间、侵权规模等因素，适用了惩罚性赔偿，最终确定了法定的惩罚性赔偿最高倍数（五倍）的赔偿数额，明确传递了加强知识产权司法保护力度的强烈信号。

《鄂尔多斯公司与米琪公司侵害商标权纠纷案》，《最高人民法院发布6起侵害知识产权民事案件适用惩罚性赔偿典型案例之二》（2021年3月15日）

典型意义：该案充分体现了人民法院正确实施惩罚性赔偿制度和严厉制裁恶意侵害商标权行为的信心和决心。裁判文书的说理部分充分且清晰的阐述了认定“主观恶意”、确定惩罚性赔偿“基数”和“倍数”时所应考虑的因素，使判决形成的过程更透明，判决结果更具有说服力。该案宣判后，双方当事人均未上诉，取得了良好的社会效果。

《小米科技公司等与中山奔腾公司等侵害商标权及不正当竞争纠纷案》，《最高人民法院发布6起侵害知识产权民事案件适用惩罚性赔偿典型案例之三》（2021年3月15日）

典型意义：该判决全面分析阐述了认定惩罚性赔偿的“恶意”“情节严重”要件以及确定基数和倍数的方法，既考虑到被诉侵权商品销售特点，又全面分析了影响惩罚倍数的相关因素，确定了与侵权主观恶意程度、情节恶劣程度、侵权后果严重程度相适应的倍数，为惩罚性赔偿制度的适用提供了实践样本，体现了严厉打击严重侵害知识产权行为的导向。

《五粮液公司与徐中华等侵害商标权纠纷案》，《最高人民法院发布6起侵害知识产权民事案件适用惩罚性赔偿典型案例之四》（2021年3月15日）

典型意义：徐中华因侵权被行政处罚后再次实施相同或者类似侵权行为，后又被人民法院裁判承担刑事责任。在此情形下，一审、二审法院充分考虑被诉侵权行为持续时间等因素，合理确定惩罚性赔偿的基数和倍数，准确界定“以侵害知识产权为业”等“情节严重”

情形，依法惩处严重侵害知识产权行为，有力保护了知识产权权利人的合法权益，具有示范意义。

《阿迪达斯公司与阮国强等侵害商标权纠纷案》，《最高人民法院发布6起侵害知识产权民事案件适用惩罚性赔偿典型案例之五》（2021年3月15日）

典型意义：准确计算惩罚性赔偿的基数是适用惩罚性赔偿制度的重要前提。二审法院对于权利人尽了最大努力所举证据，不轻易否定，而是坚持优势证据标准，合理确定了惩罚性赔偿的基数，同时，在适用“依请求原则”、认定“情节严重”方面也具有示范意义。

《欧普公司与华升公司侵害商标权纠纷案》，《最高人民法院发布6起侵害知识产权民事案件适用惩罚性赔偿典型案例之六》（2021年3月15日）

典型意义：该案再审判决明确了知识产权惩罚性赔偿适用中的“依请求原则”“主观恶意”和“情节严重”的规则边界和证明标准，并提出精细化计算确定赔偿数额的“基数”和“倍数”的方法和路径，具有重要的法律适用指导价值。该案荣获“全国法院系统2020年度优秀案例分析评选”一等奖、“第四届全国知识产权优秀裁判文书”二等奖。

《“香兰素”技术秘密高额判赔案》，《最高人民法院知识产权法庭2020年10件技术类知识产权典型案例之二》（2021年2月26日）

典型意义：该案系我国法院生效判决赔偿额最高的侵害商业秘密案件。最高人民法院知识产权法庭通过该案判决，依法保护了重要产业核心技术，切实加大了对恶意侵权的打击力度，明确了以侵权为业公司的法定代表人的连带责任，依法将涉嫌犯罪线索移送公安机关，推进了民事侵权救济与刑事犯罪惩处的衔接，彰显了人民法院严格依法保护知识产权、严厉打击恶意侵权行为的鲜明司法态度。

《“卡波”技术秘密惩罚性赔偿案》，《最高人民法院知识产权法庭2020年10件技术类知识产权典型案例之三》（2021年2月26日）

典型意义：该案系最高人民法院作出的首例惩罚性赔偿案。该案判决充分考虑了被诉侵权的主观恶意、举证妨碍行为以及被诉侵权行为的持续时间、侵权规模等因素，适用了惩罚性赔偿，最终确定了法定的惩罚性赔偿最高倍数5倍的惩罚倍数，明确传递了加强知识产权司法保护力度的强烈信号。

《北京某源公司与某某汇源公司侵害商标权及不正当竞争纠纷案》，《最高人民法院发布6起充分发挥审判职能作用保护产权和企业家合法权益典型案例之四》（2018年12月4日）

典型意义：“维权成本高，侵权代价低”系当前我国知识产权保护中的突出问题。为加强知识产权保护，《产权意见》明确要求：“加大知识产权侵权行为惩治力度，提高知识产权侵权法定赔偿上限，探索建立对专利权、著作权等知识产权侵权惩罚性赔偿制度，对情节严重的恶意侵权行为实施惩罚性赔偿，并由侵权人承担权利人为制止侵权行为所支付的合理开支，提高知识产权侵权成本。”近年来，最高人民法院也通过制定司法解释、规范性文件、发布指导性案例、典型案例等形式，不断倡导采用裁量性赔偿、合理开支单独计算等方式提高商标侵权等知识产权案件赔偿数额。本案最高人民法院在认定侵权事实基础上，综合考虑权利人的注册商标知名度，侵权人的主观恶意、生产销售范围以及对相关公众造成实际混淆的后果等因素，依据侵权人的获利情况判决侵权人承担了较高的赔偿额，不仅使权利人受损利益得到有效救济，也让侵权人不因侵权行为而获利，彰显了人民法院着力解决实践中存在的侵权成本低、企业家维权成本高等问题。本案人民法院在现行法律中并未规定惩罚性赔偿制度的情况下，采用裁量性赔偿方法，加大对知识产权侵权的惩罚力度，对于处理同类案件具有典型指引价值。

第一千一百八十六条　【公平补偿责任的一般规定】受害人和行为人对损害的发生都没有过错的，依照法律的规定由双方分担损失。

关联法规参见

▶**法律**：《道路交通安全法》第 76 条。

司法解释适用

《最高人民法院关于审理铁路运输人身损害赔偿纠纷案件适用法律若干问题的解释》（法释〔2020〕17 号修改）

<table>
<tr><th>新《铁路运输人身损害赔偿司法解释》</th><th>原《铁路运输人身损害赔偿司法解释》</th></tr>
<tr><td colspan="2">第九条（原第九条）　铁路机车车辆与机动车发生碰撞造成机动车驾驶人员以外的人人身损害的，由铁路运输企业与机动车一方对受害人承担连带赔偿责任。铁路运输企业与机动车一方之间，按照各自的过错分担责任；双方均无过错的，按照公平原则分担责任。对受害人实际承担赔偿责任超出应当承担份额的一方，有权向另一方追偿。
铁路机车车辆与机动车发生碰撞造成机动车驾驶人员人身损害的，按照本解释第四条至第七条的规定处理。</td></tr>
</table>

权威案例指引

▶**公报案例**

《蒋海燕、曾英诉覃维邱、苏燕弟生命权纠纷案》，《最高人民法院公报》2016 年第 11 期

裁判摘要：民法鼓励民事主体积极开展合法、正当的社会交往。行为人在正常社会交往活动中实施的行为本身不具有危害性，因意外因素造成他人的权益受到损害的，如果行为人无过错，且其行为与损害结果之间无任何因果关系，行为人依法不承担赔偿责任。

第一千一百八十七条　【损害赔偿金的支付方式】损害发生后，当事人可以协商赔偿费用的支付方式。协商不一致的，赔偿费用应当一次性支付；一次性支付确有困难的，可以分期支付，但是被侵权人有权请求提供相应的担保。

司法解释适用

《最高人民法院关于审理人身损害赔偿案件适用法律若干问题的解释》（法释〔2020〕17号修改）

<table>
<tr><th>新《人身损害赔偿司法解释》</th><th>原《人身损害赔偿司法解释》</th></tr>
<tr><td>第二十条　赔偿义务人请求以定期金方式给付残疾赔偿金、辅助器具费的，应当提供相应的担保。人民法院可以根据赔偿义务人的给付能力和提供担保的情况，确定以定期金方式给付相关费用。但是，一审法庭辩论终结前已经发生的费用、死亡赔偿金以及精神损害抚慰金，应当一次性给付。</td><td>第三十三条　赔偿义务人请求以定期金方式给付残疾赔偿金、~~被扶养人生活费、残疾~~辅助器具费的，应当提供相应的担保。人民法院可以根据赔偿义务人的给付能力和提供担保的情况，确定以定期金方式给付相关费用。但一审法庭辩论终结前已经发生的费用、死亡赔偿金以及精神损害抚慰金，应当一次性给付。</td></tr>
<tr><td colspan="2">第二十一条（原第三十四条）　人民法院应当在法律文书中明确定期金的给付时间、方式以及每期给付标准。执行期间有关统计数据发生变化的，给付金额应当适时进行相应调整。
定期金按照赔偿权利人的实际生存年限给付，不受本解释有关赔偿期限的限制。</td></tr>
</table>

《最高人民法院关于人身保险金能否作为被保险人的遗产进行赔偿问题的批复》

河北省高级人民法院：

你院冀法民〔1987〕1号请示报告收悉。据报告称：栾城县南焦村个体三轮摩托车司机孙文兴于1986年5月26日运送货主张新国及其货物（锡锭）时在京广铁路窦妪道口与火车相撞，致孙文兴、张新国双亡，三轮摩托车毁损。这次事故应由孙文兴负责。孙文兴生前在本县保险公司除投保了车损险（保险金为三千五百元）外，还投保了人身意外伤害险（保险金为五千元），并指定了受益人。现托运人张新国之妻梁聚芬向栾城县人民法院起诉。要求承运人孙文兴之妻郭香荣给予赔偿。

经征求有关部门的意见，现就你院请示关于人身保险金能否作为被保险人的遗产进行赔偿的问题，答复如下：

（一）根据我国保险法规有关条文规定的精神，人身保险金能否列入被保险人的遗产，取决于被保险人是否指定了受益人。指定了受益人的，被保险人死亡后，其人身保险金应付给受益人；未指定受益人的，被保险人死亡后，其人身保险金应作为其遗产处理，可以用来清偿债务或赔偿。

（二）财产保险与人身保险不同，财产保险不存在指定受益人的问题，因而，财产保险金属于被保险人的遗产。孙文兴投保的车损险是属财产保险，属于他的遗产，可以用来清偿债务或赔偿。

在处理本案时，应本着上述原则，适当注意保护债权人的利益，合情合理解决。

此复

第三章　责任主体的特殊规定

第一千一百八十八条　【监护人责任：无民事行为能力人、限制民事行为能力人致害的侵权责任】无民事行为能力人、限制民事行为能力人造成他人损害的，由监护人承担侵权责任。监护人尽到监护职责的，可以减轻其侵权责任。

有财产的无民事行为能力人、限制民事行为能力人造成他人损害的，从本人财产中支付赔偿费用；不足部分，由监护人赔偿。

关联法规参见

▶**法律：**《民法典总则编》第34条、第35条，《民法典侵权责任编》第1178条，《治安管理处罚法》第8条。

司法解释适用

《最高人民法院民事审判庭关于监护责任两个问题的电话答复》

吉林省高级人民法院：

你院〔89〕51号“关于监护责任两个问题的请示”收悉。

关于对患精神病的人，其监护人应从何时起承担监护责任的问题。经我们研究认为，此问题情况比较复杂，我国现行法律无明文规定，也不宜作统一规定。在处理这类案件时，可根据《民法通则》有关规定精神，结合案件具体情况，合情合理地妥善处理。

我们原则上认为：成年人丧失行为能力时，监护人即应承担其监护责任。监护人对精神病人的监护责任是基于法律规定而设立的，当成年人因患精神病，丧失行为能力时，监护人应按照法律规定的监护顺序承担监护责任。如果监护人确实不知被监护人患有精神病的，可根据具体情况，参照《民法通则》第一百三十三条规定精神，适当减轻民事责任。

精神病人在发病时给他人造成的经济损失，如行为人个人财产不足补偿或无个人财产的，其监护人应适当承担赔偿责任。这样处理，可促使监护人自觉履行监护责任，维护被监护人和其他公民的合法权益，也有利于社会安定。

关于侵权行为人在侵权时不满18周岁，在诉讼时已满18周岁，且本人无经济赔偿能力，其原监护人的诉讼法律地位应如何列的问题。

我们认为：原监护人应列为本案第三人，承担民事责任。因原监护人对本案的诉讼标的无独立请求权，只是案件处理结果同本人有法律上的利害关系，因此，系无独立请求权的第三人。

《最高人民法院关于未成年的侵权人死亡其父母作为监护人能否成为诉讼主体的复函》

内蒙古自治区高级人民法院：

你院〔1989〕内法民字第8号《关于那木斯来起诉损害赔偿一案的请示报告》收悉。经研究认为，未成年人阿拉腾乌拉携带其父额尔登巴图藏在家中的炸药到那木斯来家玩耍，将炸药引爆，炸毁那木斯来家房屋顶棚及部分家具。那木斯来以额尔登巴图为被告要求赔偿损失，人民法院应依法受理，并依据《民法通则》及《婚姻法》的有关规定妥善处理。

《最高人民法院关于监护人是否承担赔偿责任问题的复函》

广东省高级人民法院：

你院粤法民字〔1989〕138号《关于监护人是否承担赔偿责任的请示报告》收悉。

关于梁剑文等四未成年人盗窃财物被劳动教养，受害人翁舜慧提起民事诉讼，要求其监护人承担赔偿责任，人民法院能否作为民事赔偿案件受理的问题。经研究认为，鉴于此案情况比较复杂，现行法律对此类问题又无明确规定，如何适用法律，需要在审判实践中积累经验进行研究。因此，此案不宜采用提起民事诉讼的办法解决。

《最高人民法院民事审判庭关于单位担任监护人是否承担赔偿责任的电话答复》

江苏省高级人民法院研究室：

你院关于民法通则第一百三十三条第二款“但单位担任监护人的除外”如何理解的请示，经研究并与人大法工委民法室联系了解，其立法原意是单位不承担赔偿责任，对于具体案件，可依照上述立法原意根据具体情况妥善处理。

以上意见，供参考。

第一千一百八十九条　【委托监护中的监护人和受托人侵权责任】无民事行为能力人、限制民事行为能力人造成他人损害，监护人将监护职责委托给他人的，监护人应当承担侵权责任；受托人有过错的，承担相应的责任。

关联法规参见

▶**法律**：《民法典总则编》第26条、第28条、第34条、第36条，《民法典合同编》第464条、第919条，《民法典侵权责任编》第1188条、第1199条、第1200条，《未成年人保护法》第22条。

权威案例指引

▶**公报案例**

《吴凯诉朱超、曙光学校人身损害赔偿纠纷案》，《最高人民法院公报》2006年第12期

裁判摘要：一、根据民法通则第十六条和最高人民法院《关于贯彻执行〈中华人民共和

第1189条

国民法通则〉若干问题的意见（试行）》第二十二条的规定，监护人将未成年学生送至学校学习，其监护职责并未转移到学校；学校也不因接受未成年学生到校学习，自然而然地承担起对该学生的监护职责。监护人如果想将监护职责部分或者全部委托给学校，必须与学校达成明确的委托约定。没有明确的委托约定，不能推定学校接受监护人的委托，对到校学习的未成年学生承担起部分或全部监护职责。

二、根据最高人民法院《关于审理人身损害赔偿案件适用法律若干问题的解释》第七条规定，对在校学习的未成年学生，学校虽然没有监护职责，但有教育、管理和保护的义务。学校履行教育、管理、保护义务不当，以致未成年学生在校园内加害其他未成年学生的，除加害人的监护人应当承担责任外，学校也应当承担与其过错相应的赔偿责任。

第一千一百九十条　【完全民事行为能力人无意识致害的侵权责任和公平补偿责任；醉酒、滥用麻醉药品或者精神药品的无过错责任】 完全民事行为能力人对自己的行为暂时没有意识或者失去控制造成他人损害有过错的，应当承担侵权责任；没有过错的，根据行为人的经济状况对受害人适当补偿。

完全民事行为能力人因醉酒、滥用麻醉药品或者精神药品对自己的行为暂时没有意识或者失去控制造成他人损害的，应当承担侵权责任。

关联法规参见

▶**行政法规：**《麻醉药品和精神药品管理条例》第3条。

第一千一百九十一条　【用人单位替代责任；劳务派遣责任】 用人单位的工作人员因执行工作任务造成他人损害的，由用人单位承担侵权责任。用人单位承担侵权责任后，可以向有故意或者重大过失的工作人员追偿。

劳务派遣期间，被派遣的工作人员因执行工作任务造成他人损害的，由接受劳务派遣的用工单位承担侵权责任；劳务派遣单位有过错的，承担相应的责任。

关联法规参见

▶**法律：**《证券法》第136条，《劳动法》第2条，《社会保险法》第33条至第43条，《公证法》第14条、第15条、第43条，《资产评估法》第50条，《国家赔偿法》第2条，《劳动合同法》第2条、第7条、第57条、第58条、第63条、第66条。

▶**行政法规：**《工伤保险条例》，《劳动合同法实施条例》第3条，《企业事业单位内部治安保卫条例》第20条。

司法解释适用

《最高人民法院关于审理劳动争议案件适用法律问题的解释（一）》（法释〔2020〕26号）

《劳动争议案件适用司法解释（一）》	原《劳动争议案件司法解释（二）》
第一条　劳动者与用人单位之间发生的下列纠纷，属于劳动争议，当事人不服劳动争议仲裁机构作出的裁决，依法提起诉讼的，人民法院应予受理： （一）劳动者与用人单位在履行劳动合同过程中发生的纠纷； （二）劳动者与用人单位之间没有订立书面劳动合同，但已形成劳动关系后发生的纠纷； （三）劳动者与用人单位因劳动关系是否已经解除或者终止，以及应否支付解除或者终止劳动关系经济补偿金发生的纠纷； （四）劳动者与用人单位解除或者终止劳动关系后，请求用人单位返还其收取的劳动合同定金、保证金、抵押金、抵押物发生的纠纷，或者办理劳动者的人事档案、社会保险关系等移转手续发生的纠纷； （五）劳动者以用人单位未为其办理社会保险手续，且社会保险经办机构不能补办导致其无法享受社会保险待遇为由，要求用人单位赔偿损失发生的纠纷； （六）劳动者退休后，与尚未参加社会保险统筹的原用人单位因追索养老金、医疗费、工伤保险待遇和其他社会保险待遇而发生的纠纷； （七）劳动者因为工伤、职业病，请求用人单位依法给予工伤保险待遇发生的纠纷； （八）劳动者依据劳动合同法第八十五条规定，要求用人单位支付加付赔偿金发生的纠纷； （九）因企业自主进行改制发生的纠纷。	**第六条**　劳动者因为工伤、职业病，请求用人单位依法承担给予工伤保险待遇的争议，经劳动争议仲裁委员会仲裁后，当事人依法起诉的，人民法院应予受理。

《最高人民法院关于审理涉及公证活动相关民事案件的若干规定》（法释〔2020〕20号修改）

<table>
<tr><th>新《涉及公证活动民事案件规定》</th><th>原《涉及公证活动民事案件规定》</th></tr>
<tr><td>为正确审理涉及公证活动相关民事案件，维护当事人的合法权益，根据《中华人民共和国民法典》《中华人民共和国公证法》《中华人民共和国民事诉讼法》等法律的规定，结合审判实践，制定本规定。</td><td>为正确审理涉及公证活动相关民事案件，维护当事人的合法权益，根据《中华人民共和国民法通则》《中华人民共和国公证法》《中华人民共和国侵权责任法》《中华人民共和国民事诉讼法》等法律的规定，结合审判实践，制定本规定。</td></tr>
<tr><td colspan="2">第一条（原第一条）　当事人、公证事项的利害关系人依照公证法第四十三条规定向人民法院起诉请求民事赔偿的，应当以公证机构为被告，人民法院应作为侵权责任纠纷案件受理。</td></tr>
<tr><td colspan="2">第二条（原第二条）　当事人、公证事项的利害关系人起诉请求变更、撤销公证书或者确认公证书无效的，人民法院不予受理，告知其依照公证法第三十九条规定可以向出具公证书的公证机构提出复查。</td></tr>
<tr><td colspan="2">第三条（原第三条）　当事人、公证事项的利害关系人对公证书所公证的民事权利义务有争议的，可以依照公证法第四十条规定就该争议向人民法院提起民事诉讼。
当事人、公证事项的利害关系人对具有强制执行效力的公证债权文书的民事权利义务有争议直接向人民法院提起民事诉讼的，人民法院依法不予受理。但是，公证债权文书被人民法院裁定不予执行的除外。</td></tr>
<tr><td colspan="2">第四条（原第四条）　当事人、公证事项的利害关系人提供证据证明公证机构及其公证员在公证活动中具有下列情形之一的，人民法院应当认定公证机构有过错：
（一）为不真实、不合法的事项出具公证书的；
（二）毁损、篡改公证书或者公证档案的；
（三）泄露在执业活动中知悉的商业秘密或者个人隐私的；
（四）违反公证程序、办证规则以及国务院司法行政部门制定的行业规范出具公证书的；
（五）公证机构在公证过程中未尽到充分的审查、核实义务，致使公证书错误或者不真实的；
（六）对存在错误的公证书，经当事人、公证事项的利害关系人申请仍不予纠正或者补正的；
（七）其他违反法律、法规、国务院司法行政部门强制性规定的情形。</td></tr>
<tr><td colspan="2">第五条（原第五条）　当事人提供虚假证明材料申请公证致使公证书错误造成他人损失的，当事人应当承担赔偿责任。公证机构依法尽到审查、核实义务的，不承担赔偿责任；未依法尽到审查、核实义务的，应当承担与其过错相应的补充赔偿责任；明知公证证明的材料虚假或者与当事人恶意串通的，承担连带赔偿责任。</td></tr>
</table>

<table>
<tr><th>新《涉及公证活动民事案件规定》</th><th>原《涉及公证活动民事案件规定》</th></tr>
<tr><td colspan="2">第六条（原第六条）　当事人、公证事项的利害关系人明知公证机构所出具的公证书不真实、不合法而仍然使用造成自己损失，请求公证机构承担赔偿责任的，人民法院不予支持。</td></tr>
<tr><td colspan="2">第七条（原第七条）　本规定施行后，涉及公证活动的民事案件尚未终审的，适用本规定；本规定施行前已经终审，当事人申请再审或者按照审判监督程序决定再审的，不适用本规定。</td></tr>
</table>

《最高人民法院关于审理人身损害赔偿案件适用法律若干问题的解释》（法释〔2020〕17号修改）

<table>
<tr><th>新《人身损害赔偿司法解释》</th><th>原《人身损害赔偿司法解释》</th></tr>
<tr><td colspan="2">删除条文
<s>第八条　法人或者其他组织的法定代表人、负责人以及工作人员，在执行职务中致人损害的，依照民法通则第一百二十一条的规定，由该法人或者其他组织承担民事责任。上述人员实施与职务无关的行为致人损害的，应当由行为人承担赔偿责任。</s></td></tr>
<tr><td colspan="2">第三条（原第十二条）　依法应当参加工伤保险统筹的用人单位的劳动者，因工伤事故遭受人身损害，劳动者或者其近亲属向人民法院起诉请求用人单位承担民事赔偿责任的，告知其按《工伤保险条例》的规定处理。
因用人单位以外的第三人侵权造成劳动者人身损害，赔偿权利人请求第三人承担民事赔偿责任的，人民法院应予支持。</td></tr>
</table>

《最高人民法院关于审理涉船员纠纷案件若干问题的规定》

第三条　船员服务机构仅代理船员办理相关手续，或者仅为船员提供就业信息，且不属于劳务派遣情形，船员服务机构主张其与船员仅成立居间或委托合同关系的，应予支持。

第四条　船舶所有人以被挂靠单位的名义对外经营，船舶所有人未与船员签订书面劳动合同，其聘用的船员因工伤亡，船员主张被挂靠单位为承担工伤保险责任的单位的，应予支持。船舶所有人与船员成立劳动关系的除外。

第十五条　船员因劳务受到损害，船舶所有人举证证明船员自身存在过错，并请求判令船员自担相应责任的，对船舶所有人的抗辩予以支持。

《最高人民法院行政审判庭关于超过法定退休年龄的进城务工农民因工伤亡的，应否适用〈工伤保险条例〉请示的答复》

山东省高级人民法院：

你院报送的《关于超过法定退休年龄的进城务工农民工作时间内受伤是否适用〈工伤保险条例〉的请示》收悉。经研究，原则同意你院的倾向性意见。即：用人单位聘用的超过法定退休年龄的务工农民，在工作时间内、因工作原因伤亡的，应当适用《工伤保险条例》的有关规定进行工伤认定。

此复。

《最高人民法院行政审判庭关于〈工伤保险条例〉第六十四条理解和适用问题请示的答复》

江西省高级人民法院：

你院《关于国务院〈工伤保险条例〉第六十四条的理解和适用问题的请示》收悉。经研究，答复如下：

原则同意你院第一种意见。即，企业职工因工伤害发生在《企业职工工伤保险试行办法》施行之前，当时有关单位已按照有关政策作出处理的，不属于《工伤保险条例》第六十四条规定的“尚未完成工伤认定的情形”。

此复。

《最高人民法院关于因第三人造成工伤的职工或其亲属在获得民事赔偿后是否还可以获得工伤保险补偿问题的答复》①

新疆维吾尔自治区高级人民法院生产建设兵团分院：

你院《关于因第三人造成工伤死亡的亲属在获得高于工伤保险待遇的民事赔偿后是否还可以获得工伤保险补偿问题的请示报告》收悉。经研究，答复如下：

原则同意你院审判委员会的倾向性意见。即根据《中华人民共和国安全生产法》第四十八条以及最高人民法院《关于审理人身损害赔偿案件适用法律若干问题的解释》第十二条的规定，因第三人造成工伤的职工或其近亲属，从第三人处获得民事赔偿后，可以按照《工伤保险条例》第三十七条的规定，向工伤保险机构申请工伤保险待遇补偿。

此复

《最高人民法院经济审判庭关于寿光县东都宾馆诉栖霞县物资局、物资开发公司损害赔偿纠纷一案的复函》

山东省高级人民法院：

你院鲁高法函〔1992〕66号《关于寿光县东都宾馆诉栖霞县物资局、栖霞县物资开发公司损害赔偿纠纷案几个问题的请示》收悉。经研究，答复如下：

一、该损害赔偿案件虽然是栖霞县物资局局长、物资公司经理两人在因公出差过程中发生的。但在宾馆房间忘记关闭水龙头的行为与执行职务没有必然联系，不属于职务行为，不宜让该两人所在单位参加诉讼、承担责任。

二、今年元月4日早晨5点50分开始供水后，流水外溢达40分钟，宾馆服务人员没有及时发现，致使损失扩大，东都宾馆负有管理责任，其承担的责任应不少于对方承担的责任。

此复

---

① 建议废止《最高人民法院关于因第三人造成工伤的职工或其亲属在获得民事赔偿后是否还可以获得工伤保险补偿问题的答复》，理由：与《社会保险法》第四十二条冲突。

《最高人民法院行政审判庭关于乡治安室工作人员执行职务中故意伤害当事人造成的损害乡人民政府应否承担责任问题的电话答复》

四川省高级人民法院：

你院川法研〔1991〕45 号《关于乡治安室工作人员执行职务中故意伤害当事人造成的损害乡人民政府应否承担赔偿责任的请示》收悉。经研究，同意你们的第二种意见。

《最高人民法院经济审判庭关于合同公证失误公证机关能否作为被告问题的电话答复》

陕西省高级人民法院：

你院陕高法经字〔1988〕第 13 号关于合同公证失误公证机关能否作为被告的请示报告收悉。经研究答复如下：

公证机关依照法定程序，证明经济合同的真实性和合法性，是国家对经济合同进行管理和监督的一项法律形式。签订经济合同，申请经济合同公证和履行经济合同中规定的权利和义务取决于经济合同当事人的意愿。公证机关对经济合同公证不当或者错误，不属于民法通则第一百二十一条规定的国家机关或者国家机关工作人员在执行职务中，侵犯公民、法人合法权益的行为。国家有关法律、法规也未对作出公证不当或者错误的可以向法院起诉的规定。因此，同意你院意见，在尚无明确法律规定之前，凡当事人对公证不当或者错误而将公证机关作为被告，要求公证机关赔偿损失向人民法院起诉的，人民法院不予受理。

此复

《最高人民法院办公厅、公安部办公厅关于交通肇事的补偿和抚恤问题的函》

中华全国总工会劳动保险部：

你部五月七日险字第 153 号函收悉。

关于职工因交通事故死亡后的家属生活补助问题，我们考虑，职工因交通事故死亡与因公、因病死亡不同，肇事单位给死者家属经济上的补偿，是表示对死者负责，也是精神上的安慰。因此，除了肇事单位根据肇事人所负责任大小发给一定的补偿费之外，原单位仍应按劳保条例规定发给抚恤费。以上意见供参考。

权威案例指引

▶公报案例

《张春英与中国工商银行股份有限公司昌吉回族自治州分行、新疆证券有限责任公司、杨桃、张伟民财产损害赔偿纠纷案》，《最高人民法院公报》2013 年第 2 期

裁判摘要：证券公司员工利用职务之便盗卖客户股票获取价金，应承担赔偿损失的侵权责任。证券公司员工的职务身份增加了其侵权行为发生的可能性和危险性，证券公司对此种行为应当预见到并应采取一定措施予以避免，但因其内部管理不善、内部监控存在漏洞导致未能避免，应当认定证券公司员工的侵权行为与其履行职务有内在关联，证券公司应承担赔偿责任。该损失的计算方法，应根据客户的投资习惯等因素加以判断。如果受害人的投资行为表现长线操作、主要通过对股票的长期持有，获取股票增值以及相应的股利等收益，则其

股票被盗卖的损失通常应当包括股票被盗卖后的升值部分以及相应的股利。受害人的开户银行如未履行相应审查义务，导致证券公司员工获取价金的，则应在被盗卖股票的现金价值范围内承担连带责任。

第一千一百九十二条　【提供劳务者致害和受害责任；第三人造成提供劳务者损害责任分担】个人之间形成劳务关系，提供劳务一方因劳务造成他人损害的，由接受劳务一方承担侵权责任。接受劳务一方承担侵权责任后，可以向有故意或者重大过失的提供劳务一方追偿。提供劳务一方因劳务受到损害的，根据双方各自的过错承担相应的责任。

提供劳务期间，因第三人的行为造成提供劳务一方损害的，提供劳务一方有权请求第三人承担侵权责任，也有权请求接受劳务一方给予补偿。接受劳务一方补偿后，可以向第三人追偿。

关联法规参见

▶**法律：**《慈善法》第106条。

司法解释适用

《最高人民法院关于审理人身损害赔偿案件适用法律若干问题的解释》（法释〔2020〕17号修改）

新《人身损害赔偿司法解释》	原《人身损害赔偿司法解释》

删除条文

~~**第九条**　雇员在从事雇佣活动中致人损害的，雇主应当承担赔偿责任；雇员因故意或者重大过失致人损害的，应当与雇主承担连带赔偿责任。雇主承担连带赔偿责任的，可以向雇员追偿。~~

~~前款所称“从事雇佣活动”，是指从事雇主授权或者指示范围内的生产经营活动或者其他劳务活动。雇员的行为超出授权范围，但其表现形式是履行职务或者与履行职务有内在联系的，应当认定为“从事雇佣活动”。~~

~~**第十一条**　雇员在从事雇佣活动中遭受人身损害，雇主应当承担赔偿责任。雇佣关系以外的第三人造成雇员人身损害的，赔偿权利人可以请求第三人承担赔偿责任，也可以请求雇主承担赔偿责任。雇主承担赔偿责任后，可以向第三人追偿。~~

~~雇员在从事雇佣活动中因安全生产事故遭受人身损害，发包人、分包人知道或者应当知道接受发包或者分包业务的雇主没有相应资质或者安全生产条件的，应当与雇主承担连带赔偿责任。~~

~~属于《工伤保险条例》调整的劳动关系和工伤保险范围的，不适用本条规定。~~

新《人身损害赔偿司法解释》	原《人身损害赔偿司法解释》
第四条 无偿提供劳务的帮工人，在从事帮工活动中致人损害的，被帮工人应当承担赔偿责任。被帮工人承担赔偿责任后向有故意或者重大过失的帮工人追偿的，人民法院应予支持。被帮工人明确拒绝帮工的，不承担赔偿责任。	**第十三条** 为他人无偿提供劳务的帮工人，在从事帮工活动中致人损害的，被帮工人应当承担赔偿责任。被帮工人明确拒绝帮工的，不承担赔偿责任。帮工人存在故意或者重大过失，赔偿权利人请求帮工人和被帮工人承担连带责任的，人民法院应予支持。
第五条 无偿提供劳务的帮工人因帮工活动遭受人身损害的，根据帮工人和被帮工人各自的过错承担相应的责任；被帮工人明确拒绝帮工的，被帮工人不承担赔偿责任，但可以在受益范围内予以适当补偿。 帮工人在帮工活动中因第三人的行为遭受人身损害的，有权请求第三人承担赔偿责任，也有权请求被帮工人予以适当补偿。被帮工人补偿后，可以向第三人追偿。	**第十四条** 帮工人因帮工活动遭受人身损害的，被帮工人应当承担赔偿责任。被帮工人明确拒绝帮工的，不承担赔偿责任；但可以在受益范围内予以适当补偿。 帮工人因第三人侵权遭受人身损害的，由第三人承担赔偿责任。第三人不能确定或者没有赔偿能力的，可以由被帮工人予以适当补偿。

《最高人民法院关于木帆船海事赔偿责任问题的批复》

四川省高级人民法院：

最高人民法院西南分院转来你院1955年2月5日第208号请示收悉。关于木帆船海事赔偿责任的问题，经与交通部联系后，现答复如下：

（一）木帆船主原系船舶所有人具以承运人的身份承运货物，如遇海事发生时，亦应依“海事处理暂行办法”第四条的规定处理。

（二）关于船工过失所引起的海事赔偿，可否责令该船工与船主共同负担赔偿问题，“海事处理暂行办法”虽无明文规定，但以木帆船主绝大部分为个体劳动者，既亲自参加船上劳动，担任前驾长或后驾长，为切合此一具体情况并使犯有过失的船工受到教育起见，可以参照前政务院于1954年7月14日所颁“国营企业内部劳动规则纲要”规定的精神责令其担负部分赔偿责任，此与“海事处理暂行办法”第四条条文规定的精神并无抵触之处。

（三）船工因故意行为所发生的海事，其情形自较过失行为更为严重，除斟酌具体情况令其负担全部或部分的赔偿责任外，并须负刑事责任，由当地人民法院依法处理。

《最高人民法院关于董昭海等诉江汝甲赔偿一案应否受理的复函》

安徽省高级人民法院：

你院法民他字〔1993〕第17号关于董昭海等诉江汝甲赔偿一案应否受理的请示报告收悉。我们经研究认为，董惠珍等人的死亡系杨吉祥的犯罪行为所造成，与雇主江汝甲无关。因此，江汝甲不具有被告地位，人民法院不应受理董昭海等人要求江汝甲赔偿损失的起诉。

权威案例指引

▶公报案例

《安民重、兰自姣诉深圳市水湾远洋渔业有限公司工伤保险待遇纠纷案》，《最高人民法院公报》2017 年第 12 期

裁判摘要：用人单位为职工购买商业性人身意外伤害保险的，不因此免除其为职工购买工伤保险的法定义务。职工获得用人单位为其购买的人身意外伤害保险赔付后，仍然有权向用人单位主张工伤保险待遇。

《李帅帅诉上海通用富士冷机有限公司、上海工商信息学校人身损害赔偿纠纷案》，《最高人民法院公报》2015 年第 12 期

裁判摘要：1. 实习生在实习单位工作中，在工作时间、工作场所因工作原因受到伤害的，即使自身存在一般性过错，亦不能减轻实习单位的赔偿责任。

2. 学校应就实习生在实习中的安全防范和权益依法提供必要的保障。学校未对实习单位尽到必要督促义务的，应根据其过错程度对实习生的伤害后果承担相应法律责任。

3. 在城市中小学校就读的农村户籍学生，在学校的教育教学活动（含派出实习）中受伤致残的，其残疾赔偿金应当按照该校所在地的城镇居民标准计算。

《王俊诉江苏强维橡塑科技有限公司、徐州工业职业技术学院人身损害赔偿纠纷案》，《最高人民法院公报》2014 年第 7 期

裁判摘要：学生基于学校的安排到校外企业实习是学校教学内容的延伸和扩展，学校和企业都负有一定的安全教育和管理义务。学生在校外企业实习期间进行与其所学知识内容相关的实际操作，不应认定学生与企业之间存在劳动关系。学生在实习过程中受到的伤害，应按一般民事侵权纠纷处理，根据有关侵权的法律规定，由学生、学校、企业按过错程度承担相应的责任。

《朱永胜诉世平公司人身损害赔偿纠纷案》，《最高人民法院公报》2007 年第 5 期

裁判摘要：根据最高人民法院《关于审理人身损害赔偿案件适用法律若干问题的解释》第十四条的规定，帮工关系是指帮工人无偿为被帮工人处理事务而在双方之间形成的法律关系。帮工人因帮工活动遭受人身损害的，被帮工人应当承担赔偿责任。

《杨文伟诉宝二十冶公司人身损害赔偿纠纷案》[①]**，**《最高人民法院公报》2006 年第 8 期

裁判摘要：因用人单位以外的第三人侵权造成劳动者人身损害，构成工伤的，该劳动者既是工伤事故中的受伤职工，又是侵权行为的受害人，有权同时获得工伤保险赔偿和人身侵权赔偿；用人单位和侵权人均应当依法承担各自所负赔偿责任，即使该劳动者已从其中一方先行获得赔偿，亦不能免除或者减轻另一方的赔偿责任。

---

① 建议废止《杨文伟诉宝二十冶公司人身损害赔偿纠纷案》（《最高人民法院公报》2006 年第 8 期），理由：与《社会保险法》第四十二条冲突。

第一千一百九十三条　【承揽人、定作人的侵权责任】 承揽人在完成工作过程中造成第三人损害或者自己损害的，定作人不承担侵权责任。但是，定作人对定作、指示或者选任有过错的，应当承担相应的责任。

关联法规参见

▶**法律**：《民法典侵权责任编》第1178条。

司法解释适用

《最高人民法院关于审理人身损害赔偿案件适用法律若干问题的解释》（法释〔2020〕17号修改）

新《人身损害赔偿司法解释》	原《人身损害赔偿司法解释》
删除条文 ~~**第十条**　承揽人在完成工作过程中对第三人造成损害或者造成自身损害的，定作人不承担赔偿责任。但定作人对定作、指示或者选任有过失的，应当承担相应的赔偿责任。~~	

第一千一百九十四条　【网络用户、网络服务提供者的侵权责任】 网络用户、网络服务提供者利用网络侵害他人民事权益的，应当承担侵权责任。法律另有规定的，依照其规定。

关联法规参见

▶**行政法规**：《全国人民代表大会常务委员会关于维护互联网安全的决定》第6条。

司法解释适用

《最高人民法院关于审理侵害信息网络传播权民事纠纷案件适用法律若干问题的规定》（法释〔2020〕19号修改）

新《侵害信息网络传播权案件纠纷规定》	原《侵害信息网络传播权案件纠纷规定》
为正确审理侵害信息网络传播权民事纠纷案件，依法保护信息网络传播权，促进信息网络产业健康发展，维护公共利益，根据《中华人民共和国民法典》《中华人民共和国著作权法》《中华人民共和国民事诉讼法》等有关法律规定，结合审判实际，制定本规定。	为正确审理侵害信息网络传播权民事纠纷案件，依法保护信息网络传播权，促进信息网络产业健康发展，维护公共利益，根据《中华人民共和国民法通则》《中华人民共和国侵权责任法》《中华人民共和国著作权法》《中华人民共和国民事诉讼法》等有关法律规定，结合审判实际，制定本规定。

<table>
<tr><th>新《侵害信息网络传播权案件纠纷规定》</th><th>原《侵害信息网络传播权案件纠纷规定》</th></tr>
<tr><td colspan="2">第一条（原第一条）　人民法院审理侵害信息网络传播权民事纠纷案件，在依法行使裁量权时，应当兼顾权利人、网络服务提供者和社会公众的利益。</td></tr>
<tr><td colspan="2">第二条（原第二条）　本规定所称信息网络，包括以计算机、电视机、固定电话机、移动电话机等电子设备为终端的计算机互联网、广播电视网、固定通信网、移动通信网等信息网络，以及向公众开放的局域网络。</td></tr>
<tr><td colspan="2">第三条（原第三条）　网络用户、网络服务提供者未经许可，通过信息网络提供权利人享有信息网络传播权的作品、表演、录音录像制品，除法律、行政法规另有规定外，人民法院应当认定其构成侵害信息网络传播权行为。
通过上传到网络服务器、设置共享文件或者利用文件分享软件等方式，将作品、表演、录音录像制品置于信息网络中，使公众能够在个人选定的时间和地点以下载、浏览或者其他方式获得的，人民法院应当认定其实施了前款规定的提供行为。</td></tr>
<tr><td colspan="2">第四条（原第四条）　有证据证明网络服务提供者与他人以分工合作等方式共同提供作品、表演、录音录像制品，构成共同侵权行为的，人民法院应当判令其承担连带责任。网络服务提供者能够证明其仅提供自动接入、自动传输、信息存储空间、搜索、链接、文件分享技术等网络服务，主张其不构成共同侵权行为的，人民法院应予支持。</td></tr>
<tr><td colspan="2">第五条（原第五条）　网络服务提供者以提供网页快照、缩略图等方式实质替代其他网络服务提供者向公众提供相关作品的，人民法院应当认定其构成提供行为。
前款规定的提供行为不影响相关作品的正常使用，且未不合理损害权利人对该作品的合法权益，网络服务提供者主张其未侵害信息网络传播权的，人民法院应予支持。</td></tr>
<tr><td colspan="2">第六条（原第六条）　原告有初步证据证明网络服务提供者提供了相关作品、表演、录音录像制品，但网络服务提供者能够证明其仅提供网络服务，且无过错的，人民法院不应认定为构成侵权。</td></tr>
<tr><td colspan="2">第七条（原第七条）　网络服务提供者在提供网络服务时教唆或者帮助网络用户实施侵害信息网络传播权行为的，人民法院应当判令其承担侵权责任。
网络服务提供者以言语、推介技术支持、奖励积分等方式诱导、鼓励网络用户实施侵害信息网络传播权行为的，人民法院应当认定其构成教唆侵权行为。
网络服务提供者明知或者应知网络用户利用网络服务侵害信息网络传播权，未采取删除、屏蔽、断开链接等必要措施，或者提供技术支持等帮助行为的，人民法院应当认定其构成帮助侵权行为。</td></tr>
<tr><td colspan="2">第八条（原第八条）　人民法院应当根据网络服务提供者的过错，确定其是否承担教唆、帮助侵权责任。网络服务提供者的过错包括对于网络用户侵害信息网络传播权行为的明知或者应知。
网络服务提供者未对网络用户侵害信息网络传播权的行为主动进行审查的，人民法院不应据此认定其具有过错。
网络服务提供者能够证明已采取合理、有效的技术措施，仍难以发现网络用户侵害信息网络传播权行为的，人民法院应当认定其不具有过错。</td></tr>
</table>

<table>
<tr><th>新《侵害信息网络传播权案件纠纷规定》</th><th>原《侵害信息网络传播权案件纠纷规定》</th></tr>
<tr><td colspan="2">第九条（原第九条）　人民法院应当根据网络用户侵害信息网络传播权的具体事实是否明显，综合考虑以下因素，认定网络服务提供者是否构成应知：
（一）基于网络服务提供者提供服务的性质、方式及其引发侵权的可能性大小，应当具备的管理信息的能力；
（二）传播的作品、表演、录音录像制品的类型、知名度及侵权信息的明显程度；
（三）网络服务提供者是否主动对作品、表演、录音录像制品进行了选择、编辑、修改、推荐等；
（四）网络服务提供者是否积极采取了预防侵权的合理措施；
（五）网络服务提供者是否设置便捷程序接收侵权通知并及时对侵权通知作出合理的反应；
（六）网络服务提供者是否针对同一网络用户的重复侵权行为采取了相应的合理措施；
（七）其他相关因素。</td></tr>
<tr><td colspan="2">第十条（原第十条）　网络服务提供者在提供网络服务时，对热播影视作品等以设置榜单、目录、索引、描述性段落、内容简介等方式进行推荐，且公众可以在其网页上直接以下载、浏览或者其他方式获得的，人民法院可以认定其应知网络用户侵害信息网络传播权。</td></tr>
<tr><td colspan="2">第十一条（原第十一条）　网络服务提供者从网络用户提供的作品、表演、录音录像制品中直接获得经济利益的，人民法院应当认定其对该网络用户侵害信息网络传播权的行为负有较高的注意义务。
网络服务提供者针对特定作品、表演、录音录像制品投放广告获取收益，或者获取与其传播的作品、表演、录音录像制品存在其他特定联系的经济利益，应当认定为前款规定的直接获得经济利益。网络服务提供者因提供网络服务而收取一般性广告费、服务费等，不属于本款规定的情形。</td></tr>
<tr><td colspan="2">第十二条（原第十二条）　有下列情形之一的，人民法院可以根据案件具体情况，认定提供信息存储空间服务的网络服务提供者应知网络用户侵害信息网络传播权：
（一）将热播影视作品等置于首页或者其他主要页面等能够为网络服务提供者明显感知的位置的；
（二）对热播影视作品等的主题、内容主动进行选择、编辑、整理、推荐，或者为其设立专门的排行榜的；
（三）其他可以明显感知相关作品、表演、录音录像制品为未经许可提供，仍未采取合理措施的情形。</td></tr>
<tr><td>第十三条　网络服务提供者接到权利人以书信、传真、电子邮件等方式提交的通知及构成侵权的初步证据，未及时根据初步证据和服务类型采取必要措施的，人民法院应当认定其明知相关侵害信息网络传播权行为。</td><td>第十三条　网络服务提供者接到权利人以书信、传真、电子邮件等方式提交的通知，未及时采取~~删除、屏蔽、断开链接~~等必要措施的，人民法院应当认定其明知相关侵害信息网络传播权行为。</td></tr>
</table>

<table>
<tr><th>新《侵害信息网络传播权案件纠纷规定》</th><th>原《侵害信息网络传播权案件纠纷规定》</th></tr>
<tr><td>第十四条　人民法院认定网络服务提供者转送通知、采取必要措施是否及时，应当根据权利人提交通知的形式，通知的准确程度，采取措施的难易程度，网络服务的性质，所涉作品、表演、录音录像制品的类型、知名度、数量等因素综合判断。</td><td>第十四条　人民法院认定网络服务提供者采取~~的删除、屏蔽、断开链接等~~必要措施是否及时，应当根据权利人提交通知的形式，通知的准确程度，采取措施的难易程度，网络服务的性质，所涉作品、表演、录音录像制品的类型、知名度、数量等因素综合判断。</td></tr>
<tr><td colspan="2">第十五条（原第十五条）　侵害信息网络传播权民事纠纷案件由侵权行为地或者被告住所地人民法院管辖。侵权行为地包括实施被诉侵权行为的网络服务器、计算机终端等设备所在地。侵权行为地和被告住所地均难以确定或者在境外的，原告发现侵权内容的计算机终端等设备所在地可以视为侵权行为地。</td></tr>
<tr><td colspan="2">第十六条（原第十六条）　本规定施行之日起，《最高人民法院关于审理涉及计算机网络著作权纠纷案件适用法律若干问题的解释》（法释〔2006〕11号）同时废止。
本规定施行之后尚未终审的侵害信息网络传播权民事纠纷案件，适用本规定。本规定施行前已经终审，当事人申请再审或者按照审判监督程序决定再审的，不适用本规定。</td></tr>
</table>

《最高人民法院关于审理涉及计算机网络域名民事纠纷案件适用法律若干问题的解释》（法释〔2020〕19号修改）

<table>
<tr><th>新《计算机网络域名民事纠纷司法解释》</th><th>原《计算机网络域名民事纠纷司法解释》</th></tr>
<tr><td>为了正确审理涉及计算机网络域名注册、使用等行为的民事纠纷案件（以下简称域名纠纷案件），根据《中华人民共和国民法典》《中华人民共和国反不正当竞争法》和《中华人民共和国民事诉讼法》（以下简称民事诉讼法）等法律的规定，作如下解释：</td><td>为了正确审理涉及计算机网络域名注册、使用等行为的民事纠纷案件（以下简称域名纠纷案件），根据《中华人民共和国民法通则》（以下简称民法通则）、《中华人民共和国反不正当竞争法》~~（以下简称反不正当竞争法）~~和《中华人民共和国民事诉讼法》（以下简称民事诉讼法）等法律的规定，作如下解释：</td></tr>
<tr><td>第一条　对于涉及计算机网络域名注册、使用等行为的民事纠纷，当事人向人民法院提起诉讼，经审查符合民事诉讼法第一百一十九条规定的，人民法院应当受理。</td><td>第一条　对于涉及计算机网络域名注册、使用等行为的民事纠纷，当事人向人民法院提起诉讼，经审查符合民事诉讼法第一百零八条规定的，人民法院应当受理。</td></tr>
<tr><td colspan="2">第二条（原第二条）　涉及域名的侵权纠纷案件，由侵权行为地或者被告住所地的中级人民法院管辖。对难以确定侵权行为地和被告住所地的，原告发现该域名的计算机终端等设备所在地可以视为侵权行为地。</td></tr>
</table>

<table>
<tr><th>新《计算机网络域名民事纠纷司法解释》</th><th>原《计算机网络域名民事纠纷司法解释》</th></tr>
<tr><td colspan="2">涉外域名纠纷案件包括当事人一方或者双方是外国人、无国籍人、外国企业或组织、国际组织，或者域名注册地在外国的域名纠纷案件。在中华人民共和国领域内发生的涉外域名纠纷案件，依照民事诉讼法第四编的规定确定管辖。</td></tr>
<tr><td colspan="2">第三条（原第三条）　域名纠纷案件的案由，根据双方当事人争议的法律关系的性质确定，并在其前冠以计算机网络域名；争议的法律关系的性质难以确定的，可以通称为计算机网络域名纠纷案件。</td></tr>
<tr><td colspan="2">第四条（原第四条）　人民法院审理域名纠纷案件，对符合以下各项条件的，应当认定被告注册、使用域名等行为构成侵权或者不正当竞争：
（一）原告请求保护的民事权益合法有效；
（二）被告域名或其主要部分构成对原告驰名商标的复制、模仿、翻译或音译；或者与原告的注册商标、域名等相同或近似，足以造成相关公众的误认；
（三）被告对该域名或其主要部分不享有权益，也无注册、使用该域名的正当理由；
（四）被告对该域名的注册、使用具有恶意。</td></tr>
<tr><td colspan="2">第五条（原第五条）　被告的行为被证明具有下列情形之一的，人民法院应当认定其具有恶意：
（一）为商业目的将他人驰名商标注册为域名的；
（二）为商业目的注册、使用与原告的注册商标、域名等相同或近似的域名，故意造成与原告提供的产品、服务或者原告网站的混淆，误导网络用户访问其网站或其他在线站点的；
（三）曾要约高价出售、出租或者以其他方式转让该域名获取不正当利益的；
（四）注册域名后自己并不使用也未准备使用，而有意阻止权利人注册该域名的；
（五）具有其他恶意情形的。
被告举证证明在纠纷发生前其所持有的域名已经获得一定的知名度，且能与原告的注册商标、域名等相区别，或者具有其他情形足以证明其不具有恶意的，人民法院可以不认定被告具有恶意。</td></tr>
<tr><td colspan="2">第六条（原第六条）　人民法院审理域名纠纷案件，根据当事人的请求以及案件的具体情况，可以对涉及的注册商标是否驰名依法作出认定。</td></tr>
<tr><td colspan="2">删除条文
<del>第七条　人民法院在审理域名纠纷案件中，对符合本解释第四条规定的情形，依照有关法律规定构成侵权的，应当适用相应的法律规定；构成不正当竞争的，可以适用民法通则第四条、反不正当竞争法第二条第一款的规定。</del>
<del>涉外域名纠纷案件，依照民法通则第八章的有关规定处理。</del></td></tr>
<tr><td>第七条　人民法院认定域名注册、使用等行为构成侵权或者不正当竞争的，可以判令被告停止侵权、注销域名，或者依原告的请求判令由原告注册使用该域名；给</td><td>第八条　人民法院认定域名注册、使用等行为构成侵权或者不正当竞争的，可以判令被告停止侵权、注销域名，或者依原告的请求判令由原告注册使用该域名；给</td></tr>
</table>

新《计算机网络域名民事纠纷司法解释》	原《计算机网络域名民事纠纷司法解释》
权利人造成实际损害的，可以判令被告赔偿损失。侵权人故意侵权且情节严重，原告有权向人民法院请求惩罚性赔偿。	权利人造成实际损害的，可以判令被告赔偿损失。

《最高人民法院关于审理利用信息网络侵害人身权益民事纠纷案件适用法律若干问题的规定》（法释〔2020〕17号修改）

<table>
<tr><th>新《利用信息网络侵害
人身权益纠纷案件规定》</th><th>原《利用信息网络侵害
人身权益纠纷案件规定》</th></tr>
<tr><td>为正确审理利用信息网络侵害人身权益民事纠纷案件，根据《中华人民共和国民法典》《全国人民代表大会常务委员会关于加强网络信息保护的决定》《中华人民共和国民事诉讼法》等法律的规定，结合审判实践，制定本规定。</td><td>为正确审理利用信息网络侵害人身权益民事纠纷案件，根据《中华人民共和国民法通则》《中华人民共和国侵权责任法》《全国人民代表大会常务委员会关于加强网络信息保护的决定》《中华人民共和国民事诉讼法》等法律的规定，结合审判实践，制定本规定。</td></tr>
<tr><td colspan="2">第一条（原第一条）　本规定所称的利用信息网络侵害人身权益民事纠纷案件，是指利用信息网络侵害他人姓名权、名称权、名誉权、荣誉权、肖像权、隐私权等人身权益引起的纠纷案件。</td></tr>
<tr><td colspan="2">删除条文

~~第二条　利用信息网络侵害人身权益提起的诉讼，由侵权行为地或者被告住所地人民法院管辖。~~
~~侵权行为实施地包括实施被诉侵权行为的计算机等终端设备所在地，侵权结果发生地包括被侵权人住所地。~~</td></tr>
<tr><td>第二条　原告依据民法典第一千一百九十五条、第一千一百九十七条的规定起诉网络用户或者网络服务提供者的，人民法院应予受理。
原告仅起诉网络用户，网络用户请求追加涉嫌侵权的网络服务提供者为共同被告或者第三人的，人民法院应予准许。
原告仅起诉网络服务提供者，网络服务提供者请求追加可以确定的网络用户为共同被告或者第三人的，人民法院应予准许。</td><td>第三条　原告依据侵权责任法第三十六条第二款、第三款的规定起诉网络用户或者网络服务提供者的，人民法院应予受理。
原告仅起诉网络用户，网络用户请求追加涉嫌侵权的网络服务提供者为共同被告或者第三人的，人民法院应予准许。
原告仅起诉网络服务提供者，网络服务提供者请求追加可以确定的网络用户为共同被告或者第三人的，人民法院应予准许。</td></tr>
<tr><td colspan="2">第三条（原第四条）　原告起诉网络服务提供者，网络服务提供者以涉嫌侵权的信息系网络用户发布为由抗辩的，人民法院可以根据原告的请求及案件的具体情况，责令网络服务提供者向人民法院提供能够确定涉嫌侵权的网络用户的姓名（名称）、联系方式、网络地址等信息。</td></tr>
</table>

新《利用信息网络侵害人身权益纠纷案件规定》	原《利用信息网络侵害人身权益纠纷案件规定》
网络服务提供者无正当理由拒不提供的，人民法院可以依据民事诉讼法第一百一十四条的规定对网络服务提供者采取处罚等措施。 原告根据网络服务提供者提供的信息请求追加网络用户为被告的，人民法院应予准许。	
删除条文 ~~**第五条**　依据侵权责任法第三十六条第二款的规定，被侵权人以书面形式或者网络服务提供者公示的方式向网络服务提供者发出的通知，包含下列内容的，人民法院应当认定有效：~~ ~~（一）通知人的姓名（名称）和联系方式；~~ ~~（二）要求采取必要措施的网络地址或者足以准确定位侵权内容的相关信息；~~ ~~（三）通知人要求删除相关信息的理由。~~	
第四条　人民法院适用民法典第一千一百九十五条第二款的规定，认定网络服务提供者采取的删除、屏蔽、断开链接等必要措施是否及时，应当根据网络服务的类型和性质、有效通知的形式和准确程度、网络信息侵害权益的类型和程度等因素综合判断。	**第六条**　人民法院适用侵权责任法第三十六条第二款的规定，认定网络服务提供者采取的删除、屏蔽、断开链接等必要措施是否及时，应当根据网络服务的性质、有效通知的形式和准确程度，网络信息侵害权益的类型和程度等因素综合判断。
第五条　其发布的信息被采取删除、屏蔽、断开链接等措施的网络用户，主张网络服务提供者承担违约责任或者侵权责任，网络服务提供者以收到民法典第一千一百九十五条第一款规定的有效通知为由抗辩的，人民法院应予支持。	**第七条**　其发布的信息被采取删除、屏蔽、断开链接等措施的网络用户，主张网络服务提供者承担违约责任或者侵权责任，网络服务提供者以收到通知为由抗辩的，人民法院应予支持。
第六条　人民法院依据民法典第一千一百九十七条认定网络服务提供者是否“知道或者应当知道”，应当综合考虑下列因素： （一）网络服务提供者是否以人工或者自动方式对侵权网络信息以推荐、排名、选择、编辑、整理、修改等方式作出处理； （二）网络服务提供者应当具备的管理信息的能力，以及所提供服务的性质、方式及其引发侵权的可能性大小；	**第九条**　人民法院依据侵权责任法第三十六条第三款认定网络服务提供者是否“知道”，应当综合考虑下列因素： （一）网络服务提供者是否以人工或者自动方式对侵权网络信息以推荐、排名、选择、编辑、整理、修改等方式作出处理； （二）网络服务提供者应当具备的管理信息的能力，以及所提供服务的性质、方式及其引发侵权的可能性大小；

<table>
<tr><th>新《利用信息网络侵害
人身权益纠纷案件规定》</th><th>原《利用信息网络侵害
人身权益纠纷案件规定》</th></tr>
<tr><td>（三）该网络信息侵害人身权益的类型及明显程度；
（四）该网络信息的社会影响程度或者一定时间内的浏览量；
（五）网络服务提供者采取预防侵权措施的技术可能性及其是否采取了相应的合理措施；
（六）网络服务提供者是否针对同一网络用户的重复侵权行为或者同一侵权信息采取了相应的合理措施；
（七）与本案相关的其他因素。</td><td>（三）该网络信息侵害人身权益的类型及明显程度；
（四）该网络信息的社会影响程度或者一定时间内的浏览量；
（五）网络服务提供者采取预防侵权措施的技术可能性及其是否采取了相应的合理措施；
（六）网络服务提供者是否针对同一网络用户的重复侵权行为或者同一侵权信息采取了相应的合理措施；
（七）与本案相关的其他因素。</td></tr>
<tr><td colspan="2">第七条（原第十条）　人民法院认定网络用户或者网络服务提供者转载网络信息行为的过错及其程度，应当综合以下因素：
（一）转载主体所承担的与其性质、影响范围相适应的注意义务；
（二）所转载信息侵害他人人身权益的明显程度；
（三）对所转载信息是否作出实质性修改，是否添加或者修改文章标题，导致其与内容严重不符以及误导公众的可能性。</td></tr>
<tr><td colspan="2">第八条（原第十一条）　网络用户或者网络服务提供者采取诽谤、诋毁等手段，损害公众对经营主体的信赖，降低其产品或者服务的社会评价，经营主体请求网络用户或者网络服务提供者承担侵权责任的，人民法院应依法予以支持。</td></tr>
<tr><td colspan="2">删除条文

~~第十二条　网络用户或者网络服务提供者利用网络公开自然人基因信息、病历资料、健康检查资料、犯罪记录、家庭住址、私人活动等个人隐私和其他个人信息，造成他人损害，被侵权人请求其承担侵权责任的，人民法院应予支持。但下列情形除外：~~
~~（一）经自然人书面同意且在约定范围内公开；~~
~~（二）为促进社会公共利益且在必要范围内；~~
~~（三）学校、科研机构等基于公共利益为学术研究或者统计的目的，经自然人书面同意，且公开的方式不足以识别特定自然人；~~
~~（四）自然人自行在网络上公开的信息或者其他已合法公开的个人信息；~~
~~（五）以合法渠道获取的个人信息；~~
~~（六）法律或者行政法规另有规定。~~
~~网络用户或者网络服务提供者以违反社会公共利益、社会公德的方式公开前款第四项、第五项规定的个人信息，或者公开该信息侵害权利人值得保护的重大利益，权利人请求网络用户或者网络服务提供者承担侵权责任的，人民法院应予支持。~~
~~国家机关行使职权公开个人信息的，不适用本条规定。~~</td></tr>
</table>

<table>
<tr><th>新《利用信息网络侵害
人身权益纠纷案件规定》</th><th>原《利用信息网络侵害
人身权益纠纷案件规定》</th></tr>
<tr><td colspan="2">第九条（原第十三条）　网络用户或者网络服务提供者，根据国家机关依职权制作的文书和公开实施的职权行为等信息来源所发布的信息，有下列情形之一，侵害他人人身权益，被侵权人请求侵权人承担侵权责任的，人民法院应予支持：
（一）网络用户或者网络服务提供者发布的信息与前述信息来源内容不符；
（二）网络用户或者网络服务提供者以添加侮辱性内容、诽谤性信息、不当标题或者通过增删信息、调整结构、改变顺序等方式致人误解；
（三）前述信息来源已被公开更正，但网络用户拒绝更正或者网络服务提供者不予更正；
（四）前述信息来源已被公开更正，网络用户或者网络服务提供者仍然发布更正之前的信息。</td></tr>
<tr><td colspan="2">第十条（原第十四条）　被侵权人与构成侵权的网络用户或者网络服务提供者达成一方支付报酬，另一方提供删除、屏蔽、断开链接等服务的协议，人民法院应认定为无效。
擅自篡改、删除、屏蔽特定网络信息或者以断开链接的方式阻止他人获取网络信息，发布该信息的网络用户或者网络服务提供者请求侵权人承担侵权责任的，人民法院应予支持。接受他人委托实施该行为的，委托人与受托人承担连带责任。</td></tr>
<tr><td colspan="2">删除条文
~~第十五条　雇佣、组织、教唆或者帮助他人发布、转发网络信息侵害他人人身权益，被侵权人请求行为人承担连带责任的，人民法院应予支持。~~
~~第十六条　人民法院判决侵权人承担赔礼道歉、消除影响或者恢复名誉等责任形式的，应当与侵权的具体方式和所造成的影响范围相当。侵权人拒不履行的，人民法院可以采取在网络上发布公告或者公布裁判文书等合理的方式执行，由此产生的费用由侵权人承担。~~</td></tr>
<tr><td>第十一条　网络用户或者网络服务提供者侵害他人人身权益，造成财产损失或者严重精神损害，被侵权人依据民法典第一千一百八十二条和第一千一百八十三条的规定，请求其承担赔偿责任的，人民法院应予支持。</td><td>第十七条　网络用户或者网络服务提供者侵害他人人身权益，造成财产损失或者严重精神损害，被侵权人依据侵权责任法第二十条和第二十二条的规定请求其承担赔偿责任的，人民法院应予支持。</td></tr>
<tr><td>第十二条　被侵权人为制止侵权行为所支付的合理开支，可以认定为民法典第一千一百八十二条规定的财产损失。合理开支包括被侵权人或者委托代理人对侵权行为进行调查、取证的合理费用。人民法院根据当事人的请求和具体案情，可以将符合国家有关部门规定的律师费用计算在赔偿范围内。</td><td>第十八条　被侵权人为制止侵权行为所支付的合理开支，可以认定为侵权责任法第二十条规定的财产损失。合理开支包括被侵权人或者委托代理人对侵权行为进行调查、取证的合理费用。人民法院根据当事人的请求和具体案情，可以将符合国家有关部门规定的律师费用计算在赔偿范围内。</td></tr>
</table>

<table>
<tr><th>新《利用信息网络侵害
人身权益纠纷案件规定》</th><th>原《利用信息网络侵害
人身权益纠纷案件规定》</th></tr>
<tr><td>被侵权人因人身权益受侵害造成的财产损失以及侵权人因此获得的利益难以确定的，人民法院可以根据具体案情在50万元以下的范围内确定赔偿数额。</td><td>被侵权人因人身权益受侵害造成的财产损失或者侵权人因此获得的利益无法确定的，人民法院可以根据具体案情在50万元以下的范围内确定赔偿数额。
~~精神损害的赔偿数额，依据《最高人民法院关于确定民事侵权精神损害赔偿责任若干问题的解释》第十条的规定予以确定。~~</td></tr>
<tr><td colspan="2">第十三条（原第十九条）　本规定施行后人民法院正在审理的一审、二审案件适用本规定。
本规定施行前已经终审，本规定施行后当事人申请再审或者按照审判监督程序决定再审的案件，不适用本规定。</td></tr>
</table>

《最高人民法院关于涉网络知识产权侵权纠纷几个法律适用问题的批复》

一、知识产权权利人主张其权利受到侵害并提出保全申请，要求网络服务提供者、电子商务平台经营者迅速采取删除、屏蔽、断开链接等下架措施的，人民法院应当依法审查并作出裁定。

二、网络服务提供者、电子商务平台经营者收到知识产权权利人依法发出的通知后，应当及时将权利人的通知转送相关网络用户、平台内经营者，并根据构成侵权的初步证据和服务类型采取必要措施；未依法采取必要措施，权利人主张网络服务提供者、电子商务平台经营者对损害的扩大部分与网络用户、平台内经营者承担连带责任的，人民法院可以依法予以支持。

三、在依法转送的不存在侵权行为的声明到达知识产权权利人后的合理期限内，网络服务提供者、电子商务平台经营者未收到权利人已经投诉或者提起诉讼通知的，应当及时终止所采取的删除、屏蔽、断开链接等下架措施。因办理公证、认证手续等权利人无法控制的特殊情况导致的延迟，不计入上述期限，但该期限最长不超过20个工作日。

四、因恶意提交声明导致电子商务平台经营者终止必要措施并造成知识产权权利人损害，权利人依照有关法律规定请求相应惩罚性赔偿的，人民法院可以依法予以支持。

五、知识产权权利人发出的通知内容与客观事实不符，但其在诉讼中主张该通知系善意提交并请求免责，且能够举证证明的，人民法院依法审查属实后应当予以支持。

六、本批复作出时尚未终审的案件，适用本批复；本批复作出时已经终审，当事人申请再审或者按照审判监督程序决定再审的案件，不适用本批复。

第一千一百九十五条　【“通知与取下”制度：被侵权人对网络服务提供者的必要措施请求权；网络服务提供者未采取必要措施的侵权责任；错误通知造成损害的侵权责任】网络用户利用网络服务实施侵权行为的，权利人有权通知网络服务提供者采取删除、屏蔽、断开链接等必要措施。通知应当包括构成侵权的初步证据及权利人的真实身份信息。

网络服务提供者接到通知后，应当及时将该通知转送相关网络用户，并根据构成侵权的初步证据和服务类型采取必要措施；未及时采取必要措施的，对损害的扩大部分与该网络用户承担连带责任。

权利人因错误通知造成网络用户或者网络服务提供者损害的，应当承担侵权责任。法律另有规定的，依照其规定。

关联法规参见

▶**法律**：《电子商务法》第42条。

司法解释适用

《最高人民法院关于涉网络知识产权侵权纠纷几个法律适用问题的批复》

一、知识产权权利人主张其权利受到侵害并提出保全申请，要求网络服务提供者、电子商务平台经营者迅速采取删除、屏蔽、断开链接等下架措施的，人民法院应当依法审查并作出裁定。

二、网络服务提供者、电子商务平台经营者收到知识产权权利人依法发出的通知后，应当及时将权利人的通知转送相关网络用户、平台内经营者，并根据构成侵权的初步证据和服务类型采取必要措施；未依法采取必要措施，权利人主张网络服务提供者、电子商务平台经营者对损害的扩大部分与网络用户、平台内经营者承担连带责任的，人民法院可以依法予以支持。

三、在依法转送的不存在侵权行为的声明到达知识产权权利人后的合理期限内，网络服务提供者、电子商务平台经营者未收到权利人已经投诉或者提起诉讼通知的，应当及时终止所采取的删除、屏蔽、断开链接等下架措施。因办理公证、认证手续等权利人无法控制的特殊情况导致的延迟，不计入上述期限，但该期限最长不超过20个工作日。

四、因恶意提交声明导致电子商务平台经营者终止必要措施并造成知识产权权利人损害，权利人依照有关法律规定请求相应惩罚性赔偿的，人民法院可以依法予以支持。

五、知识产权权利人发出的通知内容与客观事实不符，但其在诉讼中主张该通知系善意提交并请求免责，且能够举证证明的，人民法院依法审查属实后应当予以支持。

六、本批复作出时尚未终审的案件，适用本批复；本批复作出时已经终审，当事人申请再审或者按照审判监督程序决定再审的案件，不适用本批复。

权威案例指引

▶指导性案例

威海嘉易烤生活家电有限公司诉永康市金仕德工贸有限公司、浙江天猫网络有限公司侵害发明专利权纠纷案，指导案例83号（2017年3月6日）

裁判要点：1. 网络用户利用网络服务实施侵权行为，被侵权人依据侵权责任法向网络服务提供者所发出的要求其采取必要措施的通知，包含被侵权人身份情况、权属凭证、侵权人网络地址、侵权事实初步证据等内容的，即属有效通知。网络服务提供者自行设定的投诉规则，不得影响权利人依法维护其自身合法权利。

2. 侵权责任法第三十六条第二款所规定的网络服务提供者接到通知后所应采取的必要措施包括但并不限于删除、屏蔽、断开链接。“必要措施”应遵循审慎、合理的原则，根据所侵害权利的性质、侵权的具体情形和技术条件等来加以综合确定。

▶典型案例

《蔡继明与百度公司侵害名誉权、肖像权、姓名权、隐私权纠纷案——不宜仅以侵权信息的出现即认定网络服务提供者知道侵权事实的存在》，《最高人民法院公布8起利用信息网络侵害人身权益典型案例之二》（2014年10月10日）

典型意义：本案涉及网络服务提供者的责任边界问题，在三个方面具有参考意义：一是通知人通知的方式及效果与网络服务提供者公示的方式存在关系，只要通知人满足了网络服务提供者公示的通知方式，网络服务提供者就应当采取必要措施。二审法院认定原告委托的代理人投诉至原告律师函送达之间这一段期间的责任由百度公司承担，即以此为前提。二是判断网络服务提供者是否知道网络用户网络服务侵害他人权益，不能仅以其提供的服务中出现了侵权事实就当然推定其应当“知道”。三是要注意把握对公众人物的监督、表达自由与侵权之间的界限，实现两者之间的平衡，一、二审法院对删除“蔡继明吧”的诉讼请求不予支持，利益衡量妥当。

《闫某与北京新浪互联信息服务有限公司、北京百度网讯科技有限公司侵犯名誉权、隐私权纠纷案——原告有权通过诉讼方式要求网络服务提供者提供侵权人的相关个人信息》，《最高人民法院公布8起利用信息网络侵害人身权益典型案例之七》（2014年10月10日）

典型意义：网络侵权案件的一大特点就是网络的匿名性，如何确定侵权人的个人身份，常常成为阻碍原告维护自身权利的障碍。但是，另一方面，互联网公司又负有法定的对网络用户的保密义务，如何处理两者之间的关系？通过诉讼的方式，由人民法院对原告请求网络服务提供者提供网络用户个人信息的要求进行审查后并作出判断，能够较好地实现两者的平衡。

第一千一百九十六条　【“反通知”制度：网络用户提交不存在侵权行为的声明；网络服务提供者终止已采取措施的条件】网络用户接到转送的通知后，可以向网络服务提供者提交不存在侵权行为的声明。声明应当包括不存在侵权行为的初步证据及网络用户的真实身份信息。

网络服务提供者接到声明后，应当将该声明转送发出通知的权利人，并告知其可以向有关部门投诉或者向人民法院提起诉讼。网络服务提供者在转送声明到达权利人后的合理期限内，未收到权利人已经投诉或者提起诉讼通知的，应当及时终止所采取的措施。

关联法规参见

▶**法律**：《电子商务法》第43条、第44条，《网络安全法》第24条、第61条。

▶**行政法规**：《全国人民代表大会常务委员会关于加强网络信息保护的决定》第6条。

司法解释适用

《最高人民法院关于涉网络知识产权侵权纠纷几个法律适用问题的批复》

一、知识产权权利人主张其权利受到侵害并提出保全申请，要求网络服务提供者、电子商务平台经营者迅速采取删除、屏蔽、断开链接等下架措施的，人民法院应当依法审查并作出裁定。

二、网络服务提供者、电子商务平台经营者收到知识产权权利人依法发出的通知后，应当及时将权利人的通知转送相关网络用户、平台内经营者，并根据构成侵权的初步证据和服务类型采取必要措施；未依法采取必要措施，权利人主张网络服务提供者、电子商务平台经营者对损害的扩大部分与网络用户、平台内经营者承担连带责任的，人民法院可以依法予以支持。

三、在依法转送的不存在侵权行为的声明到达知识产权权利人后的合理期限内，网络服务提供者、电子商务平台经营者未收到权利人已经投诉或者提起诉讼通知的，应当及时终止所采取的删除、屏蔽、断开链接等下架措施。因办理公证、认证手续等权利人无法控制的特殊情况导致的延迟，不计入上述期限，但该期限最长不超过20个工作日。

四、因恶意提交声明导致电子商务平台经营者终止必要措施并造成知识产权权利人损害，权利人依照有关法律规定请求相应惩罚性赔偿的，人民法院可以依法予以支持。

五、知识产权权利人发出的通知内容与客观事实不符，但其在诉讼中主张该通知系善意提交并请求免责，且能够举证证明的，人民法院依法审查属实后应当予以支持。

六、本批复作出时尚未终审的案件，适用本批复；本批复作出时已经终审，当事人申请再审或者按照审判监督程序决定再审的案件，不适用本批复。

第一千一百九十七条　【网络服务提供者与网络用户的连带责任】网络服务提供者知道或者应当知道网络用户利用其网络服务侵害他人民事权益，未采取必要措施的，与该网络用户承担连带责任。

关联法规参见

▶法律：《电子商务法》第45条。

▶行政法规：《全国人民代表大会常务委员会关于维护互联网安全的决定》第6条。

司法解释适用

《最高人民法院关于审理侵害信息网络传播权民事纠纷案件适用法律若干问题的规定》（法释〔2020〕19号修改）

新《侵害信息网络传播权民事纠纷案件规定》	原《侵害信息网络传播权民事纠纷案件规定》
为正确审理侵害信息网络传播权民事纠纷案件，依法保护信息网络传播权，促进信息网络产业健康发展，维护公共利益，根据《中华人民共和国民法典》《中华人民共和国著作权法》《中华人民共和国民事诉讼法》等有关法律规定，结合审判实际，制定本规定。	为正确审理侵害信息网络传播权民事纠纷案件，依法保护信息网络传播权，促进信息网络产业健康发展，维护公共利益，根据《中华人民共和国民法通则》《中华人民共和国侵权责任法》《中华人民共和国著作权法》《中华人民共和国民事诉讼法》等有关法律规定，结合审判实际，制定本规定。
第一条（原第一条） 人民法院审理侵害信息网络传播权民事纠纷案件，在依法行使裁量权时，应当兼顾权利人、网络服务提供者和社会公众的利益。	
第二条（原第二条） 本规定所称信息网络，包括以计算机、电视机、固定电话机、移动电话机等电子设备为终端的计算机互联网、广播电视网、固定通信网、移动通信网等信息网络，以及向公众开放的局域网络。	
第三条（原第三条） 网络用户、网络服务提供者未经许可，通过信息网络提供权利人享有信息网络传播权的作品、表演、录音录像制品，除法律、行政法规另有规定外，人民法院应当认定其构成侵害信息网络传播权行为。 通过上传到网络服务器、设置共享文件或者利用文件分享软件等方式，将作品、表演、录音录像制品置于信息网络中，使公众能够在个人选定的时间和地点以下载、浏览或者其他方式获得的，人民法院应当认定其实施了前款规定的提供行为。	
第四条（原第四条） 有证据证明网络服务提供者与他人以分工合作等方式共同提供作品、表演、录音录像制品，构成共同侵权行为的，人民法院应当判令其承担连带责任。网络服务提供者能够证明其仅提供自动接入、自动传输、信息存储空间、搜索、链接、文件分享技术等网络服务，主张其不构成共同侵权行为的，人民法院应予支持。	
第五条（原第五条） 网络服务提供者以提供网页快照、缩略图等方式实质替代其他网络服务提供者向公众提供相关作品的，人民法院应当认定其构成提供行为。 前款规定的提供行为不影响相关作品的正常使用，且未不合理损害权利人对该作品的合法权益，网络服务提供者主张其未侵害信息网络传播权的，人民法院应予支持。	
第六条（原第六条） 原告有初步证据证明网络服务提供者提供了相关作品、表演、录音录像制品，但网络服务提供者能够证明其仅提供网络服务，且无过错的，人民法院不应认定为构成侵权。	

<table>
<tr><th>新《侵害信息网络传播权民事纠纷案件规定》</th><th>原《侵害信息网络传播权民事纠纷案件规定》</th></tr>
<tr><td colspan="2">第七条（原第七条）　网络服务提供者在提供网络服务时教唆或者帮助网络用户实施侵害信息网络传播权行为的，人民法院应当判令其承担侵权责任。
网络服务提供者以言语、推介技术支持、奖励积分等方式诱导、鼓励网络用户实施侵害信息网络传播权行为的，人民法院应当认定其构成教唆侵权行为。
网络服务提供者明知或者应知网络用户利用网络服务侵害信息网络传播权，未采取删除、屏蔽、断开链接等必要措施，或者提供技术支持等帮助行为的，人民法院应当认定其构成帮助侵权行为。</td></tr>
<tr><td colspan="2">第八条（原第八条）　人民法院应当根据网络服务提供者的过错，确定其是否承担教唆、帮助侵权责任。网络服务提供者的过错包括对于网络用户侵害信息网络传播权行为的明知或者应知。
网络服务提供者未对网络用户侵害信息网络传播权的行为主动进行审查的，人民法院不应据此认定其具有过错。
网络服务提供者能够证明已采取合理、有效的技术措施，仍难以发现网络用户侵害信息网络传播权行为的，人民法院应当认定其不具有过错。</td></tr>
<tr><td colspan="2">第九条（原第九条）　人民法院应当根据网络用户侵害信息网络传播权的具体事实是否明显，综合考虑以下因素，认定网络服务提供者是否构成应知：
（一）基于网络服务提供者提供服务的性质、方式及其引发侵权的可能性大小，应当具备的管理信息的能力；
（二）传播的作品、表演、录音录像制品的类型、知名度及侵权信息的明显程度；
（三）网络服务提供者是否主动对作品、表演、录音录像制品进行了选择、编辑、修改、推荐等；
（四）网络服务提供者是否积极采取了预防侵权的合理措施；
（五）网络服务提供者是否设置便捷程序接收侵权通知并及时对侵权通知作出合理的反应；
（六）网络服务提供者是否针对同一网络用户的重复侵权行为采取了相应的合理措施；
（七）其他相关因素。</td></tr>
<tr><td colspan="2">第十条（原第十条）　网络服务提供者在提供网络服务时，对热播影视作品等以设置榜单、目录、索引、描述性段落、内容简介等方式进行推荐，且公众可以在其网页上直接以下载、浏览或者其他方式获得的，人民法院可以认定其应知网络用户侵害信息网络传播权。</td></tr>
<tr><td colspan="2">第十一条（原第十一条）　网络服务提供者从网络用户提供的作品、表演、录音录像制品中直接获得经济利益的，人民法院应当认定其对该网络用户侵害信息网络传播权的行为负有较高的注意义务。
网络服务提供者针对特定作品、表演、录音录像制品投放广告获取收益，或者获取与其传播的作品、表演、录音录像制品存在其他特定联系的经济利益，应当认定为前款规定的直接获得经济利益。网络服务提供者因提供网络服务而收取一般性广告费、服务费等，不属于本款规定的情形。</td></tr>
</table>

<table>
<tr><th>新《侵害信息网络传播权民事纠纷案件规定》</th><th>原《侵害信息网络传播权民事纠纷案件规定》</th></tr>
<tr><td colspan="2">第十二条（原第十二条）　有下列情形之一的，人民法院可以根据案件具体情况，认定提供信息存储空间服务的网络服务提供者应知网络用户侵害信息网络传播权：
（一）将热播影视作品等置于首页或者其他主要页面等能够为网络服务提供者明显感知的位置的；
（二）对热播影视作品等的主题、内容主动进行选择、编辑、整理、推荐，或者为其设立专门的排行榜的；
（三）其他可以明显感知相关作品、表演、录音录像制品为未经许可提供，仍未采取合理措施的情形。</td></tr>
<tr><td>第十三条　网络服务提供者接到权利人以书信、传真、电子邮件等方式提交的通知及构成侵权的初步证据，未及时根据初步证据和服务类型采取必要措施的，人民法院应当认定其明知相关侵害信息网络传播权行为。</td><td>第十三条　网络服务提供者接到权利人以书信、传真、电子邮件等方式提交的通知，未及时采取删除、屏蔽、断开链接等必要措施的，人民法院应当认定其明知相关侵害信息网络传播权行为。</td></tr>
<tr><td>第十四条　人民法院认定网络服务提供者转送通知、采取必要措施是否及时，应当根据权利人提交通知的形式，通知的准确程度，采取措施的难易程度，网络服务的性质，所涉作品、表演、录音录像制品的类型、知名度、数量等因素综合判断。</td><td>第十四条　人民法院认定网络服务提供者采取~~的删除、屏蔽、断开链接等~~必要措施是否及时，应当根据权利人提交通知的形式，通知的准确程度，采取措施的难易程度，网络服务的性质，所涉作品、表演、录音录像制品的类型、知名度、数量等因素综合判断。</td></tr>
<tr><td colspan="2">第十五条（原第十五条）　侵害信息网络传播权民事纠纷案件由侵权行为地或者被告住所地人民法院管辖。侵权行为地包括实施被诉侵权行为的网络服务器、计算机终端等设备所在地。侵权行为地和被告住所地均难以确定或者在境外的，原告发现侵权内容的计算机终端等设备所在地可以视为侵权行为地。</td></tr>
<tr><td colspan="2">第十六条（原第十六条）　本规定施行之日起，《最高人民法院关于审理涉及计算机网络著作权纠纷案件适用法律若干问题的解释》（法释〔2006〕11号）同时废止。
本规定施行之后尚未终审的侵害信息网络传播权民事纠纷案件，适用本规定。本规定施行前已经终审，当事人申请再审或者按照审判监督程序决定再审的，不适用本规定。</td></tr>
</table>

《最高人民法院关于审理涉及计算机网络域名民事纠纷案件适用法律若干问题的解释》（法释〔2020〕19号修改）

新《计算机网络域名民事纠纷司法解释》	原《计算机网络域名民事纠纷司法解释》
为了正确审理涉及计算机网络域名注册、使用等行为的民事纠纷案件（以下简称域名纠纷案件），根据《中华人民共和国	为了正确审理涉及计算机网络域名注册、使用等行为的民事纠纷案件（以下简称域名纠纷案件），根据《中华人民共和国

<table>
<tr><th>新《计算机网络域名民事纠纷司法解释》</th><th>原《计算机网络域名民事纠纷司法解释》</th></tr>
<tr><td>民法典》《中华人民共和国反不正当竞争法》和《中华人民共和国民事诉讼法》（以下简称民事诉讼法）等法律的规定，作如下解释：</td><td>民法通则》~~（以下简称民法通则）、~~《中华人民共和国反不正当竞争法》~~（以下简称反不正当竞争法）~~和《中华人民共和国民事诉讼法》（以下简称民事诉讼法）等法律的规定，作如下解释：</td></tr>
<tr><td>第一条　对于涉及计算机网络域名注册、使用等行为的民事纠纷，当事人向人民法院提起诉讼，经审查符合民事诉讼法第一百一十九条规定的，人民法院应当受理。</td><td>第一条　对于涉及计算机网络域名注册、使用等行为的民事纠纷，当事人向人民法院提起诉讼，经审查符合民事诉讼法第一百零八条规定的，人民法院应当受理。</td></tr>
<tr><td colspan="2">第二条（原第二条）　涉及域名的侵权纠纷案件，由侵权行为地或者被告住所地的中级人民法院管辖。对难以确定侵权行为地和被告住所地的，原告发现该域名的计算机终端等设备所在地可以视为侵权行为地。
涉外域名纠纷案件包括当事人一方或者双方是外国人、无国籍人、外国企业或组织、国际组织，或者域名注册地在外国的域名纠纷案件。在中华人民共和国领域内发生的涉外域名纠纷案件，依照民事诉讼法第四编的规定确定管辖。</td></tr>
<tr><td colspan="2">第三条（原第三条）　域名纠纷案件的案由，根据双方当事人争议的法律关系的性质确定，并在其前冠以计算机网络域名；争议的法律关系的性质难以确定的，可以通称为计算机网络域名纠纷案件。</td></tr>
<tr><td colspan="2">第四条（原第四条）　人民法院审理域名纠纷案件，对符合以下各项条件的，应当认定被告注册、使用域名等行为构成侵权或者不正当竞争：
（一）原告请求保护的民事权益合法有效；
（二）被告域名或其主要部分构成对原告驰名商标的复制、模仿、翻译或音译；或者与原告的注册商标、域名等相同或近似，足以造成相关公众的误认；
（三）被告对该域名或其主要部分不享有权益，也无注册、使用该域名的正当理由；
（四）被告对该域名的注册、使用具有恶意。</td></tr>
<tr><td colspan="2">第五条（原第五条）　被告的行为被证明具有下列情形之一的，人民法院应当认定其具有恶意：
（一）为商业目的将他人驰名商标注册为域名的；
（二）为商业目的注册、使用与原告的注册商标、域名等相同或近似的域名，故意造成与原告提供的产品、服务或者原告网站的混淆，误导网络用户访问其网站或其他在线站点的；
（三）曾要约高价出售、出租或者以其他方式转让该域名获取不正当利益的；
（四）注册域名后自己并不使用也未准备使用，而有意阻止权利人注册该域名的；
（五）具有其他恶意情形的。
被告举证证明在纠纷发生前其所持有的域名已经获得一定的知名度，且能与原告的注册商标、域名等相区别，或者具有其他情形足以证明其不具有恶意的，人民法院可以不认定被告具有恶意。</td></tr>
</table>

<table>
<tr><th>新《计算机网络域名民事纠纷司法解释》</th><th>原《计算机网络域名民事纠纷司法解释》</th></tr>
<tr><td colspan="2">第六条（原第六条）　人民法院审理域名纠纷案件，根据当事人的请求以及案件的具体情况，可以对涉及的注册商标是否驰名依法作出认定。</td></tr>
<tr><td colspan="2">删除条文

~~第七条　人民法院在审理域名纠纷案件中，对符合本解释第四条规定的情形，依照有关法律规定构成侵权的，应当适用相应的法律规定；构成不正当竞争的，可以适用民法通则第四条、反不正当竞争法第二条第一款的规定。~~
~~涉外域名纠纷案件，依照民法通则第八章的有关规定处理。~~</td></tr>
<tr><td>第七条　人民法院认定域名注册、使用等行为构成侵权或者不正当竞争的，可以判令被告停止侵权、注销域名，或者依原告的请求判令由原告注册使用该域名；给权利人造成实际损害的，可以判令被告赔偿损失。
侵权人故意侵权且情节严重，原告有权向人民法院请求惩罚性赔偿。</td><td>第八条　人民法院认定域名注册、使用等行为构成侵权或者不正当竞争的，可以判令被告停止侵权、注销域名，或者依原告的请求判令由原告注册使用该域名；给权利人造成实际损害的，可以判令被告赔偿损失。</td></tr>
</table>

《最高人民法院关于审理利用信息网络侵害人身权益民事纠纷案件适用法律若干问题的规定》（法释〔2020〕17号修改）

<table>
<tr><th>新《利用信息网络侵害人身
权益纠纷案件规定》</th><th>原《利用信息网络侵害人身
权益纠纷案件规定》</th></tr>
<tr><td>为正确审理利用信息网络侵害人身权益民事纠纷案件，根据《中华人民共和国民法典》《全国人民代表大会常务委员会关于加强网络信息保护的决定》《中华人民共和国民事诉讼法》等法律的规定，结合审判实践，制定本规定。</td><td>为正确审理利用信息网络侵害人身权益民事纠纷案件，根据《中华人民共和国民法通则》《中华人民共和国侵权责任法》《全国人民代表大会常务委员会关于加强网络信息保护的决定》《中华人民共和国民事诉讼法》等法律的规定，结合审判实践，制定本规定。</td></tr>
<tr><td colspan="2">第一条（原第一条）　本规定所称的利用信息网络侵害人身权益民事纠纷案件，是指利用信息网络侵害他人姓名权、名称权、名誉权、荣誉权、肖像权、隐私权等人身权益引起的纠纷案件。</td></tr>
<tr><td colspan="2">删除条文

~~第二条　利用信息网络侵害人身权益提起的诉讼，由侵权行为地或者被告住所地人民法院管辖。~~
~~侵权行为实施地包括实施被诉侵权行为的计算机等终端设备所在地，侵权结果发生地包括被侵权人住所地。~~</td></tr>
</table>

<table>
<tr><th>新《利用信息网络侵害人身权益纠纷案件规定》</th><th>原《利用信息网络侵害人身权益纠纷案件规定》</th></tr>
<tr><td>第二条 原告依据民法典第一千一百九十五条、第一千一百九十七条的规定起诉网络用户或者网络服务提供者的，人民法院应予受理。
原告仅起诉网络用户，网络用户请求追加涉嫌侵权的网络服务提供者为共同被告或者第三人的，人民法院应予准许。
原告仅起诉网络服务提供者，网络服务提供者请求追加可以确定的网络用户为共同被告或者第三人的，人民法院应予准许。</td><td>第三条 原告依据侵权责任法第三十六条第二款、第三款的规定起诉网络用户或者网络服务提供者的，人民法院应予受理。
原告仅起诉网络用户，网络用户请求追加涉嫌侵权的网络服务提供者为共同被告或者第三人的，人民法院应予准许。
原告仅起诉网络服务提供者，网络服务提供者请求追加可以确定的网络用户为共同被告或者第三人的，人民法院应予准许。</td></tr>
<tr><td colspan="2">第三条（原第四条） 原告起诉网络服务提供者，网络服务提供者以涉嫌侵权的信息系网络用户发布为由抗辩的，人民法院可以根据原告的请求及案件的具体情况，责令网络服务提供者向人民法院提供能够确定涉嫌侵权的网络用户的姓名（名称）、联系方式、网络地址等信息。
网络服务提供者无正当理由拒不提供的，人民法院可以依据民事诉讼法第一百一十四条的规定对网络服务提供者采取处罚等措施。
原告根据网络服务提供者提供的信息请求追加网络用户为被告的，人民法院应予准许。</td></tr>
<tr><td colspan="2">删除条文
~~第五条 依据侵权责任法第三十六条第二款的规定，被侵权人以书面形式或者网络服务提供者公示的方式向网络服务提供者发出的通知，包含下列内容的，人民法院应当认定有效：~~
~~（一）通知人的姓名（名称）和联系方式；~~
~~（二）要求采取必要措施的网络地址或者足以准确定位侵权内容的相关信息；~~
~~（三）通知人要求删除相关信息的理由。~~
~~被侵权人发送的通知未满足上述条件，网络服务提供者主张免除责任的，人民法院应予支持。~~</td></tr>
<tr><td>第四条 人民法院适用民法典第一千一百九十五条第二款的规定，认定网络服务提供者采取的删除、屏蔽、断开链接等必要措施是否及时，应当根据网络服务的类型和性质、有效通知的形式和准确程度、网络信息侵害权益的类型和程度等因素综合判断。</td><td>第六条 人民法院适用侵权责任法第三十六条第二款的规定，认定网络服务提供者采取的删除、屏蔽、断开链接等必要措施是否及时，应当根据网络服务的性质、有效通知的形式和准确程度，网络信息侵害权益的类型和程度等因素综合判断。</td></tr>
</table>

<table>
<tr><th>新《利用信息网络侵害人身权益纠纷案件规定》</th><th>原《利用信息网络侵害人身权益纠纷案件规定》</th></tr>
<tr><td>第五条　其发布的信息被采取删除、屏蔽、断开链接等措施的网络用户，主张网络服务提供者承担违约责任或者侵权责任，网络服务提供者以收到民法典第一千一百九十五条第一款规定的有效通知为由抗辩的，人民法院应予支持。</td><td>第七条　其发布的信息被采取删除、屏蔽、断开链接等措施的网络用户，主张网络服务提供者承担违约责任或者侵权责任，网络服务提供者以收到通知为由抗辩的，人民法院应予支持。
~~被采取删除、屏蔽、断开链接等措施的网络用户，请求网络服务提供者提供通知内容的，人民法院应予支持。~~</td></tr>
<tr><td colspan="2">删除条文
~~第八条　因通知人的通知导致网络服务提供者错误采取删除、屏蔽、断开链接等措施，被采取措施的网络用户请求通知人承担侵权责任的，人民法院应予支持。~~
~~被错误采取措施的网络用户请求网络服务提供者采取相应恢复措施的，人民法院应予支持，但受技术条件限制无法恢复的除外。~~</td></tr>
<tr><td>第六条　人民法院依据民法典第一千一百九十七条认定网络服务提供者是否“知道或者应当知道”，应当综合考虑下列因素：
（一）网络服务提供者是否以人工或者自动方式对侵权网络信息以推荐、排名、选择、编辑、整理、修改等方式作出处理；
（二）网络服务提供者应当具备的管理信息的能力，以及所提供服务的性质、方式及其引发侵权的可能性大小；
（三）该网络信息侵害人身权益的类型及明显程度；
（四）该网络信息的社会影响程度或者一定时间内的浏览量；
（五）网络服务提供者采取预防侵权措施的技术可能性及其是否采取了相应的合理措施；
（六）网络服务提供者是否针对同一网络用户的重复侵权行为或者同一侵权信息采取了相应的合理措施；
（七）与本案相关的其他因素。</td><td>第九条　人民法院依据侵权责任法第三十六条第三款认定网络服务提供者是否“知道”，应当综合考虑下列因素：
（一）网络服务提供者是否以人工或者自动方式对侵权网络信息以推荐、排名、选择、编辑、整理、修改等方式作出处理；
（二）网络服务提供者应当具备的管理信息的能力，以及所提供服务的性质、方式及其引发侵权的可能性大小；
（三）该网络信息侵害人身权益的类型及明显程度；
（四）该网络信息的社会影响程度或者一定时间内的浏览量；
（五）网络服务提供者采取预防侵权措施的技术可能性及其是否采取了相应的合理措施；
（六）网络服务提供者是否针对同一网络用户的重复侵权行为或者同一侵权信息采取了相应的合理措施；
（七）与本案相关的其他因素。</td></tr>
<tr><td colspan="2">第七条（原第十条）　人民法院认定网络用户或者网络服务提供者转载网络信息行为的过错及其程度，应当综合以下因素：
（一）转载主体所承担的与其性质、影响范围相适应的注意义务；</td></tr>
</table>

<table>
<tr><th>新《利用信息网络侵害人身
权益纠纷案件规定》</th><th>原《利用信息网络侵害人身
权益纠纷案件规定》</th></tr>
<tr><td colspan="2">（二）所转载信息侵害他人人身权益的明显程度；
（三）对所转载信息是否作出实质性修改，是否添加或者修改文章标题，导致其与内容严重不符以及误导公众的可能性。</td></tr>
<tr><td colspan="2">第八条（原第十一条）　网络用户或者网络服务提供者采取诽谤、诋毁等手段，损害公众对经营主体的信赖，降低其产品或者服务的社会评价，经营主体请求网络用户或者网络服务提供者承担侵权责任的，人民法院应依法予以支持。</td></tr>
<tr><td colspan="2">删除条文
~~第十二条　网络用户或者网络服务提供者利用网络公开自然人基因信息、病历资料、健康检查资料、犯罪记录、家庭住址、私人活动等个人隐私和其他个人信息，造成他人损害，被侵权人请求其承担侵权责任的，人民法院应予支持。但下列情形除外：~~
~~（一）经自然人书面同意且在约定范围内公开；~~
~~（二）为促进社会公共利益且在必要范围内；~~
~~（三）学校、科研机构等基于公共利益为学术研究或者统计的目的，经自然人书面同意，且公开的方式不足以识别特定自然人；~~
~~（四）自然人自行在网络上公开的信息或者其他已合法公开的个人信息；~~
~~（五）以合法渠道获取的个人信息；~~
~~（六）法律或者行政法规另有规定。~~
~~网络用户或者网络服务提供者以违反社会公共利益、社会公德的方式公开前款第四项、第五项规定的个人信息，或者公开该信息侵害权利人值得保护的重大利益，权利人请求网络用户或者网络服务提供者承担侵权责任的，人民法院应予支持。~~
~~国家机关行使职权公开个人信息的，不适用本条规定。~~</td></tr>
<tr><td colspan="2">第九条（原第十三条）　网络用户或者网络服务提供者，根据国家机关依职权制作的文书和公开实施的职权行为等信息来源所发布的信息，有下列情形之一，侵害他人人身权益，被侵权人请求侵权人承担侵权责任的，人民法院应予支持：
（一）网络用户或者网络服务提供者发布的信息与前述信息来源内容不符；
（二）网络用户或者网络服务提供者以添加侮辱性内容、诽谤性信息、不当标题或者通过增删信息、调整结构、改变顺序等方式致人误解；
（三）前述信息来源已被公开更正，但网络用户拒绝更正或者网络服务提供者不予更正；
（四）前述信息来源已被公开更正，网络用户或者网络服务提供者仍然发布更正之前的信息。</td></tr>
<tr><td colspan="2">第十条（原第十四条）　被侵权人与构成侵权的网络用户或者网络服务提供者达成一方支付报酬，另一方提供删除、屏蔽、断开链接等服务的协议，人民法院应认定为无效。</td></tr>
</table>

<table>
<tr><th>新《利用信息网络侵害人身
权益纠纷案件规定》</th><th>原《利用信息网络侵害人身
权益纠纷案件规定》</th></tr>
<tr><td colspan="2">擅自篡改、删除、屏蔽特定网络信息或者以断开链接的方式阻止他人获取网络信息，发布该信息的网络用户或者网络服务提供者请求侵权人承担侵权责任的，人民法院应予支持。接受他人委托实施该行为的，委托人与受托人承担连带责任。</td></tr>
<tr><td colspan="2">删除条文

~~**第十五条** 雇佣、组织、教唆或者帮助他人发布、转发网络信息侵害他人人身权益，被侵权人请求行为人承担连带责任的，人民法院应予支持。~~
~~**第十六条** 人民法院判决侵权人承担赔礼道歉、消除影响或者恢复名誉等责任形式的，应当与侵权的具体方式和所造成的影响范围相当。侵权人拒不履行的，人民法院可以采取在网络上发布公告或者公布裁判文书等合理的方式执行，由此产生的费用由侵权人承担。~~</td></tr>
<tr><td>**第十一条** 网络用户或者网络服务提供者侵害他人人身权益，造成财产损失或者严重精神损害，被侵权人依据民法典第一千一百八十二条和第一千一百八十三条的规定，请求其承担赔偿责任的，人民法院应予支持。</td><td>**第十七条** 网络用户或者网络服务提供者侵害他人人身权益，造成财产损失或者严重精神损害，被侵权人依据侵权责任法第二十条和第二十二条的规定请求其承担赔偿责任的，人民法院应予支持。</td></tr>
<tr><td>**第十二条** 被侵权人为制止侵权行为所支付的合理开支，可以认定为民法典第一千一百八十二条规定的财产损失。合理开支包括被侵权人或者委托代理人对侵权行为进行调查、取证的合理费用。人民法院根据当事人的请求和具体案情，可以将符合国家有关部门规定的律师费用计算在赔偿范围内。
被侵权人因人身权益受侵害造成的财产损失以及侵权人因此获得的利益难以确定的，人民法院可以根据具体案情在50万元以下的范围内确定赔偿数额。</td><td>**第十八条** 被侵权人为制止侵权行为所支付的合理开支，可以认定为侵权责任法第二十条规定的财产损失。合理开支包括被侵权人或者委托代理人对侵权行为进行调查、取证的合理费用。人民法院根据当事人的请求和具体案情，可以将符合国家有关部门规定的律师费用计算在赔偿范围内。
被侵权人因人身权益受侵害造成的财产损失或者侵权人因此获得的利益无法确定的，人民法院可以根据具体案情在50万元以下的范围内确定赔偿数额。
~~精神损害的赔偿数额，依据《最高人民法院关于确定民事侵权精神损害赔偿责任若干问题的解释》第十条的规定予以确定。~~</td></tr>
<tr><td colspan="2">**第十三条（原第十九条）** 本规定施行后人民法院正在审理的一审、二审案件适用本规定。
本规定施行前已经终审，本规定施行后当事人申请再审或者按照审判监督程序决定再审的案件，不适用本规定。</td></tr>
</table>

《最高人民法院关于涉网络知识产权侵权纠纷几个法律适用问题的批复》

一、知识产权权利人主张其权利受到侵害并提出保全申请，要求网络服务提供者、电子商务平台经营者迅速采取删除、屏蔽、断开链接等下架措施的，人民法院应当依法审查并作出裁定。

二、网络服务提供者、电子商务平台经营者收到知识产权权利人依法发出的通知后，应当及时将权利人的通知转送相关网络用户、平台内经营者，并根据构成侵权的初步证据和服务类型采取必要措施；未依法采取必要措施，权利人主张网络服务提供者、电子商务平台经营者对损害的扩大部分与网络用户、平台内经营者承担连带责任的，人民法院可以依法予以支持。

三、在依法转送的不存在侵权行为的声明到达知识产权权利人后的合理期限内，网络服务提供者、电子商务平台经营者未收到权利人已经投诉或者提起诉讼通知的，应当及时终止所采取的删除、屏蔽、断开链接等下架措施。因办理公证、认证手续等权利人无法控制的特殊情况导致的延迟，不计入上述期限，但该期限最长不超过20个工作日。

四、因恶意提交声明导致电子商务平台经营者终止必要措施并造成知识产权权利人损害，权利人依照有关法律规定请求相应惩罚性赔偿的，人民法院可以依法予以支持。

五、知识产权权利人发出的通知内容与客观事实不符，但其在诉讼中主张该通知系善意提交并请求免责，且能够举证证明的，人民法院依法审查属实后应当予以支持。

六、本批复作出时尚未终审的案件，适用本批复；本批复作出时已经终审，当事人申请再审或者按照审判监督程序决定再审的案件，不适用本批复。

第一千一百九十八条　【违反安全保障义务的侵权责任；第三人侵权的补充责任与追偿权】宾馆、商场、银行、车站、机场、体育场馆、娱乐场所等经营场所、公共场所的经营者、管理者或者群众性活动的组织者，未尽到安全保障义务，造成他人损害的，应当承担侵权责任。

因第三人的行为造成他人损害的，由第三人承担侵权责任；经营者、管理者或者组织者未尽到安全保障义务的，承担相应的补充责任。经营者、管理者或者组织者承担补充责任后，可以向第三人追偿。

关联法规参见

▶**法律**：《民法典侵权责任编》第1176条，《电子商务法》第38条，《消费者权益保护法》第7条、第48条。

▶**行政法规**：《娱乐场所管理条例》第2条、第54条。

司法解释适用

《最高人民法院关于审理人身损害赔偿案件适用法律若干问题的解释》（法释〔2020〕17 号修改）

<table>
<tr><th>新《人身损害赔偿司法解释》</th><th>原《人身损害赔偿司法解释》</th></tr>
<tr><td colspan="2">删除条文

~~第六条 从事住宿、餐饮、娱乐等经营活动或者其他社会活动的自然人、法人、其他组织，未尽合理限度范围内的安全保障义务致使他人遭受人身损害，赔偿权利人请求其承担相应赔偿责任的，人民法院应予支持。~~
~~因第三人侵权导致损害结果发生的，由实施侵权行为的第三人承担赔偿责任。安全保障义务人有过错的，应当在其能够防止或者制止损害的范围内承担相应的补充赔偿责任。安全保障义务人承担责任后，可以向第三人追偿。赔偿权利人起诉安全保障义务人的，应当将第三人作为共同被告，但第三人不能确定的除外。~~</td></tr>
</table>

《最高人民法院关于审理旅游纠纷案件适用法律若干问题的规定》（法释〔2020〕17 号修改）

<table>
<tr><th>新《旅游纠纷司法解释》</th><th>原《旅游纠纷司法解释》</th></tr>
<tr><td colspan="2">第七条（原第七条） 旅游经营者、旅游辅助服务者未尽到安全保障义务，造成旅游者人身损害、财产损失，旅游者请求旅游经营者、旅游辅助服务者承担责任的，人民法院应予支持。
因第三人的行为造成旅游者人身损害、财产损失，由第三人承担责任；旅游经营者、旅游辅助服务者未尽安全保障义务，旅游者请求其承担相应补充责任的，人民法院应予支持。</td></tr>
<tr><td colspan="2">第八条（原第八条） 旅游经营者、旅游辅助服务者对可能危及旅游者人身、财产安全的旅游项目未履行告知、警示义务，造成旅游者人身损害、财产损失，旅游者请求旅游经营者、旅游辅助服务者承担责任的，人民法院应予支持。
旅游者未按旅游经营者、旅游辅助服务者的要求提供与旅游活动相关的个人健康信息并履行如实告知义务，或者不听从旅游经营者、旅游辅助服务者的告知、警示，参加不适合自身条件的旅游活动，导致旅游过程中出现人身损害、财产损失，旅游者请求旅游经营者、旅游辅助服务者承担责任的，人民法院不予支持。</td></tr>
</table>

《最高人民法院关于审理铁路运输人身损害赔偿纠纷案件适用法律若干问题的解释》（法释〔2020〕17 号修改）

<table>
<tr><th>新《铁路运输人身损害赔偿司法解释》</th><th>原《铁路运输人身损害赔偿司法解释》</th></tr>
<tr><td colspan="2">第十三条（原第十三条） 铁路旅客运送期间因第三人侵权造成旅客人身损害的，由实施侵权行为的第三人承担赔偿责任。铁路运输企业有过错的，应当在能够防止或者制止损害的范围内承担相应的补充赔偿责任。铁路运输企业承担赔偿责任后，有权向第三人追偿。
车外第三人投掷石块等击打列车造成车内旅客人身损害，赔偿权利人要求铁路运输企业先予赔偿的，人民法院应当予以支持。铁路运输企业赔付后，有权向第三人追偿。</td></tr>
</table>

《最高人民法院关于高长林等六人与河南高速公路发展有限责任公司违约赔偿纠纷一案的函复》

河南省高级人民法院：

你院关于高长林等六人与河南高速公路发展有限责任公司违约赔偿纠纷案的请示收悉，经研究答复如下：

本案交通事故发生的直接原因在于肇事车辆违章调头，交通事故责任方应当承担侵权的民事责任。河南高速公路发展有限公司（以下简称河南高速公司），为修建高速公路服务区施工方便，在禁止货车通行期间，允许为其运送沙子的货车驶入高速公路，应当预见到该货车通过高速公路中间隔离带开口处就近驶入在建服务区的潜在危险。因此，河南高速公司未尽必要的安全保障义务，其不作为行为亦是事故发生的原因，应当承担相应的民事责任。具体处理时可先由肇事车辆方承担赔偿责任，不足部分由河南高速公司承担补充赔偿责任。

权威案例指引

▶公报案例

《赵淑华与沈阳皇朝万鑫酒店管理有限公司、沈阳中一万鑫物业管理有限公司财产损害赔偿纠纷案》，《最高人民法院公报》2019 年第 5 期

裁判摘要：消防安全事关人身、财产安全，属于社会公共利益，确保建筑物消防安全是建设单位的法定义务。商品房买卖合同的购房人一般不具有检测所购房屋是否符合消防安全规定的能力，难以适用一般商品买卖合同在标的物交付后买受人应当及时检验产品质量的规定。

案涉责任人在不同时期的数个行为密切结合致使火灾发生，侵权行为、致害原因前后接继而非叠加，责任人对火灾的发生均有重大过失，但没有共同故意或者共同过失，应各自承担相应的责任。建设单位并非主动积极的行为致受害人权益受损，不承担主要责任。

物业服务企业依法或依约在物业管理区域内负有安全防范义务，应协助做好安全事故、隐患等的防范、制止或救助工作。第三人原因致损，物业服务企业未尽到专业管理人的谨慎注意义务的，应在其能够预见和防范的范围内承担相应的补充责任。

《刘天珍诉孙仁芳、李霞健康权纠纷案》，《最高人民法院公报》2019 年第 1 期

裁判摘要：经营日常生活用品的个体店主允许他人在其经营场所内从事产品宣传服务时，其作为场地提供者，应对所宣传的产品及服务的合法性、适当性进行必要的审查，若未尽此义务，造成他人损害的，应当依法承担相应的过错责任。

《汤某 1 诉连云港光鼎置业有限公司、灌南县开源物业管理有限公司人身损害赔偿纠纷案》，《最高人民法院公报》2017 年第 3 期

裁判摘要：物业公司作为小区健身器材的管理人，应当对健身器材进行日常管理和维护，器材存在安全隐患的，物业公司应设置安全警示标志并及时维修，以保障他人使用器材时的安全。物业公司未尽到该职责造成他人损害的，应依法承担相应赔偿责任。

《高子玉诉南京地铁集团有限公司健康权纠纷案》，《最高人民法院公报》2015年第9期

裁判摘要：安全保障义务是公共场所或公共设施管理人的一种法定义务，安全保障义务人既要保障其管理的场所或设施的安全性，也要对在场所内活动或使用设施的人进行必要的警告、指示说明、通知及提供必要的帮助，以预防侵害的发生。地铁公司主要以自动检票闸机控制乘客的进出站，如果地铁公司未对免票乘客及其随行人员如何安全通过闸机进行合理的安排和管理，由此导致乘客在无法得知安全通行方式的情况下受伤，则应认定地铁公司作为公共场所的管理者未尽到安全保障义务，应当对乘客的损失承担相应的侵权责任。

《赵宝华诉上海也宁阁酒店有限公司、上海市静升实业有限公司生命权、健康权、身体权纠纷案》，《最高人民法院公报》2014年第1期

裁判摘要：作为提供住宿服务的酒店经营者，对入住酒店的消费者应履行合理限度的安全保障义务。酒店经营者因管理、服务瑕疵等安全隐患而致消费者产生人身伤害的，应承担民事赔偿责任。酒店经营场所的出租方对于事发场所管理不善的，亦应承担相应的责任。受害人对于损害发生也有过错的，应根据过失相抵原则，减轻侵害人的民事责任。

《焦建军与江苏省中山国际旅行社有限公司、第三人中国康辉南京国际旅行社有限责任公司旅游侵权纠纷案》，《最高人民法院公报》2012年第11期

裁判摘要：旅游者与旅行社签订旅游合同后，双方形成旅游服务合同关系，旅行社所提供的服务应当符合保障旅游者人身、财产安全的要求。同时，旅行社委托的旅游辅助人所提供的食宿、交通运输等服务系旅行社履行旅游服务合同义务的延续，应认定为是代表旅行社的行为，旅游辅助人的侵权行为可直接认定为旅行社的侵权行为。旅游者在旅游过程中乘坐旅行社提供的车辆发生交通事故导致人身损害、财产损失的，构成违约责任和侵权责任的竞合，旅游者有权选择合同之诉或侵权之诉要求旅行社承担相应民事赔偿责任。

旅行社擅自将其旅游业务转让给其他旅行社的，与其签订旅游合同的旅行社和实际提供旅游服务的旅行社应承担连带责任。

《许景敏等诉徐州市圣亚国际旅行社有限公司人身损害赔偿纠纷案》，《最高人民法院公报》2012年第6期

裁判摘要：在旅行合同关系中，旅行社通过第三人协助履行合同义务的，该第三人对游客的人身和财产安全负有保障义务。除游客直接与该第三人另行订立合同关系外，该第三人如有故意或过失侵害游客合同权益的行为，旅行社应当对此承担相应的法律责任。

《范茂生等诉淮安电信分公司淮阴区电信局、淮安市淮阴区公路管理站人身损害赔偿纠纷案》，《最高人民法院公报》2011年第11期

裁判摘要：所有人或者管理人应及时、主动地关注自身所有或管理之物的变化状况及其对他人权利的影响，并对因违反管理和注意义务致人损害的后果承担民事侵权责任，除非其能够证明自己对损害的发生没有过错。

《罗倩诉奥士达公司人身损害赔偿纠纷案》，《最高人民法院公报》2007 年第 7 期

裁判摘要：一、从事一定社会活动的民事主体，如果其从事的活动具有损害他人的危险，则该民事主体负有合理限度内的安全保障义务。不履行前述安全保障义务的，属于民法通则第一百零六条规定的"不履行其他义务"，应当承担相应的民事责任。

二、在生产经营者的工作场所内，经生产经营者默许临时从事劳动的自然人，即使没有与生产经营者形成正式的劳动法律关系，生产经营者对该自然人仍负有合理限度内的安全保障义务。

《马青等诉古南都酒店等人身损害赔偿纠纷案》，《最高人民法院公报》2006 年第 11 期

裁判摘要：根据最高人民法院《关于审理人身损害赔偿案件适用法律若干问题的解释》第六条规定，安全保障义务人应当在合理限度范围内履行安全保障义务，合理限度范围应当根据一般常识来确定。在安全保障义务人已经尽到安全保障义务的前提下，具有完全民事行为能力的人因为自身判断错误导致损害事实发生的，后果由行为人自己承担。

《吴成礼等五人诉官渡建行、五华保安公司人身损害赔偿纠纷案》，《最高人民法院公报》2004 年第 12 期

裁判摘要：根据民法通则第一百零六条第二款的规定，商业银行在合理限度内未尽到安全保障的义务，致使存款人及其他客户在银行的营业场所遭抢劫遇害的，应承担与其过错相适应的赔偿责任。

第一千一百九十九条　【教育机构对无民事行为能力人受到人身损害的过错推定责任】无民事行为能力人在幼儿园、学校或者其他教育机构学习、生活期间受到人身损害的，幼儿园、学校或者其他教育机构应当承担侵权责任；但是，能够证明尽到教育、管理职责的，不承担侵权责任。

关联法规参见

▶**法律**：《民法典侵权责任编》第 1176 条、第 1178 条、第 1182 条、第 1189 条、第 1198 条，《义务教育法》第 24 条，《教育法》第 32 条、第 72 条、第 83 条，《未成年人保护法》第 6 条、第 15 条、第 16 条、第 35 条至第 41 条、第 96 条，《预防未成年人犯罪法》第 20 条、第 31 条至第 37 条、第 39 条、第 62 条。

司法解释适用

《最高人民法院关于审理人身损害赔偿案件适用法律若干问题的解释》（法释〔2020〕17号修改）

新《人身损害赔偿司法解释》	原《人身损害赔偿司法解释》
删除条文 ~~**第七条** 对未成年人依法负有教育、管理、保护义务的学校、幼儿园或者其他教育机构，未尽职责范围内的相关义务致使未成年人遭受人身损害，或者未成年人致他人人身损害的，应当承担与其过错相应的赔偿责任。~~ ~~第三人侵权致未成年人遭受人身损害的，应当承担赔偿责任。学校、幼儿园等教育机构有过错的，应当承担相应的补充赔偿责任。~~	

第一千二百条 【教育机构对限制民事行为能力人受到人身损害的过错责任】限制民事行为能力人在学校或者其他教育机构学习、生活期间受到人身损害，学校或者其他教育机构未尽到教育、管理职责的，应当承担侵权责任。

关联法规参见

▶**法律：**《民法典侵权责任编》第1176条、第1182条、第1189条、第1198条。

司法解释适用

《最高人民法院关于审理人身损害赔偿案件适用法律若干问题的解释》（法释〔2020〕17号修改）

新《人身损害赔偿司法解释》	原《人身损害赔偿司法解释》
删除条文 ~~**第七条** 对未成年人依法负有教育、管理、保护义务的学校、幼儿园或者其他教育机构，未尽职责范围内的相关义务致使未成年人遭受人身损害，或者未成年人致他人人身损害的，应当承担与其过错相应的赔偿责任。~~ ~~第三人侵权致未成年人遭受人身损害的，应当承担赔偿责任。学校、幼儿园等教育机构有过错的，应当承担相应的补充赔偿责任。~~	

《最高人民法院关于肖涵诉上海市第五十四中学等赔偿一案的复函》

上海市高级人民法院：

你院〔1998〕沪高民他字第29号《关于肖涵诉上海市第五十四中学等赔偿一案的请示》收悉。经研究，同意你院审判委员会的意见，即肖涵在校学习期间，上海市第五十四中学对其负有进行教育、管理和保护的职责。肖涵受伤后，上海市第五十四中学未及时将其送往医院进行抢救，以致延误了医疗时机，造成肖涵终身残废，该校应承担主要责任。肖涵作为限制民事行为能力人，因违反学校纪律擅自爬墙摔伤，对损害后果应承担次要责任。范吉俊、李佳磊明知爬墙的危险性，仍然协助肖涵爬墙，对损害后果亦应承担一定的责任。至于数额的分担，请你院根据实际情况和各自责任确定。

权威案例指引

▶公报案例

《刁维奎诉云南中发石化有限公司产品销售者责任纠纷案》，《最高人民法院公报》2020 年第 12 期

裁判摘要：消费者主张因购买缺陷产品而导致财产损害，但未保留消费凭证的，人民法院应结合交易产品及金额、交易习惯、当事人的陈述、相关的物证、书证等证据，综合认定消费者与销售者之间是否存在买卖合同关系。在此基础上，依据民事诉讼证明标准和民事诉讼证据规则，合理划分消费者和销售者的举证责任。如果产品缺陷与损害结果之间在通常情形下存在关联性，可认定二者之间具有因果关系。

《仇玉亮等诉中国人民财产保险股份有限公司灌云支公司等意外伤害保险合同纠纷案》，《最高人民法院公报》2017 年第 7 期

裁判摘要：学校的教学环境、活动设施必须符合安全性要求，以保障学生生命健康不受损害。若因可归责于学校的原因导致学生生命健康权受损，按照投保的校园方责任险应由学校承担赔偿责任的，应当依据保险合同约定由保险公司代为赔偿。学校以免除己方责任为条件与家长签订人道主义援助补偿协议，应主要认定其所具有的补偿性，而非免除保险公司的赔偿责任，在学校怠于请求保险赔偿时，不应依据该协议剥夺受害人的保险索赔权。

《李建青、宋宝宁诉青海湟川中学人身损害赔偿纠纷案》，《最高人民法院公报》2009 年第 4 期

裁判摘要：一、根据教育部制定的《学生伤害事故处理办法》第九条的规定，因学校教师或者其他工作人员体罚或者变相体罚学生或者在履行职责过程中违反工作要求、操作规程、职业道德或者其他有关规定，造成学生伤害事故的，学校应当依法承担相应的责任。

二、根据《中小学德育工作规程》第二十七条的规定，中小学校应当严肃校纪，对严重违犯学校纪律的学生应当根据其所犯错误的程度给予批评教育或者纪律处分，并将处分情况通知学生家长。

中小学生系未成年人，其心理发育并未成熟，对于外界刺激的承受能力有限，学生之间的个体差异也比较大。学校作为教育机构，在处分学生时应当充分考虑学生的心理承受能力，在处分的同时做好教育、疏导工作。从根本上讲，对学生的处分也是教育手段，而不是简单的惩罚。只有在充分考虑受处分学生的心理素质，针对其实际情况进行教育、疏导的基础上，处分手段才能真正发挥教育作用，才能避免可能发生的悲剧。如果学校在处分过程中，仅仅为了追求惩戒的时效性，没有充分考虑学生的心理承受能力，且没有按照规定及时与家长进行沟通，使得家长没有机会对学生进行有针对性的引导和教育，学校则对造成学生

发生伤害事故具有过错，应当认定学校的违规行为与学生的伤害事故具有一定的因果关系，学校应当依法承担与其过错相应的赔偿责任。

第一千二百零一条　【第三人在教育机构造成人身损害的侵权责任和补充责任；教育机构的追偿权】 无民事行为能力人或者限制民事行为能力人在幼儿园、学校或者其他教育机构学习、生活期间，受到幼儿园、学校或者其他教育机构以外的第三人人身损害的，由第三人承担侵权责任；幼儿园、学校或者其他教育机构未尽到管理职责的，承担相应的补充责任。幼儿园、学校或者其他教育机构承担补充责任后，可以向第三人追偿。

关联法规参见

▶**法律：**《民法典侵权责任编》第1176条、第1178条、第1182条、第1198条。

司法解释适用

《最高人民法院关于审理人身损害赔偿案件适用法律若干问题的解释》（法释〔2020〕17号修改）

<table>
<tr><th>新《人身损害赔偿司法解释》</th><th>原《人身损害赔偿司法解释》</th></tr>
<tr><td colspan="2">删除条文

~~**第七条** 对未成年人依法负有教育、管理、保护义务的学校、幼儿园或者其他教育机构，未尽职责范围内的相关义务致使未成年人遭受人身损害，或者未成年人致他人人身损害的，应当承担与其过错相应的赔偿责任。~~
~~第三人侵权致未成年人遭受人身损害的，应当承担赔偿责任。学校、幼儿园等教育机构有过错的，应当承担相应的补充赔偿责任。~~</td></tr>
</table>

权威案例指引

▶**公报案例**

《黄宇森诉广州市白云区京溪小学、广东省三茂铁路国际旅行社等人身损害赔偿纠纷案》，《最高人民法院公报》2008年第9期

裁判摘要：《中华人民共和国未成年人保护法》第二十二条规定："学校、幼儿园安排未成年人参加集会、文化娱乐、社会实践等集体活动，应当有利于未成年人的健康成长，防止发生人身安全事故。"最高人民法院《关于审理人身损害赔偿案件适用法律若干问题的解释》第七条规定："对未成年人依法负有教育、管理、保护义务的学校、幼儿园或者其他教育机构，未尽职责范围内的相关义务致使未成年人遭受人身损害，或者未成年人致他人人身损害的，应当承担与其过错相应的赔偿责任。"根据教育部制定的《学生伤害处理办法》第

九条的规定，因学校组织学生参加教育教学活动或校外活动，未对学生进行相应的安全教育，并未在可预见的范围内采取必要的安全措施，造成学生伤害事故的，学校应当依法承担相应的责任。据此，学校等教育机构组织学生参加校外活动，对学生仍然负有管理和保护的义务。教育机构与他人签订合同，将校外活动交由他人具体承办，并约定在活动期间由他人负责对学生的管理、保护的，并不导致校外活动性质的变化，亦不因此减轻或免除教育机构管理、保护学生的法定义务。教育机构在校外活动中未尽法定义务，造成学生伤害事故后，又以与他人订立合同为由推卸应负责任的，人民法院不予支持。

第四章 产品责任

第一千二百零二条 【生产者的缺陷产品无过错最终责任】因产品存在缺陷造成他人损害的，生产者应当承担侵权责任。

关联法规参见

▶**法律：**《药品管理法》第 138 条，《消防法》第 69 条，《产品质量法》第 2 条、第 21 条、第 40 条、第 41 条、第 44 条至第 46 条、第 57 条至第 59 条，《食品安全法》第 122 条、第 123 条、第 138 条至第 140 条，《广告法》第 56 条，《农产品质量安全法》第 36 条、第 44 条，《农业机械化促进法》第 32 条，《种子法》第 72 条，《安全生产法》第 69 条、第 89 条。

司法解释适用

《最高人民法院关于产品侵权案件的受害人能否以产品的商标所有人为被告提起民事诉讼的批复》（法释〔2020〕19 号修改）

新《最高人民法院关于产品侵权案件的受害人能否以产品的商标所有人为被告提起民事诉讼的批复》	原《最高人民法院关于产品侵权案件的受害人能否以产品的商标所有人为被告提起民事诉讼的批复》
北京市高级人民法院： 你院京高法〔2001〕271 号《关于荆其廉、张新荣等诉美国通用汽车公司、美国通用汽车海外公司损害赔偿案诉讼主体确立问题处理结果的请示报告》收悉。经研究，我们认为，任何将自己的姓名、名称、商标或者可资识别的其他标识体现在产品上，表示其为产品制造者的企业或个人，均属于《中华人民共和国民法典》和《中华人民共和国产品质量法》规定的“生产者”。本案中美国通用汽车公司为事故车的	北京市高级人民法院： 你院京高法〔2001〕271 号《关于荆其廉、张新荣等诉美国通用汽车公司、美国通用汽车海外公司损害赔偿案诉讼主体确立问题处理结果的请示报告》收悉。经研究，我们认为，任何将自己的姓名、名称、商标或者可资识别的其他标识体现在产品上，表示其为产品制造者的企业或个人，均属于《中华人民共和国民法通则》第一百二十二条规定的“产品制造者”和《中华人民共和国产品质量法》规定的“生产者”。

新《最高人民法院关于产品侵权案件的受害人能否以产品的商标所有人为被告提起民事诉讼的批复》	原《最高人民法院关于产品侵权案件的受害人能否以产品的商标所有人为被告提起民事诉讼的批复》
商标所有人，根据受害人的起诉和本案的实际情况，本案以通用汽车公司、通用汽车海外公司、通用汽车巴西公司为被告并无不当。	本案中美国通用汽车公司为事故车的商标所有人，根据受害人的起诉和本案的实际情况，本案以通用汽车公司、通用汽车海外公司、通用汽车巴西公司为被告并无不当。

《最高人民法院关于审理人身损害赔偿案件适用法律若干问题的解释》（法释〔2020〕17号修改）

新《人身损害赔偿司法解释》	原《人身损害赔偿司法解释》
新增条文 **第十六条** 被扶养人生活费计入残疾赔偿金或者死亡赔偿金。	

《最高人民法院关于审理食品药品纠纷案件适用法律若干问题的规定》（法释〔2020〕17号修改）

新《食品药品纠纷司法解释》	原《食品药品纠纷司法解释》
第十二条（原第十二条） 食品、药品检验机构故意出具虚假检验报告，造成消费者损害，消费者请求其承担连带责任的，人民法院应予支持。 食品、药品检验机构因过失出具不实检验报告，造成消费者损害，消费者请求其承担相应责任的，人民法院应予支持。	
第十三条（原第十三条） 食品认证机构故意出具虚假认证，造成消费者损害，消费者请求其承担连带责任的，人民法院应予支持。 食品认证机构因过失出具不实认证，造成消费者损害，消费者请求其承担相应责任的，人民法院应予支持。	

《最高人民法院关于济南三株公司与陈然之等人损害赔偿一案的答复》

湖南省高级人民法院：

你院《关于济南三株公司与陈然之等人损害赔偿纠纷一案的请示报告》收悉。经研究认为，现有证据不能认定三株口服液质量不合格，以及陈伯顺死亡与服三株口服液的因果关系；你院可对本案尽量做调解工作；如果调解不成，在查清事实的基础上依法判决。

权威案例指引

▶公报案例

《刁维奎诉云南中发石化有限公司产品销售者责任纠纷案》，《最高人民法院公报》2020年第12期

裁判摘要：消费者主张因购买缺陷产品而导致财产损害，但未保留消费凭证的，人民法院应结合交易产品及金额、交易习惯、当事人的陈述、相关的物证、书证等证据，综合认定消费者与销售者之间是否存在买卖合同关系。在此基础上，依据民事诉讼证明标准和民事诉讼证据规则，合理划分消费者和销售者的举证责任。如果产品缺陷与损害结果之间在通常情形下存在关联性，可认定二者之间具有因果关系。

《张玉梅诉南京港华燃气有限公司产品生产者责任纠纷案》，《最高人民法院公报》2019 年第 9 期

裁判摘要：燃气经营企业仅以发放用户手册等方式进行安全风险的书面告知，而未能在发现安全隐患后作出具体、明确的警示，以保证消费者清楚认知到危险的存在从而避免危险后果发生的，应就未积极履行安保义务所导致的消费者的损害后果承担侵权责任。

《马水法诉陕西重型汽车有限公司等健康权纠纷案》，《最高人民法院公报》2015 年第 12 期

裁判摘要：生产者应对其法定免责事由承担举证责任，其自行出具的产品质量检验合格报告不能成为其免责之法定事由。生产者不提供证据证明其产品符合质量标准的，应对受害者承担侵权赔偿责任。

第一千二百零三条　【生产者、销售者的缺陷产品不真正连带责任；销售者和生产者之间的追偿权】因产品存在缺陷造成他人损害的，被侵权人可以向产品的生产者请求赔偿，也可以向产品的销售者请求赔偿。

产品缺陷由生产者造成的，销售者赔偿后，有权向生产者追偿。因销售者的过错使产品存在缺陷的，生产者赔偿后，有权向销售者追偿。

关联法规参见

▶**法律：**《产品质量法》第 40 条、第 42 条、第 43 条，《食品安全法》第 61 条、第 62 条、第 64 条、第 130 条、第 131 条、第 136 条、第 148 条，《农产品质量安全法》第 33 条、第 54 条，《农业机械化促进法》第 14 条，《种子法》第 46 条，《畜牧法》第 32 条，《消费者权益保护法》第 23 条至第 25 条、第 28 条、第 40 条、第 42 条至第 45 条、第 48 条第 52 条，《全民所有制工业企业法》第 60 条，《化妆品监督管理条例》第 76 条。

司法解释适用

《最高人民法院关于审理食品药品纠纷案件适用法律若干问题的规定》（法释〔2020〕17 号修改）

新《食品药品纠纷司法解释》	原《食品药品纠纷司法解释》
第二条（原第二条）　因食品、药品存在质量问题造成消费者损害，消费者可以分别起诉或者同时起诉销售者和生产者。 消费者仅起诉销售者或者生产者的，必要时人民法院可以追加相关当事人参加诉讼。	

<table>
<tr><th>新《食品药品纠纷司法解释》</th><th>原《食品药品纠纷司法解释》</th></tr>
<tr><td colspan="2">第四条（原第四条）　食品、药品生产者、销售者提供给消费者的食品或者药品的赠品发生质量安全问题，造成消费者损害，消费者主张权利，生产者、销售者以消费者未对赠品支付对价为由进行免责抗辩的，人民法院不予支持。</td></tr>
<tr><td colspan="2">第五条（原第五条）　消费者举证证明所购买食品、药品的事实以及所购食品、药品不符合合同的约定，主张食品、药品的生产者、销售者承担违约责任的，人民法院应予支持。
消费者举证证明因食用食品或者使用药品受到损害，初步证明损害与食用食品或者使用药品存在因果关系，并请求食品、药品的生产者、销售者承担侵权责任的，人民法院应予支持，但食品、药品的生产者、销售者能证明损害不是因产品不符合质量标准造成的除外。</td></tr>
<tr><td>第六条　食品的生产者与销售者应当对于食品符合质量标准承担举证责任。认定食品是否安全，应当以国家标准为依据；对地方特色食品，没有国家标准的，应当以地方标准为依据。没有前述标准的，应当以食品安全法的相关规定为依据。</td><td>第六条　食品的生产者与销售者应当对于食品符合质量标准承担举证责任。认定食品是否合格，应当以国家标准为依据；没有国家标准的，应当以地方标准为依据；~~没有国家标准、地方标准的，应当以企业标准为依据。食品的生产者采用的标准高于国家标准、地方标准的，应当以企业标准为依据。~~没有前述标准的，应当以食品安全法的相关规定为依据。</td></tr>
<tr><td colspan="2">第七条（原第七条）　食品、药品虽在销售前取得检验合格证明，且食用或者使用时尚在保质期内，但经检验确认产品不合格，生产者或者销售者以该食品、药品具有检验合格证明为由进行抗辩的，人民法院不予支持。</td></tr>
<tr><td>第八条　集中交易市场的开办者、柜台出租者、展销会举办者未履行食品安全法规定的审查、检查、报告等义务，使消费者的合法权益受到损害的，消费者请求集中交易市场的开办者、柜台出租者、展销会举办者承担连带责任的，人民法院应予支持。</td><td>第八条　集中交易市场的开办者、柜台出租者、展销会举办者未履行食品安全法规定的审查、检查、管理等义务，发生~~食品安全事故，~~致使消费者遭受人身损害，消费者请求集中交易市场的开办者、柜台出租者、展销会举办者承担连带责任的，人民法院应予支持。</td></tr>
<tr><td>第九条　消费者通过网络交易第三方平台购买食品、药品遭受损害，网络交易第三方平台提供者不能提供食品、药品的生产者或者销售者的真实名称、地址与有效联系方式，消费者请求网络交易第三方平台提供者承担责任的，人民法院应予支持。
网络交易第三方平台提供者承担赔偿责任后，向生产者或者销售者行使追偿权的，人民法院应予支持。</td><td>第九条　消费者通过网络交易平台购买食品、药品遭受损害，网络交易平台提供者不能提供食品、药品的生产者或者销售者的真实名称、地址与有效联系方式，消费者请求网络交易平台提供者承担责任的，人民法院应予支持。
网络交易平台提供者承担赔偿责任后，向生产者或者销售者行使追偿权的，人民法院应予支持。</td></tr>
</table>

新《食品药品纠纷司法解释》	原《食品药品纠纷司法解释》
网络交易第三方平台提供者知道或者应当知道食品、药品的生产者、销售者利用其平台侵害消费者合法权益，未采取必要措施，给消费者造成损害，消费者要求其与生产者、销售者承担连带责任的，人民法院应予支持。	网络交易平台提供者知道或者应当知道食品、药品的生产者、销售者利用其平台侵害消费者合法权益，未采取必要措施，给消费者造成损害，消费者要求其与生产者、销售者承担连带责任的，人民法院应予支持。
第十一条　消费者因虚假广告推荐的食品、药品存在质量问题遭受损害，依据消费者权益保护法等法律相关规定请求广告经营者、广告发布者承担连带责任的，人民法院应予支持。 其他民事主体在虚假广告中向消费者推荐食品、药品，使消费者遭受损害，消费者依据消费者权益保护法等法律相关规定请求其与食品、药品的生产者、销售者承担连带责任的，人民法院应予支持。	**第十一条**　消费者因虚假广告推荐的食品、药品存在质量问题遭受损害，依据消费者权益保护法等法律相关规定请求广告经营者、广告发布者承担连带责任的，人民法院应予支持。 社会团体或者其他组织、个人，在虚假广告中向消费者推荐食品、药品，使消费者遭受损害，消费者依据消费者权益保护法等法律相关规定请求其与食品、药品的生产者、销售者承担连带责任的，人民法院应予支持。
新增条文 **第十八条**　本规定所称的“药品的生产者”包括药品上市许可持有人和药品生产企业，“药品的销售者”包括药品经营企业和医疗机构。	

《最高人民法院关于审理道路交通事故损害赔偿案件适用法律若干问题的解释》（法释〔2020〕17号修改）

新《道路交通事故司法解释》	原《道路交通事故司法解释》
第九条　机动车存在产品缺陷导致交通事故造成损害，当事人请求生产者或者销售者依照民法典第七编第四章的规定承担赔偿责任的，人民法院应予支持。	**第十二条**　机动车存在产品缺陷导致交通事故造成损害，当事人请求生产者或者销售者依照侵权责任法第五章的规定承担赔偿责任的，人民法院应予支持。

《最高人民法院关于审理食品安全民事纠纷案件适用法律若干问题的解释（一）》

第一条　消费者因不符合食品安全标准的食品受到损害，依据食品安全法第一百四十八条第一款规定诉请食品生产者或者经营者赔偿损失，被诉的生产者或者经营者以赔偿责任应由生产经营者中的另一方承担为由主张免责的，人民法院不予支持。属于生产者责任的，经营者赔偿后有权向生产者追偿；属于经营者责任的，生产者赔偿后有权向经营者追偿。

第二条　电子商务平台经营者以标记自营业务方式所销售的食品或者虽未标记自营但实际开展自营业务所销售的食品不符合食品安全标准，消费者依据食品安全法第一百四十八条规定主张电子商务平台经营者承担作为食品经营者的赔偿责任的，人民法院应予支持。

电子商务平台经营者虽非实际开展自营业务，但其所作标识等足以误导消费者让消费者相信系电子商务平台经营者自营，消费者依据食品安全法第一百四十八条规定主张电子商务平台经营者承担作为食品经营者的赔偿责任的，人民法院应予支持。

第三条 电子商务平台经营者违反食品安全法第六十二条和第一百三十一条规定，未对平台内食品经营者进行实名登记、审查许可证，或者未履行报告、停止提供网络交易平台服务等义务，使消费者的合法权益受到损害，消费者主张电子商务平台经营者与平台内食品经营者承担连带责任的，人民法院应予支持。

第四条 公共交通运输的承运人向旅客提供的食品不符合食品安全标准，旅客主张承运人依据食品安全法第一百四十八条规定承担作为食品生产者或者经营者的赔偿责任的，人民法院应予支持；承运人以其不是食品的生产经营者或者食品是免费提供为由进行免责抗辩的，人民法院不予支持。

第五条 有关单位或者个人明知食品生产经营者从事食品安全法第一百二十三条第一款规定的违法行为而仍为其提供设备、技术、原料、销售渠道、运输、储存或者其他便利条件，消费者主张该单位或者个人依据食品安全法第一百二十三条第二款的规定与食品生产经营者承担连带责任的，人民法院应予支持。

第七条 消费者认为生产经营者生产经营不符合食品安全标准的食品同时构成欺诈的，有权选择依据食品安全法第一百四十八条第二款或者消费者权益保护法第五十五条第一款规定主张食品生产者或者经营者承担惩罚性赔偿责任。

第九条 食品符合食品安全标准但未达到生产经营者承诺的质量标准，消费者依照民法典、消费者权益保护法等法律规定主张生产经营者承担责任的，人民法院应予支持，但消费者主张生产经营者依据食品安全法第一百四十八条规定承担赔偿责任的，人民法院不予支持。

第十条 食品不符合食品安全标准，消费者主张生产者或者经营者依据食品安全法第一百四十八条第二款规定承担惩罚性赔偿责任，生产者或者经营者以未造成消费者人身损害为由抗辩的，人民法院不予支持。

第十一条 生产经营未标明生产者名称、地址、成分或者配料表，或者未清晰标明生产日期、保质期的预包装食品，消费者主张生产者或者经营者依据食品安全法第一百四十八条第二款规定承担惩罚性赔偿责任的，人民法院应予支持，但法律、行政法规、食品安全国家标准对标签标注事项另有规定的除外。

第十二条 进口的食品不符合我国食品安全国家标准或者国务院卫生行政部门决定暂予适用的标准，消费者主张销售者、进口商等经营者依据食品安全法第一百四十八条规定承担赔偿责任，销售者、进口商等经营者仅以进口的食品符合出口地食品安全标准或者已经过我国出入境检验检疫机构检验检疫为由进行免责抗辩的，人民法院不予支持。

权威案例指引

▶公报案例

《刁维奎诉云南中发石化有限公司产品销售者责任纠纷案》，《最高人民法院公报》2020 年第 12 期

裁判摘要： 消费者主张因购买缺陷产品而导致财产损害，但未保留消费凭证的，人民法院应结合交易产品及金额、交易习惯、当事人的陈述、相关的物证、书证等证据，综合认定消费者与销售者之间是否存在买卖合同关系。在此基础上，依据民事诉讼证明标准和民事诉讼证据规则，合理划分消费者和销售者的举证责任。如果产品缺陷与损害结果之间在通常情形下存在关联性，可认定二者之间具有因果关系。

第一千二百零四条　【生产者、销售者对过错使产品存在缺陷的第三人追偿权】 因运输者、仓储者等第三人的过错使产品存在缺陷，造成他人损害的，产品的生产者、销售者赔偿后，有权向第三人追偿。

关联法规参见

▶**法律：**《农业机械化促进法》第 24 条。

第一千二百零五条　【缺陷产品预防性除险责任】 因产品缺陷危及他人人身、财产安全的，被侵权人有权请求生产者、销售者承担停止侵害、排除妨碍、消除危险等侵权责任。

第一千二百零六条　【缺陷产品预防性补救责任】 产品投入流通后发现存在缺陷的，生产者、销售者应当及时采取停止销售、警示、召回等补救措施；未及时采取补救措施或者补救措施不力造成损害扩大的，对扩大的损害也应当承担侵权责任。

依据前款规定采取召回措施的，生产者、销售者应当负担被侵权人因此支出的必要费用。

关联法规参见

▶**法律：**《产品质量法》第 27 条、第 28 条，《食品安全法》第 63 条、第 94 条、第 105 条，《农产品质量安全法》第 33 条，《消费者权益保护法》第 8 条、第 19 条、第 20 条、第 26 条、第 28 条、第 33 条、第 56 条，《特种设备安全法》第 26 条。

▶**行政法规：**《缺陷汽车产品召回管理条例》，《食品安全法实施条例》第 7 条、第 29 条、第 49 条、第 76 条，《农业机械安全监督管理条例》第 16 条，《乳品质量安全监督管理条例》第 36 条、第 48 条、第 56 条，《化妆品监督管理条例》第 23 条、第 44 条、第 60 条、第 70 条。

第一千二百零七条　【缺陷产品惩罚性赔偿责任】明知产品存在缺陷仍然生产、销售，或者没有依据前条规定采取有效补救措施，造成他人死亡或者健康严重损害的，被侵权人有权请求相应的惩罚性赔偿。

关联法规参见

▶**法律：**《民法典总则编》第179条，《民法典侵权责任编》第1206条，《药品管理法》第144条，《食品安全法》第148条，《消费者权益保护法》第49条、第51条、第55条。

司法解释适用

《最高人民法院关于审理食品药品纠纷案件适用法律若干问题的规定》（法释〔2020〕17号修改）

<table>
<tr><th>新《食品药品纠纷司法解释》</th><th>原《食品药品纠纷司法解释》</th></tr>
<tr><td colspan="2">第三条（原第三条）　因食品、药品质量问题发生纠纷，购买者向生产者、销售者主张权利，生产者、销售者以购买者明知食品、药品存在质量问题而仍然购买为由进行抗辩的，人民法院不予支持。</td></tr>
<tr><td>第十五条　生产不符合安全标准的食品或者销售明知是不符合安全标准的食品，消费者除要求赔偿损失外，依据食品安全法等法律规定向生产者、销售者主张赔偿金的，人民法院应予支持。
生产假药、劣药或者明知是假药、劣药仍然销售、使用的，受害人或者其近亲属除请求赔偿损失外，依据药品管理法等法律规定向生产者、销售者主张赔偿金的，人民法院应予支持。</td><td>第十五条　生产不符合安全标准的食品或者销售明知是不符合安全标准的食品，消费者除要求赔偿损失外，向生产者、销售者主张支付价款十倍赔偿金或者依照法律规定的其他赔偿标准要求赔偿的，人民法院应予支持。</td></tr>
</table>

《最高人民法院关于审理食品安全民事纠纷案件适用法律若干问题的解释（一）》

第六条　食品经营者具有下列情形之一，消费者主张构成食品安全法第一百四十八条规定的“明知”的，人民法院应予支持：

（一）已过食品标明的保质期但仍然销售的；

（二）未能提供所售食品的合法进货来源的；

（三）以明显不合理的低价进货且无合理原因的；

（四）未依法履行进货查验义务的；

（五）虚假标注、更改食品生产日期、批号的；

（六）转移、隐匿、非法销毁食品进销货记录或者故意提供虚假信息的；

（七）其他能够认定为明知的情形。

第七条 消费者认为生产经营者生产经营不符合食品安全标准的食品同时构成欺诈的，有权选择依据食品安全法第一百四十八条第二款或者消费者权益保护法第五十五条第一款规定主张食品生产者或者经营者承担惩罚性赔偿责任。

第十条 食品不符合食品安全标准，消费者主张生产者或者经营者依据食品安全法第一百四十八条第二款规定承担惩罚性赔偿责任，生产者或者经营者以未造成消费者人身损害为由抗辩的，人民法院不予支持。

第十一条 生产经营未标明生产者名称、地址、成分或者配料表，或者未清晰标明生产日期、保质期的预包装食品，消费者主张生产者或者经营者依据食品安全法第一百四十八条第二款规定承担惩罚性赔偿责任的，人民法院应予支持，但法律、行政法规、食品安全国家标准对标签标注事项另有规定的除外。

权威案例指引

▶典型案例

《贵州省遵义市红花岗区人民检察院诉刘某美等三人生产、销售不符合安全标准食品刑事附带民事公益诉讼案》，《最高人民检察院发布8件“3·15”食品药品安全消费者权益保护检察公益诉讼典型案例之七》（2021年3月15日）

典型意义：米粉作为地方特色食品，深受群众喜爱。米粉生产销售是否安全，切实关系到人民群众的身体健康和生命安全。本案中，检察机关依法对生产销售米粉不符合安全标准的行为人提起刑事附带民事公益诉讼，参照食品安全法有关规定，提出销售金额10倍的惩罚性赔偿诉讼请求，有利于提高违法成本，减少食品安全领域违法犯罪，切实维护人民群众“舌尖上的安全”。

《河南舞阳县民康医药有限公司五十七分店销售劣药案》，《最高人民检察院、国家市场监督管理总局、国家药品监督管理局联合发布15件落实食品药品安全“四个最严”要求专项行动典型案例之四》（2021年2月19日）

典型意义：药品是与广大人民群众生命健康安全密切相关的特殊商品，药品零售企业是患者购进药品的终端，对过期药品的及时确认、记录和处理必须严格管理，防止过期药品出售后可能发生贻误病情、影响人体健康，甚至加重病情，直至危害生命，给患者带来不应有的痛苦和损失的危害。加大执法力度打击制售假药劣药是市场监管部门义不容辞的义务和责任，打击制售假药劣药必须瞄准重点，注重找案源、定证据、办铁案。此案中，市场监管部门中相关监管和执法部门积极配合，及时上报案源信息，迅速反应，第一时间固定当事人违法的证据材料和证人证言，有效地破解了市场监管部门在打击制售假药劣药过程中证据难以固定，销售环节不易确定的困局。

市场监管部门坚决贯彻落实习近平总书记关于食品药品安全“四个最严”要求，依照新修订的药品管理法相关规定，对制售假药劣药的行为加大处罚力度，为遏制制售假药劣药违法行为，更好地保障人民群众安全用药、放心用药打下了坚实的基础。

《江苏谢某、王某某等生产、销售不符合安全标准的食品系列案》，《最高人民检察院、国家市场监督管理总局、国家药品监督管理局联合发布15件落实食品药品安全“四个最严”要求专项行动典型案例之八》（2021年2月19日）

典型意义：（一）生产、销售走私的冷冻牛肉制品社会危害性大，应当严厉打击。走私的冷冻牛肉及牛副产品俗称“水漂货”。“水漂货”在运输过程中很难保持恒定冷冻条件，可能会经过“解冻”和“再冷冻”的过程，容易滋生各种细菌，食品安全得不到保障。从动物疫病流行国家地区进口肉类产品或者从新冠肺炎疫情严重地区进口冷链食品，对人民群众的身体健康会造成重大风险，对于该类犯罪应当予以严厉打击。同时提醒广大消费者，在购买冷冻肉类产品过程中要善于识别，谨防购买“水漂货”。

（二）加强刑罚综合运用，剥夺违法者再犯罪能力。危害食品犯罪是贪利型犯罪，在运用好自由刑的同时要注重罚金刑的适用，提高违法犯罪成本，从而实现司法公平公正的价值追求。检察机关在提出量刑建议时以“销售数额”作为判断罚金刑的基础，从严把握罚金刑的适用，提出判处销售金额2倍以上罚金并被法院采纳，在财产刑上从严惩处犯罪，加大经济制裁，剥夺犯罪分子再犯能力。

（三）精准制发检察建议，保障人民群众“餐桌上的安全”。该系列案件的行为人多为家庭作坊式经营，通过在家中建小冷库储存、煮制加工，后运至城区菜场或乡镇集市对外销售。检察机关通过深入市场、集市走访，结合案件门槛低、范围广、隐患大、打击难等特点，围绕开展专项整治、组织落实检查、加强宣传教育等方面向行政主管部门提出检察建议。行政主管部门高度重视，及时制定整改方案，迅速建立健全执法联动机制，开展肉品安全专项整治并对辖区冷库建档巡查。同时联合食安委成员单位，举行“食品安全宣传周”活动，展示打击危害食品安全违法犯罪成果，发挥案例警示作用，增强广大人民群众的食品安全意识和依法维权意识。

《销售已过保质期的食品，构成经营者“明知”——李某与某购物广场买卖合同纠纷案》，《最高人民法院食品安全民事纠纷典型案例之一》（2020年12月9日）

典型意义：食品已过标明的保质期，但经营者仍然销售，消费者主张食品经营者构成食品安全法第一百四十八条第二款规定的经营者“明知”的，人民法院应予支持。

《经营者未依法履行进货查验义务构成经营者“明知”——吴某与某电子商务有限公司买卖合同纠纷案》，《最高人民法院食品安全民事纠纷典型案例之二》（2020年12月9日）

典型意义：经营者怠于履行进货查验义务即对食品进行销售，致不符合安全标准的食品售出，属于经营明知是不符合食品安全标准的食品的行为。

《惩罚性赔偿不以造成人身损害为前提——郑某与某儿童食品公司网络购物合同纠纷案》，《最高人民法院食品安全民事纠纷典型案例之三》（2020年12月9日）

典型意义：食品不符合食品安全标准，消费者主张生产者或者经营者依据食品安全法第一百四十八条第二款规定承担惩罚性赔偿责任，生产者或者经营者以未造成消费者人身损害为由抗辩的，人民法院不予支持。

《经营未标明基本信息的预包装食品的法律责任——魏某诉某科技有限公司网络购物合同纠纷一案》，《最高人民法院食品安全民事纠纷典型案例之四》（2020年12月9日）

典型意义：预包装食品的包装标签未标明生产者的名称、地址等基本信息，消费者依据食品安全法第一百四十八条规定，请求食品销售者承担惩罚性赔偿责任的，人民法院应予支持。

《经营者不能仅以进口食品已经过出入境检验检疫为由主张免责——江某诉某信息技术有限公司网络购物合同纠纷一案》，《最高人民法院食品安全民事纠纷典型案例之五》（2020年12月9日）

典型意义：进口食品必须符合我国食品安全国家标准。如果进口食品不符合我国食品安全国家标准，进口食品经营者仅以进口食品已经过出入境检验检疫为由提出免责抗辩的，对其抗辩人民法院不应当支持。

第五章　机动车交通事故责任

第一千二百零八条　【机动车交通事故责任的法律适用】机动车发生交通事故造成损害的，依照道路交通安全法律和本法的有关规定承担赔偿责任。

关联法规参见

▶**法律：**《民法典侵权责任编》第1165条、第1166条、第1173条、第1174条，《道路交通安全法》第17条、第70条至第76条、第119条。

▶**行政法规：**《机动车交通事故责任强制保险条例》第24条，《道路交通安全法实施条例》第86条至第97条。

司法解释适用

《最高人民法院关于适用〈中华人民共和国保险法〉若干问题的解释（二）》（法释〔2020〕18号修改）

新《保险法司法解释（二）》	原《保险法司法解释（二）》
第十八条（原第十八条）　行政管理部门依据法律规定制作的交通事故认定书、火灾事故认定书等，人民法院应当依法审查并确认其相应的证明力，但有相反证据能够推翻的除外。	

《最高人民法院关于审理道路交通事故损害赔偿案件适用法律若干问题的解释》（法释〔2020〕17 号修改）

<table>
<tr><th>新《道路交通事故损害赔偿司法解释》</th><th>原《道路交通事故损害赔偿司法解释》</th></tr>
<tr><td colspan="2">第三条（原第五条）　套牌机动车发生交通事故造成损害，属于该机动车一方责任，当事人请求由套牌机动车的所有人或者管理人承担赔偿责任的，人民法院应予支持；被套牌机动车所有人或者管理人同意套牌的，应当与套牌机动车的所有人或者管理人承担连带责任。</td></tr>
<tr><td colspan="2">第五条（原第七条）　接受机动车驾驶培训的人员，在培训活动中驾驶机动车发生交通事故造成损害，属于该机动车一方责任，当事人请求驾驶培训单位承担赔偿责任的，人民法院应予支持。</td></tr>
<tr><td colspan="2">第六条（原第八条）　机动车试乘过程中发生交通事故造成试乘人损害，当事人请求提供试乘服务者承担赔偿责任的，人民法院应予支持。试乘人有过错的，应当减轻提供试乘服务者的赔偿责任。</td></tr>
<tr><td>第十一条　道路交通安全法第七十六条规定的“人身伤亡”，是指机动车发生交通事故侵害被侵权人的生命权、身体权、健康权等人身权益所造成的损害，包括民法典第一千一百七十九条和第一千一百八十三条规定的各项损害。
道路交通安全法第七十六条规定的“财产损失”，是指因机动车发生交通事故侵害被侵权人的财产权益所造成的损失。</td><td>第十四条　道路交通安全法第七十六条规定的“人身伤亡”，是指机动车发生交通事故侵害被侵权人的生命权、健康权等人身权益所造成的损害，包括侵权责任法第十六条和第二十二条规定的各项损害。
道路交通安全法第七十六条规定的“财产损失”，是指因机动车发生交通事故侵害被侵权人的财产权益所造成的损失。</td></tr>
<tr><td colspan="2">第十二条（原第十五条）　因道路交通事故造成下列财产损失，当事人请求侵权人赔偿的，人民法院应予支持：
（一）维修被损坏车辆所支出的费用、车辆所载物品的损失、车辆施救费用；
（二）因车辆灭失或者无法修复，为购买交通事故发生时与被损坏车辆价值相当的车辆重置费用；
（三）依法从事货物运输、旅客运输等经营性活动的车辆，因无法从事相应经营活动所产生的合理停运损失；
（四）非经营性车辆因无法继续使用，所产生的通常替代性交通工具的合理费用。</td></tr>
<tr><td>第十三条　同时投保机动车第三者责任强制保险（以下简称“交强险”）和第三者责任商业保险（以下简称“商业三者险”）的机动车发生交通事故造成损害，当事人同时起诉侵权人和保险公司的，人民法院应当依照民法典第一千二百一十三条的规定，确定赔偿责任。</td><td>第十六条　同时投保机动车第三者责任强制保险（以下简称“交强险”）和第三者责任商业保险（以下简称“商业三者险”）的机动车发生交通事故造成损害，当事人同时起诉侵权人和保险公司的，人民法院应当按照下列规则确定赔偿责任：</td></tr>
</table>

<table>
<tr><th>新《道路交通事故损害赔偿司法解释》</th><th>原《道路交通事故损害赔偿司法解释》</th></tr>
<tr><td>被侵权人或者其近亲属请求承保交强险的保险公司优先赔偿精神损害的，人民法院应予支持。</td><td>~~（一）先由承保交强险的保险公司在责任限额范围内予以赔偿；~~
~~（二）不足部分，由承保商业三者险的保险公司根据保险合同予以赔偿；~~
~~（三）仍有不足的，依照道路交通安全法和侵权责任法的相关规定由侵权人予以赔偿。~~
被侵权人或者其近亲属请求承保交强险的保险公司优先赔偿精神损害的，人民法院应予支持。</td></tr>
<tr><td colspan="2">**第十四条（原第十七条）** 投保人允许的驾驶人驾驶机动车致使投保人遭受损害，当事人请求承保交强险的保险公司在责任限额范围内予以赔偿的，人民法院应予支持，但投保人为本车上人员的除外。</td></tr>
<tr><td colspan="2">**第十五条（原第十八条）** 有下列情形之一导致第三人人身损害，当事人请求保险公司在交强险责任限额范围内予以赔偿，人民法院应予支持：
（一）驾驶人未取得驾驶资格或者未取得相应驾驶资格的；
（二）醉酒、服用国家管制的精神药品或者麻醉药品后驾驶机动车发生交通事故的；
（三）驾驶人故意制造交通事故的。
保险公司在赔偿范围内向侵权人主张追偿权的，人民法院应予支持。追偿权的诉讼时效期间自保险公司实际赔偿之日起计算。</td></tr>
<tr><td>**第十六条** 未依法投保交强险的机动车发生交通事故造成损害，当事人请求投保义务人在交强险责任限额范围内予以赔偿的，人民法院应予支持。
投保义务人和侵权人不是同一人，当事人请求投保义务人和侵权人在交强险责任限额范围内承担相应责任的，人民法院应予支持。</td><td>**第十九条** 未依法投保交强险的机动车发生交通事故造成损害，当事人请求投保义务人在交强险责任限额范围内予以赔偿的，人民法院应予支持。
投保义务人和侵权人不是同一人，当事人请求投保义务人和侵权人在交强险责任限额范围内承担连带责任的，人民法院应予支持。</td></tr>
<tr><td colspan="2">**第十七条（原第二十条）** 具有从事交强险业务资格的保险公司违法拒绝承保、拖延承保或者违法解除交强险合同，投保义务人在向第三人承担赔偿责任后，请求该保险公司在交强险责任限额范围内承担相应赔偿责任的，人民法院应予支持。</td></tr>
<tr><td colspan="2">**第十八条（原第二十一条）** 多辆机动车发生交通事故造成第三人损害，损失超出各机动车交强险责任限额之和的，由各保险公司在各自责任限额范围内承担赔偿责任；损失未超出各机动车交强险责任限额之和，当事人请求由各保险公司按照其责任限额与责任限额之和的比例承担赔偿责任的，人民法院应予支持。</td></tr>
</table>

<table>
<tr><th>新《道路交通事故损害赔偿司法解释》</th><th>原《道路交通事故损害赔偿司法解释》</th></tr>
<tr><td colspan="2">依法分别投保交强险的牵引车和挂车连接使用时发生交通事故造成第三人损害，当事人请求由各保险公司在各自的责任限额范围内平均赔偿的，人民法院应予支持。
多辆机动车发生交通事故造成第三人损害，其中部分机动车未投保交强险，当事人请求先由已承保交强险的保险公司在责任限额范围内予以赔偿的，人民法院应予支持。保险公司就超出其应承担的部分向未投保交强险的投保义务人或者侵权人行使追偿权的，人民法院应予支持。</td></tr>
<tr><td colspan="2">第十九条（原第二十二条） 同一交通事故的多个被侵权人同时起诉的，人民法院应当按照各被侵权人的损失比例确定交强险的赔偿数额。</td></tr>
<tr><td colspan="2">第二十条（原第二十三条） 机动车所有权在交强险合同有效期内发生变动，保险公司在交通事故发生后，以该机动车未办理交强险合同变更手续为由主张免除赔偿责任的，人民法院不予支持。
机动车在交强险合同有效期内发生改装、使用性质改变等导致危险程度增加的情形，发生交通事故后，当事人请求保险公司在责任限额范围内予以赔偿的，人民法院应予支持。
前款情形下，保险公司另行起诉请求投保义务人按照重新核定后的保险费标准补足当期保险费的，人民法院应予支持。</td></tr>
<tr><td colspan="2">第二十一条（原第二十四条） 当事人主张交强险人身伤亡保险金请求权转让或者设定担保的行为无效的，人民法院应予支持。</td></tr>
<tr><td colspan="2">第二十四条（原第二十七条） 公安机关交通管理部门制作的交通事故认定书，人民法院应依法审查并确认其相应的证明力，但有相反证据推翻的除外。</td></tr>
<tr><td colspan="2">第二十五条（原第二十八条） 机动车在道路以外的地方通行时引发的损害赔偿案件，可以参照适用本解释的规定。</td></tr>
</table>

《最高人民法院关于财保六安市分公司与李福国等道路交通事故人身损害赔偿纠纷请示的复函》

安徽省高级人民法院：

你院〔2008〕皖民一他字第0019号《关于财保六安市分公司与李福国、卢士平、张东泽、六安市正宏糖果厂道路交通事故人身损害赔偿纠纷一案的请示报告》收悉。经研究，答复如下：

《机动车交通事故责任强制保险条例》第3条规定的"人身伤亡"所造成的损害包括财产损害和精神损害。

精神损害赔偿与物资损害赔偿在强制责任保险限额中的赔偿次序，请求权人有权进行选择。请求权人选择优先赔偿精神损害，对物资损害赔偿不足部分由商业第三者责任险赔偿。

此复

《最高人民法院民一庭关于经常居住地在城镇的农村居民因交通事故伤亡如何计算赔偿费用的复函》

云南省高级人民法院：

你院《关于罗金会等五人与云南昭通交通运输集团公司旅客运输合同纠纷一案所涉法律

理解及适用问题的请示》收悉。经研究，答复如下：人身损害赔偿案件中，残疾赔偿金、死亡赔偿金和被扶养人生活费的计算，应当根据案件的实际情况，结合受害人住所地、经常居住地等因素，确定适用城镇居民人均可支配收入（人均消费性支出）或者农村居民人均纯收入（人均年生活消费支出）的标准。本案中，受害人唐顺亮虽然农村户口，但在城市经商、居住，其经常居住地和主要收入来源地均为城市，有关损害赔偿费用应当根据当地城镇居民的相关标准计算。

《最高人民法院研究室关于新的人身损害赔偿审理标准是否适用于未到期机动车第三者责任保险合同问题的答复》

中国保险监督管理委员会办公厅：

你厅《关于新的人身损害赔偿审理标准是否适用于未到期机动车第三者责任保险合同问题的函》（保监厅函〔2004〕90 号）收悉。经研究，答复如下：

合同法第四条规定，“当事人依法享有自愿订立合同的权利，任何单位和个人不得非法干预。”《合同法》本条所确定的自愿原则是《合同法》中一项基本原则，应当适用于保险合同的订立。《保险法》第四条也规定，从事保险活动必须遵循自愿原则。因此，投保人与保险人在保险合同中有关“保险人按照《道路交通事故处理办法》规定的人身损害赔偿范围、项目和标准以及保险合同的约定，在保险单载明的责任限额内承担赔偿责任”的约定只是保险人应承担的赔偿责任的计算方法，而不是强制执行的标准，它不因《道路交通事故的处理办法》的失效而无效。我院《关于审理人身损害赔偿案件适用法律若干问题的解释》施行后，保险合同的当事人既可以继续履行 2004 年 5 月 1 日前签订的机动车辆第三者责任保险合同，也可以经协商依法变更保险合同。

权威案例指引

▶公报案例

《葛宇斐诉沈丘县汽车运输有限公司、中国人民财产保险股份有限公司周口市分公司、中国人民财产保险股份有限公司沈丘支公司道路交通事故损害赔偿纠纷案》，《最高人民法院公报》2010 年第 11 期

裁判摘要：交通事故认定书是公安机关处理交通事故，作出行政决定所依据的主要证据，虽然可以在民事诉讼中作为证据使用，但由于交通事故认定结论的依据是相应行政法规，运用的归责原则具有特殊性，与民事诉讼中关于侵权行为认定的法律依据、归责原则有所区别。交通事故责任不完全等同于民事法律赔偿责任，因此，交通事故认定书不能作为民事侵权损害赔偿案件责任分配的唯一依据。行为人在侵权行为中的过错程度，应当结合案件实际情况，根据民事诉讼的归责原则进行综合认定。

《郑克宝诉徐伟良、中国人民财产保险股份有限公司长兴支公司道路交通事故人身损害赔偿纠纷案》，《最高人民法院公报》2008 年第 7 期

裁判摘要：一、根据机动车辆保险合同的约定，机动车辆第三者责任险中的“第三者”，是指除投保人、被保险人和保险人以外的，因保险车辆发生意外事故遭受人身伤亡或财产损

失的保险车辆下的受害者；车上人员责任险中的“车上人员”，是指发生意外事故时身处保险车辆之上的人员。据此，判断因保险车辆发生意外事故而受害的人属于“第三者”还是属于“车上人员”，必须以该人在事故发生当时这一特定的时间是否身处保险车辆之上为依据，在车上即为“车上人员”，在车下即为“第三者”。

二、由于机动车辆是一种交通工具，任何人都不可能永久地置身于机动车辆之上，故机动车辆保险合同中所涉及的“第三者”和“车上人员”均为在特定时空条件下的临时性身份，即“第三者”与“车上人员”均不是永久的、固定不变的身份，二者可以因特定时空条件的变化而转化。因保险车辆发生意外事故而受害的人，如果在事故发生前是保险车辆的车上人员，事故发生时已经置身于保险车辆之下，则属于“第三者”。至于何种原因导致该人员在事故发生时置身于保险车辆之下，不影响其“第三者”的身份。

第一千二百零九条　【租赁、借用机动车等发生交通事故的侵权责任】因租赁、借用等情形机动车所有人、管理人与使用人不是同一人时，发生交通事故造成损害，属于该机动车一方责任的，由机动车使用人承担赔偿责任；机动车所有人、管理人对损害的发生有过错的，承担相应的赔偿责任。

关联法规参见

▶**行政法规：**《机动车交通事故责任强制保险条例》第2条、第3条、第21条、第23条。

司法解释适用

《最高人民法院关于审理道路交通事故损害赔偿案件适用法律若干问题的解释》（法释〔2020〕17号修改）

新《道路交通事故司法解释》	原《道路交通事故司法解释》
第一条　机动车发生交通事故造成损害，机动车所有人或者管理人有下列情形之一，人民法院应当认定其对损害的发生有过错，并适用民法典第一千二百零九条的规定确定其相应的赔偿责任： （一）知道或者应当知道机动车存在缺陷，且该缺陷是交通事故发生原因之一的； （二）知道或者应当知道驾驶人无驾驶资格或者未取得相应驾驶资格的； （三）知道或者应当知道驾驶人因饮酒、服用国家管制的精神药品或者麻醉药品，或者患有妨碍安全驾驶机动车的疾病等依法不能驾驶机动车的；	**第一条**　机动车发生交通事故造成损害，机动车所有人或者管理人有下列情形之一，人民法院应当认定其对损害的发生有过错，并适用侵权责任法第四十九条的规定确定其相应的赔偿责任： （一）知道或者应当知道机动车存在缺陷，且该缺陷是交通事故发生原因之一的； （二）知道或者应当知道驾驶人无驾驶资格或者未取得相应驾驶资格的； （三）知道或者应当知道驾驶人因饮酒、服用国家管制的精神药品或者麻醉药品，或者患有妨碍安全驾驶机动车的疾病等依法不能驾驶机动车的；

第1209条

<table>
<tr><th>新《道路交通事故司法解释》</th><th>原《道路交通事故司法解释》</th></tr>
<tr><td>（四）其它应当认定机动车所有人或者管理人有过错的。</td><td>（四）其他应当认定机动车所有人或者管理人有过错的。</td></tr>
<tr><td colspan="2">删除条文

<del>第二条　未经允许驾驶他人机动车发生交通事故造成损害，当事人依照的规定请求由机动车驾驶人承担赔偿责任的，人民法院应予支持。机动车所有人或者管理人有过错的，承担相应的赔偿责任，但具有侵权责任法第五十二条规定情形的除外。</del></td></tr>
</table>

《最高人民法院关于汽车司机因过失引起的赔偿责任问题的批复》

广东省高级人民法院：

你院〔57〕法研字第179号请示收悉。关于汽车司机在执行职务时，纯因司机本人过失而引起的民事赔偿责任问题，我们同意来文所提意见，即原则上由司机本人负责，如本人无力赔偿时，由汽车所有人负责赔偿。但司机本人仍对汽车所有人负偿还责任。

第一千二百一十条　【机动车买卖后未办理登记发生交通事故的侵权责任】当事人之间已经以买卖或者其他方式转让并交付机动车但是未办理登记，发生交通事故造成损害，属于该机动车一方责任的，由受让人承担赔偿责任。

关联法规参见

▶**法律**：《道路交通安全法》第12条。

▶**行政法规**：《机动车交通事故责任强制保险条例》第2条、第3条、第21条、第23条。

司法解释适用

《最高人民法院关于审理道路交通事故损害赔偿案件适用法律若干问题的解释》（法释〔2020〕17号修改）

新《道路交通事故司法解释》	原《道路交通事故司法解释》
第二条　被多次转让但是未办理登记的机动车发生交通事故造成损害，属于该机动车一方责任，当事人请求由最后一次转让并交付的受让人承担赔偿责任的，人民法院应予支持。	**第四条**　被多次转让但未办理转移登记的机动车发生交通事故造成损害，属于该机动车一方责任，当事人请求由最后一次转让并交付的受让人承担赔偿责任的，人民法院应予支持。

《最高人民法院关于购买人使用分期付款购买的车辆从事运输因交通事故造成他人财产损失，保留车辆所有权的出卖方不应承担民事责任的批复》

四川省高级人民法院：

你院川高法〔1999〕2号《关于在实行分期付款、保留所有权的车辆买卖合同履行过程中购买方使用该车辆进行货物运输给他人造成损失的，出卖方是否应当承担民事责任的请示》收悉。经研究，答复如下：采取分期付款方式购车，出卖方在购买方付清全部车款前保留车辆所有权的，购买方以自己名义与他人订立货物运输合同并使用该车运输时，因交通事故造成他人财产损失的，出卖方不承担民事责任。

此复

《最高人民法院关于连环购车未办理过户手续原车主是否对机动车发生交通事故致人损害承担责任的复函》

江苏省高级人民法院：

你院《关于连环购车未办理过户手续，原车主是否对机动车发生交通事故致人损害承担责任的请示》收悉。经研究认为：

连环购车未办理过户手续，因车辆已交付，原车主既不能支配该车的运营，也不能从该车的运营中获得利益，故原车主不应对机动车发生交通事故致人损害承担责任。但是，连环购车未办理过户手续的行为，违反有关行政管理法规的，应受其规定的调整。

第一千二百一十一条　【以挂靠形式从事道路运输经营活动发生交通事故的连带责任】以挂靠形式从事道路运输经营活动的机动车，发生交通事故造成损害，属于该机动车一方责任的，由挂靠人和被挂靠人承担连带责任。

第一千二百一十二条　【未经允许驾驶他人机动车发生交通事故的侵权责任】未经允许驾驶他人机动车，发生交通事故造成损害，属于该机动车一方责任的，由机动车使用人承担赔偿责任；机动车所有人、管理人对损害的发生有过错的，承担相应的赔偿责任，但是本章另有规定的除外。

关联法规参见

▶**法律：**《道路交通安全法》第 17 条、第 75 条。

▶**行政法规：**《机动车交通事故责任强制保险条例》第 24 条、第 31 条、第 33 条，《道路交通安全法实施条例》第 90 条。

第一千二百一十三条　【交通事故侵权救济来源的支付顺序】机动车发生交通事故造成损害，属于该机动车一方责任的，先由承保机动车强制保险的保险人在强制保险责任限额范围内予以赔偿；不足部分，由承保机动车商业保险的保险人按照保险合同的约定予以赔偿；仍然不足或者没有投保机动车商业保险的，由侵权人赔偿。

司法解释适用

《最高人民法院关于审理道路交通事故损害赔偿案件适用法律若干问题的解释》（法释〔2020〕17号修改）

新《道路交通事故司法解释》	原《道路交通事故司法解释》
第十六条　未依法投保交强险的机动车发生交通事故造成损害，当事人请求投保义务人在交强险责任限额范围内予以赔偿的，人民法院应予支持。 投保义务人和侵权人不是同一人，当事人请求投保义务人和侵权人在交强险责任限额范围内承担相应责任的，人民法院应予支持。	**第十九条**　未依法投保交强险的机动车发生交通事故造成损害，当事人请求投保义务人在交强险责任限额范围内予以赔偿的，人民法院应予支持。 投保义务人和侵权人不是同一人，当事人请求投保义务人和侵权人在交强险责任限额范围内承担连带责任的，人民法院应予支持。

第一千二百一十四条　【转让拼装或者已达到报废标准的机动车发生交通事故的侵权责任】以买卖或者其他方式转让拼装或者已经达到报废标准的机动车，发生交通事故造成损害的，由转让人和受让人承担连带责任。

关联法规参见

▶**法律：**《道路交通安全法》第14条、第16条。

司法解释适用

《最高人民法院关于审理道路交通事故损害赔偿案件适用法律若干问题的解释》（法释〔2020〕17号修改）

新《道路交通事故司法解释》	原《道路交通事故司法解释》
第四条（原第六条）　拼装车、已达到报废标准的机动车或者依法禁止行驶的其他机动车被多次转让，并发生交通事故造成损害，当事人请求由所有的转让人和受让人承担连带责任的，人民法院应予支持。	

第一千二百一十五条　【盗窃、抢劫或者抢夺的机动车发生交通事故的侵权责任】盗窃、抢劫或者抢夺的机动车发生交通事故造成损害的，由盗窃人、抢劫人或者抢夺人承担赔偿责任。盗窃人、抢劫人或者抢夺人与机动车使用人不是同一人，发生交通事故造成损害，属于该机动车一方责任的，由盗窃人、抢劫人或者抢夺人与机动车使用人承担连带责任。

保险人在机动车强制保险责任限额范围内垫付抢救费用的，有权向交通事故责任人追偿。

关联法规参见

▶**行政法规：**《机动车交通事故责任强制保险条例》第22条、第31条、第33条，《道路交通安全法实施条例》第90条。

司法解释适用

《最高人民法院关于审理道路交通事故损害赔偿案件适用法律若干问题的解释》（法释〔2020〕17号修改）

<table>
<tr><th>新《道路交通事故司法解释》</th><th>原《道路交通事故司法解释》</th></tr>
<tr><td colspan="2">删除条文

~~**第二条**　未经允许驾驶他人机动车发生交通事故造成损害，当事人依照侵权责任法第四十九条的规定请求由机动车驾驶人承担赔偿责任的，人民法院应予支持。机动车所有人或者管理人有过错的，承担相应的赔偿责任，但具有侵权责任法第五十二条规定情形的除外。~~</td></tr>
<tr><td colspan="2">**第十五条（原第十八条）**　有下列情形之一导致第三人人身损害，当事人请求保险公司在交强险责任限额范围内予以赔偿，人民法院应予支持：
（一）驾驶人未取得驾驶资格或者未取得相应驾驶资格的；
（二）醉酒、服用国家管制的精神药品或者麻醉药品后驾驶机动车发生交通事故的；
（三）驾驶人故意制造交通事故的。
保险公司在赔偿范围内向侵权人主张追偿权的，人民法院应予支持。追偿权的诉讼时效期间自保险公司实际赔偿之日起计算。</td></tr>
</table>

《最高人民法院关于对安徽省高级人民法院如何理解和适用〈机动车交通事故责任强制保险条例〉第二十二条的请示的复函》

安徽省高级人民法院：

你院2009年5月19日报请的〔2008〕皖民申字第0440号《关于如何理解和适用〈机动车交通事故责任强制保险条例〉第二十二条的请示》收悉。经研究，答复如下：

同意你院审判委员会的少数人意见。

此复。

权威案例指引

▶ 公报案例

《天平汽车保险股份有限公司苏州中心支公司诉王克忠追偿权纠纷案》，《最高人民法院公报》2018 年第 5 期

裁判摘要：《机动车交通事故责任强制保险条例》第二十二条规定，以下三种情形造成的道路交通事故，由保险公司在交强险责任限额内承担垫付责任，并有权向致害人追偿，即：（一）驾驶人未取得驾驶资格或者醉酒的；（二）被保险机动车被盗抢期间肇事的；（三）被保险人故意制造道路交通事故的。机动车驾驶人肇事逃逸未包括在上述条款范围内，不应适用该规定予以处理。

第一千二百一十六条　【驾驶人逃逸时机动车强制保险责任与道路交通事故社会救助基金的垫付责任】机动车驾驶人发生交通事故后逃逸，该机动车参加强制保险的，由保险人在机动车强制保险责任限额范围内予以赔偿；机动车不明、该机动车未参加强制保险或者抢救费用超过机动车强制保险责任限额，需要支付被侵权人人身伤亡的抢救、丧葬等费用的，由道路交通事故社会救助基金垫付。道路交通事故社会救助基金垫付后，其管理机构有权向交通事故责任人追偿。

关联法规参见

▶ **法律：**《道路交通安全法》第 17 条、第 75 条。

▶ **行政法规：**《机动车交通事故责任强制保险条例》第 24 条、第 31 条、第 33 条，《道路交通安全法实施条例》第 90 条。

司法解释适用

《最高人民法院关于审理道路交通事故损害赔偿案件适用法律若干问题的解释》（法释〔2020〕17 号修改）

新《道路交通事故司法解释》	原《道路交通事故司法解释》
第十三条　同时投保机动车第三者责任强制保险（以下简称“交强险”）和第三者责任商业保险（以下简称“商业三者险”）的机动车发生交通事故造成损害，当事人同时起诉侵权人和保险公司的，人民法院应当依照民法典第一千二百一十三条的规定，确定赔偿责任。	**第十六条**　同时投保机动车第三者责任强制保险（以下简称“交强险”）和第三者责任商业保险（以下简称“商业三者险”）的机动车发生交通事故造成损害，当事人同时起诉侵权人和保险公司的，人民法院应当按照下列规则确定赔偿责任：

新《道路交通事故司法解释》	原《道路交通事故司法解释》
被侵权人或者其近亲属请求承保交强险的保险公司优先赔偿精神损害的，人民法院应予支持。	~~（一）先由承保交强险的保险公司在责任限额范围内予以赔偿；~~ ~~（二）不足部分，由承保商业三者险的保险公司根据保险合同予以赔偿；~~ ~~（三）仍有不足的，依照道路交通安全法和侵权责任法的相关规定由侵权人予以赔偿。~~ 被侵权人或者其近亲属请求承保交强险的保险公司优先赔偿精神损害的，人民法院应予支持。
第十六条（原第十九条） 未依法投保交强险的机动车发生交通事故造成损害，当事人请求投保义务人在交强险责任限额范围内予以赔偿的，人民法院应予支持。 投保义务人和侵权人不是同一人，当事人请求投保义务人和侵权人在交强险责任限额范围内承担相应责任的，人民法院应予支持。	

第一千二百一十七条 【好意同乘：无偿搭乘的非营运机动车发生交通事故的侵权责任】 非营运机动车发生交通事故造成无偿搭乘人损害，属于该机动车一方责任的，应当减轻其赔偿责任，但是机动车使用人有故意或者重大过失的除外。

关联法规参见

▶**法律：**《民法典侵权责任编》第1178条。

司法解释适用

《最高人民法院关于审理道路交通事故损害赔偿案件适用法律若干问题的解释》（法释〔2020〕17号修改）

新《道路交通事故司法解释》	原《道路交通事故司法解释》
第六条（原第八条） 机动车试乘过程中发生交通事故造成试乘人损害，当事人请求提供试乘服务者承担赔偿责任的，人民法院应予支持。试乘人有过错的，应当减轻提供试乘服务者的赔偿责任。	

《最高人民法院关于适用〈中华人民共和国民法典〉时间效力的若干规定》（法释〔2020〕15号）

《民法典时间效力规定》	
新增条文 **第十八条** 民法典施行前，因非营运机动车发生交通事故造成无偿搭乘人损害引起的民事纠纷案件，适用民法典第一千二百一十七条的规定。	

第六章　医疗损害责任

第一千二百一十八条　【医疗损害的过错责任与替代责任】患者在诊疗活动中受到损害，医疗机构或者其医务人员有过错的，由医疗机构承担赔偿责任。

关联法规参见

▶**法律**：《执业医师法》第2条、第39条。

▶**行政法规**：《人体器官移植条例》第27条，《医疗事故处理条例》第49条，《全国人民代表大会常务委员会关于司法鉴定管理问题的决定》。

司法解释适用

《最高人民法院关于审理医疗损害责任纠纷案件适用法律若干问题的解释》（法释〔2020〕17号修改）

新《医疗损害责任纠纷司法解释》	原《医疗损害责任纠纷司法解释》
第十六条　对医疗机构或者其医务人员的过错，应当依据法律、行政法规、规章以及其他有关诊疗规范进行认定，可以综合考虑患者病情的紧急程度、患者个体差异、当地的医疗水平、医疗机构与医务人员资质等因素。	**第十六条**　对医疗机构及其医务人员的过错，应当依据法律、行政法规、规章以及其他有关诊疗规范进行认定，可以综合考虑患者病情的紧急程度、患者个体差异、当地的医疗水平、医疗机构与医务人员资质等因素。

《人民法院对外委托司法鉴定管理规定》

第一条　为规范人民法院对外委托和组织司法鉴定工作，根据《人民法院司法鉴定工作暂行规定》，制定本办法。

第二条　人民法院司法鉴定机构负责统一对外委托和组织司法鉴定。未设司法鉴定机构的人民法院，可在司法行政管理部门配备专职司法鉴定人员，并由司法行政管理部门代行对外委托司法鉴定的职责。

第三条　人民法院司法鉴定机构建立社会鉴定机构和鉴定人（以下简称鉴定人）名册，根据鉴定对象对专业技术的要求，随机选择和委托鉴定人进行司法鉴定。

第四条　自愿接受人民法院委托从事司法鉴定，申请进入人民法院司法鉴定人名册的社会鉴定、检测、评估机构，应当向人民法院司法鉴定机构提交申请书和以下材料：

（一）企业或社团法人营业执照副本；

（二）专业资质证书；

（三）专业技术人员名单、执业资格和主要业绩；

（四）年检文书；

（五）其他必要的文件、资料。

第五条 以个人名义自愿接受人民法院委托从事司法鉴定，申请进入人民法院司法鉴定人名册的专业技术人员，应当向人民法院司法鉴定机构提交申请书和以下材料：

（一）单位介绍信；

（二）专业资格证书；

（三）主要业绩证明；

（四）其他必要的文件、资料等。

第六条 人民法院司法鉴定机构应当对提出申请的鉴定人进行全面审查，择优确定对外委托和组织司法鉴定的鉴定人候选名单。

第七条 申请进入地方人民法院鉴定人名册的单位和个人，其入册资格由有关人民法院司法鉴定机构审核，报上一级人民法院司法鉴定机构批准，并报最高人民法院司法鉴定机构备案。

第八条 经批准列入人民法院司法鉴定人名册的鉴定人，在《人民法院报》予以公告。

第九条 已列入名册的鉴定人应当接受有关人民法院司法鉴定机构的年度审核，并提交以下材料：

（一）年度业务工作报告书；

（二）专业技术人员变更情况；

（三）仪器设备更新情况；

（四）其他变更情况和要求提交的材料。

年度审核有变更事项的，有关司法鉴定机构应当逐级报最高人民法院司法鉴定机构备案。

第十条 人民法院司法鉴定机构依据尊重当事人选择和人民法院指定相结合的原则，组织诉讼双方当事人进行司法鉴定的对外委托。

诉讼双方当事人协商不一致的，由人民法院司法鉴定机构在列入名册的、符合鉴定要求的鉴定人中，选择受委托人鉴定。

第十一条 司法鉴定所涉及的专业未纳入名册时，人民法院司法鉴定机构可以从社会相关专业中，择优选定受委托单位或专业人员进行鉴定。如果被选定的单位或专业人员需要进入鉴定人名册的，仍应当呈报上一级人民法院司法鉴定机构批准。

第十二条 遇有鉴定人应当回避等情形时，有关人民法院司法鉴定机构应当重新选择鉴定人。

第十三条 人民法院司法鉴定机构对外委托鉴定的，应当指派专人负责协调，主动了解鉴定的有关情况，及时处理可能影响鉴定的问题。

第十四条 接受委托的鉴定人认为需要补充鉴定材料时，如果由申请鉴定的当事人提供确有困难的，可以向有关人民法院司法鉴定机构提出请求，由人民法院决定依据职权采集鉴定材料。

第十五条 鉴定人应当依法履行出庭接受质询的义务。人民法院司法鉴定机构应当协调鉴定人做好出庭工作。

第十六条 列入名册的鉴定人有不履行义务，违反司法鉴定有关规定的，由有关人民法院视情节取消入册资格，并在《人民法院报》公告。

权威案例指引

▶典型案例

《余恩惠、李赞、李芊与重庆西南医院医疗损害赔偿纠纷再审案》，《最高人民法院公布七起保障民生典型案例之六》（2014 年 2 月）

典型意义：本案涉及群众民生问题，任何细节都会影响到权利人的合法权益能否切实得到救济，准确认定事实是正确审理案件的基础，应当全面审查证据材料，不能简单化处理，这样才能避免形式主义错误。诉讼请求能否得到支持，需要证据证明，但对证据法定构成要件的理解不能僵化。原始收费凭证确实是证明商品数量和价格的直接有力证据，但仅仅拘泥于此就不能解决复杂问题，很难做到让人民群众在每一个司法案件中都感受到公平正义。原审判决对于余恩惠、李赞、李芊 16200 元人血白蛋白费用的诉讼请求一概否定，就是犯了这样的错误。讼争 20 瓶人血白蛋白用药系遵重庆西南医院医生之嘱，医生开出处方后交由患者家属外购，该院护士有注射记录。余恩惠、李赞、李芊虽然不能提供原始收费凭证，但对此做出了合理解释，而且他们原本主张的实际购置费用远远高于重庆西南医院的出售价格，但为尽快了结纠纷，在诉讼中进行了让步，同意按照重庆西南医院的出售价格计算其支出费用。而且，重庆西南医院也提供了证据，证明其同时期出售的人血白蛋白价格为每瓶 360 元。在这种情况下，李安富住院治疗期间自行购买人血白蛋白的费用数额，已经具备了完整的证据链可以证明，符合民事案件审理过程中认定事实的优势证据原则。所以，最高人民法院部分支持余恩惠、李赞、李芊关于人血白蛋白费用的诉讼请求，纠正了原审判决在认定事实方面存在的错误。

另外，余恩惠一方和重庆西南医院都没有申请进行医疗事故鉴定，所以本案应当适用民法通则和《最高人民法院关于审理人身损害赔偿案件适用法律若干问题的解释》中关于死亡赔偿金的相关规定。原审判决适用《医疗事故处理条例》进行审理，完全不支持死亡赔偿金的诉讼请求，同样存在适用法律不当的问题，最高人民法院再审判决对此一并进行了纠正。

第一千二百一十九条 【患者的知情同意权和医务人员的说明义务；医务人员未尽说明义务的医疗机构替代责任】医务人员在诊疗活动中应当向患者说明病情和医疗措施。需要实施手术、特殊检查、特殊治疗的，医务人员应当及时向患者具体说明医疗风险、替代医疗方案等情况，并取得其明确同意；不能或者不宜向患者说明的，应当向患者的近亲属说明，并取得其明确同意。

医务人员未尽到前款义务，造成患者损害的，医疗机构应当承担赔偿责任。

关联法规参见

▶法律：《精神卫生法》第43条，《执业医师法》第26条。

▶行政法规：《医疗纠纷预防和处理条例》第13条、第14条、第17条，《医疗机构管理条例》第33条，《医疗事故处理条例》第11条。

司法解释适用

《最高人民法院关于审理医疗损害责任纠纷案件适用法律若干问题的解释》（法释〔2020〕17号修改）

新《医疗损害责任纠纷司法解释》	原《医疗损害责任纠纷司法解释》
第五条 患者依据民法典第一千二百一十九条规定主张医疗机构承担赔偿责任的，应当按照前条第一款规定提交证据。 实施手术、特殊检查、特殊治疗的，医疗机构应当承担说明义务并取得患者或者患者近亲属明确同意，但属于民法典第一千二百二十条规定情形的除外。医疗机构提交患者或者患者近亲属明确同意证据的，人民法院可以认定医疗机构尽到说明义务，但患者有相反证据足以反驳的除外。	**第五条** 患者依据侵权责任法第五十五条规定主张医疗机构承担赔偿责任的，应当按照前条第一款规定提交证据。 实施手术、特殊检查、特殊治疗的，医疗机构应当承担说明义务并取得患者或者患者近亲属书面同意，但属于侵权责任法第五十六条规定情形的除外。医疗机构提交患者或者患者近亲属书面同意证据的，人民法院可以认定医疗机构尽到说明义务，但患者有相反证据足以反驳的除外。
第十七条 医务人员违反民法典第一千二百一十九条第一款规定义务，但未造成患者人身损害，患者请求医疗机构承担损害赔偿责任的，不予支持。	**第十七条** 医务人员违反侵权责任法第五十五条第一款规定义务，但未造成患者人身损害，患者请求医疗机构承担损害赔偿责任的，不予支持。

权威案例指引

▶公报案例

《方金凯诉同安医院医疗损害赔偿纠纷案》，《最高人民法院公报》2004年第2期

裁判摘要： 有风险的医疗行为如果是在征得患者及其亲属同意后实施的，风险责任应由患者及其亲属承担。

第一千二百二十条 【紧急情况下的医疗措施批准程序】 因抢救生命垂危的患者等紧急情况，不能取得患者或者其近亲属意见的，经医疗机构负责人或者授权的负责人批准，可以立即实施相应的医疗措施。

关联法规参见

▶法律：《执业医师法》第24条、第28条。

▶**行政法规：**《医疗机构管理条例》第33条。

司法解释适用

《最高人民法院关于审理医疗损害责任纠纷案件适用法律若干问题的解释》（法释〔2020〕17号修改）

新《医疗损害责任纠纷司法解释》	原《医疗损害责任纠纷司法解释》
第十八条　因抢救生命垂危的患者等紧急情况且不能取得患者意见时，下列情形可以认定为民法典第一千二百二十条规定的不能取得患者近亲属意见： （一）近亲属不明的； （二）不能及时联系到近亲属的； （三）近亲属拒绝发表意见的； （四）近亲属达不成一致意见的； （五）法律、法规规定的其他情形。 前款情形，医务人员经医疗机构负责人或者授权的负责人批准立即实施相应医疗措施，患者因此请求医疗机构承担赔偿责任的，不予支持；医疗机构及其医务人员怠于实施相应医疗措施造成损害，患者请求医疗机构承担赔偿责任的，应予支持。	**第十八条**　因抢救生命垂危的患者等紧急情况且不能取得患者意见时，下列情形可以认定为侵权责任法第五十六条规定的不能取得患者近亲属意见： （一）近亲属不明的； （二）不能及时联系到近亲属的； （三）近亲属拒绝发表意见的； （四）近亲属达不成一致意见的； （五）法律、法规规定的其他情形。 前款情形，医务人员经医疗机构负责人或者授权的负责人批准立即实施相应医疗措施，患者因此请求医疗机构承担赔偿责任的，不予支持；医疗机构及其医务人员怠于实施相应医疗措施造成损害，患者请求医疗机构承担赔偿责任的，应予支持。

第一千二百二十一条　【医务人员未尽相当诊疗义务的医疗机构替代责任】医务人员在诊疗活动中未尽到与当时的医疗水平相应的诊疗义务，造成患者损害的，医疗机构应当承担赔偿责任。

关联法规参见

▶**法律：**《执业医师法》第2条、第22条、第31条。

第一千二百二十二条　【医疗机构过错推定的情形】患者在诊疗活动中受到损害，有下列情形之一的，推定医疗机构有过错：

（一）违反法律、行政法规、规章以及其他有关诊疗规范的规定；

（二）隐匿或者拒绝提供与纠纷有关的病历资料；

（三）遗失、伪造、篡改或者违法销毁病历资料。

关联法规参见

▶**法律：**《执业医师法》第22条、第23条。

▶行政法规：《医疗机构管理条例》第25条，《医疗事故处理条例》第5条、第9条。

司法解释适用

《最高人民法院关于审理医疗损害责任纠纷案件适用法律若干问题的解释》（法释〔2020〕17号修改）

新《医疗损害责任纠纷司法解释》	原《医疗损害责任纠纷司法解释》
第六条 民法典第一千二百二十二条规定的病历资料包括医疗机构保管的门诊病历、住院志、体温单、医嘱单、检验报告、医学影像检查资料、特殊检查（治疗）同意书、手术同意书、手术及麻醉记录、病理资料、护理记录、出院记录以及国务院卫生行政主管部门规定的其他病历资料。 患者依法向人民法院申请医疗机构提交由其保管的与纠纷有关的病历资料等，医疗机构未在人民法院指定期限内提交的，人民法院可以依照民法典第一千二百二十二条第二项规定推定医疗机构有过错，但是因不可抗力等客观原因无法提交的除外。	**第六条** 侵权责任法第五十八条规定的病历资料包括医疗机构保管的门诊病历、住院志、体温单、医嘱单、检验报告、医学影像检查资料、特殊检查（治疗）同意书、手术同意书、手术及麻醉记录、病理资料、护理记录、~~医疗费用、~~出院记录以及国务院卫生行政主管部门规定的其他病历资料。 患者依法向人民法院申请医疗机构提交由其保管的与纠纷有关的病历资料等，医疗机构未在人民法院指定期限内提交的，人民法院可以依照侵权责任法第五十八条第二项规定推定医疗机构有过错，但是因不可抗力等客观原因无法提交的除外。

第一千二百二十三条 【缺陷药品、消毒产品、医疗器械和不合格血液的不真正连带责任】因药品、消毒产品、医疗器械的缺陷，或者输入不合格的血液造成患者损害的，患者可以向药品上市许可持有人、生产者、血液提供机构请求赔偿，也可以向医疗机构请求赔偿。患者向医疗机构请求赔偿的，医疗机构赔偿后，有权向负有责任的药品上市许可持有人、生产者、血液提供机构追偿。

关联法规参见

▶法律：《药品管理法》第144条，《产品质量法》第41条至第43条、第46条，《献血法》第22条。

▶行政法规：《艾滋病防治条例》第35条至第37条、第60条，《医疗器械监督管理条例》第13条、第55条、第103条，《血液制品管理条例》第45条。

司法解释适用

《最高人民法院关于审理医疗损害责任纠纷案件适用法律若干问题的解释》（法释〔2020〕17号修改）

新《医疗损害责任纠纷司法解释》	原《医疗损害责任纠纷司法解释》
第七条　患者依据民法典第一千二百二十三条规定请求赔偿的，应当提交使用医疗产品或者输入血液、受到损害的证据。 患者无法提交使用医疗产品或者输入血液与损害之间具有因果关系的证据，依法申请鉴定的，人民法院应予准许。 医疗机构，医疗产品的生产者、销售者、药品上市许可持有人或者血液提供机构主张不承担责任的，应当对医疗产品不存在缺陷或者血液合格等抗辩事由承担举证证明责任。	**第七条**　患者依据侵权责任法第五十九条规定请求赔偿的，应当提交使用医疗产品或者输入血液、受到损害的证据。 患者无法提交使用医疗产品或者输入血液与损害之间具有因果关系的证据，依法申请鉴定的，人民法院应予准许。 医疗机构，医疗产品的生产者、销售者或者血液提供机构主张不承担责任的，应当对医疗产品不存在缺陷或者血液合格等抗辩事由承担举证证明责任。
第二十一条　因医疗产品的缺陷或者输入不合格血液受到损害，患者请求医疗机构，缺陷医疗产品的生产者、销售者、药品上市许可持有人或者血液提供机构承担赔偿责任的，应予支持。 医疗机构承担赔偿责任后，向缺陷医疗产品的生产者、销售者、药品上市许可持有人或者血液提供机构追偿的，应予支持。 因医疗机构的过错使医疗产品存在缺陷或者血液不合格，医疗产品的生产者、销售者、药品上市许可持有人或者血液提供机构承担赔偿责任后，向医疗机构追偿的，应予支持。	**第二十一条**　因医疗产品的缺陷或者输入不合格血液受到损害，患者请求医疗机构，缺陷医疗产品的生产者、销售者或者血液提供机构承担赔偿责任的，应予支持。 医疗机构承担赔偿责任后，向缺陷医疗产品的生产者、销售者或者血液提供机构追偿的，应予支持。 因医疗机构的过错使医疗产品存在缺陷或者血液不合格，医疗产品的生产者、销售者或者血液提供机构承担赔偿责任后，向医疗机构追偿的，应予支持。
第二十二条　缺陷医疗产品与医疗机构的过错诊疗行为共同造成患者同一损害，患者请求医疗机构与医疗产品的生产者、销售者、药品上市许可持有人承担连带责任的，应予支持。 医疗机构或者医疗产品的生产者、销售者、药品上市许可持有人承担赔偿责任后，向其他责任主体追偿的，应当根据诊疗行为与缺陷医疗产品造成患者损害的原因力大小确定相应的数额。	**第二十二条**　缺陷医疗产品与医疗机构的过错诊疗行为共同造成患者同一损害，患者请求医疗机构与医疗产品的生产者或者销售者承担连带责任的，应予支持。 医疗机构或者医疗产品的生产者、销售者承担赔偿责任后，向其他责任主体追偿的，应当根据诊疗行为与缺陷医疗产品造成患者损害的原因力大小确定相应的数额。

新《医疗损害责任纠纷司法解释》	原《医疗损害责任纠纷司法解释》
输入不合格血液与医疗机构的过错诊疗行为共同造成患者同一损害的，参照适用前两款规定。	输入不合格血液与医疗机构的过错诊疗行为共同造成患者同一损害的，参照适用前两款规定。
第二十三条 医疗产品的生产者、销售者、药品上市许可持有人明知医疗产品存在缺陷仍然生产、销售，造成患者死亡或者健康严重损害，被侵权人请求生产者、销售者、药品上市许可持有人赔偿损失及二倍以下惩罚性赔偿的，人民法院应予支持。	**第二十三条** 医疗产品的生产者、销售者明知医疗产品存在缺陷仍然生产、销售，造成患者死亡或者健康严重损害，被侵权人请求生产者、销售者赔偿损失及二倍以下惩罚性赔偿的，人民法院应予支持。

第一千二百二十四条　【医疗机构损害赔偿责任的免责事由；医疗机构及其义务人的过错与患者不配合诊疗的结合】患者在诊疗活动中受到损害，有下列情形之一的，医疗机构不承担赔偿责任：

（一）患者或者其近亲属不配合医疗机构进行符合诊疗规范的诊疗；

（二）医务人员在抢救生命垂危的患者等紧急情况下已经尽到合理诊疗义务；

（三）限于当时的医疗水平难以诊疗。

前款第一项情形中，医疗机构或者其医务人员也有过错的，应当承担相应的赔偿责任。

关联法规参见

▶**法律**：《民法典侵权责任编》第1178条。

▶**行政法规**：《医疗事故处理条例》第33条。

第一千二百二十五条　【客观病历资料的填写、保管和提供义务】医疗机构及其医务人员应当按照规定填写并妥善保管住院志、医嘱单、检验报告、手术及麻醉记录、病理资料、护理记录等病历资料。

患者要求查阅、复制前款规定的病历资料的，医疗机构应当及时提供。

关联法规参见

▶**法律**：《执业医师法》第23条。

▶**行政法规**：《医疗纠纷预防和处理条例》第15条、第16条，《医疗事故处理条例》第8条、第10条、第16条。

司法解释适用

《最高人民法院关于审理医疗损害责任纠纷案件适用法律若干问题的解释》

（法释〔2020〕17号修改）

新《医疗损害责任纠纷司法解释》	原《医疗损害责任纠纷司法解释》
第六条 民法典第一千二百二十二条规定的病历资料包括医疗机构保管的门诊病历、住院志、体温单、医嘱单、检验报告、医学影像检查资料、特殊检查（治疗）同意书、手术同意书、手术及麻醉记录、病理资料、护理记录、出院记录以及国务院卫生行政主管部门规定的其他病历资料。 患者依法向人民法院申请医疗机构提交由其保管的与纠纷有关的病历资料等，医疗机构未在人民法院指定期限内提交的，人民法院可以依照民法典第一千二百二十二条第二项规定推定医疗机构有过错，但是因不可抗力等客观原因无法提交的除外。	**第六条** 侵权责任法第五十八条规定的病历资料包括医疗机构保管的门诊病历、住院志、体温单、医嘱单、检验报告、医学影像检查资料、特殊检查（治疗）同意书、手术同意书、手术及麻醉记录、病理资料、护理记录、~~医疗费用~~、出院记录以及国务院卫生行政主管部门规定的其他病历资料。 患者依法向人民法院申请医疗机构提交由其保管的与纠纷有关的病历资料等，医疗机构未在人民法院指定期限内提交的，人民法院可以依照侵权责任法第五十八条第二项规定推定医疗机构有过错，但是因不可抗力等客观原因无法提交的除外。
第七条 患者依据民法典第一千二百二十三条规定请求赔偿的，应当提交使用医疗产品或者输入血液、受到损害的证据。 患者无法提交使用医疗产品或者输入血液与损害之间具有因果关系的证据，依法申请鉴定的，人民法院应予准许。 医疗机构，医疗产品的生产者、销售者、药品上市许可持有人或者血液提供机构主张不承担责任的，应当对医疗产品不存在缺陷或者血液合格等抗辩事由承担举证证明责任。	**第七条** 患者依据侵权责任法第五十九条规定请求赔偿的，应当提交使用医疗产品或者输入血液、受到损害的证据。 患者无法提交使用医疗产品或者输入血液与损害之间具有因果关系的证据，依法申请鉴定的，人民法院应予准许。 医疗机构，医疗产品的生产者、销售者或者血液提供机构主张不承担责任的，应当对医疗产品不存在缺陷或者血液合格等抗辩事由承担举证证明责任。
第二十一条 因医疗产品的缺陷或者输入不合格血液受到损害，患者请求医疗机构，缺陷医疗产品的生产者、销售者、药品上市许可持有人或者血液提供机构承担赔偿责任的，应予支持。 医疗机构承担赔偿责任后，向缺陷医疗产品的生产者、销售者、药品上市许可持有人或者血液提供机构追偿的，应予支持。	**第二十一条** 因医疗产品的缺陷或者输入不合格血液受到损害，患者请求医疗机构，缺陷医疗产品的生产者、销售者或者血液提供机构承担赔偿责任的，应予支持。 医疗机构承担赔偿责任后，向缺陷医疗产品的生产者、销售者或者血液提供机构追偿的，应予支持。

新《医疗损害责任纠纷司法解释》	原《医疗损害责任纠纷司法解释》
因医疗机构的过错使医疗产品存在缺陷或者血液不合格，医疗产品的生产者、销售者、药品上市许可持有人或者血液提供机构承担赔偿责任后，向医疗机构追偿的，应予支持。	因医疗机构的过错使医疗产品存在缺陷或者血液不合格，医疗产品的生产者、销售者或者血液提供机构承担赔偿责任后，向医疗机构追偿的，应予支持。
第二十二条　缺陷医疗产品与医疗机构的过错诊疗行为共同造成患者同一损害，患者请求医疗机构与医疗产品的生产者、销售者、药品上市许可持有人承担连带责任的，应予支持。 医疗机构或者医疗产品的生产者、销售者、药品上市许可持有人承担赔偿责任后，向其他责任主体追偿的，应当根据诊疗行为与缺陷医疗产品造成患者损害的原因力大小确定相应的数额。 输入不合格血液与医疗机构的过错诊疗行为共同造成患者同一损害的，参照适用前两款规定。	**第二十二条**　缺陷医疗产品与医疗机构的过错诊疗行为共同造成患者同一损害，患者请求医疗机构与医疗产品的生产者或者销售者承担连带责任的，应予支持。 医疗机构或者医疗产品的生产者、销售者承担赔偿责任后，向其他责任主体追偿的，应当根据诊疗行为与缺陷医疗产品造成患者损害的原因力大小确定相应的数额。 输入不合格血液与医疗机构的过错诊疗行为共同造成患者同一损害的，参照适用前两款规定。
第二十三条　医疗产品的生产者、销售者、药品上市许可持有人明知医疗产品存在缺陷仍然生产、销售，造成患者死亡或者健康严重损害，被侵权人请求生产者、销售者、药品上市许可持有人赔偿损失及二倍以下惩罚性赔偿的，人民法院应予支持。	**第二十三条**　医疗产品的生产者、销售者明知医疗产品存在缺陷仍然生产、销售，造成患者死亡或者健康严重损害，被侵权人请求生产者、销售者赔偿损失及二倍以下惩罚性赔偿的，人民法院应予支持。

第一千二百二十六条　【违反患者隐私权和个人信息保密义务的医疗机构责任】医疗机构及其医务人员应当对患者的隐私和个人信息保密。泄露患者的隐私和个人信息，或者未经患者同意公开其病历资料的，应当承担侵权责任。

司法解释适用

《最高人民法院关于确定民事侵权精神损害赔偿责任若干问题的解释》（法释〔2020〕19号修改）

新《精神损害赔偿司法解释》	原《精神损害赔偿司法解释》
第一条　因人身权益或者具有人身意义的特定物受到侵害，自然人或者其近亲属向人民法院提起诉讼请求精神损害赔偿的，人民法院应当依法予以受理。	**第一条**　自然人因下列人格权利遭受非法侵害，向人民法院起诉请求赔偿精神损害的，人民法院应当依法予以受理： （一）生命权、健康权、身体权； （二）姓名权、肖像权、名誉权、荣誉权； （三）人格尊严权、人身自由权。 违反社会公共利益、社会公德侵害他人隐私或者其他人格利益，受害人以侵权为由向人民法院起诉请求赔偿精神损害的，人民法院应当依法予以受理。

第一千二百二十七条　【不必要检查禁止义务】医疗机构及其医务人员不得违反诊疗规范实施不必要的检查。

权威案例指引

▶典型案例

《张丰春与泰安市中心医院医疗服务合同纠纷案》，《最高法院3月31日召开新闻通气会公布4个典型案例之二》（2015年3月31日）

典型意义：医疗服务合同是调整医疗机构与患者之间权利义务关系的合同，我国现阶段医疗纠纷日益增加，不仅影响到患者及家属的心理，也加重了医务人员的心理压力，降低了医疗单位和医务人员在社会上的声誉形象。在实践中确实存在部分医疗机构或医务人员为了追求经济利益，给患者开出价格较为昂贵或不必要的药物，加重了患者的经济负担。本案判令被告泰安市中心医院赔偿原告因不合理用药行为给原告造成的经济损失。通过本案，提醒医疗机构在为患者提供服务的过程中，应秉承“救死扶伤、治病救人”的宗旨，本着必要、合理的原则，为患者提供恰当的治疗方案，加强与患者及患者家属之间的沟通，充分尊重患者的知情权，以构建和谐的医患关系。

第一千二百二十八条　【妨害医疗活动的法律责任】医疗机构及其医务人员的合法权益受法律保护。

干扰医疗秩序，妨碍医务人员工作、生活，侵害医务人员合法权益的，应当依法承担法律责任。

关联法规参见

▶法律：《刑法》第290条，《治安管理处罚法》第23条，《执业医师法》第21条、第40条。

▶行政法规：《医疗事故处理条例》第27条。

第七章　环境污染和生态破坏责任

第一千二百二十九条　【污染环境、破坏生态无过错责任】因污染环境、破坏生态造成他人损害的，侵权人应当承担侵权责任。

关联法规参见

▶法律：《环境噪声污染防治法》第61条，《野生动物保护法》第38条，《农产品质量安全法》第45条，《大气污染防治法》第7条、第125条，《防沙治沙法》第42条，《土壤污染防治法》第96条，《海洋环境保护法》第89条、第91条，《水污染防治法》第96条、第97条，《水法》第76条，《畜牧法》第46条，《环境保护法》第64条至第66条，《渔业法》第39条，《水土保持法》第58条，《海岛保护法》第55条，《长江保护法》第85条、第86条、第90条、第92条、第93条。

▶行政法规：《防治船舶污染海洋环境管理条例》第48条，《防止拆船污染环境管理条例》第23条、第24条，《海洋石油勘探开发环境保护管理条例》第22条。

司法解释适用

《最高人民法院关于审理环境民事公益诉讼案件适用法律若干问题的解释》（法释〔2020〕20号修改）

新《环境民事公益诉讼司法解释》	原《环境民事公益诉讼司法解释》
第一条（原第一条）　法律规定的机关和有关组织依据民事诉讼法第五十五条、环境保护法第五十八条等法律的规定，对已经损害社会公共利益或者具有损害社会公共利益重大风险的污染环境、破坏生态的行为提起诉讼，符合民事诉讼法第一百一十九条第二项、第三项、第四项规定的，人民法院应予受理。	

《最高人民法院关于审理船舶油污损害赔偿纠纷案件若干问题的规定》（法释〔2020〕18号修改）

新《船舶油污损害赔偿纠纷案件规定》	原《船舶油污损害赔偿纠纷案件规定》
为正确审理船舶油污损害赔偿纠纷案件，依照《中华人民共和国民法典》《中华人民共和国海洋环境保护法》《中华人民共和国海商法》《中华人民共和国民事诉讼法》	为正确审理船舶油污损害赔偿纠纷案件，依照《中华人民共和国民法通则》、《中华人民共和国侵权责任法》、《中华人民共和国海洋环境保护法》、《中华人民共和国

<table>
<tr><th>新《船舶油污损害赔偿纠纷案件规定》</th><th>原《船舶油污损害赔偿纠纷案件规定》</th></tr>
<tr><td>《中华人民共和国海事诉讼特别程序法》等法律法规以及中华人民共和国缔结或者参加的有关国际条约，结合审判实践，制定本规定。</td><td>海商法》、《中华人民共和国民事诉讼法》、《中华人民共和国海事诉讼特别程序法》等法律法规以及中华人民共和国缔结或者参加的有关国际条约，结合审判实践，制定本规定。</td></tr>
<tr><td colspan="2">第一条（原第一条）　船舶发生油污事故，对中华人民共和国领域和管辖的其他海域造成油污损害或者形成油污损害威胁，人民法院审理相关船舶油污损害赔偿纠纷案件，适用本规定。</td></tr>
<tr><td colspan="2">第二条（原第二条）　当事人就油轮装载持久性油类造成的油污损害提起诉讼、申请设立油污损害赔偿责任限制基金，由船舶油污事故发生地海事法院管辖。
油轮装载持久性油类引起的船舶油污事故，发生在中华人民共和国领域和管辖的其他海域外，对中华人民共和国领域和管辖的其他海域造成油污损害或者形成油污损害威胁，当事人就船舶油污事故造成的损害提起诉讼、申请设立油污损害赔偿责任限制基金，由油污损害结果地或者采取预防油污措施地海事法院管辖。</td></tr>
<tr><td colspan="2">第三条（原第三条）　两艘或者两艘以上船舶泄漏油类造成油污损害，受损害人请求各泄漏油船舶所有人承担赔偿责任，按照泄漏油数量及泄漏油类对环境的危害性等因素能够合理分开各自造成的损害，由各泄漏油船舶所有人分别承担责任；不能合理分开各自造成的损害，各泄漏油船舶所有人承担连带责任。但泄漏油船舶所有人依法免予承担责任的除外。
各泄漏油船舶所有人对受损害人承担连带责任的，相互之间根据各自责任大小确定相应的赔偿数额；难以确定责任大小的，平均承担赔偿责任。泄漏油船舶所有人支付超出自己应赔偿的数额，有权向其他泄漏油船舶所有人追偿。</td></tr>
<tr><td colspan="2">第四条（原第四条）　船舶互有过失碰撞引起油类泄漏造成油污损害的，受损害人可以请求泄漏油船舶所有人承担全部赔偿责任。</td></tr>
<tr><td colspan="2">第五条（原第五条）　油轮装载的持久性油类造成油污损害的，应依照《防治船舶污染海洋环境管理条例》《1992 年国际油污损害民事责任公约》的规定确定赔偿限额。
油轮装载的非持久性燃油或者非油轮装载的燃油造成油污损害的，应依照海商法关于海事赔偿责任限制的规定确定赔偿限额。</td></tr>
<tr><td colspan="2">第六条（原第六条）　经证明油污损害是由于船舶所有人的故意或者明知可能造成此种损害而轻率地作为或者不作为造成的，船舶所有人主张限制赔偿责任，人民法院不予支持。</td></tr>
<tr><td colspan="2">第七条（原第七条）　油污损害是由于船舶所有人故意造成的，受损害人请求船舶油污损害责任保险人或者财务保证人赔偿，人民法院不予支持。</td></tr>
<tr><td colspan="2">第八条（原第八条）　受损害人直接向船舶油污损害责任保险人或者财务保证人提起诉讼，船舶油污损害责任保险人或者财务保证人可以对受损害人主张船舶所有人的抗辩。</td></tr>
</table>

<table>
<tr><th>新《船舶油污损害赔偿纠纷案件规定》</th><th>原《船舶油污损害赔偿纠纷案件规定》</th></tr>
<tr><td colspan="2">除船舶所有人故意造成油污损害外，船舶油污损害责任保险人或者财务保证人向受损害人主张其对船舶所有人的抗辩，人民法院不予支持。</td></tr>
<tr><td colspan="2">第九条（原第九条）　船舶油污损害赔偿范围包括：
（一）为防止或者减轻船舶油污损害采取预防措施所发生的费用，以及预防措施造成的进一步灭失或者损害；
（二）船舶油污事故造成该船舶之外的财产损害以及由此引起的收入损失；
（三）因油污造成环境损害所引起的收入损失；
（四）对受污染的环境已采取或将要采取合理恢复措施的费用。</td></tr>
<tr><td colspan="2">第十条（原第十条）　对预防措施费用以及预防措施造成的进一步灭失或者损害，人民法院应当结合污染范围、污染程度、油类泄漏量、预防措施的合理性、参与清除油污人员及投入使用设备的费用等因素合理认定。</td></tr>
<tr><td colspan="2">第十一条（原第十一条）　对遇险船舶实施防污措施，作业开始时的主要目的仅是为防止、减轻油污损害的，所发生的费用应认定为预防措施费用。
作业具有救助遇险船舶、其他财产和防止、减轻油污损害的双重目的，应根据目的的主次比例合理划分预防措施费用与救助措施费用；无合理依据区分主次目的的，相关费用应平均分摊。但污染危险消除后发生的费用不应列为预防措施费用。</td></tr>
<tr><td colspan="2">第十二条（原第十二条）　船舶泄漏油类污染其他船舶、渔具、养殖设施等财产，受损害人请求油污责任人赔偿因清洗、修复受污染财产支付的合理费用，人民法院应予支持。
受污染财产无法清洗、修复，或者清洗、修复成本超过其价值的，受损害人请求油污责任人赔偿合理的更换费用，人民法院应予支持，但应参照受污染财产实际使用年限与预期使用年限的比例作合理扣除。</td></tr>
<tr><td colspan="2">第十三条（原第十三条）　受损害人因其财产遭受船舶油污，不能正常生产经营的，其收入损失应以财产清洗、修复或者更换所需合理期间为限进行计算。</td></tr>
<tr><td colspan="2">第十四条（原第十四条）　海洋渔业、滨海旅游业及其他用海、临海经营单位或者个人请求因环境污染所遭受的收入损失，具备下列全部条件，由此证明收入损失与环境污染之间具有直接因果关系的，人民法院应予支持：
（一）请求人的生产经营活动位于或者接近污染区域；
（二）请求人的生产经营活动主要依赖受污染资源或者海岸线；
（三）请求人难以找到其他替代资源或者商业机会；
（四）请求人的生产经营业务属于当地相对稳定的产业。</td></tr>
<tr><td colspan="2">第十五条（原第十五条）　未经相关行政主管部门许可，受损害人从事海上养殖、海洋捕捞，主张收入损失的，人民法院不予支持；但请求赔偿清洗、修复、更换养殖或者捕捞设施的合理费用，人民法院应予支持。</td></tr>
</table>

<table>
<tr><th>新《船舶油污损害赔偿纠纷案件规定》</th><th>原《船舶油污损害赔偿纠纷案件规定》</th></tr>
<tr><td colspan="2">第十六条（原第十六条）　受损害人主张因其财产受污染或者因环境污染造成的收入损失，应以其前三年同期平均净收入扣减受损期间的实际净收入计算，并适当考虑影响收入的其他相关因素予以合理确定。
按照前款规定无法认定收入损失的，可以参考政府部门的相关统计数据和信息，或者同区域同类生产经营者的同期平均收入合理认定。
受损害人采取合理措施避免收入损失，请求赔偿合理措施的费用，人民法院应予支持，但以其避免发生的收入损失数额为限。</td></tr>
<tr><td colspan="2">第十七条（原第十七条）　船舶油污事故造成环境损害的，对环境损害的赔偿应限于已实际采取或者将要采取的合理恢复措施的费用。恢复措施的费用包括合理的监测、评估、研究费用。</td></tr>
<tr><td colspan="2">第十八条（原第十八条）　船舶取得有效的油污损害民事责任保险或者具有相应财务保证的，油污受损害人主张船舶优先权的，人民法院不予支持。</td></tr>
<tr><td colspan="2">第十九条（原第十九条）　对油轮装载的非持久性燃油、非油轮装载的燃油造成油污损害的赔偿请求，适用海商法关于海事赔偿责任限制的规定。
同一海事事故造成前款规定的油污损害和海商法第二百零七条规定的可以限制赔偿责任的其他损害，船舶所有人依照海商法第十一章的规定主张在同一赔偿限额内限制赔偿责任的，人民法院应予支持。</td></tr>
<tr><td colspan="2">第二十条（原第二十条）　为避免油轮装载的非持久性燃油、非油轮装载的燃油造成油污损害，对沉没、搁浅、遇难船舶采取起浮、清除或者使之无害措施，船舶所有人对由此发生的费用主张依照海商法第十一章的规定限制赔偿责任的，人民法院不予支持。</td></tr>
<tr><td colspan="2">第二十一条（原第二十一条）　对油轮装载持久性油类造成的油污损害，船舶所有人，或者船舶油污责任保险人、财务保证人主张责任限制的，应当设立油污损害赔偿责任限制基金。
油污损害赔偿责任限制基金以现金方式设立的，基金数额为《防治船舶污染海洋环境管理条例》《1992 年国际油污损害民事责任公约》规定的赔偿限额。以担保方式设立基金的，担保数额为基金数额及其在基金设立期间的利息。</td></tr>
<tr><td colspan="2">第二十二条（原第二十二条）　船舶所有人、船舶油污损害责任保险人或者财务保证人申请设立油污损害赔偿责任限制基金，利害关系人对船舶所有人主张限制赔偿责任有异议的，应当在海事诉讼特别程序法第一百零六条第一款规定的异议期内以书面形式提出，但提出该异议不影响基金的设立。</td></tr>
<tr><td colspan="2">第二十三条（原第二十三条）　对油轮装载持久性油类造成的油污损害，利害关系人没有在异议期内对船舶所有人主张限制赔偿责任提出异议，油污损害赔偿责任限制基金设立后，海事法院应当解除对船舶所有人的财产采取的保全措施或者发还为解除保全措施而提供的担保。</td></tr>
</table>

<table>
<tr><th>新《船舶油污损害赔偿纠纷案件规定》</th><th>原《船舶油污损害赔偿纠纷案件规定》</th></tr>
<tr><td colspan="2">第二十四条（原第二十四条）　对油轮装载持久性油类造成的油污损害，利害关系人在异议期内对船舶所有人主张限制赔偿责任提出异议的，人民法院在认定船舶所有人有权限制赔偿责任的裁决生效后，应当解除对船舶所有人的财产采取的保全措施或者发还为解除保全措施而提供的担保。</td></tr>
<tr><td colspan="2">第二十五条（原第二十五条）　对油轮装载持久性油类造成的油污损害，受损害人提起诉讼时主张船舶所有人无权限制赔偿责任的，海事法院对船舶所有人是否有权限制赔偿责任的争议，可以先行审理并作出判决。</td></tr>
<tr><td colspan="2">第二十六条（原第二十六条）　对油轮装载持久性油类造成的油污损害，受损害人没有在规定的债权登记期间申请债权登记的，视为放弃在油污损害赔偿责任限制基金中受偿的权利。</td></tr>
<tr><td colspan="2">第二十七条（原第二十七条）　油污损害赔偿责任限制基金不足以清偿有关油污损害的，应根据确认的赔偿数额依法按比例分配。</td></tr>
<tr><td colspan="2">第二十八条（原第二十八条）　对油轮装载持久性油类造成的油污损害，船舶所有人、船舶油污损害责任保险人或者财务保证人申请设立油污损害赔偿责任限制基金、受损害人申请债权登记与受偿，本规定没有规定的，适用海事诉讼特别程序法及相关司法解释的规定。</td></tr>
<tr><td colspan="2">第二十九条（原第二十九条）　在油污损害赔偿责任限制基金分配以前，船舶所有人、船舶油污损害责任保险人或者财务保证人，已先行赔付油污损害的，可以书面申请从基金中代位受偿。代位受偿应限于赔付的范围，并不超过接受赔付的人依法可获得的赔偿数额。
海事法院受理代位受偿申请后，应书面通知所有对油污损害赔偿责任限制基金提出主张的利害关系人。利害关系人对申请人主张代位受偿的权利有异议的，应在收到通知之日起十五日内书面提出。
海事法院经审查认定申请人代位受偿权利成立，应裁定予以确认；申请人主张代位受偿的权利缺乏事实或者法律依据的，裁定驳回其申请。当事人对裁定不服的，可以在收到裁定书之日起十日内提起上诉。</td></tr>
<tr><td colspan="2">第三十条（原第三十条）　船舶所有人为主动防止、减轻油污损害而支出的合理费用或者所作的合理牺牲，请求参与油污损害赔偿责任限制基金分配的，人民法院应予支持，比照本规定第二十九条第二款、第三款的规定处理。</td></tr>
<tr><td colspan="2">第三十一条（原第三十一条）　本规定中下列用语的含义是：
（一）船舶，是指非用于军事或者政府公务的海船和其他海上移动式装置，包括航行于国际航线和国内航线的油轮和非油轮。其中，油轮是指为运输散装持久性货油而建造或者改建的船舶，以及实际装载散装持久性货油的其他船舶。
（二）油类，是指烃类矿物油及其残余物，限于装载于船上作为货物运输的持久性货油、装载用于本船运行的持久性和非持久性燃油，不包括装载于船上作为货物运输的非持久性货油。</td></tr>
</table>

<table>
<tr><th>新《船舶油污损害赔偿纠纷案件规定》</th><th>原《船舶油污损害赔偿纠纷案件规定》</th></tr>
<tr><td colspan="2">（三）船舶油污事故，是指船舶泄漏油类造成油污损害，或者虽未泄漏油类但形成严重和紧迫油污损害威胁的一个或者一系列事件。一系列事件因同一原因而发生的，视为同一事故。
（四）船舶油污损害责任保险人或者财务保证人，是指海事事故中泄漏油类或者直接形成油污损害威胁的船舶一方的油污责任保险人或者财务保证人。
（五）油污损害赔偿责任限制基金，是指船舶所有人、船舶油污损害责任保险人或者财务保证人，对油轮装载持久性油类造成的油污损害申请设立的赔偿责任限制基金。</td></tr>
<tr><td colspan="2">第三十二条（原第三十二条）　本规定实施前本院发布的司法解释与本规定不一致的，以本规定为准。
本规定施行前已经终审的案件，人民法院进行再审时，不适用本规定。</td></tr>
</table>

《最高人民法院关于审理生态环境损害赔偿案件的若干规定（试行）》（法释〔2020〕17 号修改）

新《生态环境损害赔偿案件规定》	原《生态环境损害赔偿案件规定》
第二条　下列情形不适用本规定： （一）因污染环境、破坏生态造成人身损害、个人和集体财产损失要求赔偿的； （二）因海洋生态环境损害要求赔偿的。	**第二条**　下列情形不适用本规定： （一）因污染环境、破坏生态造成人身损害、个人和集体财产损失要求赔偿的，~~适用侵权责任法等法律规定；~~ （二）因海洋生态环境损害要求赔偿的~~，适用海洋环境保护法等法律及相关规定~~。

《最高人民法院关于审理环境侵权责任纠纷案件适用法律若干问题的解释》（法释〔2020〕17 修改）

新《环境侵权责任纠纷司法解释》	原《环境侵权责任纠纷司法解释》
第一条　因污染环境、破坏生态造成他人损害，不论侵权人有无过错，侵权人应当承担侵权责任。 侵权人以排污符合国家或者地方污染物排放标准为由主张不承担责任的，人民法院不予支持。 侵权人不承担责任或者减轻责任的情形，适用海洋环境保护法、水污染防治法、大气污染防治法等环境保护单行法的规定；相关环境保护单行法没有规定的，适用民法典的规定。	**第一条**　因污染环境造成损害，不论污染者有无过错，污染者应当承担侵权责任。 污染者以排污符合国家或者地方污染物排放标准为由主张不承担责任的，人民法院不予支持。 污染者不承担责任或者减轻责任的情形，适用海洋环境保护法、水污染防治法、大气污染防治法等环境保护单行法的规定；相关环境保护单行法没有规定的，适用侵权责任法的规定。

新《环境侵权责任纠纷司法解释》	原《环境侵权责任纠纷司法解释》
第六条 被侵权人根据民法典第七编第七章的规定请求赔偿的，应当提供证明以下事实的证据材料： （一）侵权人排放了污染物或者破坏了生态； （二）被侵权人的损害； （三）侵权人排放的污染物或者其次生污染物、破坏生态行为与损害之间具有关联性。	**第六条** 被侵权人根据侵权责任法第六十五条规定请求赔偿的，应当提供证明以下事实的证据材料： （一）污染者排放了污染物； （二）被侵权人的损害； （三）污染者排放的污染物或者其次生污染物与损害之间具有关联性。
第八条 对查明环境污染、生态破坏案件事实的专门性问题，可以委托具备相关资格的司法鉴定机构出具鉴定意见或者由负有环境资源保护监督管理职责的部门推荐的机构出具检验报告、检测报告、评估报告或者监测数据。	**第八条** 对查明环境污染案件事实的专门性问题，可以委托具备相关资格的司法鉴定机构出具鉴定意见或者由国务院环境保护主管部门推荐的机构出具检验报告、检测报告、评估报告或者监测数据。
第九条 当事人申请通知一至两名具有专门知识的人出庭，就鉴定意见或者污染物认定、损害结果、因果关系、修复措施等专业问题提出意见的，人民法院可以准许。当事人未申请，人民法院认为有必要的，可以进行释明。 具有专门知识的人在法庭上提出的意见，经当事人质证，可以作为认定案件事实的根据。	**第九条** 当事人申请通知一至两名具有专门知识的人出庭，就鉴定意见或者污染物认定、损害结果、因果关系等专业问题提出意见的，人民法院可以准许。当事人未申请，人民法院认为有必要的，可以进行释明。 具有专门知识的人在法庭上提出的意见，经当事人质证，可以作为认定案件事实的根据。
第十条 负有环境资源保护监督管理职责的部门或者其委托的机构出具的环境污染、生态破坏事件调查报告、检验报告、检测报告、评估报告或者监测数据等，经当事人质证，可以作为认定案件事实的根据。	**第十条** 负有环境保护监督管理职责的部门或者其委托的机构出具的环境污染事件调查报告、检验报告、检测报告、评估报告或者监测数据等，经当事人质证，可以作为认定案件事实的根据。
第十一条 对于突发性或者持续时间较短的环境污染、生态破坏行为，在证据可能灭失或者以后难以取得的情况下，当事人或者利害关系人根据民事诉讼法第八十一条规定申请证据保全的，人民法院应当准许。	**第十一条** 对于突发性或者持续时间较短的环境污染行为，在证据可能灭失或者以后难以取得的情况下，当事人或者利害关系人根据民事诉讼法第八十一条规定申请证据保全的，人民法院应当准许。

<table>
<tr><th>新《环境侵权责任纠纷司法解释》</th><th>原《环境侵权责任纠纷司法解释》</th></tr>
<tr><td>第十二条　被申请人具有环境保护法第六十三条规定情形之一，当事人或者利害关系人根据民事诉讼法第一百条或者第一百零一条规定申请保全的，人民法院可以裁定责令被申请人立即停止侵害行为或者采取防治措施。</td><td>第十二条　被申请人具有环境保护法第六十三条规定情形之一，当事人或者利害关系人根据民事诉讼法第一百条或者第一百零一条规定申请保全的，人民法院可以裁定责令被申请人立即停止侵害行为或者采取污染防治措施。</td></tr>
<tr><td>第十三条　人民法院应当根据被侵权人的诉讼请求以及具体案情，合理判定侵权人承担停止侵害、排除妨碍、消除危险、修复生态环境、赔礼道歉、赔偿损失等民事责任。</td><td>第十三条　人民法院应当根据被侵权人的诉讼请求以及具体案情，合理判定污染者承担停止侵害、排除妨碍、消除危险、恢复原状、赔礼道歉、赔偿损失等民事责任。</td></tr>
<tr><td>第十四条　被侵权人请求修复生态环境的，人民法院可以依法裁判侵权人承担环境修复责任，并同时确定其不履行环境修复义务时应当承担的环境修复费用。
侵权人在生效裁判确定的期限内未履行环境修复义务的，人民法院可以委托其他人进行环境修复，所需费用由侵权人承担。</td><td>第十四条　被侵权人请求恢复原状的，人民法院可以依法裁判污染者承担环境修复责任，并同时确定被告不履行环境修复义务时应当承担的环境修复费用。
污染者在生效裁判确定的期限内未履行环境修复义务的，人民法院可以委托其他人进行环境修复，所需费用由污染者承担。</td></tr>
<tr><td>第十五条　被侵权人起诉请求侵权人赔偿因污染环境、破坏生态造成的财产损失、人身损害以及为防止损害发生和扩大、清除污染、修复生态环境而采取必要措施所支出的合理费用的，人民法院应予支持。</td><td>第十五条　被侵权人起诉请求污染者赔偿因污染造成的财产损失、人身损害以及为防止污染扩大、消除污染而采取必要措施所支出的合理费用的，人民法院应予支持。</td></tr>
<tr><td colspan="2">第十六条（原第十六条）　下列情形之一，应当认定为环境保护法第六十五条规定的弄虚作假：
（一）环境影响评价机构明知委托人提供的材料虚假而出具严重失实的评价文件的；
（二）环境监测机构或者从事环境监测设备维护、运营的机构故意隐瞒委托人超过污染物排放标准或者超过重点污染物排放总量控制指标的事实的；
（三）从事防治污染设施维护、运营的机构故意不运行或者不正常运行环境监测设备或者防治污染设施的；
（四）有关机构在环境服务活动中其他弄虚作假的情形。</td></tr>
<tr><td colspan="2">删除条文

~~第十七条　被侵权人提起诉讼，请求污染者停止侵害、排除妨碍、消除危险的，不受环境保护法第六十六条规定的时效期间的限制。~~</td></tr>
</table>

<table>
<tr><th>新《环境侵权责任纠纷司法解释》</th><th>原《环境侵权责任纠纷司法解释》</th></tr>
<tr><td colspan="2">第十七条（原第十八条）　本解释适用于审理因污染环境、破坏生态造成损害的民事案件，但法律和司法解释对环境民事公益诉讼案件另有规定的除外。
相邻污染侵害纠纷、劳动者在职业活动中因受污染损害发生的纠纷，不适用本解释。</td></tr>
<tr><td colspan="2">第十八条（原第十九条）　本解释施行后，人民法院尚未审结的一审、二审案件适用本解释规定。本解释施行前已经作出生效裁判的案件，本解释施行后依法再审的，不适用本解释。</td></tr>
</table>

《最高人民法院关于非航行国际航线的我国船舶在我国海域造成油污损害的民事赔偿责任适用法律问题的请示的答复》

山东省高级人民法院：

你院《关于非航行国际航线的我国船舶在我国海域造成油污损害的民事赔偿责任适用法律问题的请示》收悉。经研究，答复如下：

本案申请人锦州中信船务有限公司系中国法人，其所属的“恒冠36”轮系在我国登记的非航行国际航线的船舶，其在威海海域与中国籍“辽长渔6005”轮碰撞导致漏油发生污染，故本案不具有涉外因素，不适用我国加入的《1902年国际油污损害民事责任公约》。

同意你院的倾向性意见，即本案应适用《中华人民共和国海商法》、《中华人民共和国海洋环境保护法》以及相关行政法规的规定确定当事人的责任，油污责任人可以依据《中华人民共和国海商法》第十一章的规定享有海事赔偿责任限制。

此复。

权威案例指引

▶指导性案例

中华环保联合会诉德州晶华集团振华有限公司大气污染责任民事公益诉讼案，指导案例131号（2019年12月26日）

裁判要点：企业事业单位和其他生产经营者多次超过污染物排放标准或者重点污染物排放总量控制指标排放污染物，环境保护行政管理部门作出行政处罚后仍未改正，原告依据《最高人民法院关于审理环境民事公益诉讼案件适用法律若干问题的解释》第一条规定的“具有损害社会公共利益重大风险的污染环境、破坏生态的行为”对其提起环境民事公益诉讼的，人民法院应予受理。

江苏省人民政府诉安徽海德化工科技有限公司生态环境损害赔偿案，指导案例129号（2019年12月26日）

裁判要点：企业事业单位和其他生产经营者将生产经营过程中产生的危险废物交由不具备危险废物处置资质的企业或者个人进行处置，造成环境污染的，应当承担生态环境损害责任。人民法院可以综合考虑企业事业单位和其他生产经营者的主观过错、经营状况等因素，在责任人提供有效担保后判决其分期支付赔偿费用。

吕金奎等79人诉山海关船舶重工有限责任公司海上污染损害责任纠纷案，指导案例127号（2019年12月26日）

裁判要点：根据海洋环境保护法等有关规定，海洋环境污染中的“污染物”不限于国家或者地方环境标准明确列举的物质。污染者向海水水域排放未纳入国家或者地方环境标准的含有铁物质等成分的污水，造成渔业生产者养殖物损害的，污染者应当承担环境侵权责任。

▶公报案例

《陆耀东诉永达公司环境污染损害赔偿纠纷案》，《最高人民法院公报》2005年第5期

裁判摘要：根据民法通则第一百二十四条和环保法第四十一条的规定，行为人的照明灯光对他人的正常居住环境和健康生活造成环境污染危害的，行为人有责任排除危害。

▶典型案例

《北京市朝阳区自然之友环境研究所诉中国水电顾问集团新平开发有限公司等环境污染责任民事公益诉讼案》，《最高人民法院发布10个长江流域生态环境司法保护典型案例之七》（2021年2月25日）

典型意义：本案系珍稀野生动植物保护预防性环境民事公益诉讼案件。预防性公益诉讼是环境资源审判落实预防为主原则的重要体现，突破了有损害才有救济的传统理念，将生态环境保护的阶段提升至事中甚至事前，有助于加大生态环境保护力度，避免生态环境遭受损害或者防止损害的进一步扩大。本案中，自然之友已举证证明案涉水电站如果继续建设，势必导致国家Ⅰ级重点保护动物绿孔雀和国家Ⅰ级重点保护植物陈氏苏铁的生境被淹没，导致该区域的生物多样性和遗传资源遭受直观预测且不可逆转的损害。人民法院贯彻落实习近平总书记“共抓大保护、不搞大开发”重要指示精神，依法判定新平公司停止基于现有环境影响评价下的水电站建设项目，责令完善相关手续，为长江流域生物多样性保护提供有力司法保障。

《中国生物多样性保护与绿色发展基金会诉雅砻江流域水电开发有限公司环境民事公益诉讼案》，《最高人民法院发布10个长江流域生态环境司法保护典型案例之八》（2021年2月25日）

典型意义：本案系全国首例针对珍稀野生植物的预防性公益诉讼。长江上游是我国水能资源蕴藏丰富的地区，也是自然环境良好、生物物种丰富、地质条件脆弱的生态功能区。本案中，人民法院依法处理好生态环境保护与经济发展的关系，将生态优先的原则贯穿到水电规划开发的全过程，在进行项目可行性研究时充分尊重五小叶槭的生存环境，成功避免了环境安全与效益价值的冲突。同时，五小叶槭虽未列入我国《国家重点保护野生植物名录》，但世界自然保护联盟已将其评估为“极度濒危”、列入红色名录，人民法院判令雅砻江公司采取预防性措施保护五小叶槭生存环境，充分体现了我国作为《生物多样性公约》缔约国的责任和担当。

《江西省新余市渝水区人民检察院诉江西省新余市水务局怠于履行河道监管职责行政公益诉讼案》，《最高人民法院发布10个长江流域生态环境司法保护典型案例之十》（2021年2月25日）

典型意义：本案系因对非法采砂行为监管不力危害河道管理安全引发的行政公益诉讼案件。非法采砂人在河道管理范围内建设构筑物、堆放砂石及废弃设备，影响河道管理和行洪安全，致使国家利益和社会公共利益受到侵害。市水务局作为具有河道监管职责的机关，应当积极履行行政职责，对非法采砂行为进行处罚、对非法建筑进行拆除、恢复河道原状。人民法院依法确认市水务局怠于履职行为违法，同时责令其继续履行法定职责，对于合理界定行政机关依法履职认定标准，促进行政机关依法、及时、全面地履行行政职责，具有示范性意义。

《云南省昆明市盘龙区人民检察院诉闵某、钱某礼非法捕捞水产品罪刑事附带民事公益诉讼案》，《最高人民法院发布10个长江流域水生态司法保护典型案例之三》（2020年9月25日）

典型意义：本案系在滇池水域非法捕捞水产品引发的刑事附带民事公益诉讼案件。滇池属长江上游金沙江水系，为国家级风景名胜区，具有重要的景观养护、湿地调节和气候改善等生态服务功能。被告人非法电鱼区域属入滇河道，其行为影响滇池水域生物休养生息及鱼类产卵繁殖，破坏滇池水域生态环境。人民法院结合当事人违法犯罪情节轻微的事实，在适用财产刑、施以罚金的同时，采用“增殖放流”方式依法追究生态环境损害赔偿责任，有助于加大非法捕捞违法犯罪成本，促进受损水域生态环境修复治理，对类案审理具有一定的借鉴意义。

《江苏省扬州市人民检察诉高某龙等10人环境民事公益诉讼案》，《最高人民法院发布10个长江流域水生态司法保护典型案例之九》（2020年9月25日）

典型意义：本案系在长江流域国家级水产种质资源保护区非法捕捞水产品引发的环境民事公益诉讼。本案中，人民法院对从事或者协助非法捕捞、收购的全部当事人均课以法律责任，并在庭后开展增殖放流、集中销毁电鱼器具网具等多种活动，体现了人民法院严惩非法捕捞、销售、收购长江野生鱼类黑色产业链条的决心，有助于营造全社会保护长江流域生态环境的良好氛围。

《孟德玉诉天津东南新城城市建设投资有限公司噪声污染责任纠纷案》，《最高人民法院发布2019年度人民法院环境资源典型案例之十二》（2020年5月8日）

典型意义：本案系商品房住宅楼内地下供热管道及供热泵噪声污染纠纷案件。本案参照《社会生活环境噪声排放标准》，认定住宅楼内供热管道、供热泵持续发出噪声，干扰居民正常生活并超过国家规定的环境噪声排放标准，构成噪声污染，具有妥当性和合理性。本案判决东南新城公司进行降噪改造并赔偿相应损失，同时考虑改造措施及住房人居住需求，限定明确的改造期限，有利于裁判结果的有效执行，督促房地产开发企业自觉承担消除住宅噪声污染的社会责任，维护人民群众宁静生活的权益。

《连州市连州镇龙咀村民委员会湟白水村民小组诉连南瑶族自治县市政局环境污染责任纠纷案》，《最高人民法院发布2019年度人民法院环境资源典型案例之十四》（2020年5月8日）

典型意义：本案系涉农村土壤及地下水污染的环境污染责任纠纷案件。近年来，生活垃圾处理问题日益凸显，“垃圾围城”现象不仅严重影响城市生活，也是造成农村污染的重要因素之一。本案中，连南市政局租用湟白水村民小组农村荒地建造垃圾填埋场，本应严格遵循垃圾填埋场相关建设标准以及管理规程，却将生活垃圾直接倾倒堆放，造成农村土壤及地下水污染，严重影响了村民生产生活。案涉垃圾填埋场的污染问题成为中央环保督导组的督办案件。本案依法判决连南市政局承担环境侵权责任，对于规范垃圾填埋场的建设和管理行为，防范农村生态环境污染破坏，推动美丽乡村建设具有积极的示范意义。

《江苏省东台市人民检察院诉施圣华非法狩猎刑事附带民事公益案》，《最高人民法院发布2019年度人民法院环境资源典型案例之三十六》（2020年5月8日）

典型意义：本案系非法狩猎引发的刑事附带民事公益诉讼案件。案涉646只鸟类属于“三有”野生动物，是自然生态系统的固有组成部分，对维持生态平衡、促进生态系统物质循环具有重要作用。特别是，案涉猎捕地点位于黄海湿地范围内。黄海湿地是全球数百万迁徙候鸟的停歇地、换羽地和越冬地，已经被列入世界自然遗产名录。大量猎捕野生鸟类将会严重破坏黄海湿地的生物多样性，致使湿地生态失衡。本案中，人民法院依法以非法狩猎罪判处被告人实刑的同时，判决其赔偿国家资源损失并赔礼道歉，体现了司法保护生态环境公共利益的功能。同时，人民法院考虑本案被告人无业、家庭生活困难等情形，依法引导被告人以环境整治、林业看护等环境公益劳动的方式替代履行部分国家资源损失赔偿责任，体现了宽严相济的刑事政策和恢复性环境司法理念。

《被告单位安徽亚兰德新能源材料股份有限公司、被告人吕守国等7人污染环境案》，《最高人民法院发布10起长江经济带生态环境司法保护典型案例之一》（2020年1月8日）

典型意义：本案系通过暗管直接向长江违法排放有毒物质污染环境案件。亚兰德公司作为重点排污单位，为实现单位的犯罪意图，各被告人相互串通，将含镍、钴等重金属的废水偷排至长江，且提供虚假数据应付环保检查，属于严重污染环境行为。本案中，人民法院在依法认定亚兰德公司构成单位犯罪并处罚金的同时，对单位犯罪起决定、策划、指挥等作用的公司法定代表人、副总经理等主要负责人、高级管理人员，对安排工人偷排污水、应付检查的车间主任等分管负责人员，对制造虚假监测数据的环保专员等责任人员，依法分别追究刑事责任。本案判决明确实施污染环境犯罪行为的排污企业在支付生态环境修复及相关费用后仍须承担相应刑事责任，单位犯罪中直接负责的主管人员亦须依法承担刑事责任，充分彰显从严惩治环境污染犯罪的决心，有力威慑违法排污单位并对相关从业人员具有教育警示作用。

《沿河土家族自治县人民检察院诉沿河土家族自治县环境保护局怠于履行法定职责行政公益诉讼案》，《最高人民法院发布10起长江经济带生态环境司法保护典型案例之九》（2020年1月8日）

典型意义：本案系因环保监管部门不履行法定职责引发的检察行政公益诉讼案件。乌江是贵州省第一大河，也是长江上游南岸最大的支流。本案中，县环保局作为环保监管部门，未采取有效措施督促相关单位对污水收集池粪污直排乌江的环境违法行为进行防治，且履职措施未达到杜绝污水直排乌江的监管目的，致使国家和社会公共利益持续处于受侵害状态。人民法院依法支持人民检察院的公益诉求，在确认县环保局怠于履职行为违法的同时责令其继续履行法定职责，对于充分发挥检察公益诉讼功能，合理界定行政机关依法履职标准，促进行政机关依法、及时、全面地履行行政职责，有效维护国家利益和社会公共利益，具有重要意义。本案宣判后，经一审法院后期走访，县环保局已经有效履职，相关水污染防治设施已全面投入使用，污水直排乌江行为得到有效治理。

《杨国先诉桑植县水利局水利行政协议及行政赔偿案》，《最高人民法院发布10起生态环境保护典型案例之六》（2019年3月2日）

典型意义：自然保护区是维护生态多样性，构建国家生态安全屏障，建设美丽中国的重要载体。自然保护区内环境保护与经济发展之间的矛盾较为突出，存在资源主管部门与自然保护区管理部门之间的职责衔接问题。现行法律对自然保护区实行最严格的保护措施，人民法院在审理相关案件时，应注意发挥环境资源司法的监督和预防功能，对涉及环境公共利益的合同效力依职权进行审查，通过依法认定合同无效，严禁任意改变自然生态空间用途的行为，防止不合理开发利用资源的行为损害生态环境。本案对在自然保护区签订的采矿权出让合同效力给予否定性评价，由出让人返还相对人出让款并赔偿损失，既是对相对人合法财产权利的保护，也是对行政机关、社会公众的一种政策宣示和行为引导，符合绿色发展和保障自然保护区生态文明安全的理念和要求。

《江苏省人民政府诉安徽海德化工科技有限公司生态环境损害赔偿案》，《最高人民法院发布10起生态环境保护典型案例之七》（2019年3月2日）

典型意义：本案是《生态环境损害赔偿制度改革试点方案》探索确立生态环境损害赔偿制度后，人民法院最早受理的省级人民政府诉企业生态环境损害赔偿案件之一。长江是中华民族的母亲河。目前沿江化工企业分布密集，违规排放问题突出，已经成为威胁流域生态系统安全的重大隐患。加强长江经济带生态环境司法保障，要着重做好水污染防治案件的审理，充分运用司法手段修复受损生态环境，推动长江流域生态环境质量不断改善，助力长江经济带高质量发展。本案判决明确宣示，不能仅以水体具备自净能力为由主张污染物尚未对水体造成损害以及无需再行修复，水的环境容量是有限的，污染物的排放必然会损害水体、水生物、河床甚至是河岸土壤等生态环境，根据损害担责原则，污染者应当赔偿环境修复费用和生态环境服务功能损失。本案还是《中华人民共和国人民陪审员法》施行后，由七人制合议庭审理的案件，四位人民陪审员在案件审理中依法对事实认定和法律适用问题充分发表了意见，强化了长江流域生态环境保护的公众参与和社会监督，进一步提升了生态环境损害赔偿诉讼裁判结果的公信力。

《中华环境保护基金会诉凯发新泉水务（扬州）有限公司水污染公益诉讼案》，《最高人民法院发布10起人民法院环境资源审判保障长江经济带高质量发展典型案例之五》（2018年11月28日）

典型意义：长三角地区沿江重化工企业高密度布局、人口密度大，人民法院需要通过服务和保障沿江化工污染整治、固体废物处置、城镇污水垃圾治理等生态环境保护专项行动，依法审理城市群工业污染案件和涉城镇污水、垃圾处理案件，实现法律效果、社会效果和生态效果的有机统一。本案中，凯发新泉公司作为工业废水、生活污水处理企业，本应自觉履行生态环境保护的主体责任，将环境保护要求纳入企业经营管理机制，积极开展技术创新和改造，将污水处理达标后才能排放进入长江水体。但该企业仍然多次发生排水口废水污染物超标排放的情况并受到行政处罚。公益诉讼案件受理后，工业园区管委会及时与污染企业解除了特许经营协议，避免了环境损害后果的进一步扩大。人民法院则充分发挥调解的纠纷解决功能，着眼环境利益最大化，确保污染者及时履行生态环境修复责任。

《浙江省开化县人民检察院诉衢州瑞力杰化工有限责任公司环境民事公益诉讼案》，《最高人民法院发布10起人民法院环境资源审判保障长江经济带高质量发展典型案例之七》（2018年11月28日）

典型意义：本案系因土地利用方式不当污染土壤并引发水污染的环境民事公益诉讼案件。人民法院通过依法审理土壤污染案件，强化土壤污染管控和修复，防止有毒有害污染物、危险化学品、危险废物等通过地下水循环系统进入长江干支流，彰显了山水林田湖草是生命共同体的基本理念。本案中，马金溪作为钱江源国家森林公园的重要水域，是开化县城市集中饮用水水源地。瑞力杰公司填埋工业固体废物产生渗滤液，对填埋地土壤和马金溪河流水生态环境以及地下水生态环境造成损害，对水源地水质产生不良影响。人民法院从长江流域生态系统的整体性着眼，综合考虑多种因素，依法判决瑞力杰公司承担环境侵权责任，赔偿生态环境受到损害期间的服务功能损失和生态环境修复费用，有效保障了饮用水水源地的水质安全。

《陈永荣等诉南宁振宁开发有限责任公司噪音污染损害赔偿纠纷案》，《最高人民法院发布10起人民法院服务保障新时代生态文明建设典型案例之八》（2018年6月4日）

典型意义：本案系商品房住宅楼内水泵噪声污染造成损害的新类型环境污染侵权纠纷。法院充分考虑住宅楼内水泵噪声污染的特殊性，基于振宁公司是开发商及案涉水泵安装地点的选定者的事实，认定其对水泵的安装有采取隔音防噪措施的义务，且该义务不能转移给业主。本案判决基于目前缺乏住宅楼内水泵运行噪声标准的现实情况，参照适用《社会生活环境噪声排放标准》，认定住宅楼内水泵运转声音干扰他人正常工作和生活并超过国家规定的环境噪声排放标准的，构成噪声污染，具有合理性。在振宁公司经整改仍无法解决水泵噪声污染的情况下，本案判决振宁公司回购案涉房屋并赔偿相应损失，对于维护人民群众宁静生活的权益，警示和督促房地产开发企业关注噪声问题，自觉承担生态环境保护社会责任，具有较好的示范引导作用。

《贵州省江口县人民检察院诉铜仁市国土资源局、贵州梵净山国家级自然保护区管理局行政公益诉讼案》，《最高人民法院、最高人民检察院发布10起检察公益诉讼典型案例之七》（2018年3月2日）

典型意义：本案涉及国家级自然保护区矿产资源和生态环境的保护。紫玉公司所开采矿区处于自然保护区内。铜仁市国土局、梵净山保护区管理局违法发放采矿许可证并怠于履行监管职责，致使自然保护区生态环境遭到严重破坏，矿产资源遭到极大浪费。本案判决确认铜仁市国土局、梵净山保护区管理局违法并要求其依法履行职责，监督紫玉公司修复受损生态环境，对于加强自然保护区生态环境和自然资源保护，矫正"靠山吃山""牺牲环境谋发展"的错误发展观，树立绿色发展理念，坚守生态红线，还自然以宁静、和谐、美丽具有重要意义。

《贵州泰蘋河生态养殖开发有限公司诉贵州华锦铝业有限公司财产损害赔偿案》，《最高人民法院发布长江流域环境资源审判十大典型案例之四》（2017年12月4日）

典型意义：本案系水资源开发利用过程中产生的侵权纠纷，涉及水资源利用中"生态流量"的保障和控制。河流生态流量具有重要价值，上游地区用水户在水资源开发和利用过程中，要保障河流生态流量，不能损害下游地区供水、通航、灌溉、养殖等生态流量受益方的合法权益，从而保障全流域水生生态系统基本功能的正常运转。本案中，作为主要从事鲟鱼养殖的泰蘋河公司与华锦公司均系戈家寨水库的需水方，均应依照法律规定取水、用水、排水。华锦公司在上游取水用水时未办理取水行政许可和环境影响评价，擅自修建拦截坝取水，未保障必要的生态下泄流量，损害了下游用水户的合法权益，导致损害事实的发生，依法应当承担赔偿责任。本案肯定了生态流量的重要价值，维护了生态流量受益方的合法权益，对于人民法院审理水资源开发利用案件具有指导意义。

《镇江市自来水公司诉韩国开发银行投资公司水污染损害赔偿案》，《最高人民法院发布长江流域环境资源审判十大典型案例之六》（2017年12月4日）

典型意义：长江水道被誉为"黄金水道"，但长江上港口、码头众多，通航船舶不计其数，其中，涉危险化学品码头和船舶数量多，分布广，发生危险化学品泄漏的风险持续加大，有的直接威胁长江水体和沿江地区饮用水的水质安全。人民法院要加强对港口、码头使用过程中引发的水污染案件以及船舶排放、泄漏、倾倒油类、污水或者其他有害物质造成水域污染案件的审理，保护长江水域生态环境安全。本案为船舶污染案件，存在涉外因素、社会关注度高、公众反映强烈。FC轮在卸载苯酚过程中，因违反操作规程、设备存在缺陷等原因导致约44吨苯酚直接排出舷外，造成长江水体污染，人民法院依法判决韩国开发银行投资公司承担赔偿责任，维护了长江水域生态环境安全及长江沿岸人民群众的生命健康权益。

《吕金奎等79人诉山海关船舶重工有限责任公司海上污染损害责任纠纷案》，《最高人民法院发布环境资源刑事、民事、行政典型案例之四》（2017年6月22日）

典型意义：本案系海洋环境污染损害赔偿纠纷案件。伴随着经济社会的快速发展，新型污染物时有出现，在未纳入环境标准的物质导致损害结果的情况下，致害物质是否属于环境污染责任中的“污染物”以及是否构成环境污染侵权成为法院审理案件的难点。本案综合考虑相关环境标准未及时更新和具备专业资质的鉴定人出具的鉴定意见，确立了环境污染责任中“污染物”应界定为一切能够造成环境损害的物质，排放未纳入环境标准物质致损亦构成环境污染侵权的裁判规则，认定被告提出的铁物质仍系“污染物”，依法规范了生产企业的行为，对类似案件审理起到了较好的示范作用。

《重庆市绿色志愿者联合会诉湖北恩施自治州建始磺厂坪矿业有限责任公司水库污染民事公益诉讼案》，《最高人民法院发布环境公益诉讼十大典型案例之四》（2017 年 3 月 7 日）

典型意义：本案涉及三峡库区饮用水资源的保护。结合污染预防和治理的需要，案件创新了民事责任承担方式，将停止侵害的具体履行方式进一步明确为重新申请环境影响评价，未经环境保护行政主管部门批复和环境保护设施未经验收的不得生产，较好地将行政权和司法权相衔接，使判决更具可执行性，有利于及时制止违法生产行为，全面保护社会公共利益。

第一千二百三十条　【污染环境、破坏生态抗辩事由的举证责任】

因污染环境、破坏生态发生纠纷，行为人应当就法律规定的不承担责任或者减轻责任的情形及其行为与损害之间不存在因果关系承担举证责任。

关联法规参见

▶**法律**：《海洋环境保护法》第 89 条、第 91 条，《水污染防治法》第 96 条、第 98 条。

▶**行政法规**：《防治船舶污染海洋环境管理条例》第 49 条，《防止拆船污染环境管理条例》第 25 条，《海洋石油勘探开发环境保护管理条例》第 24 条。

司法解释适用

《最高人民法院关于审理环境民事公益诉讼案件适用法律若干问题的解释》（法释〔2020〕20 号修改）

<table>
<tr><th>新《环境公益诉讼司法解释》</th><th>原《环境公益诉讼司法解释》</th></tr>
<tr><td colspan="2">第十三条（原第十三条）　原告请求被告提供其排放的主要污染物名称、排放方式、排放浓度和总量、超标排放情况以及防治污染设施的建设和运行情况等环境信息，法律、法规、规章规定被告应当持有或者有证据证明被告持有而拒不提供，如果原告主张相关事实不利于被告的，人民法院可以推定该主张成立。</td></tr>
<tr><td colspan="2">第三十条（原第三十条）　已为环境民事公益诉讼生效裁判认定的事实，因同一污染环境、破坏生态行为依据民事诉讼法第一百一十九条规定提起诉讼的原告、被告均无需举证证明，但原告对该事实有异议并有相反证据足以推翻的除外。</td></tr>
</table>

新《环境公益诉讼司法解释》	原《环境公益诉讼司法解释》
对于环境民事公益诉讼生效裁判就被告是否存在法律规定的不承担责任或者减轻责任的情形、行为与损害之间是否存在因果关系、被告承担责任的大小等所作的认定，因同一污染环境、破坏生态行为依据民事诉讼法第一百一十九条规定提起诉讼的原告主张适用的，人民法院应予支持，但被告有相反证据足以推翻的除外。被告主张直接适用对其有利的认定的，人民法院不予支持，被告仍应举证证明。	

《最高人民法院关于审理生态环境损害赔偿案件的若干规定（试行）》（法释〔2020〕17号修改）

新《生态环境损害赔偿规定》	原《生态环境损害赔偿规定》
第六条（原第六条） 原告主张被告承担生态环境损害赔偿责任的，应当就以下事实承担举证责任： （一）被告实施了污染环境、破坏生态的行为或者具有其他应当依法承担责任的情形； （二）生态环境受到损害，以及所需修复费用、损害赔偿等具体数额； （三）被告污染环境、破坏生态的行为与生态环境损害之间具有关联性。	
第七条（原第七条） 被告反驳原告主张的，应当提供证据加以证明。被告主张具有法律规定的不承担责任或者减轻责任情形的，应当承担举证责任。	
第八条（原第八条） 已为发生法律效力的刑事裁判所确认的事实，当事人在生态环境损害赔偿诉讼案件中无须举证证明，但有相反证据足以推翻的除外。 对刑事裁判未予确认的事实，当事人提供的证据达到民事诉讼证明标准的，人民法院应当予以认定。	
第九条（原第九条） 负有相关环境资源保护监督管理职责的部门或者其委托的机构在行政执法过程中形成的事件调查报告、检验报告、检测报告、评估报告、监测数据等，经当事人质证并符合证据标准的，可以作为认定案件事实的根据。	
第十条（原第十条） 当事人在诉前委托具备环境司法鉴定资质的鉴定机构出具的鉴定意见，以及委托国务院环境资源保护监督管理相关主管部门推荐的机构出具的检验报告、检测报告、评估报告、监测数据等，经当事人质证并符合证据标准的，可以作为认定案件事实的根据。	

《最高人民法院关于审理环境侵权责任纠纷案件适用法律若干问题的解释》（法释〔2020〕17号修改）

新《环境侵权责任纠纷司法解释》	原《环境侵权责任纠纷司法解释》
第一条 因污染环境、破坏生态造成他人损害，不论侵权人有无过错，侵权人应当承担侵权责任。	**第一条** 因污染环境造成损害，不论污染者有无过错，污染者应当承担侵权责任。

新《环境侵权责任纠纷司法解释》	原《环境侵权责任纠纷司法解释》
侵权人以排污符合国家或者地方污染物排放标准为由主张不承担责任的，人民法院不予支持。 侵权人不承担责任或者减轻责任的情形，适用海洋环境保护法、水污染防治法、大气污染防治法等环境保护单行法的规定；相关环境保护单行法没有规定的，适用民法典的规定。	污染者以排污符合国家或者地方污染物排放标准为由主张不承担责任的，人民法院不予支持。 污染者不承担责任或者减轻责任的情形，适用海洋环境保护法、水污染防治法、大气污染防治法等环境保护单行法的规定；相关环境保护单行法没有规定的，适用侵权责任法的规定。
第六条　被侵权人根据民法典第七编第七章的规定请求赔偿的，应当提供证明以下事实的证据材料： （一）侵权人排放了污染物或者破坏了生态； （二）被侵权人的损害； （三）侵权人排放的污染物或者其次生污染物、破坏生态行为与损害之间具有关联性。	**第六条**　被侵权人根据侵权责任法第六十五条规定请求赔偿的，应当提供证明以下事实的证据材料： （一）污染者排放了污染物； （二）被侵权人的损害； （三）污染者排放的污染物或者其次生污染物与损害之间具有关联性。
第七条　侵权人举证证明下列情形之一的，人民法院应当认定其污染环境、破坏生态行为与损害之间不存在因果关系： （一）排放污染物、破坏生态的行为没有造成该损害可能的； （二）排放的可造成该损害的污染物未到达该损害发生地的； （三）该损害于排放污染物、破坏生态行为实施之前已发生的； （四）其他可以认定污染环境、破坏生态与行为损害之间不存在因果关系的情形。	**第七条**　污染者举证证明下列情形之一的，人民法院应当认定其污染行为与损害之间不存在因果关系： （一）排放的污染物没有造成该损害可能的； （二）排放的可造成该损害的污染物未到达该损害发生地的； （三）该损害于排放污染物之前已发生的； （四）其他可以认定污染行为与损害之间不存在因果关系的情形。

权威案例指引

▶指导性案例

江苏省徐州市人民检察院诉苏州其安工艺品有限公司等环境民事公益诉讼案，指导案例 135 号（2019 年 12 月 26 日）

裁判要点：在环境民事公益诉讼中，原告有证据证明被告产生危险废物并实施了污染物处置行为，被告拒不提供其处置污染物情况等环境信息，导致无法查明污染物去向的，人民法院可以推定原告主张的环境污染事实成立。

山东省烟台市人民检察院诉王振殿、马群凯环境民事公益诉讼案，指导案例133号（2019年12月26日）

裁判要点：污染者违反国家规定向水域排污造成生态环境损害，以被污染水域有自净功能、水质得到恢复为由主张免除或者减轻生态环境修复责任的，人民法院不予支持。

李劲诉华润置地（重庆）有限公司环境污染责任纠纷案，指导案例128号（2019年12月26日）

裁判要点：由于光污染对人身的伤害具有潜在性、隐蔽性和个体差异性等特点，人民法院认定光污染损害，应当依据国家标准、地方标准、行业标准，是否干扰他人正常生活、工作和学习，以及是否超出公众可容忍度等进行综合认定。对于公众可容忍度，可以根据周边居民的反应情况、现场的实际感受及专家意见等判断。

▶公报案例

《陈汝国与泰州市天源化工有限公司水污染责任纠纷案》，《最高人民法院公报》2016年第3期

裁判摘要：一、对环境污染损害因果关系，主张者只需证明被主张者存在污染环境的可能性，不存在因果关系的证明责任则由被主张者承担。

二、水产养殖物灭失后，可以根据实际养殖状态与条件，参照地方性行政规章对国有渔业水域因工程建设占用补偿标准确定经济损失。

▶典型案例

《义马市朝阳志峰养殖厂诉河南省义马市联创化工有限责任公司水污染责任纠纷案》，《最高人民法院发布10起黄河流域生态环境司法保护典型案例之四》（2020年6月5日）

典型意义：本案系上游排污引发下游损害的典型水污染纠纷案件。环境侵权纠纷的原告需就污染行为和损害后果之间存在关联性承担初步举证责任。本案中，人民法院基于原被告在地理位置上具有上下游关系，认定关联性成立并将因果关系不存在的举证责任转移给被告承担，系对环境侵权因果关系举证责任分配规则的正确适用。同时，本案裁判明确了受害人在私益诉讼中亦可就与其人身、财产合法权益保护密切相关的生态环境修复提出主张，该修复费用必须用于修复生态环境。本案的正确审理，落实了损害担责原则，对于在私益诉讼中如何处理好与维护生态环境公共利益的衔接关系亦具有示范作用。

《兰坪三江铜业有限责任公司诉兰坪汇集矿业有限公司财产损害赔偿纠纷案》，《最高人民法院发布2019年度人民法院环境资源典型案例之十三》（2020年5月8日）

典型意义：本案为环境污染事件引发的财产损害赔偿案件。根据《最高人民法院关于审理环境侵权责任纠纷案件适用法律若干问题的解释》第十条的规定，负有环境保护监督管理职责的国土部门出具的环境污染事件调查报告可以作为认定案件事实的根据。本案中，行政机关出具的调查报告对案涉泥石流灾害的成因、财产损失以及责任认定均有相关表述。人民法院结合双方当事人举证情况，依法采信调查报告作出事实认定，并综合过错程度和原因力

的大小合理划分责任范围，在事实查明方法和法律适用的逻辑、论证等方面对类案审理提供了示范。

《重庆市人民政府、重庆两江志愿服务发展中心诉重庆藏金阁物业管理有限公司、重庆首旭环保科技有限公司生态环境损害赔偿诉讼案》，《最高人民法院保障生态环境损害赔偿制度改革典型案例之二》（2019 年 6 月 5 日）

典型意义：本案系第三方治理模式下出现的生态环境损害赔偿案件。藏金阁公司是承担其所在的藏金阁电镀工业园区废水处置责任的法人，亦是排污许可证的申领主体。首旭公司通过与藏金阁公司签订《委托运行协议》，成为负责前述废水处理站日常运行维护工作的主体。人民法院依据排污主体的法定责任、行为的违法性、客观上的相互配合等因素进行综合判断，判定藏金阁公司与首旭公司之间具有共同故意，应当对造成的生态环境损害承担连带赔偿责任，有利于教育和规范企业切实遵守环境保护法律法规，履行生态环境保护的义务。同时，本案还明确了生态环境损害赔偿诉讼与行政诉讼、刑事诉讼应适用不同的证明标准和责任构成要件，不承担刑事责任或者行政责任并不当然免除生态环境损害赔偿责任，对人民法院贯彻落实习近平总书记提出的“用最严格制度最严密法治保护生态环境”的严密法治观，依法处理三类案件诉讼衔接具有重要指导意义。

《韩国春与中国石油天然气股份有限公司吉林油田分公司水污染责任纠纷案》，《最高人民法院发布 10 起生态环境保护典型案例之四》（2019 年 3 月 2 日）

典型意义：本案系因原油泄漏致使农村鱼塘遭受污染引发的环境污染侵权责任纠纷。司法服务保障农业农村污染治理攻坚战是司法服务保障污染防治攻坚战的重要组成部分，也是司法服务保障乡村振兴战略的重要任务，对于依法解决农业农村突出生态环境问题具有重要意义。本案重申了此类案件双方当事人的举证责任，明确了“排放污染物行为”，不限于积极的投放或导入污染物质的行为，还包括伴随企业生产活动的消极污染行为，并对多种因素造成侵权结果的规则进行了探索。本案的正确审理，体现了环境司法协调平衡保障民生与发展经济之间的关系，既保护了被侵权人的合法权益，体现了对农业水产健康养殖的司法保障，同时也对督促石油企业履行更高的注意义务具有一定的指引作用。

《倪旭龙诉丹东海洋红风力发电有限责任公司环境污染侵权纠纷案》，《最高人民法院发布环境资源刑事、民事、行政典型案例之五》（2017 年 6 月 22 日）

典型意义：本案系因风力发电产生的噪声、光影及电磁造成损害的新类型环境污染侵权纠纷。噪声是风力发电场典型的污染因素。光影的影响，虽未明确作为环境污染的类别，但与光污染类似，且相关研究表明风电场光影的规律性变化和晃动可能对居民和敏感生物产生影响，是可致污染的重要因素。关于电磁波污染，由于风力发电的原理即在于利用风力使得叶片带动磁场转动，由磁场能量转化为电能，在此过程中会产生磁场或电磁波的负面影响，也是已知的可能污染源。

案件结合风力发电厂噪声、光影及电磁致损的新类型污染的特点，同时依据风力发电机组与养殖场的距离、风力发电厂生态建设相关规范文件，结合中华鳖的习性，认定了风力发电产生的噪声、光影及电磁与中华鳖的死亡具有一定的因果关系，体现了环境资源审判中对于专业性问题审查判断的特殊性，对于准确认定污染行为和损害的因果关系具有一定示范意义。

《邓仕迎诉广西永凯糖纸有限责任公司等六企业通海水域污染损害责任纠纷案》，《最高人民法院发布环境资源刑事、民事、行政典型案例之八》（2017 年 6 月 22 日）

典型意义：本案系网箱养殖鱼死亡事件引发的环境污染损害赔偿诉讼。本案被诉排污企业较多，水体污染来源多样，甄别侵权责任主体及判定各主体责任比例是审理的难点。一审、二审法院依法适用环境污染侵权的无过错责任原则，认定被告企业的排污虽未超过国家和地方的污染物排放标准，但并不能直接免除其责任；正确分配举证责任，由原告对存在侵权行为、损害以及侵权行为和损害之间有一定关联性承担举证责任，被告对法律规定的不承担责任或者减轻责任的情形及其行为与损害之间不存在因果关系承担举证责任；准确认定责任比例，在数个企业分别排放污水，造成流域性溶解氧急剧下降的情况下，每个企业的污染行为都不足以造成全部损害，难以确定各自责任大小，判定平均承担赔偿责任。本案原告系无证在政府划定的禁止网箱养殖水域进行生产的养殖户，其主张的损失应否支持是本案审理的另一难点。一审、二审法院正确处理行政管理和保护合法民事权益的关系，对原告的损失进行细化定性，对不正当收益损失部分及其具体实施非法养殖行为所投入的人工费不予支持，对其购买鱼苗、饲料、鱼药等生产成本的损失赔偿请求予以支持。本案审理思路清晰，对水污染案件的审理具有一定示范意义。

《曲忠全诉山东富海实业股份有限公司大气污染责任纠纷案》，《最高人民法院 12 月 29 日发布环境侵权典型案例之四》（2015 年 12 月 29 日）

典型意义：《最高人民法院关于审理环境侵权责任纠纷案件适用法律若干问题的解释》第六条规定，被侵权人根据侵权责任法第六十五条规定请求赔偿的，应当提供污染者排放了污染物；被侵权人的损害；污染者排放的污染物或者其次生污染物与损害之间具有关联性的证明材料。本案判决作出于上述司法解释之前，在适用侵权责任法第六十六条因果关系举证责任倒置原则的同时，要求被侵权人就污染行为与损害结果之间具有关联性负举证证明责任，对于细化被侵权人和污染者之间的举证责任分配，衡平双方利益具有典型意义，体现了审判实践在推进法律规则形成、探寻符合法律价值解决途径中的努力和贡献。同时，本案判决运用科普资料、国家标准以及专业机构的鉴定报告等做出事实认定，综合过错程度和原因力的大小合理划分责任范围，在事实查明方法和法律适用的逻辑、论证等方面提供了示范。

《沈海俊诉机械工业第一设计研究院噪声污染责任纠纷案》，《最高人民法院 12 月 29 日发布环境侵权典型案例之五》（2015 年 12 月 29 日）

典型意义：环境噪声污染防治法第二条规定，环境噪声污染是指所产生的环境噪声超过国家规定的环境噪声排放标准，并干扰他人正常生活、工作和学习的现象。与一般环境侵权适用无过错责任原则不同，环境噪声侵权行为人的主观上要有过错，其外观须具有超过国家规定的噪声排放标准的违法性，才承担噪声污染侵权责任。因此，是否超过国家规定的环境噪声排放标准，是判断排放行为是否构成噪声污染侵权的依据。经委托鉴定，在增压泵正常工作过程中，沈海俊居住卧室室内噪声并未超过国家规定标准，不构成噪声污染，机械设计院不承担噪声污染侵权责任。本案判决有利于指引公众在依法保障其合法权益的同时，承担一定范围和限度内的容忍义务，衡平各方利益，促进邻里和睦，共同提升生活质量。

《袁科威诉广州嘉富房地产发展有限公司噪声污染责任纠纷案》，《最高人民法院12月29日发布环境侵权典型案例之六》（2015年12月29日）

典型意义：电梯是民用建筑的一部分，电梯的设计、建设与安装均应当接受《民用建筑隔声设计规范》（GB50118－2010）的调整。经过监测，涉案电梯的噪声值已经超过国家标准，构成噪声污染。根据侵权责任法第六十六条规定，嘉富公司要对其行为与损害不存在因果关系或者减轻责任的情形承担举证证明责任。在嘉富公司未能提供证据证明袁科威对涉案电梯噪声超标存在过错或故意，亦不能证明噪声超标系第三人、不可抗力、正当防卫或紧急避险等原因造成，其不存在法律规定的不承担责任或者减轻责任的情形，应承担相应的侵权责任。本案的审理结果具有很好的警示作用，尤其是生产经营者要在机械设备的设计、建造、安装及日常运营过程中，关注噪声是否达标，自觉承担应有的环境保护社会责任。

《张长健等1721人与福建省（屏南）榕屏化工有限公司环境污染责任纠纷案》，《最高人民法院公布的九起环境资源审判典型案例之六》（2014年7月4日）

典型意义：环境污染责任的构成要件包括污染者有污染环境的行为、受害人有损害、污染者污染环境的行为与受害人的损害之间有因果关系。其中，因果关系的认定是环境污染责任纠纷中的重要问题。鉴于环境污染侵权具有致害途径复杂多样、损害证明科学技术性强以及多因一果现象频发等特性，侵权责任法第六十六条规定环境污染侵权实行因果关系的举证责任倒置，将污染行为与损害之间不存在因果关系的举证义务加于污染者，其举证不能时，则推定因果关系成立，从而认定环境污染责任成立，保护受害人的合法权益。此外，环境污染责任系无过错责任，污染者有污染行为并造成损害的，除其举证证明存在法律规定的不承担责任或者减轻责任的情形外，均应承担侵权责任，不得以排污达标为由提出抗辩、减免责任。再者，在认定环境污染责任成立的前提下，准确界定损害赔偿的范围，涉及化学、生物、地理等专业知识，宁德市中级人民法院经双方当事人同意委托专业人士进行现场勘验，并依据具备资产评估资格的会计师事务所提出的损失计算标准，认定赔偿数额，具有一定的指导意义。

《姜建波与荆军噪声污染责任纠纷案》，《最高人民法院公布的九起环境资源审判典型案例之七》（2014年7月4日）

典型意义：在工业生产、建筑施工、交通运输和社会生活中产生的严重噪声污染，侵害人们安宁生活、工作和学习的权利，导致人们身心健康受损。本案中，荆军在装卸、运送、加工钢铁制品过程中产生的噪声，超过了一般人可容忍的程度，严重干扰了周边人群的正常生活，应承担停止侵害、排除妨碍及赔偿损失的民事责任。噪声污染给受害人身心健康造成的损害具有持续性和隐蔽性等特点，受害人的症状往往不明显且暂时无法用精确的计量方法反映。二审判决适用了日常生活经验法则及事实推定规则，认为钢铁制品加工、搬卸的噪声会比较严重的影响相邻院落居民正常的生活和休息，符合一般人的认知规律，而且噪声污染对身心健康造成损害，也是为公众普遍认可的。在荆军未举出反证证明其产生的噪声未对姜建波产生损害的情况下，即使姜建波尚未出现明显症状，其生活受到噪声侵扰而导致精神损害的事实也是客观存在的。二审法院系结合荆军加工钢铁制品产生噪声的时间、双方距离的远近、噪声的大小，酌情作出了由荆军赔偿姜建波精神损害抚慰金2000元的判决。

第一千二百三十一条　【数人污染环境、破坏生态的最终责任分担规则】两个以上侵权人污染环境、破坏生态的，承担责任的大小，根据污染物的种类、浓度、排放量，破坏生态的方式、范围、程度，以及行为对损害后果所起的作用等因素确定。

司法解释适用

《最高人民法院关于审理环境侵权责任纠纷案件适用法律若干问题的解释》（法释〔2020〕17号修改）

新《环境侵权责任纠纷司法解释》	原《环境侵权责任纠纷司法解释》
第二条　两个以上侵权人共同实施污染环境、破坏生态行为造成损害，被侵权人根据民法典第一千一百六十八条规定请求侵权人承担连带责任的，人民法院应予支持。	**第二条**　两个以上污染者共同实施污染行为造成损害，被侵权人根据侵权责任法第八条规定请求污染者承担连带责任的，人民法院应予支持。
第三条　两个以上侵权人分别实施污染环境、破坏生态行为造成同一损害，每一个侵权人的污染环境、破坏生态行为都足以造成全部损害，被侵权人根据民法典第一千一百七十一条规定请求侵权人承担连带责任的，人民法院应予支持。 两个以上侵权人分别实施污染环境、破坏生态行为造成同一损害，每一个侵权人的污染环境、破坏生态行为都不足以造成全部损害，被侵权人根据民法典第一千一百七十二条规定请求侵权人承担责任的，人民法院应予支持。	**第三条**　两个以上污染者分别实施污染行为造成同一损害，每一个污染者的污染行为都足以造成全部损害，被侵权人根据侵权责任法第十一条规定请求污染者承担连带责任的，人民法院应予支持。 两个以上污染者分别实施污染行为造成同一损害，每一个污染者的污染行为都不足以造成全部损害，被侵权人根据侵权责任法第十二条规定请求污染者承担责任的，人民法院应予支持。

第1231条

新《环境侵权责任纠纷司法解释》	原《环境侵权责任纠纷司法解释》
两个以上侵权人分别实施污染环境、破坏生态行为造成同一损害，部分侵权人的污染环境、破坏生态行为足以造成全部损害，部分侵权人的污染环境、破坏生态行为只造成部分损害，被侵权人根据民法典第一千一百七十一条规定请求足以造成全部损害的侵权人与其他侵权人就共同造成的损害部分承担连带责任，并对全部损害承担责任的，人民法院应予支持。	两个以上污染者分别实施污染行为造成同一损害，部分污染者的污染行为足以造成全部损害，部分污染者的污染行为只造成部分损害，被侵权人根据侵权责任法第十一条规定请求足以造成全部损害的污染者与其他污染者就共同造成的损害部分承担连带责任，并对全部损害承担责任的，人民法院应予支持。
第四条　两个以上侵权人污染环境、破坏生态，对侵权人承担责任的大小，人民法院应当根据污染物的种类、浓度、排放量、危害性，有无排污许可证、是否超过污染物排放标准、是否超过重点污染物排放总量控制指标，破坏生态的方式、范围、程度，以及行为对损害后果所起的作用等因素确定。	**第四条**　两个以上污染者污染环境，对污染者承担责任的大小，人民法院应当根据污染物的种类、排放量、危害性以及有无排污许可证、是否超过污染物排放标准、是否超过重点污染物排放总量控制指标等因素确定。

权威案例指引

▶典型案例

《上海晟敏投资集团有限公司与普罗旺斯船东2008－1有限公司、法国达飞轮船有限公司、罗克韦尔航运有限公司船舶污染损害责任纠纷案》，《最高人民法院发布2019年度人民法院环境资源典型案例之十六》（2020年5月8日）

典型意义：本案系船舶污染损害责任纠纷。近年来，船舶碰撞产生的燃油泄漏事件，是造成海洋污染的重要原因，污染后果往往特别严重。传统“谁漏油，谁负责”的观点难以保障海洋生态环境的治理修复。本案判决，依法适用国际公约、国内法和司法解释，认定碰撞船舶所有人作为有过错的第三人亦应承担赔偿责任，全面反映了对污染者与第三人实行无过错责任原则、过错责任原则的基本内涵，即原则上污染者负全责，另有过错者相应负责。本案的审理对于厘清船舶污染损害责任纠纷中的责任主体、责任份额及责任承担方式，为具有海上船舶溢油清除服务等资质的第三方公司参与海洋污染治理提供了司法支持，具有积极的示范意义。

《被告人王超、王益平污染环境案，浙江省缙云县人民检察院诉被告缙云县南河电镀厂、王超等4人水污染民事公益诉讼案》，《最高人民法院发布10起长江经济带生态环境司法保护典型案例之四》（2020年1月8日）

典型意义：本案系暗管偷排有毒有害水污染物以及跨省倾倒危险废物污染环境案件。生态环境是人民群众健康生活的重要因素，也是需要刑事和民事法律共同保护的重要法益。被告人因同一污染环境、破坏生态行为被追究刑事责任的，不影响其依法应承担的民事责任。

本案中，人民法院统筹适用刑事和民事责任，在依法从严惩治王超、王益平污染环境罪的同时，依法判处南河电镀厂承担生态环境修复、损害赔偿和赔礼道歉等民事责任，并判令王益平承担连带责任，王超和王群亮、胡晓嵘承担补充清偿责任，体现了损害担责及全面赔偿原则，实现惩治犯罪和保护生态、维护公益相统一。

《被告单位成都益正环卫工程有限公司、成都晨光亚克力塑胶有限公司，被告人吕顺体等16人污染环境案》，《最高人民法院发布10起长江经济带生态环境司法保护典型案例之六》（2020年1月8日）

典型意义：本案系最高人民检察院、公安部、生态环境部联合挂牌督办的长江流域污染环境案件之一，社会关注度高。益正环卫公司在无危险废物经营许可证的情况下，接收危险废物后集中直排至城市污水井，共非法处置危险废物400余吨，造成水业公司地表水生产停产172小时及直接经济损失100余万元，污染后果特别严重。人民法院坚持最严格的生态环境保护制度，对居间介绍、非法委托、非法处置等犯罪链条各环节参与人员均依法严惩，形成对破坏生态环境犯罪行为的有效震慑。同时在案件审理过程中，推动晨光亚克力公司、部分被告人与生态环境行政主管部门达成赔偿协议，晨光亚克力公司、部分被告人主动缴纳生态环境损害赔偿金，对污染企业和责任人自觉承担生态环境损害赔偿责任起到了促进作用，实现了法律效果和社会效果的有机统一。

《山东省生态环境厅诉山东金诚重油化工有限公司、山东弘聚新能源有限公司生态环境损害赔偿诉讼案》，《最高人民法院保障生态环境损害赔偿制度改革典型案例之一》（2019年6月5日）

典型意义：本案系因重大突发环境事件导致的生态环境损害赔偿案件。污染事件发生后，受到社会广泛关注。因二被告排放污染物的时间、种类、数量不同，认定二被告各自行为所造成的污染范围、损害后果及相应的治理费用存在较大困难。人民法院充分借助专家专业技术优势，在查明专业技术相关事实，确定生态环境损害赔偿数额，划分污染者责任等方面进行了积极探索。一是由原、被告分别申请专家辅助人出庭从专业技术角度对案件事实涉及的专业问题充分发表意见；二是由参与《环境损害评估报告》的专业人员出庭说明并接受质询；三是由人民法院另行聘请三位咨询专家参加庭审，并在庭审后出具《损害赔偿责任分担的专家咨询意见》；四是在评估报告基础上，综合专家辅助人和咨询专家的意见，根据主观过错、经营状况等因素，合理分配二被告各自应承担的赔偿责任。人民法院还针对金诚公司应支付的赔偿款项，确定金诚公司可申请分期赔付，教育引导企业依法开展生产经营，在保障生态环境得到及时修复的同时，维护了企业的正常经营，妥善处理了经济社会发展和生态环境保护的辩证关系。同时，人民法院在受理就同一污染环境行为提起的生态环境损害赔偿诉讼和环境民事公益诉讼后，先行中止环境公益诉讼案件审理，待生态环境损害赔偿案件审理完毕后，就环境公益诉讼中未被前案涵盖的诉讼请求依法作出裁判，对妥善协调两类案件的审理进行了有益探索。

《东莞市沙田镇人民政府诉李永明固体废物污染责任纠纷案》，《最高人民法院发布10起生态环境保护典型案例之三》（2019年3月2日）

典型意义：本案系固体废物污染责任纠纷。生态环境是人民群众健康生活的重要因素，也是需要刑事和民事法律共同保护的重要法益。生效刑事判决审理查明的事实，在无相反证据足以推翻的情况下，可以作为民事案件认定事实的根据。本案审理法院正确适用《中华人民共和国环境保护法》，在依法惩治污染环境罪的同时，对于沙田镇政府处理环境污染产生的损失依法予以支持，体现了"谁污染、谁治理"的原则，全面反映了污染环境犯罪成本，起到了很好的震慑作用。本案对于责任的划分，特别是对地方政府是否存在监管漏洞、处理环境污染是否及时的审查判断，也起到了一定的规范、指引作用。本案的审理和判决对于教育企业和个人依法生产、督促政府部门加强监管有着较好的推动和示范作用。

《中华环保联合会诉宜春市中安实业有限公司等水污染公益诉讼案》，《最高人民法院发布10起人民法院环境资源审判保障长江经济带高质量发展典型案例之四》（2018年11月28日）

典型意义：本案在数人环境侵权的责任认定方面进行了有益的探索。长江中下游江河湖泊众多，流域生态功能退化严重，接近30%的重要湖库处于富营养化状态，生态环境形势严峻。本案中，中安公司通过私设暗管的方式偷排重金属污染物直接导致袁河和仙女湖流域特别重大环境突发事件，系直接的污染者。中安公司从事非法经营危险废物的资金来源于珊田公司，龙天勇公司、博凯公司、沿江公司则分别向中安公司非法提供危险废物，均应当按照其过错承担相应的责任。人民法院根据污染环境、破坏生态的范围和程度、生态环境恢复的难易程度、侵权主体过错程度等因素，参考专家意见，将危险废物的绝对数量作为承担责任大小的依据，判决五家公司按比例承担责任，并在省级媒体向公众赔礼道歉，有效保障了重点区域的水环境保护和水生态修复。

《重庆市长寿区珍心鲜农业开发有限公司诉中盐重庆长寿盐化有限公司、四川盐业地质钻井大队环境污染责任纠纷案》，《最高人民法院发布10起人民法院服务保障新时代生态文明建设典型案例之五》（2018年6月4日）

典型意义：本案系无意思联络数人环境侵权案件。在存在无意思联络多个污染行为导致同一损害后果的情况下，分析各污染行为与损害后果的原因力大小是审理的难点。本案中，两处污染源、先后三次污染行为排放的污染物在受损土壤中渗透、迁移、扩散，共同结合造成同一不可分的损害后果，由此可推知单一污染行为尚不足以造成本案全部损害后果，应适用《侵权责任法》第十二条，由各侵权人承担按份赔偿责任。本案判决结合受污染地域区位、受损环境检测数据、自然科学知识进行分析，合理确定污染行为所占原因力的大小，对于此类环境侵权案件的审理具有较好的示范作用。因环境污染不仅会导致被侵权人的财产损失，也会直接对环境造成不良影响，本案在判令侵权人赔偿损失的同时承担生态环境修复责任，体现了环境侵权救济中以修复生态环境为中心的司法理念，具有较好的示范意义。

《中华环保联合会诉谭耀洪、方运双环境污染民事公益诉讼案》，《最高人民法院发布环境资源刑事、民事、行政典型案例之七》（2017 年 6 月 22 日）

典型意义：本案系倾倒固体废物污染水体的环境民事公益诉讼案件。本案由社会组织作为原告、检察机关支持起诉，弥补了个体受害者难以应付专业性强、案情复杂的环境侵权诉讼的不足和环境公益救济主体的缺失，无论对个体权益还是对社会公共利益的保护都非常必要和及时。本案环境污染的后果是鱼塘污泥中的铜、锌重金属超标，侵权行为所侵害的环境权益是公众享有无害水产品和清洁水环境的权益，虽然没有证据显示已有特定主体因此受到重金属的毒害，但是二审判决基于“超过最高容许含量的重金属会通过食物链进一步浓缩和富集，并最终毒害人体”的原理认定污染行为“造成损害”，符合环境污染损害的特点，对于审理固体废物污染案件具有一定示范意义。

《周航诉荆门市明祥物流有限公司、重庆铁发遂渝高速公路有限公司水污染责任纠纷案》，《最高人民法院 12 月 29 日发布环境侵权典型案例之八》（2015 年 12 月 29 日）

典型意义：本案系在高速公路发生意外事故导致的环境污染及财产损害纠纷。随着我国高速公路的延伸和行驶车辆的增多，高速公路及两侧区域的生态环境保护问题日益突出。高速公路及其沿线的环境保护，不仅仅是环境保护行政主管部门的责任，更需要车辆所有人与使用人、高速公路建设单位与运营单位等方面的共同参与。本案中，遂渝高速公司虽然不是污染事故的肇事者，但在高速公路意外事故造成或者可能造成水污染事件的情况下，其理应依法采取有效措施予以处置，并向有关主管部门报告。遂渝高速公司没有履行上述义务，造成损失扩大，应当承担相应的赔偿责任。本案判决对于高速公路的运营、管理单位提高认识，完善机制，履行环境保护义务具有规范、引导作用。

《聂胜等 149 户辛庄村村民与平顶山天安煤业股份有限公司五矿等水污染责任纠纷案》，《最高人民法院公布的九起环境资源审判典型案例之二》（2014 年 7 月 4 日）

典型意义：本案系多方排污导致地下水污染，危害饮用水水源，严重威胁利益主体身心健康案件。案件审理中，被告的生产、生活污水排入地下，且不能举证证明其排污行为与聂胜等人的损害之间不存在因果关系，但一、二审法院根据侵权责任法第六十五条和第六十六条的规定，认定三被告污染环境，应当承担民事责任，并根据鉴定报告和专家意见，厘清了不同排污行为产生的主次责任以及被告承担责任的比例划分，进而作出了相应判决。

《上海市松江区松江区叶榭镇人民政府与蒋荣祥等水污染责任纠纷案》，《最高人民法院公布的九起环境资源审判典型案例之三》（2014 年 7 月 4 日）

典型意义：危险废物不但严重威胁人体健康，也会对人类赖以生存的生态环境造成巨大破坏，必须依法进行申报和处理。本案中，蒋荣祥在未取得危险废物经营许可证的情况下擅自倾倒废酸，致使红先河严重污染，应承担全部赔偿责任。董胜振作为蒋荣祥雇佣的驾驶员，对未经处理的废酸倾倒至雨水井可能造成的危害后果应当具有预见能力，但其盲目听从蒋荣祥的指派，故意将废酸倒入雨水井中，应与蒋荣祥承担连带赔偿责任。佳余公司、浩盟公司与日新公司未办理法定手续，擅自将废酸交由不具备资质的个人运输并排放，应根据各自违法处理危险废物的数量以及对事故发生所起作用等因素按份额与蒋荣祥共同承担责任。虽然环境保护行政主管部门已对上述三公司进行了行政罚款，蒋荣祥、董胜振也被处以刑罚，但均不能免除或减轻其民事赔偿责任。通过刑事责任、行政责任、民事责任三种责任方式的综合运用，提高污染者的违法成本，并对潜在的污染者形成有效震慑，达到防治危险废物污染的目的。

第一千二百三十二条　【违法故意污染环境、破坏生态的惩罚性赔偿责任】侵权人违反法律规定故意污染环境、破坏生态造成严重后果的，被侵权人有权请求相应的惩罚性赔偿。

关联法规参见

▶**法律：**《民法典总则编》第 179 条。

司法解释适用

《最高人民法院、最高人民检察院关于办理环境污染刑事案件适用法律若干问题的解释》

第一条　实施刑法第三百三十八条规定的行为，具有下列情形之一的，应当认定为"严重污染环境"：

（一）在饮用水水源一级保护区、自然保护区核心区排放、倾倒、处置有放射性的废物、含传染病病原体的废物、有毒物质的；

（二）非法排放、倾倒、处置危险废物三吨以上的；

（三）排放、倾倒、处置含铅、汞、镉、铬、砷、铊、锑的污染物，超过国家或者地方污染物排放标准三倍以上的；

（四）排放、倾倒、处置含镍、铜、锌、银、钒、锰、钴的污染物，超过国家或者地方污染物排放标准十倍以上的；

（五）通过暗管、渗井、渗坑、裂隙、溶洞、灌注等逃避监管的方式排放、倾倒、处置有放射性的废物、含传染病病原体的废物、有毒物质的；

（六）二年内曾因违反国家规定，排放、倾倒、处置有放射性的废物、含传染病病原体的废物、有毒物质受过两次以上行政处罚，又实施前列行为的；

（七）重点排污单位篡改、伪造自动监测数据或者干扰自动监测设施，排放化学需氧量、氨氮、二氧化硫、氮氧化物等污染物的；

（八）违法减少防治污染设施运行支出一百万元以上的；

（九）违法所得或者致使公私财产损失三十万元以上的；

（十）造成生态环境严重损害的；

（十一）致使乡镇以上集中式饮用水水源取水中断十二小时以上的；

（十二）致使基本农田、防护林地、特种用途林地五亩以上，其他农用地十亩以上，其他土地二十亩以上基本功能丧失或者遭受永久性破坏的；

（十三）致使森林或者其他林木死亡五十立方米以上，或者幼树死亡二千五百株以上的；

（十四）致使疏散、转移群众五千人以上的；

（十五）致使三十人以上中毒的；

（十六）致使三人以上轻伤、轻度残疾或者器官组织损伤导致一般功能障碍的；

（十七）致使一人以上重伤、中度残疾或者器官组织损伤导致严重功能障碍的；

（十八）其他严重污染环境的情形。

权威案例指引

▶典型案例

《江苏省宿迁市宿城区人民检察院诉沭阳县农业委员会不履行林业监督管理法定职责行政公益诉讼案》，《最高人民法院发布10起生态环境保护典型案例之十》（2019年3月2日）

典型意义：本案是检察机关提起的涉林业行政公益诉讼。林木除具有经济价值外，还具有涵养水源、防风固沙、调节气候以及为野生动物提供栖息场所等生态价值。任何组织和个人均有义务保护林业生态环境安全。林业行政主管部门更应恪尽职守，依法履职。《中华人民共和国森林法》第三十九条规定："盗伐森林或者其他林木的，依法赔偿损失；由林业主管部门责令补种盗伐株数十倍的树木，没收盗伐的林木或者变卖所得，并处盗伐林木价值三倍以上十倍以下的罚款。滥伐森林或者其他林木，由林业主管部门责令补种滥伐株数五倍的树木，并处滥伐林木价值二倍以上五倍以下的罚款。拒不补种树木或者补种不符合国家有关规定的，由林业主管部门代为补种，所需费用由违法者支付。盗伐、滥伐森林或者其他林木，构成犯罪的，依法追究刑事责任。"林业纠纷案件多具融合性，同一违法行为往往涉及刑事、民事和行政不同法律责任。本案的正确审理，有助于进一步厘清涉林业检察公益诉讼中刑事责任、行政责任以及民事责任的关系和界限，依法全面保护林业生态环境安全。本案审理法院还组织省市县三级120余家行政执法机关的150余名工作人员以及10位人大代表、政协委员旁听庭审，起到了宣传教育的良好效果。

第一千二百三十三条　【因第三人过错污染环境、破坏生态的不真正连带责任】因第三人的过错污染环境、破坏生态的，被侵权人可以向侵权人请求赔偿，也可以向第三人请求赔偿。侵权人赔偿后，有权向第三人追偿。

关联法规参见

▶**法律：**《海洋环境保护法》第89条，《水污染防治法》第96条，《石油天然气管道保护法》第40条。

▶**国际条约**：《1969 年国际油污损害民事责任公约》第Ⅲ条。

司法解释适用

《最高人民法院关于审理环境侵权责任纠纷案件适用法律若干问题的解释》（法释〔2020〕17 号修改）

新《环境侵权责任纠纷司法解释》	原《环境侵权责任纠纷司法解释》
第五条　被侵权人根据民法典第一千二百三十三条规定分别或者同时起诉侵权人、第三人的，人民法院应予受理。 被侵权人请求第三人承担赔偿责任的，人民法院应当根据第三人的过错程度确定其相应赔偿责任。 侵权人以第三人的过错污染环境、破坏生态造成损害为由主张不承担责任或者减轻责任的，人民法院不予支持。	**第五条**　被侵权人根据侵权责任法第六十八条规定分别或者同时起诉污染者、第三人的，人民法院应予受理。 被侵权人请求第三人承担赔偿责任的，人民法院应当根据第三人的过错程度确定其相应赔偿责任。 污染者以第三人的过错污染环境造成损害为由主张不承担责任或者减轻责任的，人民法院不予支持。

权威案例指引

▶**典型案例**

《重庆市长寿区龙河镇盐井村 1 组与蒙城县利超运输有限公司等环境污染责任纠纷案》，《最高人民法院公布的九起环境资源审判典型案例之四》（2014 年 7 月 4 日）

典型意义：本案系因交通事故导致有毒化学物质泄漏引起的环境污染责任纠纷，涉及不同法律关系的多方当事人。根据侵权责任法第六十八条之规定，环境污染者即使因第三人的过错造成他人损失，也不能免责。本案中，李勇系杨玉文雇佣的驾驶员，其在从事雇佣活动中造成他人损害的，依法应由雇主对外承担侵权责任。濮阳公司因第三人杨玉文方的过错造成了环境污染，被侵权人依法可以向污染者请求赔偿，也可以向第三人请求赔偿。

第一千二百三十四条　【生态环境损害修复责任】违反国家规定造成生态环境损害，生态环境能够修复的，国家规定的机关或者法律规定的组织有权请求侵权人在合理期限内承担修复责任。侵权人在期限内未修复的，国家规定的机关或者法律规定的组织可以自行或者委托他人进行修复，所需费用由侵权人负担。

司法解释适用

《最高人民法院关于审理环境民事公益诉讼案件适用法律若干问题的解释》（法释〔2020〕20号修改）

<table>
<tr><th>新《环境侵权纠纷司法解释》</th><th>原《环境侵权责任纠纷司法解释》</th></tr>
<tr><td>第十八条　对污染环境、破坏生态，已经损害社会公共利益或者具有损害社会公共利益重大风险的行为，原告可以请求被告承担停止侵害、排除妨碍、消除危险、修复生态环境、赔偿损失、赔礼道歉等民事责任。</td><td>第十八条　对污染环境、破坏生态，已经损害社会公共利益或者具有损害社会公共利益重大风险的行为，原告可以请求被告承担停止侵害、排除妨碍、消除危险、恢复原状、赔偿损失、赔礼道歉等民事责任。</td></tr>
<tr><td colspan="2">第十九条（原第十九条）　原告为防止生态环境损害的发生和扩大，请求被告停止侵害、排除妨碍、消除危险的，人民法院可以依法予以支持。
原告为停止侵害、排除妨碍、消除危险采取合理预防、处置措施而发生的费用，请求被告承担的，人民法院可以依法予以支持。</td></tr>
<tr><td>第二十条　原告请求修复生态环境的，人民法院可以依法判决被告将生态环境修复到损害发生之前的状态和功能。无法完全修复的，可以准许采用替代性修复方式。
人民法院可以在判决被告修复生态环境的同时，确定被告不履行修复义务时应承担的生态环境修复费用；也可以直接判决被告承担生态环境修复费用。
生态环境修复费用包括制定、实施修复方案的费用，修复期间的监测、监管费用，以及修复完成后的验收费用、修复效果后评估费用等。</td><td>第二十条　原告请求恢复原状的，人民法院可以依法判决被告将生态环境修复到损害发生之前的状态和功能。无法完全修复的，可以准许采用替代性修复方式。
人民法院可以在判决被告修复生态环境的同时，确定被告不履行修复义务时应承担的生态环境修复费用；也可以直接判决被告承担生态环境修复费用。
生态环境修复费用包括制定、实施修复方案的费用和监测、监管等费用。</td></tr>
<tr><td>第二十三条　生态环境修复费用难以确定或者确定具体数额所需鉴定费用明显过高的，人民法院可以结合污染环境、破坏生态的范围和程度，生态环境的稀缺性，生态环境恢复的难易程度，防治污染设备的运行成本，被告因侵害行为所获得的利益以及过错程度等因素，并可以参考负有环境资源保护监督管理职责的部门的意见、专家意见等，予以合理确定。</td><td>第二十三条　生态环境修复费用难以确定或者确定具体数额所需鉴定费用明显过高的，人民法院可以结合污染环境、破坏生态的范围和程度、生态环境的稀缺性、生态环境恢复的难易程度、防治污染设备的运行成本、被告因侵害行为所获得的利益以及过错程度等因素，并可以参考负有环境保护监督管理职责的部门的意见、专家意见等，予以合理确定。</td></tr>
</table>

《最高人民法院关于审理生态环境损害赔偿案件的若干规定（试行）》（法释〔2020〕17 号修改）

<table>
<tr><th>新《生态环境损害赔偿案件规定》</th><th>原《生态环境损害赔偿案件规定》</th></tr>
<tr><td>第十一条　被告违反国家规定造成生态环境损害的，人民法院应当根据原告的诉讼请求以及具体案情，合理判决被告承担修复生态环境、赔偿损失、停止侵害、排除妨碍、消除危险、赔礼道歉等民事责任。</td><td>第十一条　被告违反法律法规污染环境、破坏生态的，人民法院应当根据原告的诉讼请求以及具体案情，合理判决被告承担修复生态环境、赔偿损失、停止侵害、排除妨碍、消除危险、赔礼道歉等民事责任。</td></tr>
<tr><td colspan="2">第十二条（原第十二条）　受损生态环境能够修复的，人民法院应当依法判决被告承担修复责任，并同时确定被告不履行修复义务时应承担的生态环境修复费用。
生态环境修复费用包括制定、实施修复方案的费用，修复期间的监测、监管费用，以及修复完成后的验收费用、修复效果后评估费用等。
原告请求被告赔偿生态环境受到损害至修复完成期间服务功能损失的，人民法院根据具体案情予以判决。</td></tr>
</table>

《最高人民法院关于审理环境侵权责任纠纷案件适用法律若干问题的解释》（法释〔2020〕17 号修改）

新《环境侵权纠纷司法解释》	原《环境侵权责任纠纷司法解释》
第十三条　人民法院应当根据被侵权人的诉讼请求以及具体案情，合理判定侵权人承担停止侵害、排除妨碍、消除危险、修复生态环境、赔礼道歉、赔偿损失等民事责任。	**第十三条**　人民法院应当根据被侵权人的诉讼请求以及具体案情，合理判定污染者承担停止侵害、排除妨碍、消除危险、恢复原状、赔礼道歉、赔偿损失等民事责任。

权威案例指引

▶典型案例

《被告人李绪根非法捕捞水产品刑事附带民事公益诉讼案》，《最高人民法院发布 10 个长江流域生态环境司法保护典型案例之一》（2021 年 2 月 25 日）

典型意义：本案系非法捕捞水产品引发的刑事附带民事公益诉讼案件。长江十年禁捕是贯彻习近平总书记关于“共抓大保护、不搞大开发”的重要指示精神，保护长江母亲河和加强生态文明建设的重要举措，是为全局计、为子孙谋，功在当代、利在千秋的重要决策。本案中，案发地位于四大家鱼种质资源区的长江流域扬州段，是鱼类的重要洄游通道，也是鱼类育肥产卵和越冬的最佳场所。李绪根电鱼的行为对自然水域的水生生物产生极大杀伤力，严重威胁生态资源和水环境，故人民法院依法以非法捕捞罪判处其有期徒刑并没收违法所得。同时，李绪根仍需承担增殖放流的生态修复责任，确保长江流域生态环境得到及时有效修复。2020年12月，最高人民法院、最高人民检察院、公安部、农业农村部联合制定了《依法惩治长江流域非法捕捞等违法犯罪的意见》，明确对长江流域非法捕捞等危害水生生物资源的各类违法犯罪进行严厉打击，确保长江流域禁捕工作顺利实施。

《被告人秦家学滥伐林木刑事附带民事公益诉讼案》，《最高人民法院发布10个长江流域生态环境司法保护典型案例之三》（2021年2月25日）

典型意义：本案系滥伐林木引发的刑事附带民事公益诉讼案件。白云山国家级自然保护区位于武陵山区，是长江流域洞庭湖支流沅江的重要水源涵养区。该地区的森林资源具有保持水土、维护生物多样性等重要作用。本案中，秦家学未取得林木采伐许可证，擅自砍伐、销售自然保护区内公益林，损害社会公共利益。人民法院统筹运用刑事、民事责任方式，有效确立"伐树要许可、毁树须担责"，并支持检察机关恢复原状的诉讼请求，对于推动形成人与自然和谐共生的绿色生活方式，具有积极的促进作用。

《中华环境保护基金会诉中化重庆涪陵化工有限公司环境污染民事公益诉讼案》，《最高人民法院发布10个长江流域生态环境司法保护典型案例之六》（2021年2月25日）

典型意义：本案系长江边磷石膏尾矿库引发的环境污染民事公益诉讼。总磷是长江首要超标污染因子，磷石膏尾矿库通过渗滤液渗漏等方式污染土壤、地下水等，对长江构成巨大威胁。本案中，人民法院探索建立以法院为主导的案件执行机制，充分延伸环境资源审判职能，及时向有关单位发出司法建议，形成监督合力，确保涪陵化工公司按时按约履行调解书。同时，积极构建生态环境修复协调联动机制，邀请检察机关、环境资源行政主管部门共同制定生态环境修复评估标准，对修复工作进行联合巡检；邀请人大代表、政协委员对案件执行工作进行监督。本案的审判和执行过程创新完善环境民事公益诉讼案件执行机制，充分体现出人民法院在服务和保障长江流域生态文明建设中的主动担当作为。

《贵州省毕节市七星关区人民检察院诉曾某飞等3人非法捕捞水产品刑事附带民事公益诉讼案》，《最高人民法院发布10个长江流域水生态司法保护典型案例之四》（2020年9月25日）

典型意义：本案系在长江上游珍稀特有鱼类国家级自然保护区非法捕捞水产品引发的刑事附带民事公益诉讼案。本案所涉七星关区赤水河段，地处上述自然保护区实验区范围内。被告人在禁渔期内使用电鱼方式非法捕捞水产品，对自然保护区的渔业资源和生态环境造成严重破坏。人民法院在追究被告人刑事责任的同时，促进被告人与检察机关、行政执法机关签订生态补偿协议，探索创新"恢复性司法实践+社会化综合治理"的裁判执行机制，有力维护长江上游珍稀特有鱼类及其栖息地生态环境安全。

《四川省崇州市人民检察院诉张某、汪某林非法捕捞水产品刑事附带民事公益诉讼案》，《最高人民法院发布10个长江流域水生态司法保护典型案例之五》（2020年9月25日）

典型意义：本案系在长江流域天然河流非法捕捞水产品引发的刑事附带民事公益诉讼

案。被告人非法捕捞水产品，严重破坏天然河流的渔业资源和水文状况，应予惩治。人民法院参考专家意见，采取被告人参与社会实践公益活动以及将渔业资源损失费直接用于水域环境治理的方式，替代通常的“增殖放流”修复方式，拓展丰富了生态修复责任承担形式，有助于确保长江流域生态修复落到实处，促进惩罚犯罪与修复生态效果统一。

《湖南省岳阳市君山区人民检察院诉何某焕、孙某秋非法捕捞水产品刑事附带民事公益诉讼案》，《最高人民法院发布10个长江流域水生态司法保护典型案例之六》（2020年9月25日）

典型意义：本案系在洞庭湖水系非法捕捞水产品引发的刑事附带民事公益诉讼案件。被告人采用电捕鱼非法作业方式，严重影响作业范围内各类水生动物种群繁衍，破坏洞庭湖和长江流域水生物资源和水生态环境。本案系洞庭湖环境资源法庭挂牌成立以来集中管辖审理的第一起非法捕捞水产品案件。人民法院在追究当事人刑事责任的同时，判令其将生态修复费用交付渔政部门，由渔政部门购买幼鱼、代为履行“增殖放流”，创新生态环境损害赔偿责任执行方式，有利于促进司法与行政执法机关的协调联动，确保受损水生生物资源和水生态得到及时有效修复。

《湖北省宜昌市伍家岗区人民检察院诉李某九等8人非法捕捞水产品刑事附带民事公益诉讼案》，《最高人民法院发布10个长江流域水生态司法保护典型案例之七》（2020年9月25日）

典型意义：本案系在长江中上游非法捕捞水产品引发的刑事附带民事公益诉讼案件。本案所涉长江宜昌至枝江段，渔业资源丰富，是长江重要经济鱼类产卵场的主要分布江段。近年来“电毒炸”非法捕捞作业方式屡禁不止，导致该江段渔业资源不断衰退。本案系目前为止该江段内抓获的最大团伙电捕鱼案件，人民法院对8名被告人均被判处实刑，同时判令采用放流成鱼和幼鱼的方式对受损水体进行修复，并将生态修复义务履行情况纳入量刑情节，展示了人民法院注重生态系统修复的司法理念，有力保障长江流域水生生物资源安全。

《“王家坝河”生态环境损害赔偿协议司法确认案》，《最高人民法院发布10个长江流域水生态司法保护典型案例之十》（2020年9月25日）

典型意义：本案系在长江流域天然河流非法捕捞水产品引发的生态环境损害赔偿协议司法确认案件。本案中，赔偿义务人因其非法捕捞水产品行为造成生态环境损害，省级人民政府授权的机关与其进行磋商，达成生态环境损害赔偿协议，人民法院依法予以确认。赔偿义务人依据专家评估意见通过实施增殖放流的方式对破坏的生态环境进行修复，履行情况作为后续刑事案件酌定从轻的量刑情节。本案拓展了非法捕捞水产品行为人承担生态环境损害赔偿责任的司法路径，体现了生态优先、注重修复的环境司法理念。

《被告人甲波周盗伐林木刑事附带民事公益诉讼案》，《最高人民法院发布10起黄河流域生态环境司法保护典型案例之一》（2020年6月5日）

典型意义：本案系盗伐林木引发的刑事附带民事公益诉讼案件。若尔盖县地处黄河上游，是重要的水源涵养区。该区域的森林资源具有保持水土、维护生物多样性等重要作用。

通过案件审理，人民法院统筹运用刑事、民事责任方式，落实恢复性司法理念，在判决甲波周负刑事责任的同时承担补植复绿的生态环境修复责任，构建惩处和复绿并举的责任追究机制，对于有效树立“伐树要许可、毁树须担责”的生态保护意识，推动形成人与自然和谐共生的绿色生活方式，具有积极的促进作用。

《河南省环保联合会诉聊城东染化工有限公司环境污染公益诉讼纠纷案》，《最高人民法院发布10起黄河流域生态环境司法保护典型案例之六》（2020年6月5日）

典型意义：本案系社会组织起诉、由检察机关支持起诉的涉水和土壤污染环境民事公益诉讼案件。本案中，企业将生产出的废酸交给没有危险废物运输处置资质的个人非法倾倒至黄河流域多处河沟，对地表水和土壤环境造成严重损害，应承担环境侵权责任。人民法院组织双方达成和解协议，内容不仅包括企业承担环境修复治理费用、赔礼道歉等法律责任，企业的法定代表人还主动向社会开放了其拥有的环境保护方面实用新型专利。人民法院在依法支持社会组织环境公益诉权，确保污染者及时履行环境修复责任的同时，着眼环境利益最大化，积极创新审判执行方式，取得了良好的法律效果和社会效果。

《被告单位福州市源顺石材有限公司、被告人黄恒游非法占用农用地案》，《最高人民法院发布2019年度人民法院环境资源典型案例之十》（2020年5月8日）

典型意义：本案系非法占用农用地的刑事案件。林地、耕地等农用地是重要的土地资源。本案中，源顺公司及其法定代表人黄恒游未经审批擅自占用林地堆放矿石渣土，对农用地用途及其周边生态环境造成破坏。人民法院在审理中，注重惩治犯罪和生态环境治理修复的有机结合，将生态环境修复义务的履行纳入量刑情节，有效融合了生态司法的警示教育、环境治理和法治宣传等诸多功能，取得了良好的法律效果和社会效果。

《山东省生态环境厅诉山东道一新能源科技有限公司合同纠纷案》，《最高人民法院发布2019年度人民法院环境资源典型案例之二十》（2020年5月8日）

典型意义：本案系赔偿义务人不履行生态环境损害赔偿协议引发的合同纠纷案件。根据《最高人民法院关于审理生态环境损害赔偿案件的若干规定（试行）》的规定，省级、市地级人民政府及其指定的相关部门，可与造成生态环境损害的自然人、法人或者其他组织经磋商达成生态环境损害赔偿协议。一方当事人拒绝履行或者未全部履行生态环境损害赔偿协议的，既可经由司法确认程序赋予强制执行效力，也可由另一方当事人提起违约之诉予以解决。本案判决道一公司未支付全部生态环境损害赔偿款，构成违约，应向山东省生态环境厅承担违约责任，有力保障了生态环境损害赔偿协议的有效履行和生态环境修复工作的切实开展，是人民法院在司法确认程序之外，依法追究损害生态环境行为人赔偿责任的又一路径。

《北京市朝阳区自然之友环境研究所诉现代汽车（中国）投资有限公司大气污染责任纠纷案》，《最高人民法院发布2019年度人民法院环境资源典型案例之三十三》（2020年5月8日）

典型意义：本案系全国首例将慈善信托机制引入公益诉讼专项资金制度的环境民事公益诉讼案件。公益诉讼赔偿金的管理和使用，直接关系到公益诉讼目的的实现。本案中，在人民法院主持下，双方达成调解，以公益诉讼赔偿金为信托财产，设立专项慈善信托，借助信托机构的资金管理经验，充分发挥公益诉讼赔偿金的资金效用。由现代汽车出资修建充电桩从而间接实现保护大气环境的目的，亦进一步拓展了替代性修复的方式。同时，人民法院对该项信托设立由公益组织代表、环境专家、法学专家组成的信托决策委员会，作为信托监察人，切实保障信托资金真正用于“保护、修复大气环境，防治大气污染，支持环境公益事业”的目的，是对公益诉讼专项资金管理、使用和监督制度的有益探索。

《江苏省泰州市人民检察院诉王小朋等59人生态破坏民事公益诉讼案》，《最高人民法院发布2019年度人民法院环境资源典型案例之三十四》（2020年5月8日）

典型意义：本案系江苏环境资源审判“9+1”机制正式运行后，南京环境资源法庭立案受理、公开开庭审理并作出裁判的第一起案件，也是自2016年1月国家调整长江流域禁渔期以来，全国首例判令从捕捞、收购到贩卖长江鳗鱼苗“全链条”承担生态破坏赔偿责任的案件，充分体现了人民法院“用最严格制度最严密法治”保护长江生态环境的决心和力度。本案适用七人制合议庭进行审理，通过采用专家出庭接受询问的方式，综合衡量生态破坏后果，科学计算得出生态资源损失，同时明确可以采用劳务代偿的方式折抵部分生态损害赔偿数额，为长江生态修复提供了有效路径，对维护长江地区生态安全，全面加强长江水生生物保护工作，形成人与自然和谐共生绿色发展格局具有重要积极意义。本案庭审由多名省、市人大代表旁听，超过1700万网民在线观看，中央电视台进行全程现场直播，并制作专题节目予以报道，人民日报等全国40余家国内主流媒体对庭审及审理进程进行跟踪报道，具有良好的宣教引导意义。

《江苏省南京市鼓楼区人民检察院诉南京胜科水务有限公司、ZHENG QIAO-GENG（郑巧庚）等12人污染环境刑事附带民事公益诉讼案》，《最高人民法院发布2019年度人民法院环境资源典型案例之三十五》（2020年5月8日）

典型意义：本案系污染环境刑事附带民事公益诉讼案件，亦系最高人民检察院、公安部、原环境保护部联合督办案件。本案中，人民法院依法严惩重罚污染环境犯罪，不仅对被告单位，而且对直接责任人员、分管负责人员以及篡改监测数据的共同犯罪人员，一并追究刑事责任。同时，高度重视对环境公共利益的有效保护，及时引导检察机关补充固定证据，建议公益诉讼起诉人根据新的事实增加诉讼请求，多次组织专家学者、环保行政部门人员论证调解方案，最终确认胜科公司赔偿生态环境修复费用现金部分2.37亿元，胜科投资公司对前述款项承担连带责任，并完成替代性修复项目资金投入不少于2.33亿元，用于环境治理、节能减排生态环保项目的新建、升级和提标改造。本案中，胜科投资公司系基于股东社会责任等考虑，主动加入到附带民事公益诉讼案件的调解中并承担环境修复费用，为调解方案的执行提供了有力保障。本案的判决，充分展示了依法从严惩治向长江等重点流域区域违法排污犯罪行为的司法政策，和损害担责、全面赔偿的救济原则，在惩治、震慑环境污染犯罪，确保长江生态环境及时、有效恢复，促进企业进行绿色升级改造以及引导股东积极承担生态环境保护社会责任等方面，均具有重要的示范意义。

《江西省九江市人民政府诉江西正鹏环保科技有限公司、杭州连新建材有限公司、李德等7人生态环境损害赔偿责任案》，《最高人民法院发布2019年度人民法院环境资源典型案例之四十》（2020年5月8日）

典型意义：本案系在长江经济带区域内跨省倾倒工业污泥导致生态环境严重污染引发的生态环境损害赔偿案件。在依法追究被告公司及各被告人刑事责任的基础上，江西省九江市人民政府充分发挥磋商作用，促使部分赔偿义务人达成协议并积极履行修复和赔偿义务；对于磋商不成的，则依法提起生态环境损害赔偿诉讼，实现了诉前磋商与提起诉讼的有效衔接。本案判决不仅明确了经营者虽没有直接实施倾倒行为，但放任他人非法处置的，应由经营者与非法处置人共同承担责任的规则；还明确了数人以分工合作的方式非法转运、倾倒污泥，在无法区分各侵权人倾倒污泥数量的情况下，应当共同承担责任的规则，有效落实最严格的生态环境保护法律制度。

《绍兴市环境保护局、浙江上峰建材有限公司、诸暨市次坞镇人民政府生态环境损害赔偿协议司法确认案》，《最高人民法院保障生态环境损害赔偿制度改革典型案例之四》（2019年6月5日）

典型意义：本案是涉大气污染的生态环境损害赔偿案件。大气污染是人民群众感受最为直接、反映最为强烈的环境问题，打赢蓝天保卫战是打好污染防治攻坚战的重中之重。今年，世界环境日主题聚焦空气污染防治，提出“蓝天保卫战，我是行动者”的口号，显示了中国政府推动打好污染防治攻坚战的决心。本案中，上峰建材公司以在大气污染物在线监控设施监测取样管上套装管子并喷吹石灰中和后的气体等方式，干扰自动监测数据，超标排放氮氧化物、二氧化硫等大气污染物。虽然污染物已通过周边大气生态环境稀释自净，无须实施现场修复，但是大气经过扩散等途径仍会污染其他地区的生态环境，不能因此免除污染者应承担的生态环境损害赔偿责任。人民法院对案涉赔偿协议予以司法确认，明确由上峰建材公司以替代方式承担生态环境损害赔偿责任，是对多样化责任承担方式的积极探索。本案体现了环境司法对大气污染的“零容忍”，有利于引导企业积极履行生态环境保护的主体责任，自觉遵守环境保护法律法规，推动企业形成绿色生产方式。此外，经磋商，上峰建材公司在依法承担110.4143万元生态环境损害赔偿的基础上，自愿追加资金投入175.5857万元用于生态环境替代修复，体现了生态环境损害赔偿制度在推动企业主动承担社会责任方面起到了积极作用。

《中国生物多样性保护与绿色发展基金会诉秦皇岛方圆包装玻璃有限公司大气污染责任民事公益诉讼案》，《最高人民法院发布10起生态环境保护典型案例之八》（2019年3月2日）

典型意义：本案系京津冀地区受理的首例大气污染公益诉讼案。大气污染防治是污染防治三大攻坚战之一，京津冀及周边地区是蓝天保卫战的重点区域。本案审理法院正确适用《最高人民法院关于审理环境民事公益诉讼案件适用法律若干问题的解释》，结合绿发会的具体诉讼请求，对方圆公司非法排放大气污染物造成的环境损害进行了界定和评估，积极探索公益诉讼专项资金账户运作模式，确保环境损害赔偿金用于受损环境的修复。本案受理后，方圆公司积极缴纳行政罚款，主动升级改造环保设施，成为该地区首家实现大气污染治理环保设备“开二备一”的企业，实现了环境民事公益诉讼的预防和修复功能，同时还起到了推动企业积极承担生态环境保护社会责任以及采用绿色生产方式的作用，具有良好的社会导向。本案的审理和公开宣判对司法服务保障京津冀及周边地区环境治理和经济社会发展具有重要的示范效应，将对京津冀及周边地区大气污染防治和区域生态文明建设起到积极的促进作用。

《铜仁市人民检察院诉贵州玉屏湘盛化工有限公司、广东韶关沃鑫贸易有限公司土壤污染责任民事公益诉讼案》，《最高人民法院发布10起生态环境保护典型案例之九》（2019年3月2日）

典型意义：本案是由检察机关提起的土壤污染民事公益诉讼案件。土壤是经济社会可持续发展的重要物质基础。尤其本案所涉二号区域用途为农用耕地，其上农作物及农产品的安全更是直接关切群众身体健康。本案审理法院依法启动鉴定程序对案涉专业问题作出技术判断，鉴定机构出具的评估报告同时提供了土壤污染的风险判定和具体修复方案，为推动后续土壤修复治理提供了专业技术支撑。本案审理法院还向县政府发出司法建议，建议通过征用程序改变二号区域的农用耕地用途，消除被污染土地继续种植农作物可能带来的人体健康风险。同时，突出保护农用耕地、基本农田的价值理念，将农用耕地用途改变导致农用耕地功能丧失纳入期间服务功能损失，建立了民事裁判与行政执法之间的衔接路径。本案的正确审理，为案涉土壤污染构建了“责任人修复＋政府监管＋人民法院强制执行＋人民检察院监督”的全新复合治理路径，有力地推进了污染土壤的修复治理，确保实现涉地农业生产环境安全，体现了司法保护公益的良好效果。

《山东省烟台市人民检察院诉王振殿、马群凯环境污染民事公益诉讼案》，《最高人民法院发布10起人民法院服务保障新时代生态文明建设典型案例之四》（2018年6月4日）

典型意义：本案系人民检察院提起的环境民事公益诉讼，涉及污染地表水、地下水、土壤及危险废物的处置等一系列问题。本案判决明确污染区域水质恢复达标并不意味着区域生态环境已经修复，侵权人以此为由主张不承担法律责任不能得到支持。对于生态环境损害修复费用的认定，法院采纳鉴定意见将酸洗池内受污染沙土纳入危险废物，同时认定被告排放的强酸废水亦属危险废物，进而参照合理的计算方法确定了处置费用和生态环境损害修复费用。本案判决被告在环境保护主管部门监督下履行修复责任，有利于受损生态环境的科学修复和判决义务的妥当履行，对于此类案件的审理具有较好的示范意义。

《山东省聊城市人民检察院诉路荣太民事公益诉讼案》，《最高人民法院、最高人民检察院发布10起检察公益诉讼典型案例之八》（2018年3月2日）

典型意义：本案是针对自然人实施的环境违法行为提起的民事公益诉讼案件。个人环境侵权行为具有行为隐蔽、污染周期长、监管困难的特点，由检察机关提起公益诉讼十分必要。通过对污染者环境污染行为的司法处理，加大其违法成本，有利于警示与威慑潜在的环境污染行为人。本案充分考虑路荣太作为自然人缺乏环境修复能力的客观事实，没有机械地判决其修复环境，而是依据环境保护主管部门对涉案地环境污染情况依法作出的生态修复实施意见，依法判令其支付生态修复资金到山东省生态环境损害赔偿资金账户，用于今后对涉案地的生态环境进行修复及补偿。本案的裁判结果既体现了法律对环境污染行为的有效惩治，又确保判决内容具有实际可执行性，具有一定示范意义。

《江苏省连云港市连云区人民检察院诉尹宝山等人非法捕捞水产品刑事附带民事诉讼案》，《最高人民法院发布环境资源刑事、民事、行政典型案例之二》(2017 年6 月 22 日)

典型意义：本案系江苏省首例由检察机关提起刑事附带民事诉讼的环境资源刑事案件。该案在审判及执行方式上的探索创新，对环境资源案件审理具有较好的借鉴价值。一审法院在依法受理检察机关提起的刑事附带民事起诉后，查明案件事实并充分听取了各被告对修复方案的意见，将生态修复方案向社会公开，广泛征求公众的意见，在汇总、审查社会公众意见后，确认了相关职能部门出具的根据产出比 1:10 增殖放流中国对虾苗的修复方案的科学性、合理性，开创了引导社会公众参与环境司法的新机制。本案对环境资源审判贯彻恢复性司法理念审理海洋生态环境破坏案件，引导社会公众参与审判具有较好的示范意义。

《中华环保联合会诉江苏江阴长泾梁平生猪专业合作社等养殖污染民事公益诉讼案》，《最高人民法院发布环境公益诉讼十大典型案例之五》(2017 年 3 月 7 日)

典型意义：“十三五”规划纲要提出，要开展农村人居环境整治行动，建设美丽宜居乡村。国家标准委下发的《美丽乡村建设指南》明确了农村畜禽研制厂污染排放、废弃物综合利用和畜禽无害化处理等的具体标准。法院在审理本案过程中，针对被告提交的《环境修复报告》组织双方当事人质证、并邀请专家出庭发表意见，充分发挥庭审功能，确保实现修复生态环境的诉讼目的。在当事人提交的《环境修复报告》不能实现修复目的的情形下，法院发挥能动作用，征得双方当事人同意委托专家另行出具修复方案、监理方案，确保污染预防、治理方案科学合理、切实可行。该案裁判在具体判项中引入相关国家标准，使被告履行义务更加全面具体，确保污染防治能够达到国家标准的质量和水平。该案对于人民法院发挥审判职能作用，支持保障美丽宜居乡村建设，发挥了良好的示范作用。

《江苏省泰州市环保联合会诉泰兴锦汇化工有限公司等水污染民事公益诉讼案》，《最高人民法院发布环境公益诉讼十大典型案例之一》(2017 年 3 月 7 日)

典型意义：泰州水污染公益诉讼案被媒体称为“天价”环境公益诉讼案。该案由社会组织作为原告、检察机关支持起诉，参与主体特殊、涉案被告多，判赔金额大、探索创新多、借鉴价值高。一审法院正确认定泰州市环保联合会的主体资格，确认锦汇公司等六家公司主观上具有非法处置危险废物的故意，客观上造成了环境严重污染的结果，应该承担对环境污染进行修复的赔偿责任。同时，结合鉴定结论和专家证人意见认定环境修复费用，判令六家被告企业共计赔偿1．6亿余元环境修复费用。二审法院衡平企业良性发展与环境保护目标，创新了修复费用支付方式，鼓励企业加大技术改造力度，处理好全局利益与局部利益、长远利益与短期利益的关系，承担起企业环境保护主体责任和社会责任。最高人民法院肯定了二审法院创新修复费用支付方式的做法，鼓励企业积极开展技术创新和改造，促进区域生态环境质量改善。同时明确了危险化学品和化工产品生产企业在生产经营过程中应具有较高的注意义务，应承担更多的社会责任。对于河水这种具有流动性和自净能力的环境介质，确立了水污染环境修复责任的处理原则，即污染行为一旦发生，不因水环境的自净改善而影响污染者承担修复义务。本案对水污染案件的处理具有一定的示范意义。

《北京市朝阳区自然之友环境研究所、福建省绿家园环境友好中心诉谢知锦等四人破坏林地民事公益诉讼案》，《最高人民法院12月29日发布环境侵权典型案例之一》（2015年12月29日）

典型意义：本案系新环境保护法实施后全国首例环境民事公益诉讼，涉及原告主体资格的审查、环境修复责任的承担以及生态环境服务功能损失的赔偿等问题。本案判决依照环境保护法第五十八条和《最高人民法院关于审理环境民事公益诉讼案件适用法律若干问题的解释》的规定，确认了自然之友、绿家园作为公益诉讼原告的主体资格；以生态环境修复为着眼点，判令被告限期恢复被破坏林地功能，在该林地上补种林木并抚育管护三年，进而实现尽快恢复林地植被、修复生态环境的目的；首次通过判决明确支持了生态环境受到损害至恢复原状期间服务功能损失的赔偿请求，提高了破坏生态行为的违法成本，体现了保护生态环境的价值理念，判决具有很好的评价、指引和示范作用。

《常州市环境公益协会诉储卫清、常州博世尔物资再生利用有限公司等土壤污染民事公益诉讼案》，《最高人民法院12月29日发布环境侵权典型案例之三》（2015年12月29日）

典型意义：环境侵权案件具有很强的专业性、技术性，对于污染物认定、损失评估、因果关系认定、环境生态修复方案等问题，通常需要从专业技术的角度作出评判。受案法院在审理过程中，邀请环境保护专家担任人民陪审员，委托专业机构进行鉴定评估，制作生态环境修复方案，很好的发挥了技术专家和专业机构的辅助与支持作用。此外，受案法院将土壤修复方案向社会公布、听取公众意见，保障了公众对环境修复工作的有效参与；引入第三方治理模式，通过市场化运作，将环境修复交由专业公司实施，既有利于解决判决执行的监管，也有利于提高污染治理效率。

《中华环保联合会与无锡市蠡湖惠山景区管理委员会生态环境损害赔偿纠纷案》，《最高人民法院公布的九起环境资源审判典型案例之八》（2014年7月4日）

典型意义：建设单位景区管委会在建设工程中未经批准占用并改变林地用途对生态环境造成损害，理应承担恢复生态环境的民事责任。本案的特殊之处在于，涉案工程所占用土地已经纳入立项规划范围，且工程对于整个项目具有重要作用，涉及公共利益，直接恢复原状不具可行性。在此情况下，一审法院经咨询专业机构意见，采纳了异地补植的方案进行生态恢复，探索了环境污染者、生态破坏者承担民事责任的方式，避免了社会财富的浪费，又在整个区域范围内恢复了生态容量的水平，可资借鉴。

第一千二百三十五条 【生态环境损害赔偿损失和费用的范围】 违反国家规定造成生态环境损害的，国家规定的机关或者法律规定的组织有权请求侵权人赔偿下列损失和费用：

（一）生态环境受到损害至修复完成期间服务功能丧失导致的损失；

（二）生态环境功能永久性损害造成的损失；

（三）生态环境损害调查、鉴定评估等费用；

（四）清除污染、修复生态环境费用；

（五）防止损害的发生和扩大所支出的合理费用。

司法解释适用

《最高人民法院关于审理环境民事公益诉讼案件适用法律若干问题的解释》（法释〔2020〕20号修改）

<table>
<tr><th>新《生态环境损害赔偿案件规定》</th><th>原《生态环境损害赔偿案件规定》</th></tr>
<tr><td colspan="2">第十九条（原第十九条） 原告为防止生态环境损害的发生和扩大，请求被告停止侵害、排除妨碍、消除危险的，人民法院可以依法予以支持。
原告为停止侵害、排除妨碍、消除危险采取合理预防、处置措施而发生的费用，请求被告承担的，人民法院可以依法予以支持。</td></tr>
<tr><td>第二十条 原告请求修复生态环境的，人民法院可以依法判决被告将生态环境修复到损害发生之前的状态和功能。无法完全修复的，可以准许采用替代性修复方式。
人民法院可以在判决被告修复生态环境的同时，确定被告不履行修复义务时应承担的生态环境修复费用；也可以直接判决被告承担生态环境修复费用。
生态环境修复费用包括制定、实施修复方案的费用，修复期间的监测、监管费用，以及修复完成后的验收费用、修复效果后评估费用等。</td><td>第二十条 原告请求恢复原状的，人民法院可以依法判决被告将生态环境修复到损害发生之前的状态和功能。无法完全修复的，可以准许采用替代性修复方式。
人民法院可以在判决被告修复生态环境的同时，确定被告不履行修复义务时应承担的生态环境修复费用；也可以直接判决被告承担生态环境修复费用。
生态环境修复费用包括制定、实施修复方案的费用和监测、监管等费用。</td></tr>
<tr><td>第二十一条 原告请求被告赔偿生态环境受到损害至修复完成期间服务功能丧失导致的损失、生态环境功能永久性损害造成的损失的，人民法院可以依法予以支持。</td><td>第二十一条 原告请求被告赔偿生态环境受到损害至恢复原状期间服务功能损失的，人民法院可以依法予以支持。</td></tr>
</table>

新《生态环境损害赔偿案件规定》	原《生态环境损害赔偿案件规定》
第二十二条　原告请求被告承担以下费用的，人民法院可以依法予以支持： （一）生态环境损害调查、鉴定评估等费用； （二）清除污染以及防止损害的发生和扩大所支出的合理费用； （三）合理的律师费以及为诉讼支出的其他合理费用。	**第二十二条**　原告请求被告承担检验、鉴定费用，合理的律师费以及为诉讼支出的其他合理费用的，人民法院可以依法予以支持。
第二十三条　生态环境修复费用难以确定或者确定具体数额所需鉴定费用明显过高的，人民法院可以结合污染环境、破坏生态的范围和程度，生态环境的稀缺性，生态环境恢复的难易程度，防治污染设备的运行成本，被告因侵害行为所获得的利益以及过错程度等因素，并可以参考负有环境资源保护监督管理职责的部门的意见、专家意见等，予以合理确定。	**第二十三条**　生态环境修复费用难以确定或者确定具体数额所需鉴定费用明显过高的，人民法院可以结合污染环境、破坏生态的范围和程度、生态环境的稀缺性、生态环境恢复的难易程度、防治污染设备的运行成本、被告因侵害行为所获得的利益以及过错程度等因素，并可以参考负有环境保护监督管理职责的部门的意见、专家意见等，予以合理确定。
第二十四条　人民法院判决被告承担的生态环境修复费用、生态环境受到损害至修复完成期间服务功能丧失导致的损失、生态环境功能永久性损害造成的损失等款项，应当用于修复被损害的生态环境。 其他环境民事公益诉讼中败诉原告所需承担的调查取证、专家咨询、检验、鉴定等必要费用，可以酌情从上述款项中支付。	**第二十四条**　人民法院判决被告承担的生态环境修复费用、生态环境受到损害至恢复原状期间服务功能损失等款项，应当用于修复被损害的生态环境。 其他环境民事公益诉讼中败诉原告所需承担的调查取证、专家咨询、检验、鉴定等必要费用，可以酌情从上述款项中支付。

《最高人民法院关于审理生态环境损害赔偿案件的若干规定（试行）》（法释〔2020〕17号修改）

新《生态环境损害赔偿案件规定》	原《生态环境损害赔偿案件规定》
第十二条（原第十二条）　受损生态环境能够修复的，人民法院应当依法判决被告承担修复责任，并同时确定被告不履行修复义务时应承担的生态环境修复费用。 生态环境修复费用包括制定、实施修复方案的费用，修复期间的监测、监管费用，以及修复完成后的验收费用、修复效果后评估费用等。 原告请求被告赔偿生态环境受到损害至修复完成期间服务功能损失的，人民法院根据具体案情予以判决。	
第十三条（原第十三条）　受损生态环境无法修复或者无法完全修复，原告请求被告赔偿生态环境功能永久性损害造成的损失的，人民法院根据具体案情予以判决。	

<table>
<tr><th>新《生态环境损害赔偿案件规定》</th><th>原《生态环境损害赔偿案件规定》</th></tr>
<tr><td>第十四条　原告请求被告承担下列费用的，人民法院根据具体案情予以判决：
（一）实施应急方案、清除污染以及为防止损害的发生和扩大所支出的合理费用；
（二）为生态环境损害赔偿磋商和诉讼支出的调查、检验、鉴定、评估等费用；
（三）合理的律师费以及其他为诉讼支出的合理费用。</td><td>第十四条　原告请求被告承担下列费用的，人民法院根据具体案情予以判决：
（一）实施应急方案以及为防止生态环境损害的发生和扩大采取合理预防、处置措施发生的应急处置费用；
（二）为生态环境损害赔偿磋商和诉讼支出的调查、检验、鉴定、评估等费用；
（三）合理的律师费以及其他为诉讼支出的合理费用。</td></tr>
<tr><td colspan="2">第十五条（原第十五条）　人民法院判决被告承担的生态环境服务功能损失赔偿资金、生态环境功能永久性损害造成的损失赔偿资金，以及被告不履行生态环境修复义务时所应承担的修复费用，应当依照法律、法规、规章予以缴纳、管理和使用。</td></tr>
<tr><td colspan="2">第十六条（原第十六条）　在生态环境损害赔偿诉讼案件审理过程中，同一损害生态环境行为又被提起民事公益诉讼，符合起诉条件的，应当由受理生态环境损害赔偿诉讼案件的人民法院受理并由同一审判组织审理。</td></tr>
<tr><td colspan="2">第十七条（原第十七条）　人民法院受理因同一损害生态环境行为提起的生态环境损害赔偿诉讼案件和民事公益诉讼案件，应先中止民事公益诉讼案件的审理，待生态环境损害赔偿诉讼案件审理完毕后，就民事公益诉讼案件未被涵盖的诉讼请求依法作出裁判。</td></tr>
<tr><td>第十八条　生态环境损害赔偿诉讼案件的裁判生效后，有权提起民事公益诉讼的国家规定的机关或者法律规定的组织就同一损害生态环境行为有证据证明存在前案审理时未发现的损害，并提起民事公益诉讼的，人民法院应予受理。
民事公益诉讼案件的裁判生效后，有权提起生态环境损害赔偿诉讼的主体就同一损害生态环境行为有证据证明存在前案审理时未发现的损害，并提起生态环境损害赔偿诉讼的，人民法院应予受理。</td><td>第十八条　生态环境损害赔偿诉讼案件的裁判生效后，有权提起民事公益诉讼的机关或者社会组织就同一损害生态环境行为有证据证明存在前案审理时未发现的损害，并提起民事公益诉讼的，人民法院应予受理。
民事公益诉讼案件的裁判生效后，有权提起生态环境损害赔偿诉讼的主体就同一损害生态环境行为有证据证明存在前案审理时未发现的损害，并提起生态环境损害赔偿诉讼的，人民法院应予受理。</td></tr>
<tr><td colspan="2">第十九条（原第十九条）　实际支出应急处置费用的机关提起诉讼主张该费用的，人民法院应予受理，但人民法院已经受理就同一损害生态环境行为提起的生态环境损害赔偿诉讼案件且该案原告已经主张应急处置费用的除外。
生态环境损害赔偿诉讼案件原告未主张应急处置费用，因同一损害生态环境行为实际支出应急处置费用的机关提起诉讼主张该费用的，由受理生态环境损害赔偿诉讼案件的人民法院受理并由同一审判组织审理。</td></tr>
</table>

<table>
<tr><th>新《生态环境损害赔偿案件规定》</th><th>原《生态环境损害赔偿案件规定》</th></tr>
<tr><td colspan="2">第二十条（原第二十条）　经磋商达成生态环境损害赔偿协议的，当事人可以向人民法院申请司法确认。
人民法院受理申请后，应当公告协议内容，公告期间不少于三十日。公告期满后，人民法院经审查认为协议的内容不违反法律法规强制性规定且不损害国家利益、社会公共利益的，裁定确认协议有效。裁定书应当写明案件的基本事实和协议内容，并向社会公开。</td></tr>
<tr><td>第二十一条　一方当事人在期限内未履行或者未全部履行发生法律效力的生态环境损害赔偿诉讼案件裁判或者经司法确认的生态环境损害赔偿协议的，对方当事人可以向人民法院申请强制执行。需要修复生态环境的，依法由省级、市地级人民政府及其指定的相关部门、机构组织实施。</td><td>第二十一条　一方当事人拒绝履行、未全部履行发生法律效力的生态环境损害赔偿诉讼案件裁判或者经司法确认的生态环境损害赔偿协议的，对方当事人可以向人民法院申请强制执行。需要修复生态环境的，依法由省级、市地级人民政府及其指定的相关部门、机构组织实施。</td></tr>
</table>

《最高人民法院关于审理海洋自然资源与生态环境损害赔偿纠纷案件若干问题的规定》

第七条　海洋自然资源与生态环境损失赔偿范围包括：

（一）预防措施费用，即为减轻或者防止海洋环境污染、生态恶化、自然资源减少所采取合理应急处置措施而发生的费用；

（二）恢复费用，即采取或者将要采取措施恢复或者部分恢复受损害海洋自然资源与生态环境功能所需费用；

（三）恢复期间损失，即受损害的海洋自然资源与生态环境功能部分或者完全恢复前的海洋自然资源损失、生态环境服务功能损失；

（四）调查评估费用，即调查、勘查、监测污染区域和评估污染等损害风险与实际损害所发生的费用。

权威案例指引

▶指导性案例

中国生物多样性保护与绿色发展基金会诉秦皇岛方圆包装玻璃有限公司大气污染责任民事公益诉讼案，指导案例132号（2019年12月26日）

裁判要点：在环境民事公益诉讼期间，污染者主动改进环保设施，有效降低环境风险的，人民法院可以综合考虑超标排污行为的违法性、过错程度、治理污染设施的运行成本以及防污采取的有效措施等因素，适当减轻污染者的赔偿责任。

重庆市人民政府、重庆两江志愿服务发展中心诉重庆藏金阁物业管理有限公司、重庆首旭环保科技有限公司生态环境损害赔偿、环境民事公益诉讼案，指导案例130号（2019年12月26日）

裁判要点：1. 取得排污许可证的企业，负有确保其排污处理设备正常运行且排放物达到国家和地方排放标准的法定义务，委托其他单位处理的，应当对受托单位履行监管义务；明知受托单位违法排污不予制止甚或提供便利的，应当对环境污染损害承担连带责任。

2. 污染者向水域排污造成生态环境损害，生态环境修复费用难以计算的，可以根据环境保护部门关于生态环境损害鉴定评估有关规定，采用虚拟治理成本法对损害后果进行量化，根据违法排污的污染物种类、排污量及污染源排他性等因素计算生态环境损害量化数额。

▶公报案例

《重庆市人民政府、重庆两江志愿服务发展中心诉重庆藏金阁物业管理有限公司、重庆首旭环保科技有限公司环境污染责任纠纷案》，《最高人民法院公报》2019 年第 11 期

裁判摘要：一、在环境公益诉讼审理期间，省级人民政府针对同一污染事实提起生态环境损害赔偿诉讼，在两案案件事实相同、诉讼目的一致、被告相同、诉讼请求基本相同的情况下，可以将两案合并审理。

二、环境污染行为已经经过刑事和行政诉讼程序审理的，被生效判决所确认的事实可以直接作为生态环境损害赔偿诉讼和环境公益诉讼的证据，但由于证明标准和责任标准存在差异，故最终认定的案件事实在不存在矛盾的前提条件下，可以不同于刑事案件和行政案件认定的事实。

三、鉴于委托排污型环境侵权中委托人侵权故意的隐蔽性，对委托人和受托人共同侵权主观故意的认定可以采用推定的方式，依据排污主体的法定责任、行为的违法性、主观上的默契及客观上的相互配合等因素进行综合判断。

四、受污染水体处于流动状态，难以直接计算生态环境损害数额，可以采用虚拟治理成本法对损害后果进行量化，即以单位实际治理成本作为单位虚拟治理成本，结合违法排污数量，计算出生态环境损害量化数额，并以替代修复的方式让侵权人承担责任。

五、生态环境损害赔偿诉讼和环境公益诉讼中，对于律师费、鉴定费等合理费用应当予以支持，在原告请求的律师费、鉴定费只有合同而无票据作为证据的情况下，当地政府指导价可以作为界定合理费用的参照标准。

《连云港市赣榆区环境保护协会诉王升杰环境污染损害赔偿公益诉讼案》，《最高人民法院公报》2016 年第 8 期

裁判摘要：造成环境污染危害者，有责任排除危害。行为人未经许可将工业废酸违法排放到河流中，造成环境污染，应当承担修复受污染环境的责任以排除已经造成的危害。为了达到使被污染环境得到最科学合理的恢复这一最终目标，法院可以采取专家证人当庭论证的方式提供专业技术支持。当行为人的经济赔偿能力不足时，可以参照目前全国职工日工资标准确定修复费用，按照“谁污染，谁治理，谁损害，谁赔偿”的环境立法宗旨，要求行为人通过提供有益于环境保护的劳务活动抵补其对环境造成的损害。

《泰州市环保联合会与泰兴锦汇化工有限公司等环境污染侵权赔偿纠纷案》，《最高人民法院公报》2016 年第 5 期

裁判摘要：环境污染案件中，危险化学品和化工产品生产企业对其主营产品及副产品必须具有较高的注意义务，必须全面了解其主营产品和主营产品生产过程中产生的副产品是否

具有高度危险性，是否会造成环境污染；必须使其主营产品的生产、出售、运输、储存和处置符合相关法律规定，并使其副产品的生产、出售、运输、储存和处置符合相关法律规定，避免对生态环境造成损害或者产生造成生态环境损害的重大风险。虽然河流具有一定的自净能力，但是环境容量是有限的。向河流中大量倾倒副产酸，必然对河流的水质、水体动植物、河床、河岸以及河流下游的生态环境造成严重破坏，如不及时修复，污染的累积必然会超出环境承载能力，最终造成不可逆转的环境损害。因此，不能以部分水域的水质得到恢复为由免除污染者应当承担的环境修复责任。

▶典型案例

《中国生物多样性保护与绿色发展基金会诉深圳市速美环保有限公司、浙江淘宝网络有限公司大气污染责任纠纷案》，《最高人民法院发布2019年度人民法院环境资源典型案例之三十一》（2020年5月8日）

典型意义：本案系社会组织提起的涉大气污染环境民事公益诉讼案件，已入选2019年度中国十大影响性诉讼。本案中，速美公司销售使机动车尾气年检蒙混过关的所谓“年检神器”，造成不特定地区大气污染物的增加，导致环境污染，应承担环境侵权责任。人民法院在鉴定困难的情况下，结合污染破坏环境的范围和程度、生态环境的稀缺性、生态环境恢复的难易程度、防治污染设备的运行成本、被告因侵害行为所获得的利益及其过程、程度等因素，合理确定生态环境修复费用，符合《最高人民法院关于审理环境民事公益诉讼案件适用法律若干问题的解释》的规定。本案判决同时指出，淘宝公司作为信息平台服务提供商，应加强网络平台信息管理，建立行之有效的检索及监管制度。本案的审理，在生态环境修复费用的合理确定上，对类案处理具有指导意义，亦有利于在网络时代督促销售企业及网络平台确立应有的生态环境保护责任意识。

《中国生物多样性保护与绿色发展基金会诉贵州宏德置业有限公司相邻通行权纠纷案》，《最高人民法院发布2019年度人民法院环境资源典型案例之三十二》（2020年5月8日）

典型意义：本案系建设项目影响公众通行、游览、观赏等环境权益引发的民事公益诉讼案件。案涉项目系贵州省重点招商引资项目，在项目建设过程中虽存在不规范行为，但未构成根本性违法。人民法院组织双方达成和解协议，在力促建设单位进行整改保障公众环境权益的同时，利用环境司法手段保护营商环境，在企业经济发展和生态环境保护之间实现利益衡平，为改善投资环境、推动经济高质量发展发挥了积极作用。本案的受理，解决了对侵占公共资源的司法救济路径，保护了公众享受美好生活环境的权益，为环境公益诉讼范围的扩展提供了鲜活的司法案例。

《贵阳市生态环境局诉贵州省六盘水双元铝业有限责任公司、阮正华、田锦芳生态环境损害赔偿诉讼案》，《最高人民法院保障生态环境损害赔偿制度改革典型案例之五》（2019年6月5日）

典型意义：本案是由生态环境保护主管部门直接提起的生态环境损害赔偿诉讼案件。人民法院在审理过程中严格遵循以生态环境修复为中心的损害救济制度，多次主持调解，力促各方当事人在充分考虑受损生态环境修复的基础上达成调解，并在调解书中明确了被污染地块修复的牵头单位、启动时限等，确保生态环境修复工作得以有效开展。同时，人民法院考虑到生态环境修复的长期性，在调解书中明确将后期修复工作的实际情况纳入法院的监管范围，要求三被告及时向法院报送相关履行单据，最大限度保障生态修复目标的实现。

《湖南省益阳市环境与资源保护志愿者协会诉湖南林源纸业有限公司水污染公益诉讼案》，《最高人民法院发布10起人民法院环境资源审判保障长江经济带高质量发展典型案例之六》（2018年11月28日）

典型意义：本案系人民法院跨行政区划审理的水污染公益诉讼案件。案涉污染行为发生地为益阳沅江，按照湖南高院跨行政区划集中管辖环洞庭湖环境资源案件的安排，本案由岳阳市君山区法院洞庭湖环境资源法庭审理，是环境资源案件跨行政区划集中管辖的生动实践。一审法院邀请湖南环境保护科学研究院的工程专家以专家证人的形式出庭，就生态环境损害赔偿数额等专业问题出具意见，既有效提高了案件事实认定的客观性，又有效克服了环境资源审判鉴定难的瓶颈问题，对类案的处理具有一定借鉴意义。

《江西星光现代生态农业发展有限公司诉江西鹰鹏化工有限公司大气污染责任纠纷案》，《最高人民法院发布环境资源刑事、民事、行政典型案例之六》（2017年6月22日）

典型意义：本案系环境民事侵权案件，人民法院在能动计算环境侵权损失数额方面进行了积极有益的探索。环境侵权诉讼具有举证难、损失鉴定难的特点，在环境侵权行为和损害已经实际发生，但受害人难以举证证明损失具体数额的情况下，法官应当注重适度发挥职权作用，根据已有证据进行认定，以救济受害人的合法权益，倒逼污染者强化环境保护意识，预防环境损害的发生。本案是在两次委托鉴定未果的情况下，二审法院根据评估机构的评估报告、林业部门的调查材料，秉持衡平双方当事人利益的理念确认星光公司受损金额，具有公平合理性。

《中华环保联合会诉山东德州晶华集团振华有限公司大气污染民事公益诉讼案》，《最高人民法院发布环境公益诉讼十大典型案例之三》（2017年3月7日）

典型意义：德州大气污染公益诉讼案是新《环境保护法》施行后，人民法院受理的首例京津冀及其周边地区大气污染公益诉讼案件。大气具有流动性，其本身具有一定的自净功能，企业超标排放是否构成生态环境损害是本案审理的难点。本案裁判明确超标过量排放二氧化硫、氮氧化物和粉尘将影响大气的生态服务功能，应当承担法律责任，可根据企业超标排放数量以及二氧化硫、氮氧化物和粉尘的单位治理成本计算大气污染治理的虚拟成本，进而作为生态环境损害赔偿的依据，具有一定合理性。振华公司在本案审理期间主动承担社会责任，积极采取措施防止污染的持续和扩大，值得肯定。该案的审结及时回应了当前社会公众对京津冀及周边地区的大气污染治理的关切，对区域大气污染治理进行了有益的实践探索。

《吴国金诉中铁五局（集团）有限公司、中铁五局集团路桥工程有限责任公司噪声污染责任纠纷案》，《最高人民法院12月29日发布环境侵权典型案例之九》（2015年12月29日）

典型意义：环境损害数额的确定，往往需要通过技术手段鉴定。但在鉴定困难、鉴定成本过高或不宜进行鉴定的情况下，人民法院可以参考专家意见，结合案件具体案情，依正当程序合理确定损失数额。本案中，吴国金能够证明其开办养鸡场在先，二被告施工行为在后，在二被告施工期间其养殖的蛋鸡出现异常死亡，并提交专家论证报告及其自行记载的蛋鸡死亡数量，但是难以举证证明损害的具体数额。在此情况下，受案，法院并没有机械地因吴国金证据不足，判决驳回其诉讼请求，而是充分考虑噪声污染的特殊性，在认定蛋鸡受损系与二被告施工噪声存在因果关系的基础上，通知专家就本案蛋鸡损失等专业性问题出庭作证，充分运用专家证言、养殖手册等确定蛋鸡损失基础数据，并在专家的帮助下建立蛋鸡损失计算模型，得出损失数额并判决支持了吴国金部分诉请，在确定环境损害数额问题上做了有益尝试。

第八章 高度危险责任

第一千二百三十六条 【高度危险作业致害无过错责任一般条款】从事高度危险作业造成他人损害的，应当承担侵权责任。

第一千二百三十七条 【民用核设施致害无过错责任及抗辩事由】民用核设施或者运入运出核设施的核材料发生核事故造成他人损害的，民用核设施的营运单位应当承担侵权责任；但是，能够证明损害是因战争、武装冲突、暴乱等情形或者受害人故意造成的，不承担责任。

关联法规参见

▶**法律：**《民法典侵权责任编》第1178条，《产品质量法》第73条，《核安全法》第11条、第39条、第90条，《放射性污染防治法》第59条、第61条、第62条。

▶**行政法规：**《核电厂核事故应急管理条例》第2条、第21条至第28条、第39条至第41条，《民用核设施安全监督管理条例》第2条、第3条、第18条、第19条、第23条、第24条。

第一千二百三十八条 【民用航空器致害无过错责任及抗辩事由】民用航空器造成他人损害的，民用航空器的经营者应当承担侵权责任；但是，能够证明损害是因受害人故意造成的，不承担责任。

关联法规参见

▶法律：《民法典侵权责任编》第1178条，《民用航空法》第127条、第157条至第172条。

▶国际条约：《华沙公约》第20条、第21条。

第一千二百三十九条 【高度危险物致害无过错责任及抗辩事由】 占有或者使用易燃、易爆、剧毒、高放射性、强腐蚀性、高致病性等高度危险物造成他人损害的，占有人或者使用人应当承担侵权责任；但是，能够证明损害是因受害人故意或者不可抗力造成的，不承担责任。被侵权人对损害的发生有重大过失的，可以减轻占有人或者使用人的责任。

关联法规参见

▶法律：《民法典侵权责任编》第1178条，《传染病防治法》第77条，《动物防疫法》第57条、第95条、第109条。

▶行政法规：《放射性同位素与射线装置安全和防护条例》第61条、第65条至第68条，《危险废物经营许可证管理办法》第31条，《危险化学品安全管理条例》第94条，《医疗废物管理条例》第54条，《放射性物品运输安全管理条例》第65条。

权威案例指引

▶公报案例

《仪征市兴成塑业包装有限公司诉仪征市新城镇新华村村民委员会、郭玉年财产损害赔偿纠纷案》，《最高人民法院公报》2016年第3期

裁判摘要：房屋出租人明知承租人生产易燃产品而将不符合消防安全要求或未经消防验收合格的房屋出租给承租人用于生产，租赁期间因房屋不符合消防安全要求导致火灾发生或扩大的，出租人存在过错，应依法承担相应的赔偿责任。

第一千二百四十条 【高度危险活动致害无过错责任及抗辩事由】 从事高空、高压、地下挖掘活动或者使用高速轨道运输工具造成他人损害的，经营者应当承担侵权责任；但是，能够证明损害是因受害人故意或者不可抗力造成的，不承担责任。被侵权人对损害的发生有重大过失的，可以减轻经营者的责任。

关联法规参见

▶法律：《民法典侵权责任编》第1178条，《电力法》第28条、第29条、第49条、第52

条、第 54 条、第 59 条、第 60 条、第 67 条、第 68 条，《铁路法》第 16 条至第 20 条、第 23 条、第 37 条、第 46 条、第 58 条。

▶**行政法规**：《电力供应与使用条例》第 19 条至第 24 条、第 28 条、第 30 条、第 31 条、第 42 条、第 43 条，《铁路交通事故应急救援和调查处理条例》第 1 条至第 36 条，《电力安全事故应急处置和调查处理条例》。

司法解释适用

《最高人民法院关于审理铁路运输损害赔偿案件若干问题的解释》（法释〔2020〕19 号修改）

<table>
<tr><th>新《铁路运输损害赔偿司法解释》</th><th>原《铁路运输损害赔偿司法解释》</th></tr>
<tr><td colspan="2">二、铁路运输企业的重大过失（原二、铁路运输企业的重大过失）
铁路法第十七条中的“重大过失”是指铁路运输企业或者其受雇人、代理人对承运的货物、包裹、行李明知可能造成损失而轻率地作为或者不作为。</td></tr>
<tr><td colspan="2">删除条文

~~十一、人身伤亡的赔偿范围铁路法第五十八条规定的因铁路行车事故及其他铁路运营事故造成的人身伤亡，包括旅客伤亡和路外伤亡。~~
~~人身伤亡，除铁路法第五十八条第二款列举的免责情况外，如果铁路运输企业能够证明人身伤亡是由受害人自身原因造成的，不应再责令铁路运输企业承担赔偿责任。~~
~~对人身伤亡的赔偿责任范围适用民法通则第一百一十九条的规定。1994 年 9 月 1 日以后发生的旅客伤亡的赔偿责任范围适用国务院批准的《铁路旅客运输损害赔偿规定》。~~</td></tr>
<tr><td colspan="2">十二、第三者责任造成旅客伤亡的赔偿（原十四、第三者责任造成旅客伤亡的赔偿）
在铁路旅客运送期间因第三者责任造成旅客伤亡，旅客或者其继承人要求铁路运输企业先予赔偿的，应予支持。铁路运输企业赔付后，有权向有责任的第三者追偿。</td></tr>
<tr><td colspan="2">删除条文

~~十五、索赔时效~~
~~对承运中的货物、包裹、行李发生损失或者逾期，向铁路运输企业要求赔偿的请求权，时效期间适用铁路运输规章 180 日的规定。自铁路运输企业交付的次日起计算；货物、包裹、行李全部灭失的，自运到期限届满后第 30 日的次日起计算。但对在此期间内或者运到期限内已经确认灭失的，自铁路运输企业交给货运记录的次日起计算。~~
~~对旅客伤亡，向铁路企业要求赔偿的请求权，时效期间适用民法通则第一百三十六条第（一）项 1 年的规定。自到达旅行目的地的次日或者旅行中止的次日起计算。~~
~~对路外伤亡，向铁路运输企业要求赔偿的请求权，时效期间适用民法通则第一百三十六条第（一）项 1 年的规定，自受害人受到伤害的次日起计算。~~</td></tr>
</table>

《最高人民法院关于审理铁路运输人身损害赔偿纠纷案件适用法律若干问题的解释》17号修改)

<table>
<tr><th>新《铁路运输损害赔偿司法解释》</th><th>原《铁路运输损害赔偿司法解释》</th></tr>
<tr><td>为正确审理铁路运输人身损害赔偿纠纷案件，依法维护各方当事人的合法权益，根据《中华人民共和国民法典》《中华人民共和国铁路法》《中华人民共和国民事诉讼法》等法律的规定，结合审判实践，就有关适用法律问题作如下解释。</td><td>为正确审理铁路运输人身损害赔偿纠纷案件，依法维护各方当事人的合法权益，根据《中华人民共和国民法通则》、《中华人民共和国铁路法》、《中华人民共和国民事诉讼法》等法律的规定，结合审判实践，就有关适用法律问题作如下解释。</td></tr>
<tr><td colspan="2">第一条（原第一条） 人民法院审理铁路行车事故及其他铁路运营事故造成的铁路运输人身损害赔偿纠纷案件，适用本解释。
与铁路运输企业建立劳动合同关系或者形成劳动关系的铁路职工在执行职务中发生的人身损害，依照有关调整劳动关系的法律规定及其他相关法律规定处理。</td></tr>
<tr><td colspan="2">第二条（原第二条） 铁路运输人身损害的受害人、依法由受害人承担扶养义务的被扶养人以及死亡受害人的近亲属为赔偿权利人，有权请求赔偿。</td></tr>
<tr><td>第三条 赔偿权利人要求对方当事人承担侵权责任的，由事故发生地、列车最先到达地或者被告住所地铁路运输法院管辖；赔偿权利人依照民法典第三编要求承运人承担违约责任予以人身损害赔偿的，由运输始发地、目的地或者被告住所地铁路运输法院管辖。</td><td>第三条 赔偿权利人要求对方当事人承担侵权责任的，由事故发生地、列车最先到达地或者被告住所地铁路运输法院管辖；赔偿权利人依照合同法要求承运人承担违约责任予以人身损害赔偿的，由运输始发地、目的地或者被告住所地铁路运输法院管辖。</td></tr>
<tr><td colspan="2">第四条（原第四条） 铁路运输造成人身损害的，铁路运输企业应当承担赔偿责任；法律另有规定的，依照其规定。</td></tr>
<tr><td colspan="2">第五条（原第五条） 铁路运输中发生人身损害，铁路运输企业举证证明有下列情形之一的，不承担赔偿责任：
（一）不可抗力造成的；
（二）受害人故意以卧轨、碰撞等方式造成的。</td></tr>
<tr><td colspan="2">第六条（原第六条） 因受害人翻越、穿越、损毁、移动铁路线路两侧防护围墙、栅栏或者其他防护设施穿越铁路线路，偷乘货车，攀附行进中的列车，在未设置人行通道的铁路桥梁、隧道内通行，攀爬高架铁路线路，以及其他未经许可进入铁路线路、车站、货场等铁路作业区域的过错行为，造成人身损害的，应当根据受害人的过错程度适当减轻铁路运输企业的赔偿责任，并按照以下情形分别处理：
（一）铁路运输企业未充分履行安全防护、警示等义务，受害人有上述过错行为的，铁路运输企业应当在全部损失的百分之八十至百分之二十之间承担赔偿责任；
（二）铁路运输企业已充分履行安全防护、警示等义务，受害人仍施以上述过错行为的，铁路运输企业应当在全部损失的百分之二十至百分之十之间承担赔偿责任。</td></tr>
</table>

<table>
<tr><th>新《铁路运输损害赔偿司法解释》</th><th>原《铁路运输损害赔偿司法解释》</th></tr>
<tr><td colspan="2">第七条（原第七条）　受害人横向穿越未封闭的铁路线路时存在过错，造成人身损害的，按照前条规定处理。
受害人不听从值守人员劝阻或者无视禁行警示信号、标志硬行通过铁路平交道口、人行过道，或者沿铁路线路纵向行走，或者在铁路线路上坐卧，造成人身损害，铁路运输企业举证证明已充分履行安全防护、警示等义务的，不承担赔偿责任。</td></tr>
<tr><td colspan="2">第八条（原第八条）　铁路运输造成无民事行为能力人人身损害的，铁路运输企业应当承担赔偿责任；监护人有过错的，按照过错程度减轻铁路运输企业的赔偿责任，但铁路运输企业承担的赔偿责任应当不低于全部损失的百分之五十。
铁路运输造成限制民事行为能力人人身损害的，铁路运输企业应当承担赔偿责任；监护人及受害人自身有过错的，按照过错程度减轻铁路运输企业的赔偿责任，但铁路运输企业承担的赔偿责任应当不低于全部损失的百分之四十。</td></tr>
<tr><td colspan="2">第九条（原第九条）　铁路机车车辆与机动车发生碰撞造成机动车驾驶人员以外的人人身损害的，由铁路运输企业与机动车一方对受害人承担连带赔偿责任。铁路运输企业与机动车一方之间，按照各自的过错分担责任；双方均无过错的，按照公平原则分担责任。
对受害人实际承担赔偿责任超出应当承担份额的一方，有权向另一方追偿。
铁路机车车辆与机动车发生碰撞造成机动车驾驶人员人身损害的，按照本解释第四条至第七条的规定处理。</td></tr>
<tr><td colspan="2">第十条（原第十条）　在非铁路运输企业实行监护的铁路无人看守道口发生事故造成人身损害的，由铁路运输企业按照本解释的有关规定承担赔偿责任。道口管理单位有过错的，铁路运输企业对赔偿权利人承担赔偿责任后，有权向道口管理单位追偿。</td></tr>
<tr><td colspan="2">第十一条（原第十一条）　对于铁路桥梁、涵洞等设施负有管理、维护等职责的单位，因未尽职责使该铁路桥梁、涵洞等设施不能正常使用，导致行人、车辆穿越铁路线路造成人身损害的，铁路运输企业按照本解释有关规定承担赔偿责任后，有权向该单位追偿。</td></tr>
<tr><td>第十二条　铁路旅客运送期间发生旅客人身损害，赔偿权利人要求铁路运输企业承担违约责任的，人民法院应当依照民法典第八百一十一条、第八百二十二条、第八百二十三条等规定，确定铁路运输企业是否承担责任及责任的大小；赔偿权利人要求铁路运输企业承担侵权赔偿责任的，人民法院应当依照有关侵权责任的法律规定，确定铁路运输企业是否承担赔偿责任及责任的大小。</td><td>第十二条　铁路旅客运送期间发生旅客人身损害，赔偿权利人要求铁路运输企业承担违约责任的，人民法院应当依照《中华人民共和国合同法》第二百九十条、第三百零一条、第三百零二条等规定，确定铁路运输企业是否承担责任及责任的大小；赔偿权利人要求铁路运输企业承担侵权赔偿责任的，人民法院应当依照有关侵权责任的法律规定，确定铁路运输企业是否承担赔偿责任及责任的大小。</td></tr>
<tr><td colspan="2">第十三条（原第十三条）　铁路旅客运送期间因第三人侵权造成旅客人身损害的，由实施侵权行为的第三人承担赔偿责任。铁路运输企业有过错的，应当在能够防止或者制止损害的范围内承担相应的补充赔偿责任。铁路运输企业承担赔偿责任后，有权向第三人追偿。</td></tr>
</table>

<table>
<tr><th>新《铁路运输损害赔偿司法解释》</th><th>原《铁路运输损害赔偿司法解释》</th></tr>
<tr><td colspan="2">车外第三人投掷石块等击打列车造成车内旅客人身损害，赔偿权利人要求铁路运输企业先予赔偿的，人民法院应当予以支持。铁路运输企业赔付后，有权向第三人追偿。</td></tr>
<tr><td colspan="2">第十四条（原第十四条）　有权作出事故认定的组织依照《铁路交通事故应急救援和调查处理条例》等有关规定制作的事故认定书，经庭审质证，对于事故认定书所认定的事实，当事人没有相反证据和理由足以推翻的，人民法院应当作为认定事实的根据。</td></tr>
<tr><td colspan="2">第十五条（原第十五条）　在专用铁路及铁路专用线上因运输造成人身损害，依法应当由肇事工具或者设备的所有人、使用人或者管理人承担赔偿责任的，适用本解释。</td></tr>
<tr><td colspan="2">第十六条（原第十六条）　本院以前发布的司法解释与本解释不一致的，以本解释为准。
本解释施行前已经终审，本解释施行后当事人申请再审或者按照审判监督程序决定再审的案件，不适用本解释。</td></tr>
</table>

《最高人民法院关于郑某与宽城满族自治县电力局、宽城满族自治县孛罗台乡孛罗台村等损害赔偿一案的复函》

河北省高级人民法院：

你院请示收悉，经研究，答复如下：

宽城电力分公司在变压器安装验收时，明知台高不符合标准，且没有防护栏的情况下却违规送电，应承担郑某人身损害的主要责任；孛罗台村对供电设施疏于管理也是造成郑某人身损害的原因之一，应当承担相应责任；郑某的监护人未尽监护义务亦应承担一定责任。三者按照70%、20%、10%的比例承担责任是适当的，精神损害抚慰金50000元的分担也是适当的。

《最高人民法院关于从事高空高压对周围环境有高度危险作业造成他人损害的应适用民法通则还是电力法的复函》

黑龙江省高级人民法院：

你院《关于从事高空高压等对周围环境有高度危险作业造成他人损害的应适用民法通则还是电力法》的请示收悉。经研究认为：民法通则规定，如能证明损害是由受害人故意造成的，电力部门不承担民事责任；电力法规定，由于不可抗力或用户自身的过错造成损害的，电力部门不承担赔偿责任。这两部法律对归责原则的规定是有所区别的。但电力法是民法通则颁布实施后对民事责任规范所作的特别规定，根据特别法优于普通法，后法优于前法的原则，你院所请示的案件应适用电力法。

《最高人民法院关于曹豪哲诉延边电业局、姜国政赔偿一案的责任划分及法律适用问题的复函》

吉林省高级人民法院：

你院《关于曹豪哲诉延边电业局、姜国政赔偿一案如何划分责任及适用法律的请示》收悉。经研究，我们认为，延边电业局的高压供电行为和姜国政在变压器台下堆柴垛的行为导致了受害人曹豪哲伤残的后果。延边电业局作为特殊侵权责任主体，且未能按《电力设施保护条例》采取有力措施消除危险，应负主要责任。姜国政违反《电力设施保护条例》的规定，对损害结果的发生也负有重要责任。曹豪哲无行为能力，被延边电业局和姜国政共同造成的危险致残，如法院认定其监护人未尽到监护职责，要求过苛，不宜这样处理。

以上意见供参考。

第一千二百四十一条 【遗失、抛弃高度危险物致害的侵权责任】 遗失、抛弃高度危险物造成他人损害的，由所有人承担侵权责任。所有人将高度危险物交由他人管理的，由管理人承担侵权责任；所有人有过错的，与管理人承担连带责任。

第一千二百四十二条 【非法占有高度危险物致害的侵权责任】 非法占有高度危险物造成他人损害的，由非法占有人承担侵权责任。所有人、管理人不能证明对防止非法占有尽到高度注意义务的，与非法占有人承担连带责任。

权威案例指引

▶公报案例

《上海市松江区叶榭镇人民政府诉蒋荣祥等水污染责任纠纷案》，《最高人民法院公报》2014 年第 4 期

裁判摘要：我国对危险废物污染环境防治实行污染者依法负责的原则。产品的生产者、销售者、进口者、使用者对其产生的危险废物依法承担污染防治责任，应向环保主管部门申报危险废物的种类、产生量、流向、贮存以及处置等资料，同时应按照国家规定交由有相应处理危险废物资质的单位进行处理。危险废物产生者未依法申报危险废物的具体情况，擅自委托不具备处理危险废物资质的单位或者个人处理危险废物的，属于违反污染防治责任的行为。因上述违法行为造成环境污染事故的，危险废物的产生者对于相关损害结果的发生具有放任的故意，不能以其并非直接的环境污染侵权人为由免除法律责任，又由于危险废物产生者的擅自委托行为系环境污染事故的必要条件，故应与危险废物的实际处理者承担连带责任。存在多个生产者的，可结合各自违法处理危险废物的数量以及对事故发生所起的作用等因素分担责任。

第一千二百四十三条 【未经许可进入高度危险作业区域的抗辩事由】 未经许可进入高度危险活动区域或者高度危险物存放区域受到损害，管理人能够证明已经采取足够安全措施并尽到充分警示义务的，可以减轻或者不承担责任。

关联法规参见

▶法律：《民法典侵权责任编》第 1178 条。

▶行政法规：《电力设施保护条例》第 8 条至第 10 条。

司法解释适用

《最高人民法院关于审理道路交通事故损害赔偿案件适用法律若干问题的解释》（法释〔2020〕17 号修改）

新《道路交通事故司法解释》	原《道路交通事故司法解释》
第七条 因道路管理维护缺陷导致机动车发生交通事故造成损害，当事人请求道路管理者承担相应赔偿责任的，人民法院应予支持。但道路管理者能够证明已经依照法律、法规、规章的规定，或者按照国家标准、行业标准、地方标准的要求尽到安全防护、警示等管理维护义务的除外。 依法不得进入高速公路的车辆、行人，进入高速公路发生交通事故造成自身损害，当事人请求高速公路管理者承担赔偿责任的，适用民法典第一千二百四十三条的规定。	**第九条** 因道路管理维护缺陷导致机动车发生交通事故造成损害，当事人请求道路管理者承担相应赔偿责任的，人民法院应予支持，但道路管理者能够证明已按照法律、法规、规章、国家标准、行业标准或者地方标准尽到安全防护、警示等管理维护义务的除外。 依法不得进入高速公路的车辆、行人，进入高速公路发生交通事故造成自身损害，当事人请求高速公路管理者承担赔偿责任的，适用侵权责任法第七十六条的规定。

权威案例指引

▶公报案例

《杨本波、侯章素与中国铁路上海局集团有限公司、中国铁路上海局集团有限公司南京站铁路运输人身损害责任纠纷案》，《最高人民法院公报》2019 年第 10 期

裁判摘要：在车站设有上下车安全通道，且铁路运输企业已经采取必要的安全措施并尽到警示义务的情况下，受害人未经许可、违反众所周知的安全规则，进入正有列车驶入的车站内轨道、横穿线路，导致生命健康受到损害的，属于《中华人民共和国铁路法》第五十八条规定的因受害人自身原因造成人身伤亡的情形，铁路运输企业不承担赔偿责任。

第一千二百四十四条 【高度危险责任法定赔偿限额的适用规则及其例外】承担高度危险责任，法律规定赔偿限额的，依照其规定，但是行为人有故意或者重大过失的除外。

关联法规参见

▶法律：《民用航空法》第 111 条、第 112 条、第 116 条、第 128 条至第 133 条、第 139 条、第 141 条、第 142 条，《海商法》第 210 条至第 213 条。

▶**国际条约**：《蒙特利尔公约》第17条、第19条、第21条、第22条、第24条，《2001年国际燃油污染损害民事责任公约》第6条、第7条，《〈1992年国际油污损害民事责任议定书〉2000年修正案》第5条，《华沙公约》第22条至第25条。

▶**行政法规**：《防治船舶污染海洋环境管理条例》第50条、第51条。

司法解释适用

《最高人民法院关于审理船舶油污损害赔偿纠纷案件若干问题的规定》（法释〔2020〕18号修改）

新《船舶油污损害赔偿纠纷案件规定》	原《船舶油污损害赔偿纠纷案件规定》
第五条（原第五条）　油轮装载的持久性油类造成油污损害的，应依照《防治船舶污染海洋环境管理条例》《1992年国际油污损害民事责任公约》的规定确定赔偿限额。 油轮装载的非持久性燃油或者非油轮装载的燃油造成油污损害的，应依照海商法关于海事赔偿责任限制的规定确定赔偿限额。	
第六条（原第六条）　经证明油污损害是由于船舶所有人的故意或者明知可能造成此种损害而轻率地作为或者不作为造成的，船舶所有人主张限制赔偿责任，人民法院不予支持。	

第九章　饲养动物损害责任

第一千二百四十五条　【饲养动物致害的无过错责任及被侵权人过错的适用规则】饲养的动物造成他人损害的，动物饲养人或者管理人应当承担侵权责任；但是，能够证明损害是因被侵权人故意或者重大过失造成的，可以不承担或者减轻责任。

关联法规参见

▶**法律**：《民法典侵权责任编》第1178条，《野生动物保护法》第19条，《治安管理处罚法》第75条，《动物防疫法》第30条。

司法解释适用

《最高人民法院关于李桂英诉孙桂清鸡啄眼赔偿一案的函复》

内蒙古自治区高级人民法院：

你院〔81〕内法民字第15号函"关于李桂英诉孙桂清赔偿一案的请示报告"及所附卷三宗均收悉。经审阅研究，现函复如下：

根据你院的报告和所附原审卷宗（无你院复查卷）所载材料来看，我们认为：认定李桂英的3岁男孩是被孙桂清家饲养的公鸡啄伤右眼致残的事实，直接证据不足，原一、二审法院判决孙桂清负担医疗费用70%（即315.39元）是缺乏法律根据的。黑龙江省高级人民法院以审判监督程序进行了审查，裁定撤销大兴安岭地区中级人民法院〔78〕大法民上字第30号判决是正确的。因此，不同意你院建议我院撤销黑龙江省高级人民法院〔79〕法民监字第198号民事裁定的意见。

该案从法律责任来说，李桂英带领自己3岁男孩外出，应认识到对小孩负有看护之责。李桂英抛开孩子，自己与他人在路上闲聊，造成孩子被鸡啄伤右眼，这是李桂英做母亲的过失，与养鸡者无直接关系。因此，判决孙桂清负担医药费是没有法律根据的。但如经过工作孙桂清出于睦邻友好，同情孩子的遭遇，自愿补给李桂英家一部分医药费是可以的。

请你院按照上述意见精神进行处理。

权威案例指引

▶公报案例

《欧丽珍诉高燕饲养动物损害责任纠纷案》，《最高人民法院公报》2019年第10期

裁判摘要：饲养动物损害责任纠纷案件中，饲养动物虽未直接接触受害人，但因其追赶、逼近等危险动作导致受害人摔倒受伤的，应认定其与损害与受害人发生结果身体之间存在因果关系。动物饲养人或管理人不能举证证明受害人对损害的发生存在故意或者重大过失的，应当承担全部的侵权责任。

第一千二百四十六条　【违反管理规定饲养动物致害的无过错责任及减责事由】违反管理规定，未对动物采取安全措施造成他人损害的，动物饲养人或者管理人应当承担侵权责任；但是，能够证明损害是因被侵权人故意造成的，可以减轻责任。

关联法规参见

▶**法律：**《民法典侵权责任编》第1178条。

第一千二百四十七条　【禁止饲养的危险动物致害的无过错责任】禁止饲养的烈性犬等危险动物造成他人损害的，动物饲养人或者管理人应当承担侵权责任。

第一千二百四十八条　【动物园动物致害的无过错责任及免责事由】动物园的动物造成他人损害的，动物园应当承担侵权责任；但是，能够证明尽到管理职责的，不承担侵权责任。

关联法规参见

▶**法律：**《民法典侵权责任编》第1178条。

权威案例指引

▶**公报案例**

《谢叶阳诉上海动物园饲养动物致人损害纠纷案》，《最高人民法院公报》2013 年第 8 期

裁判摘要：《侵权责任法》第八十一条就动物园无过错责任作出了明确规定，同时规定，如受害人或监护人确有过错，动物园可以减轻或者不承担责任。动物园作为饲养管理动物的专业机构，依法负有注意和管理义务，其安全设施应充分考虑到未成年人的特殊安全需要，最大限度杜绝危害后果发生。游客亦应当文明游园，监护人要尽到监护责任，否则亦要依法承担相应的责任。

第一千二百四十九条　【遗弃、逃逸动物致害的无过错责任】 遗弃、逃逸的动物在遗弃、逃逸期间造成他人损害的，由动物原饲养人或者管理人承担侵权责任。

第一千二百五十条　【第三人过错导致饲养动物致害的不真正连带责任】 因第三人的过错致使动物造成他人损害的，被侵权人可以向动物饲养人或者管理人请求赔偿，也可以向第三人请求赔偿。动物饲养人或者管理人赔偿后，有权向第三人追偿。

第一千二百五十一条　【饲养动物应负的社会责任】 饲养动物应当遵守法律法规，尊重社会公德，不得妨碍他人生活。

关联法规参见

▶**法律**：《治安管理处罚法》第 75 条。

第十章　建筑物和物件损害责任

第一千二百五十二条　【不动产设施倒塌、塌陷致害的侵权责任】 建筑物、构筑物或者其他设施倒塌、塌陷造成他人损害的，由建设单位与施工单位承担连带责任，但是建设单位与施工单位能够证明不存在质量缺陷的除外。建设单位、施工单位赔偿后，有其他责任人的，有权向其他责任人追偿。

因所有人、管理人、使用人或者第三人的原因，建筑物、构筑物或者其他设施倒塌、塌陷造成他人损害的，由所有人、管理人、使用人或者第三人承担侵权责任。

关联法规参见

▶**法律**：《建筑法》第 27 条、第 29 条、第 35 条、第 55 条、第 66 条、第 67 条、第 69 条、第 70 条、第 73 条至第 75 条、第 79 条、第 80 条。

▶**行政法规**：《建设工程质量管理条例》第 2 条、第 3 条、第 12 条、第 14 条、第 15 条、第 27 条、第 40 条至第 42 条、第 58 条、第 63 条至第 67 条、第 69 条，《物业管理条例》第 55 条。

司法解释适用

《最高人民法院关于审理建设工程施工合同纠纷案件适用法律问题的解释（一）》（法释〔2020〕25 号）

<table>
<tr><th>《建工合同司法解释（一）》</th><th>原《建设工程施工合同纠纷司法解释》</th></tr>
<tr><td colspan="2">第十三条（原第十二条）　发包人具有下列情形之一，造成建设工程质量缺陷，应当承担过错责任：
（一）提供的设计有缺陷；
（二）提供或者指定购买的建筑材料、建筑构配件、设备不符合强制性标准；
（三）直接指定分包人分包专业工程。
承包人有过错的，也应当承担相应的过错责任。</td></tr>
<tr><td colspan="2">第十四条（原第十三条）　建设工程未经竣工验收，发包人擅自使用后，又以使用部分质量不符合约定为由主张权利的，人民法院不予支持；但是承包人应当在建设工程的合理使用寿命内对地基基础工程和主体结构质量承担民事责任。</td></tr>
<tr><td colspan="2">第十八条（原第二十七条）　因保修人未及时履行保修义务，导致建筑物毁损或者造成人身损害、财产损失的，保修人应当承担赔偿责任。
保修人与建筑物所有人或者发包人对建筑物毁损均有过错的，各自承担相应的责任。</td></tr>
</table>

《最高人民法院关于审理道路交通事故损害赔偿案件适用法律若干问题的解释》（法释〔2020〕17 号修改）

<table>
<tr><th>新《道路交通事故司法解释》</th><th>原《道路交通事故司法解释》</th></tr>
<tr><td colspan="2">第八条（原第十一条）　未按照法律、法规、规章或者国家标准、行业标准、地方标准的强制性规定设计、施工，致使道路存在缺陷并造成交通事故，当事人请求建设单位与施工单位承担相应赔偿责任的，人民法院应予支持。</td></tr>
</table>

《最高人民法院关于审理人身损害赔偿案件适用法律若干问题的解释》（法释〔2020〕17 号修改）

<table>
<tr><th>新《人身损害赔偿司法解释》</th><th>原《人身损害赔偿司法解释》</th></tr>
<tr><td colspan="2">删除条文
<s>第十六条　下列情形，适用民法通则第一百二十六条的规定，由所有人或者管理人承担赔偿责任，但能够证明自己没有过错的除外：</s>
<s>（一）道路、桥梁、隧道等人工建造的构筑物因维护、管理瑕疵致人损害的；</s>
<s>（二）堆放物品滚落、滑落或者堆放物倒塌致人损害的；</s></td></tr>
</table>

<table>
<tr><th>新《人身损害赔偿司法解释》</th><th>原《人身损害赔偿司法解释》</th></tr>
<tr><td colspan="2">~~（三）树木倾倒、折断或者果实坠落致人损害的。~~
~~前款第（一）项情形，因设计、施工缺陷造成损害的，由所有人、管理人与设计、施工者承担连带责任。~~</td></tr>
</table>

第一千二百五十三条　【不动产设施及其附属物脱落、坠落致害过错推定责任】建筑物、构筑物或者其他设施及其搁置物、悬挂物发生脱落、坠落造成他人损害，所有人、管理人或者使用人不能证明自己没有过错的，应当承担侵权责任。所有人、管理人或者使用人赔偿后，有其他责任人的，有权向其他责任人追偿。

司法解释适用

《最高人民法院关于审理人身损害赔偿案件适用法律若干问题的解释》（法释〔2020〕17号修改）

<table>
<tr><th>新《人身损害赔偿司法解释》</th><th>原《人身损害赔偿司法解释》</th></tr>
<tr><td colspan="2">删除条文
~~**第十六条**　下列情形，适用民法通则第一百二十六条的规定，由所有人或者管理人承担赔偿责任，但能够证明自己没有过错的除外：~~
~~（一）道路、桥梁、隧道等人工建造的构筑物因维护、管理瑕疵致人损害的；~~
~~（二）堆放物品滚落、滑落或者堆放物倒塌致人损害的；~~
~~（三）树木倾倒、折断或者果实坠落致人损害的。~~
~~前款第（一）项情形，因设计、施工缺陷造成损害的，由所有人、管理人与设计、施工者承担连带责任。~~</td></tr>
</table>

第一千二百五十四条　【高空抛物坠物责任】禁止从建筑物中抛掷物品。从建筑物中抛掷物品或者从建筑物上坠落的物品造成他人损害的，由侵权人依法承担侵权责任；经调查难以确定具体侵权人的，除能够证明自己不是侵权人的外，由可能加害的建筑物使用人给予补偿。可能加害的建筑物使用人补偿后，有权向侵权人追偿。

物业服务企业等建筑物管理人应当采取必要的安全保障措施防止前款规定情形的发生；未采取必要的安全保障措施的，应当依法承担未履行安全保障义务的侵权责任。

发生本条第一款规定的情形的，公安等机关应当依法及时调查，查清责任人。

关联法规参见

▶法律：《刑法》第291条。

司法解释适用

《最高人民法院关于适用〈中华人民共和国民法典〉时间效力的若干规定》（法释〔2020〕15号）

《民法典时间效力规定》	
新增条文 **第十九条** 民法典施行前，从建筑物中抛掷物品或者从建筑物上坠落的物品造成他人损害引起的民事纠纷案件，适用民法典第一千二百五十四条的规定。	

《最高人民法院关于依法妥善审理高空抛物、坠物案件的意见》（2019年10月21日法发〔2019〕25号）

近年来，高空抛物、坠物事件不断发生，严重危害公共安全，侵害人民群众合法权益，影响社会和谐稳定。为充分发挥司法审判的惩罚、规范和预防功能，依法妥善审理高空抛物、坠物案件，切实维护人民群众"头顶上的安全"，保障人民安居乐业，维护社会公平正义，依据《中华人民共和国刑法》《中华人民共和国侵权责任法》等相关法律，提出如下意见。

一、加强源头治理，监督支持依法行政，有效预防和惩治高空抛物、坠物行为

1. 树立预防和惩治高空抛物、坠物行为的基本理念。人民法院要切实贯彻以人民为中心的发展理念，将预防和惩治高空抛物、坠物行为作为当前和今后一段时期的重要任务，充分发挥司法职能作用，保护人民群众生命财产安全。要积极推动预防和惩治高空抛物、坠物行为的综合治理、协同治理工作，及时排查整治安全隐患，确保人民群众"头顶上的安全"，不断增强人民群众的幸福感、安全感。要努力实现依法制裁、救济损害与维护公共安全、保障人民群众安居乐业的有机统一，促进社会和谐稳定。

2. 积极推动将高空抛物、坠物行为的预防与惩治纳入诉源治理机制建设。切实发挥人民法院在诉源治理中的参与、推动、规范和保障作用，加强与公安、基层组织等的联动，积极推动和助力有关部门完善防范高空抛物、坠物的工作举措，形成有效合力。注重发挥司法建议作用，对在审理高空抛物、坠物案件中发现行政机关、基层组织、物业服务企业等有关单位存在的工作疏漏、隐患风险等问题，及时提出司法建议，督促整改。

3. 充分发挥行政审判促进依法行政的职能作用。注重发挥行政审判对预防和惩治高空抛物、坠物行为的积极作用，切实保护受害人依法申请行政机关履行保护其人身权、财产权等合法权益法定职责的权利，监督行政机关依法行使行政职权、履行相应职责。受害人等行政相对方对行政机关在履职过程中违法行使职权或者不作为提起行政诉讼的，人民法院应当依法及时受理。

二、依法惩处构成犯罪的高空抛物、坠物行为，切实维护人民群众生命财产安全

4. 充分认识高空抛物、坠物行为的社会危害性。高空抛物、坠物行为损害人民群众人身、财产安全，极易造成人身伤亡和财产损失，引发社会矛盾纠纷。人民法院要高度重视高空抛物、坠物行为的现实危害，深刻认识运用刑罚手段惩治情节和后果严重的高空抛物、坠物行为的必要性和重要性，依法惩治此类犯罪行为，有效防范、坚决遏制此类行为发生。

5. 准确认定高空抛物犯罪。对于高空抛物行为，应当根据行为人的动机、抛物场所、抛掷物的情况以及造成的后果等因素，全面考量行为的社会危害程度，准确判断行为性质，正确适用罪名，准确裁量刑罚。

故意从高空抛弃物品，尚未造成严重后果，但足以危害公共安全的，依照刑法第一百一十四条规定的以危险方法危害公共安全罪定罪处罚；致人重伤、死亡或者使公私财产遭受重大损失的，依照刑法第一百一十五条第一款的规定处罚。为伤害、杀害特定人员实施上述行为的，依照故意伤害罪、故意杀人罪定罪处罚。

6. 依法从重惩治高空抛物犯罪。具有下列情形之一的，应当从重处罚，一般不得适用缓刑：(1) 多次实施的；(2) 经劝阻仍继续实施的；(3) 受过刑事处罚或者行政处罚后又实施的；(4) 在人员密集场所实施的；(5) 其他情节严重的情形。

7. 准确认定高空坠物犯罪。过失导致物品从高空坠落，致人死亡、重伤，符合刑法第二百三十三条、第二百三十五条规定的，依照过失致人死亡罪、过失致人重伤罪定罪处罚。在生产、作业中违反有关安全管理规定，从高空坠落物品，发生重大伤亡事故或者造成其他严重后果的，依照刑法第一百三十四条第一款的规定，以重大责任事故罪定罪处罚。

三、坚持司法为民、公正司法，依法妥善审理高空抛物、坠物民事案件

8. 加强高空抛物、坠物民事案件的审判工作。人民法院在处理高空抛物、坠物民事案件时，要充分认识此类案件中侵权行为给人民群众生命、健康、财产造成的严重损害，把维护人民群众合法权益放在首位。针对此类案件直接侵权人查找难、影响面广、处理难度大等特点，要创新审判方式，坚持多措并举，依法严惩高空抛物行为人，充分保护受害人。

9. 做好诉讼服务与立案释明工作。人民法院对高空抛物、坠物案件，要坚持有案必立、有诉必理，为受害人线上线下立案提供方便。在受理从建筑物中抛掷物品、坠落物品造成他人损害的纠纷案件时，要向当事人释明尽量提供具体明确的侵权人，尽量限缩“可能加害的建筑物使用人”范围，减轻当事人诉累。对侵权人不明又不能依法追加其他责任人的，引导当事人通过多元化纠纷解决机制化解矛盾、补偿损失。

10. 综合运用民事诉讼证据规则。人民法院在适用侵权责任法第八十七条裁判案件时，对能够证明自己不是侵权人的“可能加害的建筑物使用人”，依法予以免责。要加大依职权调查取证力度，积极主动向物业服务企业、周边群众、技术专家等询问查证，加强与公安部门、基层组织等沟通协调，充分运用日常生活经验法则，最大限度查找确定直接侵权人并依法判决其承担侵权责任。

11. 区分坠落物、抛掷物的不同法律适用规则。建筑物及其搁置物、悬挂物发生脱落、坠落造成他人损害的，所有人、管理人或者使用人不能证明自己没有过错的，人民法院应当

适用侵权责任法第八十五条的规定，依法判决其承担侵权责任；有其他责任人的，所有人、管理人或者使用人赔偿后向其他责任人主张追偿权的，人民法院应予支持。从建筑物中抛掷物品造成他人损害的，应当尽量查明直接侵权人，并依法判决其承担侵权责任。

12. 依法确定物业服务企业的责任。物业服务企业不履行或者不完全履行物业服务合同约定或者法律法规规定、相关行业规范确定的维修、养护、管理和维护义务，造成建筑物及其搁置物、悬挂物发生脱落、坠落致使他人损害的，人民法院依法判决其承担侵权责任。有其他责任人的，物业服务企业承担责任后，向其他责任人行使追偿权的，人民法院应予支持。物业服务企业隐匿、销毁、篡改或者拒不向人民法院提供相应证据，导致案件事实难以认定的，应当承担相应的不利后果。

13. 完善相关的审判程序机制。人民法院在审理疑难复杂或社会影响较大的高空抛物、坠物民事案件时，要充分运用人民陪审员、合议庭、主审法官会议等机制，充分发挥院、庭长的监督职责。涉及侵权责任法第八十七条适用的，可以提交院审判委员会讨论决定。

四、注重多元化解，坚持多措并举，不断完善预防和调处高空抛物、坠物纠纷的工作机制

14. 充分发挥多元解纷机制的作用。人民法院应当将高空抛物、坠物民事案件的处理纳入到建设一站式多元解纷机制的整体工作中，加强诉前、诉中调解工作，有效化解矛盾纠纷，努力实现法律效果与社会效果相统一。要根据每一个高空抛物、坠物案件的具体特点，带着对受害人的真挚感情，为当事人解难题、办实事，尽力做好调解工作，力促案结事了人和。

15. 推动完善社会救助工作。要充分运用诉讼费缓减免和司法救助制度，依法及时对经济上确有困难的高空抛物、坠物案件受害人给予救济。通过案件裁判、规则指引积极引导当事人参加社会保险转移风险、分担损失。支持各级政府有关部门探索建立高空抛物事故社会救助基金或者进行试点工作，对受害人损害进行合理分担。

16. 积极完善工作举措。要通过多种形式特别是人民群众喜闻乐见的方式加强法治宣传，持续强化以案释法工作，充分发挥司法裁判规范、指导、评价、引领社会价值的重要作用，大力弘扬社会主义核心价值观，形成良好社会风尚。要深入调研高空抛物、坠物案件的司法适用疑难问题，认真总结审判经验。对审理高空抛物、坠物案件中发现的新情况、新问题，及时层报最高人民法院。

第一千二百五十五条　【堆放物致害的过错推定责任】堆放物倒塌、滚落或者滑落造成他人损害，堆放人不能证明自己没有过错的，应当承担侵权责任。

司法解释适用

《最高人民法院关于审理人身损害赔偿案件适用法律若干问题的解释》（法释〔2020〕17号修改）

<table>
<tr><th>新《人身损害赔偿司法解释》</th><th>原《人身损害赔偿司法解释》</th></tr>
<tr><td colspan="2">删除条文

~~第十六条　下列情形，适用民法通则第一百二十六条的规定，由所有人或者管理人承担赔偿责任，但能够证明自己没有过错的除外：~~
~~（一）道路、桥梁、隧道等人工建造的构筑物因维护、管理瑕疵致人损害的；~~
~~（二）堆放物品滚落、滑落或者堆放物倒塌致人损害的；~~
~~（三）树木倾倒、折断或者果实坠落致人损害的。~~
~~前款第（一）项情形，因设计、施工缺陷造成损害的，由所有人、管理人与设计、施工者承担连带责任。~~</td></tr>
</table>

第一千二百五十六条　【在公共道路上妨碍通行物品致害的侵权责任】 在公共道路上堆放、倾倒、遗撒妨碍通行的物品造成他人损害的，由行为人承担侵权责任。公共道路管理人不能证明已经尽到清理、防护、警示等义务的，应当承担相应的责任。

关联法规参见

▶**法律**：《公路法》第46条、第47条、第54条，《道路交通安全法》第30条、第31条、第48条、第66条。

▶**行政法规**：《城市道路管理条例》第21条、第22条，《道路交通安全法实施条例》第62条。

司法解释适用

《最高人民法院关于审理道路交通事故损害赔偿案件适用法律若干问题的解释》（法释〔2020〕17号修改）

新《道路交通事故司法解释》	原《道路交通事故司法解释》
第七条　因道路管理维护缺陷导致机动车发生交通事故造成损害，当事人请求道路管理者承担相应赔偿责任的，人民法院应予支持。但道路管理者能够证明已经依照法律、法规、规章的规定，或者按照国家标准、行业标准、地方标准的要求尽到安全防护、警示等管理维护义务的除外。	**第九条**　因道路管理维护缺陷导致机动车发生交通事故造成损害，当事人请求道路管理者承担相应赔偿责任的，人民法院应予支持，但道路管理者能够证明已按照法律、法规、规章、国家标准、行业标准或者地方标准尽到安全防护、警示等管理维护义务的除外。

新《道路交通事故司法解释》	原《道路交通事故司法解释》
依法不得进入高速公路的车辆、行人，进入高速公路发生交通事故造成自身损害，当事人请求高速公路管理者承担赔偿责任的，适用民法典第一千二百四十三条的规定。	依法不得进入高速公路的车辆、行人，进入高速公路发生交通事故造成自身损害，当事人请求高速公路管理者承担赔偿责任的，适用侵权责任法第七十六条的规定。
删除条文 ~~**第十条** 因在道路上堆放、倾倒、遗撒物品等妨碍通行的行为，导致交通事故造成损害，当事人请求行为人承担赔偿责任的，人民法院应予支持。道路管理者不能证明已按照法律、法规、规章、国家标准、行业标准或者地方标准尽到清理、防护、警示等义务的，应当承担相应的赔偿责任。~~	

权威案例指引

▶公报案例

《丁启章诉江苏京沪高速公路有限公司等人身损害赔偿纠纷案》，《最高人民法院公报》2016年第10期

裁判摘要： 车辆通过付费方式进入高速公路的法律关系，系通行者与高速公路管理者达成的有偿使用高速公路的民事合同关系，高速公路管理者有及时巡视和清障的义务，以保障司乘人员在通过高速公路时的安全、畅通。通行者在高速公路驾车行驶时碾压到车辆散落物导致交通事故的，高速公路管理者在不能举证证明已尽到及时巡视和清障义务的情况下，应当承担相应的赔偿责任。

《姚友民与东台市城市管理局、东台市环境卫生管理处公共道路妨碍通行责任纠纷案》，《最高人民法院公报》2015年第1期

裁判摘要： 在公共交通道路上堆放、倾倒、遗撒妨碍他人通行的物品，无法确定具体行为人时，环卫机构作为具体负责道路清扫的责任单位，应当根据路面的实际情况制定相应的巡查频率和保洁制度，并在每次巡查保洁后保存相应的记录，保持路面基本见本色，保障安全通行。环卫机构未能提供其巡回保洁和及时清理的相关记录，应当认定其未尽到清理、保洁的义务，对他人因此受伤产生的损失，依法应承担相应的赔偿责任。

第一千二百五十七条　【林木致害的过错推定责任】 因林木折断、倾倒或者果实坠落等造成他人损害，林木的所有人或者管理人不能证明自己没有过错的，应当承担侵权责任。

司法解释适用

《最高人民法院关于审理人身损害赔偿案件适用法律若干问题的解释》（法释〔2020〕17 号修改）

<table>
<tr><th>新《人身损害赔偿司法解释》</th><th>原《人身损害赔偿司法解释》</th></tr>
<tr><td colspan="2">删除条文

~~**第十六条**　下列情形，适用民法通则第一百二十六条的规定，由所有人或者管理人承担赔偿责任，但能够证明自己没有过错的除外：~~
~~（一）道路、桥梁、隧道等人工建造的构筑物因维护、管理瑕疵致人损害的；~~
~~（二）堆放物品滚落、滑落或者堆放物倒塌致人损害的；~~
~~（三）树木倾倒、折断或者果实坠落致人损害的。~~
~~前款第（一）项情形，因设计、施工缺陷造成损害的，由所有人、管理人与设计、施工者承担连带责任。~~</td></tr>
</table>

权威案例指引

▶公报案例

《吴文景、张恺逸、吴彩娟诉厦门市康健旅行社有限公司、福建省永春牛姆林旅游发展服务有限公司人身损害赔偿纠纷案》，《最高人民法院公报》2006 年第 6 期

裁判摘要：一、旅游服务机构及其导游对自然风险的防患意识应当高于游客，且负有保障游客安全的责任，应以游客安全第一为宗旨，依诚实信用原则并结合当时的具体情况对是否调整行程作出正确判断。导游不顾客观存在的危险，坚持带游客冒险游玩，致游客身处险境，并实际导致损害结果发生的，其所属的旅游服务机构应当承担相应的民事责任；游客遇险或者受到伤害后，相关旅游服务机构应当尽最大努力及时给予救助，旅游服务机构未尽到救助义务，导致损害结果扩大的，应当承担相应的民事责任；

二、树木折断致人损害的，除存在树木的所有人或管理人已尽到维护、管理义务，或者损害结果的发生系因不可抗力所致，或者受害人因自己的过错造成损害等三种情形外，树木的所有人或管理人应当承担赔偿责任；

三、根据最高人民法院《关于审理人身损害赔偿案件适用法律若干问题的解释》第三条第二款的规定，二人以上没有共同故意或者共同过失，但其分别实施的数个行为间接结合发生同一损害后果的，应当根据过失大小或者原因力比例各自承担相应的赔偿责任。

第一千二百五十八条　【在公共场所或者道路上挖掘、修缮安装地下设施致害的无过错责任；窨井等地下设施致害的过错推定责任】在公共场所或者道路上挖掘、修缮安装地下设施等造成他人损害，施工人不能证明已经设置明显标志和采取安全措施的，应当承担侵权责任。

窨井等地下设施造成他人损害，管理人不能证明尽到管理职责的，应当承担侵权责任。

关联法规参见

▶**法律**：《道路交通安全法》第104条、第105条。

▶**行政法规**：《城市道路管理条例》第27条、第31条、第42条。

司法解释适用

《最高人民法院、最高人民检察院、公安部关于办理涉窨井盖相关刑事案件的指导意见》

近年来，因盗窃、破坏窨井盖等行为导致人员伤亡事故多发，严重危害公共安全和人民群众生命财产安全，社会反映强烈。要充分认识此类行为的社会危害性、运用刑罚手段依法惩治的必要性，完善刑事责任追究机制，维护人民群众“脚底下的安全”，推动窨井盖问题的综合治理。为依法惩治涉窨井盖相关犯罪，切实维护公共安全和人民群众合法权益，提升办案质效，根据《中华人民共和国刑法》等法律规定，提出以下意见。

一、盗窃、破坏正在使用中的社会机动车通行道路上的窨井盖，足以使汽车、电车发生倾覆、毁坏危险，尚未造成严重后果的，依照刑法第一百一十七条的规定，以破坏交通设施罪定罪处罚；造成严重后果的，依照刑法第一百一十九条第一款的规定处罚。

过失造成严重后果的，依照刑法第一百一十九条第二款的规定，以过失损坏交通设施罪定罪处罚。

二、盗窃、破坏人员密集往来的非机动车道、人行道以及车站、码头、公园、广场、学校、商业中心、厂区、社区、院落等生产生活、人员聚集场所的窨井盖，足以危害公共安全，尚未造成严重后果的，依照刑法第一百一十四条的规定，以以危险方法危害公共安全罪定罪处罚；致人重伤、死亡或者使公私财产遭受重大损失的，依照刑法第一百一十五条第一款的规定处罚。

过失致人重伤、死亡或者使公私财产遭受重大损失的，依照刑法第一百一十五条第二款的规定，以过失以危险方法危害公共安全罪定罪处罚。

三、对于本意见第一条、第二条规定以外的其他场所的窨井盖，明知会造成人员伤亡后果而实施盗窃、破坏行为，致人受伤或者死亡的，依照刑法第二百三十四条、第二百三十二条的规定，分别以故意伤害罪、故意杀人罪定罪处罚。

过失致人重伤或者死亡的，依照刑法第二百三十五条、第二百三十三条的规定，分别以过失致人重伤罪、过失致人死亡罪定罪处罚。

四、盗窃本意见第一条、第二条规定以外的其他场所的窨井盖，且不属于本意见第三条规定的情形，数额较大，或者多次盗窃的，依照刑法第二百六十四条的规定，以盗窃罪定罪处罚。

故意毁坏本意见第一条、第二条规定以外的其他场所的窨井盖，且不属于本意见第三条规定的情形，数额较大或者有其他严重情节的，依照刑法第二百七十五条的规定，以故意毁坏财物罪定罪处罚。

五、在生产、作业中违反有关安全管理的规定，擅自移动窨井盖或者未做好安全防护措施等，发生重大伤亡事故或者造成其他严重后果的，依照刑法第一百三十四条第一款的规定，以重大责任事故罪定罪处罚。

窨井盖建设、设计、施工、工程监理单位违反国家规定，降低工程质量标准，造成重大安全事故的，依照刑法第一百三十七条的规定，以工程重大安全事故罪定罪处罚。

六、生产不符合保障人身、财产安全的国家标准、行业标准的窨井盖，或者销售明知是不符合保障人身、财产安全的国家标准、行业标准的窨井盖，造成严重后果的，依照刑法第一百四十六条的规定，以生产、销售不符合安全标准的产品罪定罪处罚。

七、知道或者应当知道是盗窃所得的窨井盖及其产生的收益而予以窝藏、转移、收购、代为销售或者以其他方法掩饰、隐瞒的，依照刑法第三百一十二条和《最高人民法院关于审理掩饰、隐瞒犯罪所得、犯罪所得收益刑事案件适用法律若干问题的解释》的规定，以掩饰、隐瞒犯罪所得、犯罪所得收益罪定罪处罚。

八、在窨井盖采购、施工、验收、使用、检查过程中负有决定、管理、监督等职责的国家机关工作人员玩忽职守或者滥用职权，致使公共财产、国家和人民利益遭受重大损失的，依照刑法第三百九十七条的规定，分别以玩忽职守罪、滥用职权罪定罪处罚。

九、在依照法律、法规规定行使窨井盖行政管理职权的公司、企业、事业单位中从事公务的人员以及在受国家机关委托代表国家机关行使窨井盖行政管理职权的组织中从事公务的人员，玩忽职守或者滥用职权，致使公共财产、国家和人民利益遭受重大损失的，依照刑法第三百九十七条和《全国人民代表大会常务委员会关于〈中华人民共和国刑法〉第九章渎职罪主体适用问题的解释》的规定，分别以玩忽职守罪、滥用职权罪定罪处罚。

十、对窨井盖负有管理职责的其他公司、企业、事业单位的工作人员，严重不负责任，导致人员坠井等事故，致人重伤或者死亡，符合刑法第二百三十五条、第二百三十三条规定的，分别以过失致人重伤罪、过失致人死亡罪定罪处罚。

十一、国家机关工作人员利用职务上的便利，收受他人财物，为他人谋取与窨井盖相关利益，同时构成受贿罪和刑法分则第九章规定的渎职犯罪的，除刑法另有规定外，以受贿罪和渎职犯罪数罪并罚。

十二、本意见所称的“窨井盖”，包括城市、城乡结合部和乡村等地的窨井盖以及其他井盖。

附　则

第一千二百五十九条　【与期间计算有关的术语】民法所称的“以上”、“以下”、“以内”、“届满”，包括本数；所称的“不满”、“超过”、“以外”，不包括本数。

关联法规参见

▶**法律：**《公司法》第51条、第70条，《证券投资基金法》第86条、《专利法》第8条、第9条、第31条、第71条。

第一千二百六十条　【施行日期】本法自2021年1月1日起施行。《中华人民共和国婚姻法》、《中华人民共和国继承法》、《中华人民共和国民法通则》、《中华人民共和国收养法》、《中华人民共和国担保法》、《中华人民共和国合同法》、《中华人民共和国物权法》、《中华人民共和国侵权责任法》、《中华人民共和国民法总则》同时废止。

关联法规参见

▶**法律：**《涉外民事关系法律适用法》第52条。

其他法律性文件

《最高人民法院关于印发〈全国法院贯彻实施民法典工作会议纪要〉的通知》

13. 正确适用《时间效力规定》，处理好新旧法律、司法解释的衔接适用问题。坚持“法不溯及既往”的基本原则，依法保护当事人的合理预期。民法典施行前的法律事实引起的民事纠纷案件，适用当时的法律、司法解释的规定，但《时间效力规定》另有规定的除外。

当时的法律、司法解释包括根据民法典第一千二百六十条规定废止的法律，根据《废止决定》废止的司法解释及相关规范性文件，《修改决定》所涉及的修改前的司法解释。

18. 从严把握溯及适用民法典规定的情形，确保法律适用统一。除《时间效力规定》第二部分所列具体规定外，人民法院在审理有关民事纠纷案件时，认为符合《时间效力规定》

第二条溯及适用民法典情形的，应当做好类案检索，经本院审判委员会讨论后层报高级人民法院。高级人民法院审判委员会讨论后认为符合《时间效力规定》第二条规定的“三个更有利于”标准，应当溯及适用民法典规定的，报最高人民法院备案。最高人民法院将适时发布相关指导性案例或者典型案例，加强对下指导。

《民法典司法解释与权威案例指引全书（含司法解释新旧对照）》代后记

——我的不喝酒特权

和我吃过饭的朋友都知道，我滴酒不沾，但每次有新朋友一起吃饭，总是需要解释说明，对方也是将信将疑。这时，如果恩师杨立新教授在场，他都会主动说“不许让王竹喝酒！”几乎每次，都让不少在场的人感到十分惊讶，并私下询问详情。借此机会，且听我慢慢道来。

一、我的酒精过敏程度

我从小就不喝酒，据我父母说小时候偷喝香槟醉倒过，估计和动画片里演的小猴子偷酒的场景差不多。成年后聚会我从不沾酒，都是点软饮料或者矿泉水。极少场合，主要是接待外宾，出于礼貌，我会倒上一点红酒，但几乎就是沾一下嘴唇。在国外开会，午饭后就点咖啡，晚宴后到 Bar 接着聊，不敢喝咖啡，就点 Ginger Ale。没去医院检查过，我也说不清楚过敏的程度，每次只能举例说明。在结婚的时候，家里人知道我不喝酒，就把一瓶白酒的酒全部倒出，然后倒入白水，结果午宴敬了一圈“酒水”下来，我竟然就“醉倒”了。具体细节我没有印象，只是知道醒来的时候已经是五点过了，各位宾客都又快要吃晚饭了。据我爱人回忆，我昏睡期间脸色呈茄子色，很是吓人。我一直好奇为什么没有人送我去医院，估计是结婚时新郎官去医院不吉利吧。这是我有记忆以来的第二次醉酒，之后因为享有不喝酒的特权，也就再没有醉过酒了。

二、在杨老师家里第一次醉酒

第一次醉酒是在杨老师家里。从我的电子邮件系统中找到当时给杨老师的致歉信，可以精确地将这一事件还原到 2004 年 11 月 3 日晚上，也就是我硕士入学的第一学期。我记得当天有李娜、刘洋、徐泰辉、张薇、冉勇和我六位同届的硕士生，受邀到老师家里包饺子。老师之前多次向我们讲解他秘不外传的糖醋排骨制作技艺，当晚也给我们露了一手，的确很不错，而且做得特别快。我记得当晚我还尝试了包饺子，作为南方人，不太熟练，同门还给我开了玩笑。开席之后，刚吃了点饺子，我还吃了一小块儿独蒜（这是当天我最后的记忆点）。杨老师就开始让大家喝酒，酒的牌子记忆犹新——“衡水老白干”。当时我就说自己滴酒不沾，但因为与杨老师邻座，又是第一次到老师家里吃饭，只能勉强喝下一小半杯，大约就是大拇指那么大的小酒杯。我失去意识的时间应该不超过七点，醒来时候是十点半过一点。有那种韩剧中失去意识的男主角的感觉，我逐渐睁开眼睛，光线刺痛我的双眼，围了一圈的人头逐渐清晰，左手边是杨老师，其他同门都在旁边。失去意识期间的事情应该是冉勇和徐泰辉到宿舍后通过回忆转述给我的。据说我正说着话，突然就滑下去了。先开始大家还在开玩笑说我装喝醉了，然后我也没啥反应，就感觉不对劲。等大家七手八脚地把我抬到沙发上，脸色就开始发青（估计就是我爱人描绘的“茄子色”），也不打呼噜，有鼻息，就是叫不醒。杨老师估计也是很着急，大家饭也没怎么吃好，也不敢太摇晃我，就只能等。好像我醒了之后也没什么记忆，直到现在也回忆不起怎么回的宿舍，应该是冉勇和徐泰辉送我回去的吧。

三、韩国师妹：就喝这么一点，为什么大家要欢呼？

记得我们的韩国师妹宋姃殷第一次参加杨门聚会，那会儿我应该是快博士毕业了，已经是在校生中的大师兄了。宋姃殷师妹是外国友人，她来敬酒，我不好意思回绝，只能倒了一小茶盅的啤酒（红酒杯里是饮料）。估计是我怕师妹第一次见面不了解我的情况，同时也为了那种不丢人的原始冲动，我在大家的怂恿下，竟然将那一小茶盅的啤酒一干而尽。现场响起了热烈的掌声。这应该是各位同门多年来看到过我一口喝得最多的酒，也是对我的“壮举”表示赞赏。但韩国师妹宋姃殷见到这种情况却很是奇怪，用当时还不像后来这么标准的中文问：“为什么一个中国男人，喝那么小一杯啤酒，还有这么多人鼓掌？这是为什么？”旁边有同门连忙和她说明我的酒精过敏情况和这些年来的“酒品”表现，估计宋姃殷当时还将信将疑。不过后来我们熟悉了，她也觉得那次的记忆弥足珍贵，她有时也会为我作证说我不喝酒。

四、原来啤酒也有无醇的！

后来有一次谭文辉师兄请客，应该是在人大西门外万柳的“大宅门”饭店，现在是否还继续营业就不知道了。这次聚会上，我第一次喝到了无醇啤酒，应该是“燕京”牌的，味道和啤酒类似，但据说没有酒精成分，价格要贵很多。当晚我十分兴奋，好像连续喝了两瓶冰过的，也感受了一把“清爽感动世界”的畅快。如果仅仅是那次聚会上看到我喝酒的朋友，可千万别以为我是超常发挥或者以为我平时是假装不喝酒，只能感谢商家的周到。可惜后来吃饭，极少有机会遇到提供无醇啤酒的餐厅，自己对啤酒的味道也不感兴趣，所以慢慢也就不问了，又改为喝软饮料了。

五、不喝酒特权对应的义务

就这样，经过若干次学术会议宴请和各类朋友聚会，大家开始尊重我的特殊情况，我逐渐地获得了公认的不喝酒特权。我非常感谢各位友人的理解，尤其感谢杨老师多次为我挡酒。但我不喝酒并不代表我不愿意陪着大家喝酒。我很愿意点一杯软饮料，和各位品酒的同仁闲聊，也能够逐渐地融入初醉的情境中去。不过要是各位喝过头了，我就有些跟不上趟，也缺乏同步的能力，就只能作罢。作为不喝酒特权对应的义务，我很乐意在大家因为要开车而不能喝酒的时候主动提供代驾服务。这打了不少以开车为挡箭牌推辞喝酒的同仁一个措手不及，往往也会成为聚会高潮的序曲。我喜欢开手动挡的车，父母的车是越野车，我爱人之前还有一台Smart，我自己是新能源汽车，所以无论大小、变速箱、动力类型，几乎所有的私家车我都可以熟练驾驶。我觉得，在朋友们都有享受饮酒乐趣的能力和意愿的时候，能够成人之美，是一件荣幸的事情，所以我也很愿意开车送朋友回家。这样下来，我几乎在全国数十个大小城市驾驶过机动车。甚至出现过友人本来是要开车送我去机场，为了平衡喝酒和赶时间，改为我开车去机场后他自己到附近酒店睡一觉起来醒酒后开车回家的轶事。

不喝酒的特权是杨老师给的，我很是珍惜。我特别希望各位同门和友人都能够畅享饮酒的乐趣，但尽量不要醉酒伤身，更不要酒后驾驶。如果有我在场，请放心，我乐于承担驾车的补充责任！

王　竹
辛丑年　元宵　于　四川大学望江校区

图书在版编目（CIP）数据

民法典司法解释与权威案例指引全书：含司法解释新旧对照 / 王竹主编．—北京：中国法制出版社，2021. 5

ISBN 978 - 7 - 5216 - 1790 - 0

Ⅰ．①民…　Ⅱ．①王…　Ⅲ．①民法 - 法典 - 法律解释 - 中国 ②民法 - 法典 - 案例 - 中国　Ⅳ．①D923. 05

中国版本图书馆 CIP 数据核字（2021）第 058312 号

责任编辑：刘晓霞　　　　封面设计：李　宁

民法典司法解释与权威案例指引全书：含司法解释新旧对照

MINFADIAN SIFA JIESHI YU QUANWEI ANLI ZHIYIN QUANSHU：HAN SIFA JIESHI XINJIU DUIZHAO

主编/王竹

经销/新华书店

印刷/三河市国英印务有限公司

开本/710 毫米 × 1000 毫米　16 开　　　　总印张/ 83　总字数/ 2352 千

版次/2021 年 5 月第 1 版　　　　2021 年 5 月第 1 次印刷

中国法制出版社出版

书号 ISBN 978 - 7 - 5216 - 1790 - 0　　　　总定价：249. 00 元

北京西单横二条 2 号

邮政编码 100031　　　　传真：010 - 66031119

网址：http：//www. zgfzs. com　　　　**编辑部电话：010 - 66075800**

市场营销部电话：010 - 66033393　　　　**邮购部电话：010 - 66033288**

（如有印装质量问题，请与本社印务部联系调换。电话：010 - 66032926）